国家出版基金项目
NATIONAL PUBLICATION FOUNDATION

现代农业高新技术成果丛书

中国草地资源调查与地图编制

Survey and Mapping of the Rangeland Resources of China

苏大学　著

中国农业大学出版社
·北京·

内 容 简 介

本书详述了中国草地资源调查、监测的应用方法。包括总体调查方案、调查精度的制定，外业调查与内业工作的内容、程序、方法，生产力测定，承载力计算，草地遥感与估产调查，草地类型分类，资源地图编制，草地退化、沙化、盐渍化、水土流失、有毒有害植物及草地自然保护区的调查，草地资源评价，草地监测方法、监测点布设及草地资源科技名词等内容。

本书可供从事草地资源、土地资源、草地生态、草地畜牧业工作的科技人员、大学师生、草地监理技术人员参考。

图书在版编目(CIP)数据

中国草地资源调查与地图编制/苏大学著．—北京：中国农业大学出版社，2013．2
ISBN 978-7-5655-0486-0

Ⅰ．①中…　Ⅱ．①苏…　Ⅲ．①草地资源-资源调查-中国 ②草地资源-地图制图-中国
Ⅳ．①F323．212②P283

中国版本图书馆 CIP 数据核字(2012)第 019391 号

书　名　中国草地资源调查与地图编制
作　者　苏大学　著

策划编辑	丛晓红	**责任编辑**	韩元凤　丛晓红
封面设计	郑　川	**责任校对**	陈　莹　王晓凤
出版发行	中国农业大学出版社		
社　　址	北京市海淀区圆明园西路 2 号	**邮政编码**	100193
电　　话	发行部 010-62731190，2620		读者服务部　010-62732336
	编辑部 010-62732617，2618		出　版　部　010-62733440
网　　址	http：//www．cau．edu．cn/caup	**e-mail**	cbsszs@cau．edu．cn
经　　销	新华书店		
印　　刷	涿州市星河印刷有限公司		
版　　次	2013 年 2 月第 1 版　　2013 年 2 月第 1 次印刷		
规　　格	787×1092　　16 开　　31 印张　　760 千字		
定　　价	128．00 元		

现代农业高新技术成果丛书
编审指导委员会

出版说明

瞄准世界农业科技前沿，围绕我国农业发展需求，努力突破关键核心技术，提升我国农业科研实力，加快现代农业发展，是胡锦涛总书记在2009年五四青年节视察中国农业大学时向广大农业科技工作者提出的要求。党和国家一贯高度重视农业领域科技创新和基础理论研究，特别是863计划和973计划实施以来，农业科技投入大幅增长。国家科技支撑计划、863计划和973计划等主体科技计划向农业领域倾斜，极大地促进了农业科技创新发展和现代农业科技进步。

中国农业大学出版社以973计划、863计划和科技支撑计划中农业领域重大研究项目成果为主体，以服务我国农业产业提升的重大需求为目标，在“国家重大出版工程”项目基础上，筛选确定了农业生物技术、良种培育、丰产栽培、疫病防治、防灾减灾、农业资源利用和农业信息化等领域50个重大科技创新成果，作为“现代农业高新技术成果丛书”项目申报了2009年度国家出版基金项目，经国家出版基金管理委员会审批立项。

国家出版基金是我国继自然科学基金、哲学社会科学基金之后设立的第三大基金项目。国家出版基金由国家设立、国家主导，资助体现国家意志、传承中华文明、促进文化繁荣、提高文化软实力的国家级重大项目；受助项目应能够发挥示范引导作用，为国家、为当代、为子孙后代创造先进文化；受助项目应能够成为站在时代前沿、弘扬民族文化、体现国家水准、传之久远的国家级精品力作。

为确保“现代农业高新技术成果丛书”编写出版质量，在教育部、农业部和中国农业大学的指导和支持下，成立了以石元春院士为主任的编审指导委员会；出版社成立了以社长为组长的项目协调组并专门设立了项目运行管理办公室。

“现代农业高新技术成果丛书”始于“十一五”，跨入“十二五”，是中国农业大学出版社“十二五”开局的献礼之作，她的立项和出版标志着我社学术出版进入了一个新的高度，各项工作迈上了新的台阶。出版社将以此为新的起点，为我国现代农业的发展，为出版文化事业的繁荣做出新的更大贡献。

中国农业大学出版社

2010年12月

前　　言

天然草地是我国的重要自然资源，是牧民赖以生存的物质基础，又是面积最大的绿色生态屏障，具有防风固沙、涵养水源、维护生物多样性等多种功能。但草地生态系统比较脆弱，容易遭受干扰、破坏，草地资源的数量、质量，因利用不当或自然因素的变化而变化，因此需要适时查清草地生产力与负载状况，监测草地生态功能，据此调整草地的利用与保护对策，以保持草地资源与生态系统的可持续发展。

我从事草地资源调查研究 40 余载，有成功的经历，也有失误的教训。《中国草地资源调查与地图编制》遵照原创性和实用性原则，根据我参与的调查研究工作，总结一些天然草地资源的调查与监测方法，以供读者参考。

我 1980 年参与全国草地资源首次统一调查。1986 年任南方草地资源调查科技办公室主任后，主持了南方 18 省区的调查，主持完成了全国首次统一草地资源调查的主要内业工作总结，整编完成了中国第一个覆盖全国含 18 个类、21 个亚类、128 个组、813 个型的中国草地类型四级分类系统。2001—2003 年主持完成了全数字作业中国草地资源第二次遥感调查。先后于 1982—1984 年和 1987—1993 年主持完成了贵州省和西藏自治区的草地遥感调查，1987—1990 年主持完成了国家“七五”重点科技攻关项目中的黄土高原地区草地资源与环境遥感调查和系列制图研究。主编出版了《1：100 万中国草地资源地图集》(1993 年)、《1：400 万中国草地资源地图》(1996 年)、《1：50 万黄土高原草地资源地图》(1991 年)、国家自然地图集中的《1：1000 万中国草地类型图》(1999 年)等地图。最早将计算机数据库技术引入草地资源调查领域，2003 年完成了我国第一个以 1：100 万中国草地资源图数字化为背景的数据库和中国草地资源动态监测 GIS 系统。2002—2003 年主持制定了《中国天然草地退化、沙化、盐渍化分级指标》国家标准和《中国草地合理载畜量计算》农业行业标准。2001—2005 年分别主持完成了内蒙古、新疆、甘肃、青海、宁夏 5 省、区天然草地的开垦调查，西藏昌都邦达草原草业工程与生态工程初步设计，内蒙古西乌珠穆沁旗百万亩草原建设与保护等有关草地保护项目的调查。2001 年主持完成了西藏高寒牧区游牧民定居项目可行性调研，2007—2009 年完成新疆阿勒泰地区游牧民定居工程规划调查，参与对青海省、四川省、云南省、新疆北疆地区游牧民定居工程的论证调查。1995—2001 年以农业部湿地保护专家组成员身份，先后参与黑颈鹤西藏越冬保护区、四川若尔盖湿地、黑龙江虎林月牙湖湿地、贵州草海等湿地的考察和农业部国家湿地保护行动计划的调研。参与中国工程院资源安全与紧缺资源替代战略(2002—2003 年)、东北农业资源配置(2004—2006 年)2 个国务院咨询项目的调研，承担其中草地畜牧业资源安全与承载力调查、南方草地开发调查等工作。

本书所述内容的 90%来自本人上述工作中技术方法的总结，约 10%的内容用共事同事提供的素材改写而成，同事的署名见书中引用页的脚注。与草地资源有关、但我没有亲身参与的工作，如草地鼠虫害调查、草地灾害调查、人工草地资源等项内容，则没有在书中反映。

本书由绪论、11 章正文、1 章草地资源科技名词和 1 个附录组成。每章的开篇为本章内容提示摘要，结尾为参考文献。绪论阐述了草地、草地资源的概念。第 1 章叙述了中国草地资源调查研究的历史及取得的成果。第 2、3、4 章，以著者未发表的《西藏自治区土地资源调查技术规程》为基础，编写了草地资源调查方案与技术路线的制订，外业调查与内业工作的内容、程序、方法。第 5 章草地遥感调查，阐述草地资源卫星遥感调查、航空遥感调查、遥感估产的技术方法及著者的经验教训。第 6 章阐述草地类型分类方法，中国草地类型分类系统的制定。第 7 章记叙了草地资源地图的调绘制图、编绘制图与系列制图方法。第 8 章阐述了草地等级、草地营养、草地利用适宜性及宜牧土地资源的评价方法，永久性禁牧草地和牧民定居点选择评价。第 9 章详述了草地合理载畜量、区域草地草畜平衡、宜牧土地资源潜力与人口承载力的计算方法。第 10 章详述了草地退化、沙化、盐渍化、水土流失、毒害草和草地自然保护区调查。第 11 章阐述了草地资源监测方法、监测点布设与草地资源监测 GIS 系统。第 12 章为草地资源科技名词。

本书阐述的草地资源调查技术方法系指调查方法的应用，而非方法本身的固有技术。草地资源调查是团队行动，调查应用方法大多是集体建立的成果，不是个人创造行为。参与我课题研究的重要同事(名单见本书后记)，应该是本书所述应用方法的共同作者。但总结这些方法是我的个人所为，若出现差错，当文责自负。

为阐述和提高调查方法的科学性，在总结过去使用的调查技术方法时，不可避免地要涉及过去一些技术规定的不妥或失误，要涉及某些正式发表的著作与论文中方法应用的不妥。这些“不妥”或“失误”，仅仅是我个人的主观认知，是否为真正的不妥或失误，请读者自行判断。

苏大学

2012 年 4 月于北京

目　　录

0 绪　论

摘要：绪论阐述了草地、草地资源的概念，国内外学术界着眼于土地利用、农业经营、地理景观、植被角度对草地、草原和草场的认知；阐述了草地资源的种类、属性、内涵、经济价值和不可或缺的生态功能；简述了草地资源调查与草地资源地图编制的方式、方法、内容、技术手段与精度。

0.1 草　地

草地的概念和范围涵义，世界各国和学术界有着不同的认识和定义。

从土地利用角度衡量，草地是一种土地类型。我国土地管理部门对草地的认定是："草地即牧草地，系指主要生长草本植物，历来经营畜牧业的土地。草本植被覆盖度一般在15%以上，干旱地区在5%以上，树木郁闭度在0.1以下的土地，凡用于畜牧业的，均划为牧草地。历来经营畜牧业的疏林草地、灌木草地也包括在内"[1]。美国草原管理学会对天然草地(rangeland)的定义是："一种以禾草、类禾草、杂类草或灌木建群的天然植被（顶级植被或自然潜在的植被）为特征的一种土地类型"[2]。《世界资源报告》和联合国粮农组织（FAO）定义的永久性草地，包括天然放牧地、长久休闲地、5年以上生产草本饲料作物的耕地、疏林地、矮木林、疏灌丛、荒漠、冻原、沿海滩涂、湿地沼泽和草甸[3]。在这里，草地的范畴扩展为"概指除需要每年播种作物之外的用来饲养牲畜的所有植物群落"[4]。

在农学范畴里，草地具有更广泛的含义。我国草地学家贾慎修认为"草地是草和其着生的土地构成的综合自然体，土地是环境，草是构成草地的主体，也是人类经营利用的对象"[5]。任继周定义"草原是大面积的天然植物群落所着生的陆地部分，这些地区所产生的饲用植物，可以直接用来放牧或刈割后饲养牲畜"[6]，相当于前苏联的天然饲料地（природные кормовые угодье），英国的草地（grassland），美国的牧场（range）。

"草原"在地理学范畴被认为是温带和热带干旱区中的一种特定的自然地理景观。植物学范畴认为,“草原(steppe)与稀树草原(savanna)同属于旱生植被,是以多年生旱生草本植物为主组成的群落类型”。学术界也将南方的热带稀树草原定义为“在热带干旱区以多年生耐旱的草本植物为主所构成的大面积的热带草地”[7]。

我国北方传统的草地畜牧业,自古以来,采用逐水草而居的游牧方式,按季节或草地水源更换放牧场地。将草地视为放牧的场地而称之为“草场”或“草牧场”。可见,我国习惯上视“草地”、“草原”、“草场”为同义词。

2002 年公布的新修订的《中华人民共和国草原法》第二条规定:“本法所称草原,是指天然草原和人工草地。”显然,认定的草原和草地同属土地类型。2007 年公布的中华人民共和国国家标准《土地利用现状分类》认定,草地指生长草本植物为主的土地,为一级国家土地类型,包括天然草地、人工草地和其他草地 3 个二级土地类型。其中天然草地指以天然草本植物为主,用于放牧或割草的草地;人工草地指人工种植牧草的草地;其他草地指以树木郁闭度<0.1,表层为土质,生长草本植物为主,不用于畜牧业的草地[8]。

全国首次统一草地资源调查所涉及的草地,根据全国农业区划委员会、农业部、林业部、国家土地管理局等有关部门商定,包括植被总覆盖度>5%的各类天然草地,以牧为主的树木郁闭度<0.3 的疏林草地和灌丛郁闭度<0.4 的疏灌丛草地,弃耕还牧持续撂荒时间>5 年的次生草地,以及实施改良措施的改良草地和人工草地;还包括沼泽地、苇地、沿海滩涂,植被总覆盖度>5%的高寒荒漠、苔原、盐碱地、沙地、石砾地;还包括林地范畴中的 5 年内未更新的伐林迹地或火烧迹地、造林未成林地;还包括耕地范畴中的宽度大于 1~2 m 的田埂、堤坝(南方宽>1 m,北方宽>2 m);还包括属于居民点、工矿、交通用地、风景旅游区、国防用地、村庄周围、道路两侧以多年生草本植物为主的各种空闲地[9]。

本书所指的草地是一种土地类型,是草本和木本饲用植物与其所着生的土地构成的具有多种功能的自然综合体。

0.2 草地资源

资源乃“资财之源”,是创造人类社会财富的源泉,泛指可被人类利用的物质、能量、劳动力、资金和社会环境。资源可概括为自然资源和社会资源两部分。1972 年联合国环境规划署(UNEP)定义:“自然资源是指在一定时间、地点条件下,能够产生经济价值,以提高人类当前和将来福利的自然环境因素和条件。”[10]1993 年《自然资源简明词典》定义:“在一定的技术经济条件下,自然界中对人类有用的一切物质和能量”[11]。2000 年《中国资源科学百科全书》定义:“自然资源是人类可以利用的、自然生成的物质与能量。它是人类生存与发展的物质基础。”[10]自然资源主要包括土地、水、矿产、生物、气候 5 大资源,草地属于其中的土地和生物 2 个范畴,草地无疑是重要的自然资源。

草地资源指生长植物、动物、微生物,具有数量、质量、空间结构特征,有一定分布面积,有生产能力和多种功能的草地,主要用作畜牧业生产资料。它的土地、生物、水、光、热、景观空间,可以为人类福利提供物质、能量和环境。

草地资源数量指草地面积的大小、草地产草量、载畜量和第一性生产力的高低。草地资源质量指草地牧草品质的优劣,即牧草的营养成分、利用率、冷季保存率的高低,毒害草的多寡,草地适用方式、适用季节、适养家畜的范围，草地水源、水质和供水条件，草地土壤、交通条件，草地自然灾害状况等。草地资源的空间分布指各种类型草地在由纬度、经度和海拔高度组成的三维空间中的分布格局及组成结构。草地的功能指草地吸收二氧化碳、将碳贮于土壤和草地植物体内，具有碳库作用，草地还具有防风、固沙、涵养水源，防止水土流失，保护生态环境的多种作用。尽管草地还养育着野生动物，可供人们旅游观赏，但草地的资源意义主要表现在它是畜牧业的物质基础，用于生产肉、奶、皮、毛等畜产品。

草地资源主要包括草地植物资源、草地动物和微生物资源、草地景观资源。

0.2.1 草地植物资源

草地植物资源指草地上具有数量、质量、分布和利用性能特征的草地植物群体，是草地资源的主体。它们可以为人类利用，蕴藏有生产经济价值。草地植物资源可以进一步区分为草地饲用植物资源和草地野生经济植物资源。

1. 草地饲用植物资源

指草地上可供家畜饲用的草本和木本植物的总称，是养育食草家畜的物质基础。草地饲用植物通称牧草，其中草本植物大多是多年生草本植物，通常划分为禾本牧草、豆科牧草、莎草科牧草和杂类草 4 类，以禾本科牧草即禾草为主。草地饲用木本植物包括半灌木、灌木、乔木，其非木质化嫩枝叶为草地食草动物饲用。

2. 草地野生经济植物资源

指生长于天然草地的除饲用外还有其他经济用途的植物之总称。天然草地上的野生植物种类繁多，用途广泛。按其经济用途可以划分为：①食用植物，可直接供人类食用的植物，如野韭（*Allium ramosum*）等菜蔬类植物、蜜源植物、蒙古口蘑（*Tricholoma mongolicum*）等食用菌类、发菜（*Nostoc commune*）等食用藻类；②药用植物，如草麻黄（*Ephedra sinica*）、甘草（*Glycyrrhiza uralensis*）等；③工业用植物，如可用于造纸、编织的芦苇（*Phragmites australis*）、大叶章（*Calamagrostis purpurea*）等；④环境保护植物，用于固沙、护坡、防止水土流失的沙棘（*Hippophae rhamnoides*）、沙蒿（*Artemisia soongorica*），改良盐碱地的碱茅（*Puccinellia distans*）等；⑤环境美化植物，草原花卉如绿绒蒿属（*Meconopsis*）、黄花菜（*Hemerocallis citrina*），草坪草如结缕草（*Zoysia japonica*）等。这些生长于草地的野生植物还可用作能源，可以加工成生活用品，产生经济价值。

草地饲用植物和野生经济植物是重要的牧草种质遗传资源，天然草地是一个巨大的植物基因库。通过对天然草地植物的引种、驯化、选育、杂交，培育出众多优良的栽培牧草、人工草地牧草。产于天然草地的枸杞（*Lycinm chinense*）、柴胡（*Bupleurum chinense*）、川贝母（*Fritillaria cirrhosa*）等，现今被选育成高产的栽培种，甚至开发成为草原植物产业。

0.2.2 草地动物和微生物资源

草地动物和微生物资源指草地上可为人类利用，具有数量、质量、分布特性，有生产经济价值的动物和微生物群体。其中仅生存于草地的野生动物资源和草地家畜品种资源最为重要。

1. 草地野生动物资源

草地野生动物可以分为3类:第一类是终年栖息于草地的食草动物、草地留鸟、有益的草地昆虫。它们以草地植物或草地昆虫为食,在草地上繁衍生息,从不离开草地。第二类是草地肉食动物,生存于草地,以草地食草动物为食。第三类是迁移性草地动物,如草地候鸟,夏季到草地上繁殖,冬季飞到温暖的地区越冬。还有一些动物暖季进入草地觅食,冷季进入森林或农区安家。

按经济用途可以将草地野生动物划分为经济兽类、经济鸟类、功能性动物等。经济兽类指可以提供肉类的黄羊、野兔等,可以获取皮毛的草地狐、猞猁等,可以获取药物的马鹿(鹿茸、鹿角)、麝(麝香)等。名贵药物冬虫夏草(*Cordyceps sinensis*)则是草地鳞翅目及鞘翅目昆虫蝙蝠蛾的幼虫被草地麦角菌科菌类寄生的复合物。经济鸟类指可以获取肉类或羽绒的鸟类,如沙鸡、鹌鹑等。功能性动物指草地观赏动物,如画眉鸟、云雀等;可以消除草食动物粪便污染的金龟子;可以捕食草地害鼠的草原鹰、狐狸等。牧民和畜牧技术推广单位,采用各种办法,引入野生公牦牛和野生公骆驼,与家牦牛、家骆驼杂交,提高家牦牛、家骆驼的体型、体重和生产性能,获得显著的畜种改良效果。我国天然草地广阔,广袤的藏北草原和可可西里“三江源”无人区草原,完全为草地野生动物所利用,拥有种类繁多、数量巨大的草地野生动物群。按照1973年国务院颁布的《野生动物资源保护条例(草案)》,我国陆续公布了保护野生动物名单。列入名单的一级草地野生保护动物共28种,其中全年生存于草地的有野牦牛、藏野驴、藏羚羊、藏雪鸡等15种,一年中大部分时间生存于草地的有黑颈鹤、藏马鸡、褐马鸡等13种。列入名单的二级草地野生保护动物有马鹿、盘羊、普氏原羚、北山羊等共30余种[12]。这些宝贵的众多草地野生动物资源,不仅具有很高的经济价值,还是世界动物基因库的宝贵组成部分。

2. 草地家畜品种资源

草地养育着种类繁多、遗传性状各异的食草动物,其中放牧家畜是草地动物的主体。生长于不同自然环境条件的草地家畜,有着不同的环境适应能力和不同的生产能力,这些家畜的优秀遗传种质,是人类未来开发利用草地的重要物质基础。

草地放牧家畜品种的形成,是放牧家畜长期适应当地气候条件、地理环境和草地条件的结果,是“适者生存”法则和自然选择的结果。草地家畜品种的分布,具有明显的地域特征和游牧民族文化的烙印。当今世界畜禽品种资源日趋贫乏,发达国家集中发展为数不多的专门化、高产品种,发展中国家也大量引进先进国家的高产品种,导致不少家畜品种渐趋消亡,遗传资源越来越狭窄[13]。我国拥有丰富的草地家畜品种资源,其中地方古老草地家畜品种,具有适应性强、抗病力强、耐粗放的特点,对草业经济的发展能发挥重要作用[14]。

我国古老的地方草地家畜,按其外貌、体型、体重、生产性能等品种特征,可区分为有显著差异的3种类型:北方草原区包括内蒙古、华北、东北及西北地区的草原家畜,是蒙古系品种;新疆的草原家畜系哈萨克系品种,还有少量蒙古系家畜在300多年前的清朝被带入新疆;青藏高原的草地家畜系藏系品种。

(1) 内蒙古高原东部以东地区、河北坝上地区、黄土高原东南部属于草甸草原区,气候湿润、土壤肥沃、水草丰美,适于发展肉用、奶用家畜,拥有产奶量最高的草原奶牛培育品种——中国荷斯坦牛,生长快、体型大的草地肉牛培育品种——三河牛和草原红牛。

(2) 内蒙古中部、黄土高原中部典型干旱草原区,草原面积广阔,草地质量中上,是重要的草地畜牧业基地。拥有早熟性好、体重大的肥羔品种——乌珠穆沁羊,有肉奶兼用牛培育品种——中国西门塔尔牛。

(3) 内蒙古西部、宁夏、黄土高原北部荒漠草原区,草地干旱,适合发展毛用草地家畜。拥有闻名于世的草地裘皮羊品种——滩羊,有产绒量很高的绒山羊品种——阿尔巴斯绒山羊。

(4) 新疆阿尔泰山、天山山地草原区,草地牲畜多为古老的哈萨克草原品种,著名的有阿勒泰肥臀羊,属于早熟性好的肥羔肉用羊品种。还有用哈萨克牛培育成的肉用牛培育品种——新疆褐牛,用哈萨克羊培育成的我国第一个细毛羊品种——新疆细毛羊,是国内品质最好的中国美利奴细毛羊。

(5) 青藏高原草地区,海拔高、气候寒冷、草地低矮,草地家畜均为藏系品种。牦牛是适应青藏高原高寒、缺氧恶劣草地环境的"全能"家畜,生产牧民必需的肉、奶、皮毛,可供驮运、骑乘,是牧民不可或缺的畜种,九龙牦牛、麦洼牦牛、中甸牦牛为其优良品种。草地藏羊羊毛富有弹性,"西宁毛"是世界上最好的地毯毛,草地藏羊无疑是优良地毯毛品种。产于西藏阿里地区,属于西藏山羊品种的日土山羊,是我国山羊绒品质最好、产绒量最高的绒山羊品种。

0.2.3 草地景观资源

草地景观包括自然景观和人文景观两部分。草地特殊的自然环境、地理要素、自然现象和特殊的草地自然地带性等构成草地自然景观,草地游牧民族的民俗、风情、历史遗迹等构成草地人文景观。草地的自然景观和人文景观组成一定范围的风景名胜景点或地理区域,具有供人们观赏、游览、休憩、娱乐、旅游、狩猎价值或具有特殊文化教育、探险、科学研究、科学考察价值,因而具有资源意义。

1. 草地自然景观

草地自然景观包括:①特殊的野生植物群落。如一望无垠的内蒙古针茅(*Stipa*)草原,绿色地毯般的青藏高原小型嵩草(*Kobresia*)草甸,荒漠中的梭梭(*Haloxylon ammodendron*)林,沙海中的芦苇沼泽。②特殊的野生动物群体。如羌塘草原的藏野驴群,内蒙古草原的黄羊群,青藏高原沼泽的黑颈鹤,青海湖鸟岛、松嫩沼泽中的丹顶鹤群。③特殊的草地自然地貌景观。如宽阔的高原,纵深的峡谷,西北干旱草地中的戈壁滩、风蚀谷、雅丹地貌,南方草地中的喀斯特地貌等。④草地自然地带性景观。如"天苍苍、野茫茫、风吹草低见牛羊"的内蒙古大草原风光,林草相间、风光绚丽的天山牧场,九寨沟高山牧场风景区,百花争艳的五花草甸,四季绿草如茵的热带草地等。⑤草地自然保护区景观。有被保护的原始动植物资源,或有珍贵的被保护的草地类型风光,既有重要的保护价值,又是开展科研、从事草地教学、实习的基地。

2. 草地人文景观

草地人文景观包括:①草地游牧民族的民俗风情。如草原上的帐篷、蒙古包、那达慕大会和赛马会上的骑马射箭、叼羊、赛骆驼等民族体育。此外,还有马奶酒、酥油茶、烤全羊等民族风味饮食。②草地游牧民族的文化、宗教遗产、历史遗迹。如粗犷的草原民族歌舞、宗教仪式,匈奴、吐蕃、回纥、西夏等草原游牧民族的遗址,成吉思汗墓、文成公主庙等。

0.3 草地资源调查

草地资源调查是对草地资源的数量、质量、空间分布、环境条件和利用现状进行调查,并依据调查结论提出草地开发利用、保护对策的一项科学考察研究工作。

草地资源调查是草地资源研究的基础工作。近几十年来，天然草地面积较大的国家对这项工作都非常重视，对本国的草地资源进行了普查，划分等级。美国先后于 1939 年、1947 年、1959 年，对国有(联邦政府)公共天然草地进行了 3 次普查。通过调查，查清了草地的基本类型、植被组成、生产力高低、牧草质量、土壤肥力，进行了草地评比分级，为草地利用和管理提供了科学依据。澳大利亚自 20 世纪 20～30 年代草地超载过牧导致草地退化后，非常重视草地承载力研究。从 1946 年起，改革过去对草地进行路线调查的方法，航空照片和卫星照片成为草地资源调查使用的主要技术手段。1∶25 万以上中、大比例尺草地制图，采用航空遥感图像为信息源调查成图，甚至用大比例尺彩红外航片编制区域草地分布图。1∶25 万以下小比例尺草地制图，采用 MSS、TM 卫星影像为信息源调查成图[15]。并在草地资源研究的基础上，创立了“资源学”，在大学设立资源学院和资源专业，讲授资源学课程。

为适时掌握真实准确的土地资源数据，科学规划、合理利用与保护土地资源，我国 2008 年国务院第 518 号令发布了《土地调查条例》。该条例规定，“每 10 年进行一次全国土地调查；根据土地管理工作的需要，每年进行土地变更调查。”草地是土地的重要组成部分，该条例所指的土地调查自然包括草地调查在内。2002 年我国公布了新修订的《中华人民共和国草原法》，其中第二十二条规定，国家建立草原调查制度。县级以上人民政府草原行政主管部门会同同级有关部门定期进行草原调查。第二十四条规定，国家建立草原统计制度。县级以上人民政府草原行政主管部门和同级统计部门共同制定草原统计调查办法，依法对草原的面积、等级、产草量、载畜量等进行统计，定期发布草原统计资料[16]。

草地资源调查按调查目的和内容的不同，可区分为普通调查和专项调查。前者是对草地资源的全面综合调查；后者为单项内容的调查，如草地权属的调查，草地饲用植物、经济植物或毒害草的调查，草地鼠虫害调查，退化草地调查，飞播草地选址调查，草地自然保护区调查等。按照调查精度划分，可以区分为大比例尺图调查精度(成图比例尺大于 1∶10 万)、中比例尺图调查精度(成图比例尺 1∶(10 万～50 万))和小比例尺图调查精度(成图比例尺小于 1∶50 万)3 种不同精度的调查。在县、乡、牧场辖区范围内，用于指导草地畜牧业生产规划和布局的调查、草地权属边界的勘界调查、设置草地建设项目或自然保护区的调查，选用大比例尺调查精度；在地区和省级行政区范围内、中小流域范围内，为草地规划、资源开发、国土整治、流域治理而进行的调查，选用中比例尺调查精度；在省级行政区以上的大区域、大流域乃至全国范围内，为资源开发、国土整治、大流域治理、草地畜牧业经济宏观决策而进行的调查，选用小比例尺调查精度。按照调查形式可以区分为概查(或踏查)和详查。在调查区域内设置若干穿过不同草地类型区和山地垂直带的调查路线，沿线按既定的调查项目进行选择性、了解性的简要调查称概查。其中为制订下一步详查计划而先期进行的了解性概查又称为踏勘调查，简称踏查。在调查区域内按调查精度规定的样地密度、路线间隔距离，均匀设置调查样地，进行全面详尽的调查、测定产草量、编制草地资源图和资源数据统计册，称为详查。

对于分布于农林隙地、居民点周围、道路两侧，其面积小于最小上图图斑面积，不能见著于草地资源图的小块零星草地[17]，采用抽样调查。按照调查手段可以区分为：利用地形图调绘，进行大量地面实地调查、测产的常规调查；利用现代遥感技术，配合少量地面调查、测产的遥感调查。草地遥感调查能大大提高草地植被和地物的分辨率，提高制图精度，加快调查速度，减少地面调查工作量，节省人力、物力、财力和调查时间，是今后草地资源调查的发展方向。

草地资源调查由外业调查和室内作业两部分工作组成。外业调查的主要内容为，调查草地的自然条件、草地植物与植被、草地利用状况，测定草地产草量，调绘草地资源图。室内作业的主要内容为，编制草地资源图，量算草地面积，计算草地载畜能力，编写草地资源文字报告。目前，我国已应用现代资源卫星和计算机技术开展草地生产力的动态预测预报、草地产草量的遥感估产和草地自然灾害的遥感监测，并在全国草地资源图和草地资源数据库的基础上，着手研究草地资源地理信息系统，实现草地资源制图、存储、查询、修改自动化。

0.4 草地资源制图

草地资源图是用地图形式表现草地资源数量、质量、分布、利用、保护等内容的专题地图。草地资源隐含有草地面积、分布等自然特征，资源面积必须在地图上量算，资源分布必须在地图上才能准确描绘出不间断的分布边界。草地资源图是用于草地面积量算、获取草地载畜量、了解草地空间分布与结构、规划草地畜牧业建设项目、设置草地自然保护区、划分草地权属及各种利用界线等不可缺少的手段。草地资源图为草地畜牧业区划与配置、草地改良、国土整治、草地畜牧业生产管理提供科学依据。

草地资源图的种类较多。按制图对象可以分为只表现某一专项要素的单项草地资源图和表现多项要素的综合草地资源图。单项草地图如草地类型图、草地评价图、草地利用现状图、退化草地图、草地载畜量分布图、草地区划图等，其中草地类型图是基本图种，其他图可在草地类型图的基础上编制。综合草地资源图如《1∶100万中国草地资源图》，表现草地类型、草地等级、草地自然保护区、草地利用性状和改良草地等多项内容[17]。按成图比例尺可区分为大比例尺（>1∶5万）、中比例尺（1∶(5万～50万)）、小比例尺（<1∶50万）3种不同精度、不同用途的地图。大比例尺草地资源图精度高、表现内容详尽，多用于县、乡、牧场辖区范围内的草地畜牧业生产。小比例尺草地资源图概括程度高，精度较低，带有示意性，表现草地分布规律，用于跨省区、大流域范围甚至全国范围内的草地规划。中比例尺草地图，其精度和表现内容的详细程度介于大比例尺图与小比例尺图之间，多用于地区和省辖范围内的草地畜牧业生产管理与规划。

草地资源制图，是在草地资源调查的基础上，根据调查获得的有关影像数据、资料，编绘反映草地资源分布、数量、质量、开发利用状况之专业地图的编制过程。按成图方法可以区分为利用航片、卫片、地形图实地调绘成图和利用现有图件、资料，室内编绘成图两种制图方式。

参考文献

[1] 全国农业区划委员会．土地利用现状调查技术规程．北京:测绘出版社，1984:6-12.

[2] 韦恩库克 C，等．草地研究——基本问题和技术．许志信，等译．杨凌:天则出版社，1990:1.

[3] 国际环境与发展研究所，世界资源研究所．世界资源(1987年卷).中国科学院自然资源综合考察委员会译.北京:能源出版社，1989:92-93.

[4] 希斯 M E,等. 牧草—草地农业科学. 4版. 黄文惠,等译. 北京:农业出版社,1992:18-19.
[5] 北京农业大学. 草地学. 北京:农业出版社,1982:1.
[6] 甘肃农业大学饲料生产教研组. 草原学. 北京:农业出版社,1961.
[7] 中国植被编辑委员会. 中国植被. 北京:科学出版社,1983:587,505.
[8] GB/T 21010—2007 土地利用现状分类.
[9] 中华人民共和国农业部畜牧兽医司,全国畜牧兽医总站. 中国草地资源. 北京:中国科学技术出版社,1996:1-2.
[10] 孙鸿烈. 中国资源科学百科全书. 北京:中国大百科全书出版社,石油大学出版社,1999,2:588-589.
[11] 中国自然资源研究会教育工作委员会. 自然资源简明词典. 北京:中国科学技术出版社,1993:1.
[12]《野生动物》杂志社. 国家重点保护野生动物名录. 野生动物,1989,2:11-24.
[13] 郑丕留. 中国家畜生态. 北京:农业出版社,1992:31-32.
[14] 苏大学,甘发英. 我国的牧业资源及其优势. 自然资源,1981,2:85-86.
[15] 苏大学. 澳大利亚新南威尔士州的草地及管理. 国外畜牧学—草原与牧草,1987(5):53.
[16] 中华人民共和国草原法.
[17] 1∶1 000 000中国草地资源图编辑委员会. 1∶1 000 000中国草地资源图编制规范. 北京:中国地图出版社,1991,2:12-15.

第1章

中国草地资源调查与研究

摘要:本章叙述了国内外学者对中国草地资源调查研究的历史、取得的成果与贡献;简述20世纪80年代查清中国草地资源数量、质量与空间分布结构的全国首次统一草地资源调查的区域精度、技术路线、存在问题和不足;简述了2003年中国草地资源第二次遥感快速调查技术、应用草地资源图数字化技术、GIS地理信息系统对全国草地资源进行的监测结果。

1.1 中国草地资源区域调查研究简介

我国的草地研究是从植物学和地理学研究发展起来的,1949年中华人民共和国成立后才开始草地资源的调查研究。1950—1978年开展的是区域性草地资源调查研究,1979年开始全国草地资源首次统一调查研究。因此,可以将我国的草地资源调查研究划分为3个阶段:1949年以前的草地调查研究阶段;1950—1978年的区域性草地资源调查研究阶段;1979年至今的中国整体草地资源调查研究阶段。

1.1.1 1949年以前的草地研究*

1.1.1.1 外国学者对我国草地的研究

草地研究始于植物采集分类和植被类型区划的研究。1842年鸦片战争后,很多外国植物采集分类学家,以及以后的地理学家和土壤学家等对我国的植物进行了多方面研究,当然包括草地植物的研究。其主要研究内容和地区略述如下。

美国人H. E. Wilson,1898—1918年多次在我国长江流域进行植物采集及分类研究,1913年发表了两卷《一个自然学家在中国之西部》[1],详述了华中包括四川及其西部的植被垂直分

* 1949年以前的草地研究由中国农业大学草地科学系胡兴宗教授撰写,著者补充、修改定稿。

带，当然包括草地植被的分布。瑞典人 H. Smith 于 20 世纪 20 年代起多次在我国北方省份调查植被，1926 年发表了《山西中南部植物种调查初报》[2]。20 年代后期中瑞科学考察团的植物学家 Norlindh 和 Bohlin 自大兴安岭经内蒙古、宁夏至甘肃、青海考察，前者著有《蒙古草原和荒漠的植物区系》一书[3]，后者著有《内蒙古甘肃青海植被分布》一书[4]，阐述上述地区主要草原植物和植被类型的分布界线。奥地利人 Handel-Mazzetti 于 1913—1918 年间在我国北方和西南部采集、考察植物，于 1930 年发表了"中国植物地理的结构和亲缘"[5]，其中论及荒漠、黄土高原草原、华中灌木草甸、热带稀树草原以及藏东（川滇西部、甘南、青海东部）草原的地理分布。英国人 K. Ward 自 1911—1950 年在川滇西部和西藏东部、南部进行植物采集与分类，著述甚多[6~8]，其中以《西藏植被及地理概要》和《西藏作为一个放牧地》最有参考价值。前津沽大学 J. Roi 发表了《察哈尔南部的植被》[9] 和《中亚植物地理》[10]，前者把植被定为草原型并述其地理分布。1936 年土壤学家 J. Thorp 出版了《中国土壤地理》一书，其中一章论述中国的植被。1943 年美国草原学家 R. Johnson 和畜牧学家 R. W. Philips 考察了我国部分草原和畜牧业后，发表了论著[11]。英国土壤学家 H. Richardson 任职于前中央农业实验所多年，经实际考察并参阅《中国土地利用》一书资料，著有《华南之草地》一文，估测长江流域以南各省之草地面积约 13 亿亩（8 667 万 hm^2），其中贵州草地面积为 7 000 万亩（467 万 hm^2），与今日调查结果相近。该文还认为，我国南方草地的发展潜力可与新西兰相称。联合国粮农组织中国办事处加拿大教授 O. M. McConkey 于 1946—1947 年考察我国东北、南方和西北各省草原后，著有《中国之草原》。

英国曾有多人在我国很多地方旅行，其中一人于 20 世纪初自北京经围场至科尔沁草原到齐齐哈尔，沿途所见草高可没人畜，其中杂生树木，可见当时草原植物之茂盛。奥地利人 J. Rock 自 20 年代初期到 1950 年居留云南，自丽江往北经川西藏区，至甘南而青海东部，多次采集植物，考察人文社会，著述甚多。还有一些地理学者研究了草原开垦的历史。

1.1.1.2　**我国学者对我国草地的研究**

20 世纪初我国有了植物学的高等教育和植物学研究。例如黄以仁于 1911 年发表的《苜蓿考》。胡先骕在其《世界植物地理》一书中简要介绍了我国草原和稀树草原的分布。李继侗于 1930 年发表了《植物与气候的组合》[12]，阐述了我国森林、草原、荒漠之分布。刘慎谔于 20 世纪 30 年代初历时 3 年考察了内蒙古、甘肃、新疆和西藏西部，著有《中国北部和西部之植物地理》[13]、《河北渤海湾沿岸植物分布之研究》[14]、《中国南部和西部之植物地理》[15] 和《云南植物地理》等著作，至今不失为我们研究草原地理的有益参考文献。郝景盛考察了青海，著有《青海湖周围地区之植被》[16]。秦仁昌于 20 世纪 30 年代后期在内蒙古、宁夏考察草地植物区系，其结果在美国发表[17]。此外，耿以礼、焦启源对草地植物特别是禾本科植物进行过研究，多有著述。

20 世纪 40 年代，地理学家黄秉维之《中国植物地理》[18]，钟补求之《秦岭之植物地理观》[19]，在前人研究的基础上更详尽地描述了植被型的地理分布。生态学家侯学煜于抗战期间详细研究了贵州的土壤与植物，著有《贵州盘县植物组合与土壤关系之初步观察》[20] 等多篇论文。植物生态学家曲仲湘之《西康泰宁之草地群落》，及其后与朱彦丞合著《云南丽江雅砻山之植物群落》[21]，闻洪汉之《渭河滩地植物社会构造之研究》[22]，胡兴宗之《四川汶川之高山草地》[23] 等论著，说明我国学者在 20 世纪 40 年代已开始采用群落学方法研究草地了。

抗日战争期间，我国一些学术团体进行了一些地区性的资源考察。诸如马溶之的《四川雷(波)马(边)屏(山)峨(边)之荒地考察》，述及草地的分布，任美谔之《西北建设论》，认为西北降雨量年变率大，应以农草牧结合来发展经济。植物学家李鲁航之《论中国草原建设》[24]，根据孙中山先生的铁路建设计划，主张建立城镇中心，发展教育文化与经济建设，农牧结合、农畜产品之深加工，发展市场经济，从而巩固国防。周廷儒之《青海湖环湖山区季节移牧》[25]，论述牧民按季游牧路线。畜牧学家周百鍠之《内蒙古之畜牧业》[26]论及各旗利用草原的范围和禁例，过去四川康巴地区利用草原之规定，还有一些论及畜产品市场问题的论文。

新中国成立以前，只有王栋于西北农学院和原中央大学农学院、蒋彦士于北京大学农学院和金陵大学农学院讲授牧草学。饲草植物只在前中央农业实验所、畜牧实验所、东北农事试验场等处有所研究，可以说，新中国成立前草地学在我国基本上是个空白。

1.1.2 1949—1978年区域性草地资源调查研究

新中国成立初期，百废待兴，国民经济处于恢复时期，草地的开发规划和草地畜牧业生产受到新政府的重视。1950年西北军政委员会曾组织科技人员赴宁夏、甘肃、青海、新疆、陕北进行畜牧业与草原方面的调查。西藏和平解放后，中央人民政府政务院文化教育委员会组织一批科学家组成西藏工作队，于1951年进藏，在极其艰苦的环境条件下，对西藏的自然资源进行了考察。其中草地学家贾慎修和植物学家崔友文、钟补求，于1951—1954年对西藏的草地和草地植物进行了调查，取得新中国成立后第一批有关草地资源科学方面的调查成果[27,28]。

1952年中央人民政府农业部、内蒙古自治区，邀请牧草学家王栋、植物学家李世英、汤彦丞领衔，许令妊、梁祖铎等参加，组成锡林郭勒盟草原调查团，对锡林郭勒盟的乌珠穆沁草原进行了路线考察，描述了草原类型，调查记载了草原牧草。依据考察资料，王栋编写完成《内蒙古锡林郭勒草场概况及主要牧草的介绍》[29]。1950年和1952年，王栋领衔，任继周等参加对甘肃省皇城滩和大马营等草地进行了调查，编写了《皇城滩和大马营草原调查报告》[30]。1955年植物生态学家李继侗领导了内蒙古呼伦贝尔盟谢尔塔拉牧场的草原调查，编写了《呼伦贝尔盟谢尔塔拉牧场之植被调查》报告[31]，绘制了内蒙古草原第一幅1∶25 000大比例尺植被图。上述老一辈草地学家和植物学家是我国草地资源调查的开创者。

20世纪50年代中期，为适应草地畜牧业生产和建立国营畜牧场之迫切需要，我国北方重点草地畜牧业地区的地方政府，组织了旨在服务于畜牧场规划为主的重点地区草地调查。

1955年中国畜牧兽医学会、中央农业部、内蒙古农牧厅组织了内蒙古伊克昭盟草原调查队，该队由北京农业大学贾慎修先生领导，对东胜、鄂托克旗、杭锦旗的草原做了重点调查。调查结果载入《内蒙古伊克昭盟草原调查报告》一文中，但未发表。该报告重点报道了伊盟的草场类型及其经济评价、演替规律，还讨论了伊盟的畜牧、农业、饲料生产等问题。这个报告是对伊盟草场进行较全面记述的最早文献[32]。

内蒙古自治区畜牧厅草原管理局组建了草原队，于1956—1959年对内蒙古自治区的草地开展了首次大规模调查。调查范围限于部分草地畜牧业重点旗县，属于农业县和林业县的草地未做调查。属于概查性质，调查的重点是草地植被和草地土壤，采用路线调查，其精度因调查区域之不同而异。调查成果主要用于制定国营畜牧场规划。其中以1959年对锡林郭勒盟全境的草地调查最为全面，绘制了1∶20万草地植被图，估算了草地资源的发展潜力。

1955年新疆畜牧厅组建了草原调查队，开始了新疆草地资源调查，至1958年先后调查了阿尔泰山、天山、帕米尔高原、昆仑山地区的天然草地，对草地自然条件、草地类型进行了描述，测定了产草量，按季节牧场进行了牲畜配置规划，绘制了草地蓝晒图。1959年新疆国营牧场勘测设计队，在伊犁与天山北坡规划了国营牧场，绘制1∶5万牧场草地植被图。随后于20世纪60年代前期，新疆畜牧厅草原勘测设计大队、中国科学院新疆土壤沙漠研究所、新疆畜牧科学院、新疆八一农学院又在各地以县或牧场为单位进行了草地调查，积累了大量调查资料，为新疆的草地畜牧业生产提供了科学依据。

1956年青海省畜牧厅组建草原队，对青海省的草地资源进行首次普查。重点调查草地类型及分布，调查精度各地不尽相同。该项工作一直持续到1967年，陆续编写了以县为单位的草地调查报告，并公开发表了一些调查成果[33]。进入20世纪60年代后，编制了1∶150万青海省天然草场类型图和1∶150万青海省季节草场利用现状图。调查成果后来在编写《青海省畜牧业资源和区划》[34]中得到进一步的应用。

20世纪50年代后半期，甘肃省畜牧厅组建了甘肃省草原调查队，开始对甘肃省甘南草地和祁连山的草地进行有重点的调查，1959年编写出《甘肃省草原概况》、《甘肃省各专州类型草原生产力估算表》和《1∶100万甘肃省草原分布略图》[30]。调查成果对国营畜牧场、种畜场的规划建设和草地畜牧生产起了重要作用。

从20世纪50年代中后期开始，各地政府和农牧部门组织的草地资源调查，是分散进行的，调查范围大小不一，大至一个县、一个盟，小至一个牧场。调查的目的和重点、调查内容和精度不尽一致。大多数调查是依靠地形图控制，骑马或步行进行的路线调查。这些早期草地调查与现今的草地资源调查相比，虽然其方法和手段均较落后，所获成果的精度互有差异，但这些调查所获的成果和宝贵的第一手实测资料，为当时重点牧场的总体规划、草地建设方向、草地勘测与设计、重点牧区的草地畜牧业生产，起了关键性指导作用。

为适应开展大规模草地建设和草地调查的需要，农业部1957年举办了全国草原讲习班，邀请李继侗等专家讲学，1958年举办了全国草原训练班，邀请前苏联草原学家A·Φ·伊万诺夫等专家讲学。他们为我国培养了一批国家急需的草地调查、草地建设与管理技术人才，后来成为我国草地资源学科、草地建设与管理的中坚力量。

随着经济恢复期的结束，我国开始步入大规模经济建设时期。当进入第一个五年计划后，计划经济的发展特别是草地畜牧业发展规划的制定，迫切要求有各种可靠的自然资源为依据。因此，50年代中后期，大规模的自然资源综合考察应运而蓬勃发展，中国科学院与有关单位组织了一系列大规模各种自然资源综合科学考察队，其中设有草地资源或草地植被调查专业的考察队有：黄河中游水土保持综合考察队（1953—1958年），新疆综合考察队（1956—1960年），青海甘肃综合考察队（1958—1960年），治沙队（1959—1964年），西部地区南水北调综合考察队（1959—1961年），西藏综合考察队（1960—1962年），内蒙古、宁夏综合考察队（1961—1965年，1973—1975年），西南地区综合考察队（1963—1966年），甘肃省河西荒地考察队（1965—1968年），甘肃省祁连山草场畜牧考察队（1968—1969年），青海省玉树州草场考察队（1970—1971年），青藏高原综合科学考察队（1973—1979年），黑龙江荒地考察队呼伦贝尔盟分队（1973—1977年）等。

其中新疆综合考察队、青海甘肃综合考察队、黑龙江综合考察队、黄河中游水土保持综合考察队为中(国)苏(联)联合考察队。前苏联生态地植物学家A·A·尤纳托夫等参加了调查,我国的草地学家和地植物学家贾慎修、廖国藩、章祖同、姜恕等参加了这一时期的调查工作。这些考察队完成了我国北部和西部天然草地的首次宏观调查,取得一批宝贵的第一手草地调查资料和科研成果[35~38],培养了一批新中国年青的草地科技人才,为以后的全国草地资源统一调查奠定了基础。这一时期的草地调查,手段仍较简单,多采用路线调查,用地形图为基础,调绘加推理成图,资源计算方法亦较简单。这一时期的草地调查,除调查草地植物和草地植被外,还吸收了前苏联的植物地形学草地分类法,根据草地水热条件、地带性植被、土壤和地形划分草地类型,在地形图上量算草地面积,按照季节牧场进行评价,使草地调查具有草地资源调查性质。20世纪50年代末开始应用航片调绘成图,完成了一些局部地区的草地资源详查,其基本调查方法一直沿用至今。其中最重要的是新疆综合考察队的草地调查和内蒙古、宁夏综合考察队的草地资源调查。

新疆综合科学考察队的草场与植被专业,由中国科学院综合考察委员会、新疆生物土壤沙漠研究所、北京农业大学、新疆八一农学院、新疆畜牧厅草原队的科技人员和苏联草地专家组成。于1956—1959年进行了4年草地野外调查,1960年对调查资料进行了汇总。编写了《新疆维吾尔自治区天然草场资源》,并附有1∶150万草场类型图,编制了《中国西部和北部部分地区天然草场资源概况》报告和《新疆天然草场资源及其载畜量》统计册,列出了各类草场面积、季节草场的分布及其载畜能力,还对草地质量进行了评价[39]。首次查清新疆天然草地面积为0.8亿hm^2,有效草地面积为0.5亿hm^2,还获得一批按季节牧场和按行政区划单位进行统计的草地资源数据。这批数据资料一直沿用到20世纪90年代初,对制定新疆草地畜牧业规划、管理新疆草地畜牧业生产起了极其重要的作用。在学术上吸收了A·A·尤纳托夫等苏联植物地形学家分类思想,将新疆天然草地划分为7大类37个类,撰写了学术报告。

内蒙古、宁夏综合考察队由中国科学院综合考察委员会、北京农业大学、内蒙古农牧学院、内蒙古畜牧厅草原队等单位的科技人员组成。于1961—1964年完成内蒙古自治区及其东西部毗邻地区天然草地外业调查,1965年开始内业总结,后受“文化大革命”干扰而停止。1973年重新做补充调查,继续总结,于1974年完成《内蒙古自治区及其东西部毗邻地区天然草场》专著[40],《1∶100万内蒙古自治区及其东西部毗邻地区天然草场类型图》,《内蒙古自治区及其东西部毗邻地区天然草场资源统计册》。这次持续了10年的调查,查清了现今内蒙古自治区草地资源的数量、质量和分布,对20世纪70年代和80年代内蒙古自治区的草地畜牧业生产、草原规划与建设、草地教学起了极其重要的作用。《内蒙古自治区及其东西部毗邻地区天然草场》是我国公开出版的第一部草地资源专著,它全面而系统地论述了内蒙古自治区天然草地的自然条件,划分了草地类型,进行了草地营养和草地等级评价,具有较高的学术价值。

甘肃河西地区荒地调查属于自然资源综合调查,开垦的对象主要是天然草地,调查围绕着寻找水热条件与土壤条件好的可垦天然草地展开,草地类型及其分布顺理成章成为调查重点。提交了甘肃省河西地区草原调查综合报告,甘肃省河西地区天然草原面积和载畜量估算,河西地区草场类型分布概图。

青海省玉树州草场考察队和甘肃省祁连山草场畜牧考察队,是应青海省和甘肃省政府邀请,由中国科学院综合考察委员会组织的草地资源与草地畜牧业专业考察队。重点调查天然草地的自然条件、草地类型及其分布、季节草地及分布、草地载畜能力及发展潜力、草地改良和人工草地建设条件,为当地提高草地畜牧业发展水平提供科学依据,为玉树州草地畜牧业西进战略和布局提供决策。玉树州草场考察队是进入长江、黄河、澜沧江源头(即"三江源")区和可可西里无人区的第一支科考队,在我国最早提出保护"三江源"野生动植物资源的倡导。

以中国科学院综合考察队为主进行的区域性草地资源调查,基本上查清了我国北方和西部主要牧区的天然草地资源,为这些地区的草地畜牧业生产建设与规划提供了可靠的科学依据,作出了重要贡献。通过调查还指出,我国传统牧区草场已开始超载过牧,草场开始退化和沙化,应引起政府部门的重视。呼伦贝尔盟的荒地调查,甘肃河西走廊的荒地调查,为开垦草地建立粮食和饲料生产基地,提供了国家决策急需的资源数据,提出了草地开垦条件、前景与危害的科学论据。中国科学院治沙队和黄河中游水土保持队的调查,为我国西北干旱区和黄河流域合理利用草地、防止水土流失、建立绿色屏障提供了科学决策和依据。

从 20 世纪 60 年代开始的草地调查,开始采用航片影像识别成图,草地资源图制图精度得到提高。开始注意将草地作为一项重要资源来研究,其调查方法已不同于一般地植物调查法,完善了草地资源等级评价方法,提出了草地营养类型的研究,草地类型与家畜配置的研究。同时特别注意草地资源调查与草地畜牧业生产相结合,为发展草地畜牧业服务。

20 世纪 60 年代以后进行的草场资源调查,在学术上丰富了从前苏联吸收来的草场类型学,使之更趋完善,更适合于我国国情。以等级评价、生产力评价、营养评价、利用评价、立地条件评价为中心的草地资源评价理论和方法初步形成,草地资源调查方法更趋完善和系统。同时,提出了草场地带性畜牧业,建立我国草地自然保护区等学术见解。

1.2 中国草地资源首次统一调查(1979—1990 年)

1.2.1 调查任务

1978 年党的十一届三中全会决定将我国的工作重点转向经济建设。同年国务院决定设立全国农业自然资源调查和农业区划委员会,加强对农业自然资源的调查与区划工作。

根据《1978—1985 年全国科学技术发展规划纲要》重点科学技术项目第一项——"农业自然条件、自然资源和农业区划研究",即对重点地区气候、水、土地、生物资源及资源生态系统进行调查研究,提出合理开发利用和保护方案,制定因地制宜地发展社会主义大农业的农业区划,以及《全国基础科学发展规划》地学重点项目第五项——"水、土资源与土地合理利用的基础研究",1979 年,国家科委、国家农委以[79]国科发四字第 363 号文件,下达了进行全国草地资源统一调查和编制 1∶100 万中国草地类型图和 1∶100 万中国草地等级图的任务。接着农牧渔业部畜牧总局下达[79]农业牧科字第 415 号文件,部署以省为单位开展全国草地资源首次统一调查。1979 年在中国科学院自然资源综合考察委员会和中国农业科学院草原研究所分别设立南方草场资源调查科技办公室和北方草场资源调查办公室,从技术上协调、指导全国各省(自治区、直辖市)的草地资源调查。

全国草地资源统一调查,按省(自治区、直辖市)为单位开展,各省(自治区、直辖市)自筹调查经费,由省畜牧厅(局)组织调查技术队伍进行调查。每个省以县为基本调查单位,按县开展野外调查和内业总结。然后按地区—省(自治区、直辖市)—全国进行逐级汇总,形成全国草地资源调查成果。除台湾省和缺乏大面积草地的上海市、江苏省东部与河北省东部的平原农区县外，调查范围覆盖全国 2 000 多个县，95%以上的国土面积均按统一规程进行了调查。

全国共划分出 11 片重点牧区草地，即内蒙古自治区境内的呼伦贝尔草地、科尔沁草地、锡林郭勒草地和乌兰察布草地，新疆维吾尔自治区的伊犁草地和阿勒泰草地，黑龙江省和吉林省西部的松嫩草地，四川省西北部的阿坝草地和甘孜草地，青海省环湖(青海湖)草地和甘肃省甘南草地。

以山东—京津—河南—四川—西藏一线为界，该线以北的北方 10 个省(区)和 11 片重点牧区草地，按北方草场资源调查办公室制定的《全国重点牧区草场资源调查大纲》和《全国重点牧区草场资源调查技术规程》[41]的规定进行调查，该线以南的南方 19 个省(区)，按南方草场资源调查科技办公室制定的《中国南方草场资源调查方法导论及技术规程》* 的规定进行调查。

1.2.2 技术路线

调查属于草地资源详查性质，分 3 种区域控制调查精度。

(1) 农业县采用 1∶5 万地形图为工作底图，平均每 5 000 hm^2 调查面积设计一个调查测产样地；

(2) 重点牧业县、半农半牧县、林业县采用 1∶10 万地形图为工作底图，平均每 8 000 hm^2 调查面积设计一个调查测产样地；

(3) 草地面积广阔的一般纯牧业县采用 1∶20 万地形图为工作底图，每 10 000 hm^2 调查面积设计一个调查测产样地。

采用常规地面调查与草地遥感相结合的调查方法，按调查区域的调查精度规定，均匀布置调查测产样地，同时结合进行路线调查和山地垂直带草地调查。

农区小块零星草地进行典型抽样调查。

为统一调查规程，提高调查精度和调查资料的一致性，便于全国汇总，在农牧渔业部畜牧总局(后改称为农业部畜牧局、农业部畜牧兽医司)和全国畜牧兽医总站的领导下，南方草场资源调查科技办公室 1979 年在广西武宣县，北方草场资源调查办公室 1980 年在内蒙古巴林右旗，分别举办了草地资源调查技术训练班。集中全国草地资源调查技术骨干进行业务培训，并进行试点调查，以统一调查方法。各省(市、自治区)草地资源调查自 1980 年陆续展开后，南、北方草场资源调查办公室每年要召开 1～2 次全国性调查技术工作会议，组织调查技术交流，统一认识，并邀请贾慎修等专家研究解答调查中出现的技术难题。南方草地资源调查是首次进行，其技术力量不足。南方草场资源调查科技办公室的主要技术负责人每年均赴各省巡回指导、检查调查质量，统一调查方法和标准，并将最早完成外业调查的湖南、湖北二省的内业总结移至北京的南方草场调查办公室进行。北方草场资源调查办公室聘请了章祖同、吴仁润等专家为学术顾问，帮助提高调查质量。县、地区、省级草地资源调查完成后，由上级机构组织专家对其成果进行评审验收，不合格者进行返工，或补充调查内容，直至合格为止。实施上述技术与组织措施，有力地提高了各地调查成果的质量和一致性。

---

* 南方草场资源调查科技办公室编，中国南方草场资源调查方法导论及技术规程，1981 年。

1.2.3 调查成果

调查取得如下三类基本成果：

(1) 草地资源图件。县级 1∶10 万(农区 1∶5 万，牧区 1∶20 万)、地区级 1∶20 万、省级 1∶50 万比例尺草地类型图、草地等级图和草地利用现状图；

(2) 草地资源统计资料。含有各类草地面积、产草量、载畜量的草地资源统计册或计算机数据库；

(3) 文字报告。阐述草地资源质量、区域分布、利用现状、生产潜力的草地资源调查报告，出版了《西藏自治区草地资源》、《内蒙古草地资源》、《新疆草地资源及其利用》等一批阐述省级区域草地资源方面的学术专著。

此外，还根据采集的植物标本，编写了草地植物目录，发现了一批草地饲用植物新种，分析了一批草地牧草的营养成分，有些地区还编制了草地退化图、草地分区图。省一级的草地资源调查基本上查清了各地的草地资源，为 20 世纪 90 年代各地草地畜牧业的发展、国土整治提供了可靠的科学依据。

1987 年全国省级统一草地资源调查基本结束后，由农业部畜牧兽医司、全国畜牧兽医总站，南、北方草场资源调查办公室组成全国草地资源调查内业总结领导小组，组织全国草地资源调查的国家级内业总结。全国内业总结按专业分工进行，组织全国草地资源调查技术骨干和专家，组成制图组、统计组、《饲用植物手册》编写组、《中国草地资源》专著编写组，汇总全国各地草地资源调查成果。分别完成《1∶1 000 000 中国草地资源图集》[42]、《中国草地资源数据》[43]统计册、《中国草地饲用植物资源》[44]和《中国草地资源》[45]专著的编制与编写，还完成《1∶4 000 000 中国草地资源图》[46]、《1∶1 000 000 中国草地资源图编制规范》[47]、《中国草场资源图集》[48]、《中国重点牧区草地资源及其开发利用》[49]等一批成果，同时还编写了《中国草地资源(简要报告)》* 上报全国人民代表大会环境资源委员会。

中国草地资源首次统一调查，查清了我国草地资源的数量、质量、分布区域和利用现状，为我国天然草地的开发利用、保护与监测工作提供了科学依据，具有里程碑式的意义。中国草地资源首次统一调查成果，是全国整体草地资源的第一批成果，被国家和各省(自治区、直辖市)相关部门使用至今，并获得多项科技成果奖励。其中西藏草地资源调查成果获国家科技进步奖二等奖、西藏自治区科技进步奖特等奖；湖南省和宁夏回族自治区的草地资源调查成果，分别获得农业部和宁夏回族自治区科技进步奖一等奖；《1∶100 万中国草地资源图》获中国科学院科技进步奖二等奖；重点牧区草地资源调查与研究成果，获农业部科技进步奖二等奖；贵州、内蒙古、新疆、四川、云南等省区的草地资源调查成果，获省级科技进步奖二等奖；还有一些省区的草地资源调查成果，获省级科技进步奖三等奖。

20 世纪 80 年代的全国统一草地资源调查，手段更趋先进，草地遥感技术、草地资源数据计算机处理和计算机数据库技术得到成功的应用；开始进行草地类型的数量分类；草地营养方面开始探索氨基酸平衡及草地牧草代谢能、净能的研究；牧草染色体核型的分析已应用于牧草品种鉴定和变异的研究；同时开展可用于指导生产的草地资源评价和草地开发利用的研究；调

* 农业部农业资源区划管理司编印，农业部资源报告，1995：12-31。

查研究的区域范围从局部地区发展到覆盖全国，并且由单纯野外调查逐步走向野外调查与定位研究、实验室分析相结合；草地制图采用遥感制图和系列制图技术，提高了成图精度。中国草地资源首次统一调查，自1979年组织调查队伍、举办调查技术培训班开始，至1990年全国草地资源调查工作总结会议止，历时11年，到最后一项调查成果《中国草地资源》专著1996年出版发行为止，则历时17年。全国农业部系统的草地科研、技术推广与教学单位、中国科学院有关研究所的数十名专家、教授、全国各地近万名科技人员、草地工作者与农牧民，参与承担并完成这项工作。全国草地资源统一调查成果，在国民经济的宏观决策、草业发展、草地规划与建设、国土整治与环境保护、草地科学研究与教育诸领域得到广泛应用，具有深远意义。

1.2.4 存在的问题与不足

20世纪80年代的全国统一草地资源调查，受调查经费的制约，各省(自治区、直辖市)采用的调查技术与手段、调查时间的长短、取得的调查成果，互有差异，给中国草地资源的整体性带来不利影响。

1. 调查范围未覆盖全国

(1) 20世纪80年代的调查范围约覆盖全国95%的地区，下述地区未调查：①河北省东部农区及沿海地区；②江苏省大部分农区；③安徽省大部分农区；④青海省西部无人区、可可西里部分地区、青藏公路线以西地区；⑤山东、福建、辽宁3省有几个县未做调查，在80年代该3省的草地资源统计册上，没有反映这些县有草地分布。特别是山东省东营市的海岸带，应该有较大面积的新生滩涂草地分布，但山东省草地资源统计册中没有得到反映。

20世纪80年代的统一调查，以省为单位进行，各省自筹调查经费。各省未调查区域的草地，中央没有经费做补充调查。

(2) 省级行政界线争议，致使省级草地调查有扩大调查范围的现象。四川省石渠、色达、阿坝等县在20世纪80年代调查时，将青海省的部分版图范围划归四川省进行调查。如四川省石渠县，自行认定有国土面积251.15万 hm^2，有草地209.14万 hm^2，而国家认可的该县国土面积为209.41万 hm^2[43]，导致该县的草地面积占国土面积的99.8%，显然是扩大辖区草地范围之故。此类在四川与青海、青海与甘肃、青海与西藏之间存在的省界权属争议，导致草地小范围被重复调查、草地面积被重复统计的现象，在全国调查资料汇总阶段，按截至1991年12月31日国务院公布的行政区划资料予以纠正。

2. 对草地定性的争议，影响草地调查结论

最早开展调查的湖南、广西、湖北、浙江、云南等南方省区，对疏林草地与疏林林地的定性有争议，有将林地划归草地的现象，例如划出了灌木林类草地。

3. 对零星草地的调查，省际间不平衡

南方20 hm^2 以下，半农半牧区40 hm^2 以下的小于最小图斑面积的草地称为零星草地，即分布于房前屋后、渠边、路边、湖边、水库边、林间、农田间的小块草地。有些省对零星草地采用抽样调查，如贵州省对20多个县进行零星草地成数抽样调查，有些省则是由村、乡基层单位逐级统计上报获得。80年代统一调查全国有3 660万 hm^2 零星草地，特别是农区、半农半牧区各县的零星草地面积占各县草地总面积比例很大，福建省75%、广东省82%、浙江省77%、湖南60%、湖北56%。而新疆、宁夏、甘肃、黑龙江、西藏未划分零星草地。省际间对零星草地

的认定与调查方法不尽一致。

4. 有些地区草地调查精度不高，达不到草地详查水平

（1）受草地行政管理权属因素的影响，以林业系统和农垦系统为主管辖的县，20 世纪 80 年代统一草地调查时，未做详细调查。①黑龙江省农垦系统有 95.2 万 hm^2 草地分布于各县农垦系统的农场，未做详细调查。②新疆 1992 年统计，新疆农业生产建设兵团有 247 万 hm^2 草地与地方各县的草地插花分布。当年没有单独对生产建设兵团的草地做详细调查。③当年属于林业系统为主管辖的林业县的草地，如黑龙江省漠河县、塔河县的草地，20 世纪 80 年代未做调查。④吉林、辽宁东部的林区县，内蒙古部分林区县如呼伦贝尔盟的根河市、阿荣旗、莫力达瓦旗等林区县，虽不属林业系统管辖，但以林业为主，其境内草地 20 世纪 80 年代未做详查。上述林区县草地资源的面积、类型、生产力不是很准确。

（2）20 世纪 80 年代早期完成调查的地区，多采用地形图为信息源，没有使用航、卫片调绘成图，限制了草地图斑的分割精度。手工作业在地形图上勾绘的草地图斑偏大，有些图斑内难免含有小块林地或农田的现象。新疆北疆 1∶50 万北塔山牧场幅的 11 个县，草地图斑面积大，而实际可利用草地面积小，可见草地图斑中含有非草地地类成分。吉林省东部林区的 9 个县，草地图斑太大，草地图斑中含有不少非草地地类，致使这些林区县的草地面积占本县国土面积的比例高达 66%～82%。

5. 调查耗时太长

受调查经费到位时间的制约，全国各省区开始展开调查的时间有早有晚。早开展调查的省区，1980 年开始调查，1985 年大多数省区完成外业调查工作，而西藏自治区 1987 年才全面开展县级调查，1989 年结束外业调查，获取全国各省区草地资源现势调查资料的时间前后历经 10 年。1980—1989 年 10 年间，整体的中国草地资源要发生变化，有些草地退化了，有些发生沙化，有些草地被开垦为农田，南方有些草地变成果园等，调查时间的延长，影响了中国草地资源调查结论中数量、质量的整体性、一致性。

6. 省际间调查精度、手段、时间的差异，影响全国资源数据的整体性

调查经费不足的省、区和早期仅仅使用地形图调查的省、区，投入的技术力量有限，调查耗时短，样点布置密度偏稀，影响了调查精度。对草地资源调查重视程度高、调查经费充足、全面采用航卫片调绘成图的省区，如西藏、宁夏、内蒙古、新疆等省区，组织投入大量技术力量，调查精度高。省际间调查精度的差异影响全国调查成果汇总的质量和中国草地资源的整体性。

20 世纪 80 年代的早期调查，承担同一省不同地区的不同调查单位和调查人员，掌握采用的调查尺度不完全一致，造成不同地区调查结果的差异。例如，由于认定荒漠为天然草地的衡量标准不够统一，调查新疆北疆纯牧业县的单位，将荒漠认定为草地的比例偏大，而调查昌吉州、南疆和田地区农区县的单位，认定荒漠为草地的比例偏小，导致纯牧业县和农区县认定的荒漠草地面积有些差异。

1.3 中国草地资源遥感快速调查(2001—2003 年)

受气候变暖、干旱和人们过度利用等各种因素的影响，20 世纪 80 年代中期全国完成首次

统一草地资源调查以来，我国的草地资源分布的空间格局发生了较大变化[50]。北方草地被开垦为耕地；南方和湿润区草地用于种果树、造林、封山育林而成为园地、林地；干旱区内陆河上游截留水源，致使下游断流，湖泊干涸，下游河岸两侧和湖泊周围的天然草地萎缩消失；干旱区草地荒漠化加剧，植被萎缩；而退耕还草、退耕还湖行动使部分耕地恢复为草地[51~53]。为提高天然草地资源利用、管理、保护、决策的科学性与可靠性，为制定科学合理的草地生态建设规划，给全国草地资源与生态环境动态监测提供高精度的草地资源面积、类型及生产力状况的可靠本底数据，农业部决定应用遥感技术、地理信息系统技术及计算机技术，在 2001—2003 年用 2 年多的时间快速查清我国草地资源现状。并与 20 世纪 80 年代中期全国首次统一草地资源调查所获数据进行叠加、复合比较[43]，以此为依据建立全国草地资源与生态环境动态监测网。

中国草地资源遥感速查是全国草地资源动态监测项目安排的重要组成部分，属于小比例尺资源专业调查。全国草地资源遥感速查是全国第二次统一草地资源调查。本次调查采用卫星遥感、计算机判读和地面调绘相结合的方法进行，要求查清全国草地资源现状，建立百万分之一比例尺精度的全国草地资源地理信息系统(GIS)，提供草地资源清单。

本项目由农业部畜牧兽医司委托中国科学院地理科学与资源研究所苏大学主持承担，其中内蒙古自治区的草地遥感调查为 1∶25 万中比例尺调查精度，由内蒙古草原勘察设计院承担。参与本项研究工作的还有南京农业大学资环学院、内蒙古师范大学地埋系、四川省甘孜州草原站、江西农业大学动物科技学院等单位的科技人员共 48 人。

1.3.1 调查对象

草地是一种土地类型，它是草本和木本饲用植物与其所着生的土地构成的多种功能的自然综合体。根据原全国农业区划委员会、林业部、国家土地管理局等有关部门商定，本次调查的草地范围包括植被覆盖度＞5％的各类天然草地，以牧为主的树木郁闭度＜0.3 的疏林草地，灌木郁闭度＜0.4 的疏灌丛草地，弃耕还牧持续 5 年以上的次生草地，以及实施改良措施的改良草地和人工草地；还包括草本沼泽地和属于居民点、工矿、交通用地周围以多年生草本植物为主的各种空闲地；此外还包括林地范畴中 5 年以上未更新的伐林迹地和火烧迹地，造林未成林地中其现势植被以多年生草本植物为主的草地[54]。

树木郁闭度 0.1～0.3 的为疏林草地或森林草原，即具乔木的草地；灌木郁闭度在 0.1～0.4 的为疏灌丛草地，即具灌木的草地；树木或灌木小于 0.1 的疏林草地和疏灌丛草地，归属于多年生草本草地。下列各类土地均为非草地：①裸地，植被总覆盖度＜5％的裸露土地；②沙地，植被总覆盖度＜5％的沙地或沙漠；③裸岩，岩石裸露面积在 70％以上的石质山地；④稀疏植被，植被总覆盖度＜5％的荒漠、流石滩植被和高山稀疏垫状植被。

1.3.2 草地遥感快查技术方法

草地资源遥感调查大致可分 5 个阶段进行，即准备阶段、室内判读成图阶段、野外考察调绘阶段、图形编辑与数据集成、量算面积与 GIS 数据库生成阶段。

1.3.2.1 遥感快查的数据源与参考资料

草地遥感调查以 1999—2000 年陆地卫星 TM 图像作为本次草地资源遥感调查的数据源

和草地类型判读依据。遥感影像处理包括影像数据的4、3、2或5、4、3波段的RGB合成;合成影像与地形图地面控制点的几何纠正,纠正影像之间的镶嵌,使影像具有尽可能统一的色调组成;在镶嵌影像的基础上,以县级行政区划为单位,进行影像数据单元的分切;形成统一的Geo Tiff格式的影像数据文件,作为本次草地资源遥感调查中草地类型的判读依据[55]。

以20世纪80年代全国首次统一草地资源调查成果及相关资料作为本次遥感调查的参考资料,包括1∶100万中国草地资源图,各省(自治区、直辖市)1∶50万或1∶100万草地资源图,1∶100万中国土地利用现状图,1∶50万中国土地利用图,1∶50万和1∶25万中国地形图,1∶400万中国沼泽图等图件。以《中国草地资源》,各省、自治区的草地资源专著及有关草地调查的各种报告、研究文集等文字材料作为草地类型判读的辅助资料。

本次调查采用的工作底图是国家测绘局1984年出版发行的1∶25万数字电子地形图、1∶50万和1∶100万比例尺地图,均采用国家测绘局发行的数字地图版,以便于在计算机上操作。

1.3.2.2 遥感快查技术方法的规定

中国草地资源遥感调查工作的主要数据依据为1999—2000年陆地卫星的TM数字图像。参考中国科学院土地利用快速遥感调查所获得全国2000年度1∶25万比例尺土地利用数据,尤其是其中涉及的草地、荒草地及与草地有关的沼泽、林地中的灌木林地、盐碱地、滩地数据影像。采用与20世纪80年代全国首次草地资源调查相同的草地地类属性的界定和相同的草地分类系统,在充分尊重陆地卫星的影像特征原则下,运用路线调查和典型区调查相结合的野外作业方案,建立全国草地资源遥感调查的判读标志,再参考其他草地资源相关资料及图件,经过综合分析而直接判定草地资源类型,采用人机交互的判读分析方法,完成草地资源信息的提取[56]。即在计算机屏幕上直接进行草地资源类型勾绘、制图,作业比例尺1∶25万。中国科学院资源环境数据库提供最新的1∶25万比例尺土地利用数据层面中的草地图斑边界,可直接作为草地资源类型图斑,并进行校正修改或重新分割编入草地资源类型属性编码;对于土地利用现状图中草地类型图斑之外的其他图斑,按照全国农业区划委员会和农业部20世纪80年代规定,对疏林地、植被覆盖度>5%的盐碱地、沼泽以及未利用地等图斑,进行重新判读,重新勾绘草地图斑,并根据草地分类系统,赋予图斑统一的草地类型编码,量算其面积。

1.3.2.3 野外实地调绘

本次遥感调查研究的野外调查,选择草地利用变化较大和草地类型较典型的地段,沿不同的垂直和水平分布方向,选择穿越基本地貌单元的路线进行实地调绘。其中内蒙古自治区的草地遥感调查,是以盟(地区)为单位,按1∶25万比例尺调查精度,由内蒙古勘察设计院在进行大范围野外调查的基础上完成。野外实地调查样地布设密度、草地植被调查与测产,均按1∶25万中比例尺调查精度执行。其他调绘地区安排在松嫩草原、新疆北疆山地草原、环青海湖草地、甘南草地、甘孜州和宁夏回族自治区等重点草地区。获得野外调查测产样方资料34个,分别是新疆4个,甘肃13个,宁夏4个,青海2个,吉林3个,内蒙古5个,四川3个。野外调绘以草地分布界线、草地类型、草地覆盖度以及代表性广泛的草地类型的产草量等为主要调查内容。着重分析草地植被的空间分布和组合特征,研究图像的几何形状,对各种地类的地物特征及土地利用状况与卫星影像进行实地对应判读。并运用GPS和数码相机进行对应的草地植被景观数据的采集。野外调查的目的是为统一解译标志和判读标准,为草地信息识别提供科学依据。

1.3.2.4 草地类型分类

本次中国草地资源遥感快速调查，采用20世纪80年代全国首次统一草地资源调查采用的草地类型分类体系，根据本次遥感调查精度的要求，制定了本次草地遥感调查的草地分类系统。其原则为：

(1) 采用20世纪80年代全国首次草地资源统一调查制定的中国草地类型分类的分类单位和分类标准，以便用于全国草地资源动态监测的对比、分析[47]。

(2) 草地类型分类单位，既能满足遥感制图精度要求，又处于信息源的分辨率和可判读性允许范围之内。

(3) 草地类型系统应能反映草地资源的地带性规律和不同类型草地生态环境的本质差异。

(4) 多年生人工草地和改良草地的植被组成，不断受人为因素影响而变化，其草地类型难以确定。一年生人工草地更是经常处于变化之中。所以，人工草地和改良草地，不宜按稳定的多年生天然草地类型分类体系划分其草地类型。

鉴于调查经费有限，而要求完成调查的时间很短，限制了本次调查地面样地的设计密度。没有足够密度的地面样地调查资料支持，草地类型的划分只能以遥感影像的可判读程度和其他草地分类参考资料中的分类级为依据。充分遵守遥感影像的科学分辨率，本次调查的草地类型分类只划分草地“类”和草地“亚类”两级。

改良草地和人工草地，不纳入天然草地分类体系，只划分为热性牧草改良草地和温性牧草改良草地两种类型。

1.3.2.5 草地遥感制图

草地遥感制图包括草地信息识别与提取、解译标志的建立、草地图斑的勾绘、图斑属性的判断与编码以及草地编图等一系列过程，其核心是草地资源遥感调查的判读操作。本次草地遥感编图是在功能超强的MGE/Microstation的操作平台上，用中国科学院2000年资源环境数据库的1∶25万土地利用现状图数据为工作底图，按严密的草地类型分类系统编码所进行的一系列草地信息识别、提取、图斑勾绘、属性判断和属性编码的操作过程。遥感制图的质量取决于用于编图的数据源的分辨率和质量，包括清晰的TM影像数据，精准的工作底图，相关的各种编图参考图件和资料，科学的野外调查、布点和地面取样数据。

图斑界线精度规定：地类物明显的地类，其界线漂移<0.5 mm；过渡性类型应<1.0 mm；草地类型界的最大漂移不得>1.5 mm。草地资源图成图的基本单位是草地亚类，专业内容的判对率达到90%以上。

本次草地遥感快查的最终成果图为1∶100万比例尺，其最小上图图斑面积为4 mm^2，在显示草地类型和分布规律上，或者在生产利用上有重要意义的2～4 mm^2 的草地图斑夸大到4 mm^2。狭长图斑的宽度不得小于0.6 mm；图斑界线与地物界线间距不小于0.5 mm；1∶25万遥感影像作业图最小图斑为64 mm^2。调查区域内主要水系、道路网、居民点采用最新电子地图中的名称，重大变化截止到2000年度的现势资料。

全国行政区划界的划法规定：全国各省、市、县界在每年均有较大的变动，各级行政界线只作为判读分析的工作区域参考。本次调查的判读与图斑勾绘过程中，统一使用中国科学院国家资源环境数据库提供的1999年以前的全国县级行政界线。本次调查最终成果的行政区划界线，根据全国最新行政区划代码表，并依照距2000年最新版1∶25万地形图进行行政界线的订正和修改。

1.3.3 遥感快查成果

1.3.3.1 成果清单

(1) 全国各省(自治区、直辖市)省级 A_0尺寸草地类型图。

(2) 1∶50万中国草地类型图。按国际分幅,完成接边处理,存放于计算机内。其中部分图幅已提供纸质彩色打印图。

(3) 中国草地类型面积数据统计册,按草地类、亚类统计,按省和县二级行政单位统计,数据在1∶25万草地类型图上量算获得。

(4) 1∶100万中国草地资源地图集数字化GIS地理信息系统光盘。

(5) 全国草地资源动态监测项目总结报告。

1.3.3.2 成果质量

本次调查全面完成了规定的各项调查任务。考虑到今后各省草地动态监测工作的需要,最大限度地保留1∶25万遥感判读图的信息,避免在缩编为1∶50万比例尺时丢失。中期验收评估会决定将合同中规定的最终成果1∶100万比例尺精度提高到1∶50万比例尺精度,大幅提高了成果的实用性。

本次调查成果比20世纪80年代的调查成果一致性好,可比性高,省际间的调查精度、调查方法和手段基本一致,调查区域覆盖全国,没留空白。

本次内蒙古自治区的草地调查成果,是以盟(地区)为单位,在1∶25万比例尺精度上按中比例尺成图精度完成。还吸收了当地技术人员和草原管理人员参与成果审议,其调查成果的适用范围可以满足内蒙古自治区一级和地区(盟)一级草地管理与规划的要求,其成果的调查精度、准确率,均比本次调查的其他省区高出一个档次,大大超过本次调查规定的全国草地资源小比例尺调查成果的精度。

1∶25万比例尺图的最小图斑面积亦为4 mm^2(相当地面25 hm^2),要求面积大于25 hm^2的草地图斑要上图。经成果验收专家组抽查,本次遥感调查的影像判对率≥87%,故不能确保≥25 hm^2 的草地都已上图。但按照最终成果1∶50万比例尺调查精度衡量,能确保1∶50万比例尺最小图斑面积4 mm^2(相当地面100 hm^2)的草地已上图,大大超过项目最初确定的全国小比例尺(1∶100万)遥感快速调查精度的要求。

为提高调查质量,图斑勾绘时,尽量将1∶25万数字工作底图在计算机屏幕上放大操作,最小图斑面积达到1∶10万比例尺图的10 mm^2(相当地面10 hm^2)。结果在1∶25万面积量算图上形成大量的小图斑,图面显得破碎。成果验收专家组提出,严格按1∶25万比例尺面积量算图最小图斑面积4 mm^2(相当地面25 hm^2)的规定修改。按照验收专家组的意见,对<4 mm^2 的图斑进行删除或综合编绘,减少1万余块小图斑,重新量算面积。

1.3.3.3 遥感快查结果

本次遥感快查面积量算,用1∶25万比例尺草地类型图定稿图由计算机进行自动量算、平差。量算结果为,全国有各类25 hm^2 以上的成片草地33 001万 hm^2。成片草地面积指从草地图上量算获得的草地图斑面积,极少量小于最小图斑面积规定的草地图斑亦被量算。1∶25万比例尺面积量算图采用的行政区划单位及其代码,按国家质量技术监督局2000年颁布的

GB/T 2260—2000《中华人民共和国行政区划代码》执行。

本次遥感快速调查结果显示，2000 年全国成片草地面积比 20 世纪 80 年代中期（以除西藏外全国完成调查的 1986 年为准）全国首次草地统一调查时减少 2 516 万 hm^2，减少 7.06％[56]。平均每年约减少 150 万 hm^2，相当于每年占全国草地面积 0.5％的草地成为裸地、沙地、盐碱地，或转化为耕地、林地，或转化为城市、工、矿、交通建设用地等。草地消失速度之快，令人堪忧。

1.3.4 存在的问题与不足

1.3.4.1 存在的问题

（1）全国性范围的小比例尺遥感快速调查，需要多大的同步野外调查密度可保证遥感调查精度？如何布置、设计野外样地调查路线？在有限的经费内，如何进行野外抽查、复核遥感判读图？有待进一步研究。

（2）判读中遇到疑难问题，受时间和经费的限制，不能用实地调绘的办法解决，只能通过电话询问熟知疑难区草地分布情况的当地人员进行判断。

（3）人工草地判读难度较大，判读精度不高。人工草地多分布于农区和半农半牧区的农田附近，影像上都具有几何形状，难以区分是人工草地还是农田。纯牧区的人工草地判对率较高。

（4）退耕撂荒地属于还草的被垦草地？还是属于还林的造林未成林地？难以判读。

（5）北京遥感地面站不能接收到 TM 影像的区域面积太大，在北京遥感地面接收站不能覆盖的区域，采购进口 TM 影像费用太高，需购买价格便宜的中巴卫星影像。此外，有部分北京遥感地面站接收到的 TM 影像，技术处理欠佳，需购买中巴卫星影像补充，从而增加了中巴卫星影像投影转换处理等工作量和经费开支。

1.3.4.2 本次遥感快速调查的不足

（1）本次遥感快查，除内蒙古自治区外，受调查经费限制，野外调查路线和调查样地太少，大大影响了遥感影像的判对率。从北京到牧区草原去做一个野外调查样地，需开支 5 000 元以上，请当地草原科技人员到野外完成一个调查样地，其花费也需 1 500～2 000 元。限于经费，本次调查只在 11 片重点牧区草原和宁夏设计了外业调查样地，其他地区的调查结果，缺少同期野外调查验证。

（2）内蒙古自治区是以县为单位 1∶25 万比例尺详查图，与内蒙古接壤的其他省区最终成果图为 1∶50 万遥感快查图。两个不同精度、不同负荷的图放在一起缩编成统一国际分幅、同一精度的 1∶50 万分幅图，难度很大。其方法不外乎，一是降低内蒙古图的精度，删除、综合一些图斑；二是提高其他省区的精度。为提高成果质量，项目承担单位选择了基本保留内蒙古自治区 1∶25 万草地类型图的信息，只删除、综合修改了一些小图斑。同时提高其他省区与内蒙古自治区接边图幅的精度，在缩编过程中，尽量保留 1∶25 万工作编绘图的全部信息，其图斑的分割密度、形状、图面负荷等，基本上与内蒙古自治区图保持一致。但其他省区 1∶50 万分幅图的调绘精度还是不如内蒙古自治区 1∶25 万比例尺详查图的精度。

（3）当初为提高调查质量，尽量将 1∶25 万数字工作底图在计算机屏幕上放大操作，使最小图斑面积达到 1∶10 万比例尺图的 10 mm^2（相当地面 10 hm^2），结果在 1∶25 万面积量算图上形成大量的小图斑集群。尽管后来删除、综合了1万余块小图斑，但仍有一些小图斑保留在1∶50万草地类型图上，使图面负荷不够协调。

（4）面积<25 hm^2 的小块草地没有调查。

参考文献

[1] Wilson E H. A Naturalist in Western China. New York:Doubleday and Page Pub,1913.

[2] Smith H. A prelimary report on botanical investigation in south and central Shanxi, China. J Society Sci. and Art,1926,3:449-454,503-509.

[3] Norlindh T. Flora of the Mongolian steppe and desert area. A Report of the Sino-Swedish Exped. Publ. No. 31,Bot. Sect, Stockholm,1949.

[4] Bohlind B. A contribution to our knowledge of the distribution of vegetation in Inner Mongolia, Kansu and Chinghai. A Report of the Sino-Swedish Exped. Publ. No. 33 Bot. Sect Stockholm,1949.

[5] Handel-Mazzetti H. The phytogeograptical structure and affinities of China. 5th Int. Bot. Con-gr. Abstr. P. 315-319,Cambridge. 1930.

[6] Ward K. A sketch of the vegetation and geography of Tibet//Proc Linn,Soc,of London, Session 148. 1936:133-160,193-235.

[7] Ward K. Tibet as a grazingland. Geog J,1947,110:60-75.

[8] Ward K. The Geography and Botany of Tibet. J Linn Soc,1940(Botany),333:239-265.

[9] Roi J. Southern Chahar vegetation. Peking Nat Hist,Bull,1940,14:221-224.

[10] Roi J. Phytogeography of central Asia. Bull Fan Memorial Institute of Biology(Bot. Series), 1941,11:1-36.

[11] Johnson R G. Exploring a grass wonderland of wild West China. Nat,Geogr Mag,1945, 68:713-742.

[12] 李继侗．植物与气候组合论．清华周刊，1930，33(12-33).

[13] 刘慎谔．中国北部与西部之植物地理．北平研究院丛刊，1934，9.

[14] 刘慎谔．河北省渤海湾沿岸之植物地理．北平研究院丛刊，1935，10.

[15] 刘慎谔．中国南部和西部之植物地理．北平研究院丛刊，1936，10.

[16] 郝景盛．青海湖周围地区之植被(德文). Bot Jahrb，1938，68:515-668.

[17] 秦仁昌．甘肃之植被(英文，载于 E. H. Walter 著作). 1941:585-593.

[18] 黄秉维．中国植物地理．史地丛刊(浙江大学)，1940—1941，(3-4)，石印，附图．

[19] 钟补求．秦岭之植物地理观．西林农林，1947，2:83-90.

[20] 侯学煜．贵州盘县植物组合与土壤关系之初步观察．土壤季刊，1946，5(1).

[21] 曲仲湘，朱彦丞．云南丽江雅砻山之植物群落．昆明：云南大学出版社，1947.

[22] 闻洪汉．渭河滩地植物社会构造之研究．西北农学院研究报告第1号，1947.

[23] 胡兴宗．四川汶川之高山草地．边疆服务，1946.

[24] 李鲁航．论中国草原建设．中农月刊，1944，5(56):29-42.

[25] 周廷儒．青海湖环湖山区季节移牧．地理，1942，2(34)：50-59.
[26] 周百鍠．内蒙古之畜牧业．新西北月刊，1940(5)：27-28.
[27] 贾慎修．西藏高原的自然概况．科学通报，1953(8)：51-58.
[28] 钟补求．西藏高原的植物及其分布概况．生物学通报，1954(10)：10-13.
[29] 王栋．内蒙古锡林郭勒草场概况及其主要牧草的介绍．畜牧兽医图书出版社，1953.
[30] 甘肃省畜牧志编辑委员会．甘肃省志.第二十一卷畜牧志．兰州：甘肃人民出版社，1991.
[31] 李继侗．内蒙古呼伦贝尔盟谢尔塔拉牧场之植被//李继侗文集．北京：科学出版社，1986：245-279.
[32] 李博．内蒙古植被研究史．内蒙古大学学报，1964，1.
[33] 青海草场调查队．青海玉树东南部地区的草场类型特征及其经济评价．植物生态学与地植物学丛刊，1965，3(2)：173-199.
[34] 青海省畜牧厅畜牧业区划组．青海省畜牧业资源和区划．成都：四川科学技术出版社，1987.
[35] 中国科学院青海甘肃综合考察队．青甘地区植物资源及其评价．北京：科学出版社，1963.
[36] 姜恕．川西高原草甸的基本特征和主要类型．植物生态学与地植物学丛刊，1964，2(1)：10-31.
[37] 张经炜．羌塘高原东南部草原的基本特点及其地带性意义．植物生态学与地植物学丛刊，1963，1(1-2)：131-140.
[38] 中国科学院西藏综合考察队．西藏中部的植被．北京：科学出版社，1966.
[39] 中国科学院新疆综合考察队．新疆植被及其利用．北京：科学出版社，1964.
[40] 中国科学院内蒙古宁夏综合考察队．内蒙古自治区及其东西部毗邻地区天然草场．北京：科学出版社，1980.
[41] 北方草场资源调查办公室．草场资源调查技术规程．北京：中国农业科技出版社，1986.
[42] 中华人民共和国农业部畜牧兽医司，中国科学院自然资源综合考察委员会．1：1 000 000 中国草地资源图集．北京：中国地图出版社，1995.
[43] 中华人民共和国农业部畜牧兽医司，等．中国草地资源数据．北京：中国农业科技出版社，1994：227，2-75.
[44] 中华人民共和国农业部畜牧兽医司．中国草地饲用植物资源．沈阳：辽宁民族出版社，1992.
[45] 中华人民共和国农业部畜牧兽医司，全国畜牧兽医总站．中国草地资源．北京：中国科技出版社，1996.
[46] 中华人民共和国农业部畜牧兽医司．1：4 000 000 中国草地资源图．北京：科学出版社，1996.
[47] 1：1 000 000 中国草地资源图编制委员会．1：1 000 000 中国草地资源图编制规范．北京：中国地图出版社，1991.
[48] 中华人民共和国农业部畜牧兽医司．中国草场资源图集．北京：中国农业科技出版社，1991.

[49] 章祖同,刘起．中国重点牧区草地资源及其开发利用．北京:中国科学技术出版社,1992.
[50] 刘纪远．中国近期土地利用变化的空间格局分析．中国科学(D辑),2002,32(12):1031-1040.
[51] 田光进．中国新开垦耕地资源空间分布特征及生态背景研究．资源科学,2002,24(6):1-6.
[52] 刘纪远.20世纪90年代中国土地利用变化时空特征及成因分析．地理研究,2003,22(1):1-12.
[53] 苏大学．天然草地在防治黄河上中游流域水土流失与土地荒漠化中的作用与地位．草地学报,2000,8(2):77-81.
[54] 中华人民共和国农业部畜牧兽医司．中国草地资源．北京:中国科学技术出版社,1996,1-2.
[55] 邹亚荣,张增祥,周全斌,等．遥感与GIS支持下的中国草地动态变化分析．资源科学,2002,24(6):42-47.
[56] 苏大学．我国草地资源快速消失与保护对策//中国草学会.中国草学会六届二次会议暨国际学术研讨会论文集．草业科学,2004:28-31.

第2章

草地资源调查总体方案的制订

摘要：本章阐述了草地资源调查总体方案的制订，包括牧区、半农半牧区、农区不同草地调查区域的划分，调查比例尺精度及遥感调查整体技术路线的选择，不同调查比例尺区域界线的衔接方案；提出了调查路线及调查样地的布设密度、外业调查工作量、草地资源制图精度的规定以及保障草地资源调查的技术支撑体系。最后简述了县级草地资源调查技术方案与调查程序。

2.1 总体技术方案

2.1.1 制订总体技术方案的指导思想

1. 遵循全国统一调查的技术规程，确保调查成果全国汇总

执行的区域草地资源调查，如果属于全国统一草地资源调查或全国草地监测调查的组成部分，总体调查技术方案一定要遵循全国统一调查的技术规程，符合全国技术规程的基本要求，保证调查成果能够顺利纳入全国汇总。

(1) 分级调查的级数不能少于全国规定，只能多于全国规定。通常全国调查以县为单位进行，按县—地区(市)—省(自治区)—全国四级行政单位进行调查成果汇总，有的调查可能按县—省(自治区)—全国三级行政单位进行调查成果汇总。区域草地调查必须遵守全国成果汇总的分级要求，保证按要求的行政级提供汇总成果。在此前提下，视区域草地调查要求，可增加畜牧场级、乡级或畜牧分场级别的调查。

(2) 严格遵照全国规定的草地与土壤分类原则、单位、指标，依据全国制订的统一分类系统，制订区域草地与土壤分类系统。

(3) 符合全国统一要求的调查精度控制。调查比例尺是衡量调查精度的重要指标，适当调整不同区域的草地资源调查比例尺，保证区域草地资源调查比例尺与全国规程保持一致。

要在草地类型定性、最小上图图斑面积、界线允许误差、面积量算、图件接边、成果图编绘等各项具体精度指标上进行严格控制。

(4) 全国统一技术规程有一定的宏观性,往往不能满足不同地区的具体需要,为此,在遵循全国规程的基础上,各地的调查要增加必要的调查内容和技术指标。

2. 划分不同调查精度的调查区

调查区内的不同地域,在水土资源的分布与利用格局、农业产业结构、草地畜牧业的重要程度、草地面积与自然条件诸方面存在地域差异。需要划分不同调查精度的小区,采用适用于地域差异的调查技术,才能满足对调查成果的要求。

作为基本调查单位的县级调查,县内土地利用类型多存在区域差异。如青藏高原东部的几十个县,低海拔区是种植业区,为农业乡;高海拔区是草地畜牧业区,为牧业乡。农业乡与牧业乡两种区域拥有的草地资源、对草地资源调查精度的要求迥然不同,需要区别对待。新疆阿尔泰山、天山、甘肃祁连山数十个县,均由山地和盆地(平原)两部分组成。山地是山地草原与山地草甸连片分布区,盆地为荒漠区和绿洲种植业区。山地和盆地的自然条件与草地资源差异显著,需要采用不同的调查方法和调查精度。地区(市)级调查区尤其是天然草地主分布区,即从东北三省西部经河北北部至秦岭、岷山、川西北、滇西北一线以北、以西的天然草地主体区,大多存在有纯牧区、半农半牧区和农区,有的地区(市)分别含有纯牧县、半农半牧县和农业县。对纯牧区、半农半牧区和农区的草地需要采用不同的调查手段和调查精度。省(自治区)级的草地区域差异更为显著,我国北方和西部的10多个省和自治区都含有纯牧县、半农半牧县和农业县,均应该按照调查区内的草地地域分异,划分不同调查精度的调查区。

3. 强调专业间的协调

草地资源调查任务按调查内容由若干个专业组承担。草地植被专业承担植被、测产与草地评价;遥感制图专业承担遥感信息的判读与草地资源制图;土壤专业和水利专业承担草地土壤资源和水资源的调查与评价;畜牧专业承担草地利用、草地承载力与潜力分析。各专业要提出各自专业调查的技术要求,经专业间协调,制定包含有各专业技术规定的草地资源调查的统一技术规程。各专业按各自特点制定各自详尽的具体规定。

4. 采用多种类、多时相信息源遥感调查与地面实测调查相结合的调查方法

耕地、居民地、人工林、渠、路等人为地物,多数尺寸小、边界清晰,需采用高分辨率的航空像片进行调查;而自然植被由于近红外波段反射率差异较可见光波段明显和基本图斑面积大的特点,则需要采用波谱分辨率高而空间分辨率相对较低的陆地卫星图像进行调查。针对调查区土地利用类型,依照各类地物对遥感资料的要求的不同,充分地将航天与航空遥感技术结合起来,分区确定各类遥感图像的适用范围及最适当的调查比例尺,以期取得低投入、高效率、高精度的调查结果。

5. 调查成果数据落实到最低一级行政区划单位

《全国首次草地资源调查规程》和《全国土地利用现状调查技术规程》[1],均要求调查成果落实到最低一级基层行政单位——乡。同时,根据土地管理和开发规划的需要,将调查面积数据落实到调查底图上的基本图斑,对基本图斑内的各类土地成分应进一步细分,形成完整的地块分类属性及面积档案性质的数据成果。

2.1.2 调查分区方案的制订

西藏自治区草地资源区域差异特别大，气候类型和地貌类型非常复杂，高原面上分布有各种高寒草地类型，雅鲁藏布江河谷两侧分布有各种山地温带草地类型，喜马拉雅山南坡有热带、亚热带草地。因此，基于西藏自治区草地资源调查，阐述草地遥感调查区域划分的原则和依据最具代表性。

2.1.2.1 制订遥感调查分区方案的依据和限制性因素

(1) 对调查成果精度要求的区域差异，是制定草地遥感调查分区的根本依据。西藏天然草地广泛分布于纯牧县、无人区、半农半牧县、藏东和藏南农业区，不同区域对草地资源调查成果的需求互不相同。草地调查需依据当地农牧业生产和国民经济的需求量力而行，规定调查精度，不盲目追求大比例尺和高精度。如果西藏自治区全区采用一种调查比例尺和相同的遥感信息源进行调查，一方面会造成无人区草地调查的浪费，延长调查时间。另一方面又会影响重点区域草地开发与生产力测定的调查精度，使调查成果不能满足重点区域的应用需要。因此，制订整体调查技术方案时，首先要研究确定调查比例尺精度的分区。

(2) 调查区内草地分布格局、利用方向和开发程度的区域差异，是制定遥感调查分区界线的主要依据之一。西藏自治区农区河谷地带尤其是"一江两河"(即雅鲁藏布江、拉萨河及年楚河)中部流域地区，为人工草地、人工饲草料种植和农牧结合、现代草地畜牧业集中分布区，是草地农业精华地带，需要大比例尺和高精度调查，为这一地区人工草地建植和现代化草地畜牧业开发提供精准的科学基础资料。纯牧区草地面积辽阔，草地分布区域差异相对较小，尤其是高原面的草地组成，一致性好，对路线调查密度和样地调查密度的设置，低于半农半牧区，更低于农区。无人区，交通闭塞，人畜难以进入，不需要进行草地开发性调查。

(3) 调查区内可获取的遥感信息源种类和分辨率、可获取的地形图比例尺，制约大比例尺遥感调查区域的设置。没有分辨率＞10 m 的遥感信息源和＞1∶2.5 万比例尺地形图的区域，不能设置大比例尺精度调查区。

(4) 调查经费、人力、物力和技术支撑保障程度，制约调查允许精度区域的设置。调查手段和技术路线受调查经费和技术力量制约，调查精度区的划分取决于调查经费和技术支撑的保障程度。

2.1.2.2 西藏自治区草地遥感调查分区

(1) "一江两河"重点农区草地、人工草地和人工饲草料种植区，约 1 万 km^2，获得 1∶3 万比例尺航片和 1∶5 万比例尺地形图，草地资源调查在此区内采用 1∶5 万比例尺调查精度。

(2) 藏东、藏南半农半牧区及林区草地，约 40 万 km^2，应用航、卫片遥感判读，结合地面调查和测产，包括典型样区调查、垂直带谱调查和路线调查。采用 1∶10 万比例尺调查精度，其中人工草地和饲料地，依据航片按 1∶5 万比例尺进行调绘。

(3) 藏北广大牧区，草地面积广阔，交通不便，外业调查条件差。依据卫片判读与地面路线调查为主的方式进行调查，调查路线要能控制本县各种草地资源类型，穿过草地主要水源区。调查精度为 1∶20 万比例尺。

(4) 无人区和中印边界实际控制线以外的我国领土，不能进入调查区进行地面调查。主要参照前人资料，依据卫片影像解译制图，卫片制图比例尺为 1∶20 万或 1∶50 万。

以上调查分区方案,参见图 2.1.1。[2]

2.1.3 不同调查比例尺地区界线的衔接

草地资源调查根据地区开发要求,确定调查比例尺及遥感调查整体技术路线。牧区、半农半牧区与农区草地,采用不同调查比例尺精度,通常以图幅为单位设计不同调查比例尺,而不是按行政区划单位设计不同调查比例尺,如图 2.1.1 所示。这种处理办法,致使辖区破图幅分布的县内,出现两种不同的调查比例尺。因此,必须正确处理不同比例尺调查区域之间的界线衔接,以确保县、乡两级控制面积平差的科学基础。为此需制定如下界线衔接规定:不同草地调查比例尺分区界线,多沿大比例尺标准分幅地形图的图廓线设计而嵌入小比例尺的图中,不能保证分区界线不分割小比例尺调查区的图廓。为此首先应将不同比例尺的分区界线,即大比例尺图廓线,用钢尺画在小比例尺图上,然后对转绘后的境界线及专题界线进行认真地接边。接边时首先测出接边点在大比例尺图廓上的千米坐标位置,然后经比例尺换算,将接边点布展到小比例尺图的分区界线上,再对应接边的境界线与专题界线,依次逐条进行接边。要求接边界线的误差,在小比例尺图上不大于 0.2 mm。

2.1.4 境界线与专题区域界线的调绘

2.1.4.1 境界线的标绘

境界包括国界、省(自治区)界、地区(市)、县各级行政单位界线。我国草原区域国境线漫长,其中与印度的边界是未定国界。黑龙江、内蒙古、新疆、甘肃、西藏、云南、广西等有国境线分布的省区,各省、自治区草地资源图国境线的划法,应以已经由外交部审定、国家测绘局公开出版的 1∶100 万中华人民共和国地形图上标明的国界线为准。需要将 1∶100 万中国地形图上标明的国界线,转绘至本省草地调查底图上,采用转绘仪器,将 1∶100 万中华人民共和国地形图上标明的国界线,准确转绘到省级 1∶20 万调查底图上,然后根据明显地形界线进行标绘,并在每张有关图件上注明国界划法的依据。正式出版的省级 1∶50 万或 1∶100 万草地成果图,不表示等高线。一定要表示等高线时,需删除距国境线 2 cm 以内的等高线。

省(自治区)级界线,以 1∶100 万中国地形图所确定的省界划法为准,不得以"历史原因"或"传统放牧习惯线"等理由,私自更改省界划法。尤其是争议地区,不得越界扩大本省(区)的调查范围,不得只进行本省自认的省(自治区)境界,单方面进行面积量算与平差。全国首次草地资源调查,四川省部分县草地成果面积量算图的境界线,与国家认可的行政区划图境界线不一致,强调历史习惯放牧界线,将青海省的部分草地划归四川,致使部分草地在四川、青海两省间重复量算面积。

地区(市)、县级二级境界线,应遵照本省国土资源管理部门确定的境界划法,境界发生争议时,需在省国土资源局土地管理部门的主持下协商解决,不得单方面私自修改境界线划法。

2.1.4.2 专题区域界线的标绘

专题区域界线指牧区、半农半牧区和农区专题界线及草地自然区划界线。

(1) 行政区域专题界线的复核。省(自治区)级和地区级的牧区、半农半牧区和农区界线,按各县农业经济类型属性、按县界划分。县级的农业经济类型界线,按县所辖乡的农业经济类型属性划分,即按牧业乡、农业乡的乡界划分。

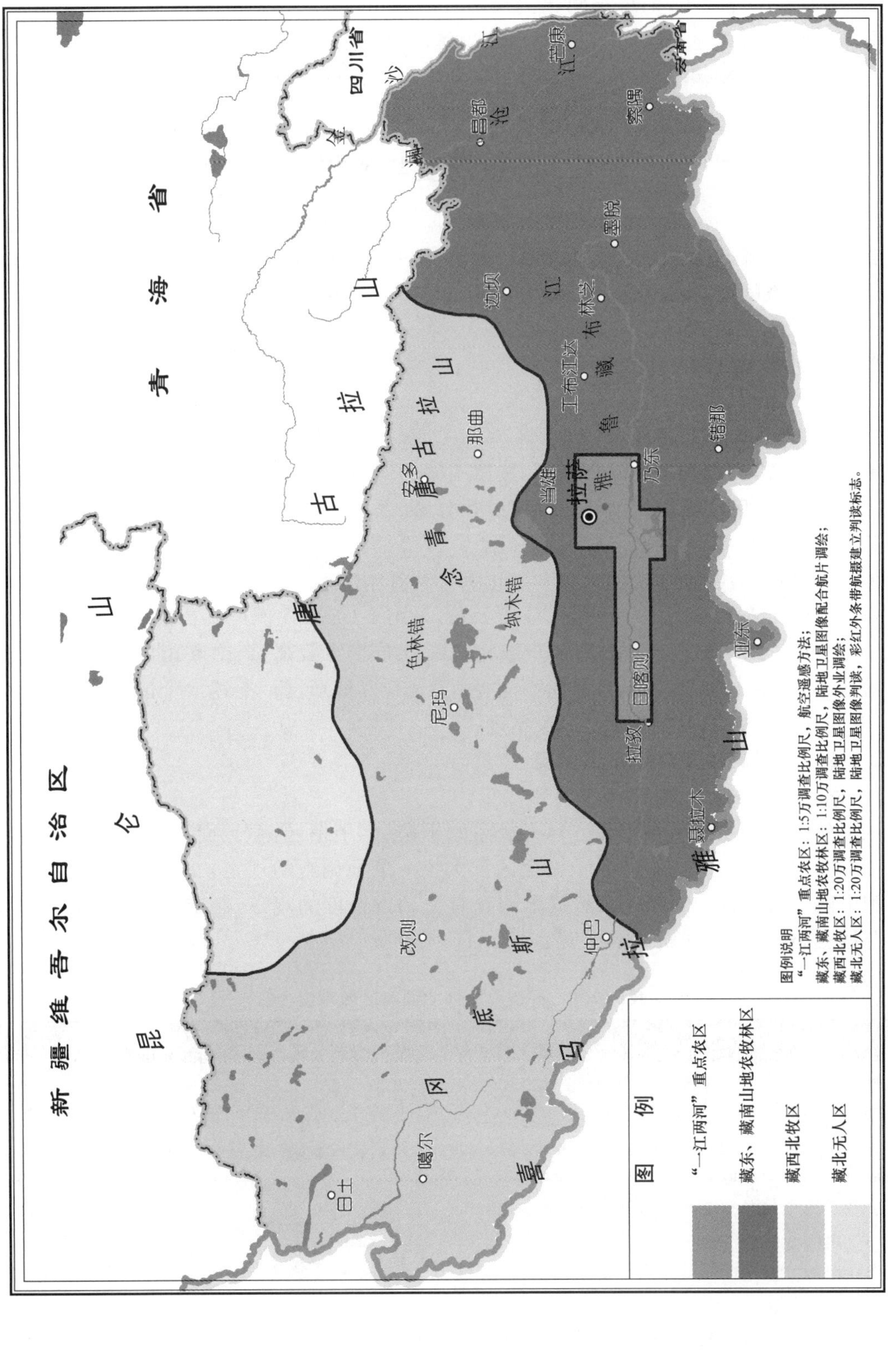

图 2.1.1 西藏自治区草地资源调查分区示意图

(2) 自然区划界线的复核。将野外调绘的1∶10万(半农半牧县)或1∶20万(牧区县)草地类型图、草地利用现状图,先与相同比例尺的TM彩色卫片套合,复核草地类型、季节放牧草地的分布界线。再与地形图套合,遵照草地自然区划规定,按照地形和等高线划分草地自然区划界线。各种草地成果图、卫片、地形图的套合均可在计算机屏幕上实现。

2.2 调查精度与成果

要查明一个区域草地资源的数量、质量、分布与利用现状,获得准确的资源数据,必须规定区域草地资源调查的统一精度标准与成果要求,规范调查行动的统一准则。

2.2.1 外业调查精度

2.2.1.1 调查比例尺精度

草地资源调查,首先要划分调查区域,按照不同的调查区域制定调查精度。全国首次草地资源调查规定,纯牧区草地面积广阔,连续、成片分布,采用1∶20万比例尺调查精度。由于我国规定的国家地形图基本比例尺已由过去的1∶20万改为1∶25万,今后将没有1∶20万比例尺地形图,所以今后牧区宜采用1∶25万比例尺调查精度。

农业区天然草地面积小,多呈小块、分散分布,采用1∶5万比例尺调查精度。但是我国在西部200万km^2的1∶5万地形图尚未全部完成。分布于青藏高原、横断山脉、喀喇昆仑山、塔里木盆地、阿尔泰山5个区域,目前尚不能提供1∶5万地形图。上述5个区域农业县的草地调查,有的县需要采用1∶10万比例尺精度。

2.2.1.2 调查路线及样地布设精度

1. 北方和青藏高原干旱、半干旱草地区

我国天然草地的主体分布于北方和青藏高原干旱、半干旱区,草地面积大,分布连片。按照北纬40°地区的地形图图幅面积,依据全国首次统一草地调查的规定,并参考中国土地资源调查[3]和中国土壤调查[4]等其他自然资源调查有关调查精度的规定,制定草地外业调查的区域精度与调查路线间距,如表2.2.1所示。

表2.2.1 县级草地外业调查区域精度

项目	农区	半农半牧区和林牧区	纯牧区	
底图比例尺	1∶5万	1∶10万	1∶20万	1∶25万
北纬40°一幅图面积/km^2	400	1 600	6 400	10 000
调查路线间隔/km	5～10	10～20	>20	>20
一个样地控制的面积/km^2	50	80	130	140
样地密度/(样地个数/1图幅)	8	20	50	70
全县大约土地面积/km^2	1 500～2 000	3 000～4 000	>7 000	>7 000
全县调查样地数	30～40	40～50	>50	>50

外业调查精度采用样地布设密度和相邻调查路线间隔距离进行控制,调查样地布设点越

密，调查精度越高。农区草地 50 km^2 布置 1 个调查样地，半农半牧区草地 80 km^2 布置 1 个调查样地，牧区草地 130 km^2 布置 1 个调查样地。一般 1∶10 万比例尺调查，每 15～20 km 间隔设计一条调查路线，纯牧区 1∶20 万比例尺调查，两条调查路线的间隔距离允许＞20 km。山区草地的类型和生产力变化，主要体现于山地垂直带变化。因此，山区草地调查重点突出草地垂直带分布及规律的调查，规定山地垂直带剖面调查数量，用以实现山区草地调查精度的控制。

2. 南方和东部湿润草地区

我国南方和东部湿润区草地，面积小，呈分散分布，调查路线与样地设计应与北方和青藏高原区有所区别，精度宜适度提高。

(1) 强调按草地分布区域布点调查，不强调按图幅控制调查精度。

(2) 强调按草地分布面积大小布设调查样地，不强调调查路线间隔距离。

(3) 强调按样地控制面积控制调查精度，每个样地的控制面积比表 2.2.1 规定的样地控制面积小 20%～50%。

2.2.1.3 **外业调查工作量**

按不同草地类型设置草地调查样地，按不同土地适宜性类型设置草地适宜性评价点位。样点和样地的数量及密度，视草地类型的复杂程度而定，除规定样地密度、每个样地控制的代表面积和相邻两条调查路线的间隔距离外，还要规定每个县野外样地调查的工作量，以确保调查精度。西藏自治区草地资源调查，对外业调查工作量的规定如下：

(1) 每个县布设的草地调查样地不少于 35～50 个。其中农业县 35 个，半农半牧县 35～50 个，纯牧县多于 50 个。

(2) 山区县必须完成 3 个以上的草地垂直带谱剖面调查，准确地界定草地垂直带谱分布的上限、下限和草地植被退缩线。

(3) 野外调查除完成专业性定点观察、测定、取样和航卫片调绘外，还要进行草地利用类型调查、草地退化与保护调查、草地畜牧业访问调查，了解农牧业生产现状和存在问题。

2.2.2 草地资源调查制图精度

首次全国草地资源调查，著者制定了《西藏自治区草地资源调查技术规程》[5]，北方草场资源调查办公室制定了《草场资源调查技术规程》[6]，根据这两个技术规程的应用实践，提出草地资源详查制图精度，见表 2.2.2。

表 2.2.2 草地资源调查制图精度

比例尺	天然草地				人工草地		
	最小图斑面积		允许图斑界线误差/mm	上图单元	最小图斑面积		允许图斑界线误差/mm
	图斑面积/mm^2	相当地面面积/hm^2			图斑面积/mm^2	相当地面面积/hm^2	
1∶5 万	80	20	3	变型或微型	40	10	2
1∶10 万	40	40	3	微型	20	20	2
1∶20 万	25	100	4	微型或亚型	10	40	3
1∶25 万	20	125	4	亚型	8	50	3

(1) 人工草地的调查制图精度。人工草地面积小,却是草地的精华,在草地畜牧业中具有不可替代的重要地位,调查精度应高于天然草地的制图精度。人工草地最小图斑面积比天然草地小约 50%。

(2) 南方草地的制图精度。南方大面积连片草地少,667 hm^2 以上的草地不多,如果最小图斑面积的规定太大,则会使很多小块草地不能上图。所以,南方草地最小图斑面积的规定应适度提高精度,≤1∶10 万比例尺的草地资源图的最小图斑面积比表 2.2.2 规定的最小图斑面积宜小 20%~30%。

2.2.3 草地评价与草地利用调查精度

1. 草地利用现状图调绘精度

室内预判的草地利用现状图所划分的各种季节放牧草地、割草地、缺水草地、难利用草地,均需要进行野外调绘、修改。通过 4 种渠道进行调绘修改:①草地植被样地野外调查时,同时展开样地点周围若干平方千米范围内的草地利用类型划分的调查。②草地路线调查时,沿途记录草地利用类型的划分。因此,表 2.2.1 中规定的调查点布设密度和调查路线的间隔距离,是草地利用现状图的最低调绘精度。③在草地利用类型变化较大的区域,除表 2.2.1 规定的调查点外,要增加草地利用图调绘点。包括表 2.2.1 规定的调查点在内,每个县草地利用适宜性评价点不得少于 50 个。④此外,对牧户野外访问调查时,要调查被访问牧户周围若干平方千米范围内草地利用类型的划分。

2. 草地类型混合牧草营养成分

(1) 牧草营养成分:分析样的采集密度、代表性、分析数据的准确性,直接影响草地评价与草地利用调查的精度。草地资源的等级评定、草地承载力的计算和草地营养类型的划分,均需要用草地类型混合牧草营养成分,制定定性、定量评价与计算指标。草地类型混合牧草营养成分的含量与组合,制约下述草地评价项目:①决定草地优、良、中、低、劣品质等别的划分;②决定草地标准干草折算系数的划分,进而制约草地合理载畜量的计算,影响草畜平衡结论;③决定草地营养类型的计算与评定。此外,草地类型混合牧草营养成分分析结果,还影响草地分类系统的制定。草地类型低级分类单位的划分依据,除群落组成、优势种成分因素外,还要参考群落牧草营养成分分析结果,按草地群落牧草营养成分的异同进行聚类。

(2) 草地类型混合牧草营养成分分析样的布设密度越大,草地利用评价的精度越高。因此规定:①每个草地调查测产样地,至少采 1 个混合牧草营养成分分析样,供分析前筛选;②按照内业工作阶段制定的草地类型工作分类系统,每个基本分类单位(微型或亚型)选送 1 个最具代表性草地的混合牧草营养成分分析样,送交化验分析。

(3) 草地牧草营养分析样的采集原则:一是面积大有代表性的草地类型;二是产草量高、覆盖度大、对畜牧业生产有重要意义的草地;三是有特殊研究价值的独特草地类型;四是有特殊意义的草地的优势种或主要伴生种牧草。牧草营养成分主要化验项目为粗蛋白质、粗脂肪、粗纤维、无氮浸出物、粗灰分、磷、钙和总营养物质含量 8 项。有价值的特殊草地类型和牧草,需化验微量元素和氨基酸。分析工作必须由具有饲料营养化验资质的牧草分析室承担。

2.2.4　要求完成的成果

通过外业调查、内业分析、整理和逐级汇总，要求完成下述主要成果。

2.2.4.1　县级调查成果

(1) 草地资源地图，包括自由分幅的草地资源类型图、草地资源等级图和草地利用适宜性评价图，比例尺为：农业县 1∶5 万；半农半牧县 1∶10 万；纯牧县 1∶20 万或 1∶25 万。

(2) 草地资源数据统计册和草地资源信息数据库。

(3) 草地资源调查文字报告。

(4) 草地类型混合牧草和有价值牧草营养成分表。

(5) 经专家鉴定定名的草地植物蜡叶标本。

(6) 草地植物名录。

2.2.4.2　地区和省(自治区)级汇总成果

地区和省(自治区)级汇总成果，除包含汇总上述 6 项县级调查成果外，还应增加下述成果：

(1) 地区和省(自治区)级自由分幅草地资源类型彩色挂图和自由分幅草地利用适宜性评价图，比例尺为：地区级 1∶20 万或 1∶25 万，省(自治区)级 1∶50 万或 1∶100 万，其中新疆、西藏、内蒙古 3 个自治区 1∶200 万。

(2) 草地资源调查专题报告，如草地资源监测报告、草地退牧还草与草地保护报告等。

2.3　技术保障

技术保障指保证高质量、快速完成草地资源调查的技术支撑体系，包括技术资料、图件、技术设备、专业技术调查队伍、技术管理等项内容。首先，必须收集、购置用于调查的各种遥感信息源、各种比例尺地形图和其他基础图件、资料，为开展调查提供必备的基础条件。技术设备指交通、遥感制图设备，分析、化验设备，外业调查技术装备。专业技术调查队伍指承担调查任务的技术人员的专业组成与技术素质。技术管理指专业技术培训、技术监督措施。

2.3.1　遥感图像的获取与处理

2.3.1.1　陆地卫星图像的获取与处理

陆地卫星图像种类很多，需要根据草地资源调查目的，选择光谱分辨率和空间分辨率、时间重复率和空间覆盖度能满足调查精度要求的遥感信息源。

1. 用于草地资源调查的主要卫星图像

(1) TM 和 ETM 影像。陆地卫星 TM 和 ETM 图像是当前草地资源遥感调查的主要信息源。TM 为美国陆地卫星 LANDSAT-5 摄制的影像，空间分辨率 30 m。ETM 为美国陆地卫星 LANDSAT-7 摄制的影像，含 8 个波段，空间分辨率有 15 m 和 30 m 两种。TM 影像可满足牧区草地资源 1∶20 万比例尺调查之需，分辨率为 15 m 的 ETM(又称 ETM+)影像可满足半农半牧区草地资源 1∶10 万比例尺调查之需。全国各地多年草地资源调查实践证实，

TM 和 ETM 图像仍然是当前天然草地资源调查的主要遥感信息源。

（2）中巴资源卫星（CBERS）影像数据。CBERS 影像是中国与巴西合作研制的地球资源卫星所摄制，空间分辨率 30 m，对草地植被的分辨效果与 TM 影像相当，其中山区草地类型的分辨正确率略高于 TM 和 ETM 图像[7]。缺点是 CBERS 图像投影与地形图的高斯-克吕格投影差异较大，几何纠正工作量较大，若几何纠正精度不高，图幅拼接时有细微误差。

（3）SPOT 卫星图像。SPOT 是“法国地球观察卫星系统”的简称。其主要工作波段有以下两种[8]：

①单波段全色：0.51～0.73 μm，可见光波段，空间分辨率达 10 m。

②多光谱三波段：0.50～0.59 μm，蓝绿光波段，空间分辨率达 20 m；0.61～0.68 μm，黄红光波段，空间分辨率达 20 m；0.79～0.89 μm，红—近红外波段，空间分辨率达 20 m。

由于高分辨率的特点，使其在资源调查中可完成 1∶5 万比例尺的调查。但是其重复覆盖的周期长达 26 d，因此要选择季相合适且无云层覆盖的图像较困难。加上价格昂贵，仅在小面积重要调查区选择使用，或用于抽查、复核 1∶（10 万～20 万）卫片判读结果[9]。

（4）MODIS 卫星图像。MODIS 空间分辨率较低，有 250 m、500 m 和 1 000 m 3 种分辨率，36 个波段。其中分辨率 250 m 有 2 个波段，分辨率 500 m 有 5 个波段，分辨率 1 000 m 有 29 个波段。只宜用作<1∶200 万小比例尺草地资源调查。但是分辨率 250 m 的第 1 波段为红波段，第 2 波段为近红外波段。这两个波段可用于计算 MODIS-NDVI 植被指数，结合地面样地产草量同步测产调查，用此建立草地产草量估产模型[10]。这一方法，成为目前草地产草量小比例尺精度监测和草地产草量规律性变化研究的重要手段。

（5）MSS 卫星图像。陆地卫星 MSS 图像是美国第一代陆地资源卫星影像，20 世纪 70 年代中后期至 80 年代中期，曾是草地资源调查的主要信息源。现在已被 TM 影像替代，停止接收。MSS 卫星图像尽管空间分辨率低，只有 80 m，但它记录了 20 世纪 70 年代中期以来 20 多年的地表状况，在进行草地资源年代变迁比较调查研究中，有着不可替代的作用。

2. 卫星图像的处理

全国土地资源调查要求，经图像纠正转绘后的调查界线的点位综合误差，山地不得大于 1.5 mm，相当于 1∶10 万比例尺地面距离 150 m。20 世纪 80 年代中期，我国广泛使用的 MSS 粗制卫片残存点位误差约 750 m。为减少粗制卫片点位误差对专题调查精度的影响，需要用计算机图像处理系统，对卫星图像进行几何纠正，使其达到草地调查对卫星图像点位误差的要求精度。

卫星图像各波段均含有若干灰度等级，但原始图像亮度范围只占有其中的小部分灰度级，致使图像的反差很低。为提高专题判读效果，需要进行必要的反差增强处理，扩展灰度线性。目的是尽可能显示地表覆盖植被之间的差异细节，以提高图像的判读效果。

TM 和 ETM 遥感影像处理，包括影像数据的 4、3、2 或 5、4、3 波段的 RGB 合成；合成影像以地形图地面控制点进行几何纠正；纠正影像之间进行镶嵌，使影像具有尽可能统一的色调组成；在镶嵌影像的基础上，以县级行政区域为单位，进行影像数据单元的分切，形成统一的 Geo Tiff 格式的影像数据文件。该影像数据用作草地资源遥感调查草地类型判读的主要依据。

卫星图像的几何纠正、图像增强处理、拉伸处理等项工作，由提供卫星图像的单位完成。草地资源专业调查，需要根据调查精度，提出对几何纠正、图像增强处理要达到的精度要求。

3. 卫星图像的获取

(1) TM、ETM遥感图像。下述三座陆地卫星地面站可以接收到覆盖中国的TM、ETM遥感图像:中国科学院北京陆地卫星地面站,能接收到藏东地区至哈密地区以东大部分中国领土的卫星图像;泰国曼谷卫星地面站,可接收除西藏那曲北部和阿里地区之外我国南方的图像;印度海得拉巴卫星地面站,可接收西藏和新疆的陆地卫星图像。

(2) 中巴资源卫星(CBERS)影像数据,可以从中国科学院北京陆地卫星地面站和其他省、部级遥感中心订购。

(3) MODIS卫星图像免费接收,中国科学院地理科学与资源所、农业部遥感中心等很多单位均可以接收。在购置卫片图像和数字影像时,要向供货单位提出对图像摄制的年代、季节、云量分布限制、卫片处理精度等要求。

2.3.1.2 彩色红外航空像片的获取

彩色红外航空像片,能够记录并且用色彩来表示地物在可见光及近红外光波段的反射率差异。由于绿色植物在近红外波段反射率较高,不同植物种类之间以及植物与非植物之间在该波段反射率的差异较大,因此,在彩色红外航空像片上,草地与林地、与没有农作物的耕地有明显的影像差别,有利于草地与非草地的区分。1982—1984年中国科学院遥感应用研究所、南方草场资源调查科技办公室和天津市畜牧局合作,利用天津市土地资源调查摄制的1∶3万比例尺彩色红外航空像片,对天津市草场资源进行详细调查获得成功[11]。这是国内首次利用彩红外航片进行的大面积、具有生产指导价值的草地资源调查,调查精度在当时全国首次草地资源调查中首屈一指。

彩色红外航空像片在植被判别方面的一些突出优势,被用于大比例尺人工草地和人工饲草料种植的影像判读鉴别,用于抽查、复核1∶(10万~25万)卫片判读区的卫片判读结果。

2.3.1.3 黑白航空像片的获取

黑白航空像片的地面分辨率比陆地卫星影像高数十倍,可用于大比例尺草地资源调查,用于人工草地和饲料地的调查。但是黑白航空像片系中心投影,像片边缘变形大,每张像片的有效作业面积小,相同面积调查区域,黑白航空像片的使用量和成本是卫片的10倍以上,如果需要新摄制航片,则成本更高。而且航片的判读、转绘工作量很大。因此,目前除有特殊需要,并有可供使用的近期摄制的现成航片外,一般草地资源调查,很少选择使用黑白航片。

总之,调查开始前,必须根据草地资源调查目的、调查比例尺和精度要求,依据可供使用的调查经费,选择能够满足调查要求的遥感信息源的种类、波段及波段合成方案、提出卫片几何纠正等技术处理精度要求,并与供货单位商讨,选择既能满足调查精度要求又省钱的遥感图像判读、制图计算机软件置备方案。此乃调查工作必须做出的第一项技术规定。

2.3.2 地形图购置

2.3.2.1 国家基本比例尺航测地形图

我国国家基本比例尺地形图有7种:1∶100万、1∶50万、1∶25万、1∶10万、1∶5万、1∶2.5万和1∶1万。地形图是草地资源调查必备的图件,草地资源类型和利用类型的划分,草地面积量算都必须借助地形图才能实现。调查开始前,必须明确县、地区、省(自治区)各级行政单位不同调查区域的调查比例尺。还要区分调查工作底图比例尺和最终成果图比例尺,通常要求最终成果图用大一个档次的调查工作底图成图,例如要求最终成果图为1∶10万比例尺，则需要用1：5万比例尺调查工作底图成图，以确保成图的精度。调查开始前，要根据调查工作需要，向当地测绘主管部门提出调查所需比例尺地形图的购置申请。

2.3.2.2 **自由分幅地理底图**

1. 1：50万地理底图

按制图区域，用1：50万地形图合并编绘，编绘过程中删减地形图中的等高线，同时参考省（自治区）级行政区划区行政单位境界线划法编制。

2. 1：100万地理底图

1：100万地理底图用于编制省级彩色草地类型挂图。用国家测绘总局1980年出版的1：100万标准分幅地形图编制。底图的制作严格遵循以下要求：

（1）地图投影：按测绘出版社1978年《小比例尺地图投影集》规定的双标准纬线正轴等角圆锥投影进行投影变换、裱板展点和图纸拼贴。

（2）地理要素内容及分版：地理要素分4版编稿刻绘，即地貌等高线版，浅钢灰色；水域版，蓝色；境界晕边及公路版，红色；境界与注记版，深钢灰色。

（3）编图过程：首先在展点拼贴的基础上完成分版编稿，编稿过程中对不符合现势资料的图面内容进行修订。编稿图经审校后翻版，制作编稿图蓝膜供专题图编图之需，同时翻晒刻图膜进行分版清绘。

3. 1：200万地理底图

用于编制自治区1：200万彩色草地类型挂图。用1：100万自由分幅省（自治区）级地理底图缩编。取消1：100万地理底图的地貌等高线板，其余水系、注记、交通三版经1：150万比例尺过渡，作适当取舍，按1：200万比例尺挂图要求编绘而成。

2.3.3 技术队伍与技术培训

2.3.3.1 **技术队伍**

组建一支专业齐全、有较高专业技术水准的调查队伍，是确保高质量完成草地资源调查任务的必要前提之一。比较理想的草地资源调查队伍应包含下述专业技术人员：①草地资源、草地植被与植物分类、草地生态方面的专业技术人员，承担草地植被调查、草地分类与评价调查、草地生产力测定、植物标本与草地营养分析样采集、统计册编制等项工作；②草地遥感与地理制图专业技术人员，承担草地资源遥感判读、资源地图编制、面积量算、资源数据库建库等项工作；③畜牧专业技术人员，承担草地畜群与草地畜牧业调查、草地载畜量与草畜平衡计算、草地区划等项工作；④土壤与水资源专业技术人员，承担草地土壤与水资源调查，配合草地资源、生态等专业，完成草地类型、评价的调查与生产潜力的计算。

2.3.3.2 **技术培训**

技术培训包括两方面的内容：一为调查技术知识的培训；二为统一调查方法、统一调查技术的培训。

（1）草地调查技术培训，旨在提高调查队技术人员的草地资源调查技术素质。主要培训内容为草地资源遥感调查方法、草地植被调查方法、草地类型分类、草地承载力计算等内容。调查队包含多个专业的技术人员，需要将各专业人才的专业特长用在完成草地资源调查的统一目标上，各专业互为补充、取长补短、共同提高。对于初次参与草地资源调查或过去对草地资源调查涉足不深的人员，通过培训提高调查技术水平。

（2）统一调查方法与技术的培训，旨在统一调查人员对调查方法与技术的认识。首先需要讲解调查技术规程，统一外业调查与测产方法、统一群落命名规定、统一表格填写；转入内业工作前，要通过技术培训，统一草地类型分类单位与层次，统一制图和面积量算方法与精度控制，统一资源统计规定与表格的填写，统一草地载畜量与草畜平衡计算方法与步骤等。

2.3.4 技术监督与管理

2.3.4.1 技术监督

对草地资源调查质量实施检查、验收，是保证技术路线得以贯彻的关键措施，特别是由不同单位分县承担调查的情况下，显得尤为重要。

1. 县级成果的检查验收

县级调查成果的检查、验收由上一级行政单位的调查技术组负责，采用内业、外业分阶段验收。

（1）县级外业调查工作即将结束时，由上一级行政单位的调查技术组，组织几名其他县的主要调查技术人员组成检查验收组，按调查技术规程要求，对外业调查工作就地进行全面检查、验收。验收合格后才能转入内业工作，不合格的调查项目就地返工补课，直至合格为止。因时间因素，当年无法完成补课者，第二年夏季接着补课。内业成果验收不合格者，就地补课，直至验收合格。内业成果验收合格，也要指出遗留问题和待修改、待补充意见，完成补充、修改者，调查成果才能获准正式印刷。

（2）检查验收标准，由上一级行政单位的调查技术组，根据调查技术规程制成统一的验收表格，按表格要求逐项记录验收结果。

（3）验收不合格、返工量大、继续完成承担调查任务困难较大的个别县，可由上一级行政单位的调查技术组聘请其他技术人员协助完成，或对需补课的部分工作项目另行组织力量完成。

2. 地区（市）级汇总成果的验收

地区级草地调查汇总成果，由省（自治区）调查技术组负责，邀请省内有关专业的专家、主管部门的技术领导参加验收，以期提高其成果质量和实用性。地区（市）级成果质量的高低和各地区（市）成果间彼此的一致性直接影响省（自治区）级成果汇总的质量，严格地区（市）级成果的标准化，可为省（自治区）级成果汇总辅平道路。

2.3.4.2 组织与管理

草地资源调查一般以县为单位开展，地区级和省（自治区）级调查由所辖各县的调查汇总。当县级调查由当地本县承担，地区和省（自治区）辖各县的调查由几个调查队分别承担时，需要协调、统一各县的调查技术与调查精度，以确保县际间调查成果的一致性，便于地区级和省（自治区）级成果汇总。因此，要成立地区级或省（自治区）级草地调查技术组，其主要职责为：①制定省或地区草地资源调查技术规程，组织技术规程的实施。所辖县的县级调查，必须遵守上一级行政单位制定的技术规程开展调查。②承担地区或省（自治区）级调查必需基础性资料、图件、遥感信息源、地形图的置备，遥感图像判读、制图和数据库软件的购置与技术处理，公用地理底图的制作等。③划分调查区域类型，制定分区定额调查指标，对县级调查进行分区指导，统一各县的调查方法。④组织对县级调查成果的检查与验收。⑤组织或承担县级调查成果的汇总，承担地区或省、自治区草地区划工作。

2.4 县级草地资源调查程序

受行政区划、资源与经济统计数据来源、草地资源的利用与管理等诸多因素的影响，我国草地资源调查一般以县为基本调查单位进行。地区、跨县级经济区、大流域区的草地资源成果，均系县级调查成果的汇总，县级草地资源调查技术方案成为区域草地资源调查总体方案的核心内容。县级草地资源调查程序和主要技术工作如图 2.4.1 所示。

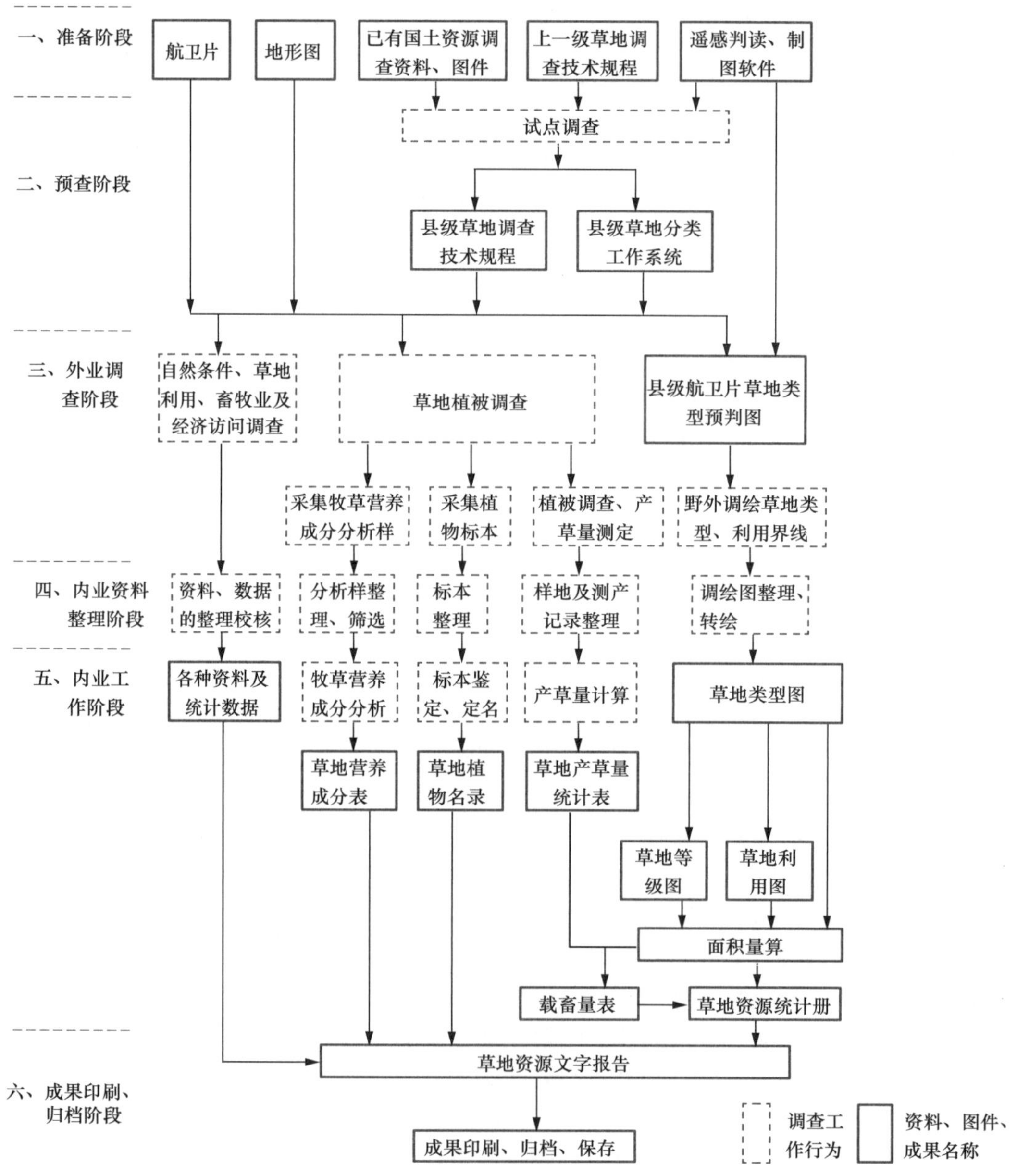

图 2.4.1 县级草地资源调查流程图

1. 准备阶段

主要工作:①准备和研究上一级草地调查技术规程或全国草地调查技术规程,县级草地资源调查必须遵守上一级草地调查技术规定与成果汇总的要求;②购置航卫片信息源和必要的遥感影像判读与制图计算机软件,订购调查区地形图;③收集已有的国土资源、植被和生态环境调查方面的资料、图件。

2. 预查阶段

用已购置的遥感信息源和地形图,按上一级草地调查技术规程进行试点调查。根据试点调查实践,参照上一级调查技术规程,制定调查县的草地调查技术规程和县级草地分类工作系统。

3. 外业调查阶段

主要工作:①进行航卫片判读,绘制县级航卫片草地类型预判图,在野外对预判图的草地类型、利用界线进行野外调绘;②选择外业调查路线、布设野外调查样地点位;③展开草地植被调查,包括草地群落特征调查、产草量测定、路线调查,采集草地植物标本和草地牧草营养成分分析样;④进行自然条件、草地利用、草地畜牧业生产及经济访问调查,收集草地气象、土壤、水资源、畜牧业经济资料及统计册。

4. 内业资料整理阶段

主要工作:①航卫片草地类型调绘图的整理、转绘;②野外调查样地和测产记录的整理、补记;③植物标本的整理、编号、压制;④牧草分析样整理、筛选、送交化验分析;⑤自然条件、草地利用、畜牧业及经济调查资料、统计数据的整理、复核。

5. 内业工作阶段

主要工作与须完成的成果:①用转绘的草地图,编制完成草地类型图、等级图、草地利用适宜性评价图;②计算产草量,完成产草量统计表;③在草地资源图上进行面积量算,再与产草量表结合,计算完成载畜量承载表;④用资源面积、产草量表、载畜量承载表及经济统计数据,编制完成草地资源统计册;⑤进行牧草营养成分分析,整理完成草地营养成分表;⑥标本鉴定、定名,编制草地植物名录;⑦利用上述完成的各项成果、经校核的草地畜牧业及经济统计数据和访问调查资料,编写完成草地资源文字报告。

6. 成果印刷、归档阶段

调查文字成果送交印刷,重要成果送交出版。对调查资料,包括野外调查与测产原始记录、航卫片数字光盘、地形图、编稿图、统计资料、植物标本、牧草营养分析表等,进行登记、造册、归档、保存。

参考文献

[1] 全国农业区划委员会. 全国土地利用现状调查技术规程. 北京:测绘出版社,1984:27.

[2] 楚玉山,刘纪远. 西藏自治区土地利用. 北京:科学出版社,1992:382.

[3] 孙鸿烈. 中国资源科学百科全书. 北京:中国大百科全书出版社,石油大学出版社,2000:271.

[4] 全国土壤普查办公室. 中国土壤普查技术. 北京:中国农业出版社,1992:10-12.

[5] 苏大学,薛世明．西藏自治区草地资源．北京:科学出版社,1994:4-5.

[6] 北方草场资源调查办公室．草场资源调查技术规程．北京:中国农业科技出版社,1986:7.

[7] 隋晓青,安沙舟,王昆,等．应用多源遥感数据对天山草地资源分类的比较研究．草地学报,2007,15(2):145-152.

[8] 中国科学院遥感应用研究所．空间遥感图像的分析应用．北京:国防工业出版社,1985:22-23.

[9] 1∶500 000 黄土高原地区资源与环境遥感系列图编委会．黄土高原地区资源与环境遥感调查和系列制图研究．北京:地震出版社,1992:10,155.

[10] 徐斌,陶伟国,杨秀春,等．中国草原植被长势 MODIS 遥感监测．草地学报,2006,14(3):242-247.

[11] 王长耀,王世泰．彩色红外航空遥感技术在天津市草场资源调查中的应用和研究//中国科学院遥感应用研究所等.彩色红外航空遥感技术在天津市土地资源调查中的应用．北京:测绘出版社,1985:115-128.

第3章

草地外业调查技术

摘要:本章叙述了草地外业调查内容,调查路线、样地、样方的设置。详述了草地气候、地貌、土壤、水资源等自然条件常规调查内容与方法。详述了草地植被调查,标本采集,营养成分分析样采集,草地利用适宜性与利用现状调查,草地遥感预判图调绘的内容、方法与技术规定。评述了草地群落植物优势度方法的选择、"四度一量"法的局限性和使用不当带来的不良后果。详述了产草量测定的技术规定,外业调查工作质量检查、验收办法。

3.1 外业调查内容、调查路线与样地

3.1.1 草地外业调查内容

(1) 草地自然条件和环境调查。调查草地形成与利用的自然条件,了解草地改良、草地建设、草地畜牧业生产发展的自然环境条件,包括气候条件、草地地貌与地形、草地土壤、水资源和交通条件。

(2) 草地资源图调绘。利用遥感信息源,野外实地调绘草地类型图、草地利用现状图,调查草地区域差异、草绘草地区划图。草地资源图调绘分别在第 5 章遥感调查和第 7 章草地资源地图编制中阐述。

(3) 草地植被调查、产草量测定。调查草地植被群落、草地类型及分布,测定草地产草量,采集牧草、毒害草标本和牧草营养成分分析样。

(4) 草地利用现状调查。调查割草地、季节放牧草地、难利用草地的类型及分布,调查人工草地、饲草料种植规模、效益、前景,调查非草地饲料资源及其载畜容量。

(5) 草地畜牧业生产现状调查。调查草地承养的家畜数量、品种及生产性能,舍饲圈养、季节草地畜牧业生产模式,草地改良、抗灾基地建设,饲草料加工与储备、草地管理及草畜平衡。

(6) 草地野生动物和草地保护调查。调查退化、沙化、盐渍化草地的类型及分布,调查草

地鼠虫害、毒草及危害程度。退化草地调查在第 10 章中阐述。

3.1.2 外业调查形式

3.1.2.1 踏查

为保证野外工作顺利进行，在正式开始调查之前，需组织部分专业技术骨干和熟悉当地草地自然条件和畜牧业生产的技术人员对调查地区和周围相邻地区进行概略调查，又称踏勘调查，简称踏查。其目的是，概要了解调查区的范围、地形、气候、植被等草地自然条件和草地类型概况，检验和修正室内所选择的调查路线，核对地形图、航卫片及其他资料的准确性。了解季节放牧场的分布、不同草地类型的分布规律，采集主要草地类型的优势种植物标本，并进行必要的鉴定定名，为草地植被样地详查做准备。踏查所获资料为进一步制订具体详查计划、选择详查路线和设置样地点位服务。

3.1.2.2 详查

详查即样地详细测定调查。按照调查路线和所选定的样地点位，调查草地地形、土壤和水文等自然条件，进行草地植被调查与测定，测定产草量，采集植物标本和牧草营养分析样品，调绘航卫片预判图，勾绘不同草地类型、季节放牧场和割草场的分布区域边界。

详查是草地资源调查的主要工作。通常，组成自然条件调绘与产草量测定组、航卫片调绘组、植物标本与营养分析样品采集组共 3 个工作小组进行调查；或由承担上述三方面工作的 3 个人组成一组，分别承担该组上述三方面的调查工作。详查重点是深入调查典型草地类型及其分布规律、测定草地产草量。通过重点、深入地“解剖麻雀”，掌握典型草地的垂直分布界线和水平分布界线，并落实在地形图和航卫片上，以便收到“以点带面”的效果。

3.1.2.3 路线调查

草地资源调查不可能深入到每个草地类型区、每块草地图斑现场进行全面实地调查。除了样地调查外，总是需要选择一些穿过有代表性典型地段的调查路线，进行路线记载调查。将调查区内的路线调查结果与样地调查结果联系起来，即可获得调查区域内的草地全貌。

沿路线调查时，要注意随时确定调查者所在的方向和位置。草地类型和利用方式有变化的地段，应在地形图上绘出其界线，并注记类型名称。在调查地段内，如果遇见相同的草地类型因利用等原因而出现景观显著差异时，应再做一次简要样地调查。调查中如果遇见在县级草地类型工作分类系统（试行）中没有的草地类型，必须做重点深入的调查。

沿路线进行调查，要经常注意记录目视范围内草地类型变化的边界线，必要时要登上调查路线附近的制高点，在调查底图上勾绘出各种草地类型的分布界线和主要垂直带草地的分布界线。

3.1.2.4 访问调查

访问调查指向当地有经验的技术人员和牧民进行访问调查，向当地政府部门收集县、区、乡草地畜牧业生产与社会经济的有关统计资料、图件。通过访问，调查草地利用现状，草地畜牧业经营方式、存在问题，探索今后草地畜牧业发展方向和途径。访问调查在草地资源调查中有别于单纯草地植被调查。通过访问调查获取调查区域内草地自然特征和生产力基本概况，草地利用、管理、改良现状，帮助选择调查路线和有代表性的调查区域。访问前须拟定调查提纲，以便获得预期访问调查效果。

访问调查的主要内容有：季节牧场的划分、转场时间、草地退化状况、草地野生动物、天然草地的自然保护区、草地改良方式与效果、人工草地和饲草料种植、可供放牧和割草利用的辅助草地和临时草地、草地承载状况、草地自然灾害、抗灾基地、畜牧业生产情况等。做好访问记录,访问调查获得的第一手材料,尤其是草地畜牧业生产,草地利用、管理,季节草地的划分,草地改良与建设等内容,将是内业总结阶段编写草地资源文字报告的主要依据之一。

3.1.3 外业调查路线

20 世纪 80 年代全国首次草地调查,以县为单位进行。在分析现有收集到的各种资料的基础上,根据地形图和卫片影像,以地形因素为主,结合气候、森林和农田分布的差异,将全县划分为若干个调查区。在区内采取路线调查和典型草地区域调查相结合的办法进行调查。调查不可能深入到每片草地现场进行实地观察,只能采取一般了解和重点深入相结合的方法进行调查,即选择一定的调查路线,沿调查路线对草地植被、地形、土壤进行"一般了解"性调查、记载。将调查路线中有代表性的地段设定为调查小区,在小区内设置调查样地、样方、草地畜群调查点、访问调查点,对草地植被、土壤、水资源、草地家畜等展开"重点深入"调查和测定,采集标本和营养分析样。一个县由若干条调查路线和若干个调查小区域覆盖,在地形变化复杂的地区,还可在调查主路线间设立若干辅助调查路线,完成全县调查。调查路线的选择依据如下:

(1) 调查路线须穿过有代表性的草地区域,调查区域具有代表性。依据热量带、雨量带、气候条件的差异、海拔高度、大地貌单元、大地形单元、生境条件的差异,设置调查路线[1]。

(2) 调查路线要穿过主要地貌单元和主要草地类型,调查路线应垂直于地形变化,穿过基本土地地类、植被类型、土壤类型的主要断面。

(3) 从山谷至山麓直至山顶,设置穿过整个山地坡面的调查路线,以完成完整的山地垂直带剖面调查,了解草地类型的垂直分布规律和草地生产力的垂直变化。

(4) 在地形十分复杂的山区或不能通行的区域,不能严格按路线间距离设置调查路线时,可以划分调查小区进行调查。在调查小区内,按山脊、山坡、山谷、鞍部等地形部位,设置调查点,或辅助调查路线。

(5) 对具有特殊重要意义、特殊类型的草地,设计调查区域和路线。

3.1.4 样地和样方的设置

3.1.4.1 样地点位的选择

准确地选择调查样地点位是获取正确调查结论的前提。样地选在典型草地地段,其草地植被代表范围面广,代表性强,可提高调查结论的准确程度。相反,若样地选在非典型地段,样地的代表性不强或所代表的区域狭小,则会降低调查结论的准确性,甚至以点概面,招致错误的调查结论。

植物群落调查有两种取样方法:一种是主观选样法,根据主观意识判断选择出"典型"样地;另一种是客观取样法,又称概率取样法,将样区划分为若干个数字编号小区,再随机抽取小区编号,在抽中的小区内布设调查样地。主观选样法迅速、简便,有经验的调查者可以获得有价值的结果。缺点是不能对其选择进行显著性测验,因而无法确定其置信度,难以确保选择出的"典型"样地典型性的可靠程度。客观取样法因为每个取样单位被抽取的概率是已知的,而能估量置信区间，可以明确知道样地代表性的可靠程度[2]。随机取样法避免了主观臆断，采用者逐渐增多，在进行群落数量特征测定和植被数量分类时，则必须用客观取样法。

草地类型调查有典型取样法、随机取样法、系统取样法、分层取样法等多种取样方法[3]。西藏草地调查样地点位的布置，采用以典型草地类型区布点为主、典型草地类型区布点与随机布点结合的办法。外业调查正式开展前，应根据踏查、访问调查和航卫片初判结果，按调查区域成图比例尺精度，在地形图上选择好调查样地点位和调查路线，以防止调查的盲目性和主观随意性。样地点位选择的原则和方法如下：

(1) 区域控制法布点。按踏查结果，在地形图上将被调查县的草地分布区分为几个草地类型区，如高寒草原区、高寒草甸区、温性(河谷)草原区、亚高山灌丛草甸区等不同的草地类型区域。然后在这些不同的草地类型区域内选择设置代表该类型区域的草地调查样地，以提高样地代表的广泛性。

(2) 随机布点。草地植被生长均匀一致的高原面，按样地密度要求，采用随机均匀的网格式布点。

(3) 典型带谱布点。在山区，根据踏查结果分别在坡谷自下而上划分出温性草原、山地草甸、高寒草原、高寒草甸等不同草地类带谱范围区，在典型分布区的海拔高度段内和典型的坡向布设样地。

(4) 对低地草甸、沼泽化草甸和沼泽等隐域性草地的调查，依据航卫片判读结果，在它们分布面积最大的河谷段或湖盆区布点。

(5) 样地应设置在没有人、畜和经济活动干扰的草地地段，尽量选择在未放牧、未割草、未践踏过的地段。距离居民点、饮水点、配种点(站)、道路 1 000 m 以上。

(6) 草地资源调查样地设置应避开鼠虫害危害严重的地段，避开草地严重沙化、退化的地段。

(7) 实施草地固定监测点调查，需要对调查样地先行围栏或扣笼。

(8) 安全第一。交通极不方便、缺乏道路或坡度过于陡峻、人畜进出有危险的地段，不宜设调查样地。

3.1.4.2 样方大小与形状

样方有正方形、长方形、圆形等多种形状。同等面积，圆的边线最短，测定产生的边际误差在各种形状中最小。圆形样方比正方形样方有较小的周长和面积比，正方形样方又比长方形样方有较小的周长和面积比。因此，若只考虑周长和面积比，大环形样方或圆形样方的理论测定误差较其他形状样方小。但制作单位面积的圆形样方框较困难，且用圆形样方框做产草量测定时，剪割边界不好控制。所以，除频度样方外，一般不使用圆形样方。

国外对盐土荒漠和荒漠草原植被的研究表明，在长方形样方内测得的数据间误差的方差，较其他形状样方内测定数据间的方差低。对希腊疏丛禾草植被的研究表明，在降低样方测定数据间误差的方差作用方面，样方面积的大小比样方形状更重要。使用大面积样方和有较大样本容量的小样方可以提高测定精度。在相同样方面积范围内，小样方可以比大样方获得更好的抽样单位分布[4]。

国内植被专家对羊草(*Leymus chinensis*)、丛生禾草草原群落的测定试验表明，无论是植物种数和地上部生物产量，都是长方形样方的测定结果比相同样方面积的正方形样方的测定结果更接近实际标准数。按照法瑞学派种数面积曲线有关规定，研究羊草、丛生禾草草原群落植物种数和频度调查样方的面积大小表明，最小样方测定面积 1/4 m^2 比较合理，不宜大于

1/4 m^2，亦不宜小于 1/10 m^2。频度样方测定数目不少于 10 个，一般以 20 个较为适宜[5]。有的专家在美国俄勒冈州，对北美蒿(*Artemisia* spp.)、禾草植被研究认为，频度测量适宜的样方大小为 15～25 cm^2[5]。

有研究主张，对羊草、丛生禾草草原地上部产草量的测定，出于经济目的，样方测定面积可用 1/2 m^2，代替过去常用的 1 m^2。测定重复次数不宜少于 6 次，测产样方形状最好用长方形。

3.1.4.3 样地种类和样地密度

1. 样地密度与样地面积

(1) 样地密度：样地的设置密度应根据调查区域的制图精度和草地的自然、交通条件来确定。西藏半农半牧县草地资源调查以 1∶10 万地形图为工作底图，平均每 8 000 hm^2 草地设 1 个调查样地，即每幅图设置 20 个样地。阿里地区、那曲地区西部和其他交通不便、草地类型比较单一的地区，样地设置密度可以适当放宽。但每个县的调查样地总数不得少于 35 个。样地设置密度规定见第 2 章表 2.2.1。

(2) 样地面积：草原、草甸、沼泽、草丛和灌草丛的描述样地面积为 100 m^2，荒漠为 10 000 m^2。

2. 样地种类

样地内设 3 种调查样方：生物学特性描述样方、测产样方和频度样方。

(1) 生物学特性描述样方：用于描述、记载草地自然条件、测定草地植被覆盖度、牧草高度等生物学特性和草地利用状况。

描述样方的面积和设置数量如下：草地植被较均匀一致的草地，每样地设 1 个描述样方；草地植被不均匀的草地，每个样地设 1～3 个描述样方。描述样方的面积：草甸、草原、草丛，1 m^2；荒漠草原，2～4 m^2；荒漠与灌草丛，10～50 m^2。

(2) 测产样方：用于测量草地牧草生物学产量。

测产样方面积的大小视牧草种类多少和植被的疏密程度而定，草甸类 0.25～1.0 m^2，草原类 1～2 m^2，荒漠类 5～10 m^2，灌丛类草地 50 m^2。

测产样方的设置数量视植被的均匀性和一致性而定。植物生长均匀、一致性好的草地设测产样方 1～2 个；植物生长不均匀、一致性差的草地设测产样方 2～5 个。

(3) 频度样方：频度表示组成草地群落植物分布的一致性。频度样方用于测定样地内各种牧草和植物种出现的频率，即某种植物出现的样方数占测定总样方数的百分率。全国首次统一调查规定，一个样地设 10 个频度样方，每个频度样方为 1 m^2。这一规定用于测定植被稀疏的荒漠，准确性有时偏低。

3.1.5 调查工作步骤

(1) 物质和组织准备。落实调查队伍的组织形式，与承担调查的单位签订承包调查合同，组建调查队伍。准备好交通工具，必备的医药和生活用品、食品。准备野外作业仪器设备，如海拔表、罗盘、望远镜、样方绳、皮卷尺、标本夹、样品袋、各种记载表格、钢卷尺、剪刀、样品标签、土壤剖面刀等。负责提供航卫片的单位，按计划提供航卫片。准备地形图、笔记本电脑、计算器、绘图用具等。

(2) 业务与技术培训。制定省级草地资源调查技术规程，地区和县级调查，根据省级草地资源调查技术规程制定地区和县级调查技术规定。举办地区级和省级草地资源调查训练班，请省内外的有关专家讲解草地遥感调查方法，介绍调查区域的气候、地貌、植被、土壤概况。并组织各调查单位的技术人员学习、熟悉草地资源调查技术规程的统一标准和调查方法，明确要求。各承担单位应派承担草地调查的主要业务人员参加培训。

(3) 分县进行野外调查。制订省、地、县野外调查计划、进度。分别由草地遥感制图、草地植被调查与测产、草地植物标本采集与营养成分分析样采集、草地利用现状调查几部分专业工作人员，按技术规程规定的统一标准，完成外业调查、测定工作。

(4) 外业调查质量的审查与验收。每个县的外业调查结束后，由省级草地资源调查技术组组织有关草地、植物分类、草地遥感、地理制图、畜牧等方面的专家，按省(自治区)草地资源调查规程的要求，对外业调查质量进行现场审查、验收。验收合格后转入内业工作。

(5) 补点调查。县级外业调查验收不合格者，由承担单位按验收组意见进行补点调查，直至合格为止。

3.2 草地自然条件调查

通过野外实地调查，了解草地自然条件诸因素与草地发生、草地植被类型分异的内在关系，了解草地利用条件，草地围栏、建设、改良的自然环境条件。自然环境条件调查包括气候、地貌与地形、土壤、水资源、植被5部分内容。调查结果，尽可能详细地记载于表3.2.1草地自然条件和环境调查登记表上。

表3.2.1 草地自然条件和环境调查登记表

样地编号______________调查日期______________调查人______________
样地所在图幅号及图名__________样地坐标__________样地面积__________
地理位置________省________地区________县________乡__________
地形(大、中、小地形及微地形)______________________________
样地海拔高度________________地形剖面图________________
坡向____________________坡度____________________
地质(母岩、母质、机械组成)______________________________
水资源(地表水与水质、地下水深度和性质)______________________
土壤表面特征______________________________________
土壤剖面号及剖面图__________________________________
土壤类型名称______________________________________
土壤样地周围条件及交通______________________________
植被季相和一般特征__________________________________
动物活动(鼠类、昆虫等)______________________________
草地利用现状______________________________________

3.2.1 气候条件

草地所处的气候条件是制约草地发生、产生草地类型分异、决定草地生产力高低、制约草地放牧利用季节最重要的自然因素。气候条件的调查，主要通过收集当地及邻近气象台站历年的气象测定资料，访问当地畜牧技术人员、牧民来实现，需要收集下述主要气候要素。

1. 气温

草地的各种气温指标反映草地热量状况，是最重要的气候因素。

(1) 年平均气温和月平均气温。年平均气温反映草地热量全年平均状况，最热月平均气温是划分草地所处气候热量带的重要指标之一。如最热月平均气温 10～22 ℃是温带草地的主要划分指标，最热月平均气温 6～10 ℃为高原亚寒带之高寒草地的温度指标；最热月平均气温 18 ℃是喜温牧草地理分布的温度下限；最冷月气温低于－20 ℃，冷季畜牧业生产较困难，须有暖棚、暖圈设施。

(2) 积温。要收集年积温、≥0 ℃年积温、≥5 ℃年积温。日平均气温稳定通过 0 ℃，是春季牧草开始萌发、秋季牧草停止生长的气温。≥0 ℃年积温为牧草生长季积温。日平均稳定通过 5 ℃，草地进入青草期，≥5 ℃年积温是草地青草期积温。

(3) ≥0 ℃的天数。≥0 ℃的天数说明牧草生长期和青绿期时间长短，用作划分草地热量带的辅助指标，规划冷季放牧草地面积的参考指标。

2. 霜期

调查初霜期和晚霜期出现的时间、无霜期的长短。霜期资料用于牧草种植和季节放牧草地规划时参考。

3. 降雪期、积雪期、积雪厚度

降雪与积雪资料，用于规划割草地规模、规划冬贮饲草料生产规模和饲草贮备量参考，用于规划抗灾基地规模参考。

4. 降水量和蒸发量

草地水分条件是影响草地发生和草地类型分异的主要因素之一。要收集：①年平均降水量，月平均降水量，牧草生长季降水量。②蒸发量，包括年平均蒸发量和月平均蒸发量。③湿润度。采用伊万诺夫湿润度，反映草地的水分生态状况，用作草地类型分类的重要依据。计算方法见 6.2《1∶100 万中国草地资源图》草地类型分类指标。

5. 风

要收集月平均风速、最大风速和出现期、主风向，特别是冬春季的主风向和平均风速。

6. 灾害性天气

收集灾害性天气资料，调查旱灾、雪灾、洪涝灾害发生的年份和频率，对草地畜牧业的危害程度。

3.2.2 地貌与地形

地形因素影响草地地表水、热的再分配，影响地下潜水的补充与排泄，进而影响草地类型的形成。地形制约草地的放牧与割草利用，又是草地改良与建设必须考虑的制约因素。对草地地形的调查，有助于草地类型的定性和草地利用性状的划分。草地资源调查不仅要调查地表形态，还要将地形因素提高到地貌学高度去研究，了解它的成因。要特别重视对风沙地貌类型、黄土地貌类型、流水地貌类型的调查，用以支持草地发生学分类，帮助评定草地利用适宜性。

首先调查确定草地样区所处的大地形、中地形，然后调查描述样地所处地段周围的地形，即小地形和微地形。

3.2.2.1 地形类型

草地地表按其形态一般可划分为山地、丘陵、高原、平原、盆地 5 种基本类型。此外，还有沙地、黄土高原、黄土丘陵、绿洲、海滩、喀斯特等大地貌类型。

（1）山地。地面起伏大，绝对高度＞500 m，相对高差＞200 m，高地与低地相互交替的一种地貌类型。依据海拔高度可进一步划分为极高山、高山、亚高山、中山、低山。按照山地的切割程度，可将山地划分为浅切割山地（切割深度 100～500 m）、中切割山地（切割深度 500～1 000 m）和深切割山地（切割深度＞1 000 m）。

（2）丘陵。地形起伏和缓，绝对高度＜500 m，相对高差＜200 m，介于山地与平原之间的一种地貌类型。丘陵可进一步划分为高丘（丘陵山地）、中丘、缓丘（岗地）。

（3）高原。绝对高度＞500 m，相对高差 200～500 m 的大片的完整高地。可划分为丘状高原、波状高原、高平原几种。

（4）平原。指地表起伏很小的平坦地，绝对高度＜500 m，相对高差＜50 m，平坦或起伏平缓的地貌类型。平原按坡度和坡向可以区分为：坡度＜2°的平坦平原，坡度＞2°的起伏平原和倾斜平原。平原按成因分为地壳上升的剥蚀平原和稍有下降的堆积平原两大类。后者包括河流冲积平原、湖积平原、河谷平原等。

（5）盆地。指四周高、中间低，为山地或丘陵环绕的平原或高原。中间与四周的高差大于 500 m。

草地主要地形的划分标准见表 3.2.2。

表 3.2.2　草地主要地形分类

<table>
<tr><th colspan="2">地形类型</th><th>绝对海拔高度/m</th><th>相对海拔高差/m</th></tr>
<tr><td colspan="2">极高山</td><td>＞5 000</td><td>＞1 000</td></tr>
<tr><td colspan="2">高山</td><td>＞3 500(4 000)</td><td>深切割＞1 000
中切割 500～1 000
浅切割 100～500</td></tr>
<tr><td colspan="2">亚高山</td><td>3 500～3 800(4 000)</td><td>深切割＞1 000
中切割 500～1 000
浅切割 100～500</td></tr>
<tr><td rowspan="3">中山</td><td>高中山</td><td>2 500～3 500</td><td>深切割＞1 000
中切割 1 000
浅切割 100～500</td></tr>
<tr><td>中山</td><td>1 500～2 500</td><td>深切割＞1 000
中切割 500～1 000
浅切割 100～500</td></tr>
<tr><td>低中山</td><td>1 000～1 500</td><td>深切割＞1 000
中切割 500～1 000
浅切割 100～500</td></tr>
<tr><td colspan="2">低山</td><td>500～1 000</td><td>中切割＞500
浅切割 100～500</td></tr>
<tr><td rowspan="2">丘陵</td><td>高丘陵</td><td>350～500</td><td>100～200</td></tr>
<tr><td>缓丘陵</td><td>＜500</td><td>＜100</td></tr>
<tr><td colspan="2">平原</td><td>＜500</td><td>＜50</td></tr>
</table>

(6) 黄土地貌。黄土高原由于水流的强烈剥蚀,使原来平坦的地面被切割得支离破碎,形成特殊的黄土地貌。按其形态可划分为以下主要类型[6]:

①塬:是表面平坦、黄土覆盖较高的平地,又称"黄土平台",面积较大,一般在数平方千米以上。

②梁:是条状或脉状的高地,长几百米至数十千米,但宽度仅几十米至数百米。

③峁:是由黄土组成的单个孤立的丘陵,为梁受沟谷切割而成。若干连接在一起的峁称峁梁。

(7) 沙地。为风积沙或浮沙组成的风成地貌类型。按形态可分为新月形沙丘、垄状沙丘、堆状沙丘和蜂窝状沙丘,按沙丘固定程度可划分为固定沙丘、半固定沙丘和流动沙丘。沙地草地地形常使用形态与固定状况结合描述,如堆状固定沙丘、垄状半固定沙丘。

(8) 河谷地形。河谷是由河流在山地或平原上切割形成的谷地,属水成地貌类型,为常见的隐域性草地地形。河谷地形可以划分为河漫滩和阶地。河漫滩紧靠河床,现代冲积形成,河水泛滥可被淹没。阶地位居河漫滩之上,自下而上依次称为一级阶地、二级阶地……高阶地常被切割成丘陵状。

3.2.2.2 地形规模

按地形规模范围衡量,可将草地地形划分为巨地形、大地形、中地形、小地形和微地形 5 种。划分地形规模级别的参考指标列入表 3.2.3 中。表 3.2.3 中以黄土高原为例,说明地形规模级别的代表性地貌类型。

表 3.2.3 地形规模分级的参考指标

地形规模级别	地表平面直线幅度范围	山地垂直带高差范围	黄土高原各地形规模级的代表性地貌类型	受地形规模制约的草地类型分类级
巨地形	＞50 km	＞500 m	黄土高原	类组、类
大地形	1～50 km	100～500 m	黄土丘陵沟壑地貌	类、型组
中地形	50～1 000 m	10～100 m	塬、梁、峁	型、亚型
小地形	2～50 m	0.1～10 m	峁残丘、梁长丘	亚型、微型
微地形	＜2 m	＜0.1 m	微起伏缓坡,偶见鼠洞	变型

(1) 巨地形。最高一级的草地地形,属于我国一级地形。在《中国自然区划草案》[7]中,与天然草地关系较大的有以下类型。

①青藏高原区:喜马拉雅山、藏北高原、柴达木盆地、祁连山地、西昆仑山地。

②西北干旱区:内蒙古高原、鄂尔多斯高原、阿尔泰山地、天山山地、河西走廊、塔里木盆地、准噶尔盆地。

③东部湿润季风区:黄土高原、云贵高原、东北平原、兴安岭中山、长白山中山、冀北中山、华北平原、山东丘陵、南岭中山、东南沿海丘陵、四川盆地等。

(2) 大地形。一级巨地形范围内的二、三级地形,如位居黄土高原的吕梁山、中条山等山地,山地中的高山、亚高山、中低山;平原中的三角洲平原、山前平原、冲积平原、湖积平原、山谷口洪积扇相连组成的复合洪积群等。

(3) 中地形。大地形范围内直线距离 50～1 000 m 的地形,如洪积扇、河谷盆地、河漫滩、河谷阶地、河谷洼地、固定沙丘、半固定沙丘、丘陵中的岗陵、长丘等。

(4) 小地形。中地形范围内、样点四周 50 m 范围内的地形,如新月形沙丘,垄状沙丘,堆状沙丘,河漫滩的一级阶地、二级阶地……丘陵状高阶地,丘陵中相对高差 10~40 m 的小丘、残丘和丘间低地等。

(5) 微地形。样点四周 2 m 范围之内的地形,包括地表起伏、土丘、砾石和浮沙覆盖情况,鼠洞的大小和分布密度,地表裸露情况。

3.2.2.3 **地形部位**

如山地可分为山顶,山脊,鞍部,山体的上部、中部、下部,山谷,山麓等多种地形;山坡可分为上坡、中坡、下坡、坡麓;洪积扇或冲积扇可分为前部、中部、顶部;河谷阶地的一级阶地、二级阶地等。

3.2.2.4 **地形特征**

(1) 海拔高程。一般用气压计海拔表与地形图的等高线和高程记录,大致可以确定样地及其附近的高程。对山地垂直带草地,应当准确记录各种垂直带草地类型的变更线,汇总调查地区的各垂直带草地类型的变异高程,对草地垂直带类型的划分和草地利用适宜性评定十分重要。

(2) 坡度。利用罗盘仪或测坡仪,量出样地点所在的坡度。坡度划分,可采用下述 6 个级别[8]。

①平缓坡:<3°,人工草地建植和饲草料种植不必平整土地。

②极缓坡:3°~7°,可以采用机械割草,人工草地建植可机耕,需等高种植。

③缓坡:8°~15°,草地和饲草料地适宜机械作业的上限坡度。

④中坡:16°~25°,割草地、人工草地建植的上限坡度。

⑤陡坡:26°~35°,不宜饲草料种植,永久性放牧草地的上限坡度。

⑥极陡坡:>35°,不宜农用、牧用,宜禁牧保护或用做临时放牧草地。

应记载样地点所在地局部地段的坡度,还要记载样地位居山坡的整体坡度及其变化情况,两者应分别记载。

(3) 坡向。可分为 E(东)、SE(东南)、S(南)、SW(西南)、W(西)、NW(西北)、N(北)、NE(东北)8 个方位。使用罗盘仪测量更为准确。

坡向不同,接受太阳光照的时间长短不同,致使水热条件的坡向差异显著,草地生产力和草地类型坡向差异显著。所以,对于山地、丘陵和河谷地形的调查,一定要按照光照差异划分坡向。一般可划分为阳坡、半阳坡、阴坡、半阴坡 4 种坡向类型[9],如图 3.2.1 所示。

阳坡:南坡、西南坡和东南坡;阴坡:北坡、东北坡和西北坡;半阳坡:西坡和偏南的东坡;半阴坡:东坡和偏北的西坡。

(4) 坡形。可分为斜面坡、凸坡、凹坡、复式坡等。

要认真测定和填写样地所处的海拔高度。青藏高原和北方的山地与丘陵区,坡向对草地光照、温度状况及草地利用性状影响很大,应当特别注意坡向与坡度的描述。如这样描述:本样地选在念青唐古拉山南坡,山体的中部,山体为东南—西北走向,起伏大,切割深。山坡由北向南倾斜,坡向北偏西 18°(N18°W),坡度 24°,海拔 4 760 m。样地内地表稍有凹凸不平,未见鼠洞。

图 3.2.1 坡向划分

3.2.3 土壤条件

3.2.3.1 调查内容与方式

草地土壤调查要了解调查区内草地土壤的类型、性状，土壤的理化性质和肥力特征，了解土壤类型的分布，以及它们与草地类型分布、草地利用和改良的关系。调查可供建设人工草地和饲草料基地的土壤类型及其障碍因素。根据草地土壤的肥力水平和利用价值，对草地土壤资源进行评价。

有别于土壤普查，草地土壤调查，视土壤为草地的一种自然条件进行调查，属于草地资源的一项调查内容。它与草地植被调查和产草量测定同步进行，按草地调查线路，结合草地类型调查，在草地植被调查样地设置地段，同时布置草地土壤调查样地、挖土壤调查剖面。在进行草地类型调查的同时，描述该草地类型的土壤性状，进行土壤类型命名，采集供分析用的土壤样品和土壤标本。土壤的成土条件，如气候、地形、植被、成土母质等，则与草地植被调查统一考察。草地土壤调查布设的土壤剖面密度，以满足草地土壤亚类定性精度为准，其调查样地数量少于土壤普查规定的样地数，也少于草地植被调查样地数。以选择人工草地和饲草料基地建设为目的的土壤调查，属于专项草地土壤调查，调查精度和调查内容，高于草地资源调查中的土壤调查，土壤类型要精确到土属甚至土种。

3.2.3.2 土壤与土壤母质类型

1. 土壤类型

土壤类型分类与草地分类一样，采用发生学分类，以土壤发生学理论为基础，以土壤属性为主要分类依据进行分类。采用全国土壤普查办公室制定的全国第二次土壤普查分类系统，按土纲、亚纲、土类、亚类、土属、土种6个分类级别分类。根据草地土壤调查剖面形态特征，以及调查样地所处的地形、母质、生产性能的特点，检索中国土壤分类系统[8]分类表中的各种土壤主要特征，进行草地土壤类型命名。

2. 土壤母质类型

按成土母质的物质组成及来源，将草地土壤母质大致划分为下列几类。

(1) 残积物：即残留在原来母岩所在地方的该种母岩的风化物。基本上保留原母岩风化物的矿物组成，多分布于山地，土层一般较薄。

(2) 坡积物：即山坡上母岩风化物及土壤沿山坡上或塌坡面堆积于坡脚附近的堆积物。主要由附近山坡上母岩的碎屑物、岩石碎块和土混合组成，无层理。

(3) 洪积物：即洪流携带的沙、石、泥在河床比降平缓处沉积下来的堆积物。洪积物同样缺乏层理，沙、石、泥等相混存在。

(4) 冲积物：指河流携带的泥沙碎屑物在沿河地带沉积下来的沉积物。在水的分选作用下，这些泥沙碎屑粗者先沉，细者后沉的结果，形成冲积物母质的显著层理性。

(5) 红土母质：即第四纪红黏土，它常具铁铝锰结核、网纹，质黏细，酸性至强酸性。有些河谷中，常有一些近代沉积物覆盖于第四纪红黏土之上。

(6) 湖积物：属静水沉积物，沉积物质地比较黏，下层常可见蓝灰色的潜育层。分布于地形低洼的湖盆地。湿润热带、亚热带的湖积物，有机残体丰富；干旱内陆地区的湖积物，往往伴随着盐类沉积；山间盆地的湖积物多含砂石。

(7) 风积物：风力所搬运的堆积物。广泛分布于干旱、半干旱地区，形成沙丘、沙垄、沙链、黄土台地等地貌形态。

(8) 冰川堆积物：堆积物多角砾、漂砾和泥沙，胶粒含量物少。无分选性，除冰水沉积物外，也无水平层理。

3.2.3.3　**土壤剖面调查与记载**

土壤剖面按表3.2.4规定的内容，进行调查与记载。

表3.2.4　土壤剖面描述记载表

<table>
<tr><td colspan="10">调查日期：　　年　　月　　日　　天气：　　调查人：</td></tr>
<tr><td colspan="10">土壤剖面编号：　　样地号：　　海拔高度：　　m</td></tr>
<tr><td colspan="10">观察地点：　　省　　地区　　县　　乡</td></tr>
<tr><td colspan="10">土壤母质：　　地形：　　坡向：　　坡度：</td></tr>
<tr><td colspan="10">土壤类型：　　植物群落：　　覆盖度：</td></tr>
<tr><td>土壤剖面图</td><td>土壤层次深度/cm</td><td>颜色</td><td>质地</td><td>结构</td><td>腐殖质</td><td>酸碱度pH值</td><td>障碍层</td><td>石灰反应</td><td>备注</td></tr>
<tr><td rowspan="3"></td><td></td><td></td><td></td><td></td><td></td><td></td><td></td><td></td><td></td></tr>
<tr><td></td><td></td><td></td><td></td><td></td><td></td><td></td><td></td><td></td></tr>
<tr><td></td><td></td><td></td><td></td><td></td><td></td><td></td><td></td><td></td></tr>
</table>

1. 土壤剖面层次

草地资源调查要求土壤剖面用发生层次划分。若遇有障碍层次，则另行划分。

在剖面观察面按颜色、质地、松紧情况先行划分层次，一般土壤可分为3大层：表土层，以"A"表示；心土层，以"B"表示；底土层，以"C"表示。

(1) 表土层(A层)：主要是土壤表面的有机质层。A层可分为：A_{00}层，指林下和草被下的枯枝落叶层；A_0层，生草层；A_1层，深色腐殖质层；A_2层，淋溶层；A_3层，A向B的过渡层，特征以A层为主。

(2) 心土层(B层)：主要是表土层以下的土体，也叫淀积层。由上层淋溶物质淀积而成的层次。特征是比较紧实、粒重、透水和透气性不良，但矿物质含量较丰富。如石膏淀积(白色)、铁铝三氧化物淀积(棕色)。

(3) 底土层(C层)：主要是心土层以下的母质层。如半风化的母岩层。

(4) 土壤障碍层：影响植物生长的土层，属于障碍层次。如潜育层、铁盘层及铁锰结核层、沙砾层等。在观察时要单独划出层次来，并记载它的深度、厚度、特征及危害情况。

(5) 土壤层次深度：土壤界线确定后，用厘米尺自上而下量取各层的深度范围。

2. 颜色

土壤颜色参照颜色卡片颜色描述。先确定主要颜色和次要颜色，主要颜色放在后面，次要颜色放在前面，如灰棕色，以棕色为主灰色为次。

3. 质地

土壤质地指土壤的沙黏程度。用手的触感，在野外测定土壤质地。将湿而不沾手的一小块土置于手指间摩擦、揉搓，凭手指的感觉判别它的粗细。可分为下列几种：①松砂土，不管含水多少均不能搓成球；②轻砂土，能搓成球，但搓不成条；③砂壤土，能搓成条，但只成短条；④轻壤土，搓成条时容易断裂；⑤中壤土，可搓成细条，但将其弯曲成指环状时，即裂缝或碎断；⑥重壤土，可搓成细条，很容易弯成指环状，压扁指环时，其外部出现裂纹；⑦轻黏土，容易搓成细条，有良好的黏着力，并能弯成指环，压扁指环时，其外部无裂纹。

4. 干湿度

土壤干湿度即土壤各层含水状况，其分级标准如下：①干，土样放在手中无凉感，用嘴吹有尘土扬起；②润，土样放在手中有凉感，用嘴吹无尘土扬起；③湿润，土样放在手中有明显潮湿感觉，放在纸上使纸变湿，并能捏成土团；④潮湿，土样放在手中使手湿润，并能捏成土团，但无水挤出；⑤湿，用手挤压土块有水流出。

5. 紧实度

野外鉴定土块紧实度，可根据小刀入土的难易程度，进行大致的分级：①松散，用小刀不费力可插入 10 cm 以上；②疏松，稍用力能插入 7～10 cm；③紧实，稍用力能插入 4～7 cm；④坚实，用力才能插入 2～4 cm；⑤坚硬，用大力也难插入 2 cm。

6. 石灰反应

用 10%盐酸稀溶液滴测，如有石灰存在，则产生 CO_2 泡沫。其等级划分如下：①无石灰，无泡沫，用“－”符号表示；②少量，缓慢产生小气泡和微丝声，用“＋”符号表示；③中等，明显产生中等气泡和丝声，用“＋＋”符号表示；④多量，急剧产生强烈气泡和丝声，用“＋＋＋”符号表示。

7. pH 值

pH 值说明土壤酸碱程度。野外测定土壤酸碱度，通常使用如下两种方法：

(1) 试纸法。取黄豆大小的土粒放入小试管中，加蒸馏水约 1 cm 高，搅拌后静置沉淀，用一张广泛试纸浸入溶液中，拿出经半分钟与比色卡对照比色，找出相应的 pH 值。

(2) 指示剂法。取黄豆大小的土块放入瓷板孔穴中，加混合指示剂 2～3 滴，振动摇匀，2～3 min 后与比色卡片对照比色，找出相应的 pH 值。

土壤酸碱性与 pH 的对应关系：①强酸性，pH＜4.5；②酸性，pH 4.5～5.5；③微酸性，pH 5.5～6.5；④中性，pH 6.5～7.5；⑤微碱性，pH 7.5～8.5；⑥碱性，pH＞8.5。

8. 植物根系

植物根系在各种土壤和不同层次中的数量是不同的，通常分 3 级：①大量，用“＋＋＋”符号表示；②中量，用“＋＋”符号表示；③少量，用“＋”符号表示。

3.2.3.4 土壤标本采集

草地土壤调查一般不需采集土壤标本，只有遇到难以定名的疑难土壤类型和专项草地土壤调查时，需要采集土壤标本。前者供土壤类型鉴定使用，后者供人工草地建植和人工饲草料基地的选择、评估时使用。

(1) 纸盒标本。又称比样标本，供室内土壤评比、分类使用，草原站和草地保护区用做土壤标本陈列。野外调查难以定名的土壤剖面，要采纸盒标本。按土壤剖面层取样，从典型层段上切取土壤样品，并保持好样品土块的原结构。然后按土壤剖面的层序，分层将土样装入特制的土样纸盒或塑料盒。一般土样盒为 5 cm×20 cm，分成几个分隔小格，每小格装一层土样。土样盒内、外均要有土样标签，记录样品编号、采集地点、日期、土壤剖面号、各层深度、暂定土壤类型名、采集人姓名等内容。

(2) 剖面分析样品。供化验、研究土壤理化特性使用，按土壤类型采集。主要剖面分层采样，每层采 1 kg 土样，从剖面的下层逐层向上层取样，然后装入样品口袋。装盐碱土的土样口袋不宜用布口袋和纸口袋。样品袋内、外均要有土样标签，记录样品编号、采集地点、日期、土壤剖面号、采集层次及深度、暂定土壤类型名、采集人姓名等内容。

3.2.4 水资源条件

3.2.4.1 水资源

水资源包括地表水资源和地下水资源。地表水资源由冰川积雪、河川径流、湖泊、水库、沼泽、溢出泉组成。地下水指贮存于地表以下岩土层中的水，按埋藏深度，可分为浅层地下水和深层地下水。埋深小于 50 m 的地下水，通常称为浅层地下水[1]。按地下水的水力特征，可分为潜水和承压水两种。具有自由水面、直接接受当地降水和地表水垂直向下渗透补给的地下水，称为潜水。地表以下第一含水层一般为潜水。

1. 地表水

地表水来源于大气降水。随着地表径流汇集成河流和湖泊，并补给地下水。河流分常年性河与季节性河。常年性河中上游多河床深切，形成"V"形谷，有的下切达数百米甚至千米以上，如金沙江、怒江、澜沧江。此类河段的河水，农业利用困难，对草地影响甚小。下游属堆积区，形成冲积平原。河水向两岸渗透补给地下水，但在旱季也有地下水补给河水的现象。可利用有利地形条件，引河水灌溉人工草地。常年河有多级支流，形成水系，汇集于主河道。水系汇集区称为流域。内陆流域山麓洪积平原上的河流，多季节性河流，雨季形成径流，旱季干涸。有的只在洪水暴发时才有径流，河床被充水数日或数小时，称为洪水河。内陆干旱区河流，常有山地积雪融化水汇集，流至平原地区，河水因蒸发和渗漏不断损耗，直至断流，成为"断头河"。河流地表水资源量计算公式为：

可用河川径流＝入境水资源量－出境水资源量＋区内自产水资源量

干旱地区湖泊为大小不等的贮水碟形洼地，由四周地面向湖心倾斜，湖水与湖滨平原地下水相互补给，湖水水位变幅一般较河流水位变幅小。

溢出泉指贮存于松散岩石孔隙或基岩构造裂隙的地下水，从孔隙口自然流出地表形成的泉水。泉水是草地的重要水源，很多山地分布有泉水溢出带。

2. 地下水

地下水类型的划分尚不统一。我国按地下水贮存状态和含水岩层结构划分为松散沉积孔隙水、岩溶裂隙溶洞水、基岩裂隙水和多年冻土孔隙裂隙水 4 大类型[1]，再以地形、物质组成进一步区分。后 3 种类型地下水，对草地的发生影响甚微，但可供提水用于草地灌溉。浅层地下水按埋藏深度和对草地形成的影响程度划分为：

(1) 高位浅层地下水。静止水位深度：湿润地区＜60 cm，干旱半干旱地区＜2 m，水分可以被草地植物根系吸收，对草地发生起关键作用，为低地草甸类草地形成的主要因素。地下水补给充足，土体水分过多，则有沼泽化、盐渍化发生。

(2) 中位浅层地下水。静止水位深度：北方 2～3 m，南方 60～100 cm。毛管水可以上升到地表，被草地植物根系吸收，对草地发生起关键作用，为低地盐化草甸草地形成的主要因素。不会导致南方湿润地区草地沼泽化，但对内陆干旱区草地能够形成盐渍化威胁。

(3) 深位浅层地下水。静止水位深度：以北亚热带为界，以北地区一般>3～5 m，以南2 m以下。除黏重土壤质地外，一般毛管水上升不到土壤表层，草本植物根系不能达其深度，仅干旱区少许灌木根系可达其深度，因而对草地的发生影响力度很小。不会影响草地盐渍化、沼泽化的发生。

3. 水质

水质指水的化学组成，以矿化度和水化学组成两种方式同时表示。内陆流域干旱区，特别是青藏高原西部和新疆荒漠区，有很多咸水湖，水的矿化度很高，不宜人畜饮用，亦不能用于灌溉。干旱区有些浅层地下水矿化度也高，灌溉不当，潜水上升蒸发，将盐分滞留在土壤表层，造成土壤次生盐渍化。所以，草地水资源指可供人畜饮用和灌溉的草地淡水资源。

水的矿化度用每升水含干残余物质重量(g)计算，分级标准见表3.2.5。地表淡水的矿化度分级，参见表3.2.6。

表3.2.5 水的矿化度分级

分级名称	矿化度/(g/L)
淡水	<1
弱咸水	1～5
中度咸水	5～10
强咸水	10～30
极强咸水	30～50
盐水	>50

表3.2.6 地表水淡水矿化度分级

级　别	水质类型	矿化度/(mg/L)
一级	极低矿化度	<100
二级	低矿化度	100～300
三级	中等矿化度	300～500
四级	较高矿化度	500～1 000
五级	高矿化度	>1 000

为防止地下水和土壤污染，保障人畜健康，保护草地环境，防止灌溉草地和饲草料地发生次生盐渍化，国家规定，草地灌溉用水的全盐量：非盐碱土地区≤1 000 mg/L；盐碱土地区≤2 000 mg/L[10]。我国由东南沿海地区到内陆干旱地区，水的矿化度逐渐增高，西部内陆流域干旱区草地调查，要重视水的矿化度分析。

3.2.4.2 调查内容

(1) 草地水源及供水情况。包括地表径流情况，草地离最近人畜饮水点的距离，是否属于缺水草地，草地是否积水或短期积水等。

(2) 依据放牧家畜最大饮水半径，通过调查，在地形图上初步标出缺水草地的分布范围，完成草地利用适宜性评价图中缺水草地的调绘。

(3) 估算草地水资源容量,调查草地是否有灌溉条件,地下水埋藏深度,附近是否有地下水开采,为人工草地建设和饲草料种植灌溉提供科学依据。有关可开采水资源容量、草地畜牧业需水量计算和水资源供需平衡方面的内容,见 8.6 牧民定居点的选择与评价中的水资源容量需求分析。

(4) 草地水源的水质、矿化度的高低。干旱内陆流域区牧民定居点的人畜饮水水源、草地灌溉用水,要取水质分析水样,并送分析化验。

3.2.4.3 **调查方法**

1. 资料收集

收集水文和水文地质资料,包括地表径流、流速、流量、流动方向及季节变化,地下水容量、埋藏深度,水质、矿化度和水化学类型。

2. 实地调查

(1) 调查河流、湖泊的大小和深度,水位,流量及季节性变化,分析其与地下水相互补给状况;利用遥感信息源,调查水分生态系列的河漫滩低地草甸、沼泽化草甸、海岸滩涂草甸、沼泽草地的类型与分布。

(2) 调查水库数量、库容、可用水资源量;调查饮用水井和灌溉水井的数量、水资源容量、水位及季节性变化幅度,水位变化与地下水、地表水补给关系;调查草地土壤盐渍化、潜育化状况。

(3) 调查水利设施、引水、提水和排水工程的规模,草地灌溉方式及耗水定额,灌排系统的完善程度和渗漏状况,农业灌溉和排水能力。

(4) 结合草地土壤剖面观察,调查地下水静止深度,从土壤潜育、铁锰淀积、质地和盐分状况,分析地下水变幅及其对草地形成和草地类型的影响。

(5) 调查人畜耗水量定额、人工草地和饲草料种植灌溉面积和灌溉定额;畜产品和农副产品加工、防疫(如药浴)耗水量定额。

没有水文站的地区,要向熟悉水文情况的农业水利技术人员、当地有生产经验的农牧民进行访问调查。

3. 采集水样

采集地下水、井水,必要时还要采集沟渠水或河湖水,测定其矿化度及化学组成,研究其与土壤盐渍化、潜育化、沼泽化的关系。

3.3 草地植被调查

3.3.1 草地植被群落特征的调查

草地植被调查指对草地植被成分、群落结构特征的调查。一般将草地植被区分为多年草本植被和灌木、乔木植被两类进行取样调查。通过对草地群落的调查与测定,对草地植被类型进行定性。

3.3.1.1 **草本、半灌木样地调查**

多年生草本草地采用典型抽样调查,调查项目内容如表 3.3.1 所示。各调查项目的技术规定如下。

表 3.3.1 草本、半灌木样地调查记载表

<table>
<tr><td colspan="4">样地号：</td><td colspan="3">调查日期：</td><td colspan="3">样方面积：______ m^2</td><td colspan="2">调查人：</td></tr>
<tr><td colspan="12">层高Ⅰ______Ⅱ______Ⅲ______Ⅳ______ cm　群落生殖枝高：______ cm　群落叶层高：______ cm</td></tr>
<tr><td colspan="12">总覆盖度：______%　植基盖度：______%</td></tr>
<tr><td rowspan="2">标本及营养分析样采集号</td><td rowspan="2">植物名称</td><td rowspan="2">层</td><td colspan="2">平均高/cm</td><td rowspan="2">盖度/%</td><td rowspan="2">多度(D)</td><td rowspan="2">频度/%</td><td rowspan="2">物候相</td><td rowspan="2">生活型</td><td rowspan="2">生活力</td></tr>
<tr><td>生殖枝</td><td>叶层</td></tr>
<tr><td></td><td></td><td></td><td></td><td></td><td></td><td></td><td></td><td></td><td></td><td></td></tr>
<tr><td></td><td></td><td></td><td></td><td></td><td></td><td></td><td></td><td></td><td></td><td></td></tr>
<tr><td></td><td></td><td></td><td></td><td></td><td></td><td></td><td></td><td></td><td></td><td></td></tr>
<tr><td></td><td></td><td></td><td></td><td></td><td></td><td></td><td></td><td></td><td></td><td></td></tr>
</table>

1. 高度

高度分为生殖枝高度、叶层高度和草层高度。

生殖枝高度，即植物种高度，指植物个体生殖枝从最上部枝条顶端到地面的垂直高度。

叶层高度，指茎生叶植物最上部第一片叶子至地面的垂直自然高度。基生叶植物指叶子顶部至地面的高度。

草层高度，指草地群落植物的叶片集中分布处至地面的垂直自然高度。测定时不能将植物拉直。

2. 覆盖度

覆盖度简称盖度，指叶片对地面的垂直投影面积占地表面积的百分比，又称投影盖度(aerial cover)，以百分数表示。通常采用目测法进行测定，也可用针刺法测定。

基盖度(basal cover)指样方内植物齐地面剪割后，留茬植物茎对地面的投影覆盖度，以百分数表示，通常用来评价草本群落。

3. 多度

多度指记载面积内各种植物个体数量的多少，通常用德氏多度记载。野外群落调查，德氏多度参考其记载面积内的植物枝条数或个体数进行目测估计。德氏多度的分级标准及含义详见表 3.3.2。

表 3.3.2 德氏多度的规定

德氏多度	含　义	枝条数或个体数/m^2	个体数占总枝条数/%
un	单株	1	
sol	稀少	5	<10
sp	少	15	10～30
cop1	较多	50	30～50
cop2	多	150	50～70
cop3	很多	>300	70～90
soc	形成背景		>90

4. 频度

频度指一种植物在调查样地中出现的次数,用百分数来表示。有两种频度测定方法。

(1) 样方法。随机抛样圈取样,记录每种植物出现在样方内的次数。属于随机取样法。样圈面积分为 1 m^2 和 0.5 m^2 两种,西藏草地调查规定,1 m^2 样圈测定 10 次,0.5 m^2 样圈测定 20 次。全国首次草地调查规定,用 1 m^2 样方框在样地内随机套 10 个频度样方。该方法用作稀疏荒漠草地调查时,10 个 1 m^2 的频度样方数偏少。

(2) 接触样线法(line intercept method)。样线由两点或两个木桩间的一条拉紧的带或线组成,测量被这条线的垂直投影面截获的所有植物。样线长度可根据植被类型而变化,盖度为5%～15%的植被建议用 15 m,盖度大于 15%的植被,样线的长度可以小于 15 m[4]。澳大利亚有些单位用手扶滚轮滚一条直线,记录滚轮滚压过的所有植物,用滚轮直线代替样带。

5. 生活型

生活型是指植物对生境适应所表现出的形态与外貌。草地植物的生活型一般可分为乔木、灌木、小灌木、半灌木、多年生草本、一年生草本、苔藓、地衣等类型。蒿类半灌木秋季结实后,营养丰富,对家畜有特殊作用,故从经济利用性状出发,将蒿类半灌木作为一种特殊的经济生活型从半灌木中单独划分出来。生活型是草地牧草经济类群的划分基础。

Ⅰ. 木本植物

(1) 乔木,具有明显的树干,树干直径大过树枝的木本植物。可进一步区分为:①针叶乔木和阔叶乔木。②常绿的和落叶的针叶(或阔叶)乔木。③大乔木和小乔木,树高<5 m 为小乔木。

(2) 灌木,没有树干,从基部长出大小相似树枝的木本植物。可以进一步区分为:①针叶灌木,阔叶灌木,垫状小灌木,叶退化灌木。②常绿灌木,落叶灌木。③大灌木,高度>2 m;小灌木,高度<2 m。

(3) 竹类。

Ⅱ. 半木本植物

(1) 半灌木,根为木本,地上部茎叶为草本。可以进一步区分为:①普通半灌木;②蒿类半灌木;③肉质叶半灌木;④退化叶半灌木。

(2) 小半灌木。

(3) 垫状小半灌木。

Ⅲ. 草本植物

(1) 多年生草本植物。可分为:①丛生草,进一步分为密丛的和疏丛的,禾草和苔草;②根茎草,进一步分为禾草和苔草;③直立茎杂类草;④蔓生茎杂类草;⑤垫状草本植物。

(2) 一年生草本植物。

(3) 水生草本植物,可进一步分为挺水植物、沉水植物、浮叶植物。

Ⅳ. 叶状体植物

(1) 苔藓地衣。

(2) 藻菌植物,如发菜(*Notoc commune* var. *flagelliforme*)。

6. 枝叶型

枝叶型通常分为直立型、平卧型、莲座型、半莲座型(叶子在地面上形成莲座,能抽出花茎,花茎上又着生叶子)、匍匐型、丛生型、攀缘型、缠绕型等。

7. 生活力

生活力用以描述植物对环境的适应能力。分 3 级:强(+++),生长发育好,茎叶繁茂,能完成生活史；中(＋＋)，能正常生长，但营养繁殖不旺，不能结实；弱(＋)，不能正常生长发育、结实，植株比正常者矮小、细弱。

8. 植被季相

植被季相指植被在调查时的外貌色彩，它反映植物的物候期，指示植被的生长情况，是茂密还是稀疏、返青期还是开始枯黄，是五彩缤纷的亚高山草甸还是色调单调的荒漠。植被季相对确定草地的类型、生产力有很大的参考价值。

3.3.1.2 灌丛草地的样地调查

灌丛草地或疏林草地调查，用 50 m^2 长方形样条，在样条内采用分层抽样法，设置灌丛层和草本层两种调查样方进行调查。

草本层样方调查：在灌丛草地内，寻找没有生长灌木的 1 m^2 正方形或长方形纯草本植物样方，进行草本层植被群落特征调查，调查方法与前面已述及的草本、半灌木样地调查相同。

灌丛层样地调查：清查样条内灌丛的种类、数量，从株丛数最多的 2～3 种灌木中，选取大、中、小各 1 株进行群落特征测定，特别重要的灌木要采集标本和营养成分分析样。测定结果记入表 3.3.3 中。其他数量较少的灌木要记载名称、数量，不认识的灌木也要采集标本供鉴定。

表 3.3.3 灌木及乔木样地记载表

样地号：			日期： 年 月 日					样地面积： m^2			调查人：				
郁闭度：					密度：			株(丛)数： /m^2							
采集号	植物名称	覆盖度/%	株丛数	株高/cm				株(丛)径/cm				株(丛)距/cm		物候期	生活力
				平均	大	中	小	平均	大	中	小	平均	最大		
	1														
	2														
	3														
	4														

表 3.3.3 中的填写内容说明如下：

(1) 覆盖度：指植冠盖度，即树冠、灌丛冠幅对地面的垂直投影面积占地面面积的百分比。对于灌木和乔木群落而言，称为郁闭度。

(2) 株丛数：先分别记录大型、中型、小型 3 类灌木的数量，再逐一记录每种灌木的总数。

(3) 株高：灌木枝条顶端至地面的垂直高度。

(4) 株(丛)径：指灌丛冠幅直径。用十字交叉方式量测，取 2～3 次量测值的平均数。

(5) 株(丛)距：指 2 株同种灌木之间的距离。量测 2 株灌木灌幅的中心点距离，或灌丛基部中心点的距离。

(6) 物候期：灌木的花前期、孕蕾期、初花期、盛花期、花后期、结实期(绿果期)、果熟期、初始枯黄期等。

此外，还要调查群落周围的植被，即调查样地前后左右的植被情况，四周是否分布有农田、森林、灌木林、裸地。对样地周围植被的了解，可以加深对调查样地植被的认识和定性。

3.3.2 草地群落的调查方法与命名

3.3.2.1 草地群落的调查方法

草地植物群落类型形形色色，非常复杂。研究植物群落的学者对植物群落的认识不尽相同，产生了不同的群落定义和分类方法。温带国家的北欧学派（乌普萨拉，Uppsala），注重植物群落的优势种植物、外貌和结构，用植物优势度辨别群落，适用于优势种明显、稳定的群落分类。南欧法瑞学派（苏黎世-蒙彼利埃 Zurich-Montpelier）对植物群落的分类，强调植物的种类成分，根据标志种（diagnostic species）和区别种来辨别植物群落。将“能够反映生境（气候或土壤）的特征，而在群落中不一定占优势的植物称为标志种或指示种”[11]，用标志种进行群落分类。适用于建群种和优势种不明显的植被群落分类。此外，还有植被群落数量分类法，但草地资源调查不常用。

我国天然草地的主体为温带草原，草地群落优势种较明显，而且自 20 世纪 50 年代以后接受以北欧学派分类的前苏联的草地分类方法，所以我国天然草地的群落分类大多采用北欧学派分类法。中国首次草地资源调查采用优势种与建群种辨别草地群落，认定草地植被群落由一定的层次结构和种类成分的植物组成，规定采用优势种、共优种、伴生种、偶见种等描述草地植被成分。优势种是指草地群落各层中数量最多、作用最大的植物种。群落中某一层有 2 种植物对群落的作用不相上下，共同占优势，则该 2 种植物为共优种。草地群落主要层的优势种称为建群种，主要层 2 个以上的共优种称为共建种[12]。对群落作用较小的植物种称为亚优势种，作用更小的称为伴生种，偶尔出现的植物称为偶见种。

3.3.2.2 群落优势种命名法的选择

1. 覆盖度优势度法

传统的植被调查，使用植物对地面的投影覆盖度单一要素评价群落结构，视群落中覆盖度最大的植物为优势种。

2.“四度一量”法

20 世纪 80 年代初，全国草地资源调查统一规定，采用草地植物优势度值判定优势种。群落优势度值计算方法，即总和优势度（summed dominance ratio，SDR）法[13]，是日本 1964—1972 年执行“国际生物学计划（IBP）”，以芒草（*Miscanfhus sinensis*）草地为调查研究对象所形成的一种群落调查方法。计算公式为：

$$SDR=(D'+F'+C'+H')/4$$

式中：

SDR——优势度值；

D'——相对多度；

F'——相对频度；

C'——相对覆盖度；

H'——相对高度。

该方法 20 世纪 80 年代初引入我国后，我国草地专家在原有计算公式中增加了一项相对重量（P'）因素，成为：

$$SDR_5=(D'+F'+C'+H'+P')/5$$

俗称“四度一量”法。全国首次草地资源调查规定，使用“四度一量”法进行草地植被调查。即用盖度(C)、高度(H)、多度(D)、频度(F)和重量(P)5 项指标计算植物的优势度。首先测定每种植物上述 5 项指标的绝对值，然后以群落中上述各项指标的最高绝对值为标准(100%)，去除每种植物的盖度、高度、多度、频度和重量的绝对值，得到每种植物上述 5 项指标的相对值。再用每种植物这 5 项指标的相对值，计算该植物的优势度值(SDR_5)，即“四度一量”法。

3.“二度一量”法

群落综合优势度法(SDR)是针对群落高度、盖度、密度较大，生长较均衡的日本暖温带芒草草地所制定，没有在植被低矮的青藏高原草地和植被稀疏的荒漠草地上试用过。著者 1985 年在西藏草地资源调查中试用“四度一量”法时发现，按全国首次草地资源调查使用“四度一量”法的规定，存在如下两处不足：

(1) 评定当雄飞机场周边海拔 4 500 m 矮生嵩草(*Kobresia humilis*)高寒草甸类草地时，由于当雄飞机场周边草地利用过度，有退化现象，耐旱的丝颖针茅(*Stipa capillacea*)、紫花针茅(*Stipa purpurea*)侵入草地，其草高达 20～25 cm，高出建群种矮生嵩草 4～5 倍，矮生嵩草相对高度值因此下降很多，致使丝颖针茅参与了矮生嵩草草甸群落的命名，引起矮生嵩草高寒草甸群落定性命名发生改变。

(2) 对西藏阿里地区狮泉河荒漠草地踏勘调查，使用“四度一量”法时发现，用统一规定的 10 个频度样方调查稀疏的荒漠群落，有些植物的频度相对值时大时小，不稳定，说明“四度一量”法不宜用于“10 个频度样方调查”的荒漠群落命名。解决办法有二，要么增加频度样方测定数量，要么取消相对频度的计算。

有鉴于此，经慎重考虑，著者以西藏草地调查技术组名义，通知承担西藏草地调查的各援藏单位，停止执行“四度一量”法中的相对高度值和相对频度值计算。改用盖度、多度、重量“二度一量”法，计算公式如下：

$$SDR_3=(D'+C'+P')/3$$

4. 权重优势度法

为避免“四度一量”法隐含的不妥因素，建议增加覆盖度的权重，改“四度一量”法为权重优势度法，计算公式为：

$$SDR_6=(D'+F'+2C'+H'+P')/6$$

5. 重量优势度法

1979 年南方草场资源调查训练班和试点调查期间，曾使用重量优势度法命名草地群落。规定如下：

“优势种：指在群落中占重量优势的植物种，它的产量占群落总产量的 70%以上。群落命名时，群落内两种植物的重量达到 70%，就以这两种优势植物命名；如群落内 70%的重量是由 3 种以上植物提供的，就以 3 种植物命名。”* 以上规定出于草地利用角度，突出体现草地群落产草量特征，但在群落发生、层次结构方面体现不够。全国首次草地统一调查规定使用“四度

* 南方草场资源调查科技办公室编，中国南方草场资源调查方法导论及技术规程，1981 年 12 月，第 90 页。

一量”法以后，南方草地资源调查停止使用重量优势度法。

3.3.2.3 **计算优势度值，命名草地群落**

1. 多年生草本群落

根据被调查植被的特征，选择一种适合的植物优势度值计算方法，进行优势度值计算。草地植物优势度值计算完成后，将计算结果登记于表 3.3.4。再按群落组成植物优势度值的大小顺序排列，取优势度值达 60%以上的植物种对群落命名。若某种植物的优势度值达 60%以上，该植物即为此草地群落的优势种，并用此命名该草地群落。如果没有一种植物的优势度值达到 60%以上，则取排序前两种植物的优势度值之和，若达 60%以上，则将排序前两种植物称为该草地群落的共优种，该草地群落亦用这两种植物命名之。其中优势度值大者排在前面，优势度值较小的排在后面，如圆穗蓼（*Polygonum macrophyllum*）+ 珠芽蓼（*Polygonum uiuiparum*）杂类草群落。

表 3.3.4 草地植物优势度值记载表

样地号：			调查日期：		调查人：				计算人：		
植物名称	高度		盖度		多度		频度		重量		优势度值
	实测/cm	H'/%	实测/%	C'/%	实测/%	D'/%	实测/%	F'/%	实测/g	P'/%	
1											
2											
3											
草地群落名称											

但当伴生种高度与优势种的高度相差太悬殊时，不宜用相对高度值命名草地群落。在西藏昌都地区丁青县，有些以四川嵩草（*Kobresia setchwanensis*）、矮生嵩草、早熟禾（*Paannua*）为优势种的亚高山草甸群落，由于低海拔宽谷中的温性草甸草原种丝颖针茅向上侵入，且丝颖针茅的相对高度值 H'大大高于亚高山草甸主要优势种矮生嵩草、早熟禾的相对高度值 H'，致使丝颖针茅的 SDR_5 值成为排序前二位 60%的 SDR_5 值，甚至成为排在第一位的优势种。从而使温性草甸草原种的丝颖针茅成为亚高山山地草甸的优势种，导致上述植被类型命名的不妥。与此相同的事例还有，四川省按“四度一量”法规定，命名了“丝颖针茅、异针茅（*Stipa aliena*）、禾草、杂类草”高寒草甸[14]；甘肃省甘南州按“四度一量”法规定，命名了“异针茅＋硬质早熟禾（*Poa sphondylodes*）”和“异针茅＋线叶嵩草（*Kobresia capillifolia*）＋珠芽蓼”亚高山草甸类型。

同理，当伴生种重量值与优势种的重量值相差太悬殊时，不宜用相对重量值命名草地群落。如青藏高原东部水分条件较好的早熟禾、线叶嵩草山地草甸，经常有植株高大的大黄（*Rheum* spp.）和大叶橐吾（*Ligularia macrophylla*）伴生。若 1 m^2 样方内出现 2 株大黄或大叶橐吾，则大黄和大叶橐吾的重量可能超过早熟禾的重量。若用重量值参与此种矮禾草群落命名，则可能改变早熟禾、线叶嵩草的优势种地位，致使早熟禾群落变成大黄杂类草群落或大叶橐吾毒草群落。

所以，当遇到优势种和伴生种之间的某一项优势度值相差太悬殊时，需要重新考虑群落优势种命名方法的选择。

2. 含有乔木和灌木景观且乔木郁闭度为0.1～0.2、灌木郁闭度为0.1～0.4的草地群落

多年生草本植物仍是这种草地的主要饲用植物，故只计算多年生草本植物层中的多年生草本植物优势度值，不计算乔木和灌木的优势度值。把乔、灌木视作次要的饲用植物，群落命名时将乔、灌两层的木本植物排在草本层之前，视作景观植物。取总冠幅面积最大、数量最多的1～2种灌木，用作灌丛草地的景观层名称，加上草本层的群落名称，组成灌丛草地群落名。如金露梅（*Potentilla fruticosa*）一圆穗蓼＋珠芽蓼灌丛杂类草群落。

3. 乔木型组和灌木型组荒漠类草地群落

乔木型组荒漠类草地，如梭梭（*Haloxylon ammodendron*）、沙漠绢蒿（*Seriphidium santolinum*）荒漠，灌木型组荒漠类草地，如藏锦鸡儿（*Caragana tibetica*）、红砂（*Reaumuria soongorica*）荒漠，此二类荒漠中的乔木或灌木为主要层，乔木或灌木是最重要的优势种。群落命名时，首先测算乔木和灌木的覆盖度优势度值，再计算草本、半灌木植物优势度值，计算方法与草本群落植物优势度的计算方法相同。在乔木和灌木为优势种的荒漠草地中，草本、半灌木植物系次要层，视草本植物为主要伴生种，用于灌木或乔木之后的群落命名排序。

通过植物优势度值的计算，可以分别确定多年生草本层、灌木层、乔木层各层的优势种、共优种、亚优势种和伴生种，了解草地群落的结构和层次。

3.3.3 草地植物标本的采集

采集植物标本并做相应的草地植物调查记录，是调查了解草地牧草资源和草地经济植物资源的最重要步骤。

3.3.3.1 采集种类

有3类植物需要采集标本：其一，样地内不认识的植物，或只能辨别属名不能辨别种名的植物；其二，分布较广，有重要经济利用价值，有重要指示意义的植物；其三，当地草地的主要毒草。

标本植物分为样地标本植物和样外标本植物两类。样地标本植物指样地内优势种、亚优势种、主要伴生种，有重要畜牧业利用意义或有药用、纤维用等其他经济利用意义的植物，有重要生态地理指示意义的植物。样外植物标本指分布于样方之外，没有圈进样方内却有重要意义的植物，包括地理分布界线指示植物、珍稀植物、濒危植物、国家和省级保护植物、重要种质资源植物等。

野外不能识别或不能准确定名的优势种、建群种牧草必须采集，并注明出现的相应样方号，以便整理、鉴定。

3.3.3.2 标本质量与份数

采集工作应在整个调查过程中进行，标本应尽可能完整，具有花、果、茎、叶、根。受采集时植物物候期影响，采集时没有花、果、种子的标本，以后需补采。标本应随采随压制，经常翻压、换纸，防止发霉，以便送交鉴定。每种植物标本的采集数量为3～5份。

3.3.3.3 标本记录

采集到的植物标本必须登记，挂上标签。每种植物的标签编号与采集记录号要一致，以便查对。植物野外标本采集记录内容包括采集号，样地号，采集日期、地点，海拔高度、坡向、坡度、生境条件，植物的科、属、种名，采集人。标本经专家鉴定、定名后，应对照样地记载表补记

或修正野外调查样地的植物名称，特别是参与草地群落命名但不能辨认到种名的优势种、共建种，一定要有定名标本为依据。

3.3.4 草地牧草营养成分分析样的采集

3.3.4.1 采集种类

按单种牧草和草地类型混合牧草样进行采集。草地饲用植物营养分析样的采集原则：一是面积大、有代表性的草地类型；二是产草量高、覆盖度大、对畜牧业生产有重要意义的草地；三是有特殊研究价值的独特草地类型；四是有特殊意义的草地的优势种或主要伴生种牧草和饲用植物。

单种牧草分析样：采集被调查县内最重要、最有代表性、最优良的天然草地牧草，采集有引种前途的牧草，当地已用于草地改良、补播的牧草，当地人工草地的当家牧草品种和人工种植的当家牧草品种。

牧草混合样：分布面积大、重要性高的基本草地类型（一般为草地微型）可食牧草混合样。采集代表主要草地类型调查样方内的全部可食牧草，维持调查测产时各种可食牧草的组成比例，放牧草地齐地面剪割，割草地按规定割草高度剪割。

3.3.4.2 牧草生育期和采集部位

牧草不同生育期、不同器官、不同部位的营养物质含量差异很大。牧草营养专业测定，需按牧草不同生育期、不同器官和家畜利用时期分别采样测定。草地资源调查，只能在草地植被调查测产的同时，完成营养成分分析样的采集，一般为花期或结实期。采集全草，不分部位。只有在有条件的地区和定位研究，才分利用期、分器官采集。

采集量：鲜重不少于 500 g，一般需要的采集面积为若干平方米。

3.3.4.3 样品登记

样品装入样品袋内，注意晾干，避免发霉。样品袋内外各系一样品标签。登记样品编号、样品采自的样地号、牧草名、草地群落名或草地类型名，记录采集日期、地点、海拔高度、物候期、生境条件、鲜重。经烘干至含水量 14%后再称干重，求得单种牧草和各草地类型牧草混合样的干鲜比，再将干鲜比登记在所采样方测定记载表上，用于计算样地干草产量。

3.3.5 饲用植物适口性调查

草地饲用植物适口性，反映草地植被的饲用性状，是评定草地质量的重要指标，属于草地植被调查的重要内容。草地饲用植物适口性，指草地牧草和木本饲用植物嫩枝、叶为家畜采食、喜食的程度。

牧草适口性，随饲用植物种类、生育期、食用部位、采食家畜种类的不同而不同。例如，蒿类半灌木，青嫩期有异味，家畜不愿采食，但结实期异味消失，成为很好的抓膘牧草；南方亚热带草地禾本科牧草，青嫩期柔软，牛羊喜食，枯黄后植株变粗糙，不愿采食；有些双子叶宽叶杂类草，牛羊不愿采食，而猪喜食；粗糙的灌木，牛、马、猪均不愿采食，但山羊和骆驼喜食。植物适口性变化的原因，目前还不完全清楚，可能与牲畜味觉、嗅觉和触觉辨别有关[15]。植物养分含量不能完全解释植物对牲畜的适口性。草地资源调查专项任务对牧草适口性调查的规定如下。

3.3.5.1 **调查对象**

(1) 饲用植物的适口性,以食草动物牛、羊、马为调查对象。

(2) 以牧草青草期为利用期进行评价。

(3) 以植物地上部全株牧草进行评价。

(4) 以木本饲用植物当年的嫩枝、叶进行评价。

(5) 以天然草地类型为单位进行评价。

3.3.5.2 **调查方式**

(1) 饲用植物适口性调查,以访问调查为主。访问有经验的牧民、牧工,询问各种牧草和各种草地类型,被不同家畜采食的喜爱程度。为避免访问的片面性,需要向多个牧民或牧工进行访问,从中获得一致多数的评价结论。

(2) 天然草地类型牧草适口性,用放牧试验或草地类型混合牧草样投饲试验,进行测定。主要草地类型和割草地牧草的适口性,除访问调查外,还可以通过放牧试验,实地观察,记录家畜的采食情况,还可以通过割草投饲试验,获得家畜采食的喜爱程度。

(3) 人工种植的饲草、人工草地牧草、饲用乔木、饲用灌木的适口性,按单种饲用植物测定;天然草地单种牧草的适口性,只在有特殊要求时,由专业人员另行测定。

3.3.5.3 **不可食草调查**

不可食草属于牧草适口性最差的植物,牛、羊、马均不采食,但猪或其他食草畜禽可能采食。不可食草调查属于牧草适口性调查范畴。

有关饲用植物适口性更详细的内容,参见8.1草地饲用植物评价之牧草适口性的评定。

草地毒害草大多为可食草,有的适口性尚好。但草地资源调查专项任务不调查草地毒害草的适口性。有关草地毒害草调查,参见10.4草地有毒有害植物调查。

3.4 草地产草量测定

草地产草量指草地植物地上部的重量,包括可食草产量、不可食草产量和毒草产量。测定草地产草量是草地调查的主要内容。

3.4.1 草地产草量的测定方法

3.4.1.1 **样方剪割测定法**

样方剪割测定法又称收获法,剪割样方内的植物,称重,乘以一定的草地面积,即可换算成草地单位面积的产草量。产草量测定的精确程度,受样方选取的代表性、样方面积的大小、样方密度、剪割高度、测产时间、重复测产次数诸多因素影响。测产样方面积越大、样方密度越密、测定时间越接近草地产草量巅峰期、重复测产次数越多,则测产精确度越高,但测产工作量也越大。草地资源调查的测产样地密度,依据调查精度要求而定,原则上与草地植被群落特征调查样地密度一致。

3.4.1.2 **抽样估算法**

为减少收获法测产的工作量,小比例尺草地资源调查中,可以采用抽样测产,再根据草地牧草生长量与草地植被特征、生态条件的关系，间接估算草地的植物产量。下述两种植被和水分指标，多用于抽样估算草地产草量。

（1）用草地覆盖度和草层高度两项植被特征进行草地产草量估算。Payne(1974)报道，经验证明，有 15 种植物的冠层盖度与植物重量相关性在 0.90 以上；有 34 种植物的盖度与重量相关性显著，仅有 12 种植物的盖度与重量相关性不显著[4]。草地覆盖度、草层高度与牧草重量的相关性较高，测定比较直观，测定准确度容易做到较高，故用典型抽样测产获得的重量，与覆盖度或草层高度值建立草地产草量相关回归方程，即可获得大致的草地产草量。植物外形较规则、生长茂密、覆盖度较大的草地，其重量与覆盖度的相关性高，估算较准确。

（2）草地牧草重量与降水量密切相关，特别是干旱区地带性草地，草地产草量主要制约因素是降水量。著者对全国首次草地调查 200 余个草地类型产草量与降水量进行过相关性计算，结果显示：①我国温带草原，从东向西，每 100 mm 年降水能形成 300～400 kg/hm² 干物质，折合为含水量 17%的自然风干干草为 360～480 kg/hm²。②等量降水能形成的产草量东部高于西部。西部蒸发量大，夏季一次性降水＜5 mm 时，会被立即蒸发掉，成为无效降水。③在青藏高原每 100 mm 降水能形成含水量 17%自然风干干草 250～300 kg/hm²，等量降水能形成的草地产草量，低海拔区高于高海拔区，相同海拔区则南部高于北部[16]。

在美国亚利桑那州干旱草原，前一个生长季降水量加上当年 8 月份的降水量，与草地牧草重量之间的相关系数最高[4]。

许鹏、廖世俊等人，1979 年研究了新疆天山北坡低山带冬春放牧草场产草量与年降水量的动态相关性，制定了用年降水量预测草地产草量的如下回归方程[17]：

$$y=32.18+0.22x$$

式中：

y——干草产量，kg/0.5 亩；

x——年降水量，mm。

2005 年报道，日本草地学者盐见正卫等 1984 年在日本栃木县 1 hm² 改良放牧草地上，摆放 117 个面积为 50 cm×50 cm 样方，留茬 3 cm 割草称重。再用 β·二项式数理统计方法，研究草地生产力数量化分析，以数学推导与草地实测数据相结合的方法，获得省时、省力、简单且较准确的草地产量抽样估算分析法[18]。

3.4.1.3 遥感估产法

（1）20 世纪 80 年代中期，国内外开始应用 NOAA/AVHRR 多时相数据，监测小麦生长状况。计算小麦生育期内 AVHRR 的归一化植被指数 NDVI 值，根据小麦长势模型和温度、降水量资料，构建小麦单产模型，预测小麦单位面积产量获得成功。后来这一遥感估产方法被引入用于草地产草量估测[19]，但鉴于 NOAA/AVHRR 分辨率为 1 000 m，此种估产仅仅能够用于国家级或省一级大范围面积内草地产草量的规律性研究。

（2）MODIS 卫星遥感信息源出现后，用于计算 NDVI 的 1 波段（红光波段）和 2 波段（近红外波段），空间分辨率为 250 m，可以部分克服 NOAA/AVHRR 空间分辨率过低的缺陷；且 MODIS-NDVI 是 NOAA-NDVI 的延续，有多年 NOAA-NDVI 生物产量模拟测产的经验可供借鉴，促进草地遥感估产向前迈进了一大步。目前草地遥感估产普遍使用的中分辨率光谱辐射仪（MODIS）的红光和近红外波段的分辨率为 250 m，已成功用于＜1：100 万小比例尺精度草地生产力宏观调查和国家级草地生产力定点监测，技术方法日趋成熟。但分辨率仍又不够高，难以满足中、大比例尺草地资源详查和草地畜牧业生产单位的需要，不能取代野外样地收割测产法。

(3) TM卫片的3波段0.63～0.69 μm，为红光波段；4波段0.76～0.90 μm，为近红外波段，可用于遥感估产。过去TM卫片收费，用TM卫片进行草地遥感估产成本费用高，仅允许在局部小面积范围内做遥感估产试验。前些年TM卫片不再收费，大面积用TM卫片红光波段和近红外波段进行草地遥感估产成为可能。TM的空间分辨率为30 m×30 m，大大高于MODIS红光和近红外波段250 m的分辨率，用TM卫片进行草地遥感估产，无疑将比用MODIS卫片估产精度高。

遥感估产法估算精度，受地面同步测产采样密度、地面水分、土壤条件的调查精度、放牧及割草等人为因素的影响，技术方法有待进一步提高。使用其他高分辨率的遥感信息源进行中、大比例尺草地遥感调查与估产，则工作量大、使用成本费高。

3.4.1.4 **气候生产潜力模型估算法**

见本书9.4.1宜牧土地的气候生产潜力。

3.4.2 影响草地产草量测定的因素

3.4.2.1 **样方设置**

被采食过的草地与没有被采食的草地，牧草生长率存在较大差异。被啃食过的草地，牧草生长点受损，牧草修复被啃食的组织，一般要停止生长7 d以上。未被啃食的草地，牧草不会停止生长，产草量肯定高于被采食过的草地。所以，草地准确的产草量测定应该选择未被采食过的草地。

有两种测产前草地保护方法，即活动围栏和可移动笼罩，可保护草地测产前免受放牧家畜和野生动物采食。笼罩比活动围栏有更多优点。笼罩法的测产样方设置位置，可以随机布置，因而可以提高测产重量平均数和方差估计的准确性。使用小笼罩不仅可排除放牧家畜的影响，还可防止草地野生食草动物的啃食。活动围栏防止野兔、鼠、雁等小型野生食草动物的采食效果，受制于活动围栏的结构形式。简单的活动围栏，如电线式电动活动围栏，防止小型野生食草动物的采食效果较差。所以，笼罩的使用比围栏更普遍。但笼罩的制作、固定、管理较活动围栏复杂，成本稍高。

草地资源调查采用一次性剪割测产，草地产草量测定与草地植被群落特征调查同时进行，测产样方与植被群落特征调查样方，为同一个样方。完成草地群落特征描述和草地植物测定后，立即按测产规定，剪割样方内的所有植物称重，确保测产植物与样地群落的描述、测定植物一致。重复测产样方，在已选定的植被特征调查样地内选择，以保证测产样方与群落植被调查样方的植物组成一致。

3.4.2.2 **样方大小和形状**

直接剪割测定样方中牧草重量的方法，首先面临样方大小和形状的选择。前已述及，用作群落植物与结构描述、测定的样方，圆形和大环形样方较合适。但在判断样内与样外植物时，圆形和环形样方的弧形边际线，不如正方形和长方形的直线边际线直观，不便测产操作。圆形和环形样方的面积计算较正方形和长方形复杂，制作一个单位面积的圆形和环形样方框，也比制作正方形和长方形样方框复杂。因此测产样方选正方形或长方形。

3.4.2.3 **剪割高度**

(1) 放牧草地可食产草量的测定：草层高<30 cm，齐地面剪割草地地上部可食牧草称重；

草层高 30～80 cm：留茬高度 2 cm 剪割；草层高＞80 cm：留茬高度 5 cm 剪割。

(2) 割草地可食产草量的测定：剔除其中的不可食草和毒害草，称重可食牧草。割草地牧草的留茬高度为：草层高 30～80 cm 的中草草地，5 cm；草层高 80～120 cm 的高草草地，10 cm；草层高＞120 cm 的特高草地，20 cm。

(3) 可食灌木的剪割高度：以放牧家畜的采食高度为限，一般＜2.0 m，饲养骆驼的地区，灌木的测产高度可适当提高，但最高不超过 3 m。

3.4.2.4 **测产时间**

草地产草量受测定时间的影响，从理论上衡量，应该在草地产量达到最高时，即草群中大部分植物进入盛花期时进行测产。早于或晚于草地牧草产量巅峰期测产，都将降低草地的产草量。草地资源调查，大部分产草量测定时间，不可能恰好遇到草地产草量达到最高。换言之，草地资源调查测定的产草量，是现存产草量，其中只有少部分实测产草量达到最高产草量，大部分实测的现存产草量低于最高产草量。因此，要用产草量月动态系数，对测定的现存产草量校正，换算成草地年最高产草量。

北方和青藏高原天然割草地，全年割草一次，在牧草达到最高月产草量时，进行割草测定。

3.4.2.5 **测产次数**

1. 样地内一次性测产法的重复测产次数

草地植物分布均匀、长势一致性好的草地可测产 1 次，或重复测产 1 次，取两次测产的平均数；草地植物分布不均匀、长势一致性不好的草地，需重复测产 2～4 次，取多次测产结果的平均数。

2. 再生草测产

草地牧草达到最高产草量进行剪割测定后，在水、热条件较好的热带、亚热带、暖温带草地，还会继续生长，直至气温降低到 0～2 ℃时，停止生长。所以，草地的产草量应该包括月最高产草量和再生草产草量两部分[20]。热带、南亚热带草地再生草产量，全年间能够达到月最高产量的次数可能超过 3 次，即再生草产量可能是月最高产草量的 200%以上。南方热带、亚热带割草地，全年可割草 2～3 次以上，产草量达到同类未割草草地产草量 85%以上时，即可实施一次割草测产。草地资源调查，只能做一次性测产，对于再生草重量占草地总产量比例大的热带、亚热带、暖温带草地(含割草地)，应该补充做再生草产量测产，补充做全年实施多次割草草地的产量测定。月最高产草量，加上至牧草停止生长前的各次再生草实测产草量之和，为全年产草量。

3.4.3 草本和半灌木草地产草量的测定

1. 采用一次性样地测产法

测产样方应设置在未放牧或近期未放牧的地段上。找不到未被利用的地段，而不得不在已利用过的草地上测产时，要通过访问，对利用过的草地估算一个已被利用的系数，用此系数对测定的现存产草量进行校正。

2. 测产样方面积

测产样方面积的大小，根据草地类型、草地植物生长均匀性、草地覆盖度等因素确定。覆盖度高、植物种类分布较均匀、长势较一致的草地，选做产草量测定的测产样方面积可以小一些。反之，草地植被稀疏、植物分布不均匀、长势不一致的草地，测产样方的面积应大一些。西藏草地资源调查对各类草本、半灌木草地测产样方面积大小和重复测产次数的规定见表 3.4.1。

表 3.4.1　草本、半灌木草地产草量测定样方面积的规定

草地类型	植被特征	测产样方面积/m^2	重复测产次数
小嵩草高寒草甸	均匀一致	0.25～0.5	1
大嵩草高寒沼泽化草甸	均匀一致	0.5～1.0	1
杂类草高寒草甸	均匀一致	0.5～1.0	2
温性山地草甸	较均匀	1.0	1
禾草温性草原	较均匀	1.0	2
禾草高寒草原	较均匀	1.0～2.0	2
禾草杂类草高寒草原	不够均匀	2.0	2
半灌木温性荒漠	较均匀	5.0	1
温性荒漠	不够均匀	10.0	2
高寒荒漠	不均匀	10.0	2
暖性和热性次生草地	不够均匀	1.0	2
禾草沼泽	较均匀	1.0	2
杂类草沼泽	不够均匀	1.0	3

3. 测定方法

剪割测产样方内的全部植物的地上部分进行称重，其中优势种、亚优势种、主要伴生种、毒草按植物种称重，其他牧草按经济类群称重，不可食草混合称重。记录可食草总重量、毒草和不可食草重量。测定结果记入表 3.4.2。

表 3.4.2　草本、半灌木产草量测定记载表

样地号：		调查日期：				测产面积：　m^2				调查人：				
采集号	植物名称	第一样方/(g/m^2)		第二样方/(g/m^2)		第三样方/(g/m^2)		样地平均/(g/m^2)		占样地总重/%		样地产草量/(kg/hm^2)		干鲜比*（干重：鲜重）
		鲜	干	鲜	干	鲜	干	鲜	干	鲜	干	鲜	干	
	1													
	2													
	3													
	4													
	5													
	6													
	7													
样地平均	可食草产量													
	不可食草重													
	毒害草重													

* 干鲜比＝含水量 14%的牧草烘干重：测定时牧草鲜重。

3.4.4 灌丛草地产草量的测定

3.4.4.1 测产样地

灌丛草地测产在 20～50 m^2 的样条内进行，植被稀疏不均匀的灌丛草地测产样地面积宜大，反之则小。采用分层取样法，在样条内分别设草本测产样方和灌木测定样株进行产量测定。

植被生长不均匀的灌木草地，在样地内需设置重复测产草本样方 1～2 个。灌木重复测产，采用重复测大、中、小样株 1～2 次完成。

3.4.4.2 测定方法

首先，清点大样条（50 m^2）内灌木的株丛数，区分可食灌木和不可食灌木，分别测算草本与灌丛的覆盖度。然后，分别按纯草本层样方和灌木层可食灌木样株进行测产。

（1）草本产量的测定方法。灌丛草地中草本产量的测定方法与前已述及的草本草地测定方法相同。

（2）灌木产草量的测定方法。测定可食灌木当年的嫩枝叶产量。其测定步骤如下：按可食灌木灌幅的大小，分为大、中、小 3 级；每一级选择有代表性的 3 丛灌木，按测产高度规定，采集全株叶子，剪下当年生嫩枝条，称其鲜重，测出大、中、小 3 种类型可食灌木的单株可食产量，测定结果记入表 3.4.3。

表 3.4.3 灌丛草地灌丛测产记载表

样地号： 调查日期： 样地面积： m^2 调查人：													
样地位置：													
灌丛层名称：													
层高(cm)： Ⅰ层 Ⅱ层 Ⅲ层 灌丛覆盖度： % 密度一致性：													
采集号	灌木名称	测产次数	株丛数/(株/50 m^2)				丛重(鲜重)/(g/丛)			平均丛重/(g/丛)		单位面积产量/(kg/hm^2)	
			平均	大	中	小	大	中	小	鲜	干	鲜	干
		1											
		2											
		3											
		1											
		2											
		3											
		1											
		2											
		3											
合计													

3.4.4.3 灌丛草地产量的计算

(1) 用大、中、小3种类型可食灌木的单株产量分别乘以50 m^2 内大、中、小3类可食灌木的株丛数，即可获得50 m^2 内可食灌丛的总产量。总产量除以50换算为1 m^2 可食灌丛产量。

(2) 灌丛草地的产量。灌丛草地的产量(g/m^2)＝草本层可食草(牧草)产量重/m^2×(1－灌木郁闭度)＋可食灌木产量/m^2。

(3) 若样地内找不出可供测产的纯草本样方，则选择灌丛郁闭度代表性最典型的样地测产。先测1 m^2 有灌木样方的牧草产量；然后按上述方法测50 m^2 内的可食灌木产量，并核算为1 m^2 的可食灌木的产量；最后将1 m^2 的有灌木样方的牧草产量和可食灌木产量相加，即为整个灌丛草地的产草量。

无论是草本草地还是灌丛草地，从测产样地剪割的牧草称重后，全部装袋，自然晾干。带回室内烘干至含水量14％后再称重，获得干草重，算出干鲜比。

3.5 草地利用现状调查

草地利用现状调查主要内容：核查草地行政界线，避免调查区域重叠和遗漏调查区域；调绘割草场、季节放牧场、难利用草地室内预判图，确定各种草地利用类型的分布；草绘草地利用分区图；调查缺水草地的分布；调查人工草地及人工种植饲草料地的分布；调查附属草地和临时草地的分布；调查草地畜群及草地畜牧业经营利用现状；调查草地野生动物利用及草地保护(见10.1草地退化调查)。

3.5.1 核查草地行政区划界线

核查各级行政区划界线，目的有：①防止扩大调查范围，防止发生同一调查区域被不同行政单位划归自己管辖，从而使某一调查区域同时被划归不同的行政区划单位进行调查，致使草地资源面积、载畜能力被重复计算。全国首次草地资源调查，有些县按历史传统放牧界线认定自己的草地权属边界，而不按地图标识的行政区划边界调查，将周边接壤县的草地划归自己，与按地图标识行政界线调查的邻县重复计算草地面积。这一现象不仅发生在四川与青海、甘肃与青海、西藏与青海省际边界接壤县，还发生于省(区)内的县与县之间、乡与乡之间、乡与大型农牧场之间。②防止产生几不管的遗漏调查区域。有些县的草地，分布于自己行政界线之外，成为“飞地”，还有的县对分布边远的草地，交通不便、利用不便的草地，主动放弃调查，成为草地调查空白区，致使草地面积的调查结论比实际拥有的草地面积小。

草地行政区划界线的核查，不是草地权属调查。在未完成草地权属调查的地区，草地资源调查不能介入草地利用权属争议。

3.5.2 草地利用现状调查

草地利用现状调查的主要内容如下。

3.5.2.1　**核实按草地利用现状三级划分规定划分的草地利用类型**

草地利用适宜性三级划分规定如下：

天然草地按利用性状可区分为可利用和难利用两类。可利用草地按其适用性能进一步区分为永久性放牧草地、割草地、割草放牧兼用草地、临时放牧草地 4 类。对放牧草地，按适于放牧的季节再区分为暖季放牧草地、冷季放牧草地、春秋季放牧草地和四季放牧草地 4 种，新疆还有冬季放牧草地、夏季放牧草地和冬春秋 3 种放牧草地。割草地进一步区分为固定割草地和临时割草地（见 8.2 中草地利用性状评价）。难利用草地区分为暂时难利用和永久性难利用 2 类。暂时难利用草地可以进一步划分为缺水草地、短期封育禁牧草地、缺乏牧道的草地 3 类。永久性难利用草地主要包括不适合人类居住的草地、极干旱和极高寒的低质草地、人畜难以进入的沼泽等（见 8.5 永久性禁牧草地评定）。

参照上述草地利用类型划分规定，检查县级草地利用类型的划分是否符合调查成果汇总的上级单位（地区和省级）对利用类型划分的规定，检查利用现状预判图划分的利用类型是否有漏项。

3.5.2.2　**调绘室内预判的草地利用现状图**

草地适宜性利用性状的调查以地形图、卫片为工具，根据草地植被调查结果，通过对草地的地形、海拔高度、坡向、草地水源、交通条件的调查，订正、修改草地利用现状预判图。根据草地自然条件、经济特性，确定调查样地设置区 1～3 km 以内的草地利用属性，核查各草地利用类型的分布界线，并将分布界线标绘在预判图和地形图上，留待室内绘制草地利用现状图时使用。供调绘的县级草地利用现状图比例尺为 1∶(5 万～20 万)。因此，应按中、大比例尺调查精度要求的草地适用类型划分规定，调绘预判图。

1. 季节放牧草地的调绘

依据草地所处的海拔高度、地形特征、草地植被利用特性、水源条件、地表侵蚀状况、土壤基质以及畜舍、棚圈等畜牧业设施等因素，评定季节放牧草地。

(1) 调查、确定当地暖季放牧草地的最高海拔高度界线和冷季能进入放牧的最高海拔高度界线；调查山地荒漠区中冷季可供放牧利用的山地荒漠的上限海拔高度；调查区域内山地草地垂直带的带宽和季节放牧草地的带宽。

(2) 测定草地坡度。坡度＜35%，永久性放牧草地；坡度 35%～40%，评为临时放牧草地；坡度＞40%，禁牧。

(3) 确定饮水水源。以饮水水源为中心，标绘允许最大放牧半径的范围。

2. 割草地的调绘

突出下述条件选评割草地：草层高必须＞30 cm，草地覆盖度较高，草地品质为中等以上，草被中基本上无灌木成分；地表较平坦，坡度＜25%，地表无侵蚀沟、小土丘和鼠洞，无大的砂砾石覆盖；距冬春放牧场和牧民定居点近，交通方便。

3.5.2.3　**记录、标绘当地草地生产部门划分的草地利用类型界线**

对季节放牧草地与割草地界线划分的评定依据，因调查单位不同而异。各地生产部门和牧民，主要依据草地畜牧业生产需要划分；而草地资源调查部门，主要侧重于草地适宜利用性能划分。所以，牧民和草地生产管理单位划分的草地利用类型界线，与预判图的草地利用界线大多数不会重合。野外调查时，要将此种差异在预判图上和野外调查记录本上记录在案，同时，在纸质地形图上或笔记本电脑中数字地形图上，现场标绘出各种草地利用类型的实际界线，以备内业制图时使用。编制草地利用现状图时，难利用草地的分布界线多参考预判图；可利用草地各种利用类型的分布界线，多参考地方生产部门的划分界线。

3.5.2.4 **交通条件调查**

草地交通条件属于环境条件，它是制约草地利用方式的重要因素，属于草地评价和草地利用现状调查的调查项目。要调查草地离最近居民点的距离，草地是否处于闭塞的人畜难以进入的区域，是否处于无人居住区，调查修建草地公路、土路、畜道的难易程度。草地交通条件主要调查内容为：

(1) 调绘草地利用现状图，确定缺乏交通条件的难利用草地的分布界线，并落实在地形图上。调查改善难利用草地交通条件的可能性、难易程度。

(2) 调查割草地、人工草地、人工饲草料地的立地条件，远离冬春放牧场、牧民定居点、交通闭塞且筑路条件差的草地，不宜选作割草地、人工草地和人工饲草料地。

(3) 调查季节放牧草地的转场距离和交通条件，为季节草地划分、季节草地宜牧畜种、放牧场转场管理，提供科学依据。

3.5.3 人工草地与人工饲草料种植调查

3.5.3.1 **目的**

我国天然草地主体位居温带干旱区和青藏高原区，目前，水热条件好的草甸草原、中低山山地草甸，已被逐步开垦，草地普遍超载过牧，退化，生产潜力提升空间有限。人工草地产量比天然草地高3～5倍，人工种植一年生饲草，产量可比天然草地提高10倍。人工饲草料生产是摆脱传统天然草地家畜“夏饱、秋肥、冬瘦、春乏”，实现草地稳定、优质、高产的必经途径。要提高草地载畜能力，改变靠天养畜、提高圈养舍饲水平，必须依靠建植人工草地和种植人工饲草料。世界上草地畜牧业发达国家，人工草地面积占全部经营草地的50%～70%以上。我国人工草地面积和人工饲草料种植面积逐年扩大，人工饲草生产能力逐年增加，已成为饲草资源的重要组成部分。所以，还要调查人工草地和人工饲草种植，计算它们的资源承载力。

3.5.3.2 **调查内容**

(1) 调查人工草地及饲草料种植地的分布，在草地利用现状调绘图上标绘人工草地分布界线。面积小于最小上图图斑面积的人工草地及饲草料地，通过访问调查确定其面积。

(2) 调查已有人工草地类型和它们的产草量。调查当地种植的饲草料品种、可割草次数、单位面积产草量，调查人工饲草料贮备数量，以备用作人工饲草料载畜能力和草畜平衡计算。

(3) 在年降水量>400 mm的地区，调查旱作人工草地生产发展潜力。有灌溉条件的地区，在查清灌溉水资源容量的基础上，调查人工草地的发展规模及人工饲草料生产前景规划。

(4) 调查当地适种的人工草地类型和适种的牧草当家品种、新品种牧草引种的可行性，以备编制人工草地区划和饲草料种植区划使用。

3.5.4 附属草地资源调查

附属草地资源指天然草地、人工草地和人工饲草料地3类宜牧土地之外，可供放牧或割草用于饲养家畜的土地和饲草料资源。按国家土地利用现状分类标准[21]衡量，它们属于来自非永久性草地的饲料资源，主要包括临时放牧地和附属草地两类。

3.5.4.1 **临时放牧地**

临时放牧地指可用作临时放牧的非永久性草地，不同于天然草地中的临时放牧草地。临时放牧地包括：

(1) 属于农田范围耕地中的较窄的田坎。南方耕地中<1.0 m，北方耕地中<2.0 m的田坎，在农作物收获后可供放牧和割草。田坎虽然属于耕地，却是农区和半农半牧区家畜非农作物生长期的重要的饲草来源地。

(2) 属于未利用土地范畴的高寒荒漠、粗骨质土高寒草甸、流石滩植被、高山垫状植被，在气温高的夏季，牦牛和羊可以临时进入放牧。

(3) 属于未利用土地中水域范畴的水泛草地。分布于江湖岸边的水泛地，生长有湿生植被，与河漫滩草甸、低湿地草地、可利用沼泽草地相连，平常处于积水或水浸状态，冬季枯水位完全露出水面，家畜可进入放牧或割草，如鄱阳湖、洞庭湖的湖滨湿地。

(4) 未利用土地中的滩涂和海涂草地。主要包括位于内陆洪水位和常水位之间的滩涂草地，大江、大河泄洪区草地，沿海大潮高潮位与低潮位之间的海涂草地。

可用层数抽样法调查或访问调查，查清上述临时放牧地大致的面积、产草量和载畜能力，以备用于草畜平衡计算。

3.5.4.2 **附属草地**

附属草地指按国家土地利用分类标准，属于非永久性草地资源的可利用草地。附属草地包括：

(1) 分布面积小于1：1万比例尺最小图斑面积10 mm^2（即地面1 hm^2），属于其他土地类型的草地。包括居住用地中建筑物四周、居民点房前屋后的草地，农村墓地四周的草地，铁路公路两侧护坡的交通用地的护坡草地，大型灌渠、水渠两侧的护渠草地，水库、坑塘四周的小块草地，大型开放式风景名胜区周边允许放牧或割草的草地等。

(2) 属于林地范畴的允许用于放牧或割草的林间草地、林下草地、伐林迹地草地、火烧迹地草地、灌木林草地、防护林下草地等。

(3) 属于未利用土地盐碱地中的覆盖度>10%，可以放牧利用的盐碱地草地。

(4) 各种自然保护区的非核心区中，允许放牧或割草的草地。

通过访问调查和抽样调查，大致查清以上各种可供利用的附属草地的大致面积和载畜能力，以备用作草畜平衡计算。

3.5.5 草地畜牧业生产现状调查

通过草地畜牧业生产调查，收集草地畜牧业生产统计资料，了解草地利用现状，提出改善草地管理与提高草地利用效益的措施，为编制草地畜牧业统计册、编写草地资源调查文字报告准备素材。采用3种调查方式：①实地调查草地承养的家畜品种、生产性能、饲养管理方式；②收集当地草地畜牧业生产、社会经济统计报表和相关文字资料；③访问调查，召开调查座谈会。草地畜牧业生产主要调查内容如下：

(1) 现场调查草地畜牧业生产。调查草地家畜品种、个体生产性能、品种改良效果；饲养方式、饲养成本和经济效益；奶牛、育肥专业牧户的生产、效益；畜产品加工及收入、适时出售屠宰情况。草地承包、割草地与季节放牧草地的分布、草地畜牧业生产设施现状。

(2) 收集草地畜牧业生产报表、统计资料和相关的文字报告资料,包括:

①调查区域内乡、县、地区各级重要年代的畜牧业生产年报或国民经济统计年报。内容包括历年各类家畜年底存栏数、各类家畜牧业年度饲养量、人均家畜占有量;各种畜产品产量及商品率,6.67 公顷(百亩)草地畜产品产量、畜产品加工规模与效益;畜产品销售、牧民经济收入统计材料等。

②调查草地畜牧业生产水平,历年或主要年份的畜种结构和畜群周转统计材料。包括各种家畜的适龄繁殖母畜比例,公畜、驮畜、非生产畜的比例;繁殖成活率、成畜死亡率、出栏率;降低驮畜、非生产畜比例,提高适龄母畜出栏率的途径与措施;肥羔生产、肥犊快速育肥生产规模与效益;家畜品种资源调查资料、品种退化、品种改良的典型材料和文字报告。

③人工草地、人工种草统计资料;农副产品和饲料加工、冬贮草统计;非草地饲料资源、临时放牧草地和农副产品统计材料。

④草地退化典型调查材料和统计材料;草地鼠虫害分布与危害程度,草地治虫灭鼠材料;毒草清除、草地保护文字资料报告。

⑤草地畜牧业灾害损失年报,家畜防疫年报。

⑥草地承包、围栏、季节草地利用、管理方面的材料。乡、县、地区级草地管理与保护条例,草地利用与保护乡规民约。

⑦各级草地畜牧业区划资料,畜牧业发展战略、规划方面的材料,包括文字报告、图件和统计材料等。

以上调查内容均系编写草地资源调查文字报告所必需的资料。

(3) 访问。了解人工饲草料生产现状,人工草地及人工饲草料种植面积和产量,人工饲草料加工能力,各类饲草贮备能力,每年向境外购入饲草料数量;了解临时放牧地、附属草地可以提供的载畜能力,牧民在临时放牧地、附属草地上放牧的家畜种类与数量、放牧时间;调查周边农区每年提供的农副产品和饲草料数量,牧区草地家畜转向农区越冬、育肥的转移数量。

(4) 调查了解草地畜牧业生产管理、草地承包和草地负载情况,草地改良效果,季节放牧草地划分、季节草地与天然割草地生产方式,家畜圈养补饲、舍饲情况,抗灾基地建设规模、抗灾能力,草地灾害及损失程度;调查了解草地鼠虫害、毒害草防治措施和效果。

3.6 草地外业调查质量的检查

由不同单位、不同专业人员分别承担的县级草地资源调查,在调查内容、精度把握、调查表格填写、记载格式等方面,会产生不一致。需要通过外业调查质量的检查、验收手段,保证外业调查质量,减少县与县之间外业调查成果差异。外业调查质量检查、验收内容为:草地类型图和草地利用图野外调绘质量;调查样地数量;样地布置是否均匀、合理;测产项目和样地记载是否符合统一规定;植物标本的采集及压制质量;牧草营养成分分析样的采集数量及质量等。以下为西藏县级草地外业调查质量检查规定。

3.6.1 草地图野外调绘质量

重点检查内容：

(1) 检查实地调绘区内草地类型边界与航卫片影像预判界线的符合程度，不符合者是否做了现场修改；

(2) 经野外实地调查后是否对卫片预判标志进行过全面审查修改；

(3) 季节放牧草地、割草地、退化草地界线是否做过现场调绘。

草地图野外调绘的检查标准见表 3.6.1。

表 3.6.1 草地图野外调绘的检查标准

项目	不及格	及格	良	优
航卫片野外调绘面积占草地总面积比例/%	<10	10～20	20～30	>30
野外调绘依据(检查是否将样区内草地类型界线绘出)	无	较充分	充分	很充分
图斑界线与影像边界线重叠位移距离/mm	>3	<3	<2	<1
季节草地的野外调绘界线	未标绘	已在样区内标绘	山地草地全部标绘	全部草地均标绘

3.6.2 样地调查内容及记载质量

样地描述和样方的测定项目，应按省级草地资源调查技术规程的统一标准进行记载。在下述 6 项规定中，样地和样方的记载缺少某项记录，或有一项记录不符合要求，即为不合格样方。

(1) 样方记载的经纬度与地形图上所标示的样方经纬度不一致。

(2) 没有记载样地的海拔高度、坡度、坡向。

(3) 对参加草地群落命名的优势种，既不能识别种名，又未采集标本。

(4) 测产按“杂类草”混合称重，优势种、共优种未单独称重。

(5) 灌丛样方的可食灌木未测产，未记载灌丛的总覆盖度。

(6) “三度一量”法规定的覆盖度、多度和重量 3 项测定项目不全。

以上第(1)、(2)、(3)项内容不合格，可依据记忆或其他样方的记载予以修正。第(4)、(5)、(6)项内容缺失或不合格的样方，则必须补做。

3.6.3 草地植被调查质量

检查内容包括：合格的调查样地数量，山地垂直带剖面调查数，样地布设的代表性与均匀性等。草地植被调查质量检查标准详见表 3.6.2。

表 3.6.2 草地植被调查质量的检查标准

检查项目	不及格	及格	良	优
合格样地数	<35	35	35～50	>50
不合格样地数占总样地数比例/%	>15	10～15	5～10	<5
样地距公路及居民点<1 km 的样方数占总样方数比例/%	>50	50～40	40～30	<30
定名的每个草地微型有依据的合格样方数	0	1	2	3
草地垂直系列调查剖面个数	<3	3	4	>4
优势度值计算的准确度/%	<80	80～94	95～99	100
各垂直带草地海拔高程段布置的调查样方	不齐全	基本齐全	比较齐全	齐全
每幅图的样方分布	漏图幅	基本均匀	较均匀	均匀

表 3.6.2 规定的检查项目，不合格者需要补做。

3.6.4 植物标本质量

有下述一条不合格，即为不合格植物标本。

(1) 标签上采集号与采集植物记录本上的采集号不相符。

(2) 没有记载所采集的样方号、采集地及生境条件。

(3) 标本残缺不齐或已损坏，不能辨认。

植物标本采集的检查标准见表 3.6.3。

表 3.6.3 植物标本采集的检查标准

标本采集	不合格	合格	良	优
参加群落定名的植物标本采集数量	不全	定名植物采全，但未采重复份	每个样方定名植物采集齐全	主要伴生植物、定名植物采集齐全
标签与采集本记录	不相符	相符	兼有其他记载	记载齐全
标本质量	残缺不全	植物器官齐全，压制质量一般	压制良好	压制很好
每种植物标本数量	1	2	3～4	5

3.6.5 牧草营养成分分析样质量

检查项目如下：

(1) 主要草地型的混合牧草营养成分分析样是否采集？调查区内特有的草地类型混合牧草分析样是否采集？根据全省(自治区)草地类型分布情况，经省(自治区)草地资源调查技术组权衡，规定所在调查县要采的营养成分分析样，是否漏采？漏采者为不合格。

(2) 样品的采集重量低于规定重量，为不合格样品。

(3) 样品是否风干保存良好，发霉的样品为不合格样品。

(4) 样品数量。按地区计算，平均每个县应采集不重复的营养成分分析样 6 个以上，少于 6 个为不合格。

(5) 样品记载表填写内容是否齐全？漏记样品名称、样品所属样地号、牧草物候期等重要内容的样品，为不合格样品。

上述 5 项凡有一项不合格，即为牧草营养成分样品采集不合格，应就地立即补采。

3.6.6 样地调查工作量

西藏县级草地资源调查，样地调查工作量按表 3.6.2 规定验收。一个县合格调查样地数＜35 个，山区县垂直带草地调查剖面数＜3 个，须做补点调查。对各种高级草地类所布设的调查样地数，与样地所代表的该类草地分布的面积大小基本相对应。换言之，分布面积大的草地类型，合格调查样地数应多。规定，用于每个基本草地类型定名的植被群落调查样方数应≥2 个。西藏东部有几个高山峡谷地貌类型县，林线以上高寒草甸类草地的面积占全县草地面积的 65%以上。承担此类县调查的单位，有的将 80%的样地布设于低海拔河谷区，而在主体草地高寒草甸类分布的高海拔区，布设的调查样地数却＜20%。虽然全县合格样地数＞35 个，符合工作量要求，但高海拔区样地调查工作量显然不足。

此外，外业调查质量还要重点检查草地类型图、草地利用现状图的调绘，检查方法见第 4 章草地资源调查内业工作。外业调查质量的检查、验收不合格者，立即进行补充调查，缺什么补什么，直至合格。

参考文献

[1] 孙鸿烈．中国资源科学百科全书．北京：中国大百科全书出版社，石油大学出版社，2000，14-15；319-320.

[2] 阳含熙．植物群落研究的取样问题//自然资源研究的理论和方法．北京：科学出版社，1985：180-188.

[3] 许鹏．草地资源调查规划学．北京：中国农业出版社，2000：167-169.

[4] 韦思库克 C，詹姆斯，斯诺布恩迪克．草地研究：基本问题和技术．许志信，韩国栋，王明玖，等译．杨凌：天则出版社，1990：70-71，76-77，79.

[5] 杨宝珍，李博，曾泗弟．关于草原群落研究中样方面积大小的初步探讨．植物生态学与地植物学丛刊，1964，1.

[6] 陈国新．地学基础手册．北京：测绘出版社，1984：305-307.

[7]《中国自然地理》编写组．中国自然地理．北京：高等教育出版社，1979：157-160.

[8] 全国土壤普查办公室．中国土壤普查技术．北京：农业出版社，1992：21-22，44-50.

[9] 甘肃农业大学．草原调查与规划．北京：农业出版社，1985：144-145.

[10] GB 5084—2005 农田灌溉水质标准．北京：标准出版社，2006.

[11] 侯学煜．中国植被地理及优势植物化学成分．北京：科学出版社，1982：31，39.

[12] 中国植被编辑委员会．中国植被．北京:科学出版社,1980:145.

[13] 沼田真．草地调查法手册．姜恕,祝廷成译．北京:科学出版社,1986:26.

[14] 四川省畜牧局．四川草地资源．成都:四川民族出版社,1989:64.

[15] 哈罗德 F 黑迪．草原管理．章景瑞译．北京:农业出版社,1982:42-43.

[16] 苏大学．1∶4 000 000 中国草地资源图说明书．北京:科学出版社,1997:13.

[17] 甘肃农业大学．草原调查与规划．北京:农业出版社,1985:106.

[18] 盐见正卫,安田泰铺,陈俊．关于放牧草地植被的调查方法．草地学报,2005,13(2):154-158.

[19] 童庆禧,丁志,郑兰芬,等．应用 NOAA 气象卫星图像资料估算草场生物量方法的初步研究. 自然资源学报,1986,1(1):87-95.

[20] 苏大学,孟有达,武保国．NY/T 635—2002 天然草地合理载畜量的计算．北京:标准出版社,2002.

[21] GB/T 21010—2007 土地利用现状分类．

第4章

草地资源调查内业工作

摘要：本章叙述了内业工作中的资料整理与分析，草地产草量计算，草地面积量算与草地资源数据库，草地区划和文字报告编写几方面的工作内容，总结出草地内业工作流程。提出草地类型产草量和区域草地产草量计算的规定，分析了全国首次草地调查产草量计算的若干不妥规定，导致区域产草量计算的失误。阐述了草地面积三级量算的控制与平差方法，提出不同调查比例尺区域面积量算控制的衔接方案。叙述了草地资源统计册编制及草地资源数据库建库要点。提出了草地自然区划的分区、层次、指标及中国草地自然区划结果。叙述了草地畜牧业利用区划方法和草地调查文字报告编写要点。

中华人民共和国草原法第二十四条规定，国家建立草原统计制度。县级以上人民政府草原行政主管部门和同级统计部门共同制定草原统计调查办法，依法对草原的面积、等级、产草量、载畜量等进行统计，定期发布草原统计资料。按此规定，草地面积量算、等级评定、产草量和载畜能力计算等草地资源统计成为草地常规管理工作。上述规定的各项草地资源数据，必须经过草地调查内业工作获取，并经验收合格后才能发布。

4.1 草地调查内业工作流程

内业总结工作首先以县为单位进行。县级内业总结完成并通过验收后，再按地区（市）进行地区级成果汇总。地区（市）级内业总结合格完成后，最后开展省（自治区）级内业总结。

4.1.1 内业工作开展的条件与准备工作

以县为单位独立分散开展的草地资源外业调查的各项工作，包括样地调查测定数量和布点密度、产草量测定、植物标本和营养成分分析样的采集、草地类型图（初稿）的调绘、草地利用类型和退化草地的调查等等，须经省（自治区）级草地资源调查技术组按统一标准检查、验收，确认无误后才能进入内业总结。外业调查质量不合格，或调查内容有遗漏者，需进行补点调查，直至合格后，才能开展内业作业。

内业准备工作包括资料准备和工作条件准备。

（1）清理登记外业调绘图件，编绘工作底图，准备必要的缩图和面积量算设备，购置计算机制图软件。

（2）清理、登记外业实地调查、测定、采集、记录资料，按外业调查质量检查验收意见，完善调查记录的补记，完成外业调查缺项的补点调查，准备标本压制和牧草营养成分分析条件。

（3）清理访问调查、收集的资料及社会经济统计材料。包括国土面积、人口、农牧业经济、牲畜数量、农牧产品、有关附属草地的统计及文字资料，畜牧业生产统计，前人的地貌、气候、水资源、土壤、植被等调查资料等。各种统计资料尽量收集齐全，发现缺项，要补充访问调查。

4.1.2 工作内容与成果

（1）县级草地调查内业工作的主要内容为：①资料整理与分析；②植物标本鉴定；③牧草营养成分分析；④制定草地分类系统；⑤草地制图；⑥面积量算和数据统计；⑦草地等级和利用评价；⑧草地承载力与草畜平衡计算；⑨草地区划；⑩编写草地资源文字报告或专著；⑪验收和成果资料归档保存。

上述工作内容中的草地分类系统制定、草地制图、草地评价、草地承载力和草畜平衡计算，将分别在后面的第6章至第10章中阐述。

（2）内业工作要完成下述成果：①草地资源图件，草地资源类型图、草地等级评价图、草地利用现状图、草地区划图；②草地资源数据集，草地资源数据统计册和数据库；③草地资源文字报告，草地资源报告、草地资源开发利用专题报告；④草地牧草资源成果，草地植物名录或草地植物志、草地牧草营养成分表、草地植物定型标本。

4.1.3 内业工作流程

县级内业工作，从整理外业调查资料开始，围绕要获取的成果展开。各项工作开展的先后顺序及彼此之间的衔接关系，如图4.1.1所示。

4.1.3.1 草地资源地图编制流程

（1）草地资源类型图的编制顺序：①计算、核查草地样地调查记录表中的草地植物优势度值，获取准确的群落优势种和群落名称；②汇集全部合格的野外调查样方群落优势种和群落名称，按照草地水、热条件和隐域性生态特征，制定草地类型工作分类系统；③转绘经野外实地调绘、修改的草地类型外业调绘图至地形图上，或粘贴、套合在计算机数字地形图底图上；④按照遥感影像特征、草地海拔高度、地形条件和草地类型工作分类系统，编绘、修改草地类型外业调绘图，成为草地资源类型图初稿，即过渡图；⑤征求土壤资源专业、土地评价专业专家对草地资源类型图初稿的修改意见，与同区域、同比例尺的土壤图和土地评价图协调类型界线，最终定稿草地资源类型图。

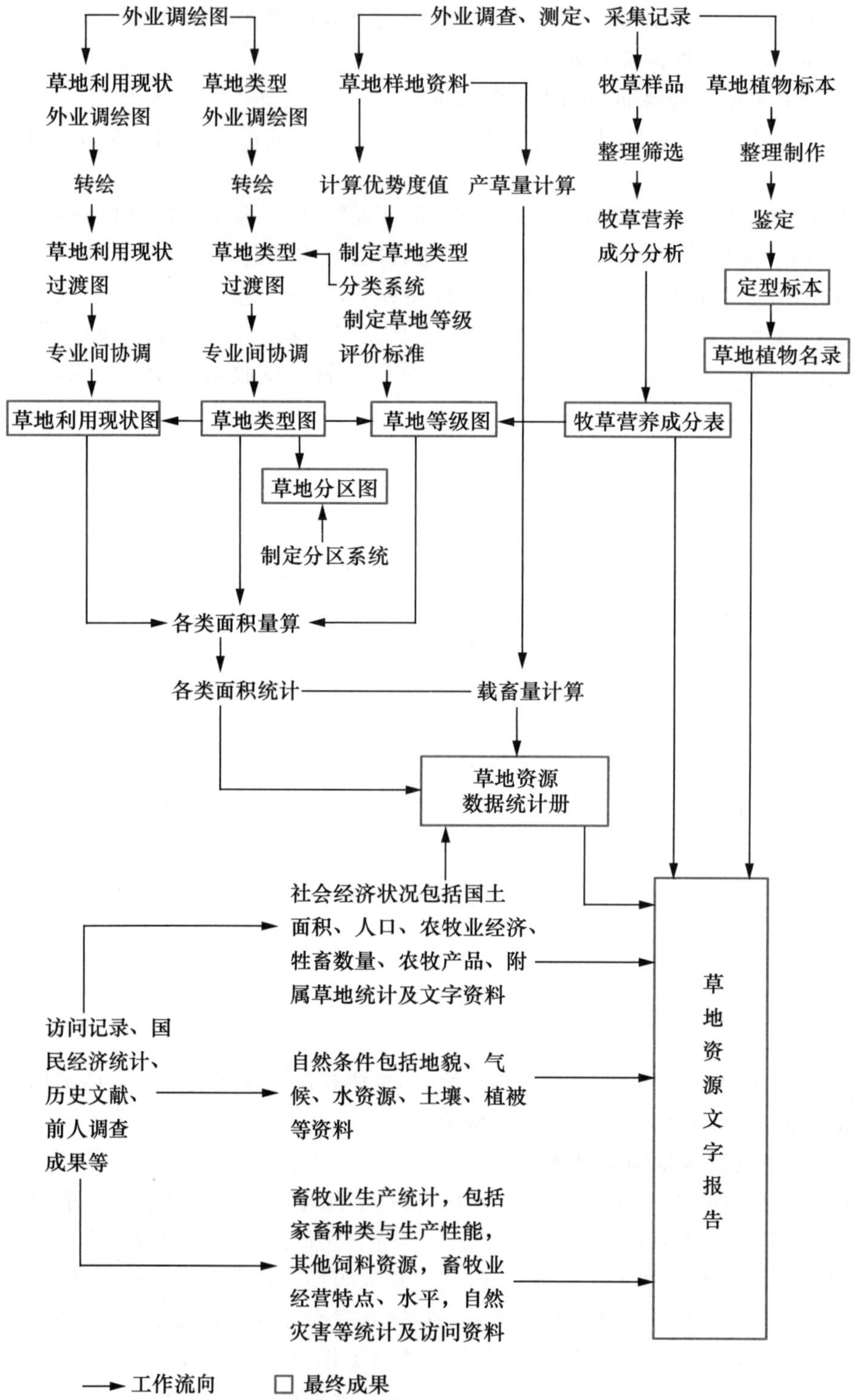

图 4.1.1　县级草地资源调查内业总结工作流程图

(2) 草地等级评价图的编制顺序:①根据草地群落牧草混合样适口性评定结果,参照草地群落牧草混合样营养成分分析结果和草地群落牧草的组成比例,确定实测草地群落牧草混合样的品质等;②根据野外实测草地群落牧草混合样的重量,确定该草地群落牧草混合样的产量级;③依据参与命名草地类型样方群落牧草混合样的品质等和产量级,对草地类型工作分类系统中每种基本草地类型(微型或亚型)赋值等级评价结果,组成草地等级评价标准;④用已编绘完成的草地资源类型图为底图,参照草地等级评价标准,对每块草地类型图斑逐块进行等级标注;⑤合并等级相同的相邻图斑,完成草地等级评价图。

(3) 草地利用现状图的编制顺序:①根据野外实地调查和访问调查结果,修改草地利用性状野外调绘规定,制定正式的草地利用划分标准;②转绘经野外实地调绘、修改的草地利用现状调绘图至地形图上,或粘贴、套合在计算机数字地形图底图上;③参考已编绘完成的草地资源类型图的类型界线、地形图等高线、海拔高度,按定稿的草地利用划分标准编绘草地利用现状图初稿;④征求土地利用专业、土地评价专业、土壤专业对草地利用现状图初稿的修改意见,与同区域、同比例尺的土地利用现状图和土地评价图协调类型界线,最终定稿草地利用现状图。

(4) 草地区划图的编制顺序:草地区划分为草地自然区划和草地利用区划,草地区划图也分为草地自然区划图和草地利用区划图。县级幅员面积不大,草地区划较简单。①制定草地自然分区规定;②用已编绘完成的草地资源类型图为底图,参照草地自然分区规定,按草地类型界线编绘草地自然分区图;③制定草地利用区划规定,以定稿的草地利用现状图为底图,按草地利用区划规定编制草地利用区划图。

4.1.3.2 草地资源数据成果获取的工作流程

(1) 量算草地资源类型图、等级评价图、利用现状图、区划图的各类草地面积,包括各种草地类型、割草地、各种季节放牧草地、难利用草地、缺水草地、各等级草地、人工草地等。

(2) 按野外产草量实测结果,确定草地产草量月动态系数、丰歉年系数、再生率、干鲜比等各种产草量计算参数,计算各种草地的产草量。

(3) 用草地产草量、草地面积、利用时间、草地利用率等各种草地资源数据与参数,按草地载畜量标准,计算各类草地的合理承载量。

(4) 依据畜牧生产与牲畜数量统计年报、人工饲草料生产、临时放牧地和附属草地载畜容量等资料,进行各种草地的草畜平衡计算。

(5) 用上述获得的各种资源数据、当地草地畜牧业统计报表,按照草地统计册编制要求,编制草地资源数据统计册和计算机数据库。

4.1.3.3 草地资源生物学成果获取的工作流程

(1) 整理草地植物标本,压制好,存档保存。不能确定种名的植物标本,送植物分类学家鉴定、定名。据此,给野外调查样地中的相关植物和草地群落牧草混合样记录中的相关植物正名,给草地类型工作分类系统中的相关植物正名,编写草地植物名录或草地植物志。

(2) 整理野外采集的草地群落牧草混合样和单种牧草营养成分分析样,然后送有资质的单位分析化验牧草营养成分。整理化验结果,编制草地牧草化学营养成分表。

(3) 用以上完成的草地资源地图,草地资源数据统计册,草地资源生物学成果,草地样地调查与测定资料,国民经济统计,包含家畜种类、数量与生产性能、其他饲料资源、畜产品产出、畜牧业经营水平、自然灾害等畜牧业生产统计报表及文字资料,访问调查资料等各种素材,参考前人有关水、土、气候、植物、野生动物等调查成果,编写草地资源调查文字报告。

4.2 外业调查资料的整理与分析

内业工作的第一项内容，是要对野外调查、测定获得的资料逐项进行登记、整理，补记，然后筛选出必要的标本、分析样品，送交鉴定、化验分析。

4.2.1 样地资料的整理与登记

4.2.1.1 野外样地测定记录的审查

外业调查获得的样地测定记录是内业工作的基础资料。

(1) 严格审查样方登记表的完整性和记录的准确性。首先要审查样地地理坐标和海拔高度，并对照外业调绘工作地形图，检查图上所标绘的样点位置与样地登记表记载的样点位置是否一致。凡与图上标绘的地理位置不一致，或样方登记表未详细记录详细地理位置的，应及时补记。

(2) 审查样地调查表中记录测定的项目是否齐全。外业记录不全的样地登记表，应由样方调查人依据其他记录资料或记忆及时补填完善。

(3) 检查所有未定名的植物种是否已采标本。参与群落命名的未定名优势种、共优种植物，一定要补采标本并送专家鉴定、定名。

(4) 整理样方测产记录，若发规有优势种、共优种与样方内其他植物混合称重的样方，需要用测产时采集的该样方植物混合营养分析样品中的植物，按优势种、共优种、主要伴生种重新称重。优势种、共优种与样方内其他植物混合称重又没有采集混合营养分析样的样方，只能舍弃重量优势度值的计算，或不用该样方参加群落的命名。

(5) 审查、校正调查样地的土壤剖面记载表和土壤命名。

(6) 在同一个样地内，一旦出现草地调查专业命名的群落类型与土壤专业命名的土壤类型相互矛盾时，需要适当调整，消除矛盾。如草地专业命名样地植被为山地草原类型，而样地土壤剖面未见钙质淀积层，或未见石灰泡沫反应，不是草原土。此时，双方专业调查人员应详细研究各自的样地调查记录，参考样地所处地形、气候、海拔高度、样地周围的植被及土壤条件，对样地植被与土壤类型的命名结论进行调整，以求一致。

凡野外遗漏测定项目或漏记重要测定内容的样地记载表，尽快补记、补测。无法补救的样地登记表，应予淘汰。外业测定或记录明显有误，且非记录笔误又无法补救的不合格样地登记表，也应该淘汰。

4.2.1.2 草地群落植物优度值的审查

(1) 首先审查采用的样地植物优势度值计算方法是否符合草地实际。从全县草地植被衡量，对不同调查区域和不同草地类型的调查，有可能采用“四度一量”法、“三度一量”法或“二度一量”法中的其中一种，用于计算草地群落植物优势度值[1]。因此，需要审查外业调查完成的表 3.3.4 植物优势度值记载表，按调查区域或草地类型，评价出最符合当地草地植被实际的优势度值计算方法。

(2) 审查、复核优势度值的计算结果是否准确。对计算有误的样方记录表应予更正。

(3) 审查优势度值排序,复核、更正按优势度值命名的草地群落名称。

4.2.1.3 野外调查样地登记表的统一编号

将经审查合格的所有样地登记表,按所代表的草地类型进行分类编号。汇集代表相同草地类型的样地登记表,依次编号,然后分类整理、装订成册,供制定草地分类系统和计算产草量时使用。

4.2.2 标本的整理

4.2.2.1 植物标本的整理

对采集到的植物标本,按记录核对、整理,消毒,逐项填写标签,固定到台纸上或制成腊叶标本。将不能识别种名的标本,清理出 2 份送植物分类学家鉴定。

根据植物分类专家对样地植物标本鉴定定名结果,对样地调查登记表和样方测产记载表中的所有植物正名,对牧草营养成分分析样中未定名的植物全部正名。然后,根据植物标本的鉴定结果,按拉丁学名排列,编写草地植物名录。草地植物标本可用于青少年教育、科普教育或下次草地调查,是调查成果之一,需上架保存。

4.2.2.2 土壤标本的整理

常规草地资源调查只取土盒标本,而且不是每个调查样方或样地都采,只是在有评土、比土必要时才采集土盒标本。结合土壤剖面记载表的审查,清理土盒标本,核实土盒标本的编号、分布位置、外业初定的土壤名称是否与土壤剖面记载表一致,发现有误,立即更改。与此同时,要核实土壤剖面记载表及其土盒标本采自的草地样地或样方的编号。

4.2.3 草地理化分析样的筛选与化验

4.2.3.1 饲用植物营养分析

1. 草地饲用植物营养分析样送验前的筛选

外业调查采集的草地和饲用植物营养成分分析样,数量较多,其中不乏重复采样,或采集了不重要的分析样。导致重复采样的因素为:不同的外业调查组,会采集相同或相近的草地类型或牧草分析样;在不同的调查区域,会采集相同或相近的分析样;调查时间的先后不同,会采集相近的分析样。尤其调查初期,为防止漏采分析样,采样面较广,重复采样的现象难以避免。此外,外业调查结束后,重要的、特殊的草地类型和重要的饲用植物已经显示出来,必须送交分析化验的样品已较清楚,不重要的分析样不必送化验。因此,要对野外采集的分析样进行筛选,清理出相同和相近似的分析样。重复采集的分析样,只送验 1 份,不重要的分析样免化验。

核对天然草地和人工草地类型混合牧草营养成分分析样的记录和标签,核实人工种植的牧草品种营养成分分析样的记录和标签,发现有误,立即更正。选择有代表性、不重复的样品重新统一编号,再送化学分析室进行分析化验。

草地饲用植物营养物质含量,受牧草生长期、植物组成种类等诸多因素影响,差异显著。因此,一般选择牧草营养物质含量较高的营养期、抽穗期或盛花期生长阶段的样品进行分析。

2. 确定化学分析项目

分析项目分为常规项和选做项。常规化验项目包括水分、粗蛋白质、粗脂肪、粗纤维、无氮浸出物、粗灰分、钙、磷。选做项目根据特殊需要和条件确定，如微量元素和氨基酸含量的分析。

3. 汇总样品分析化验结果

汇集各种草地牧草和各种草地类型饲用植物混合样营养成分含量表，整理成册，用于进行草地等级评定。最后，计算各种类型草地的营养结构及营养类型，用于文字报告的编写。

4.2.3.2 **土壤理化性质分析**

常规草地土壤调查的土壤理化性质分析化验项目包括：土壤水分，pH 值，颗粒结构组成，砾石含量，有机质含量，氮、磷、钾总含量及速效量，碳酸钙[2]。人工草地建植、饲草料基地建设和草地施肥改良等专项草地土壤调查，其土壤理化分析内容，依项目要求为准。一般除上述常规养分外，还要分析有效铁、锰、锌、铜、钼 5 种微量元素。

4.2.3.3 **水质分析**

清理采集的草地水源水质分析样，核对采集地点、采集号，重新标注水质样本送验号。一般饮水水源和人工草地生产用水，只要求分析矿化度。地方病高发区牧民定居点，根据要求，设立特殊微量元素化验项目。

以上所有化验项目，一律采用实验室常规分析方法化验，不用速测法。承担化验的单位，应该是县以上具有牧草、土壤分析化验资质的实验室。

4.2.4 野外调绘图的审查与图面整理

需要审查草地类型调绘图和草地利用现状调绘图，审查和图面整理内容如下。

4.2.4.1 **草地类型调绘图的审查**

(1) 首先审查图斑的完整性。对未闭合图斑、漏标图斑类型代号的图斑和类型编码标注不全的图斑，能修改的当即修改，修改依据不足的图斑，要记录、登记在案，留待类型图编制时纠正或补绘。

(2) 检查图斑界线及图斑标注的准确性和清晰度，改正标注于图斑之外的注记。检查所有布设有调查样地或样方的图斑，审查调查样地记载的类型与调绘图上标注的类型代号是否一致。

(3) 审查调绘图精度。检查最小上图单元与制图规程的规定是否相符，图斑线划是否符合编制规范的精度要求等。

(4) 检查相邻图幅的拼图、接边。检查相邻图幅边界两侧的图斑界线、图斑类型编码是否一致，如发现问题应采取措施进行校正。修改依据不足时，要记录在案，留待类型图编制时纠正，必要时要到现场进行补充调绘核对。

4.2.4.2 **草地利用现状调绘图的审查**

根据野外样地记录，参照访问调查资料，对野外调绘的草地利用现状的内容逐一检查。各季节放牧场、割草地、人工草地的划分是否符合当地实际生产状况和分布现状。

(1) 审查一级地类界线。着重审查各行政区的行政界线、草地与非草地范围界线、人工草地和专用饲料地等大地类界线。发现问题且没有更改依据时，要将问题记录在案，留待编图时纠正。

(2) 审查草地利用类型界线的完整性、清晰度。检查各种季节放牧场、天然割草地、难利用草地的界线及其利用类型编码，对线划不完整、编码不清晰、与地形和海拔高度不匹配的界线，有充分依据者当即改正。修改依据不足时，要记录在案，留待编图时纠正。

(3) 检查相邻图幅的接边。对相邻图幅边界的利用类型界线错位、利用类型编码不衔接的图幅，以利用类型依据充分的图幅为准做适当修改。修改理由不充分时，记录在案，留待编图时接边纠正。

已经通过外业调查质量检查、验收的承包式草地资源调查，上述4项资料整理工作，已检查合格的项目，无需重复进行。

4.2.5 草地家畜和草地畜牧业调查、访问资料的整理

4.2.5.1 检查必须获取的草地畜牧业数据

(1) 计算全年草地草畜平衡的基本数据。影响草畜平衡计算的下述各种基础资源数据必须调查、收集齐全。

①一次性外业实地调查与测产不能获得的各种饲料资源数据，包括每年人工割草地割草次数，每次割草的产量；每年人工种植的饲草料面积及单位面积产量；每年用于饲喂家畜的各种农副产品的数量及载畜能力。

②年均越冬饲草贮备数量；每年从外地或农区购进的饲草料数量。

③附属草地和临时草地的面积、产草量和载畜能力。

④草地家畜年底存栏数和牧业年度家畜饲养数；各类成年家畜的体重。

⑤年舍饲圈养时间、补饲天数、每天补饲量。

(2) 计算季节草地草畜平衡的所需资料。

①季节放牧草地的划分规定，冷季、暖季、春秋季各种季节草地的放牧天数和转场时间。

②各种季节放牧草地实际放牧的牲畜数。

4.2.5.2 草地畜群和畜牧业经营基础数据

(1) 草地家畜品种，品种改良现状及方向；

(2) 畜群结构、适龄母畜比例、非生产畜比例；

(3) 畜群周转、出栏率、肥羔当年出栏率、成畜死亡率、屠宰率；

(4) 家畜个体生产性能，畜产品产量；

(5) 历年畜牧业灾害，草地鼠虫害，抗灾基地建设。

4.2.5.3 草地畜牧业区划资料

(1) 草地利用行政区划，按行政单位的草地利用规划；

(2) 草地野生动物及草地自然保护区；

(3) 禁牧、休牧、牧民定居、草地生态补偿规划；

(4) 退化草地复壮、人工草地和人工饲草料生产规划；

(5) 家畜改良规划。

以上调查、访问资料，系计算草地生产力、进行草地评价和草地区划、编写草地调查文字报告需要的基本资料。发现有缺项，立即补救。

4.3 草地产草量的计算

草地产草量决定草地合理的承载量，是草畜平衡、草地禁放与减畜、草地生态补偿、退牧还草等工程计算的核心内容之一，关系草地生态建设与保护，关系牧民切身利益。草地产草量的计算，是草地资源调查最核心的两项内容——查清草地面积和产草量之一。草地产草量的计算，涉及因素多，力求科学、严谨，不允许出偏差。一旦发生草地面积和产草量计算出现差错，其他方面的调查工作做得再好的草地资源调查，也是不成功的调查。

草地产草量的计算顺序依次为：计算测产样方产草量—计算测产样地产草量—计算最低级草地分类单位产草量—计算草地类产草量—计算区域草地产草量。

4.3.1 样地产草量计算

4.3.1.1 样地产草量的计算方法和顺序

(1) 计算测产样方的产草量。将样方中各种植物按可食性归类为可食草、不可食草和毒害草 3 类，分别累计样方中可食草、不可食草和毒害草的产草量。习惯上称呼的样方产草量为样方的可食草产量，不包含不可食草和毒害草产量。

(2) 计算样地的产草量。

①只做 1 个测产样方的样地，将样方的可食草、不可食草和毒害草的重量视为样地的可食草、不可食草和毒害草重量。

②草地植物生长较均匀、做了 2 个以上测产样方的调查样地，用样地所含全部测产样方的实测产草量，按第 3 章表 3.4.2 的格式要求，计算样地可食草平均产草量。

③草地植物生长不均匀、做了 2 个以上测产样方的调查样地，且样方测产时记录有各个测产样方分别代表该样地面积的比例，则需要计算样地中各个测产样方产草量的加权平均数，用作样地产草量。例如，某样地做了 3 个测产样方，各样方代表样地的面积比例为：第一个样方 45%；第二个样方 30%；第三个样方 25%。则该样地的产草量＝第一个样方产草量×45%＋第二个样方产草量×30%＋第三个样方产草量×25%。

4.3.1.2 样方产草量计算的不妥规定

全国首次草地调查，有的部门规定：“首先按样地整理测产样方的野外记载表，并将 1 m^2 的产草量换算成亩(1 亩＝667 m^2)产草量。”[3]。这一规定，视样方产草量等同于所测定草地类型的草地产草量，影响草地产草量的计算。其原因如下：野外记载表上的 1 m^2 产草量，系实测样方产量，是草地植被群落的地上部产草量。而亩产草量，意指 1 亩草地的产草量，它是代表一种草地类型的若干个样方产草量的平均数或加权平均数。1 m^2 样方实测产量可以换算成 1 亩样方的产草量，不能换算成 1 亩草地的产草量。如果将野外测产记载表中的 1 m^2 实测产草量用作草地产草量，则会导致野外做 1 个测产样方，就产生一种草地产草量，致使草地产草量的数量繁杂、多样，失去代表性。

4.3.2 草地类型产草量计算

4.3.2.1 最低级分类单位的产草量计算

(1) 确认草地分类系统的最低级分类单位，即确认基本分类单位——微型(或变型)的名称。

(2) 依据制定草地分类系统的记录，确认参与每个微型定名的全部样地，确认各个参与微型定名的样地群落代表该微型草地面积的比例。

(3) 用样地测产表中的"单位面积样地产草量(kg/hm^2)"，按参与微型草地定名的全部样地及其在该微型草地面积中的比例，计算参与微型草地定名样地产草量的加权平均数，获得草地微型单位面积产草量。

4.3.2.2 草地类的产草量计算

(1) 依据制定草地分类系统的记录，确认组成每个草地亚型的全部草地微型，确认各个草地微型占草地亚型面积的比例，再计算组成草地亚型中的各微型草地产草量的加权平均数，即为草地亚型的产草量。同理，草地型的产草量用草地亚型产草量及其分布面积计算产草量的加权平均数。

(2) 依据制定草地分类系统的记录，确认组成每个草地类的全部草地型组，确认各个草地型组占每个草地类面积的比例，再计算组成草地类中的各个草地型组产草量的加权平均数，即为草地类产草量。

4.3.2.3 测定产草量的校正

受牧草生长季降水量、降水时间、光照、气温等多种气候因素和土壤水分的影响，同一块草地的产草量月际间有较大的变化幅度，年际间也有一定的变化幅度。受外业调查测产月份和测产年份的因素限制，外业调查一次性测产，很难测定到草地月产草量的最高值，也可能测定年份处于非正常干旱年份，因而需要对野外实测产草量，通过月动态系数、丰歉年系数的校正计算，将实测产草量校正到正常年份和达到最高月产量时的产草量。

1. 月动态系数校正

天然草地产草量动态可以划分为两个阶段：第一阶段为增长阶段，从春季牧草返青开始，随着草地植物的生长发育，草地产草量逐渐增加，直至最高峰；第二阶段为下降阶段，牧草产量达到最高峰后，随着草地植物停止生长、营养物质向地下转移、牧草逐渐枯黄，还要遭受风吹雨淋损失，现存产草量逐渐下降，至次年春季牧草返青前达到最低。温带天然草地在牧草返青不久的6月测得的产草量，与基本上达到最高产量的8月下旬至9月初测得的产草量，可相差数倍。据中科院南方山地综合考察队和内蒙古自治区调查，在进行草地资源野外调查测产期间的5～10月份，亚热带刺芒野古草热性草丛类和内蒙古草甸草原类草地产草量月动态系数[4]如表4.3.1所示。

表4.3.1 草地产草量月动态系数

草地类型	5月份	6月份	7月份	8月份	9月份	10月份
刺芒野古草热性草丛类	0.52	0.79	0.92	1.00	0.91	0.67
内蒙古草甸草原类	0.15	0.35	0.84	1.00	0.88	0.63

2. 丰歉年系数校正

风调雨顺的丰年和干旱灾害年份产草量可相差 30%～50%，有些甚至相差 1 倍以上。中国科学院内蒙古生态系统定位站 1979—2010 年监测数据分析结果显示，封育 30 年、保护最为完好的羊草草原，其牧草产量年变化率也高达 36%[5]。多于或少于多年平均年降水量年份的草地可食草产量与多年平均年降水量年份的草地可食草产量的百分比，称为草地产草量年变率。一般认为，年降水量接近多年平均降水量的年份为产草量的平年；年降水量大于多年年平均降水量 25%的年份为产草量的丰年；年降水量小于多年年平均降水量 25%的年份为产草量的歉年。草地产草量丰歉年系数参见第 9 章表 9.2.2。

3. 被采食率校正

测产地段是否已被牲畜采食对产草量测产结果影响较大，已放牧采食过的草地产草量测定值，一般较未采食草地产草量低 50%以上。如西藏定结县藏嵩草沼泽化草甸，8 月下旬测定，被采食过的草地鲜草产量只有 2 250 kg/hm^2，而围栏内未采食过的同类草地的产草量达 6 150 kg/hm^2，未采食过草地的产草量是采食过草地产草量的 2.7 倍[6]，差异十分显著。采食越频繁，牲畜利用强度越大，产草量测产时，已采食样地和未采食样地二者产草量差距越大。而草地资源调查，不能像产草量定点监测那样，测产前，对测产草地做扣笼或围栏保护，多数情况下不得不在已放牧的草地上测产。因此需要通过访问调查或实地估测，确定测产时草地的被采食率，用以对产草量进行校正。

4. 牧草再生率校正

牧草再生率指草地牧草地上部生物产量达到最高时进行放牧或刈割后，牧草继续生长的地上部可食草产量占草地牧草最高月可食草产量的百分比。草地产草量校正到最高月产草量后，需要再加上再生草量。草地牧草再生率参见第 9 章表 9.2.1。热带和南亚热带草地的再生草量超过 100%，再生草量需要实测。南亚热带草地牧草再生草量，在达到最高月产量首次刈割测产后，须于 8 月末和 11 月中旬两次刈割实测决定；热带草地牧草再生草量，在达到最高月产量首次刈割测产后，于 8 月上旬、10 上旬、11 月末 3 次刈割实测决定。

综上所述，天然草地产草量计算的校正公式如下：

可食产草量＝实测可食产草量÷(1－被采食率)÷月动态系数÷丰歉年系数×(1＋再生率)

以上计算的各种产草量均为鲜草产量，待完成草地牧草营养分析，获得草地可食牧草混合样绝对干物质重后，换算成含水量 14%的草地干草，计算含水量 14%的草地干草重与测产时鲜草重的干鲜比。

4.3.3 区域草地产草量计算

4.3.3.1 放牧草地的产草量

(1) 暖季和春秋季放牧草地产草量的计算：核实暖季和春秋季放牧草地所包含的草地型及其分布面积，用已校正过的各个草地型可食产草量，按其各草地型在该季节草地中所占面积比例，计算出组成季节草地草地型产草量的加权平均数，即为暖季或春秋季草地的产草量。

(2) 冷季放牧草地产草量的计算：①核实冷季放牧草地所包含的草地型及其分布面积。②通过访问调查或已有的定点监测调查，获得冷季草地牧草保存率。③校正冷季草地所含草地型可食产草量,校正公式如下：

草地型可食产草量＝实测可食产量÷月动态系数(含冷季草地牧草保存率)÷丰歉年系数

草地资源调查对冷季草地进行测产的时间,时值暖季,此时的冷季草地因留作冷季放牧,而处于禁牧保护期,因此无需已采食率和再生产草量的校正。④按冷季草地中各草地微型所占面积比例,计算出组成冷季草地微型产草量的加权平均数,即为冷季草地的产草量。

(3) 四季放牧草地产草量的计算:分别取暖季放牧草地校正后的产草量和冷季放牧草地校正后的产草量,与暖季、冷季放牧利用时间的长短,计算产草量的加权平均数。

4.3.3.2 割草地产草量

(1) 天然割草地产草量的计算:①访问调查割草地类型草地单位面积实割产草量;或用前些年畜牧业生产年报中割草量和割草地面积,计算单位面积割草地的割草量。②校正割草地可食产草量,校正公式如下：

割草地可食产草量＝实割产草量÷丰歉年系数×(1＋再生率)

(2) 人工割草地产草量计算：

人工割草地产草量＝(一次实割草量×年割草次数)÷丰歉年系数

4.3.3.3 行政区域草地产草量

行政区域草地产草量计算:①核查行政区域内草地组成的全部草地类、型组、型、亚型、微型、变型及其分布面积;②用行政区域内组成各个草地类的草地型(或草地亚型)校正后产草量及分布面积比例,计算每个草地类所含草地型(或草地亚型)产草量与分布面积的加权平均数,即为草地类产草量;③按行政区域的草地类组成和分布面积比例,计算行政区域内各草地类产草量与其分布面积的加权平均数,即为行政区域草地平均产草量。

4.3.3.4 区域草地产草量计算的误区

行政区域内分布的草地类可能较多,而各个草地类之间的分布面积和单位面积产草量可能相差悬殊。计算此种行政区域的产草量,一定要用各种草地类产草与它们分布面积的加权平均数。如果不用区域内各草地类产草量与它们分布面积的加权平均数,而采用区域内各草地类产草量的算术平均数,可导致区域草地产草量失去代表性。例如甘孜州草地,该州在大渡河、雅砻江、金沙江沿岸低海拔河谷区,分布的须芒草(*Andropogon tristis*)、野古草热性草丛类草地,草层高＞70 cm,有些芒草草地草层高＞100 cm,平均产草量高达 14 130 kg/hm^2,但其分布面积仅占全州草地可利用面积的 0.3%。该州主体草地——海拔 4 000 m 以上的高寒草甸类的各种草地,产草量为 1 500～3 000 kg/hm^2,仅为热性草丛类产草量的 1/5～1/10,而分布面积却占全州草地可利用面积的 59.7%。按该州所有草地类的产草量和分布面积计算加权平均数产草量,获得“全州草地平均亩产鲜草 218.2 kg(3 273 kg/hm^2)”*。另有人用草地类的简单算术平均数计算了甘孜州各草地类产草量,受小面积高产草地因素的影响,全州草地算术平均数产草量达到 4 883.2 kg/hm^2[7],比加权平均数产草量抬高 1 610.2 kg/hm^2。致使甘孜片草地成为全国 11 片重点牧区草地中单位面积草地产草量第三高的重点牧区片,超过海拔低、水热条件较均衡的甘南片、伊犁片、呼伦贝尔片单位面积草地的产草量,与草地实际的

---

* 甘孜州农业区划办公室、甘孜州草原站编印,四川省甘孜藏族自治州草地资源,1986 年 3 月,42 页 6-9 行.

符合程度有差距。

4.3.4 草地产草量计算的审查

用野外调查实测的样方产草量，经过一系列校正计算后获得的草地产草量结论是否符合实际？是否科学合理？需要进行审查或复核，避免发生错误。下面列举了由于缺乏审查环节，引起产草量计算出错的实例。全国重点牧区片草地阿坝片和甘南片，利用全国首次草地调查资料，计算了草地类产草量，获得四川省阿坝片各类草地产草量[7]（表 4.3.2）和甘肃省甘南片各类草地产草量[8]（表 4.3.3）。表 4.3.2 阿坝片各类草地产草量的原始实测产草量，取自 1986 年四川省阿坝藏族自治州农牧局调查、编写的《阿坝藏族自治州草地资源》。表 4.3.3 甘南片各类草地产草量的原始实测产草量，取自 1964 年甘肃省饲草饲料技术推广总站和甘肃省甘南藏族自治州草原工作队合作调查、编写完成的《甘肃省甘南藏族自治州天然草场资源调查报告》。原始实测数据并没有错，但后来表 4.3.2 和表 4.3.3 的作者，在对原测定产草量的所属草地类型归属和重新校正计算过程中出了偏差，导致产草量结论错误。

表 4.3.2 阿坝片各类草地产草量

草地类	产草量/(kg/hm^2)
高寒草甸草原类	8 436.0
暖性灌草丛类	2 296.7
热性灌草丛类	3 914.9
山地草甸类	5 259.8
高寒草甸类	5 469.9
沼泽类	4 981.3
附带草地	6 114.0
合计	4 715.9

表 4.3.3 甘南片各类草地产草量

草地类	产草量/(kg/hm^2)
温性草原类	2 439
高寒草原类	5 229
高寒荒漠类	300
低地草甸类	7 200
山地草甸类	5 381
高寒草甸类	4 934
合计	5 031

(1) 忽略草地热量带条件对草地产草量的制约作用。表 4.3.2 阿坝片各类山地垂直带草地类型中，草地水分条件基本相同，草地湿润度＞1.0 的热性灌草丛类、暖性灌草丛类、山地草甸类和高寒草甸类 4 个草地类的产草量表明：位居北亚热带的热性灌草丛类和山地暖温带的暖性灌草丛类的产草量分别为 3 914.9 kg/hm^2 和 2 296.7 kg/hm^2，反而低于热量条件差的山地温带的山地草甸类产草量 5 259.8 kg/hm^2，更低于处于高山亚寒带的高寒草甸类的产草量 5 469.9 kg/hm^2。这一结论显示，水分条件相同，热量条件好的草地产草量反而低于热量条件差的草地。

(2) 表 4.3.2 中同处高山亚寒带、具有相同热量条件的高寒草甸类和高寒草甸草原类中，水分条件好、草地湿润度＞1.0 的高寒草甸类产草量为 5 469.9 kg/hm^2，反而低于水分条件差、草地湿润度＜1.0 的高寒草甸草原类的产草量 8 436.0 kg/hm^2。

(3) 表 4.3.2 中具有相同水分条件的山地草甸类和高寒草甸类相比较，处于山地温带、热量条件好的山地草甸类产草量为 5 259.8 kg/hm^2，反而比位居高山亚寒带、热量条件差的高寒草甸类产草量 5 469.9 kg/hm^2 低 210 kg/hm^2。

(4) 表 4.3.3 中具有相同水分条件的草原植被中的温性草原类和高寒草原类相比较,处于山地温带、热量条件好的温性草原类的产草量为 2 439 kg/hm^2,反而不及位居高山亚寒带、热量条件差的高寒草原类产草量 5 229 kg/hm^2 的一半。

(5) 表 4.3.3 中同处高山亚寒带、具有相同热量条件的高寒草甸类和高寒草原类相比较,水分条件好的高寒草甸类产草量为 4 934 kg/hm^2,反而比水分条件差的高寒草原类的产草量 5 229 kg/hm^2 低 295 kg/hm^2。

以上列举的5组草地类产草量计算结果,忽略了山地气候带水热条件地带性差异,导致草地产草量与热量带、水分生态条件的倒挂现象,计算结果明显地背离了草地生物量形成的自然科学规律。如果作者对自己的草地产草量计算结果稍加审查,很容易发现其中的错误。如果作者对这两片草地资源调查报告的原著《四川省阿坝藏族自治州草地资源》和《甘肃省甘南藏族自治州天然草场资源调查报告》中的有关产草量计算,做过了解,也不难发现自己的不妥之处。

4.4 面积量算与数据统计

4.4.1 草地面积量算

查清各类草地的准确面积是草地资源调查的基本任务之一。面积量算是确保获得各类草地准确面积数据的关键环节,须要严格规定面积量测的科学方法与程序。

4.4.1.1 量算前的准备工作

1. 清理、核查面积量算地图

面积量算以行政区划单位为基本量算单位,一般以县为基本单位进行面积量算与统计。量算前一定要核查县界、乡界线划,确认无误。当一个县出现两种不同调查比例尺时,一定要核查不同比例尺调查区域的界线接边是否完成,接边误差是否控制在 0.2 mm 以内。一旦发现行政边界和图幅接边有疑点,应先核实量算地图后,才能开展面积量算。

2. 核查草地与非草地的界线

草地面积量算地图应为定稿的草地类型图、利用现状图和等级评价图。草地资源调查如果与土地利用现状调查、土壤调查等专业共同进行时,为避免不同专业间面积数据可能产生矛盾,在面积量算前,需要协调各专业标准分幅图的图斑定性,确保各专业对草地、耕地、裸岩、裸地、雪线、水域、交通线、居民点等大地类界线划分的一致性。

3. 确认草地可利用面积系数

草地面积有毛面积和净面积之分。草地毛面积指从草地类型图上直接量算获得的面积。草地净面积指从所获草地图斑量算面积中扣除草地图斑内未表示出来的小河、道路、居民点、小块沙地、裸土或裸岩、小块农田、小块森林或灌木林等非草地地类面积后的纯草地面积。草地净面积又称草地可利用面积或草地有效面积。草地净面积等于草地毛面积乘以草地可利用面积系数。

草地可利用面积系数通过航片判读和经验判断获得。利用航片成图的区域,草地图斑中可利用草地面积占整个图斑面积的比例,可以直接从航片中目视判读、估测。在目视解译成图的过程中，要对每块草地图斑判读它含非草地零碎地物的面积比例，即草地可利用面积系数，并标注于图斑内。

采用卫片成图或航片判读可利用面积系数有困难的草地，草地图斑的可利用面积系数，依据当地草地类型的组成特点，按经验判断决定。西藏草地资源调查采用下述草地可利用面积系数：灌丛草原，90%；灌丛草甸，95%；高寒草原、高寒草甸，98%；禾草沼泽化草甸，94%；莎草沼泽化草甸，90%；沼泽，70%；沙地草原，95%；高寒荒漠，70%；山地草原，98%；高寒荒漠草原，90%。

4. 编制图幅接合表

各级面积量算和汇总，都是以单一图幅为单位进行。而通常的面积量算区域（如一个县）涉及范围较大，需要在若干个图幅上进行量测。为避免量算和汇总过程发生差错，需要在面积量算前编制量算区域图幅接合表，标明量算区域内图幅间的接合位置关系。

5. 准备图斑面积量算记录表

记录表的内容包括量算的图斑序号、草地类型代号、第一次量测分划数、第二次量测分划数、两次分划数平均值、平差后的面积、草地可利用面积系数、草地净面积。

4.4.1.2 面积量算的技术规定

面积量算是获取草地资源数据的重要环节。草地资源调查的面积量算要遵照层层控制、分幅量算、比例平差、自下而上逐级汇总的原则分步进行[9]。

1. 量算区域的面积控制

(1) 以图幅为基本单位控制面积量算。即以大、中比例尺地形图的图幅理论面积，用作图幅内一切面积量算的最基本控制依据，称一级控制[10]。一幅量算地图中，不论县内、县外或乡内、乡外的区域面积，均受图幅理论面积的控制。常规资源调查，通常实行图幅理论面积控制到乡，乡控制到草地图斑，称之为二级控制。不能用图幅理论面积直接控制到草地图斑。

(2) 不同调查比例尺区域，控制面积的衔接。当一个调查县内出现两种不同的调查比例尺时，控制面积的衔接方法规定如下：需要在小比例尺调查区采用大比例尺调查区提供的有关一级地类控制面积的量测结果。

(3) 调查时间先后不同而调查比例尺相同的相邻县，控制面积的衔接规定如下：先调查县必须向相邻的后调查县发出共用图幅控制面积通告书，告知后调查县共用图幅全图幅所辖各个县占据的面积与平差数据。后调查县可以复核县界划法，若无异议，必须使用先调查县提供的共用图幅控制面积。

(4) 调查时间先后不同且调查比例尺亦不同的相邻县，控制面积的衔接规定如下：①凡不同比例尺调查区界切破小比例尺图幅的，其满幅图的控制面积必须使用该小比例尺图幅的理论面积。因为小比例尺图幅的理论面积与该小比例尺图幅所含的大比例尺图幅四舍五入的累计面积相比，前者无累计误差。②所有先调查县为小比例尺而后调查县为大比例尺时，为确保大比例尺调查区的面积量算精度，凡有共用县界的大比例尺图幅均应进行满幅平差。平差结果与先调查县提供的小比例尺图幅一级控制面积产生矛盾时，不改动大比例尺图幅的满幅平差结果，而把先、后调查县的分县控制面积与理论面积之间出现的不符值，放在小比例尺调查区域内处理[11]。2003 年全国草地资源遥感快查，内蒙古自治区使用 1∶25 万比例尺精度量算，与其相邻的河北省使用 1∶50 万比例尺精度量算，且先于内蒙古自治区完成量算，河北与内蒙古二省、区相邻县不同比例尺控制面积的衔接如图 4.4.1 所示。

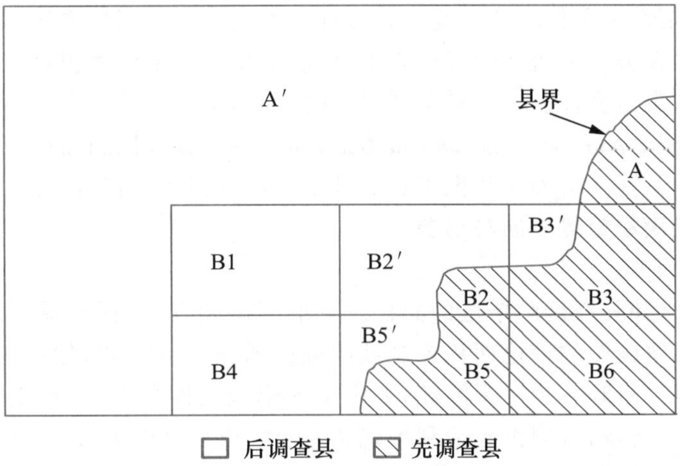

图 4.4.1 不同比例尺精度且调查时间先后不同的县控制面积的衔接

图 4.4.1 中的 A 区(A 和 A′)为 1∶25 万比例尺，B 区(B1、B2 和 B2′,B3 和 B3′,B4、B5 和 B5′、B6)为 1∶50 万比例尺。先调查县分别对 A 和 B2、B3、B5、B6 图幅量算了面积，并向后调查县提供了 B2′、B3′、B5′和 A+B1+B4 4 块图斑控制面积。后调查县的 B1 和 B4 应使用 1∶50 万图幅控制面积；B2′、B3′、B5′应直接采用先调查县提供的一级控制面积；A′采用先调查县提供的 A+B1+B4 控制面积减去 B1 和 B4 的图幅理论面积获得。为了方便不同比例尺先后调查区域面积量算衔接，在地区级或省级调查时，最好安排全部大比例尺调查县在小比例尺调查县之后进行面积量算。这种做法在不影响县级调查进度的前提下，既保证了 1∶10 万图幅满幅使用整幅图理论面积，又保证了>1∶10 万调查区内，按照>1∶10 万图幅的理论面积和精度进行面积量算，同时还确保了邻县以及相邻的不同比例尺调查区的面积不重量、不遗漏，使之受到高斯投影分幅理论面积的严格控制。

2. 面积比例平差

面积量算过程中会产生各种误差，使得在一幅地形图内，所量测获得的各种地类面积之和不等于该图幅的理论面积。因此，必须将误差配赋给各地类图斑，使图幅内各种地类图斑面积之和等于该图幅的理论面积，这一误差配赋计算操作称之为平差。草地资源面积量算规定，按图幅内同级面积量算获得的各地类面积的比例进行平差。例如某图幅共辖含 5 个乡，量测得到的 5 个乡面积(分划值)的累加和稍大于该图幅面积，且量算误差在允许范围之内，据此，需要按 5 个乡占据该图幅面积的比例大小，每个乡减少一定比例的面积数，最终使 5 个乡的面积之和等于该图幅面积。使用计算机量算面积，同样需要平差处理。上述 2003 年全国草地资源遥感快查，虽然草地资源矢量数据采用等面积投影系统(albers equal area)，但图斑的软件量算面积与其实际面积还是有一定差距，需要对图斑的软件量算面积与图幅控制面积进行平差处理。

平差后获得的区域面积成为下一级面积量算的控制依据。

3. 分幅量算

面积量算一律以图幅为单位逐幅量算，无论是行政单位的控制面积，还是地物碎部面积的量算，均应如此。同一行政单位的草地分布于相邻的几幅图上，亦应分幅逐一量算与平差，不允许将几幅量算底图拼接起来整体量算。

4. 汇总碎部图斑面积量算数据

面积量算数据汇总的最低级单位是乡，汇总时，首先将不同图幅中同一乡的所有图斑编号及其面积，顺序抄录在分乡图斑面积登记表上，然后汇总成为乡级面积量算表。为确保汇总工作的准确无误，要求编制乡控制面积检索图，保证做到两个一致，即：①图幅理论面积与图幅所辖乡级分区控制面积之和完全一致；②检索图上，同一乡各分区控制面积之和与乡级面积汇总数据完全一致。之后，在乡级面积数据汇总的基础上，完成县级面积汇总。

4.4.1.3 **三级面积量算控制与平差**

1. 一级控制量算

第一步量算乡级和县级行政单位的面积。草地资源调查，包括土地利用现状调查中的草地调查，均需首先用每幅图的理论面积控制该图幅内所辖各县面积，然后量算县辖各乡面积。乡级图斑量算，视每个行政乡为一个图斑，采用全图幅理论面积平差，产生乡级控制面积。如果与土地资源同时进行调查，则由土地利用现状专业完成乡级图斑量算，乡级控制面积用作各专业图斑量算的共同基础，量算步骤如下：

（1）从高斯投影图幅面积表中查取量算地图图幅的理论面积，用作一级面积量算平差的控制依据。

（2）用钢板尺量测图纸上下底边、左右两侧边长及对角线长，然后用任意三角形面积公式求算图纸实际面积。

（3）使用计算机量算幅内乡级图斑的面积。当量算面积达到规定误差要求时，即可用图幅的理论面积对图纸量算面积进行平差，得出乡级图斑的图纸控制面积。一级平差中的乡级图斑，属于被调查县的乡级行政界线范围图斑，它可能与不属于被调查县的县级图斑组成一幅草地地图。若被调查县的某些图幅中含有已调查县的草地且县界划法准确时，则应遵守共用图幅控制面积通告书，将通告书中已调查县面积量算的一级控制面积用作被调查县一级平差计算的依据，而不再重新对全图幅理论面积进行平差。

2. 二级碎部图斑量算

第二步为专业图斑面积量算，先量算草地与非草地的碎部图斑面积，然后再量算草地类型图斑的面积。获得各种草地类型、季节放牧草地、割草地、草地等级各项图斑的毛面积。专业图斑面积量算采用乡级控制面积平差。如果草地资源与土地资源同时进行调查，如2007—2010年全国第二次土地调查，则应按土地利用调查规定，首先量算一级地类的面积，包括耕地、林地、牧草地、水域、道路和居民点等大地类的面积，然后由草地专业在其牧草地图斑内量算各草地类型的面积。各专业将平差后的类型图斑面积，以乡为单位进行汇总，即产生各专业类型的乡级面积。之后，逐级汇总产生县、地区（市）和省（自治区）的专业类型的面积。

3. 三级线状地物、零星地物的量算

第三步用草地可利用面积系数计算草地图斑净面积。如果草地与土地资源同时进行调查，还要在二级量算的基础上，完成线状地物（公路、河流、沟渠等）、零星地物（田坎、居民点和其他零星地类）的量算，并将线状地物、零星地物面积从相应的图斑面积中扣除，得出各土地利用类型图斑的净面积，再以净面积逐级汇总。

（1）线状地物面积的量算。采用外业调查提供的线状地物宽度和内业阶段在面积量算图上求算的长度，以矩形面积公式求算线状地物面积。在图上对所量算的线状地物逐条编排序号，以备今后查找。

(2) 零星地物面积的量算。达到上图面积而不能进入二级量算平差的小块图斑可用透明方格网直接量算。

上述面积量算和汇总方法，可为局部或整体草地资源的利用和开发提供不同行政级别的草地资源面积数据，乃至草地地块面积数据，同时也为建立各专业资源数据库奠定了基础。

4.4.1.4 图斑面积的量算方法

20 世纪 80 年代至 90 年代初，多采用 KP-90 数字显示求积仪进行图斑面积量算，大比例尺重点农区，草地图斑小，多采用微机数字化仪进行量算。进入 21 世纪，普遍采用计算机量算。无论采用哪种量算工具，对小图斑的量算误差均较大。图斑面积小于 1.0 cm^2 和图斑宽度小于 0.5 cm 的图斑，多采用计算薄膜方格法进行量算。

1. 草地类型图斑面积的量算

(1) 对于图斑面积 <1 cm^2 或图斑宽度 <0.5 cm 的图斑，采用计算薄膜数方格的方法量算，不允许用求积仪量算。对于 >1 cm^2 的图斑，用计算机量算，或用其他计算机控制的高精度手扶跟踪求积仪量算。

(2) 量算图幅内草地和非草地图斑，其中各类非草地视为同一类图斑量算，不再按非草地下分的地类量算。草地图斑逐个量算，每个图斑最少量算 2 次，2 次量算读数误差达到：大图斑 $<5\%$、小图斑 $<10\%$ 时，取 2 次量算的分划值平均数。否则，必需重复量第 3 次、第 4 次，直至合格，取其平均读数。

(3) 面积量算误差。先从《高斯-克吕格坐标表》查出图幅的理论控制面积 S，然后计算量算图幅的实际面积 S'。

$$S'=\frac{1}{2}(a+b)h$$

式中：

a——上图廓和长度；

b——下图廓长度；

h——图幅的高。

面积量算误差 $\Delta F=S'\div S$，当 $\Delta F<0.01$ 时允许进行平差，$\Delta F>0.01$ 时必须查找量算错误的原因，并重新量算。

(4) 平差方法：先求平差系数 P。

$$P=S\div C$$

式中：

S——图幅理论面积；

C——图幅量算总分划值。

然后将每块图斑的分化值乘以 P，得到每块图斑的量算面积。

草地资源作为土地资源组成部分进行调查时，待土地利用现状专业提供一级地类面积量算结果后，再用草地专业的量算结果与土地利用现状专业的量算结果进行协调。耕地、裸地、水域、居民点等非草地地类的面积，用土地利用现状专业的量算结果。草地面积用草地专业量算的各草地类型面积之和，与土地利用现状专业划分的牧草地、荒草地、沼泽、伐林迹地面积之和为标准再进行一次平差，从而保证各专业非草地面积的一致，而草地面积等于土地现状专业划分的天然牧草地、荒草地、伐林迹地、可用沼泽几项面积之和。

2. 草地等级图斑的面积量算

按草地等级评价系统规定，将每块草地类型图斑所评定的草地等级标注在草地类型代号之后。用草地类型图斑所属的草地等级进行草地等级分类统计，获得草地等级的面积。

3. 草地利用现状图斑的面积量算

割草地、季节放牧草地和难利用草地的面积，用计算机在草地利用现状图上量算，其中$<1\ cm^2$独立图斑，用计算薄膜量算。某种草地类型图斑，被划分为两种以上利用类型，亦须按利用性状图斑量算；只划分一种利用性状的草地类型图斑，直接用草地类型图斑的量算结果统计。暖季、冷季放牧草地、四季利用草地、割草地及难利用草地的总面积，应等于该乡各种草地类型总面积，草地利用性状图斑与草地类型图斑面积的量算误差$<2\%$时，用乡级草地类型总面积为标准进行平差，获得草地利用现状类型的面积。若草地利用性状图斑与草地类型图斑面积的量算误差$>2\%$时，需要重复量算，直至误差$<2\%$，才能平差。

4.4.2 草地资源统计与统计册的编制

4.4.2.1 数据来源

(1) 草地毛面积和草地净面积。参加统计的各种地类面积数据来自草地资源调查的面积量算数据。面积量算以乡为单位进行，量算底图比例尺为：重点农区县 1∶2.5 万或 1∶5 万；纯牧区县 1∶20 万；其余县均为 1∶10 万。

(2) 存栏牲畜数。来自调查年份各县农牧局或统计局提供的统计资料。牧业年度牲畜饲养数，取自调查年份 6 月 30 日各县农牧局或统计局提供的统计数。

(3) 草地产草量。来自调查年份县级外业调查实测产草量，再经月动态系数、丰歉年系数、已采食率和再生率校正后的年最高产草量。

(4) 零星草地面积。零星草地是指分布于居民点、道路、水域、农田、林间的呈零星分布的小块草地，每块草地的面积小于最小上图图斑面积。零星草地是农区的重要草地，其面积采用分层抽样调查获取。

4.4.2.2 统计规定

(1) 草地资源数据统计，采用 FOXBASE 数据库系统，建立计算机数据库方式进行统计。一般以县为基本统计单位进行统计。将调查区域各种草地资源基本数据进行储存、计算、统计，并输出 10 余种统计表。

(2) 草地统计所用的草地类型分类系统，以调查基本单位的草地类型为准，一般按县级草地类型分类系统进行产草量、载畜量、等级评价等各项数据的统计。地区和省（自治区）级草地的产草量、经济类群产量等资源数据，采用合并前的县级相同草地类型的产草量和经济类群产量的加权平均数，而地区和省（自治区）载畜量为县级相同草地类型载畜量的累加值。

(3) “地类面积统计表”中的草地总面积，包括宜用草地、难利用草地、无人区草地和人工草地，除土地利用现状专业划分的牧草地外，还应包含按照农业部认可调查的荒草地、沼泽草地及未成林伐林迹地中的草地。

(4) 载畜量一律采用标准羊单位，草地实际承养的各类牲畜，按农业行业标准《天然草地合理载畜量的计算》规定的羊单位折算系数，折合成羊单位。

(5) 草地载畜潜力分析以乡为单位进行统计。

(6) 草地产草量按含水量14%的干草计算，用草地类型混合样营养分析结果计算干鲜比。没有进行混合样营养分析的草地类型之牧草干鲜比，规定如下：荒漠类，1∶2.5；荒漠草原类，1∶2.7；典型草原类，1∶3；山地草甸类，1∶3.3；低地草甸类，1∶3.5；沼泽草地，1∶(4～5)。

4.4.2.3 草地资源统计册的编制

1. 编制依据

草地资源统计册，按照草地资源调查技术规程的相关规定、草地资源调查数据统计方法、草地资源调查取得的成果进行编制。要求科学、真实地反映该次草地资源调查的结果。

2. 县级草地资源统计册的编制

县级草地资源调查通常为基本调查单位，县级草地资源统计册成为基层行政单位统计册，应该包括如下内容：

(1) 地类面积统计表。表中的草地面积，除包括土地利用现状调查牧草地中的二级草地地类，即天然草地、人工草地、其他草地(荒草地)外，按农业行业草地调查技术规程之规定，还应包含生长多年生草本植物为主、5年以上的撂荒地和未造林的伐林迹地、沼泽草地、分布面积小于最小图斑面积呈零星分布的零星草地。草地面积统计不涉及草地权属。

(2) 草地类型产草量的经济类群统计表。按可食草、不可食草两部分计算，其中可食草又划分为禾本科、莎草科、豆科、可食杂类草和可食灌木。不可食草中注明毒草种类数量。

(3) 草地利用现状统计表。记载宜用草地中的暖季、冷季、春秋季放牧草地、割草地、人工草地、改良草地的面积；记载自然保护区草地、难利用草地、无人区草地及退化草地面积。

(4) 存栏牲畜结构分析表。必须含有调查年份，年底和6月30日两个时间段的草地畜群(自然头数)组成结构；乡级行政单位草地畜群折算为羊单位的畜群结构；成畜和灾害减损数。

(5) 草地畜牧业经济统计表。取自当地县统计局和农牧局正式发布的草地畜牧业经济统计年报，内容包括牧民人口、畜产品产出量、人工种植的饲草料量、从外地购入的饲草料量、饲用农副产品产量、临时放牧地和附属草地面积及其载畜容量等。

(6) 草地载畜量潜力分析统计表。包括季节草地草畜平衡分析表和行政区域全年草地载畜量潜力分析统计表，割草地的载畜容量放在四季利用草地或冷季放牧草地中计算。本表是以草定畜进行草畜平衡、科学利用、管理草地的重要依据。

(7) 草地等级汇总统计表。以县级草地等级图量算结果进行统计。

(8) 牧草营养成分分析表。收集登记全部地、县级提供的牧草营养成分分析化验数据，编制牧草营养成分分析表。一般县级牧草营养成分分析样品不多，所以牧草营养成分分析表多以地区级或省(自治区)级为单位编制。

3. 地区级和省(自治区)级草地资源统计册的编制

地区级草地资源统计册用所辖县的草地资源统计册汇总编制，省(自治区)级草地资源统计册用所辖地区级草地资源统计册汇总编制，其内容与县级统计册基本相同。与县级统计册的主要差别如下：

(1) 统计册使用地区级或省(自治区)级草地类型分类系统。地区级统计册用所辖各县草地类型系统，综合为地区草地类型系统。省(自治区)级统计册，用所辖各地区草地类型系统，综合为省(自治区)级草地类型系统。

(2) 产草量的各项数据，为县级草地类型产草量中的相应数据，与该类型草地在地区或省所辖各县分布面积的加权平均数。

(3) 地区或省级各种草地类型载畜量，采用各县级相同草地类型载畜量的累加数。

(4) 省(自治区)级季节草地载畜量和全年草地载畜量，分别采用地区级季节草地载畜量和全年草地载畜量累加而成。省(自治区)级和地区级统计册编制过程中，不需要按合并后的草地分类系统和单位面积产草量重新计算草地载畜量。

4.4.3 草地资源数据库

早期的计算机数据库，属于实现数据的录入、存贮、传输、组合与输出功能的资源数据统计数据库。著者1982—1983年利用法国SOCRATE数据库系统，研制完成服务于全国首次草地资源调查的第一个草地资源数据库[12]，介绍了草地资源数据库的建库技术方法[13]。其后，数据库技术得到快速发展，2003年著者主持完成的全国草地资源遥感快查数据库，则是在GIS系统支持下，集数据采集、编辑、转换、拼接，具有检索查询、量算与统计、彩色资源地图输出等多功能数据库。该数据库包括空间数据和属性数据。空间数据指草地资源图斑、野外调查路线以及几何拓扑属性；属性数据包括野外实地调查资料、草地分类统计数据和其他有关草地生产方面的数据等。数据库以空间数据为中心，属性数据以空间数据为索引，实现数据库各组成部分的连接。数据库简要建库要点如下。

4.4.3.1 草地资源数据库建库的前期工作

(1) 确定草地资源库的应用目的和主要用户，规定收集、存贮资料的范围。任何一个用户数据库仅具有服务于一定应用目标的数据和功能，供一定业务范围的用户查询。首先要确定待建草地资源库的应用目标，再从众多的草地资源数据中选取服务于这一目标的数据进行存贮。

(2) 数据分类，整理、规格化。

①按数据的项目内容进行分类、登记，一般可区分为空间数据和属性数据两类，凡项目内容相同的资料归并为一类。数据经过整理，有利于数据逻辑结构的设计，减少数据冗余度。

②统一数据的计量、计算单位。最原始的资料来源于四面八方，其计量单位可能不尽一致。将采用不同计量单位的同类数据，换算成国家认可的计量统一单位。

(3) 确定计算方法、计算公式和一些必要的计算参数。如规定草地合理载畜量的计算公式及放牧草地利用率、草产量的丰歉年系数、羊单位日食量等必要的计算参数。

(4) 初步估算待建草地资源库的规模，为选择建库计算机提供决策。2003年著者主持的全国草地资源动态监测项目，使用陆地卫星TM影像和中巴资源卫星图像Geo Tiff格式全数字影像数据，还有数字化的1∶100万中国草地资源图数据，需要很大的计算机内存和80 G硬盘，当年的小容量计算机产品难以满足需要。

(5) 确定数据库录入及输出功能，为选购计算机输入、输出外设提供依据。

(6) 举办数据库技术培训班，培训数据库软件管理系统。全国草地资源动态监测项目，曾于2001年举办过10 d MGE数据录入、提取软件培训，7 d ARC/INFO数据编辑软件培训。通过培训，加强草地资源调查技术人员、计算机系统软件管理人员、计算机数据录入、转换与输出操作人员的专业沟通，提高操作技术水平与统一技术操作规定。

4.4.3.2 **选定计算机及数据库系统软件**

(1) 确定建库用计算机CPU的最低速度、内存容量、硬盘容量,选择满足数据库要求的计算机及必要的输入、输出设备,如数字化仪、扫描仪、绘图仪、激光彩色打印机等。

(2) 选定供使用的数据库管理系统和计算机软件系统,包括系统软件和应用软件。PC ARC/INFO软件系统为国内早期较普遍使用的应用软件系统,是由PC机支持的地理信息系统(GIS)软件,有数据输入、数据编辑、数据转换、数据输出、信息提取与复合等模块组成,比较适合地理资源数据库的使用。

计算机数据库技术发展很快,软、硬件的更新换代速度很快,满足一般草地资源数据库需求的计算机软件环境和硬设备,比较容易获得。

4.4.3.3 **建立草地资源库的要点**

(1) 选定草地资源库的结构。

①反映所有数据的层次、隶属关系。例如,按行政区域划分来组织、编排草地资源数据,一定要从大到小分级,逐级存放。自然区域(如根据地貌、气候、水系、土壤等划分的区域)同样要从大到小分级组织、编排数据。天然草场类型按类组—类—型组—型—亚型—微型—变型的层次编排。

②用户库结构要客观地反映数据信息的流向、传送路途。属性数据以空间数据为索引进行传输。

③用户库结构要力求简洁,避免过多的层次、嵌套。嵌套层次过多,会降低数据的传送速度,而且给程序编制和查询、使用数据库带来不便。

(2) 采集、输入数据,建立数据之间的定向联系。

(3) 编制统计、计算应用程序,用已录入原始数据和计算参数,通过计算生成派生数据,如载畜量、灌溉水资源容量数据,并予加载。

(4) 应用、修改、扩充、更新。草地资源库初步建立后,即可投入使用,供用户查询。亦可边使用边积累数据。经一段时间的使用,可用最新数据进行部分更新或全部更新。定期更新,就可获得不同时期的草地资源数据库版本,实现草地资源的监测。已建立的草地资源库,可根据留有的空白存储空间或未用的特征进行扩充。

4.5 草地区划与草地调查文字报告的编写

草地区划是按草地资源、草地畜牧业生产的区域分异,对草地进行科学的分区划片工作。一定的草地区域在其资源条件、利用方向、增产途经、合理利用、保护、改造对策措施诸方面,具有不同于其他区域的特点。研究各地不同的自然条件、草地资源特点、社会经济和草地生产特点,区别地区之间的资源差异性,归纳地区内的资源共同性,把草地资源划分为具有不同概括程度的草地资源区域,即是草地区划。

草地区划是草地生产的一项重要基础工作,目的在于研究草地生产的地域类型及其分布规律,依据草地生产在空间上各地域的主要特点、区域间的差异性,制定合理开发利用草地资源的措施和方案,最大限度地挖掘草地资源的生产潜力。

草地区划与草地资源分区,两者均立足于揭示草地资源的区域分异特征,进行分区划片。

两者间也有如下区别。

其一，草地分区是以草地自然条件、草地资源特征、草地类型、分布规律为基础，研究草地资源区域的自然特征的共性与差异，进行分区划片。其性质属于草地自然区划。而草地区划是草地资源生产利用的宏观规划，除资源区域的自然特征外，还强调草地资源区域的经济特征差异，进行分区划片。要求在草地资源自然分区的基础上，依据区域草地资源的经济特性、社会经济条件、草业生产水平、技术改造条件等区域间差异，进一步合理部署、配置资源，指导区域特色专业化生产，科学发挥草地生产潜力。其性质属于草地利用区划或生产部门行业区划。

其二，草地资源分区，以自然地理单元为单位进行分区划片，用自然界线划分草地区界，要求保持山脉、大地貌类型、流域、水系等地理界线的完整性。草地利用区划，更多涉及草地畜牧业生产，以一定的行政区划辖区为单位进行分区划片，要求保持行政区域的完整性，以求获得规划所需的经济、统计数据。

4.5.1 草地自然区划

草地自然区划是以草地自然条件、草地资源生产力特征、分布规律性为依据，按照草地资源自然属性的差异性和共同性，进行的草地区域的划分。

天然草地辽阔、地域分异复杂的国家，均进行了草地自然区划。前苏联根据 20 世纪中期草地调查资料，参考苏联土壤地理区划图、地貌区划图、自然地理区划图，使用 1970 年土地资源数据，完成苏联天然草原区划。按照自然地区—自然州—小区三级进行分区，将前苏联划分为西伯利亚森林草原、草原等 15 个自然地区和 101 个自然州[14]。澳大利亚将全澳放牧地划分为热带稀树草原、温带矮草草地等 13 个草地区域[15]。美国按照全美地理区域和土地利用方式，将全国土地资源划分为 20 个区，每个区按照土地生产能力再分为 8 级[16]。

王栋最早提出中国草地分区方案，1953 年他将我国北方天然草地划分为 3 大区 14 个小区[17]。

贾慎修根据全国草地的形成和分布规律，提出三级草地分区系统：区(含亚区)、带和段。区是草地分区的一级单位，由一定的草地类型占优势，表现为类似的大的气候、土壤、地貌的景观地带性，在同一区内，可有其他草地类型共同存在，但不占地带性的支配地位。据此，他研究了中国草地的一级分区，将中国草地划分为 8 个区 24 个亚区[18]。

章祖同提出中国草地区划方案是采用四级分区系统。第一级“地区”以农业生物气候的热量与水分条件以及地带性的显域植被划分；第二级“地带”是根据地带性规律所反映的土壤条件，并结合植被亚型划分；第三级“地段”根据大地形并结合显域性的草地类划分；第四级“地片”以中地形和基质条件，并考虑优势草地型划分。将中国草地划分为 5 个地区，12 个地带和 44 个地段[19]。章祖同的划分方案与草地类型分类有些近似，属于农业自然区划的范畴。

许鹏提出了四级草地区划系统。第一级“区组”，从全国范围考虑，依据区域性农业生物气候和草地植被性质与组合的一致性划分；第二级“区”，依据地带性草地气候与类型的一致性划分；第三级“亚区”，依据草地类型与季节牧场组合特点和草地经营方式的一致性划分；第四级“分区”，是亚区内部划分的地域经营单元，反映草地气候、地貌与类型组合的具体特征，在草地的自然与经济特性、利用改造点上具有相似性，并与行政区划基本一致[20]。据此，他在新疆自治区完成草地调查的基础上，将新疆划分为北疆温性荒漠—山地草地区和南疆暖温性荒漠—

山地草地区两个区，13 个亚区，25 个分区。

4.5.1.1 **草地资源分区的原则**

(1) 以水热条件为分区主导因素，气候、地貌、土壤、植被等草地环境条件的地域分异特征为分区依据。

(2) 以草地类型组合特征的一致性为分区基础。草地类型的地带性与非地带性相结合，以地带性草地类型为主；基带与垂直带相结合，以基带草地类型为主；综合考虑区内的优势草地类型。

(3) 以自然地理单元为单位进行分区，以自然地域界线为主划分分区界线，尽量保持山脉、高原、水系等地理界线的完整性，保持草地区域特征的完整性。

(4) 区域内的社会经济条件、草地畜牧业经营特征及发展方向诸方面具有相似性，维持最基层生产经营单位（乡或村）的完整，以便于资料统计和应用。

(5) 区域内草地在经营管理、培育技术、改良措施、利用制度等方面具有一定的共性，便于因地制宜分类指导。

4.5.1.2 **草地资源分区的单位**

草地资源分区采用区、亚区、小区、片四级分类：

(1) 第一级“区”。以国家自然区划中的一级气候带、一级地貌类型为基础的草地地带性为划分标准。区是草地分区的最高一级，属于国家级层面的区域。全国划分为 7 个草地区。

区的命名规定：地域名＋气候热量带和水分干湿类型＋地带性草地类型。如：Ⅰ. 东北温带半湿润草甸草原和草甸区。

(2) 第二级“亚区”。在区的范围内，草地热量和水分条件组合呈现共同特征，具有相同地带性特征草地类型组合、草地垂直带谱的性质和结构相似的草地区域。

亚区属于省级和大流域（如黄土高原）级层面的区域，全国划分 29 个亚区。

亚区的命名规定：地域名＋大地貌类型＋地带性草地类型。如：Ⅰ-2. 兴安岭山地丘陵草甸草原亚区。

(3) 第三级“小区”。小区是在亚区范围以内，由于地形或地理位置差异而形成的具有一定生物气候特点的区域。每一小区具有基本一致的草地类型组合或同一的主导类型，草地垂直带结构相近，草地经营方式基本相同。

小区属于县级和地区级层面的区域，全国共划分 74 个小区。

小区的命名规定：地理位置＋大地形＋地带性草地类型。如：Ⅰ-2-ⅱ. 大兴安岭南部丘陵平原贝加尔针茅小区。

(4) 第四级“片”。片是在小区范围内划分的地域单元。反应草地气候、地貌与草地经济类群或优势草地型组合特征；在草地自然与经济特征、利用与改良措施上具有相似性。片是草地分区的基本单位，也是草地经营的基本单元。

片属于县以下草地分区最基本层面的区域。

片用县名或乡名命名。如：Ⅰ-2-ⅱ-D. 霍林郭勒片。

4.5.1.3 **草地资源分区的层次**

我国草地面积广阔，自然经济条件复杂、多样，在全国、大流域、省（市、自治区）、地区甚至县级范围内，均存在各种不同的地域差异。草地区划要进行多层次的草地分区划片，在不同的层次上，如实地反映草地生产的地域差异。主张采用 4 个层次的草地区划。

第一层次是全国草地区划。主要为中央有关部门服务，着眼于全国范围，反映全国草地生产的地域差异和基本格局，区划范围大，地域差异显著，因而要有高度的概括性，提出方向性的战略部署。全国草地区划为下一层次（即省、市、自治区）草地区划指明方向和原则。

第二层次是省（市、自治区）和大流域级草地区划。根据全国草地区划的要求对大流域区域和省（市、自治区）内的草地，按地域分异和生产条件差异进行分区划片。大流域（如黄河上游、长江上游、黄土高原）范围虽然跨省，但毕竟较全国范围小，草地的自然经济条件差异也比全国范围小，区划内容的概括程度比全国性区划低。

第三层次是地区级或若干县经济区级草地区划。地区级范围较省级范围小，依据组成地区或经济区的地域差异进行分区，分区指标更具体，概括程度更低。

第四层次是县级草地区划。以县为区划单元的基层草地区划，遵循上一级地区（市）草地区划规定，根据县内草地生产的地域差异，划分更小的草地区，区划内容更深入、更详细、更具体。

综上所述，上一层次的草地区划反映地域差异，是下一层次区划应遵循的依据。下一层次区划是上一层次普遍性中的特殊性，是上一层次区划的具体化。

4.5.1.4 中国草地资源分区

首次进行草地资源调查的西藏自治区和南方 14 个省、自治区完成调查后，为中国草地自然区划提供了分区资料。著者与章祖同编写完成“中国草地自然区划系统”，全国草地自然区划系统的第一级和第二级分区如下：

Ⅰ. 东北温带半湿润草甸草原和草甸区

1. 长白山山地丘陵草甸和灌丛亚区
2. 兴安岭山地丘陵草甸草原亚区
3. 三江平原低地草甸和沼泽亚区
4. 松嫩平原草甸草原亚区
5. 辽河平原沙地草原和山地暖性灌草丛亚区
6. 呼伦贝尔高平原丘陵草甸草原和草原亚区

Ⅱ. 蒙宁甘温带半干旱草原和荒漠草原区

1. 锡林郭勒高平原草原亚区
2. 乌兰察布高平原荒漠草原亚区
3. 晋西北、鄂尔多斯东部、陕甘宁青黄土高原丘陵草原亚区
4. 鄂尔多斯西部、宁西北、陇中高平原荒漠草原亚区

Ⅲ. 西北温带、暖温带干旱荒漠和山地草原区

1. 阿拉善高平原荒漠亚区
2. 河西走廊平原山地荒漠和高寒草甸亚区
3. 柴达木盆地荒漠亚区
4. 北疆干旱荒漠和山地草原亚区
5. 南疆极干旱荒漠和山地荒漠草原亚区

Ⅳ. 华北暖温带半湿润、半干旱暖性灌草丛区

1. 华北西部山地丘陵盆地暖性灌草丛亚区
2. 华北东部平原丘陵暖性灌草丛亚区

Ⅴ. 东南亚热带、热带湿润热性灌草丛区
1. 长江中下游北亚热带平原山地热性灌草丛亚区
2. 江南中亚热带中低山丘陵热性灌草丛亚区
3. 华南南亚热带低山丘陵热性灌草丛亚区
4. 海南热带丘陵山地热性灌草丛和干热稀树灌草丛亚区
Ⅵ. 西南亚热带湿润热性灌草丛区
1. 四川盆地及盆周山地热性灌草丛亚区
2. 云贵高原山地热性灌草丛亚区
3. 滇西南高山峡谷热性灌草丛亚区
Ⅶ. 青藏高原高寒草甸和高寒草原区
1. 藏西北高原高寒草原和高寒荒漠亚区
2. 藏西南山原湖盆高寒草原和温性草原亚区
3. 祁连山山地、环湖盆地高寒草原和高寒草甸亚区
4. 青藏高原东部高原山地高寒草甸亚区
5. 喜马拉雅山南翼暖性灌草丛和山地草甸亚区

4.5.2 草地利用区划

草地利用区划，依据区域草地资源自然经济区域特征与差异，草地畜牧业生产的区域特征与差异，着眼于草地资源为主的水土资源配置、草地畜牧业为主导产业的产业结构，对草地进行分区划片。提出草地资源利用、保护方向，优化草地资源产业结构，指导草地畜牧业区域专业化高效发展。

草地生产必须遵循因地制宜、分区指导原则，认识草地生产的地域分异现象，按照草地生产的客观规律指导草地生产。过去有些地方违反因地制宜原则，依靠行政命令，搞“瞎指挥”，如 20 世纪 60 年代初期在干旱草原区提倡“牧民不吃亏心粮”，开垦干旱草原种粮。开垦 2～3 年后，粮食没收成，草地资源却被破坏，被垦草原沙化，农牧两败俱伤。这是违反因地制宜原则，改变草原利用方向，导致草地破坏的惨痛教训。

过去，草地利用区划多以畜牧业区划形式出现，在畜牧业区划中含有草地利用区划。只有少数地区做过单纯的草地利用区划，如 1965 年中国科学院地理所与甘肃省农业区划委员会合作，对甘肃省酒泉地区的草原区划；1974—1975 年青海省畜牧局草原工作队，对青海省海南藏族自治州的草场区划；1992 年牟新待在《西藏草原》一书中，对西藏自治区草原的区划[21]。牟新待提出的中国草地区划方案，采用三级分区系统。第一级“区”以生物气候和家畜生态类群为指标；第二级“亚区”以草原（草地）类型组合或优势草原（草地）类型以及土地资源利用方式为指标；第三级“片”主要表示草原（草地）畜牧业的经营方向和家畜饲养管理水平，以草原畜牧业生产的产品类型划分[16]。其中第二级指标的土地资源利用方式，第三级指标的家畜饲养管理水平与畜产品产出，属于草地利用和畜牧业生产指标。该分区方案是用草地利用属性进行分区，带有畜牧业行业区划性质，与上述草地自然区划有明显区别。

草地利用区划是草地资源调查结束后，依照查清的草地资源、水土资源、家畜资源及其区域分异，划分草地功能区，按草地功能区因地制宜，进行草地开发、利用与保护。亦即以一定的

行政区域为区划单元，分析区划单元的草地资源条件、生产力及空间分布，阐明草地畜牧业经济条件及区域差异，优化产业结构，确定草地畜牧业区域专业化生产方向。草地利用区划需要完成以下5项工作。

4.5.2.1 查清规划区草地自然条件、水土资源及特征

(1) 查清规划区范围内的草地类型及组合、优势草地类型的生产力及载畜能力；了解草地区域分布的地域差异、季节放牧草地与割草地的组合特征。

(2) 查清规划区水资源状况，包括地表水和浅层地下水资源、水质和水资源容量，可供灌溉人工饲草料生产的水资源量，了解缺水草地的面积及分布。

(3) 查清规划区内土地资源的面积，了解现有人工饲草料地面积，测算可供开发用于畜牧业生产的土地资源的面积及其分布。

(4) 调查草地自然条件，包括草地坡度、季节放牧场转场距离，草地交通条件，草地畜牧设施建设条件，草地改良与人工草地建植条件等。评定难利用草地及其分布，并量测其面积。

通过以上水土资源自然条件的调查与分析，掌握规划区草地生产能力，了解草地水土资源分布及区域分异，为草地利用分区提供科学依据。

4.5.2.2 调查草地畜牧业在农业中的位置与产业结构

(1) 调查规划区农业经济产业结构、草地畜牧业的经营方向与方式、草地畜牧业的经济地位；调查半农半牧区和农区中以草地畜牧业为主导产业的局部地域及分布；查清舍饲圈养能力、畜产品加工业的产品与规模。

(2) 调查非牧农业经济产业状况，农业、林业对草地畜牧业提供支持的能力；了解农副产品加工业的产量规模、农牧结合可为草地畜牧业提供的发展空间。

(3) 调查草地非牧动植物资源及分布，了解区划区内草地药用植物的种类、分布与采集量，分析草地药用植物人工种植的前景；查清草地中造纸、编织植物资源的分布与采集数量、开发前景。

(4) 调查草地景观资源，分析开展草地旅游、草地狩猎与草地探险的前景。

通过以上对规划区农业产业结构的调查，明确现有草地畜牧业的产业结构是否需要调整，提出优化草地畜牧业产业结构方案，规划草地畜牧业主导产业位置。

4.5.2.3 规划草地畜牧业发展方向

(1) 调查规划区内的草地家畜种类、品种构成。根据市场需求，草地营养类型、地理位置、交通条件，分析奶牛、肉牛、肉羊、羊毛羊绒、羔皮裘皮生产的适宜性。选择草地区域适养家畜，确定草地畜牧业生产方向，同时规划品种改良方向。

(2) 了解现有畜群结构，包括适龄母畜、种公畜、役畜、驮畜和育成畜、后备种畜的比例。比较好的草地畜群结构，其适龄母畜比例如下：绵羊70%，肉牛、奶牛60%，山羊70%～80%，牦牛50%。提出减少非生产畜比例的途径。

(3) 调查畜群周转现状，分析家畜的繁殖率、成活率、出栏率、羔羊当年屠宰率、成畜死亡率等，确定畜群周转规划指标，提出加速畜群周转的途径与措施。

通过以上调查，按区域差异，因地制宜规划草地畜牧业发展方向。

4.5.2.4 区域草地畜牧业的草畜平衡和潜力分析

(1) 分析现有各类饲料的载畜能力，包括：①天然草地中季节放牧草地、割草地的载畜能力；②人工草地和改良草地的载畜能力；③人工饲草料的种植面积、产量及载畜能力；④农副产品产

量及用于饲喂家畜的比例、载畜能力；⑤附属可利用草地和临时草地的面积、可用载畜能力。

(2) 预计可增加的饲草产量与渠道，包活：①通过提高对天然草地改良、补播、施肥、灌溉的投入，可提高的产草量幅度；②依照水土资源容量，预计可新增人工饲草料生产能力；③预测外购越冬饲草料数量。

(3) 规划畜群规模，包括各类家畜年底存栏数和夏秋季饲养规模。

(4) 草畜平衡规划。用现有各种草地、人工饲草料总载畜能力，加上预期可增加的各种饲草载畜能力，与预期的畜群规模进行比较，即可获得规划期草畜平衡结果。据此，确定规划期内草地减畜规划或草地发展潜力规划。

4.5.2.5 **草地保护规划**

(1) 调查草地鼠虫害分布区域与危害程度、草地毒草的分布；

(2) 了解草地退化、沙化、盐渍化草地的面积、退化程度及分布，草地水土流失面积及分布；

(3) 调查草地极需保护的动植物资源、草地已有的各种自然保护区及分布；

(4) 了解依据区域草畜平衡制定的减畜计划，调查退牧还草、沙源治理、小流域治理、草地生态补偿等生态建设工程，确定禁牧、休牧的草地面积及分布，遵照以草定畜和草地保护原则，制定草地保护规划，以求维持草地可持续生产，永续利用。

4.5.3 草地资源调查报告的编写

草地资源文字报告是草地资源调查最重要的成果之一。文字报告或草地资源专著，要详细阐述调查区域内草地资源的数量、质量、区域分布与空间结构，综合论述草地自然条件、社会经济因素及其对草地形成与利用的影响，还要对草地进行科学评价，分析草地生产潜力与利用现状，提出提高草地生产力的对策、草地改良的途径。文字报告需要撰写下述内容。

4.5.3.1 **绪论或前言**

(1) 本次草地调查所指的草地的定义和调查范围。

(2) 以往的草地调查及所获成果概况。

(3) 本次草地调查主要技术手段、调查精度、承担单位、调查时间。

(4) 本次草地调查所获成果的种类及主要成果内容。

(5) 本调查报告或草地资源专著的章节结构。

4.5.3.2 **自然条件和社会经济概况**

(1) 以水、热为中心的气候条件。需含有气温、生长期积温、无霜期、年降水量、有效降水和湿润度、灾害性天气的种类、危害程度和发生频率与规律等内容。

(2) 地貌。调查区域内的地貌类型，地貌单元的组合，地形对水、热气候资源再分配的影响，地形与草地类型的划分、地形与草地利用的关系。

(3) 水资源。草地水源和供水条件，草地上河流、湖泊、水库、地表径流的分布，可供开采的浅层地下水，水资源总量，可用于人工饲草料生产灌溉用的水资源量，水质，人畜饮水条件，缺水草地的分布。

(4) 土壤。草地土壤的种类与分布，土壤养分状况，土壤侵蚀状况，草地土壤与人工饲草料种植、草地土壤与草地改良的关系。

（5）植被。调查区域内天然植被的类型及其分布规律、与草地生态有关的植被演替。

（6）社会经济概况。农业经济结构、农牧业生产概况、草地畜牧业经济的位置、草地畜牧业生产的经营方向与方式、草地家畜与生产性能、牧农林复合生产系统。

4.5.3.3　**草地植物**

（1）草地植物区系及地理成分。

（2）草地植物的生活型与经济类群。

（3）草地饲用植物资源，主要优势种饲用植物，有引种前景的饲用植物。

（4）草地经济植物，包括药用、蜜源、纤维、淀粉、油料、观赏植物资源，固沙、围栏、环境保护用植物资源。

（5）草地的有毒有害植物及对家畜的危害状况。

4.5.3.4　**草地类型**

（1）采用的草地类型分类原则、分类方法、分类单位和分类标准。

（2）调查区域内的草地类型分类系统。

（3）调查区域内草地的自然特征和经济特征，按草地类型进行定性和定量描述，包括每种草地类型的面积、分布区域、草群覆盖度、草层高度、产草量、载畜力、利用特性、改良途径等。

（4）草地类型的分布规律，包括地带性草地水平分布规律、山地草地垂直带分布规律、隐域性草地的分布规律。

4.5.3.5　**草地资源评价**

（1）草地产草量。草地产草量的高低及历年的变化趋势，用草地产草量的月动态系数、丰歉年系数、再生率、测定时的已采食率，对测定产草量进行校正。

（2）草地资源的等级评价。以基本草地类型分类单位，按草地等级评价标准评定草地等级。

（3）草地营养评价。根据草地型可食牧草混合样化学营养成分分析结果，按营养比公式，计算草地牧草碳物质∶氮物质的营养比，再根据营养比和粗灰分含量划分草地营养类型。

（4）草地利用及载畜量评价。依据草地利用适宜性，将草地划分为割草地、冷季放牧草地、暖季放牧草地、四季放牧草地、难利用草地。用农业部颁布的《天然草地合理载畜量的计算》农业行业标准，按草地类型、按放牧季节计算草地适宜的理论载畜量，并与草地实际载畜量比较，进行草畜平衡。

4.5.3.6　**草地区划**

（1）草地自然分区。依据草地自然经济特性和空间组合特征的共性与区域差异，对草地进行分区，阐述区域草地资源的特点，分区指导草地的利用与经营。须论述如下内容：①草地分区的原则、草地分区的单位和标准、调查区域内的草地分区系统；②依据草地区域的草地类型组合特征、生产力、利用现状、草地改良与草地畜牧业生产现状等内容，阐述各个草地区、小区、片的利用特性与经营方向。

（2）草地利用区划。依据区域草地自然条件和畜牧业生产特点，按区域差异，规划草地畜牧业主导产业方向，优化草地畜牧业产业结构。按草地区域进行草畜平衡，按草地规划区域制定减畜规划或草地潜力发展规划。遵照以草定畜和草地保护原则，制定区域草地保护规划。

4.5.3.7 草地利用现状与草地畜牧业生产

(1) 概述当前草地的主要利用方式、利用现状，计算草地合理载畜容量，进行草畜平衡分析，制定减畜规划或草地生产潜力发展规划。

(2) 阐述草地家畜种类、数量、分布和生产性能，草地畜牧业生产发展历史、现状与水平，季节草地畜牧业生产方式，改善和提高草地生产的途径与措施。

(3) 优化草地畜群结构与畜群周转，区域专业化生产现状与前景，草地家畜易地越冬、易地育肥饲养前景分析。

(4) 家畜品种改良现状、效果，经验与教训，家畜本品种选育、防止品种退化的措施，今后家畜品种改良的方向与措施，规划家畜品种改良与本品种选育工作。

4.5.3.8 草地改良、保护与建设

(1) 草地改良现状，草地改良方式与措施、效果、经验与教训，草地具备的改良条件，草地改良规划。

(2) 人工草地建植与人工饲草料种植现状，人工草地面积、类型，人工饲草料种植面积、品种、产量，人工草地区划与牧草种植区划等。

(3) 草地超载过牧、退化、沙化、盐渍化状况，草地开垦、草地鼠虫害危害状况。按《天然草地退化、沙化、盐渍化的分级指标》国家标准，评定退化、沙化、盐渍化草地，划分出需禁牧封育、季节性休牧草地。按草地鼠虫害防治标准，划定鼠虫害防治区。

(4) 草地保护的历史与现状，草地保护的紧迫性、保护的重点，草地自然保护区规划设想。阐述退牧还草、草地风沙源治理、荒漠化防治、小流域治理、草地减畜等草地生态保护对策，实现草地永续利用的决策规划。

(5) 牧民定居工程、草地围栏、棚圈建设、人畜饮水工程、道路交通等畜牧业设施建设概况、发展方向与发展规划设想。

4.5.4 调查文字报告的附录

1. 县级和地区级文字报告的附录

(1) 草地植物拉丁名、中文名对照表，按字母排列。

(2) 草地饲用植物和草地类型可食牧草混合样的化学营养成分分析表。

(3) 草地类型图和自然分区图。

2. 省(自治区)草地资源或专著的附录

(1) 草地植物拉丁名、中文名对照表，按拉丁文字母顺序排列。

(2) 草地植物中文名、拉丁名对照表，按汉字笔画为序排列。

(3) 省(自治区)级草地牧草化学营养成分分析表，含草地单种牧草和草地类型可食牧草混合样营养成分。

(4) 1∶100万或1∶200万省(自治区)草地类型地图。正式出版的草地地图，其国界和省界需经国家测绘总局审查、批准。

(5) <1∶400万草地分区地图。

参考文献

[1] 沼田真．草地调查法手册．姜恕，祝廷成译．北京：科学出版社，1986：25-26.

[2] 全国土壤普查办公室．中国土壤普查技术．北京：农业出版社，1992：110.

[3] 北方草场资源调查办公室．草场资源调查技术规程．北京：中国农业科技出版社，1986：25.

[4] 内蒙古草地资源编委会．内蒙古草地资源．呼和浩特：内蒙古人民出版社，1990：318.

[5] 李凌浩，韩兴国，康乐，等．新时期我国草地环境科学发展战略的思考．中国科学院院刊，2011(12).

[6] 苏大学，薛世明．西藏自治区草地资源．北京：科学出版社，1994：235.

[7] 章祖同，刘起．中国重点牧区草地资源及其开发利用．北京：中国农业科技出版社，1992：105，247.

[8] 章祖同，刘起．中国重点牧区草地资源及其开发利用．北京：中国农业科技出版社，1992：232.

[9] 国家计划委员会农业区划局，农牧渔业部土地管理局．土地利用现状调查手册．北京：农业出版社，1985：167.

[10] 全国农业区划委员会．土地利用现状调查技术规程．北京：测绘出版社，1984：27.

[11] 楚玉山，刘纪远．西藏自治区土地利用．北京：科学出版社，1992：416.

[12] 苏大学，廖国藩．关于我国草地资源数据库的研究．畜牧兽医学报，1983，14(4).

[13] 苏大学．草地资源数据库方法——SOCRATA 数据库系统的应用．中国草原，1984，22(4)：9-13.

[14] 察钦根，等．苏联天然草原区划．张佃民译．干旱区研究，1984，1(1)：73-77.

[15] 苏大学．澳大利亚新南威尔士州的草地及管理．国外畜牧学—草原与牧草，1987(5)：52-53.

[16] 任继周．草原调查与规划．北京：农业出版社，1985：206-209.

[17] 王栋．牧草学通论．南京：畜牧兽医图书出版社，1953.

[18] 贾慎修．中国草地区划的商讨．自然资源，1985(2)：1-13.

[19] 章祖同．谈中国草地区划问题．中国草原，1984(4)：1-7.

[20] 许鹏．新疆草地资源及其利用．乌鲁木齐：新疆科技卫生出版社，1993：289.

[21] 中国科学院青藏高原综合科学考察队．西藏草原．北京：科学出版社，1992：78-81.

第5章

草地资源遥感调查

摘要：本章阐述草地资源航空遥感与卫星遥感调查、遥感估产三方面的技术方法及著者的经验教训。介绍了常见遥感信息源的分辨率及适用范围，分析了大、中、小比例尺调查精度对遥感信息源的选择、几何纠正、图像增强技术处理的要求；详述了草地遥感调查的全程工作内容、方法和步骤，开展遥感调查与常规调查在草地分类系统制定、野外调绘、转绘成图方面不同的技术要点。详述了目视解译调查方法，建立解译标志、进行多时相分析、多因子分析、影像综合分析、对照分析、地理位置分析、结合地形图分析等多种解译技术。介绍了我国北方干旱草原区与青藏高原区各种草地类型与地物的详细TM解释标志。记述了外业调绘面积的比例和调绘内容。详述了中国草地资源快速调查的技术路线与技术支撑系统，通过简化草地类型分类层次、利用计算机遥感软件、进行人机交互式判读作业、实现草地资源快速清查的技术方法。简述了航空遥感调查方法与工作步骤，重点介绍了航片转绘方法、彩红外航片草地调查技术。介绍了草地遥感估产原理、植被指数估产法的工作流程，使用陆地资源卫星TM、MODIS和彩红外航片估算草地产草量的技术方法。分析了草地遥感估产的制约因素和选择遥感估产方法的依据。

著者认为，草地遥感调查比常规调查准确、快速、节省人力，是今后草地资源调查必不可少的技术手段。草地遥感估产目前应主要用于小比例尺精度的草地资源监测，具有草地生产实用价值的中、大比例精度的草地遥感估产，需要高分辨率信息源和足够的经费支持。今后的草地资源调查和遥感估产不宜使用低分辨率气象卫星。草地遥感调查与估产必须有地面实地调查支持，遥感调查与估产结论的准确性，与野外实地调绘精度、布点测产样地密度成正比，与遥感调查制图技术人员对调查区域的实地了解程度成正比。遥感调查必须应用地形图、气候与地学资料。多种类、多时相遥感信息源配合使用，有互补、互查作用，可提高调查精度。遥感技术与草地技术人员结合，分工协作，取长补短有利于提高调查精度，节省调查时间和经费。

自然资源遥感技术，指采用航空、航天运载工具搭载不同类型的遥感器，对地球表层自然资源及其背景信息进行采集，运用光学、数学、计算机方法对采集的信息进行处理分析、存储，输出影像和信息数据，用来对自然资源进行调查、评估、动态监测、预报的综合配套技术。我国应用自然资源遥感技术起步较晚，20 世纪 50 年代末，开始使用航空照片对一些重点区域草地进行辅助调查。60 年代，应用航片做辅助手段进行全国首次土地资源调查和内蒙古、新疆少数重点草地区域的草地制图。1978 年美国陆地卫星 MSS 图像引入我国之后，草地卫星遥感调查进入实质性应用期。草地资源遥感技术应用于草地资源调查、清查草地面积、类型分布；用于草地资源监测，监测草地资源的消长，调查草地退化、沙化、盐渍化、水土流失、石漠化状况；监测牧草长势、估算草地牧草产量；调查、监测草地鼠虫害，监测草地雪灾、火灾等。著者只从事过草地资源航空遥感与卫星遥感调查、草地遥感估产三方面研究工作。下面阐述这三方面的遥感技术及经验教训。

5.1 草地资源遥感调查概述

5.1.1 航空遥感是草地资源调查的重要手段

航空摄影像片具有高空间分辨率特点，在大比例尺草地资源调查中有突出优势。南疆草地资源调查使用的昆仑山北坡黑白航片，清楚反映了从昆仑山口洪积扇向冲积平原过渡的详细情况。洪积扇前端有色调很明亮的窄条状龟裂性土光板地；往下为渠系纵横、阡陌相连、田块形状较规则的绿洲；农区绿洲往下延伸，色调深暗，为扇缘溢出带沼泽地，紧邻沼泽地分布有重要的割草地和冬、春放牧场；再往下过渡到泛滥平原，强烈积盐形成大面积盐土荒漠，色调明亮仅略暗于龟裂性土，其间局部地段间或有小块色调较暗的低地盐土草甸。这样详细的色调分布层次，难以直接从中分辨率的卫片上获得。著者在 1982 年新疆草地遥感训练班期间，参加了吉木萨尔县草地航卫片遥感试点调查。应用黑白航片，可以清晰地分辨出天山（博格达山）北坡山麓线以上，分布的山地温性荒漠类—山地荒漠草原类—山地温性（典型）草原类—山地温性草甸草原类或山地草甸类—高寒草甸类—稀疏垫状植被—砾石风化带—永久性积雪完整的山地垂直带。而应用 MSS 卫片，则很难准确区分山地荒漠草原类与山地温性（典型）草原类；不借助地形图等高线，难以区分山地温性（典型）草原类与山地温性草甸草原类；难以划分亚高山山地草甸与高寒草甸类的准确分界线。

应用航片进行草地资源调查的缺点是：难以获得与地面调查实时、同步、同时相的航片；航片作业面积小，航片用量大，转绘工作量大，经济成本高；航片不容易更新，不太适合草地状况变化速度快的地区。但航空像片尤其是彩红外航片，仍然是草地资源调查的重要手段。

（1）大比例尺资源调查，需要航片成图。20 世纪 80 年代中后期，西藏“一江二河”流域中游河谷区 1∶5 万比例尺草地资源调查，西藏农区县、半农半牧县 1∶10 万比例尺精度的草地调查，用 MSS 和 TM 卫片难以满足需要，故采用 1∶(5 万～7.5 万)黑白航片为主信息源进行调查。

（2）湿润森林区的中、大比例尺草地资源调查，需要航片成图。1984 年原设想以 MSS 卫片为主，航卫片结合开展贵州省草地资源调查。工作启动后发现，贵州省属于湿润森林区，植被覆被率高，MSS 卫片色彩呈现一片红，难以分辨疏林草地、灌草丛草地与森林，不能满足全省 1∶20 万比例尺正式成图的精度要求。只好修改草地资源调查技术路线，舍弃 MSS 卫片，全部改用航片成图。

(3) 用作卫片调查的辅助信息源。用卫星影像为基本信息源进行中、小比例尺遥感调查时,需要同时搜集部分航空照片,在卫片的解译标志建立、细部判读、卫片解译结果检查验证方面用作辅助信息源。黄土高原1∶50万系列制图,用彩红外航片抽查验证、校正TM卫片解译结果。在黄土高原东南部山地森林区,用TM卫片解译疏林草地、灌草丛草地的类型界线,难以准确到位,需要借助航片帮助。常用的资源卫星图像,一般比例尺较小,地面分辨力较低,不能进行立体观测,而这些正是航片的突出优点。如果两者配合使用,彼此补充,就会相得益彰。

著者承担的贵州省草地资源调查、西藏亚东县1∶10万比例尺喜马拉雅山南坡的草地调查、西藏昌都八宿县邦达草原生态建设规划的1∶5万草地类型图、内蒙古西乌珠穆沁旗百万亩草场建设规划的1∶10万草场类型图,全部使用1∶(5万～7.5万)黑白航片。拉萨河下游地区草地资源调查、黄土高原1∶50万草地资源系列制图的抽查验证,使用1∶3万彩红外航片。以上说明,过去在大比例尺草地类型调查中,航空遥感手段有不可替代的作用。

现在虽然有多种高分辨率的卫星遥感信息源出现,但航片因其分辨率高、获取方式灵活、机动,航空遥感技术仍然在大比例尺地形图更新、石油勘探、水利工程、铁路、高速公路工程、生态工程规划、荒漠化防治、自然保护区调查等很多领域广泛应用。如京津风沙源防治工程规定,在重点产沙区用航片监测土地沙化,每5年更换一次航空拍摄资料。我国草地管理部门,目前不太可能为了草地资源调查新摄制航片。但从经济费用上衡量,如果别的部门有拍摄日期符合要求的航片,且租借费用不高,草地航空遥感仍有应用前景。特别是在大型草地生态建设工程和人工草地建设工程方面,应用彩红外航片进行工程的规划与设计,仍然是最佳技术手段。目前美国、澳大利亚一些有经济实力的大牧场,仍然使用飞机遥感技术进行大比例尺草地资源监测调查和草地病虫害监测。总之,由于航空遥感具有高分辨率和快速机动性的显著特点,草地航空遥感仍然是遥感技术发展的重要方面。

5.1.2 常见卫星遥感信息源的分辨率及适用范围*

适用于大面积陆地表面生态环境监测的卫星资料信息源有很多种,可以将常用的生态环境监测遥感信息源划分为三类:①高时间分辨率、低空间分辨率气象卫星;②陆地资源卫星,具有高、中、低多种空间分辨率、多波段、多光谱卫星数据;③高空间分辨率卫星数据。见表5.1.1。

表5.1.1 常用的资源调查与环境监测卫星遥感信息源

卫星名称	发射和运行年份	波段数	全色波段地面分辨率/m	多光谱波段地面分辨率/m	波长/μm	扫描宽度/km	专题制图适用比例尺	所属国家或地区
EOS-Modis	2000—至今	36	—	250～1 100	0.4～14.4	2 330	<1∶1 000 000	美国
Landsat1,2,3	1972—1978	7	—	79	0.5～1.1	185	1∶500 000	美国
Landsat5	1984—至今	7	—	30	0.45～1.75	185	1∶250 000	美国

* 5.1.2部分中的表格和数据,由中国科学院地理科学与资源研究所江东和李征提供,文字部分由苏大学改写。

续表 5.1.1

卫星名称	发射和运行年份	波段数	全色波段地面分辨率/m	多光谱波段地面分辨率/m	波长/μm	扫描宽度/km	专题制图适用比例尺	所属国家或地区
Landsat7	1999—2003	8	15	30	0.45～1.75	185	1∶250 000	美国
环境 1 号	2008—至今	4	—	30	0.43～0.90	360	1∶250 000	中国
CBERS1,2	2000—至今	4	—	19.5	0.45～0.89	114	1∶250 000	中国/巴西
SPOT4	1998—至今	1+4	10	20	0.50～1.75	60	1∶250 000	法国
Aster	1999—至今	14	—	15	0.52～0.86	60	1∶100 000	美/日
RapidEye	2008—至今	5	—	6.5	0.44～0.85	77	1∶50 000	德国
IRS-P5	2005—至今		2.5		0.5～0.85	26	1∶25 000	印度
SPOT5	2002—至今	1+4	2.5	10	0.48～1.75	60	1∶25 000	法国
ALOS	2006—2011	1+4	2.5	10	0.42～0.89	70	1∶25 000	日本
资源 3 号	2012—至今	1+4	2.1	5.8	0.45～0.89	50	1∶25 000	中国
IKONOS	1+4	1+4	0.82	3.2	0.45～0.9		1∶10 000	美国
GeoEye-1 (OrbView 5)	2008—至今	1+4	0.41	1.64	0.45～0.92	15	1∶(2 000～5 000)	美国
Quick Bird	2001—至今	1+4	0.61	2.44	0.45～0.9	16.5	1∶(5 000～10 000)	美国
WorldView	2009—至今	1+8	0.45	2.0	0.5～2.0	16.4	1∶(5 000～10 000)	美国
EROS-B	2006—至今	1	0.7	3.5	0.5～0.9	7	1∶10 000	以色列

5.1.2.1 气象卫星

空间分辨率,1 km 至数千米,时间分辨率, 24 h 以内重复观察。如美国 NOAA 系列气象卫星、我国风云系列气象卫星、日本静止气象卫星 GMS 等。

NOAA 卫星已发展到第五代卫星,装载有 6 个光谱通道,提供可见光与红外云图多种气象及环境遥感数据,可以广泛应用于资源与环境科学的多个领域,如水文学、海洋学、植物学、资源与环境监测、区域土壤水分分析、灾害监测等。我国于 20 世纪 80 年代在非气象领域,应用多时相准同步美国 NOAA/AVHRR 数据,对我国东部植被季相动态规律进行了系统研究,组织了北方 10 省市冬小麦估产试验,开展了新疆部分地区的小比例草地资源调查和草地遥感估产研究等。

中国风云 3 号 FY-3A 中分辨率光谱成像仪有 3 个可见光、1 个近红外和 1 个长波窗通道,250 m 空间分辨率,对生态环境与灾害监测分析非常有利。FY-3A 获取资料丰富,应用范围广泛,可在气象、气候、环境监测和决策服务等方面发挥更重要的作用。

气象卫星主要服务于气象部门,空间分辨率低,在没有中分辨率陆地卫星前,曾用于小比例尺草地资源试验调查和规律性学术研究。目前,草地资源调查已基本不用气象卫星。

5.1.2.2 陆地资源卫星数据

陆地资源卫星是勘测和研究陆地表层自然、环境状况的卫星,目前常用的陆地资源卫星包括高分辨率的法国 SPOT 卫星、印度卫星 P5;中分辨率的美国陆地卫星(Landsat)、中巴合作陆地资源卫星 CBERS;低分辨率的美国卫星 MODIS 等。陆地资源卫星数据广泛应用于资源调查、生态环境和灾害监测、土地规划和区域开发等领域。

1. 高分辨率陆地卫星

(1) 法国 SPOT 卫星。SPOT 卫星轨道高度 832 km，时间分辨率 26 d，目前在轨的有 SPOT-2、SPOT-4、SPOT-5 三颗卫星，对指定地区的覆盖周期可缩短到 2 d。2002 年发射的 SPOT-5 卫星比前面发射的卫星大大提高了空间分辨率，全色波段地面分辨率由 10 m 提高到 5 m 和 2.5 m，多光谱波段则由 20 m 提高到 10 m，提供覆盖五大洲的数字高程模型，波谱特征见表 5.1.2。SPOT 卫星在资源环境应用领域占有重要地位，我国使用 SPOT 卫星数据编制西部大面积 1∶5 万地形图，开展全国第二次土地资源遥感详查；20 世纪 80 年代末的西藏和黄土高原地区的土地资源和草地资源遥感调查，都用 SPOT 卫星数据检查调查质量。

表 5.1.2 法国 SPOT-5 的波谱特征

波段	光谱范围 /μm	空间分辨率 /m	主要特点
B1	0.50～0.59 (绿波段)	10	位于植被叶绿素光谱反射曲线最大值的波长附近，用于植被识别与监测
B2	0.61～0.68 (红波段)	10	位于叶绿素吸收带，用于识别作物、裸土等
B3	0.78～0.89 (近红外)	10	能很好地穿透大气，对绿色植物类别差异敏感，与 B2 波段结合用于植被监测
B4	1.58～1.75 (短波红外)	20	植被探测及矿物探测
全色	0.48～0.71	2.5，5	与其他波段融合，可提高空间分辨率

(2) 印度 IRS P5 卫星。IRS P5 卫星简称 P5，是高分辨率遥感制图卫星，于 2005 年 5 月 5 日发射成功。轨道高度为 618 km，共由 1 867 条轨道覆盖全球，相邻轨迹线之间相隔 11 d，它搭载的两个 2.5 m 空间分辨率的可见光全色波段摄像仪，为全世界提供 2.5 m 分辨率的遥感影像资料。应用于土地和水资源管理、环境评估、资源调查、城市规划和各种制图信息系统。

(3) 中国资源 3 号卫星，2012 年 1 月发射成功。全色波段地面分辨率 2.1 m，多光谱波段地面分辨率 5.8 m，可用于小于 1∶25 000 大比例尺专题图的编制。适用于大比例尺土地资源调查、环境监测、县级草地资源调查、草地生产力评估、草地退化与草地灾害监测等。

2. 中分辨率陆地卫星

(1) 美国陆地卫星(Landsat)。Landsat-1 是美国 1972 年发射的世界上第一颗陆地资源卫星。Landsat-4/5 是美国第二代实用型地球资源卫星，有 7 个波段，所携带的传感器 Landsat-4 为多光谱扫描仪(Multispectral Scanner System，MSS)，Landsat-5 为专题制图仪(Thematic Mapper，TM)。空间分辨率：MSS 为 79 m×80 m；TM 为 30 m×30 m。Landsat-7 是 1999 年 4 月发射的第三代资源卫星，用 8 波段的多光谱扫描辐射计增强型专题制图仪(Enhanced Thematic Mapper Plus，ETM＋)，工作于可见光、近红外、短波红外和热红外光谱区域。ETM＋在前两代陆地卫星的基础上，在很多方面进行了改进：①引入了空间分辨率为 15 m 的全色波段；②热红外波段的空间分辨率由 ETM 的 120 m 提高到 60 m；③辐射定标误差小，比陆地卫星 5(Landsat-5)提高近 1 倍。Landsat-7 ETM＋波谱特征见表 5.1.3。目前，只有 Landsat-5 还在运行，Landsat-6 发射失败，其他 Landsat 卫星已失效。

表 5.1.3　美国陆地卫星 Landsat-7 ETM+波谱特征

波段(CH)	光谱范围/μm	空间分辨率/m	主要特点
1	0.45～0.52(蓝色波段)	30	叶绿素的吸收波段
2	0.52～0.60(绿色波段)	30	绿色光反射波段
3	0.63～0.69(红色波段)	30	叶绿素的主要吸收波段
4	0.76～0.90(近红外波段)	30	对绿色植物类别差异敏感,与 3 波段结合用于植被监测
5	1.55～1.75(中红外波段)	30	水的吸收波段
6	10.4～12.5(热红外波段)	60	热辐射波段,可反演地表温度
7	2.08～2.35(中红外波段)	30	水的强吸收波段
8	全色波段	15	与其他波段融合,可提高空间分辨率

Landsat 数据现在被世界上 15 个地点的地面站所接收,主要应用于陆地资源探查、环境监测。TM 数据是现在最为广泛利用的地球观测数据,目前可免费在世界各国接收。美国 Landsat 卫星数据,是我国资源环境领域使用最广泛的遥感影像,也是草地卫星遥感调查使用最广泛的遥感影像。20 世纪 80 年代使用 MSS,90 年代至今使用 TM。

(2) 中巴地球资源卫星(CBERS)。由中国和巴西两国共同投资、联合研制,1999 年 10 月 14 日,中巴地球资源卫星 01 星(CBERS-01)成功发射。2003 年 10 月 21 日资源卫星 02 星投入使用,其数据产品可用于土地资源、水资源动态监测、农作物长势、洪涝、地震等自然灾害监测等。2007 年 9 月 19 日成功发射资源 02B 星,它是具有高、中、低三种空间分辨率的对地观测卫星,搭载的 2.36 m 分辨率的 HR 相机,在国土资源调查、城市规划、环境监测、减灾防灾、农业、林业、水利等众多领域都具有重要作用。中巴资源 02B 星的波段设置如表 5.1.4 所示。

表 5.1.4　中巴资源 02B 卫星(CBERS-02B)波段设置

传感器	波段	光谱范围/μm	空间分辨率/m
CCD 相机	1	0.45～0.52	20
	2	0.52～0.59	
	3	0.63～0.69	
	4	0.77～0.89	
	5	0.51～0.73	
高分辨率相机(HR)	6	0.5～0.8	2.36
宽视场成像仪(WFI)	7	0.63～0.69	258
	8	0.77～0.89	

3. 低分辨率陆地卫星

低分辨率成像光谱仪 MODIS(moderate resolution imaging spectroradiometer),1999 年 12 月由美国发射。MODIS 是当前世界上新一代"图谱合一"的光学遥感仪器,具有 36 个光谱通道,空间分辨率分别为 250 m、500 m 和 1 000 m,每 1～2 d 可获得一次覆盖全球观测数据。美国宇航局(NASA)对 MODIS 数据实行全球免费接受的政策,极大地促进了 MODIS 数据的研究。我国各地很多单位接受 MODIS 卫星信号,经过地面接收系统多级处理,可以进一步生成大气、陆地和海洋多种类别、多个层次的应用数据，其中植被指数应用范围最为广泛，如土地覆盖分类及变化监测、小比例尺草地资源调查、农作物及草地估产、干旱监测、东亚飞蝗危害监测等。MODI 火灾和热量异常产品每天获取一次，有利于对草原火灾的监测。

5.1.2.3 超高空间分辨率卫星数据

超高空间分辨率的卫星数据，其空间分辨率在 1 m 左右，如 Quick Bird、IKONOS 等。1999 年发射的 IKONOS 卫星，轨道高度 681 km，重访周期 3 d。空间分辨率：全色 0.82 m，多光谱 3.2 m；光谱范围：全色 450～900 nm，蓝 450～520 nm，绿 510～600 nm，红 630～700 nm，近红外 760～850 nm。2001 年 10 月美国 Digital Globe 公司发射的 Quick Bird 卫星分辨率较 IKONOS 卫星又有所提高。

超高分辨率遥感数据已经成为国家基础性、战略性资源，广泛应用于精确制图、城市规划、土地利用资源管理、环境监测、减灾防灾与地图测绘，以及军事测绘与情报收集等领域。1 m 分辨率卫星的成功发射标志着商业高分辨率卫星时代的到来，鉴于其巨大的经济与军事效益，世界各国都积极发展超高分辨率遥感卫星系统。其他一些空间分辨率在 1 m 以下的卫星数据源如表 5.1.5 所示。对于草地资源遥感调查而言，超高分辨率遥感数据无疑有利于调查精度的提高，但使用成本肯定昂贵，除紧急草地灾害监测和特殊高精度要求的草地建设规划项目外，目前没有必要花高价引入应用于一般的大比例尺草地调查。

表 5.1.5 分辨率 1 m 以下的主要遥感卫星 m

卫星	国家	发射时间	全色分辨率	多光谱分辨率
OrbView 5	美国	2007.7.1	0.41	1.64
WorldView	美国	2006.7.1	0.5	2
Quick Bird	美国	2001.10.18	0.6	2.5
EROS-B	以色列	2006.4.25	0.7	3.5
EROS-C	以色列	2008.7.1	0.7	2.5
Pleiades-1	法国	2008.7.1	0.7	2.8
Pleiades-2	法国	2009.7.1	0.7	2.8
IKONOS-2	美国	1999.9.24	1.0	4
OrbView 3	美国	2003.6.26	1.0	4
Kompsat	韩国	2004.12.20	1.0	4
Resurs DK	俄罗斯	2005.3.1	1.0	3
IRS Cartosat 2	印度	2006.12.10	1.0	

5.1.2.4 高光谱分辨率卫星

高光谱分辨率遥感(hyperspectral remote sensing)是用很窄而连续的光谱通道对地物持续遥感成像的技术。在可见光到短波红外波段其光谱分辨率高达纳米(nm)数量级，通常具有波段多的特点，光谱通道数多达数十甚至数百个以上，而且各光谱通道间往往是连续的，因此高光谱遥感又通常被称为成像光谱(imaging spectrometry)遥感。前已述及的 MODIS 也可列入此类卫星行列。我国 2008 年 10 月成功发射环境与灾害监测预报小卫星，搭载的超光谱成像仪(HSI)，波段范围 450～950 nm，有 115 个波段，空间分辨率为 100 m，也属于高光谱分辨率卫星。

高光谱分辨率遥感技术具有的光谱划分精细、数据信息丰富等独特性能，在地表物质的识别和分类、有用信息的提取等方面具有的优势，使得这一技术在生物多样性监测、土壤退化及侵蚀、植被分类、草地调查及监测以及火灾监测等方面，有重要作用和应用潜力。

如今美国宇航局的 MODIS、EO-1/HYPERION、美国军方的 MightySat、欧空局的 CHRIS、澳大利亚的 ARIES-1 以及我国的 HIS 都在轨运行。它们对于中、小比例尺的草地资源调查具有重要意义。部分高光谱遥感卫星参数见表 5.1.6。

表 5.1.6　部分高光谱遥感卫星参数

卫星	发射时间	国家	波段范围/nm	波段数	空间分辨率/m
MODIS	1999.12	美国	400～1 400	36	250,500,1 000
MightySat	2000.7	美国	500～1 050	256 或 512	30
HYPERION	2000.11	美国	400～1 100 900～2 500	60 160	30
CHRIS	2001.10	欧空局	400～1 050	18～62	17
ARIES	2004	澳大利亚	400～1 100 900～2 500	60 160	30
HSI	2008.9	中国	450～950	115	100

5.1.3　草地遥感对卫星信息源的选择与图像处理要求

5.1.3.1　卫星信息源的选择

1. 卫片种类的选择

识辨一个卫片上的目标地物，一般需要 5～7 倍的像片地面分辨率[1]，因地物的形状、目标物与背景的对比度、解译人的技术水平等因素影响而异。需要根据调查目的和制图比例尺的要求，选择适用分辨率的卫星信息源。根据著者和很多部门多年草地资源卫星遥感调查实践，将常见遥感信息源的调查比例尺适用范围列于表 5.1.7。

表 5.1.7　常见遥感信息源的分辨率及适用范围

信息源	分辨率/m	平原区可判读精度(像元数)		适用调查比例尺
		面状地物	线状地物	
彩红外航片(1∶5 万)	2.5	4～10	0.5～1	≤1∶1 万
黑白航片(1∶7 万)	3.0	4～10	0.5～1	≤1∶(1 万～5 万)
IKONOS	0.68～1	1～20	0.5～1	≤1∶1 万
SPOT5(黑白)	2.5	2～60	0.5～1	≤1∶(1 万～5 万)
ETM(黑白) SPOT(全波段)	15 10	5～10	1～2	≤1∶(5 万～10 万)
中巴卫星 TM 和 ETM	30	16～20	1～2	<1∶20 万
MSS	79	20～30	1～3	<1∶50 万
MODIS	250～1 000	20～40	2～3	<1∶100 万
NOAA/AVHRR	1 000	30～40	>3	<1∶400 万

(1) 编制大比例尺草地图,对卫星信息源的选择。编制 1∶50 000 或更大比例尺的草地图,要选择具有高分辨率和丰富的多光谱信息源、影像。SPOT 影像的第 4 波段(WSIR,短波红外波段)对土壤湿度、植被覆盖和叶片含水量特别敏感,综合考虑 SPOT5 影像的来源、性价比和已经成功应用大比例尺地表覆盖分类图的范例,SPOT5 影像成为制作 1∶50 000 地表覆盖图的首选。

SPOT5 卫星与太阳同步,高度 832 km,每 5 d 能重访问同一地点。增强后的星上处理能力使得 SPOT5 号卫星能同时获取 120 km 宽的全色和多光谱影像。SPOT5 的平面精度指标为 10 m(RMS),高程精度指标为 5 m(RMS),SPOT5 的多光谱影像和全色影像可融合成 2.5 m 的融合影像。这些指标可以满足绘制 1∶5 万比例尺地图的要求。

(2) 编制中比例尺草地图,对卫星信息源的选择。中等比例尺草地资源调查,或者较中等比例尺稍大一点但还不到大比例尺精度的草地调查,可以选用 TM 影像对地物进行监督分类识别,分类精度可达到 80%。

将 TM、ETM 的 7、5、4 波段与 TM、ETM 的全色影像融合成 10 m 或者 15 m 的融合影像,可用于 1∶(10 万～20 万)中比例尺草地调查。TM 波段 5 和波段 7 对背景地物和植被反射率较高、区别较大,有利于植被覆盖度极低的沙漠和荒漠地区草地类型的识别。将 TM,ETM 的 4、3、2 波段组合与其全色影像融合提高分辨率,用于植被比较丰富地区的草地判别。

(3) 编制小比例尺草地图,对卫星信息源的选择。编制<1∶100 万小比例尺草地图,MODIS 数据比较理想。MODIS 可见光空间分辨率可达 500 m,时间分辨率高,容易在大范围制图区域内,选择接收到相同季相、大体相同天气条件下摄制的影像,有利于消除因影像摄制环境条件的不同而造成的幅间差异。且 MODIS 免费提供,可节省调查经费。不主张选 NOAA/AVHRR 数据编制小比例尺草地图,NOAA 卫星是气象卫星,多年的使用实践说明,NOAA/AVHRR 数据更适合气象领域,不太适合草地植被调查。

(4) 草地遥感估产对卫星信息源的选择。设有红、红外波段的卫星影像都可以用作草地生物产量估算,估算的精度从高至低依次是彩红外航片>TM 卫片>MODIS 卫片>NOAA/AVHRR 卫片。

(5) 用于抽查验证卫片解译、制图精度的卫星影像,应比用于判译制图主卫星影像的分辨率高,宜选择卫星影像适用的制图比例尺,比被验证的制图比例尺高 1～2 个级别。例如,用分辨率 30 m 的 TM 影像编制 1∶20 万草地图,选择分辨率 10 m 的 SPOT5 影像用作验证影像资料即可,无需选择 IKONOS 等超高空间分辨率的卫星数据。

2. 卫片时相的选择

遥感影像缺乏时间连续性,不同季节摄制的同一草地的卫星遥感信息源,影像特征互有差异。

(1) 选择草地植被覆盖度好、裸露土地少的季相为佳,以此可减少地表物质反射光谱对草地植被反射光谱的干扰。盛夏植被茂盛,反映在卫片上红色丰富。草地植被愈茂盛,叶绿素总含量愈高,影像色彩愈红,有利于天然草原区草地植被的识别。若要研究土壤基质对草地类型的分类影响,则正好相反,需要选择裸露地表多的季相。

(2) 选择植物叶绿素含量差异大的季相。尤其在森林区,宜选择牧草返青不久或牧草已开始枯黄,草地牧草与森林树木叶绿素含量差异大的季节摄制的卫片。早春 4 月摄制的卫片上,水、热条件较好的热性草地,大部分牧草已返青,表现为红色;暖性草地和温带低湿地草甸,牧草开始返青，卫片上能见到红色斑块；北方温带草地牧草尚未返青，表现为黄褐色。故用春天摄制的卫片判读有利。晚秋摄制的卫片，反映枯黄与未枯黄的草地有利。晚秋已枯黄的草地类型其卫片上的红色色调消失，未枯黄的草地和常绿林仍为红色。

综合考虑，我国的东北地区宜选择 5 月下旬至 6 月中旬或 8 月下旬至 9 月中旬的图像；华北地区宜选择 3 月下旬或 9 月上旬的图像；在华中、华东和西南的北部地区应选择 3 月上旬或 10 月下旬的图像；在华南大部分地区和西南的南部地区宜选择冬季大部分草地牧草开始枯黄的图像；在西北干草原区则宜选择初夏或初秋植被茂盛季节的图像。

3. 选用卫片的实用原则

目前具有基本相同空间分辨率的卫片种类不少，选用哪一种卫片为好？除上述时相因素外，还要考虑卫片图像处理技术可以达到的精度和卫片技术处理的费用。2001—2002 年全国草地第二次遥感快查使用的 TM 影像和中巴卫星影像，后者的几何纠正处理效果明显较差，与 1∶25 万地形图叠加解译时，需要经常注意纠正卫星影像的细小位移，比用 TM 影像多花费不少工作时间。此外，还要考虑卫片使用的总费用，不管是进口卫星数据，还是国内地面站接收的影像数据，包括几何纠正、图像加强技术处理费用在内，总费用低者优先考虑。

4. 使用卫片还是使用航片的选择

在分辨率和时相大体满足调查精度要求的前提下，对大比例尺草地调查而言，要权衡选用高分辨率的卫片还是选用航片。空间分辨率 1～5 m、满足 1∶(1 万～5 万)比例尺精度调查制图要求的遥感影像有多种，总成本经费的多少应为选择的重要指标。

5.1.3.2 卫片图像的纠正与处理

卫星像片的比例尺和地面分辨率，随拍摄高度和相机扫描角度的变化而变化。1985 年和 1986 年我国发射的国土普查卫星，采用扫描式全景相机，在拍摄高度为 175 km 和 200 km 处，在卫星轨迹的星下点，像片的中心部位，传感器扫描角为 0°时，像片比例尺分别为 1∶20.1 万和 1∶23.5 万，地面分辨率接近 10 m。在同样的两个高度拍摄像片边缘部位的影像，传感器扫描角变为 50°，像片边缘部位的比例尺分别为 1∶53.0 万和 1∶61.6 万，像片地面分辨率降低为 40 m 左右[1]。这种中心投影、不同部位比例尺和分辨率差距这么大的原始卫片，不宜直接用于资源调查判读。需要经过剪辑，使用中心部位，经过几何纠正，使之与高斯-克吕格投影的地形图配准等一系列技术处理，才能使用。

遥感图像处理，包括摄制影像的投影转换，影像数据波段的 RGB 合成，合成影像与地形图地面控制点的几何纠正、辐射校正，图像的增强与变换处理、对比度增强、拉伸处理、空间变换，纠正影像之间的镶嵌，在镶嵌影像的基础上，以县级行政区划为单位，进行影像数据单元的分切等[2]。草地专业技术人员不太可能熟悉这些复杂的纠正技术，但在开展草地遥感调查前，需要根据调查目的和调查精度，向供片方提出假彩色合成的段波选择与组合方案，提出卫片处理精度要求，例如遥感影像与地形图的误差要求控制在多少毫米、多少像元以内等。还必须清楚了解购置卫片影像数据的各项图像纠正处理结果。

5.1.4 草地资源卫星遥感的特点

5.1.4.1 优势

与航空遥感相比，卫星遥感的突出优点是：

(1) 卫片覆盖范围宽,宏观性和概括性强。卫星的轨道高度为数百千米或近千千米,视野广,一景 TM 卫片覆盖面积 185 km×185 km,在如此大面积范围内获得同一标准制作的地物影像,有利于不同草地类型界线的区分、定位,有利于草地类型分布规律和草地自然区划工作。

(2) 卫星运转速度快,短时间内可以完成绕地球一周,比较容易反映地面草地的时间变化,为草地实时调查、监测提供可能。

(3) 卫片与航片一样,地物图像的影像边界清楚,但有效作业面积和解译制图工作量比航片小。按照卫星影像边界线定位,可减少常规调查中人为主观因素对判断草地类型分布界线的影响,提高草地定位精度,节省地面调查人力、物力和调查时间。著者主持了全国先后二次草地资源调查,首次草地资源调查大多数地区以常规调查为主,全国数百人花费 10 余年时间才完成。全国第二次草地资源遥感快查,20 几个人 2 年半时间完成全国草地面积和草地类型的清查。若用常规调查技术和航片解译制图,20 几个人 2 年半时间内肯定完成不了此项任务。

5.1.4.2 局限性

草地的卫星遥感影像,为覆盖草地地表的植物、植被、地表物质组成、地表水分等反射的复合光谱产物。草地反射光谱不仅受草地植物生长、叶绿素含量变化、一岁一枯荣的季节变化影响,还受分布纬度、经度、海拔高度、坡向、坡度、多维空间地域变化和土壤基质的影响。对遥感卫星获得的地面影像,最大限度地提取人们需要的信息,进行地物的分辨、判读是件十分复杂的工作。尽管现代遥感技术发展提供了数十种遥感影像增强处理技术,提出了几十种草地植被指数模型和各式各样的遥感影像解释专家系统,商业公司推出了很多遥感判读、制图计算机专用软件,从而大大提高了卫星遥感调查的精度。但是,遥感技术涉及面广、综合性很强,草地资源又是涉及植物学和地学试验性很强的学科,应用草地卫星遥感技术进行草地资源调查与监测,受很多因素制约,需要客观地评价卫星遥感调查实际效果。采用卫星遥感技术,对草地分布范围和面积的调查可以达到很高的精度,但对草地牧草的识别、对草地类型的定性、对草地生产力的定量,调查精度相对较低。

5.1.4.3 发展趋势

20 世纪 80 年代初期利用美国陆地卫星 MSS 和 TM 影像研究草地类型的识别分类与草地资源专题制图,大获成功,卫星遥感已成为我国草地资源调查的主要技术手段。随后,致力于草地专题信息的提取与表达方式的研究[3,4],提出各种植被指数及计算公式,并利用植被指数进行植被的宏观监测以及草地产草量估算[5,6]。随着定量遥感技术的逐步深入,草地遥感开始向更加实用、定量化方向发展。利用遥感处理软件 ERDAS,直接运行 indices 命令对 TM 影像进行 NDVI 计算,得到研究区不同时相的 NDVI 灰度图。植被覆盖度可以通过植被 NDVI 灰度来获取[7,8]。目前已提出几十种植被指数模型,其中归一化植被指数 NDVI 能较好地适应植被盖度稀疏、覆盖度差异悬殊的地区,是目前运用较多的获取植被覆盖度的方法之一。研究植被指数与叶面积指数、叶绿素含量、植被覆盖度、生物量关系,研究植被指数与生态环境因素—气温、降水量、蒸发量、土壤水分之间的关系,帮助提高草地遥感的精度[9]。结合地形图数字化,提取地形图的地形要素,形成坡度图、坡向图、海拔高程图,再叠加草地遥感图像,进行草地非监督分类,无疑可以提高草地类型的判对率和定位精度[10]。

目前美国和欧盟等发达国家,对于草地资源的调查与监测,主要使用空间分辨率为 15 m 的 ETM 影像,对于重点生态区的生态环境监测,用空间分辨率为 1 m 的 IKONOS 影像,对于牧场人工草地生产,用飞机航摄高分辨率航片进行监测。只要经济费用能承受,我国在天然草地主要分布区，卫星遥感也大体能达到这种水平。

5.1.5 对草地资源遥感调查的一些看法

(1) 草地遥感调查比用地形图进行的常规调查准确、快速、节省人力，能提高草地制图精度和面积量算精度，是今后草地资源调查必不可少的重要技术手段。

(2) 应用遥感技术可以实现对草地雪灾与旱灾、草地火灾、草地蝗灾、草地鼠害的实时调查，实现对草地开垦、草地退化、沙化、盐渍化和草地自然灾害的实时监测，大大提高其调查精度和监测水平，具有常规调查无可比拟、不可替代的优势。

(3) 草地遥感调查必须有地面实地调查配合。牧草的识别、草地类型的判定、草地生产力和载畜能力的测定、计算，都离不开地面实际调查与测产工作。牧草用花分类，必要时要借助放大镜甚至解剖镜鉴定牧草种。我们不可能在数十千米至数百千米的高空，依靠摄影和光谱扫描，直接识别植物、测定草地产草量。离开地面实际调查，难以判断草地遥感调查的准确性。

草地遥感调查判读的准确性与判读制图技术人员对调查区域的实地了解程度成正比，遥感估产和监测结论的准确性与野外实地调查测产的精度、布点测产样地的密度成正比。采用相同的遥感信息源，由熟知当地草地状况的专业人员执行调查，可以提高调查质量和成图精度，可以提高表 5.1.7 规定的调查比例尺制图级别。草地资源科学是涉及生物学、地学多学科的试验性学科，不能乞求单纯依靠计算机屏幕上的遥感图像调查了解草地资源。

(4) 调查比例尺≥1：5 万、服务于县及县以下基层生产单位的有关草地资源、草地生态建设工程、草地权属的调查，其草地生产力、载畜能力的测定计算，必须以地面实测调查为主要手段。没有同步或接近同步的高分辨率遥感信息源如彩红外航片，不宜乞求用遥感监测手段去解决基层草地生产的经营管理问题。目前经济条件允许的草地遥感估产技术方法，适合县级以上调查区域范围内草地生产力变化规律性研究，不宜用于县级以下实地草地畜牧业生产，不宜采用遥感估产模型计算牧民承包草地的合理载畜量。

(5) 草地遥感调查的精度和适用范围，取决于遥感信息源的空间和时间分辨率，需要客观地评估遥感技术解决草地生产的能力。常用的 TM 等中分辨率卫星影像，只适用于面积大的县或地区以上行政区域的草地资源调查与制图，制图精度不宜大于 1：20 万比例尺。能否借助地形因素的辅助分类提高草地牧草群落组成的识别？能否用中分辨率遥感影像数据编制 1：5 万的大比例尺草地图[8]？值得商榷。大比例尺精度的草地调查与制图，必须利用航空像片和高分辨率卫星影像。南方和北方森林区域≥1：20 万的草地调查，难以用分辨率低于 80 m 以下的遥感信息源来完成，即便使用分辨率 30 m 的 TM 和全波段 ETM 影像，也需要选择春(牧草返青)、秋(牧草枯黄)时期，草地植物与森林影像有明显差异的时相，才能勉强完成，且精度难以保证。

依据草地调查目的和调查成果的用途，选择既满足调查精度要求、又能保证调查质量的遥感信息源，选择资源卫星遥感信息源的波段组合，了解卫片纠正精度，是保质保量完成遥感调查的前提，草地专业和管理技术人员必须了解、掌握。

(6) 多种信息源、多时相遥感影像配合使用，有互补、互查作用，可提高地物分辨率，同一地区的 TM、中巴卫星、MSS 不同时相的信息源同时参照使用，能提高草地资源调查、制图精度。应用地形图、等高线图、等温线图、等雨线图等资料辅助草地遥感调查，能提高调查质量和调查精度，它们具有遥感影像不可替代的作用。

(7) 遥感技术人员与草地管理技术人员互相配合，取长补短，分工协调，有利于提高调查精度，节约调查经费和时间。判读人员不去野外实地调查，仅用计算机主观臆断、判读，必定降低调查结果的准确性和精度，甚至出错。而非草地专业的地学或遥感专业人员，不从事野外实地调查，不与草地专业人员结合，仅仅依靠遥感影像和遥感计算机专用软件进行草地资源监督调查，往往出错。如有人用 TM 卫星影像遥感调查得出，2000 年比 1995 年青海省高覆盖度草地增加了 577.84%、西藏自治区的草地面积增加了 836.9 万 hm^2 的错误结论[11]。有人将草地的绝对覆盖度认定为监测草地退化的标准，得出青海省“2000—2009 年，草地退化面积减少了 32.39 万 hm^2”[12]的不妥结论。经常见到有些在学术期刊上发表的草地遥感学术论文，在不调查草地发生和草地类型演替背景、不掌握草地退化前本底资料的情况下，便采用某种计算机遥感软件，把因土壤基质而形成的原生沙质草原、原生盐化草甸等判定为沙化、盐渍化退化草地等。

(8) 草地遥感计算机自动制图是方向，但目前仅限于 1∶25 万比例尺以下的小比例尺制图。中、大比例尺计算机自动制图技术还不够成熟，有待植被、地形、土壤基质遥感影像分类技术的提升。草地类型计算机监督自动分类的准确性受制因素多，目前还只能用于小比例尺规律性研究，缺乏具有实用价值的准确性。需要客观地评价各种计算机遥感与制图技术商用软件的功能，无论采用哪种计算机软件，目前常用的中分辨率的遥感信息源不能满足大比例尺草地类型图的制图精度要求。

5.2 草地卫星遥感调查与制图

草地遥感调查与制图的主要工作内容如下：遥感资料判读前的技术处理，遥感踏勘调绘，建立判读标志，遥感影像的预判解译，野外调绘，室内转绘成图、面积量算与统计。其中室内转绘成图、面积量算与统计分别在内业工作和草地制图等有关章节中阐述。

5.2.1 遥感资料判读前的技术处理

(1) 分类登记、清点收集到的遥感资料，按调查区域在地形图上逐一标出使用遥感资料的种类，检查已收集到遥感信息源是否覆盖全调查区域。若发现有的区域缺乏遥感资料，应尽快补齐。然后对卫片做判读前的技术处理。

(2) 按卫片有效作业范围进行相邻卫片的接边，绘出每张卫片四周的邻接卫片编号(图5.2.1)。确定并标绘出每张卫片的有效调绘范围。在较小比例尺地形图上标出调查区域的卫片覆盖图，制定调绘区卫片接图表。使用计算机屏幕人机交互式判读，也需制作对应于地形图的调查区卫片接图表

(3) 参照地形图，在已选用的卫片上绘出必要的经度、纬度、明显的地物点，如湖泊、河流，大的城镇居民点、寺庙、塔等参照物。供判读时参照定位。

(4) 清理、登记其他辅助判译用卫星影像，按地形图图幅对其进行编号，以方便使用时查找。

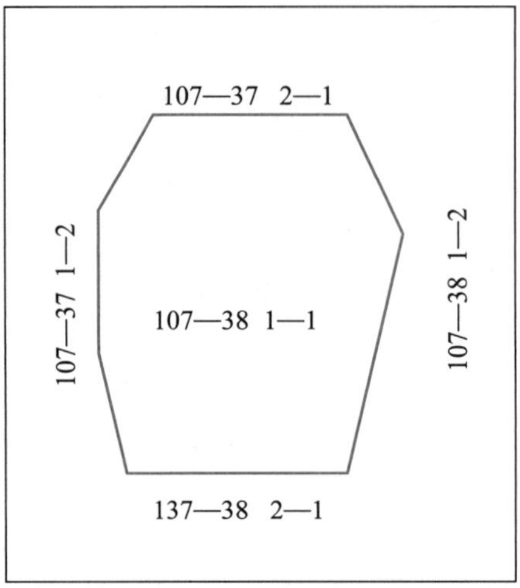

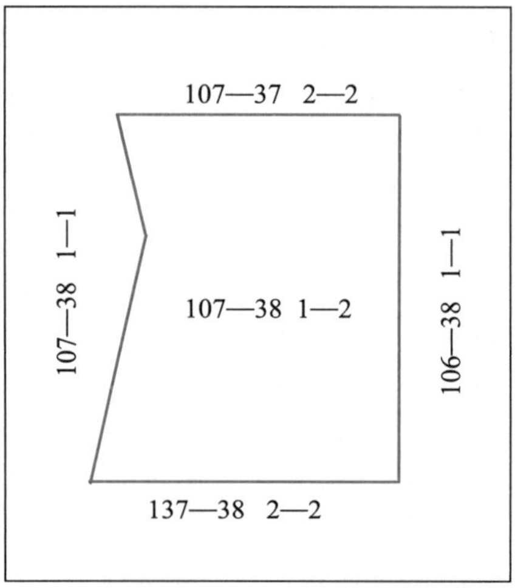

图 5.2.1 相邻卫片的拼接和作业范围

(5) 清理、登记用于抽查验证判译、制图精度的影像，注明这些影像资料的特征，包括影像名称、波段合成、空间分辨率、摄制时间、季相、供使用的地域范围等。在地形图上标绘出抽查影像资料的区域，并在影像上绘出必要的经度、纬度、明显的地物点、居民点，以方便抽查验证时使用。

5.2.2 踏勘调绘

草地卫星遥感踏勘调绘是以建立卫星遥感影像解译标志为目的，对调查区域进行的粗线条的野外实地了解性概查。

5.2.2.1 调查内容

(1) 通过踏查，了解调查区域或调查县内地带性草地类型分布的区域轮廓，以便进一步将调查县划分为温性草原区、高寒草甸区、高寒草原区等不同草地类型区。初步了解大的地带性草地类型的大体分布界线。

(2) 找出主要草地类型在遥感资料上的表现，以便建立遥感影像与草地类型之间的对应关系，获取草地类型在遥感影像上的表现特征，供室内判读和正式调绘时参考使用。

(3) 通过踏勘了解调查区域或调查县内的地形结构及其遥感影像上的相应位置，并结合地形图分析，以便进一步确定调查路线和调查样地的设置区域。

(4) 了解调查县内山地植被的垂直带结构，阴坡、阳坡植被垂直带分布的异同，垂直带谱的宽窄、是否连续等，供判读时参考。

(5) 通过踏查获取草地植被类型资料，为制定调查区域或调查县内适合草地卫星遥感调查的草地类型工作分类系统做准备。

(6) 采集最典型的草地建群种植物标本，初步定名，并让全体调查人员认识、了解调查区域内主要草地建群种植物。

(7) 拍摄典型草地类型数字照片，用作解译标志建标参考。著者 2005 年编制内蒙古西乌珠穆沁旗百万亩草场建设规划图时，先拍摄拟调查草地植被覆盖度、测产样地的照片，将所摄照片与拍摄点 GPS 仪的经纬度坐标同时输入 DPS(摄影测量数据处理系统)中处理，将代表高、中、低不同覆盖度草地类型的典型照片与拍摄点的 TM 影像建立对应拓扑关系，即可获得不同覆盖度草地类型对应的 TM 影像，用此供制作草地类型解释标志参考。

(8) 通过踏查对调查区自然条件和草地类型的重点调查、对地形图的分析、对当地农牧业技术人员的访问调查、对交通情况的了解，选择决定下一步预判影像图的野外调绘区域与路线。

5.2.2.2 要完成的工作

踏查结束后，要完成下述工作。

(1) 确定调查区域内或调查县内的调查分区方案，确定调查路线。根据调查技术规程规定的样地调查密度，初步确定样地布点方案，决定垂直带谱调查的区域。

(2) 制定遥感影像判读解译标志表。

(3) 明确各类山地草地类型垂直带分布的海拔高度。

(4) 制定调查区域或调查县草地类型工作分类系统(初稿)。该分类系统只划分到草地类和草地型一级，供判译遥感影像时使用。

根据上述遥感影像解译标志、县级草地类型工作分类系统(初稿)、山地草地垂直带分布海拔高度表，配合地形图，即可进行遥感影像的预判。

5.2.3 建立解译标志

5.2.3.1 卫星影像的解译特征

卫星遥感影像可以归纳为如下 8 个特征要素[2]。

(1) 色调。指彩色影像的色彩和黑白影像的明暗程度，即亮度。色调是地物反射光谱在卫星影像上的表现，在可见光-近红外摄影或扫描成像的卫片图像上，反映地表物质组成、水分含量、植被、地物几何形状的色彩差异。而黑白波段色调的差异用从白到黑的灰度表示，一般分为 10～15 个灰度阶。卫星影像色调受很多因素影响，除地物属性引起的反射光谱差异外，还受大气传输、遥感器、感光成像材料、影像处理技术等很多因素影响。相同地物在不同像幅间的色调表现可能不一样，因此地物反射色调的差异，仅能在同一张像片上进行比较。

(2) 形状。指地物的外形轮廓在影像上的表现，记录地物在基本垂直投影下顶部的平面形状，如河流的弯曲度、山口处洪冲积扇的扇形。

(3) 大小。指地物的尺寸、面积、体积在卫星图像上的记录，反映地物间目标大小差异。若已知卫片比例尺，则可依据图像的大小，量测地物顶部的长宽尺寸。

(4) 图形。指卫星影像内部的图形结构，反映地物的空间分布特征，如耕地中的垄、沟几何排列，果园中的果树树冠横竖排列结构。图形与形状的区别在于，前者指图像的内部结构，后者指图像的外围轮廓。

(5) 纹理。指图像上地物表面色调的变化频率，反映图像内部细部结构，表现为平滑、粗糙、细腻的质感。纹理是识别光谱特征相似物体的重要特征，尤其是识别草、灌、乔组成比例不同的草地、灌丛、森林植被的重要特征。

(6) 阴影。指高大地物遮挡倾斜照射的光线而造成影像上与地物形状相似的暗色调。反映高大建筑物、铁塔等地物的迎面和背面之间的色调差异。

(7) 位置。指地物的地理位置,即地物所处的地点、坐标特征。很多地物与分布地理环境密切相关,地理位置和地形部位对于植被的识别尤为重要,如沼泽、低湿地草甸只分布于水域旁边。

(8) 组合。指地物间互相联系的必然空间组合关系。围绕水井、饮水点分布的放牧草地,绝大部分为退化草地类型,沙化草地类型必然与沙质土壤基质分布位置密切相关。

上述卫星影像要素特征与航片影像特征有很多相似处,尤其与彩红外航片影像特征相似。只不过一般航片分辨率高,所以可用航片指导中分辨率卫星影像特征解译标志的建立。

5.2.3.2 直接解译标志

(1) 建立解译标志的必要性。遥感图像是地表物体辐射的瞬时记录,从理论上讲,能够将地表物体分波段反映出来。但是,由于遥感图像的空间分辨率和波谱分辨率的局限,再加上大气传输的不稳定因素,很难直接解译各种草地类型的差异。因此必须结合野外调查,认识地物反射波谱特征要素,并用此建立解译标志,才能更好地开展遥感影像的预判和调绘工作。其次,在大面积遥感制图的情况下,需要众多人员共同作业,每个作业人员对遥感影像的认识程度与判断标准不可能完全相同。通过建立草地判读解译标志,可以求得共识。

(2) 原理。卫星影像色调受多种因素制约,除地物反射的光谱外,还受岩石成分(尤其是裸露基岩与砾石)、地面湿度(湿度大、色调深)、坡向(阴坡色调较阳坡暗)、坡度(陡坡色调较缓坡暗)等多种因素的影响。换言之,卫星影像是多种因素综合影响结果的反映。

不同地物反射波谱的差异是进行卫片解译的基础。不同的植物反射率不同,不同植物种在某个波段范围有其自身的特征反射峰。植物光谱反射率与其叶绿素的含量很敏感,叶绿素含量愈高,反射率愈高。不同的植物群落由于其组成成分和结构不同,反射率也不同,一般草本群落比木本群落反射率高[7]。不同的草地类型,除表现在组成的植物种类及结构不同外,还表现在地表裸露程度、土壤基质、地表水分、地形条件等很多方面反射光谱的差异。草地地表全部地物综合反射光谱的差异,就是草地类型卫星解译标志的依据。

根据卫片影像的色调、几何特征、形状、大小、网纹、阴影等影像特征、地理位置、自然条件与草地类型之间关系而建立的判读解译标志为直接解译标志。

(3) 黄土高原地区草地 TM 影像解译标志。表 5.2.1 为黄土高原地区 TM2、3、4 波段和 TM2、4、5 波段草地类型直接解译标志[13],反映了北方温带、暖温带地区草地类型与非草地地类 TM 影像特征与地学特征,有一定借鉴作用。

卫星影像所提供的是综合信息,反映的是由植被、土壤、地貌、基质等各种自然和人为要素构成的生态景观。

表 5.2.1 黄土高原地区草地类型与非草地地类 TM 影像特征

草地类型	TM 影像特征及分布特点
Ⅰ. 温性草甸草原类	分布于本区东北部的山地阴坡、半阴坡林线以下区域。影像色调呈褐红色,块状分布,在山麓呈条带状分布
Ⅱ. 温性草原类	分布于本区中部半干旱区的平原、丘陵、低山的阳坡或半阳坡,影像色调呈橘黄色或浅褐红色,片状或宽带状斑块,均匀而连片分布;分布于山地或沙地的草原,呈淡黄色或深黄色斑点;分布于黄土丘陵区沟谷部位,呈褐红色

续表 5.2.1

草地类型	TM 影像特征及分布特点
Ⅱ(Ⅱ). 沙地草原亚类	分布于毛乌素和库布齐沙地周边地区。影像为黄白色或淡褐色，与主风向呈平行的条状分布
Ⅲ. 温性荒漠草原类	分布于本区西北部的风蚀平原、黄河干流两侧。影像色调呈黄、浅黄、浅褐色，斑块面积大
Ⅳ. 高寒草原类	分布于祁连山东部山地的阳坡或半阳坡。影像色调呈褐色或橙黄色，片状分布，斑块中央有青灰色或淡红褐色斑点，其边缘界线不明显，一般处于流石滩(青灰色)的下方
Ⅴ. 温性草原化荒漠类	分布于西北部地势平坦的宽阔区。影像色调呈浅褐色、褐色或黄褐色斑块，周围多为白色或青灰色、灰色、灰白色斑块，不均匀
Ⅵ. 温性荒漠类	分布于黄土丘陵区西北，腾格里沙地边缘。呈黄白色、灰色、褐灰色，有白色或青色斑点分布其中，不均匀。或有青灰色、灰白色晕斑，主要是土壤基质的色调
Ⅶ. 暖性草丛类	分布于南部的低山、丘陵和山麓带。影像色调呈褐色、浅红、橘黄色，分散分布，色斑不均匀。其中有规则形状的红色、褐色或橙色小斑块(农田)穿插其中
Ⅷ. 暖性灌草丛类	分布位置同暖性草丛类。色调呈褐色、橘黄、浅橘红。斑块较暖性草丛类大，且颜色较重
Ⅸ. 暖性稀树灌草丛类	多数分布于本区南部低山以上，林线以下。色调呈红色、橘红色，分布于均匀的深红色边缘。有橘红色斑块，但与森林界线不明显
Ⅹ(Ⅰ). 低湿地草甸亚类	分布于河漫滩、无盐渍化的湖滨、河套平原地区。影像色调呈深黄色或红色，不均匀，杂有黑色(积水)或白色(沙地)斑点
Ⅹ(Ⅱ). 低地盐化草甸亚类	分布于低洼盐碱地、湖泊周围。呈灰色，夹有浅褐色，或是淡棕色斑。在荒漠区域内，呈淡褐色，平行于沙带之间呈断续分布的微黄、淡褐色斑块，其周围有白色(盐碱)环带
Ⅺ. 山地草甸类	分布中山带海拔 1 500～2 500 m 之间的林间或林缘。呈块状或带状分布，色调呈淡红色，淡红褐色，橙黄色，一般在深红色森林斑块的边缘或中间
Ⅺ(Ⅱ). 亚高山草甸亚类	分布于海拔 2 500～3 000 m 的亚高山带，与岛状森林线交错。色调呈红色带状，或在深红色森林图斑线以上，色调均匀，稍浅
Ⅻ(Ⅰ). 高寒草甸亚类	分布于祁连山东段、太白山、五台山，海拔 3 000 m 以上的山顶部。影像色调呈浅红色，偏深橘红，均匀而斑块大，在白色的雪线和青灰色流石滩以下，红色的林线以上
Ⅻ(Ⅱ). 低地高寒沼泽化草甸亚类	分布于高海拔高寒草甸区的洼地和低湿地。色调呈深红色，比周围的高寒草甸颜色明显加深
ⅩⅢ. 沼泽类	分布于常年积水的低洼地周围。影像色调呈黑红色，深红色，往往点缀有积水的黑色斑块
1. 农田与居民点	影像色调呈橘黄色、橘红色，具有规则的几何形状，边界明显，色调均匀，其中分布有青灰色的居民点
2. 森林与灌木林	多分布于本区土石山地。影像色调呈深红色、暗红色，均匀，由森林向灌丛草地和疏林草地过渡，色调由红变橙，由深到浅

续表 5.2.1

草地类型	TM 影像特征及分布特点
3. 沙地	呈白色、灰白色或黄白色，带状图斑与主风向(西北—东南)方向一致
4. 水域	色调随水深而异，水越深，色调越暗，呈蓝色或黑色，形状与水库、湖泊、河流的形状一致

(4) 西藏草地 TM 影像解译标志。表 5.2.2 为西藏自治区 TM2、3、4 波段合成草地类型直接解译标志，反映了西藏高原区草地类型[14]与非草地地类 TM 影像特征与地学特征[15]。该解译标志经多个地区验证，对青藏高原大部分地区草地类型 TM 影像判读解译有一定的借鉴作用。

表 5.2.2　西藏自治区草地类型及主要地类 TM 影像解译标志

草地类型及其他地类	TM 影像特征	分布区域、生境条件
Ⅰ. 温性草甸草原类	褐红色、橘红色，呈带状或条状，较均匀	分布于昌都、林芝地区河谷、山麓地带、山坡的下部阶地，海拔 3 200～4 200 m，多见于阳坡
Ⅱ. 温性草原类	褐红色或橘黄色，片状或带状，分布于河谷沙地的草原有浅色斑点，多半具有明显的纹理，色调不太均匀，多呈灌丛草原的景观出现	分布于雅鲁藏布江中游及其支流的下游河谷，昌都怒江、金沙江、澜沧江的中游河谷阶地、山麓、洪积扇、山坡下部，多见于阳坡，海拔 3 000～4 300 m，至西部阿里地区最高可升至 4 600 m
Ⅲ. 温性荒漠草原类	黄褐色或褐红色，带状或片状，可见有不太明显的网纹	主要分布于阿里地区孔雀河河谷和象泉河河谷、雅鲁藏布江上游谷地，海拔 3 500～4 500 m，局部地段最高可上升至 4 700 m，见于河谷、两侧和山麓地带，常见于阳坡和半阳坡
Ⅳ. 高寒草甸草原类	黄色基调略带红色，图形呈不规则块状或带状，较均匀，无明显网纹结构	青藏公路沿线、日喀则地区的念青唐古拉山中西段，多见于阳坡。海拔：东部 4 400～5 100 m，西部 4 600～5 100(5 400)m，常常分布于温性草原类之上
Ⅴ. 高原草原类	基调黄褐色略带红色，不规则，大块连片分布，带状或块状	青藏公路线以西，日喀则和山南地区喜马拉雅山北坡雨影区，海拔下限由中部 4 300 m 向西逐步升至 4 700 m，分布海拔上限：中部 5 200 m，向西可至 5 400 m。多见于高原面、阳坡、半阳坡、洪积扇等地形部位
Ⅵ. 高寒荒漠草原类	基调为黄棕色，有浅青蓝色相间，不规则的块状、带状，连片分布	羌塘高原西北部地区，阿里地区日土县狮泉河、象泉河两侧，班公湖、扎达盆地四周的山坡、宽谷、湖盆，古冰碛台地，海拔 4 400～5 300 m

续表 5.2.2

草地类型及其他地类	TM 影像特征	分布区域、生境条件
Ⅶ. 温性草原化荒漠类	浅褐色,有灰白色斑纹或有浅青色晕斑,条带状	狮泉河中下游河谷和洪积扇下部,海拔 4 300～4 600 m,有些处于温性荒漠的上方,构成垂直带谱
Ⅷ. 温性荒漠类	青灰色基调有褐色或黄棕色斑,条带状,或灰白色,少数有条带风沙斑纹	狮泉河、象泉河河谷,班公湖南北两侧谷坡的下部,海拔 4 200～4 600 m,为阿里地区西部海拔最低、热量条件最好地区的草地类型,分布不连续
Ⅸ. 高寒荒漠类	浅灰色或浅青色,有黄褐色斑纹,大块连片分布,斑纹线不明显	高寒干旱藏北高原面的无人区和西部日土县班公湖周围的山地。后者处在温性荒漠的上方,海拔 4 600～5 300 m
Ⅹ. 暖性草丛类	浅褐红色、橘黄色或橙色,斑点状分布,色斑不均匀,与浅红色的森林或灌木林相邻分布	藏东怒江、金沙江中游,藏东南林芝地区尼洋河下游,察隅河上游河谷和两侧山坡,海拔 2 500～3 200(3 400)m,其上方为森林,其下为农田,多见于居民点附近
Ⅺ. 暖性灌草丛类	浅红色、橘红色,或褐色略带红,小斑块	藏东昌都地区南部河谷和山地的中山带以下,藏东林芝地区东部的河谷和中山带森林线以下的林间。与暖性草丛相间分布,距居民点的距离比暖性草丛远。周围多有农田分布。海拔 2 600～3 400 m
Ⅻ. 热性草丛类	褐红色、浅红色,小斑点状或条状,紧靠河流分布	仅见于藏东南林芝地区东南部和喜马拉雅山南坡海拔 2 500 m 以下的河谷阶地,居民点附近
XⅢ. 热性灌草丛类	橘红色、褐红色、红色,略带黄,小斑块,不均匀,紧靠河谷两侧分布	仅见于林芝地区东南部察隅县、墨脱县、喜马拉雅山南坡 2 500 m 以下的河谷和山麓地带,山体的下部
XⅣ. 低地草甸类	红色,带状斑块,均匀,常处于蓝、黑色水域的旁边。其中低地盐化草甸亚类图斑位于河、湖边,白色环形或条形斑的外围,低地沼泽化草甸亚类图斑鲜红,条带状或树枝状,均匀	昌都、林芝和阿里地区的湖盆低地、山间洼地、河谷低洼地,海拔 4 200 m 以下,多见于河、湖边缘,或潜水溢出地带。班公湖和狮泉河河谷分布面积较大
XⅤ. 山地草甸类	山地草甸亚类图斑呈不规则斑块状,基调为红色兼有明显的褐色、图斑四周为深红色森林。亚高山草甸亚类图斑呈带状,在东部地区和喜马拉雅山南坡呈连续分布,其他地区不连续。鲜红色,略带褐色,与深红色带状森林图斑交错分布	昌都、林芝地区各山地林线以下,海拔 2 800～4 200(4 400)m,喜马拉雅山南坡海拔 2 600～3 800 m 的山体中部。见于林间和林线上下,与森林交错分布。在拉萨市和山南地区东部,那曲地区东部的河谷森林区也有少量分布

续表 5.2.2

草地类型及其他地类	TM 影像特征	分布区域、生境条件
ⅩⅥ. 高寒草甸类	鲜红色，绒状，其中东部色重，西部色稍淡，分布连片较均匀，块状，位于青色或青绿流石滩或白色冰川的下边。沼泽化草甸亚类位于蓝黑色积水图斑的旁边，颜色深红，均匀，条带状或树枝状。高寒盐化草甸亚类图斑位于黑色湖泊的边缘，多数位于湖岸之白色、灰白色盐渍土图斑的外沿	广泛分布于青藏公路线以东的西藏东部地区的高山和高原地带，念青唐古拉山以南的日喀则及山南地区和喜马拉雅山南坡。分布海拔：藏东 4 000～5 100 m，西部 4 300～5 400 m，从东往西分布海拔逐渐升高。喜马拉雅山南坡 3 800～4 800 m，从东往西分布海拔亦逐渐升高。上方为流石滩。在河谷和湖边形成较大面积的沼泽化草甸
ⅩⅦ. 沼泽类	黑红色、深红色，块状斑，其间往往点缀有积水的黑色或蓝色斑点，或与深蓝色、黑色斑块(水域)呈不规则的相间分布；呈红色的斑块均匀	仅零星分布于阿里地区班公湖，拉萨市当曲河、日喀则和那曲地区一些湖泊的边缘，其他常年或季节性积水的低洼地段，海拔多在 4 000～4 800 m
1. 水域	河流：蓝色、深蓝色，线状或连续的条状；湖泊：深蓝色	参照地形图明显可辨
2. 冰川、雪	白色，均匀，无阴影	位山顶部，参照地形图明显可辨
3. 云	白色，但在白色影的左下方有与白色图形一样的黑色阴影	无固定部位
4. 裸岩	蓝绿色或青绿色，条带状	多在山顶部，东部 5 200～5 400 m，西部 5 400～5 700 m
5. 流石滩	青色、不均匀，多呈扇形	山顶部或紧靠山顶部冰雪带
6. 盐碱地	白色，不均匀，有褐色斑点，环形或带状	多见于湖盆周围，阿里地区河谷
7. 沙地	灰白色，有浅褐色纹，可见明显的风蚀斑	多见于雅鲁藏布江中游宽谷，或河谷两侧谷坡下部，呈带状或锥状
8. 耕地	夏秋为均匀鲜红、深红色，冬季为灰褐色，均匀，几何形状明显	见于海拔 4 400 m 以下河谷，在藏东见于山体的中下部
9. 森林、灌木林	深红色、紫红色，均匀，斑块状或带状	藏东，藏东南和喜马拉雅山南坡
10. 城镇居民点	青色、青绿色，不均匀，圆形或方形	参照地形图明显可辨

5.2.3.3 参考解译标志

(1) 间接解译标志。根据地物相关属性、地学知识、与草地类型相关的生物学知识，对卫星遥感影像进行间接逻辑推理形成的解译标志。如依据气温、湿润度指标，经纬度、海拔高度三维空间指标、坡向和坡度地形因素，综合推断山地草地垂直带类型的解译标志。

(2) 不同卫星影像的参考解译标志。除调查制图的主卫星影像外，在调查区域内若有几种不同的遥感影像资料时，尽量将其收集齐，并分析对比同一调查区域内不同种类信息源、不同比例尺信息源之间影像特征的异同，分析他们与草地类型间的内在联系，即建立不同卫片种类、不同层次遥感信息源的解译标志。

（3）不同时相的解译标志。分析对比相同调查区域内不同时相的卫片，建立草地类型与不同时相卫星影像之间的关系，即可得到不同时相的解译标志。

（4）不同地区的解译标志。解译标志有地区差异，不同地区对解译标志特性的追求不同。南方和东部湿润区，植被茂密、覆被率高，大多数草地草、灌、树并存，解译标志主要追求区分林、灌、草的卫星影像差异。西北干旱区，植被覆盖度低，解译标志主要追求区分草地覆盖度影像差异的指标。

通过对上述不同层次解译标志和不同时相的解译标志的分析、判断，可以提高草地类型的判对率，对分辨同物异谱和同谱异物的遥感影像作用显著。但是，如果调查区域内只有单一种遥感信息源，则只能依靠直接判读标志和有关地学分析的间接判读标志解译，尽量减少主观因素对解译准确性的影响。

5.2.4 预判图目视解译方法与步骤

直接判读标志和草地类型工作分类系统（初稿）、非草地地物划分标准确定后，即可进行室内预判图解译判读。卫星影像的解译方法主要有两种：一是目视解译，二是计算机图像处理。以下为目视解译方法。

5.2.4.1 解译原则

目视预判解译要遵守下述原则：

（1）忠实遥感影像，图斑定位以遥感影像为准。

（2）地物界线明显，图形比较清晰的地类图斑，如耕地、山麓线、沙地、沼泽和河、湖边缘的沼泽化草甸等，必须按判读标志跟踪影像斑块的周边轨迹勾绘图斑界线，不能按判译人员主观臆断勾绘地类界。

（3）地物界线不甚分明，图像欠清晰时，要使用其他卫片的参考解译标志判译，或参照地形图，进行草地生境的地学综合分析，采用间接解译标志判译。不能离开卫星影像，不能离开解译标志编绘图斑。

（4）山地垂直带草地，必须采用卫星影像与地形图配合使用解译。图形轮廓线划以影像依据为准定位，图斑出现的海拔高度、位置、坡向、坡度、局部地形条件、四周的地理环境，以地形图资料为准分割定性。遥感制图中，由于强调忠实遥感影像，而常常忽视地形图的制图信息，忽视海拔高度，忽视坡向对分割图斑的作用。从用地形图制图，编成“等高线图”的不足，走向忽视等高线，忽视海拔高度，忽视坡向差别的另一个极端，编出高山草甸与亚高山草甸分带位置颠倒的错误类型图。必须结合地形图综合分析卫星影像，解译可以分辨的草地与地物类型。

5.2.4.2 解译步骤

（1）确定草地类型解译区。将要判读解译的区域划分为几个草地类型空间组合不同的类型区，明确每个区中的典型地带性草地类型，确定区中不可能出现的草地类型。例如亚东县，首先以喜马拉雅山为界将该县分为南坡、北坡两个部分，北部为雨影区只有高寒草原类，南坡为湿润区为森林草甸区。南坡又可进一步按海拔高度划分为高寒草甸、亚高山草甸、中山山地草甸 3 个亚区进行判读解译。分区解译可避免出现草地类错判。

（2）第二步区分草地与非草地地类。将明显可辨有几何形状的农田、居民点、湖泊、冰川、积雪、流石滩、沙地、湖边的白色裸露盐碱地等划分出来。

(3) 第三步按先易后难的原则，将深红色、有明显界线和形状的隐域性草地类勾绘出来。即将与浅蓝色水域结合的沼泽类、沼泽化草甸勾绘出来。将与分布地理位置有密切关系的草地类勾绘出来，即将紧靠沙地分布的沙质草地、雪线下面紧靠青色石砾风化带分布的高寒草甸、紧靠海岸线分布的带状海涂草地勾绘出来。

(4) 第四步，放大或缩小卫星影像图，使之与地形图比例尺相吻合。套合等比例尺地形图，绘出山麓线，将山地与平原、丘陵分开。在平原丘陵区，将色调、色块形状、质地结构影像特征明显可辨的草地类型勾绘出来。根据踏勘调查结果，确定山地草地垂直带的组成和每个垂直带草地的宽度，确定山地垂直带草地的基带草地类型，从山麓线开始向上，勾绘山地垂直带草地类型。

(5) 色调和影像特征不明显、解译难度大的影像，需要借助其他辅助解译、制图手段，最后解译。例如，套合地形图解译，参照海拔高度、坡向和周围的地形条件，综合分析判断；用多种卫片信息源对比分析判读；或参考历史资料，访问当地的技术干部进行判断。

(6) 在已选定的局部地段，对已完成的预判图，用空间分辨率高的航、卫片进行全面检查。对因判读影像分辨率低或解译标志不够准确等原因所致的线划定位不准或误判，进行必要的修改。然后，用这些局部地段高分辨率信息源检查的结果，对整个调查区内相似地段的预判图检查、修改。

(7) 实在难以用卫星影像判断的小块区域，可暂时空白，留待野外调绘时用实地调查第一手资料补绘。或在外业调绘结束后，利用所获比踏查丰富的外业调查资料，再参考土地利用现状图、土壤图等其他专题图的判读结果，进行图斑的勾绘、定性。

要建立遥感影像解译与地面实况调绘、草地图编绘三者之间的反馈联系。对草地实体的生物学、地学特点的认识是进行影像特征分类的基础；遥感图像是记录草地实体信息的载体，通过影像特征分析可为草地专题地图提取所需要的信息；提取的草地专题信息经野外实地调查验证，才能保证标绘于地图上的草地专题信息数量和位置的准确性。所以，解译标志需要通过实地验证、修改，以提高卫星遥感制图技术与精度。

5.2.4.3 解译方法

采用以下方法对卫片进行解译。

1. 多时相分析

使用多种时相的卫星影像对比解译。在5月中旬的卫片上，与针叶林结合和与针阔混交林结合的山地野古草草甸，都呈暗红色，草地不易区分。但在10月下旬的影像上，针叶林仍为暗红色，针阔混交林的颜色则相对较浅，山地草甸则呈橘黄色。这样通过两个时相的对比，可区分开这三种类型及其界限。多时相分析，便于监测研究动态变化。

2. 多因子分析

卫星影像不可能给我们提供现成的判读结果，解译中常常需要结合地学规律，综合各种环境因子进行分析。这些因子包括地貌、地形与海拔高度、土壤、水文及人为因素。小叶章(*Deyeuxia angutifolia*)草甸与苔草、小叶章沼泽化草甸，均为红色，色调十分相近，不易区别。但沼泽化草甸与水体的关系密切，结合周围和图形内是否有浅蓝色水体斑点，即可将小叶章草甸与苔草、小叶章沼泽化草甸区分开。有些草地类型之间的界限是随地形变化逐渐变化的，结合地貌特征进行分析，往往可以获得解决。

3. 影像的综合分析

对影像的色调、纹理、形状、大小、阴影等进行综合分析。草原中的榆树疏林草原与灌丛草原的色调很相似,仅从色调单项指标考虑,不易区分。但榆树疏林草原往往与浅沙丘群或沙岗地结合在一起,呈条带状分布,而灌丛草原则呈块状或片状分布;此外,榆树疏林草原影像颗粒粗,灌丛草原影像颗粒细,有绒布感。根据图形和纹理可将二者分开。

4. 对照分析

编图人不可能对每幅卫片上的每一个类型都进行实地考察、建立解译标志,不同幅卫片之间的同种类型影像有可能差别较大,对典型像幅进行较细致的野外调查,建立解译标志,然后利用这种重复性对照分析,解译相邻像幅的地物与草地类型。

5. 地理位置分析

离居民点、交通线、转场牧道、水域的距离远近,可用于地物逻辑推理分类。如松嫩草原区的羊草草甸草原,多与大小不等的碱湖和白色斑点的盐碱滩结合分布。

6. 结合地形图分析

卫星像片不能分辨海拔高程的具体数值,而许多自然要素和现象的变化却与高程有很大关系。地形图以等高线表示地形的具体高程变化与形态结构,而且地形图是用航空摄影测量方法获得的,等高线的绘制也较精确。此外,地形图上还表现有许多具体地物。因此,利用卫星像片解译编绘自然地理单元轮廓图时,结合地形图进行分析十分必要。

(1) 参照地形图等高线,编绘与高程变化有关的草地轮廓界线。例如横断山脉北部、西藏昌都地区海拔 3 400(3 500)～4 200(4 300)m 的亚高山带的川西云杉(*Picea likiangensis* var. *balfouriana*)常绿针叶林(阴坡) 和大果圆柏(*Sabina tibetica*)、密枝圆柏(*S. convallium*)疏林(阳坡) 内,则分别有珠芽蓼(*Polygonum viviparum*)、圆穗蓼(*P. macrophyllum*) 林间杂类草草甸和早熟禾(*Poa* spp.)、鹅观草(*Roegneria* spp.)、披碱草(*Elymus* spp.)禾草疏林草甸分布。植被覆盖度均在 80%以上[14],卫片一片红,不套合地形图等高线,难以判读区分森林与草地的类型。海拔 4 200(4 300)～4 800 m 的高山带,阴坡为雪层杜鹃(*Rhododendron nivale*)、高山嵩草(*Kobresia pygmaea*) 高寒灌丛草甸草地;阳坡则发育为高山嵩草、圆穗蓼(*Polygonum macrophyllum*)组成的高寒草甸草地。

(2) 利用地形图上地物符号验证或确定一些轮廓界线。地形图上用底色或面状符号表示的居民地、小片灌木林等个体符号,对确定草地类型有帮助。丽江县东部的金沙江河谷,卫星像片上呈现一条宽窄不等的浅黄色、浅黄色夹模糊浅红色斑纹、浅红色斑纹带。按照卫星像片勾绘出这些轮廓界线后,参考地形图上相应部位的符号,即可确定:浅黄色是草地,浅黄色夹模糊浅红色斑纹是灌丛草地,浅红色斑纹是灌丛。

(3) 卫星影像色彩较差的区域,需要借助地形图判读解译。如青藏高原东部高海拔湿润区,特别是横断山、喜马拉雅山东段阴坡,经常有雪覆盖,草地与高山垫状植被的分界线、高寒草甸分布下限与亚高山草甸的分布上限很难判断。必须套合地形图等高线,按照野外垂直带海拔剖面调查记录,划分草地分布最高海拔界线。玉龙雪山和白马雪山一带,由于1月份积雪的覆盖面积较大,短期内积雪不化,无法根据影像色调解译,只能根据野外实地考察了解的植被、土壤要素的垂直变化规律,以地形图为基础勾绘界线。即 4 500 m 以上为冰川和积雪;4 500～4 400 m 为高山流石滩稀疏植被;4 400～4 100 m 为高山草甸类草地;4 100～3 800 m 为亚高山草甸和亚高山灌丛草甸;3 800～3 000 m 为云冷杉林(部分为高山松)和山地温带草甸草地。

5.2.5 预判图的野外调绘与转绘

5.2.5.1 野外调绘

1. 调绘面积占调查区范围的比例

卫星遥感的野外调绘，是典型地段卫星图像室内预判图的抽查调绘，调绘面积应占调查区域总面积的10%～20%。

2. 主要调绘内容

(1) 检查图斑线划，修改未闭合图斑、图斑线交叉、大图斑套小图斑等现象。

(2) 检查图斑注记，依据野外对草地类型的实际调查，对图斑定性进行订正、修改。

(3) 检查、验证预判图中的可疑图斑，对可疑图斑进行重新勾绘、定性。

(4) 检查预判图中未判读疑难空白区，通过野外调绘进行判读、补绘。

(5) 全面检查解译标志，修改不符合野外调查实际的解译标志，提高调绘图幅解译标志的准确性，并借以提供其他图幅修改解译标志借鉴。

(6) 调整、修改草地类型工作分类系统(初稿)，增加调绘中新发现的草地类型，删除分布面积很小或调绘中未见的分类单位。

完成调查区域的正式草地类型图例系统，供预判图转绘、修改、定稿使用。预判图野外调绘、产草量测定完成后，将具有相同优势种和共优种的草地群落进行合并，分析全部调查样地的生态地理环境条件与草地植被类型分布的关系。据此，利用调绘前的草地类型工作分类系统(初稿)，制定精确到草地微型一级的调查区(或县级)详细草地类型图例系统。然后按此草地类型图例系统，依据卫片影像、参考地形图，对经预判和野外调绘的草地类型图做进一步图斑分割、编绘，给每个图斑定性、注记，留待室内转绘成图。

5.2.5.2 转绘

卫星影像摄制高度高，图幅边缘比卫片中心部位的变形较航片小，转绘精度的控制要求比航片低。

(1) 所用卫片为经计算机几何纠正等处理的精制卫片，可将中、小比例尺(如1∶20万比例尺)卫片的草地影像预判图，勾绘在聚酯薄膜上，经野外调绘修正后，然后套合等比例尺地形图，将经调绘修改、定稿的预判图等大蒙绘在地形图上。

(2) 如果卫片的质量不太好，或几何纠正误差较大时，需要将卫片影像套在等大比例尺地形图上，在影像图上标绘经纬网格，按地形图网格逐个网格进行室内预判。预判图经过野外调绘修正后，再将调绘影像图套合地形图，逐个网格蒙绘在地形图上，完成转绘。

5.3 中国草地资源遥感快查技术

为提高天然草地资源利用、管理、保护、决策的科学性与可靠性，为制定科学合理的草地生态建设规划，为全国草地资源与生态环境动态监测提供高精度的草地资源面积、类型及生产力状况的可靠本底数据，著者承担了农业部全国草地资源第二次统一快速遥感调查，决定应用遥感技术、地理信息系统技术及计算机技术，在2001—2002年用2年时间快速查清我国草地资源现状。并与20世纪80年代中期全国首次统一草地资源调查所获数据进行叠加、复合比较，以此建立全国草地资源与生态环境动态监测网本底资料。以下是全国草地资源快速遥感调查采用的技术方法。

5.3.1 草地遥感快查技术路线与技术支撑系统

5.3.1.1 遥感快查选用的数据源

选用1999—2000年陆地卫星TM图像和中巴资源卫星遥感影像，用作该次草地资源遥感快查的数据源和草地类型判读依据。卫片时相：北方草原区多选用夏秋季，南方森林区多选用冬春之交或夏秋之交。遥感影像处理包括TM影像数据的4、3、2或5、4、3波段的RGB合成、合成影像与地形图地面控制点的几何纠正、纠正影像之间的镶嵌。在镶嵌影像的基础上，以县级行政区划为单位，进行影像数据单元的分切，形成统一的Geo Tiff格式的影像数据文件，用作该次草地资源遥感调查的判读依据。同时以20世纪80年代全国首次统一草地资源调查成果及相关资料用作该次遥感快查的辅助判读资料（见本书1.3中国草地资源遥感快速调查(2001—2003年)）。

5.3.1.2 遥感快查的技术路线

中国草地资源遥感快查，依据1999—2000年陆地卫星TM和CBERS数字图像，参考中国科学院土地利用快速遥感调查获得的2000年度1∶25万比例尺全国土地利用图，重点参考其中的草地、灌木林地、荒草地及与草地有关的沼泽、盐碱地、滩地分布图，采用与20世纪80年代全国首次草地资源调查相同的草地地类属性的界定和相同的草地分类系统，在充分尊重陆地卫星影像特征的原则下，运用路线调查和典型区调查相结合的野外作业方案，建立全国草地资源遥感快查的判读标志。同时参考其他草地资源相关资料及图件，经过综合分析而直接判定草地资源类型，采用人机交互式判读分析方法，完成草地资源信息的提取。即在微机屏幕上直接进行草地资源类型勾绘、制图，作业比例尺1∶25万[17,18]。中国科学院资源环境数据库提供最新的1∶25万比例尺土地利用数据层面[16]中的草地图斑边界，少数可直接作为草地资源类型图斑，多数需进行校正、修改或重新分割，再编入草地资源类型属性编码；对于土地利用类型中草地类型之外的其他图斑，如疏林地、植被覆盖度>5%的盐碱地、沼泽以及未利用土地等图斑，按照全国农业区划委员会和农业部20世纪80年代规定为草地划分标准，进行重新判读，从中重新勾绘草地图斑，并根据草地分类系统赋予统一的草地类型编码，量算其面积。遥感快查的技术流程见图5.3.1。

5.3.1.3 草地遥感调查的GIS技术支撑系统*

中国草地资源遥感快查运作系统由4个子系统组成，分别是遥感影像处理、草地资源信息识别与提取、数据集成以及数据管理与服务，详见图5.3.2。本运作系统的体系结构是基于client/server模式的网络体系结构，要求硬件系统必须有很好的数据处理能力、I/O吞吐能力、网络通信能力、容错能力、安全性能和扩展能力。硬件系统以数据服务器为核心，外围配以高性能PC终端和活动存储设备以及局域网络。软件以DBMS和GIS软件为主。

---

* GIS技术支撑系统由中国科学院大气物理研究所张稳先生撰写。

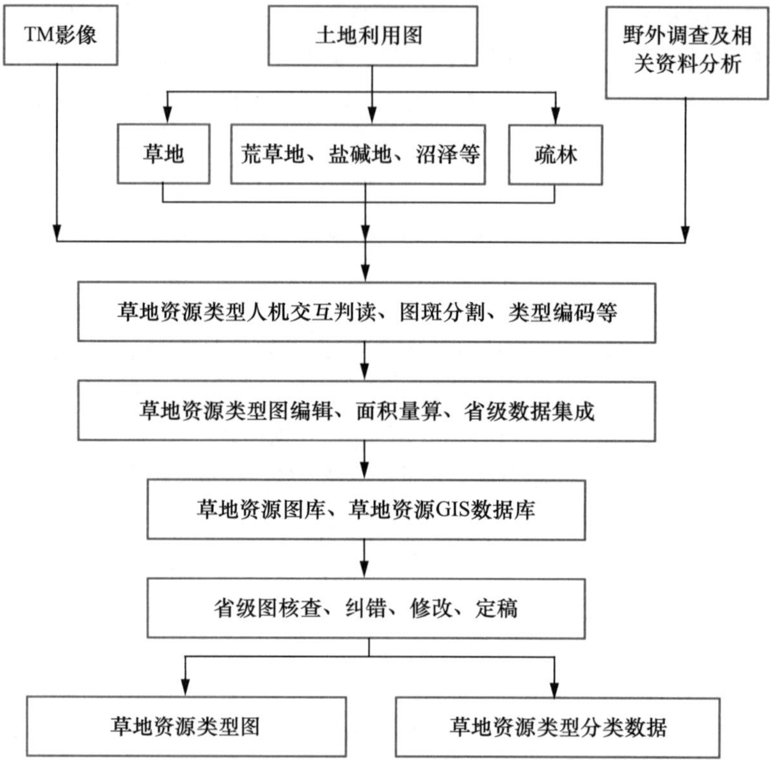

图 5.3.1　中国草地资源遥感调查技术流程框架图

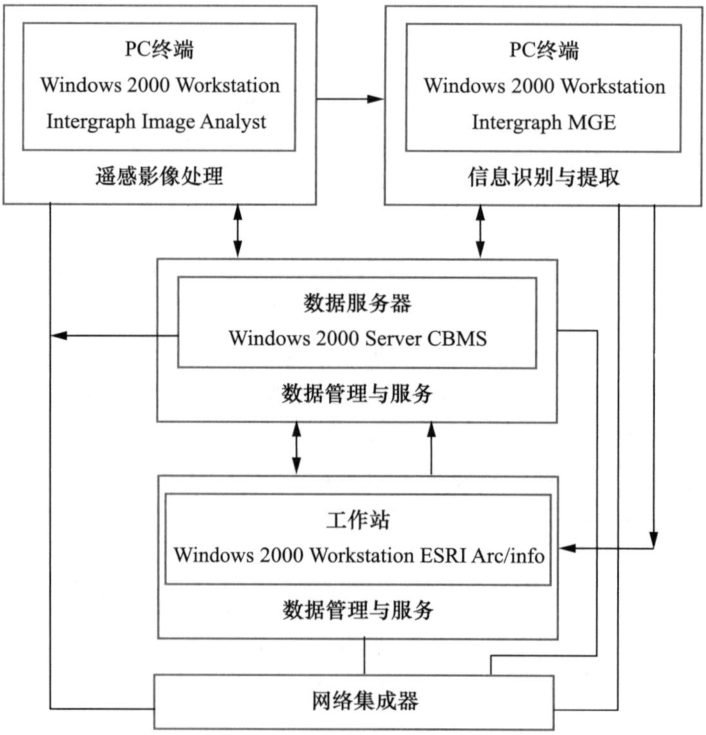

图 5.3.2　草地遥感快查技术支撑系统体系结构图

5.3.2 草地类型分类与野外调绘

5.3.2.1 草地类型分类

为与20世纪80年代全国首次统一草地资源调查结果进行对比，全国草地资源遥感快查在继承20世纪80年代《1∶100万中国草地资源图》分类系统的基础上，根据此次遥感调查精度的要求，制定了该次草地遥感调查的草地分类系统。

1. 分类原则

(1) 采用与20世纪80年代全国首次草地资源统一调查制定的中国草地分类系统保持一致的分类单位和分类标准，以便于全国草地资源动态监测的对比、分析。

(2) 由于遥感快查地面样地调查密度不够，依据草地类型分类单位与遥感制图精度、信息源的分辨率相一致的原则，尊重影像分辨率的科学可判程度，本次调查草地类型分类只划分类和亚类两级。

(3) 草地类型系统应能反映草地资源的地带性规律和不同类型草地生态环境的本质差异。

2. 分类单位

草地类型系统的设计应能反映草地资源的地带性规律和不同类型草地生态环境的本质差异。

(1) 草地类。草地类是具有相同水热大气候带特征和植被特征，具有独特地带性的草地，或具有广域分布的隐域性特征的草地。类是草地类型的高级分类单位，各类之间的自然特征和经济利用特性有质的差异。根据热量和水分条件，以热性、暖性、温性和高寒4种热量级，以及以伊万诺夫湿润度划分标准，将我国的草地分为18个第一级类。改良草地和基本稳定的人工草地单独列为一类。

(2) 草地亚类。亚类是在类的范围内，其大地形、土壤基质或高级植被差异明显的草地。不同的草地类划分亚类的依据有所不同，有的类可不划分亚类。其中温性草甸草原类、温性草原类和温性荒漠草原类各自按地形划分为发生于平原丘陵、山地和沙地的3个不同亚类；温性荒漠类按其土壤基质划分为荒漠、沙漠和盐漠3个亚类；山地草甸类按海拔高度划分为中低山和亚高山2个亚类；低地草甸类按其地形和植被的差异划分为低湿地草甸亚类、低地盐化草甸亚类、滩涂盐生草甸亚类和低地沼泽化草甸亚类；高寒草甸类按土壤和植被差异划分为位于高原或高山的典型高寒草甸亚类，发育于盐土的高寒盐化草甸亚类和植被沼泽化的高寒沼泽化草甸亚类。其他第一级类由于其发育的环境条件、结构组成等相对一致，或其经济价值和畜牧业利用重要程度较低，不再划分亚类。

简化草地类型分类级，是快速清查大面积范围草地资源的重要技术决定。该次草地快查，类型识别到亚类，不再设组、型分类级，大大提高了草地类型的判别速度，为两年完成全国草地快速清查提供了可行性。全国草地的类和亚类共40余个分类单位，若要精确到组、型分类级，全国草地将有近千个分类单位，判读识别工作量将增加20余倍，则很难在两年内完成全国草地资源的快速清查。

5.3.2.2 野外调绘

草地资源遥感快查与草地资源详查的野外调查不同，草地资源遥感快查的野外调查，主要目的是为建立解译标志和统一判读标准，为草地信息和草地类型识别提供科学依据。在综合分析资料的基础上，选择一些典型地段在室内进行预判，并根据预判情况制定野外调查的路线和样地布设方案。

野外调查地段，选择草地利用状况变化较小和草地类型较典型的地段，沿着不同的垂直方向和水平分布方向，选择穿越基本地貌单元的路线进行实地调绘。野外调绘着重分析草地植被的空间分布和组合特征，研究图像的几何形状，对各种地类的地物特征及土地利用状况与卫星影像进行实地对应判读，解决疑难图斑，检验、修正预判结果。野外调查主要采用路线调查和典型区调查结合的方法进行，要拍摄相应的野外定点、定位实况照片，用作解译标志参考。野外调查除需配备必要的交通工具外，还需配备野外作业的工具包括笔记本电脑、野外作业路线上的土地利用图数据与野外作业软件系统、数字相机与 GPS（全球定位系统）或 DPS（摄影测量数据处理系统）等。

调绘范围包括松嫩草原、新疆北部山地草地和环青海湖、甘南州、甘孜州、阿坝州等重点牧区片草地区。其中内蒙古自治区以盟为单位进行 1∶25 万中比例尺野外调查，因此野外调绘，按中比例尺草地制图规定进行，调绘的密度和精度远远超过全国其他区域。调绘以草地分布界线、草地类型、草地覆盖度以及代表性广泛的草地类型的产草量等为主要调查内容。着重分析草地植被的空间分布和组合特征，研究图像的几何形状，对各种地类的地物特征及土地利用状况与卫星影像进行实地对应判读。并运用 GPS 和数码相机进行对应的草地植被景观数据的采集，用作室内判读标志参考。

5.3.3 草地遥感制图

草地遥感制图包括草地信息识别与提取、解译标志的建立、草地图斑的勾绘、属性判断与编码、以及缩图、编图等一系列过程，其核心就是草地资源遥感调查的判读操作。遥感制图利用大量的图形数据源，包括清晰的 TM 影像数据，精准的工作底图，相关的各种图件和资料，野外调查获取的科学数据，在功能超强的 MGE/Microstation 的操作平台上，用中国科学院 2000 年资源环境数据库的 1∶25 万土地利用数据工作底图，按严密的草地系统编码和设计进行一系列草地信息识别、提取、图斑勾绘、属性判断和属性编码操作。

5.3.3.1 草地信息的识别与提取

草地是一定空间组合的分异形式所构成一个完整的自然综合体，它是各地理要素长期相互作用而形成的。用相似性和差异性来识别自然综合体，是本次调查的基本方法[19,20]。在遥感图像上，根据其内部的同一性和外部的差异性，来划分最小的地理单元，确定最小单元的基本类型和特性[21,22]。

将遥感影像图和地形图在计算机屏幕上通过放大或缩小，使之在判读区域成为等比例尺，然后在遥感影像图背景下叠加地形图进行判读，或参考同比例尺纸质地形图，判读遥感影像。

首先判读耕地、林地、草地、居民点和水域等一级地类分类界线，确定草地的基本界线，然后判读草地高级分类单位的界线，即草地类。

依照地形条件、海拔高度、经纬度，对草地遥感影像进行共性聚类，划分基本制图单元，即草地亚类。

5.3.3.2 **建立解译标志**

(1) 直接解译标志。通过室内和野外调查研究图像的光谱特征，各种地形、地物特征，结合地形背景，找出地物与遥感图像的相应关系，研究地物的波谱性质、纹理特征和斑块的几何形状等，作为直接判读物性质的标志。外业调查用数码相机拍摄的草地和其他地物的彩色影像，经数字化录入计算机，建立地面摄影数字照片与卫星假彩色合成彩色数字影像图的拓扑关系，用作直接解译标志。

(2) 间接解译标志。有些专业内容在遥感图像上难以直接判读，可根据1∶25万或1∶50万地形图或其他已有的资料和图件，依据图斑所处的地理位置、海拔高度、坡向以及水分条件等进行地学的相关分析进行判别。

(3) TM和中巴卫星两种主要信息源的解译标志。两种卫星影像来源、波段合成、纠正处理方法都不同，必须针对使用的每种卫星影像建立判别解译标志。

(4) 不同时相遥感影像图解译标志。主要应用春末夏初和秋末两个时相影像，不同时相的影像，地物和草地的反射光谱不一样。必要时应用TM和中巴卫星之外的遥感影像，或两个以上时相的信息源对比解译，获得不同时相和不同层次的解译标志。

5.3.3.3 **草地类型图斑勾绘**

利用GIS的数字化功能，以卫星影像为基本信息源，根据解译标志对影像进行解译和类型识别，按草地遥感调查的精度与质量要求，在计算机屏幕上勾绘出草地资源类型图斑，并对每一个图斑加注类型编码，形成GIS的矢量数据[23]。

1. *确定图斑边界要遵循的原则*

(1) 符合草地水热分布状况，草地图斑的分割不能跨越气候带。

(2) 符合草地垂直地带分布规律，草地图斑不跨越山地草地垂直带带谱的宽度。

(3) 符合草地分布的地形特点，按照草地分布地形的几何特征，勾绘草地图斑。

(4) 符合草地经营利用原则，草地图斑不跨越峡谷、1～3级河流，不跨越省级行政界线和国道公路，不跨越铁路。

对所判读的草地类型图斑，根据全国统一草地类型分类系统进行图斑属性编码[24]。

2. *人机交互判读作业环节*

(1) 输入县级标准分幅地形图大小的影像栅格文件。

(2) 设置TM图像层、土地利用层，建立新的草地资源数据层面，在计算机屏幕上利用鼠标或笔式鼠标直接进行草地类型图斑界限的勾绘和属性判定。

(3) 由熟悉判读区域草地资源分布规律的专家，参考20世纪80年代调查的当地草地资源类型图，划分草地类型分布区域控制地理界线。

(4) 判读人员在高级类型控制界线内，根据影像的直接判读标志，如影像的色调(颜色)、形状、大小、阴影、纹理，及间接判读标志如地理位置、海拔高度，结合其他参考资料，依据该次全国草地遥感调查草地分类系统，勾绘草地类型图斑界线，确定图斑属性，并赋予图斑类型代号。

(5) 疑难图斑请熟悉该区域草地资源分布规律的专家参与定性、定位。

3. *草地图斑类型代码*

草地图斑类型代码由3位数字字母串组成。前两位为阿拉伯数字，表示所属草地类，编号小于两位数的类，第一位数为0；第3位用罗马数字表示亚类，没有划分亚类的类型，第3位数字为 0。如温性草原类的山地草原亚类表示为 022,低地草甸类的低地沼泽化草甸亚类表示为 154。

改良草地的类型,其类型的编码与天然草地统一编排,如温性牧草改良草地表示为 191,热性牧草改良草地表示为 192。

4. 省内与省际图形接边处理

接边包括省内不同图幅、不同工作区域的接边和省际图幅的接边。接边内容分为图形接边和属性接边两部分。属性接边为图斑所属草地类型的接边,图形接边指图斑界线的接边。接边原则:没有经过野外调绘的图斑服从经过野外调绘的图斑;同等条件下,后完成的图幅服从先完成的图幅。接边处理工作须在工作站(Arc/iufe)上完成。

5. 判读结果的质量评定

人机交互判读结果的好坏,决定着该次草地资源遥感调查最终成果的质量。严格把好影像判读和图斑勾绘质量关,是提高成果精度的重要环节。因此,需要不断进行判读结果的质量检查。质量检查的主要内容包括:

(1) 图斑定性和定位是否准确;

(2) 作业方法是否符合规程要求;

(3) 矢量图内图斑弧段是否封闭、图斑是否漏号或重号、是否建立图形的拓扑关系以及图幅接边误差是否符合要求等。

质量检查样本采用随机抽样方法决定,检查图斑数不得少于图幅总图斑数的 5%,不符合精度要求者应及时返工。在完成初步解译判读后,采用野外路线调查方式,对判读结果进行野外验证(野外调绘见本节 1.3.2.3)。此次遥遥快查要求的判读精度:判对率>85%,线划定位偏差<0.6 mm。判对正确率大于 90%的数据成果,视为合格成果;反之,则要求发现错误原因,对成果进行修正。

5.3.3.4 缩编制图规定

在全国草地资源类型遥感解译与判读结果的基础上,将全国草地资源数据从 1∶25 万进一步缩编到 1∶50 万的制图标准。缩编工作以标准的 1∶50 万分幅为基本数据单元进行。在正式的缩编工作之前,首先要将以行政省区为数据单元的遥感解译判读结果数据,切割合并组成以 1∶50 万分幅组织的数据。缩编工作在 MGE 的工作平台上进行。缩编后的数据集成等相关工作在 ArcGIS 平台上进行。

该次缩编的最小图斑控制在 3 mm^2 以下,即 750 000 m^2,大约相当于 833 个 TM 影像像元。小于这一面积的孤立图斑,在缩编时要删除。图斑的最狭窄距离为 0.5 mm,即 250 m,大约相当于 8 个 TM 影像像元。同类型的图斑,如果狭窄距离小于这一控制规定,要将它们合并。不同类型的图斑,如果狭窄距离小于这一控制规定,在该次缩编中不予处理。缩图编制技术见本书 7.3 草地资源地图编绘成图技术。

5.3.4 草地资源数据处理技术

5.3.4.1 草地资源数据编辑

对以上所完成的被切分为几个数据单元之草地类型图斑的 GIS 矢量化数据,需要进行接边和编辑。即相邻数据单元且相连接处的草地资源的判读类型相一致,图斑线要衔接到一起。

实际为图斑合并，保持草地资源在空间分布上的连续性和总体性，体现在相邻单元连接图斑草地类型属性编码的一致。主要依赖专业基础对连接图斑的二次判读。相连图斑数据接边的原则是：高程度判读图斑决定低程度判读图斑，先判读图斑决定后判读图斑。

接边后的草地资源 GIS 矢量化数据，需要进一步进行数据编辑。数据编辑的目的是为了消除数据单元的逻辑错误，包括对空图斑、误码图斑、重码图斑、悬线等内容的修正。

5.3.4.2 **数据转换**

编辑后的数据格式转换是为了满足数据集成的要求。将编辑好的 DGN 格式数据转换为 AutoCAD 的 DXF 格式，为草地资源的数据集成做准备。

5.3.4.3 **数据精度要求**

(1) TM 影像几何纠正的空间位置精度小于 2 个像元。

(2) 图斑界线精度在 1∶25 万空间数据中，地物类明显的地类，其界线漂移小于 25 m，过渡性类型应小于 100 m，草地类型界线的最大漂移不得大于 300 m。相当于屏幕解译线划描迹精度为 10 个像元。

(3) 草地资源图成图的基本制图单位是草地亚类，专业内容的判读率 90%以上。

(4) 为确保全国 1∶100 万草地资源图编图，在 1∶25 万工作底图上的草地图斑最小上图图斑面积为 64 mm^2。在显示草地水平分布和垂直带分布规律以及生产利用上有重要意义的 32～64 mm^2 的草地图斑予以保留。

(5) 省级成果图 1∶50 万草地类型图最小图斑面积为 16 mm^2，狭长图斑宽度大于 1.2 mm。

(6) 确保最终 1∶100 万草地类型图最小图斑面积为 4 mm^2，狭长图斑宽度大于 0.6 mm。以便与 20 世纪 80 年代末的 1∶100 万草地资源图的最小图斑面积保持一致，便于比较。

5.3.4.4 **数据集成**

上述编辑和转换后的 DXF 格式数据，在 Client/Server 方式下进行数据集成。主要生成草地资源图形数据和属性数据。它们是经过陆地卫星 TM 数据经深加工处理、图像判读、矢量图生成等许多过程生成的中间数据和成果数据。数据集成的内容包括草地面积平差、面积量算、分类统计等。其过程包括：

(1) 质量检查。检查交验的 DXF 格式数据的质量和标准参数是否正确、一致，检查有无空图斑、错码图斑、重码和多码图斑以及悬线等。

(2) 数据拼接。因判读等操作过程需要而被切分的数据单元，在数据集成过程中，需按省或县为单位拼接成行政单位的完整草地资源数据。

(3) 面积平差。虽然草地资源矢量数据采用的是等面积投影坐标系统（albers equal area），利用计算机模块进行图形编辑。但与 1∶25 万地形图投影系统不一致，图斑的软件量算面积与其实际面积存有一定的误差。为了准确地量算草地资源图斑的实际面积，需要在 1∶25 万工作底图上，先对图斑的软件量算面积与地形图幅控制面积进行平差处理[25]。

(4) 面积量算。面积量算在 1∶25 万工作底图上进行。对经过数据编辑和图幅面积平差后的图斑，根据其类型编码以省为单位进行面积量算，生成每个省各种草地资源类型的面积数据。

(5) 分类统计汇总。分类统计汇总是以草地资源类型的量算面积数据为基础，对各种草地资源类型进行相关的面积统计，形成完整系统的全国草地资源数据。

5.3.4.5 **建立草地资源数据库***

草地资源数据集成是草地资源数据库建立的基础。草地资源数据库的建立就是把该次草地资源遥感调查的结果以及调查过程中所形成的相关数据组建成草地资源数据库，以满足将来用户对这些信息的查询、检索等数据服务要求。数据库包括空间数据和属性数据。空间数据指草地资源图斑、野外调查线路以及几何拓扑属性。属性数据包括野外实地调查资料，草地分类统计数据和项目的其他有关数据资料等。数据库以空间数据为中心，属性数据以空间数据为索引实现数据库各组成部分的连接。

(1) 图形数据库。图形数据库主要是实现对空间数据的管理，在计算机中以 Coverage 作为基本图幅单元进行组织，以 ARC/INFO 的 Library 功能，用 Layer 和 Tile 两个概念对空间数据进行组织和管理。

(2) 属性数据库。属性数据有两个来源：①在图形数据库集成时，每个层面的数据和每个图幅的数据都伴随一个属性数据文件，由属性数据文件集成的属性数据，称为属性库 A。②由草地资源图、野外测点图、野外线路图、行政界线图，经过 ARC/INFO 中的叠加分析形成的组合图，其所伴生的具有地理背景等属性的草地资源属性数据，经过汇总形成的中国草地资源面积量算数据所形成的属性数据，称为属性库 B。

属性库 A：同图形库一起伴随生成，是图形库不可缺少的一部分，以 Coverage 为单位，按图形库的组织和管理进行存储。用 ARC/INFO 功能对这些属性数据进行基本操作和管理。尽管 INFO 的数据管理及开发环境不是很好，但 ARC/INFO 所具有的 ODBC 功能可以使系统方便地同其他数据管理系统连接，以达到系统设计的要求。

属性库 B：因为是全国面积汇总生成的资源数据库，数据量大，整体设计要求对此库的管理和查询功能更高。在微机平台上，借助微机软件丰富、开发环境平台高、容易达到设计要求的特点，将属性库 B 的管理及系统界面设计放在微机平台上进行。

(3) 数据字典。数据字典是对数据库特征的描述。对于本底数据库的运行、数据分发和使用而言，数据字典是不可缺少的。为了使用分发的方便，对图形库和图像库分别设计数据字典。

通过以上全国草地遥感快速调查研究，得到如下一些结论性意见：全国范围小比例尺草地资源遥感快查，服务于国家级层面的草地面积与类型变化的监测，属于宏观调查，宜采用快速、简捷、经济、切实可行的技术路线。需要购置同步或近期的中分辨率卫星遥感信息源，采用快速遥感制图专用软件，进行人机交互式草地信息的识别、提取、图斑勾绘、编码、编辑与修改，实现全程数字化操作；同时需要简化草地分类层次，适当减少野外调绘工作量，得以确保调查的快速。有鉴于遥感影像判读图的野外调绘、验证、修改覆盖面较低，致使判对率低于 88%，所以，此类大范围遥感快查，不宜用于省级以下的草地生产管理。实践证实，当年使用的 MGE/Microstation 操作系统，功能较强、相对简便。使用 MGE/Microstation 平台软件系统进行遥感影像的处理、草地矢量图的分割与合并、面积量算、数据库的建立与管理等操作，较为快捷、方便。当今，遥感科学技术发展很快，肯定有更新、功能更强、使用更便捷的其他遥感制图软件诞生。

---

* 建立草地资源数据库由中国科学院大气物理研究所张稳先生撰写。

5.3.5 草地资源遥感非监督分类尝试

在遥感快查开始阶段，欲提高工作速度，曾尝试非监督分类。挑选著者最熟悉、野外实地调查工作基础好的西藏当雄县、亚东县、萨嘎县为草地非监督自动分类调查区。制定草地类型解释专家系统，在课题组 MGE/Microstation 遥感制图软件和 Arc GIS 软件方面的专家指导下，采用 TM4.3.2 和 TM5.4.3 合成数据，进行 1∶25 万比例尺精度草地类型非监督分类尝试。分类结果显示，虽然比喜马拉雅山地区 1∶20 万 TM 植被影像图（由印度 TM 接受站未到过西藏的作者 1988 年编制）错误少，但是判对率还是低于 80%，亚东县喜马拉雅山南坡峡谷森林区判对率最低。可能的主要受制因素如下：

(1) 判读区有的地方缺少从印度接受的 TM 影像数据，只好用中巴卫星影像数据补充，两种图像的图幅影像色彩不够一致。

(2) 判读区有 1999 年和 2000 年两个年份、不同季相摄制的影像，相同地物和草地类型图像的色调，图幅间不够一致。

(3) 大部分图幅用 TM4.3.2 合成，但有个别图幅用 TM5.4.3 波段合成。图幅间合成波段不够一致，或许是致使判译产生差异的重要因素。

(4) 草地覆盖度的差别难区分。草地植被覆盖度低的区域，地表物质反射光谱的贡献因素难以消除；地形变化急剧的影响因素难以消除。

(5) 不适合发挥多种信息源互补、对比分析判读。

(6) 不适合发挥熟知地面草地类型人员的逻辑推理解译作用。

也有可能当时执行非监督分类的作者技术水平不够，非监督分类只尝试了两三天，终因判对率达不到精度要求而自行取消。遥感影像非监督自动分类不成功，草地类型图自动制图便失去了前提。

5.4 草地航空遥感调查

使用航片进行草地资源调查，可以分为准备工作、室内判读、野外调绘、纠正转绘与制图、面积量算、数据统计和文字报告编写几个阶段进行。其中野外调绘、面积量算、数据统计和文字报告编写，与第 3 章草地外业调查技术和第 4 章草地资源调查内业工作的相关内容没有差别。本节阐述准备工作、室内判读、纠正转绘环节的技术方法，简述彩红外航片调查技术。

5.4.1 草地航空遥感调查工作程序与内容

5.4.1.1 资料收集

(1) 收集航片。按使用航片工作地区的经纬度，按国际分幅的地形图图幅号向有关测绘部门查询订购或向有关单位租借航片。首先要选择航摄时间，越近期的航片越好。要收集有关的航摄资料，如航摄比例尺、航摄机焦距、航空胶片型号、摄影季节和时间等。计算确定调查地区所需购置或租用的航片数量。为保证边界地区有足够的重选航片，收集航片的数量往往比实际工作区稍多一些，可参考下面的公式估算航片张数[26]：

$$N=\frac{A}{L^2(1-p)(1-q)m^2}(1+k)$$

式中：

N——所需航片张数；

A——调查区域面积，km^2；

L——航片边长，cm；

p——航向重选百分数，%；

q——旁向重选百分数，%；

m——航片比例尺分母；

k——调查区边界重叠系数(20%～30%)。

依据地形起伏大小，相邻航片重叠部分的尺寸，确定在调查区域内使用逐片调查还是抽片调查。在地形平坦的调查区，可以采用抽片法，间隔一张选用一张，可减少50%的航片用量。在起伏大的山区则需使用逐片法。按上述公式算出的片张数后，按调查区地形起伏状况，确定使用逐片法还是使用抽片法，再确定航片用量。

收集航片的拍摄时间、航高、比例尺、摄制时的天气情况等资料，这些资料对航片判读非常重要。如航片摄制资料有缺失，应找出借或出售单位补齐。

航片的质量要求是：影像清晰，航线内各张航片的色调一致，没有影响判读的云彩影像，航片上的编号、时表、水准气泡、金属框标等标志清楚。

(2) 收集与航片比例尺接近的地形图。

(3) 收集与草地调查有关的土地利用图、土壤图及相关其他资料。

清点收集到的遥感资料，分类登记。按调查区域在地形图上逐一标出使用遥感资料的种类，检查已收集到遥感信息源是否覆盖全调查区域。若发现有的区域缺乏航片或航片质量太差，应尽快补救。

5.4.1.2 航片判读前的技术处理

航片上、下、左、右都存在相互重叠，航片上没有地理坐标，航片所属的地理位置一旦搞乱，很难准确定位而影响工作。必须在使用前对航片进行整理。

(1) 对将要使用的航片按照地形图图幅和航线逐片顺序编号。

(2) 在已选用的航片上，根据其地形起伏计算出有效作业半径，标绘出每张航片的作业范围。简单办法为：将一张航片的上、下、左、右四邻的航片重叠，在航向重叠的部分划一条中线，在旁向重叠的部分也划一条中线，上、下、左、右重叠部分四条中线相连的四边形范围，即为有效使用面积。

(3) 绘制地形图航片接边图。按地形图的图幅、按航线，把每张航片上、下、左、右的位置和重叠关系画到简要地形图上，绘出每张航片四周的邻接航片编号，即为航片接边图。

(4) 绘制调绘区航片接图表。按航片有效作业范围进行相邻航片的接边，标出调查区域小比例尺地形图上的航片覆盖图。

(5) 参照地形图，在已选用的航片上绘出必要的经度、纬度、明显的地物点，如湖泊、河流、大的城镇居民点等参照物，供判读时参照定位。

5.4.2 普通黑白航片的判读特征与判读方法

5.4.2.1 航片的判读特征

航片判读以地物、地貌形态直接在像片上反映出来的特征为根据。航摄像片的判读特征可概括为形状、大小、色调、阴影、相关位置、纹理和人为活动痕迹等现象。

(1) 形状。形状是指地面物体在航片上表现出来的外轮廓的俯视图形。一般说来，物体的顶部形状与其在航片上的影像都保持一定的相似关系。如河流、公路、水渠是弯曲的带状，其在航片上相应的影像也是弯曲的带状。

(2) 大小。指航片影像的大小。地面要素和它在航片上的影像之间，遵循着一定的比例关系。航片上影像相当于地面实物的大小，可用航片比例尺算出。度量影像的大小，可以帮助判读形状相似而尺寸大小不同的地物。单凭地物的形态而不考虑地物的大小，容易做出错误的判断。

(3) 色调。地面物体的颜色，在黑白航片上由影像的不同黑白层次反映。航片上影像的黑白程度称为色调。人眼分辨航片上色调的差异可分为八级：亮白、白、灰白、浅灰、灰、深灰、浅黑和深黑。不同颜色的地物在像片上呈现出不同的色调。色调特征对于地面总貌的判读有着重要意义。

(4) 阴影。阴影是高出地面物体受阳光斜射而产生的。阴影有助于获得立体感，对突出地面物体的判读有很大意义。

(5) 相关位置。地面各要素之间的相互关系，必然反映在航片上影像间的相互联系与距离。运用影像间相关位置的特征，可以帮助分析、识别影像的性质。

(6) 纹理。航片影像的纹理是判别地面植被类型和地表物质组成的重要特征依据。森林植被中的树木、灌木的高度、粗细不尽一致，在航片上表现出粗糙颗粒状。草地植被结构较均匀，相同草地类型的草层高度、覆盖度比较一致，影像表现平滑，呈绒布状。多砾石地表与土质地表，反映在航片上具有不同的纹形。

(7) 人为活动痕迹。人为活动痕迹影像是航片的重要特征。地面的物体，如房屋、道路、渠道等均是人类活动留下的痕迹。如草地与荒地、旱地的颜色有时相同，草地边缘和内部没有人工作用的痕迹，但荒地和旱地中，却有地垄、田埂等人工作用的痕迹。

5.4.2.2 典型草地类型影像解译标志的建立

通过概查确定调查区域拥有的草地类型，找到各种典型草地类型在航片上的地理位置及对应的影像特征。同时对各种典型草地类型进行实地植被调查，记录草地要素的典型群落特征和地学环境特征，拍摄草地类型的地面照片，配合航片影像和文字说明，组成判读标志。该判读标志供下一步室内全面判读使用。

航片比例尺大，地类物表现较清楚，判读标志的建立比较容易。积雪、冰川位于山顶，白色，明显可辨。流石滩成扇状有网纹，粗糙，亦位于山顶部。河流湖泊依其形状可辨。居民点和耕地影像表现有几何形状。森林可直观辨认，灌木林反映在航片上有明显的颗粒结构。西藏自治区草地的航片调绘区，为“一江两河”中部流域和其他低海拔农区，重点调查耕地，航片比例尺较大，草地的分布与明显可辨的耕地有一定相关性，建立航片的判读标志比卫片容易得多。

5.4.2.3 判读方法与步骤

1. 判读方法

(1) 直接判读法。依据地物反映在航片上的形状、大小、色调、阴影等特征直接判读。用于判读较简单的地类要素，如耕地、林地、居民地、河流、水库等。

(2) 解释标志法。将调查区域划分为若干不同的地貌类型区，按地貌类型区建立草地类型航片解译标志。收集判读区典型草地类型的航片影像标志，对比分析航片判读对象，进行判读。

(3) 像对立体判读法。在立体镜下，通过立体镜的立体扩大，识别分辨地物，勾绘地物界线。

(4) 逻辑推理法。运用草地类型学和相关地学知识，分析判读区气候、海拔高度、坡向和坡度、周围地物性质，推理判断草地类型。

(5) 与熟悉判读区域的草地技术人员结合判读，可大大提高判读效果。

2. 图斑勾绘

根据判读标志、草地类和亚类的分类指标，用航片有效作业半径范围内的影像，对准 1∶5 万或 1∶10 万地形图中的地形、地物要素同名点进行解译。根据航片影像颗粒的密度、大小、质地、均匀性、影纹结构，结合图斑在地形图上所处的海拔高度、地貌部位、地理位置、岩石裸露、地面水分情况，确定草地图斑所属草地类型。将判读解译所获草地航片影像用目视勾绘法勾绘到地形图上，形成草地图斑。

3. 航片解译步骤

(1) 判读先易后难，先将明显可辨的地类勾绘出来，再判读草地。

(2) 对草地的判读同样采取先易后难方式，先将沿水域、滩涂、沙地分布的草地勾绘出来，再参照地形图的地形要素，按草地类型标志判译，最后对判读有疑难的影像，采用逻辑推理分析判译。

(3) 根据草地图斑内小块农地、密灌、林地、水域、居民点等所占面积，判断每块图斑的草地可利用面积系数。

4. 进行野外调绘

将室内预判有草地类型图斑的航片和地形图拿到野外进行实地验证核实，修改预判图斑界线和可利用面积系数，核准草地类型，并修改、完善判读标志以提高以后的判对率。

5.4.3 黑白航片的判读

5.4.3.1 非草地地类的判读

1. 耕地的判读

耕地在像片上有几何形状，未生长作物的耕地为白色或浅灰，生长作物的耕地为暗灰或黑灰。随着作物的成熟，色调又变为浅色。

2. 林地的判读

树林的分布范围、界线、林间空地、疏密程度及分布形状等均能在航片影像上清楚分辨，使用立体镜观察，可以看到有些大树像大头针插在地面上。

(1) 天然林一般呈黑灰色颗粒状，密集连成一片，顶面凹凸不平，稀疏处露出浅灰色空地。

(2) 防护林一般附属分布于明显的道路、堤、水域、居民点和耕地边缘。

(3) 经济林形状齐整，有隔网状条纹、呈小颗粒状，但较均匀。

(4) 灌木林没有发达的树冠，影像呈黑灰色，低矮，没有明显的条纹间隔，没有树林那样突起地面的明显立体感，仿佛贴附于地面，不像树木呈明显的颗粒状，影像上有绒软感。

3. 居民地、工矿建筑物的判读

居民地影像在航片上能清楚显示，立体观察，能显露出居民点在图上的位置。

4. 道路的判读

高速公路较宽，铁路呈深灰色线状、平直、有路基，可明显分辨。沥青公路呈黑色或深灰色，水泥、砾石、沙石路面的反光性能强，呈白灰色，不如铁路，高速公路平直。

5. 水域的判读

参考地形图很容易分辨。河流的判读与河流的宽度有关，水的色调与水的性质、深浅、浑浊度有密切关系。水深影像黑，水浅影像浅。洪水期水位线与枯水季节水位线变化较大。故判读前了解航摄日期、参考以往的图件资料十分重要。湖泊、水库呈黑灰色大块面积水域影像，立体镜观察可看到水库四周地势较高，形成一个封闭的盆地形状。

5.4.3.2 草地的判读

草地在航片上为均匀的灰白色、灰色、深灰色，纹理光滑、平坦。草地影像区别于耕地的最主要特征是，它的边缘和内部没有人工作用的痕迹和条纹影像。撂荒地与草地相似，撂荒地的色调和纹形与草地完全相同，但撂荒地有过去耕作遗留下的痕迹。草地可直接辨认到类和亚类，草原背景为灰白色，河谷的灌丛草原为灰白色，呈带状图像，并有细小颗粒。荒漠草地呈白灰色，灌木荒漠有颗粒和纹理结构。草甸颜色较深，均匀，灌丛草甸有颗粒结构多见于阴坡。沼泽化草甸颜色较深重，呈条带状、树枝状或环形。山地草甸亚类在林线以下的林间或林沿，颜色浅灰。亚高山草甸分布于林线上下，与森林上限呈交错分布，均匀，绒布状。参照森林和灌木林分布的上限和森林的分布范围，不难找出中山山地草甸和亚高山山地草甸的分界线。草地影像的判读，一定要结合地形图，参考地形、海拔高度、地理位置进行综合判读。

草地型以下的分类级，依据野外实际样地调查、路线调查、山地垂直带调查资料，样地点位图，县级草地类型工作分类系统进行划分。判读定性方法与卫片遥感调查法相同，参见本书7.2.2大、中比例尺县级草地类型图的绘制。

5.4.4 彩红外航空遥感调查技术

中国科学院遥感应用研究所、南方草场资源调查科技办公室和天津市畜牧局共同合作，利用彩色红外航空像片对天津市草场资源进行了调查[27]。当年在国内是首次应用彩色红外航空遥感资料进行大面积草场资源调查。调查方法具有试验性，但调查结果很成功，说明其方法可行。

5.4.4.1 彩红外航片的特性

彩红外航片和普通黑白航片一样，都是通过飞机搭载的照相机摄制，具有相同的中心投影几何特性，但二者的光学性能不同。在可见光范围内人的眼睛可分辨的颜色色别达百种以上，再加上亮度、饱和度的差异，人们能辨别的色彩数超过黑白影像灰阶的数百倍。地物反射光谱在黑白航片上形成的灰度的微小差异，在彩色航片上被转换为色彩的差异被突出来，从而容易识别。

天津市草地遥感调查使用的彩红外航片，为1982年中国科学院遥感应用研究所摄制，像幅23 cm×23 cm，镜头中心分辨率＞100线对/mm，比例尺为1∶2.5万。工作底图为1981年出版的1∶1万国际分幅影像地图。该航摄影像地图已经纠正，几何精度较高，所反映的地理要素信息量是等比例尺地形图的5倍。影像地图不仅提供了可与彩红外航片配套进行综合判读分析的大量信息，还包含了大量起控制作用的明显地物点、线[28]，为草地判读图的转绘创造了有利条件。

彩红外航片胶片上有三层感光乳剂层，分别感绿光、感红光和感近红外光，其中感近红外光乳剂层的感光范围为 0.7～0.9 μm。地面上地物反射 0.5～0.9 μm 蓝、绿、红和近红外光，其中蓝光被相机滤色镜过滤掉。被彩红外航片胶片吸收、曝光的为地物反射的绿、红和近红外光，胶片洗印后获得的彩红外照片的对应色彩分别为蓝色、绿色和红色。换言之，地物反射绿光，反映在彩红外照片上为蓝色；地物反射红光，反映在彩红外照片上为绿色；地物反射近红外光，反映在彩红外照片上为红色。利用这一特性，只要知道地物反射的光谱范围，便可以利用彩红外照片的色彩分辨、识别地物。草地牧草从生长旺盛期到枯黄期，叶片中的叶绿素逐渐减少，褐黄素逐渐增加，牧草绿波反射峰消失，红黄波段反射率逐渐上升。9 月初，天津市蓟县山地的白羊草、黄背草暖温性草地尚处青绿期，反射率较高；沼泽化草甸的芦苇、獐茅开始发黄，反射率次之；荆条、狗尾草灌丛草地开始枯黄，反射率较低；已成淡紫红色的柽柳海滨盐生草甸，反射率最低。彩红外航片不仅记录了草地牧草近红外光谱的反射差异，而且可以通过同种颜色的浓淡程度(即色调)，反映地物反射率的差异。由于彩红外航空照片比一般全色黑白航片色彩鲜艳、色差层次丰富，反映的地物对比明显，故可大大提高草地牧草组合类型的识别能力。利用这一特性，用 9 月拍摄的彩红外航片的色彩和色调，配合影像地形图，可以清楚地分辨出各种草地类型。

5.4.4.2 彩红外航片的判读

1. 非草地地类的判读

(1) 耕地的判读。耕地、菜地都有几何图形，生长季呈现鲜红色，可见明显的青色沟渠网纹。菜地一般分布在城近郊、村镇周围和河流两岸，有绒状影纹。

(2) 林地的判读。阔叶林由于对近红外光谱反射较强而呈现红色，针叶林反射较弱，呈现暗红色。密集的灌木林地，在影像上呈浅褐色或红褐色，影纹结构较粗糙，图斑形状多不规则。

(3) 城乡居民点、工矿用地的判读。城镇居民点为暗青色，高大整齐的工厂为淡青色，都有明显的几何图形和出入居民点的线状道路，很容易分辨。

(4) 交通用地的判读。铁路反射近红外光弱，在影像上为暗青条带。公路在影像上为淡青色条带。农村道路多为土路、沙石路，在影像上为白色条带。

(5) 水域的判读。在彩色红外像片上，河流呈深蓝色条带。湖泊、水库深蓝色、形状规则。苇地表现为在红色背景上有一个个粉红色的晕斑。滩涂呈现浅灰或暗褐色，基本平行于海岸线，呈弧形条带状。

(6) 未利用土地的判读。荒山由于植被稀少，在影像上大片地方呈现灰白色，其中有稀疏植被生长的地方为微红颜色。裸岩地全部呈现暗青色。盐碱荒地在彩色红外航空像片上呈现夹有白色斑纹的暗青色，其中荒草地分布在低湿盐碱地区，杂草丛生，呈暗红色略有绒状影纹。沙荒地植被稀疏，在影像上为淡黄色。

2. 草地的判读

首先判读划分与分布地理位置、与水分条件密切相关的低地草甸。低地草甸类的滩涂盐生草甸亚类，沿海岸带泥滩呈带状分布，其中大米草草地呈红色带状或条斑状，红色均匀，较一致；而芦苇、獐茅杂类草草地为微红或浅棕色，呈带状或条状，其中有杂类草成分的草地呈条纹状。

低地草甸类的芦苇、獐茅低地沼泽化草甸亚类，紧靠水域分布，水域呈深蓝色，草地沿水域的低洼地分布。芦苇地鲜红色，成片。而獐茅为主的草地，有杂类草成分，鲜红色间有粉红色，出现小块粉红色斑。少数个别芦苇草地，还有少量浅蓝色积水小斑点。对照地形图，很清楚地能将上述两种草地勾绘出来。

除上述两种低地草甸亚类草地外，天津市的其他草地为地带性暖温带次生草地，分布于两种地形部位，一为山地，一为海河平原。以山地次生草地为主，平原草地呈零星分布。按地形图先将山地和平原划分开，山地草地多分布于天津市北部蓟县山地，为暖温带森林破坏后的次生草地，分为三种类型。有一类保留有稀疏的树木，当年被划分为山地暖性疏林灌草丛类；有一类有灌丛分布其中，称为山地暖性灌草丛类；第三类为多年生纯草本草地称为暖性草丛类。

低中山和低山疏林灌草丛草地呈红色，局部地段有鲜红色小圆点(树木反射光)，有颗粒状纹理，表面有粗糙感。低中山和低山灌草丛类草地，呈红色，不规则图形，但没有鲜红色小圆点，表面有小颗粒状绒状纹理。白羊草、黄背草暖性草丛类，多分布于山地丘陵，呈红色，不规则图形，表面光滑、绒布状，没有颗粒纹理，有些地段可见紧邻有农田和几何图形的其他地类分布。暖性草丛类在平原区呈现不规则红色小斑块，穿插分布于农田、居民点、工厂等其他非红色地物之间，面积较小。

5.4.5 航空像片的转绘

航空像片与地形图的投影系统不同，航空摄影获得的单张航片，受中心投影的影响，存在着摄影时底片倾斜引起的影像变形、航高变动引起的比例尺差异、地形起伏引起的投影差异等。这些变形和差异，使得各张航片之间甚至同一张航片的不同部位之间，其比例尺可能不尽一致。所以，必须对航片的影像进行纠正转绘，将单张航片判读的草地图斑编制成比例尺一致、符合地形图要求的图幅，才能量算面积。

航空像片转绘是航空遥感制图工作极重要的环节，转绘工作量大，技术要求高。可选用的纠正转绘方法有光学仪器法、图解格网法和目估法。光学仪器法一般可达到比较高的转绘成图质量。

5.4.5.1 航片转绘方法

黄土高原系列制图中的彩红外航片转绘，使用三种转绘方法。

(1) 仪器转绘法。黄土高原的黄土丘陵区北部，使用美国博士伦公司生产的 Z.T.S 可变焦距转绘仪转绘。此仪器的特点是视野广，操作方便，速度快，所绘出的线条流畅。将地类分为两个投影面和 3 个转绘带，分别纠正转绘。第一投影面转绘沟谷地貌分成两个转绘带：第一转绘带是坡脚线之间的较为平缓的沟、川地类，包括河流、滩地、沟渠和沟道中的其他地类(包括低地草甸草地的转绘)；第二转绘带是坡脚线与沟缘线之间、坡度较大的沟坡地，包括草地、荒草地、裸土的转绘。第二投影面转绘沟间地貌，只有一个转绘带，转绘沟缘线以上的梁峁地类，包括灌丛草地、疏林草地和农田等非草地。

在航空像片的转绘范围内选择 4 个明显地物点，另外在航空像片中心部分选取 2 个明显地物点，用作检查转绘精度。对点转绘误差限制在 0.5 mm 之内。

(2) 自然格网法。山区、地形复杂的地区用此方法。地形破碎、沟壑纵横、梁峁起伏的黄土丘陵沟壑区南部和黄河沿岸峡谷区的彩红外航片验证区、贵州省航片草地资源调查，使用自然格网法转绘。首先对照地形图，以水系和沟谷的线划为基本控制，建立航空像片与地形图格网的对应关系。以地貌特征线(沟缘线、峁边线、山脊线等)作为加密格网线，再以地物、地貌特征点(河谷交汇点、道路交叉点、桥、房屋、峁顶点等)为控制点,按草地和地物在网格中的位置比例,进行目视转绘。沿着转绘区内的河流或沟谷,自上而下,顺着沟谷认准一个对应的格网,逐格转绘。此方法转绘得到的地类边界、地貌部位准确,若航空像片与地形图是同期资料,比例尺接近时,转绘精度高。缺点是工作量大、速度慢,而且要求转绘人员有较强的识图、识像能力。只在地形破碎区用此法。

(3) 透绘法。地势平坦、起伏小的地区采用此法。西藏"一江两河"中游平坦宽谷草地航片调绘区、黄土高原长城以北风沙区,地势比较平坦,航空像片的航向重叠 60%,旁向重叠 30%,像点位移误差小、投影误差小,采用透绘法转绘。此外,在航空像片比例尺与地形图比例尺相同的情况下,采用透绘法。具体操作步骤如下:先在航空像片与该航片在地形图上的转绘范围内,找 4~5 个分布较匀的明显地物、地形特征点。在透图桌上,将地形图蒙在航空像片上。若航空像片的投影差很小,航空像片与地形图的相应特征点即可全部重合,然后把航空像片与地形图固定下来,把航空像片上要转绘的内容透绘到地形图上。有些不重合的点,可轻微移动、错位地形图,使特征点不重合误差<0.5 mm 时,即可将航空像片上要转绘的内容透绘到地形图上。

5.4.5.2 转绘精度检查

航空像片转绘结束后,要进行精度检查。检查是以全国农业区划委员会制定的航片转绘允许误差为准[29]。允许误差见表 5.4.1。

表 5.4.1 1∶5 万地形图上不同地形转绘点允许误差

地形类别	航片内相对高差/m	允许中误差/mm	最大允许误差/mm
平地	<70	0.75	1.50
丘陵	70~130	1.00	2.00
山地	>300	1.50	3.00

5.5 草地遥感估产调查

20 世纪 80 年代中期,国内外开始应用 NOAA/AVHRR 多时相数据,监测小麦生长状况。根据小麦生育期内的归一化植被指数 NDVI 值,用小麦长势和温度、降水量资料,构建小麦单产模型,预测小麦单位面积产量获得成功。后来这一冬小麦遥感估产技术被引入草地产草量估测。遥感估产法可以归纳为植被指数法和混合像元分解法两种,前者基于植物叶绿素含量反映生物量,后者基于植被覆盖度反映生物量。下面简述常用的植被指数法。

5.5.1 草地遥感估产概述

5.5.1.1 遥感估产原理

草地产草量表现为草地饲用植物地上生物量,草地植物生物量与草地植物的叶绿素含量密切相关,叶绿素含量高,则光合作用强,植物的生物量高。植物在红波段 0.68 μm 有一个强的吸收带。它与叶绿素含量(或浓度)成反比;而在近红外波段的0.725～1.1 μm有一个较高的反射峰,它与植物叶面积指数成正比[5],反映了植物的生长活力。两个波段的比值组合与叶绿素和叶面积(或叶面积指数)相关。对植物的遥感大多采用对植物敏感的这两个波段,草地估产也使用遥感数据中反映植物光合作用最有价值的可见光红波段和近红外波段。草地植被自身的光谱特征,反映了牧草叶绿素含量和水分含量,排除对植物群落叶绿素浓度反射光谱的干扰,即可用单位面积草地叶绿素含量与草地牧草产量建立相关联系,建立预测草地植物产量与反射光谱中的叶面积指数的估算模型。

植被指数(vegetation index)又称光谱植被指数,也有人称为绿度值。植物对从可见光到近红外或中红外的不同波长,其电磁辐射的反射率和吸收率有明显的不同。绿叶中的叶绿素在0.4～0.7 μm光谱段,其反射率一般小于20%,但在0.7～1.3 μm范围内则其反射率可达60%[30],把这种在两个波谱段的叶绿素不同光谱反射特征进行一定的数学运算,将其运算数值用作分析植被状况的特征参数,即为植被指数。

NDVI(the normalized difference vegetation index)被称为归一化植被指数,是植被指数的一种,采用下述公式计算:

$$NDVI=(B_2-B_1)/(B_2+B_1)$$

式中:

B_1——红波段反射率;

B_2——近红外波段反射率。

计算测产样地点MODIS影像的NDVI,对应于同步时间地面样地实际测产数据,即可建立样地点草地植被指数与实测产草量的对应关系[31]。NDVI消除了大部分大气对反射光谱的影响,增强了对植被的响应,是目前40多种植被指数中应用最广的一种。但还是受到定标和仪器特性、云和云影、双向反射率、土壤及叶冠背景等因素影响,其应用受到限制。因此,又有使用增强型植被指数(EVI)估产的研究[32]。增强型植被指数计算公式如下:

$$EVI=2.5\times\frac{NIR-Red}{NIR+C_1Red-C_2Blue+L}$$

式中:

NIR、Red和$Blue$分别为经过大气校正的地面近红外光、红光和蓝光反射率;

L——土壤调节参数,$L=1$,$C_1=6.0$,$C_2=7.5$。

增强型植被指数(EVI)使用了MODIS空间分辨率250 m的1波段和2波段,1个空间分辨率为500 m的蓝光波段。MODIS光谱分辨率较高,有36个波段,波幅窄,避免了几个大气吸收带,在计算植被指数时有更严格的去云和比较彻底的大气校正。EVI利用MODIS辐射仪的优点,订正地表反射率以提高对高生物量区的敏感性,并通过叶冠背景信号耦合和减少大气影响来提高植被检测精度。可通过Blue修正大气对Red的影响[33]。采用“土壤调节植被指数”可减少土壤背景的影响。增强型植被指数(EVI)可同时减少大气和土壤背景的影响。

依靠植物反射光谱估产有两处明显不足:一是植物反射光谱易受天气状况干扰;二是在植被很稀疏的情况下,绿度(NDVI)值实际上反映的是地表物质对光反射情况,不能代表草地植物生长状况。因此,有学者用草地估产地学模型进行辅助估产。用估产区气象站观测的月平均气温之和、≥10 ℃积温、降水量 3 项指标作为草地产量计算指标，配合气象站的纬度、经度、海拔高度三维坐标，配合地面实测产草量数据 3 项因素，建立草地生产力遥感-地学模型产草量估算法[6]。用地学模型辅助绿度(NDVI)值遥感模型估产，可以提高单一绿度(NDVI)值遥感估产模型的估算精度。

商业公司推出了多种与遥感估产有关的图像处理软件，如 ENVI 遥感图像处理软件提取 NDVI，可采用多项式几何校正模型 Polynomial(二次多项式)、双线性(bilinear)重采样方法，对 TM 图像进行几何纠正[34]。

5.5.1.2 **影响草地遥感估产的因素**

(1) 影响草地产草量因素。可以归纳为三大要素：①气候因素。指光照、辐射、气温、降水、蒸发量、湿润度等气候因素对草地产量的制约，光照、湿度、降水决定草地产量的气候生产潜力。②水、土环境因素。与草地产量有关的供水条件、灌溉、土壤类型、土壤肥力、地形、海拔高度等，是决定草地产量的重要自然条件。③生物因素。指草地类型与组成的牧草种类，牧草品种、草地覆盖度、草层高度等，是左右草地产草量的内在因素。

(2) 制约遥感估产的因素。为使遥感估算接近实际，需要对影响上述草地产草量的三大要素考虑周全，最大限度地解决制约遥感估产的下述因素。

① 首先要选择合适的遥感信息源及正确的波段组合。其次，需要了解牧草生长全过程的光谱参数。上述构成草地产量的气候、土壤和草地植物三个要素与草地植物不同生长期的各种植被指数有关，必须掌握草地牧草生长全过程的光谱参数，选择适合的植被指数才能正确估产。由于 NOAA/AVHRR 空间分辨率太低，对草地类型的识别率低，TM 的时间分辨率较低，彩红外航片更新速度慢，这些都会对光谱参数与产量估测模型产生影响。

② 要研究建立草地反射光谱与产量的模型，绿度—产量模型，叶面积指数 LAI 与牧草生物量鲜重 BM，草地干物质重量 DM 与 NDVI、RVI 间的定量关系。其中垂直植被指数 PVI，消除或减弱了大气、土壤的干扰更具有高度综合能力。根据 PVI 与构成草地植物产量三要素间的内在关系，可建立包括遥感光谱参数、土壤、含水量、日照、积温、叶面积指数等有关参数在内的估产方法。建立植被指数与草地植被生物参数及产量间的数学模型，以便实现牧草长势动态遥感监测和遥感估产。

③ 遥感估产离不开地面实况调查的配合。遥感估产建立遥感数据与产量构成要素间的内在联系，以地面样点产量测定试验为依据。一方面遥感估产中遥感数据需要用地面样点的测定结果定标，以建立产量模型；另一方面遥感估产的结果，又要用地面样点的实测值进行检验。地面测产样点设置的密度大小，地面测产时间与遥感反射光谱影像获取时间的同步程度，影响遥感估产模型的准确性。

④ 遥感估产还需要积温值、日照时数、土壤含水量等非遥感农学参数、气象参数的支持。

⑤ 草地反射光谱易受天气状况的影响，容易受到土壤基质和枯草层等背景反射光谱的干扰。尤其是植被覆盖度较小时，裸露地表对反射光谱的贡献愈大，对草地类型生物量估测精度的影响愈大。在植被稀疏的情况下，绿度值实际上是地表物质的光谱反映，已很难代表草地牧草植物的生长状况。为纠正遥感估产模型这一缺点，还需要引入草地水热条件、土壤水分等地学估产模型辅助分析。

总之，草地遥感估产，涉及气候、草地类型、覆盖度、牧草长势、土壤类型、土壤水分、叶面积指数、生物量测定、人工草地农业小气候等大量因素，需要建立与产量有关的绿度指数模型、草地气候生产潜力模型、土壤水分监测模型、干旱指数模型、草地灌溉模型、人工草地蒸散估算模型等，进行综合分析。

5.5.2 草地遥感估产工作流程

草地遥感估产，由遥感信息源的选择与图像处理、设置测产草地样地并测定产草量、建立与检验遥感图像草地估产模型三部分工作内容组成。整体工作程序见图 5.5.1。

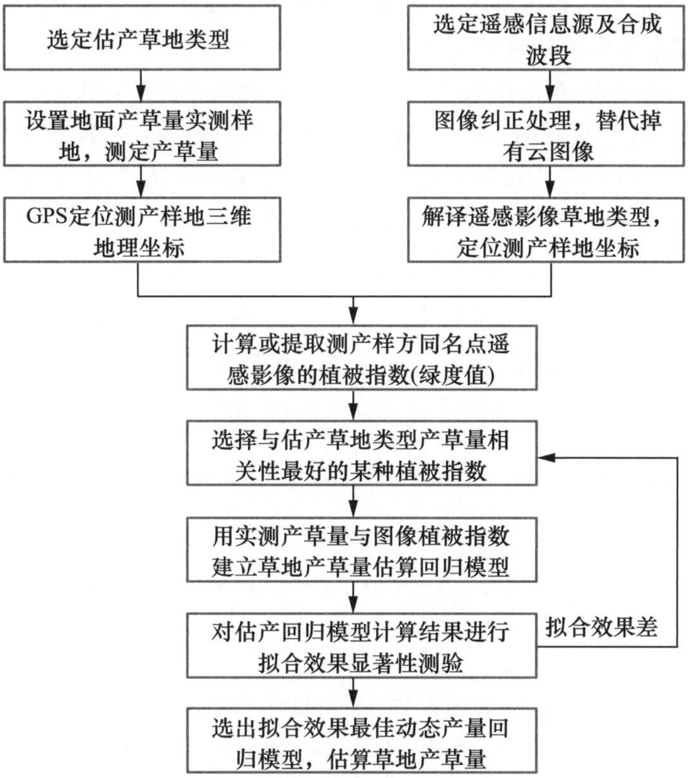

图 5.5.1 草地遥感估产工作流程图

(1) 首先，针对估产精度要求，选择空间分辨率、时间分辨率、摄制日期、季相等要素均合适的遥感信息源。向遥感信息源供货方提出选用波段合成方案和图像处理精度要求，尽可能替换掉有云、有大气干扰的图像。

(2) 选定遥感估产的草地类型，或用计算机解译遥感图像的草地类型。设置地面产草量实测样地并测定产草量，用 GPS 定位仪测定测产样地点位的纬度、经度、海拔高度三维地理坐标，并输入计算机备用。

(3) 找到测产样方同名点遥感影像，计算或用专用软件提取测产样方同名点遥感影像的植被指数(绿度值)。然后，选择与估产草地类型产草量相关性最好的某植被指数，用实测产草量与测产点位遥感图像的植被指数，建立草地产量估算回归模型。最后，对估产回归方程计算的结果，进行拟合效果显著性测验，选出估产效果显著的模型用作草地遥感估产。

(4) 若显著性测验结果显示拟合效果差，则要回到选择植被指数的阶段，重新选择另外的植被指数，再拟合另外的回归方程，直至估产计算结果满意为止。

5.5.3 经典草地遥感估产方法

5.5.3.1 气象卫星 NOAA/AVHRR 估产法

气象卫星 NOAA/AVHRR 有两个通道，即 CH1（0.58～0.68 μm）与 CH2（0.72～1.1 μm），前者为绿色植物吸收光谱带，后者为反射光谱带。这两个通道所获数据的一定比值（绿度值）可用做绿色植物覆盖度或叶面积指数的函数。绿色植物的叶面积指数与地面生物量成正比，因此可以根据绿度值估算草地地上部产草量。

为避免大气对 NOAA/AVHRR 光谱的干扰，免除对 NOAA/AVHRR 光谱的一系列几何纠正，在进行地面测产的同时，需要实测草地反射光谱。找出草地地面实测反射光谱与 NOAA 卫星接收的 AVHRR 光谱的对应关系，进而把地面实测产量与卫星光谱数据相对应，建立相关产草量估算模型。采用如下两种绿度值计算方法：

$$g1=\frac{CH2}{CH1} \qquad g2=\frac{CH2-CH1}{CH2+CH1}$$

建立依据草地光谱实测数据得到的 $g1$ 与草地地上部产草量（W）相关模型，如

$$W=-124.876+144.165g1$$

再建立 $g1$ 与依据同步 NOAA 卫星 AVHRR 光谱数据得到 $G1$ 的相关模型，如

$$G1=3.058g1-2.193$$

进而得到产量 W 与卫星传感器的绿度值 $G1$ 之间的相关回归方程：

$$W=8.04+4.715G1(\mathrm{g/m^2})$$

在地面测产样点数 $n=24$ 时，上述方程中 W 与 $G1$ 之间的相关系数 $R=0.965\ 1$。同理可以求得 $G2$ 的产量计算方程。然后，选取最接近地面实际产量的回归方程，进行产草量的估算预测。

NOAA/AVHRR 数据空间分辨率 1.1 km，一个像元对应于地面面积为 1.1 km×1.1 km=1.21 $\mathrm{km^2}$，很可能表达为混合像元。在如此大的面积范围内，往往含有产草量不一致的两种以上的草地类型，甚至含有草地和非草地。换言之，在表现 1.21 $\mathrm{km^2}$ 范围的混合像元中，反映的产草量可能不是某种欲测定的特定草地类型的产草量，从而导致估算精度的降低。对分辨率低的遥感信息源用混合像元分解法估产效果可能更好。

5.5.3.2 资源卫星 TM 估产法

TM 的地面分辨率为 30 m，它有 7 个光谱通道（表 5.1.3），其中 CH3（0.63～0.69 μm，红色波段）为叶绿素的主要吸收波段，CH4（0.76～0.90 μm，近红外波段）是植物叶子的近红外高反射波段，即 TM 的 CH4 波段呈高反射率，而 TM 的 CH3 波段呈低反射率，它们与绿色生物量密切相关。各通道具有 256 个亮度级，轨道周期为 16 d，为草地资源的动态监测包括遥感估产提供极为丰富的信息。以 TM 为基础数据，在草地植物茂盛的有利时相期间，即在其他地物如土壤、水体差异图像不很明显时，可用 CH4-CH3 构成的绿度图像，建立植被反射光

谱与叶面指数、产量等要素的定量关系,反映草地的生物量差异。陆地资源卫星 TM 数据组合成的各种植被指标中,绿度指标 G(又称比值指标 RVI)和标准差指标 ND 是绿色生物量的灵敏指标。它们对于土壤、枯草而言,几乎是常数,受干扰少。$RVI = CH4/CH3$;$ND=(CH4-CH3)/(CH4+CH3)$。可选择这两个指标与地面牧草鲜重(W)建立产量估算模型。建立模型前要用与 TM 波段一致的多波段辐射计测定草地反射光谱,还要对 TM 的 CH4 和 CH3 所受大气的干扰影响进行修正。

在内蒙古的锡林郭勒草原选了几十个草原测产样地,每块样地中又选 2～3 个测产样方(面积 0.5 m^2 或 1 m^2),测定牧草地上生物量的鲜重、干重、覆盖度等植物群落参量,用于地面产量模型的建立。上述工作完成后,选择 TM 的比值指标 RVI 和地面产草量实测结果,拟合产草量计算方程进行产草量估算,如

$$W=-869+162.65G$$

式中:

W——草地产草量;

$G=CH4/CH3$,为反射光谱比值指标 RVI[35]。

同理,可用标准差指标 ND 拟合产草量计算方程进行产草量估算。比较两种拟合方程计算获得的产量 W,与地面实测产草量的结果验证表明,绿度指标 RVI 拟合效果比标准差指标 ND 拟合效果好,绿度指标 RVI 与牧草产量的相关性最好。除上述一元线性回归方程外,还可以用指数回归方程估产模型。著者对黄土高原山地典型克氏针茅草原用指数回归方程估算,比用一元线性方程估产效果好。

用某个时相 TM 数据估算的草地产草量,仅反映该时相 TM 摄制时的地面草地产量。要反映草地当年的产量,比较合理的方法是采用生长季多时期 TM 数据累计估算,但这对于 Landsat TM 的轨道周期而言,要在草地生长季节选择同一采样点的不同时相 TM 数据有困难。

5.5.3.3 资源卫星 MODIS 估产法

遥感估产,首先要解决对草生育期遥感模式与信息的提取方法,了解草地牧草何时返青、何时为成熟期,才能进行草地最高生育期生物产量的计算。

遥感数据生成的归一化植被指数能够相当精确地反映植被绿度、光合作用强度、反映植被代谢强度及其季节间和年际变化,可监测植被的绿叶期、落叶期[36]。MODIS 第 1 波段 620～670 nm(红波段)和第 2 波段 841～876 nm(近红外波段),空间分辨率均为 250 m。利用 MODIS 的第 1、2 波段,提取、合成归一化植被指数(NDVI),从 2005 年 4 月上旬开始,对内蒙古锡林郭勒盟的草甸草原、典型草原、荒漠草原和沙地草原 4 种未放牧草地,每 10 d(1 个旬期)作一次草地地面观察。发现 MODIS-NDVI 的旬度变化规律,可以鉴别出上述草原的返青期和最高生物量期。说明 10 d 合成的 250 m 分辨率的 MODIS-NDVI 数据集,可以用来监测区域草地植被的生育期变化。可以宏观地反映生长季开始期、生长高峰期和生长季结束期[3]。

与著者课题组协作的另一项草地遥感估产研究,利用中国科学院地理科学与资源研究所全球变化信息中心接收的 MODIS 数据,提取上述 4 种草原类型连续 5 个月 200 个 NDVI 值,与对应的 200 个地面草地生产量测产数据,建立 MODIS-NDVI 与产草量关系的模型。与此同时,调查上述草甸草原、典型草原、荒漠草原和沙地草原 4 种草原的土壤、水分、群落组成、自然条件。当地面测产样地点数量足够多时,即可应用较成熟的一元线性草地产草量估产模型

或指数草地产草量估产模型，结合地面草地产草量同步实测数据，用回归方程计算遥感估产结果。用估产计算结果绘制 MODIS-NDVI 估产曲线图，从估产曲线图上，查找获得调查区内上述 4 种草原类型的大致产草量。该方法展现如下结果：①分类建立 MODIS-NDVI 与几类草原类型产草量关系模型，可以估算各类草原类型的地上部产草量，但估算效果因草地植被特征不同而异。植被覆盖度大、净第一性生产力 NPP (net primary productivity)高、空间分布均匀的草地类型，拟合效果好。而植被覆盖度低、NPP 小、空间分布不均匀的草地类型，拟合效果相对较差。②遥感估产模型估算效果，因草地类型的不同而有差异，草甸草原用一元线性模型拟合效果较好，而荒漠草原、典型草原、沙地草原用指数模型拟合效果好。③家畜放牧、割草等人、畜对草地的利用，会影响遥感估产模型的精度和估产效果。

5.5.3.4 彩红外航片估产法

近红外波段对任何植被变化都有敏锐的反应，并能通过各种色调呈现在彩色航空像片上。草地的产草量受草地类型、覆盖度、密度、草层高度等因素影响，反映在彩色红外航空像片上，表现为图像的色彩与色调差异。彩红外航片的色彩与色调，反映出绿色植物生物量的差异，进而反映与草地产草量的关系。绿色植物越茂密、生物量越高，彩红外航片的色彩越红。一般高产草地反映在彩色红外航空像片上呈鲜红颜色，而且色调密度大；中产草地为大红色图斑，色调与高产草地比较接近；产量较低草地，反映出较淡的红色斑块，可能还夹有一些橘黄色的斑点。据此现象，可以建立彩色红外航空像片草地色调密度与草地产草量的关系。

选用天津市草地产草量达到最高峰的 9 月上旬拍摄的彩色红外航空像片，依据彩色红外航空像片的影像、结构、色调的信息特征，划分出不同的草地类型及色调密度变化等级。采用美国学者 Tucker 提出的植被指数(Vegetation Index，即 VI)，作为估产依据。

$$VI=\frac{IR-R}{IR+R}$$

式中：

R——彩红外航片上的品色，代表强反射红外景物；

IR——彩红外航片上的青色，代表强吸收红外景物。

一方面，在对应像片各个色调等级的地面草地上，选择测产样地，进行产草量地面测定。另一方面，用彩色反射密度计测定各样地的植被指数。在天津市 7 种草地类型上，选做了 10 个产草量实测样点，测定产草量。样地密度符合当年南方草地调查科技办公室规定的 1∶10 万比例尺调查精度规定。然后将植被指数与样地实测产草量建立相关关系，计算相关系数(R)。

$$R=\frac{n\sum xy-\sum x\cdot\sum y}{\sqrt{(n\sum x^2-(\sum x)^2)(n\sum y^2-(\sum y)^2)}}=0.888\ 1$$

式中：

R——相关系数；

x——植被指数；

y——实测单位面积产草量；

n——测产样点数。

将样地所测定的植被指数用作自变量，对应实测样方的产草量为因变量，建立草地单位面积产草量的回归方程 $y=0.121\ 0+4.910\ 2x$。式中 y 为产草量，x 为测定的植被指数[27]。植被指数越大，草地产草量越高。然后对此回归方程进行显著性检验，回归关系显著，$R=0.8881$（$P<0.01$）。利用草地单产回归方程，可以对该类型的其他草地进行产量估算。利用这种方法进行草地产量预测，准确度可达到国家规定的产草量 8 级分类标准。此为著者在南草办工作期间向遥感专家学习了解的入门习作。

5.5.3.5 **遥感估产法的选择**

草地遥感估产技术发展很快，需要研究的技术问题也很多。对于应用草地遥感估产技术人员而言，不一定追求各种复杂方法的理论，但需要了解、选择最实用的技术方法。

(1) 了解各种遥感信息源用于草地估产的特性，依据草地估产的精度要求，选择最合适的遥感信息源与波段合成。了解接收地面反射光谱遥感接收器的特性，尤其要选择对接收光谱的投影校正，太阳高度角校正，大气校正，去云彩、去大气干扰，数据的拼接、替换要求，确保用于估产的遥感数据，最大限度地真实反映地面草地植被覆盖情况。了解如何选择适用的图像最大合成天数，如用 MODIS 估产，有的选用 10 d 合成[3]，有的选 16 d 最大值合成[36]，须依据图像质量和作业区地貌特征，选择适用的图像最大合成天数。

(2) 不同草地类型对各种植被指数的灵敏度不同。目前较常用的植被指数有比值植被指数(RVI)、归一化植被指数(NDVI)、正交指标垂直植被指数(PVI)、增强型植被指数(EVI)等。为了提高遥感估产的精度，对于不同草地类型可能需要选用不同的植被指数。

(3) 植被指数与野外实测天然草地产草量之间建立的各种估产回归方程，因不同的草地类型，计算结果与实际产草量的符合程度表现不同。目前试用过的回归方程有线性回归和非线性回归方程两类，如一元线性回归方程($y=ax+b$)，对数方程($y=b_0+b_1\ln x$)，二次曲线方程($y=b_0+b_1x+b2x^2$)，幂函数曲线方程($y=b_0x^{b_1}$)，指数函数方程($y=b_0e^{b_1x}$)等。很多学者研究认为，草甸草原用一元线性回归方程拟合效果最好，有学者认为温性典型山地草原二次曲线方程拟合效果最好，而温性荒漠草原用幂函数曲线方程拟合效果最佳[37]。

(4) 草地遥感光谱信息与地面调查资料在时间上同步，才有较好的遥感估产效果。产草量达到峰值的时间，即地上部牧草最大现存量出现时间的早晚，不同地区、不同草地类型存在着差异，有的草地类型可能有两次产草量峰值。因此，大面积遥感估产时，应注意选择遥感信息源的最佳摄制时间和时相。

(5) 采用 GIS 支持进行遥感与非遥感数据的综合分析，是提高遥感估产精度的重要途径。

5.5.4 草地遥感估产的适用范围

草地遥感估产研究成果的报道很多，对此，草地工作者需要有判别、有正确的选择，才能获得更好的应用效果。需要判别、选择的主要指标如下。

5.5.4.1 **估产准确度**

各种遥感估产准确度的检测，均以地面测产样方的实测产草量为准，拟合产草量回归方程的相关系数多为 $R=0.85$ 以上，即便用分辨率很低的 NOAA/AVHRR 气象卫星估产，也认为估产精度满足检验要求。草地工作者在选用某种草地遥感估产方法前，需要了解在非测产样方草地上的实际估产精度，用遥感估产试验区的非测产样地产草量检验遥感估产准确度，更有实用价值。

5.5.4.2 **地面测产样点密度**

有人认为,"当测产样地点数量足够多时,可以建立遥感估产模型"[31]。但多少测产样点数才算足够?如果要求测产样点密度太大,便失去了草地遥感估产的优越性。用于草地遥感估产建模的地面产草量实测样点密度标准,尚需进一步研究。

5.5.4.3 **估产的草地类型**

荒漠草地、覆盖度<30%的稀疏草地、南方和暖温带灌草丛草地、森林草原、疏林草地的遥感估产难度很大。在目前的科技条件下,采用常用的中、低分辨率卫星数据,难以满足上述草地中比例尺调查精度的草地产草量估测要求,除非用高分辨率卫星数据或彩红外航空像片。

5.5.4.4 **草地遥感估产适用的比例尺精度**

采用空间分辨率、时间分辨率不同的遥感信息源,采用不同的草地遥感估产技术路线,会得到不同的遥感估产准确度。遥感估产适用的调查比例尺,需要深入研究。著者依据有限的遥感估产尝试,提出下述不成熟的建议。

(1) 气象卫星 NOAA/AVHRR 空间分辨率为 1 100 m,分辨率太低。用 AVHRR 估产,不能准确划分草地类型,必须配以大密度地面测产支持。用分辨率很低的气象卫星 NOAA/AVHRR 进行草地遥感估产,仅仅能够用于国家级或跨省级大区范围的草地产草量的规律性研究与监测。NOAA/AVHRR 是气象卫星,它的时间分辨率优势可用 MODIS 替代。今后的草地遥感调查和遥感估产,建议不再使用分辨率太低的气象卫星。

(2) Landsat TM 卫星数据地面分辨率为 30 m,轨道周期为 16 d,为草地遥感估产提供了极为丰富的信息。著者在黄土高原试用表明,按照全国首次草地资源调查样地布点密度规定,完成地面测产,用 Landsat TM 进行草地估产,可以满足≤1∶50 万比例尺 8 级草地产草量分级图的要求。过去因为 TM 卫星数据收费,估产使用成本费较高,使用推广受到限制。现在 TM 卫星数据免费使用,在 1∶50 万和 1∶100 万比例尺尺度范围内,TM 卫星数据可以成为草地遥感估产的重要手段。

(3) 在天津和黄土高原地区,使用草地产草量高峰期的彩红外航空像片,配合地面准同步测产进行草地产草量估算预测,是著者见到的最准确的草地遥感估算结果。产草量预测准确度,满足 1∶10 万比例尺产草量等级图分级规定要求。但是彩红外航片估产成本费用昂贵,且不能对同一块草地年年拍摄彩红外航片,故现阶段很难在草地生产部门推广应用。

(4) 新一代 MODIS 卫星遥感数据出现后,用于计算 NDVI 的 1 波段和 2 波段,空间分辨率为 250 m,可以部分克服 NOAA/AVHRR 空间分辨率过低的缺陷,促进草地遥感估产向前迈进了一大步。MODIS 数据具有很高的时间分辨率,一天可以获得一次过境数据,可实现实时监测,实现遥感图像摄制与地面测产同步观测。由于 MODIS 卫星运转速度快,选择接受数据的空间余地大,有利于剔除有云层、云影的图像数据。因此,MODIS 卫星遥感数据将是今后<1∶100 万小比例尺遥感估产调查精度的主要手段。四川省质量技术监督局制定了 DB 51/T 1089—2010 基于 MODIS 数据的草原地上生物量遥感估测技术规程地方标准。但是能否用 MODIS 数据进行南方灌草丛草地估产?能否完成 1∶50 万比例尺精度的草地遥感估产?[36] 值得商榷。今后利用 MODIS 地面光谱遥感信息及其产品 NDVI、MVI、LAI、FPAR 等构建一些模型,预测草地产草量及理论载畜能力,将成为今后小比例尺草地遥感估产调查的热点之一。

参考文献

[1] 京津唐地区国土卫星资料应用研究组．国土普查卫星资料应用研究第一集:京津唐地区国上资源与环境调查．北京:科学出版社,1988:11-12.

[2] 赵英时,等．遥感应用分析原理与方法．北京:科学出版社,2003:172-190,167-168,50-53.

[3] 刘爱军,韩建国．草原关键生育期遥感模式与信息提取方法．草地学报,2007,15(3):201-205.

[4] 温庆可,张增祥,刘斌,等．草地覆盖度测算方法研究进展．草业科学,2009,26(12):30-36.

[5] 童庆禧,丁志,郑兰芬,等．应用 NOAA 气象卫星图像资料估算草场生物量方法的初步研究．自然资源学报,1986,1(1):87-95.

[6] 史培军,李博,李忠厚,等．大面积草地遥感估产技术研究．草地学报,1994,2(1):9-13.

[7] 张云霞,李晓兵,陈云浩．草地植被盖度的多尺度遥感与实地测量方法综述．地球科学进展,2003(18):85-93.

[8] 宫攀,唐华俊,陈仲新,等．基于 MODIS LST 修正 NDVI 时序数列的土地覆盖分类．资源科学,2006,28(4):104-109.

[9] 曹宇,陈辉,欧阳华,等．基于多项植被指数的景观生态类型遥感解译与分类——以额济纳天然绿洲景观为例．自然资源学报,2006,21(3):481-487.

[10] 赵连春,刘荣堂,杨予海,等．基于地形因子的草地遥感分类方法的研究．草业科学,2006,23(12):26-30.

[11] 邹亚荣,张增祥,周全斌,等．遥感与 GIS 支持下的中国草地动态变化分析．资源科学,2002,24(6):42-47.

[12] 徐瑶,何政伟,陈涛．西藏班戈县草地退化动态变化及其驱动力分析．草地学报,2011,19(3):377-380.

[13] 1∶500 000 黄土高原地区资源与环境遥感系列图编委会．黄土高原地区资源与环境遥感系列图研究．北京:地震出版社,1992:157-159.

[14] 苏大学,薛世明．西藏自治区草地资源．北京:科学出版社,1994:126-216,224-226.

[15] 楚玉山,刘纪远．西藏自治区土地利用．北京:科学出版社,1992:391-393.

[16] 刘纪远．20 世纪 90 年代中国土地利用变化时空特征及成因分析．地理研究,2003,22(1):1-12.

[17] 颜长珍,王一谋,冯毓荪,等．全数字方式下对甘肃草地覆盖的遥感宏观研究．中国草地,2000(2):1-7.

[18] 张玉贵．TM 影像的计算机屏幕解译和荒漠化监测．林业科学研究,1998,11(6):599-606.

[19] 涂军．应用遥感技术调查草地荒漠化的研究．遥感技术动态,1990(4):46-52.

[20] 李建龙．利用遥感技术和地理信息系统动态监测天山草地与农业资源研究．兰州大学

学报(自然科学版),1998,34(3):110-116.
[21] 何晴,吕达仁．用 Landsat TM 资料分析浑善达克沙地东部植被覆盖变化及可能原因探讨．遥感技术与应用,2003,18(6):353-359.
[22] 黄敬峰,蒋亨显,王人潮．干旱区土地利用遥感监测研究．干旱区研究,1999,16(2):54-60.
[23] 王思远,张增祥,周全斌,等．遥感与 GIS 支持下的中国森林植被动态变化分析．资源科学,2002,24(5):64-69.
[24] 苏大学．1∶100 万中国草地资源图编制规范．北京:中国地图出版社,1991:7-12.
[25] 张稳,庄大方,胡文岩．国家基本资源与环境遥感数据库集成中的面积汇总技术．遥感学报,2000,21(4):303-310.
[26] 全国土壤普查办公室．中国土壤普查技术．北京:农业出版社,1992:64-65.
[27] 王长耀,王世泰．彩色红外航空遥感技术在天津市草场资源调查中的应用和研究∥中国科学院遥感应用研究所、天津市农业区划委员会土地资源调查专业组、天津市农业区划委员会办公室．彩色红外航空遥感技术在天津市土地资源调查中的应用．北京:测绘出版社,1985:115-123.
[28] 王长耀,刘纪远,王长有,等．在天津市土地利用现状详查中彩色红外航空遥感技术应用的研究∥中国科学院遥感应用研究所、天津市农业区划委员会土地资源调查专业组、天津市农业区划委员会办公室．彩色红外航空遥感技术在天津市土地资源调查中的应用．北京:测绘出版社,1985:9-13.
[29] 国家计划委员会农业区划局,农牧渔业部土地管理局．土地利用现状调查手册．北京:农业出版社,1985:106.
[30] 林培．农业遥感．北京:北京农业大学出版社,1990:8.
[31] 赵冰如,刘闯,刘爱军,等．利用 MODIS-NDVI 进行草地估产研究．草业科学,2004,21(8):12-15.
[32] 李霞,崔霞,黄晓东,梁天刚．北疆不同草地类型 MODIS 植被指数的时空变化研究．草业科学,2007,24(9):5-10.
[33] 方金,黄晓东,王玮,等．青藏高原草地生物量遥感动态监测．草业科学,2011,28(7):1345-1351.
[34] 李昀,俞联平,等．基于 3S 技术的景泰县草地资源现状评价．草业科学,2010,27(4):64-65.
[35] 金丽芳．用陆地卫星 TM 资料作内蒙古草场产草量分级图∥内蒙古草场资源遥感考察队. 内蒙古草场资源遥感应用研究(1). 呼和浩特:内蒙古大学出版社,1987:136-140.
[36] 于信芳,庄大方．基于 MODIS NDVI 数据的东北森林物候监测．资源科学,2006,28(4):111-116.
[37] 王新供,朱进忠,范燕敏,等．基于 MODIS-NDVI 的天山北坡中段草地动态估产模型研究．草业科学,2009,26(7):24-27.

第6章

草地类型分类

摘要:本章阐述了全国首次草地资源调查制定的中国草地类型分类系统的制定过程、分类层次与分类单位,记录了很多专家和单位对完善该分类系统做出的贡献。同时,指出了中国草地类型分类系统的“草原无树”分类规定和分类层次不够完整的不足,总结了全国首次草地资源调查初期,若干草地类型划分欠妥和失误的教训。阐述了《1∶100 万中国草地资源图》草地类型分类系统,提出了地带性和非地带性草地分类指标。评述了伊万诺夫湿润度、≥0 ℃积温湿润度($k=r/0.1\sum T_0$)和彭曼湿润度评定草地水分生态类型的效果,指出后两种湿润度在寒冷区和干旱区的适用性不够。论述了草地类型分类除生物因素外,还受调查区域面积大小、调查比例尺精度和最小制图限量面积的地学因素制约。提出纠正全国首次草地资源调查类型分类忽视调查区域面积和比例尺精度差异的分类做法,视调查比例尺精度,按类组—类—型组—型—亚型—微型—变型 7 级分类单位分类的草地分类法;提出含 21 个草地类、13 个草地型组划分指标之新的中国草地分类系统,增设森林草原类、暖性疏林灌草丛类、热性疏林灌草丛类、低质草地型组、含毒草草本型组。叙述了草地类型分类实用技术,不同调查区域草地类型分类系统的整编,详述用一个县的草地类型分类系统逐级合并至全国小比例尺草地图分类系统的合并实例。

6.1 中国草地资源首次调查的草地类型分类

草地类型是指在一定的时空范围内,具有相同的自然和经济特征的草地单元。它是对草地中不同环境的饲用植物群体以及这些群体的不同组合的高度抽象和概括。草地类型既是草地存在的实体,又是草地经营的单元,还是各种草地调查研究单元。草地类型分类是人类科学开发、充分利用、有效保护和建设草地的理论依据。划分草地类型是草地经营中一项基础性工作,是人们认识和研究草地自然特性和经济性状的重要技术手段,在理论上和实践工作中都具有重要意义。

6.1.1 中国草地资源首次统一调查以前的草地类型分类研究

我国草地分类学的研究工作起步较迟，基本上是在1949年以后才开始。20世纪50～60年代，根据国民经济发展的需要，中国科学院综合考察委员会组织多个综合考察队，先后对黄河中游地区、新疆、内蒙古、甘肃、黑龙江、西藏等省区的天然草地进行考察，开展草地资源、草地类型研究，推动了草地类型学的发展。20世纪50年代中期，我国著名草地学家王栋，根据草地分布地区的地形、气候、土质和牧草生长状况，率先提出对我国草地的分类，把我国草地划分为8个类6个草地带，制定了两级分类系统[1]。

20世纪50年代末，中国科学院新疆综合考察队的草地调查，吸收了前苏联植物学家A·A·尤纳托夫关于新疆草地类型分类的基本思想，将新疆的草场划分为草甸草场、草原草场、荒漠草场和疏林灌丛草场。然后再以地形和利用方式进行划分，如在草甸草场中再划分高山、亚高山草甸放牧场，中山森林草甸兼用场；在草原中划分中低山草原放牧场，高山、亚高山草原放牧场等等[2]。吸收这一分类思想的理论，根据中国草地的自然特征及利用状况，1964年贾慎修教授提出植物-生境学分类法和类、组、型三级分类系统，并将中国草地划分为13类[3]。后经补充完善，于1980年将中国草地划分为18类[4]。

20世纪60年代末中国科学院内蒙古宁夏综合考察队，运用植物-生境学分类法，完成了内蒙古自治区及其毗邻地区的草地分类。所采用的草场类型划分标准如下：

第一级“类”：根据草场所属的地带性植被的基本型，结合大地形特征的一致性进行划分。如山地草甸草场、低山丘陵草原草场、高平原荒漠草场等。

第二级“组”：在第一级内，根据植被组成的生活型（或植被亚型）与土壤基质条件的一致性进行划分。如高平原沙砾质戈壁灌木、小半灌木荒漠草场、高平原砾石戈壁小灌木荒漠草场等。

第三级“类型”：在第二级内，根据植物群落中优势植物与利用方式的一致性进行划分。如高平原砾石戈壁红砂、珍珠、泡泡刺放牧场，高平原砾石戈壁珍珠、红砂放牧场。

第四级“变型”：在一个类型内，由于地区间生境条件的差异或利用方式及强度不同，而引起群落中优势植物或次优势植物数量上发生的变化进行划分。

根据上述分类标准，中国科学院内蒙古宁夏综合考察队将内蒙古自治区及其东西部毗邻地区的天然草场划分为10个大类、50个组、190余个类型[5]。

1965年任继周教授提出了中国草原类型第一级分类的气候指标[6]，经过修改补充，于1980年根据生物气候、土壤和植被的分异，提出了草原综合顺序分类法，制定了类、亚类、型三级分类系统[7]，将我国和世界草地划分为48个类。

1978—1985年全国科学技术发展规划纲要，把农业自然资源调查和农业区划列为第一项研究任务，将编制1∶100万中国草地类型图、等级评价图和重点牧区草地资源调查列为重要研究任务。为此，1979年中国科学院自然资源综合考察委员会主持，在南昌召开了中国1∶100万草地资源与等级图和中国1∶100万土地资源图编制工作会议，会议原则上采用贾慎修教授提出的植物-生境学草地类型分类法，制定了“中国草场分类原则及分类系统”。之后，许鹏[8]、章祖同、郭思加、周寿荣等提出了各自关于中国草地类型分类原则、标准和高级分类单位的见解,推动了我国草地类型学的发展。

上述各种草地类型分类系统,产生于全国草地资源统一调查之前或调查初期,就全国天然草地而言,难免存在下述两方面局限性。其一,上述各家的草地分类系统,基本上是基于我国北方和西部天然草地调查实践编制而成。由于缺乏对热带、亚热带、华北暖温带的次生草地和青藏高原大面积交通不便地区及无人区草地的深入科学调查资料,就全国而言,上述各种草地分类系统划分出的类型,难以详尽地覆盖我国东部、南方湿润区草地和海岸带草地,亦难以全部覆盖青藏高原草地。其二,上述各家草地分类,主要侧重于论述全国草地类型的高级分类单位和少部分中级单位,适用于小比例尺调查精度。受调查范围的局限,当时不可能完成适用于不同调查精度、从高级到低级分类单位、覆盖全国范围、完整的中国草地分类系统。

6.1.2 中国草地资源首次统一调查的草地类型分类研究

1979 年开展的全国统一草地资源调查,原则上采用贾慎修教授为代表的植物-生境学草地分类方法。中国科学院自然资源综合考察委员会南方草场资源调查科技办公室,在《南方草场资源调查方法导论及技术规程》中,应用植物-生境学分类法制定了南方草地类型分类意见和划分标准,中国农业科学院草原所北方草场资源调查办公室,在《重点牧区草场资源调查大纲》中,应用植物-生境学分类法制定了重点牧区草地类型分类意见和划分标准,用于指导全国各省、市、自治区的草地资源调查。为了统一全国草地类型的分类标准,在南方草地资源调查科技办公室和北方草场资源调查办公室主持下,1980—1987 年每年召开一次全国性草地资源调查专业性会议,邀请全国的草地专家和各地草地调查技术骨干,讨论、修改全国草地类型分类系统。比较重要的有 1982 年的株洲会议和 1984 年的厦门会议。通过调查实践,各地草地资源调查的主持单位和技术人员,对南方和北方草地调查办公室制定的中国草地类型分类标准提出了大量补充、修改意见。

1980 年开展的南方草地资源调查,是我国对南方草地进行的首次调查,调查开展前,对南方的草地类型缺乏了解。各省(自治区)均按照 1981 年廖国藩等在《中国南方草场资源调查方法导论及技术规程》中制定的草地分类规定进行调查。通过大量的实地调查,丰富了对南方草地类型的认识,取得了一批南方草地类型分类的重要成果。其中具代表性的有:苏大学首次按照气候热量带,对我国南方亚热带中山山地暖性草丛、暖性灌草丛类型的分类,对南方山地草甸类型的分类[9-10];梁祖铎对沿海滩涂草地类型的分类[11];贵州、湖南等南方省(区)的畜牧局对热性草丛类和热性灌草丛类的划分[12-13];广东、云南、四川 3 省畜牧局关于干热稀树灌草丛类的划分意见[14-15]。此外,许鹏关于新疆温带荒漠类型的划分[16];陈唯真、陈安仁等对华北暖性灌草丛草地类型的分类[17];河北省畜牧局关于增加滩涂盐化草甸亚类的意见[18];山东省、河南省、辽宁省畜牧局关于暖性草丛类和暖性灌草丛类的划分意见[19-21],大大丰富和充实了中国草地类型分类系统。

1987 年,全国草地资源调查内业总结会议,制定了《中国草地分类系统划分标准》(初稿)。1988 年 3 月初农牧渔业部畜牧局和全国畜牧兽医总站主持,邀请贾慎修教授参加,南、北方草场资源调查办公室对《中国草地分类系统划分标准》(初稿)进行了最后的修改、审定,完成《中国草地类型的划分标准和中国草地类型分类系统》,并作为统一标准印发给全国草地资源调查内业总结各专题任务组依照执行。1989年年底全国最后完成草地资源调查的西藏自治区，向全国内业总结工作提交了西藏自治区草地分类系统。1991年采纳了苏大学在西藏草地分类系统中的意见，将调查前规定的高寒草原类划分为高寒草甸草原类、高寒草原类、高寒荒漠草原类3个大类；在高寒草甸类下增设盐化高寒草甸亚类的意见[10]，最终形成中国草地类型分类系统。

6.1.3 中国草地类型分类系统的分类单位

中国草地资源首次统一调查，按类、亚类、组、型4级分类。各级分类单位的定义和划分标准如下。

6.1.3.1 第一级“类”

类是具有相同水、热大气候带特征和植被特征，具有独特地带性的草地，或分布广泛具有相同隐域性特征的草地。各类之间的自然特征和经济利用特性有质的差异。类是草地类型分类的高级单位。

全国天然草地植被，在《中国植被》中，属于草原、荒漠、灌草丛、草甸、沼泽5种植被型[22]。其中草原、荒漠、灌草丛为地带性植被，即地带性草地；草甸和沼泽为隐域性植被，即隐域性草地。地带性草地按水、热大气候带特征，同时兼顾草地植被和草地畜牧业利用重要程度的不同进行分类。草原植被先按热量带划分为温性草原和高寒草原，再进一步按草原植被水分生态型性质，划分为草甸草原、典型草原和荒漠草原，从而将全国草原草地划分为温性草甸草原类、温性草原类(典型)、温性荒漠草原类和高寒草甸草原类、高寒草原类(典型)、高寒荒漠草原类6个类。荒漠草地先按热量条件划分为温性荒漠和高寒荒漠，再进一步按水分条件将温性荒漠划分为典型荒漠和草原化荒漠，高寒荒漠利用程度很低，不再进一步划分水分生态类型，从而将荒漠草地划分为温性草原化荒漠类、温性荒漠类和高寒荒漠类3个类。灌草丛草地先按热量带区分，再按植被差异和稳定性划分。先将暖温带、山地暖温带灌草丛草地和亚热带、热带灌草丛草地区分开，进一步按灌木的参与度和植被的稳定性划分，灌木参与度<0.1基本稳定的为草丛，灌木参与度0.1～0.4、相对稳定的为灌草丛。从而将暖温带次生灌草丛草地划分为暖性草丛类和暖性灌草丛类；将热带、亚热带次生灌草丛划分为热性草丛类、热性灌草丛类和干热稀树灌草丛类3个类。草甸草地是受地下水或地表径流影响而形成的隐域性草地，先按热量条件将草甸划分为高寒草甸类和温性草甸，再进一步按隐域性特征将温性草甸划分为位居山地的温性山地草甸类和位居低平地的低地草甸类3个草地类。我国的沼泽植被面积小，畜牧业利用价值相对较低，单独列1个类，不再按热量带和植被差异进一步细分。按上述标准将全国天然草地划分为18个类(详见6.3《1∶100万中国草地资源图》草地类型分类系统)。

6.1.3.2 第二级“亚类”

亚类是在类的范围内，大地形、土壤基质或高级植被类型差异明显的草地。不同的草地类划分亚类的依据可以有所不同，有的类也可以不划分亚类。

温性草甸草原类、温性草原类和温性荒漠草原类3个类各自均按地形分为位于平原丘陵的、位于山地的、发育于沙地的3个不同的亚类。温性荒漠类按其土砾质、沙质和盐土质3种土壤基质划分为荒漠亚类、沙漠亚类、盐漠亚类3个亚类。低地草甸类按其地形和植被的差异划分为位于湖滨、河漫滩的低湿地草甸亚类、位于内陆盐碱地的低地盐化草甸亚类、位于沿海滩涂的滩涂盐生草甸亚类和植被沼泽化的低地沼泽化草甸亚类共4个亚类。山地草甸类按其地形划分为位于中低山的山地草甸亚类和位于亚高山的亚高山草甸亚类2个亚类。高寒草甸类按土壤和植被差异划分为位于高原或高山的典型高寒草甸亚类、发育于盐土的高寒盐化草甸亚类和植被沼泽化的高寒沼泽化草甸亚类3个亚类。

高寒草甸草原类、高寒草原类和高寒荒漠草原类3个类，虽然从地形上可以划分为分布于高山的和分布于高原的，但其植被组成差异不大，经济价值和畜牧业利用重要程度较低，故不再划分亚类。

高寒荒漠类，植被组成简单，分布地区较局限，利用价值很低，没有必要划分亚类。

暖性草丛类、暖性灌草丛类、热性草丛类和热性灌草丛类，绝大多数位于丘陵、山地，分布地形差异不大。从植被组成而言，虽然有具有疏林景观和不具有疏林景观的差异，但草本层饲用优势种的组成差异不大，故不划分亚类。

干热稀树灌草丛类分布范围小，其地形、土壤、植被组成差异小，面积小，畜牧业利用重要程度低，不划分亚类。

沼泽类分布面积小，畜牧业利用价值低，也不划分亚类。

6.1.3.3 第三级“组”

组是在草地类和亚类范围内，组成建群层片的优势种或共优种植物所属经济类群相同的草地。组是草地分类的中级分类单位。

草地组主要按草地优势种或共优种所属的经济类群进行划分和命名。草地植物的经济类群是根据草地植物的畜牧业利用经济属性和植物生活型进行聚类。草地组的设置，反映了农业经营分类思想，是区别于草地分类与植被分类的重要分类级。

草地组是草地经营的基本单位，组与组之间具有经济特性上的差异。综合许鹏[44]、富象乾[46]、章祖同等对草地植物生态经济类群的划分，根据对厦门会议提出的分类方案的实践，1988年南方和北方草地调查科技办公室公布的《中国草地类型的划分标准和中国草类型分类系统》，将全国草地划分为如下22个生态经济类群：[1]根茎禾草；[2]丛生禾草；[3]匍匐茎禾草；[4]一年生禾草；[5]直立豆科草本；[6]匍匐茎豆科草本；[7]一年生豆科草本；[8]大莎草类；[9]小莎草类；[10]直立杂类草；[11]匍匐杂类草；[12]鳞茎杂类草；[13]一年生杂类草；[14]蕨类；[15]半灌木；[16]蒿类半灌木；[17]盐柴类半灌木；[18]多汁类半灌木；[19]垫状半灌木；[20]肉质叶灌木；[21]鳞叶灌木；[22]垫状灌木。

按照上述植物生态经济类群划分组一级分类单位的规定，在1∶100万草地资源图编制过程中，全国划分出数百个草地组，而鳞茎杂类草、一年生杂类草、一年生豆科草本3个生态经济类群，所包含的草地型分布面积很小，不能占据独立图斑。为此，改用草地经济利用特性聚类草地组，全国草地划分为高禾草、中禾草、矮禾草等11个草地组（详见6.3《1∶100万中国草地资源图》草地类型分类系统）。

6.1.3.4 第四级“型”

型是在草地组的范围内，主要层的优势种或共优种相同，生境条件相似，利用方式一致的草地。型是草地类型分类的基本单位。

主要层指主要饲用植物层，通常指多年生牧草层。疏林草原、疏林草甸和疏林草丛中的乔木，虽具有景观意义，但大多数不可食，故乔木层不用作型的主要分类对象。只有温性草原化荒漠类、温性荒漠类和高寒荒漠类的乔木层和灌木层视为类型分类的主要层。

草地型以主要层的优势种命名。若主要层有两个优势种时，则用两个优势种（共优种）联合命名，优势度值大的优势种名在前，优势度值小的优势种名在后，中间用标点符号"、"号分开，例如冰草（*Agropyron cristatum*）、冷蒿（*Artemisia frigida*）型。若主要层为单优势种（建群种），则用建群种命名，例如白羊草（*Bothriochloa ischaemum*）型。

6.1.4 中国草地类型分类系统的不足

6.1.4.1 命名系统不够完善

用草地"型"名称命名了不同比例尺调查精度的基本分类单位。全国草地资源统一调查规定，县级调查精度与制图比例尺为 1∶10 万（其中农区 1∶5 万，大牧区 1∶20 万）。调查初始阶段，县级草地类型分类，按类、组、型 3 级进行分类，草地"型"视为基本分类单位，没有在"型"以下再设分类级。在地区级和省级汇总县级调查成果时，调查精度和制图比例尺缩小为 1∶50 万，但草地类型分类系统仍按类、组、型 3 级进行分类，草地"型" 继续视为基本分类单位。结果，用相同的名称，命名了"1∶10 万比例尺精度"和"1∶50 万比例尺精度"两种含义不同的基本分类单位。在全国总结汇总省级调查成果时，调查精度和制图比例尺缩小为 1∶100 万，草地类型分类系统按类、亚类、组、型 4 级分类，草地"型" 还是基本分类单位。从 1∶10 万到 1∶100 万，制图比例尺缩小了，描述的最小草地面积范围即最小图斑面积从 20 hm^2 扩大到 200 hm^2，但草地类型命名系统没有做相应的改变，分类单位的级别未提高，致使草地"型"成为县域范围、地区域范围、省域范围和全国范围 4 种不同调查精度分类系统中的基本分类单位。实际上县域范围、地区域范围、省域范围和全国范围 4 种不同调查精度分类系统中的草地"型"不等值。1∶100 万比例尺调查制图精度下划定的草地"型"，相当于植被分类系统中的"群系"，其被综合的最小草地面积为 400 hm^2；而 1∶10 万比例尺调查精度下划定的草地"型"，相当于植被分类系统的"群丛"，被综合的最小草地面积为 20 hm^2，是 1∶100 万比例尺调查精度被综合的最小草地面积的 1/20。即 1∶100 万比例尺调查制图精度下划定的草地型，很可能是 1∶10 万比例尺调查精度下若干个不同草地型合并的结果。

基本分类单位的级别高低与调查区域范围的大小密切相关。调查区域小，基本分类单位的分类级应低。若在范围小的调查区内，采用高级分类级为基本分类单位，必将使调查区域内的草地类型划分过分简单，概括程度太高，失去实用性。调查区域大，基本分类单位的分类级应高。若在大范围的调查区域内采用低分类级为基本分类单位，则会使调查区域内的类型划分过于细碎、繁杂，失去概括性。

在一定的调查区域内，基本分类单位的分类级，取决于对基本分类单位应占有的最小面积的规定与调查精度的规定。草地类型图比例尺大小和最小图斑面积的规定密切相关。《1∶100 万中国草地资源图》草地类型图例系统[47]，只适用于 1∶100 万比例尺调查制图精度，不适于>1∶100 万比例尺的调查精度。因此，还应设置适于>1∶100 万的中、大比例尺精度的基本分类单位，例如在草地型以下，再设亚型、微型、变型等分类级。

6.1.4.2 "草原无树"的分类见解值得商榷

全国草地资源调查内业总结期间，在坚持"草原无树"的分类意见下，取消了按《中国草地类型的划分标准和中国草地类型分类系统》规定，已划分出的“暖性稀树灌草丛类（树木和灌木郁闭度 0.1～0.3）和热性稀树灌草丛类（树木和灌木郁闭度 0.1～0.3）”两个疏林草地类。全国草地资源调查内业总结制图组，按《中国草地类型的划分标准和中国草地类型分类系统》，编制完成的 10 多幅含有疏林草地类的 1∶100 万草地资源图编稿图，必须按“无疏林草地类”的分类系统重新编绘，把分布广泛、具有景观意义的草地乔木，如马尾松（*Pinus massoniana*）、栎（*Quercus* spp.）等，放置于草地型中。这一重大分类修改欠妥。

同时，在“草原无树”分类意见的支持下，将普遍为植被学界和草地学界认同的“森林草原”完全等同于“草甸草原”的分类决定，也值得商榷。森林草原是介于森林与草甸草原之间的过渡性草地类型，森林草原不等同于草甸草原，为很多著名学者所认同。在大兴安岭森林与呼伦贝尔草甸草原带之间，存在一条森林草原带[24,25]；有专家认为，“松嫩平原的东部边缘，草甸草原渐次与夏绿林接触，在丘陵及沟谷中，生有岛状疏林，穿插在草原之间，相互交错，这才是森林草原”[26]；有专家认为，陕北长城沿线以南、夏绿阔叶林一线以北为森林草原区[27]；在青藏高原东部的山地森林和山地草甸草地之间的过渡带，也存在疏林草甸带；在天山、阿尔泰山、祁连山、喜马拉雅山东段和喜马拉雅山南坡的山地森林带与山地天然草地带之间，都存在宽度不等的疏林草地带。疏林草原位居森林过渡到草原的过渡地带，为森林草原区的一种特殊的植被类型，类似于干热条件下的稀树草原，以中旱生半灌木和草本植物占优势，乔木稀散矮小。如榆树（*Ulmus pumila*）疏林草原、油松（*Pinus tabulaeformis*）疏林草原。

天然草地面积宽阔的世界各国，其草地分类系统中大多划分有“疏林草地”[28]。澳大利亚将疏林草地称为干旱疏林草地（aridopen woodland）[29]，美国将天然草地划分为草本草地、荒漠灌丛草地和疏林草地（woodland）[30]，将疏林草地与高草混合型普列里（tallgrass and mixed Prairie）草原分开，管理责任由内务部土地局交给农业部林业局。前苏联 B. Б. 索恰娃 1979 年将前苏联的草地划分为 12 个类型，其中有 2 类为疏林草地，即第二类阔叶林和针阔混交林省的多树（nemorose）草地，第九类山地阔叶林和针叶阔叶混交林带的多树草地[31]。非洲的疏林草地是非洲天然草原的主体，绝大部分草地类型均命名为稀树草原[22]（savanna）或疏林草地。

“草原无树”的分类结果，后来成为划分草地与林地之争的因素，成为有些人将哪怕是只生长一棵乔木的草地，也认为是林地的理由。

6.2 《1∶100 万中国草地资源图》草地类型分类指标

6.2.1 草地类的分类指标

6.2.1.1 地带性草地类分类指标

1. 草地热量条件，用热量带划分

每种植被类型都是在一定的热量条件和一定的湿润度环境中形成并存在着。地带性草地热量条件用气候热量带划分。气候热量带的划分标准见表 6.2.1[32]。分布于热带和亚热带、暖温带、温带、高山（高原）亚寒带和高山（高原）寒带的草地分别用热性、暖性、温性、高寒 4 种热量级限定其草地类型的命名[33]。

表 6.2.1 草地热量带划分标准

气候带	主要指标	辅助指标		草地类型
	最暖月平均气温/℃	≥0 ℃天数/d	≥0 ℃积温/℃	属性
热带	>28	365	>8 000	热性
亚热带	26～28	320～365	4 800～8 000	热性
暖温带	22～26	240～320	3 900～4 800	暖性
温带	10～22	180～240	1 500～3 900	温性
高山(高原)亚寒带	6～10	120～180	1 000～1 500	高寒
高山(高原)寒带	<6	<120	<1 000	高寒

饲料作物能否栽培决定于暖季的温度强度(高低),其次是生长期长短及其热量的多少。为此,我们选择最暖月平均气温和日平均气温稳定通过 0 ℃的持续期及其积温作为气候带的划分指标。

在温带和寒带,日平均气温≥0 ℃的开始期与牧草的返青期大致吻合。北方和青藏高原草原牧区,暖季出现低温霜冻机会多,植物停止生长不取决于中间出现一、二次 0 ℃以下的低温。但当日平均气温≥0 ℃终止,地面已经积雪、冻结,即使耐寒植物,也已停止生长,休眠越冬。也就是说,日平均气温≥0 ℃,至少是大部分牧草和喜凉饲草料开始和停止生长的温度,其活动积温的多少,表示此期间的热量水平。用≥0 ℃积温与最暖月平均气温配合,是划分气候带较为合适的指标。

1980 年,全国农业区划委员会编制了中国综合自然区划方案。首先把全国划分为三大区域——东部季风区域、西北干旱区域和青藏高寒区域。然后,按温度状况把东部季风区划分为 9 个热量带——寒温带、中温带、暖温带、北亚热带、中亚热带、南亚热带、边缘热带、中热带、赤道热带;把西北干旱区域划分为两个热量带——干旱中温带、干旱暖温带;把青藏高寒区域也划分为两个热量带——高原寒带、高原温带。我国天然草地主要分布于寒冷区,参考上述中国综合自然区划方案和寒冷区的青藏高原之热量带划分指标[34],将我国草地热量带简化为表 6.2.1 中的 6 个热量带。

我国没有纬度带的亚寒带和寒带,只有山地垂直带的寒带和亚寒带。在高山和高原面上划分出亚寒带和寒带,是水平带和垂直带的结合,为了突出其垂直带性质,在热量带的代号前面冠以“高寒”表示。处于高山亚寒带与寒带的草地,特别是高原面上的高原寒带与高原亚寒带草地,受其热量条件影响而致的植被差异较小。因此,未将垂直热量带中的亚寒带和寒带区分开,都纳入“高寒”属性。

我国热带范围面积小,热带天然草地面积也不大,其中面积最大的灌草丛类草地不够稳定,易恢复为森林。故未将热带与亚热带分开,都纳入“热性”属性。

2. 草地水分生态类型评定

草地植被生态类型形成的条体,除热量条件外,最重要的是草地水分条件。判断草地水分生态类型宜选用湿润度指标。

制约草地发生和草地类型形成的水分指标,不仅仅是降水量,还应有蒸发力指标。大气降水量相同,而蒸发量和土壤保水力不同的地区,草地湿润状况不同。影响蒸发力的因素首先是气温,气温高,蒸发量大,反之则小;其次是空气干燥度,周围环境空气干燥,蒸发量大,反之则小。降水量与蒸发力的比值,能够基本反映降水被植被所利用的有效性。降水量相近,而蒸发力不一样的地区,其草地湿润度不一样,导致形成不同的草地植被类型。例如降水量接近的宁夏同心县、内蒙古新巴尔虎左旗、青海玛多县，三地县城气象站所在地，年降水量基本相同，分别为278 mm、268 mm、298 mm。但蒸发量不同，宁夏同心县紧靠腾格里沙漠，夏季气温高，空气干燥，蒸发量大，植被稀疏；内蒙古新巴尔虎左旗，纬度比同心县高，气温和蒸发量较同心县低，属于典型草原气候；青海玛多县虽然所处纬度低，但海拔高度达 4 200 m，属于高寒亚寒带气候，气温很低，蒸发力很小，空气湿润。三地的年蒸发量分别为 2 258 mm、1 614 mm、1 328 mm，导致三地形成迥然不同的草地类型：宁夏同心是荒漠草原、内蒙古新巴尔虎左旗是典型草原、青海玛多是高寒草甸。可见，判断草地水分生态类型，选用湿润度指标比年降水量指标更重要。

湿润度是表示一个地区气候湿润程度的参数，等于水分供应量与植物需水量之比，亦称“湿润指数”或“湿润系数”。湿润指数一般表达式为：

$$K=r/E_0$$

式中：

r——降水量；

E_0——可能蒸发量。由于可能蒸散量的计算方式不同，因此湿润指数有多种表达式[35]。常用的有积温估算湿润度公式、伊万诺夫公式、彭曼公式等。

(1) 积温估算湿润度公式评定草地湿润度指数的不足之处。

积温估算湿润度方法，是以积温估算可能蒸散量，而后计算湿润指数的方法。前苏联Γ·T·谢里尼亚诺夫认为 1/10 的积温值可以作为水分支出指标，并将高于 10 ℃的时期内的降水量与同期内 1/10 的积温之比，作为水分平衡计算指标[35]。其湿润指数计算公式为：

$$K=\frac{R}{0.10\sum T_0}$$

式中：

K——湿润度；

R——>10 ℃降水量；

$\sum T_0$——日平均气温>10 ℃稳定期间的积温。

有人将该公式中的 R 改为≥0 ℃降水量，将日平均气温 T_0 修改为≥0 ℃期间的积温，用以计算≥0 ℃积温湿润度(计算公式为 $R/0.1\sum T_0$，R＝降水量，$\sum T_0$ 为稳定≥0 ℃期间积温)[36]。计算获得的湿润度结果与寒冷地区草地实际湿润度不太符合。该方法计算的湿润度，只反映气温≥0 ℃的暖季水分平衡，未考虑≤0 ℃降水(雪)对草地土壤水分的贡献。因此，对寒冷地区的草地水分状况定性多不符合草地实际的水分状况，不太适用高纬度和高海拔寒冷地区草地水分条件的判断。高纬度和高海拔草地区的≥0 ℃积温很少，在非常寒冷的地区甚至出现干燥度为零，而湿润度无穷大的不合理计算结论。

中国农业科学院草原所邓立友，1981 年报道，由于西藏海拔高，气温低，>0 ℃年积温小，从而使全年降水量与>0 ℃年积温之比 K 值增大，降低了划分出的草地类型与实际草地类型的吻合率，需要做出必要的调整[37]。

中国牧区畜牧气候区划科研协作组，1986 年，将≥0 ℃的活动积温($\sum T_0$)表示可能蒸散量，按上述积温估算湿润指数公式，计算位于青海西部高海拔区伍道梁、曲麻来地区的湿润指数(K)，分别为 4.56 和 3.92。按此湿润指数评定，伍道梁、曲麻来的植被类型为湿润草甸类型，但实际上这两处的草地植被是高寒草原类型。按上述公式计算位居高纬度区的黑龙江漠河气象站和内蒙古呼伦贝尔盟“三河”地区的湿润指数，分别为 1.94 和 1.64[36]。照此湿润指数，漠河和“三河”地区的草地应被评为湿润草甸。但这两处的草地实际为温带草甸草原类型，不是草甸。

1988 年苏大学在西藏草地资源详细调查内业总结期间，曾经用此积温估算蒸散量公式、≥0 ℃年积温和同期降水量，对西藏中、西部高寒草原区的草地，估算过湿润指数，其结果列入表 6.2.2。

表 6.2.2 西藏中西部地区积温法草地湿润指数与草地类型①

气象台站名称	海拔高度/m	降水量/mm		≥0 ℃期间积温/℃	≥0 ℃湿润度指数 k②	按湿润指数评定的草地植被类型	当地实际的草地植被类型③
		年降量	≥0 ℃期间降水量				
班戈站	4 700.0	301.2	280.2	957.7	2.92	草甸	紫花针茅、小莎草高寒草甸草原
申扎站	4 070.0	290.8	285.1	1 116.5	2.55	草甸	紫花针茅高寒草原
定日站	4 300.0	322.1	319.4	1 719.4	1.85	草甸	藏沙蒿、紫花针茅高寒草原
日喀则站	3 836.0	434.0	433.6	2 544.9	1.70	草甸	固沙草、白草温性草原
改则站	4 415.0	166.2	162.2	1 411.3	1.14	草甸	沙生针茅高寒荒漠草原

注：①各气象站的气象资料均取自中国科学院青藏高原综合科学考察队著，科学出版社 1984 年出版的《西藏气候》[34]第 294～299 页之附录——西藏自治区主要气象台站气候资料表。

②计算公式 $K=\dfrac{R}{0.1\sum T_0}$，式中 R 为≥0 ℃期间年均降水量(mm)，T_0 为≥0 ℃活动积温（℃）。

③见苏大学《1∶100 万中国草地资源图集》拉萨市幅、日喀则幅、改则幅。

表 6.2.2 显示，用积温法计算获得的西藏中西部干旱草地的湿润指数为依据，评定出的植被类型，与这些气象站所在地的实际草地植被类型不相符合。

产生这种现象的根本原因为：

①用积温估算湿润指数方法，主要应用于农作物生产，使用时隐含有气温≥0 ℃的前提条件。即认为，≤0 ℃的冷季水分平衡对农作物生产的影响，可以忽略不计。而这个前提对天然草地而言，难以成立。冷季≤0 ℃期间的降水对农作物生长而言，可以认为是“无效降水”，但对于草地而言，则不能被忽视。冬天≤0 ℃期间的降水对草地类型的发生与形成有影响，冬天的降雪、积雪对第二年早春的牧草返青、生长有明显作用。西藏高海拔区冬季漫长，冬季降水量尽管比不上夏季那么大，但在全年总降水量中占有不可忽视的地位(表 6.2.2)。其中北羌塘高原>0 ℃的气温天数，不足 110 d，全年 2/3 以上时间处于 0 ℃以下，全年降水以固态降水为主。而积温估算湿润指数公式，没有计算≤0 ℃期间的降水量。

②西藏中西部最大蒸散量小。蒸散量由植物叶面蒸腾与土壤表面蒸发耗水量组成。蒸散量的大小，受 3 种因素影响。其一为大气干燥度、辐射条件、气温和风力大小；其二为土壤蓄水量和供水状况；其三为植被覆盖度、植物叶面气孔数量。我国日平均气温≥0 ℃期间的最大蒸散量，以青藏高原地区最小。这是因为 0 ℃以下期间的青藏高原有一段冰冻期，植物停止生长，已无蒸腾，蒸散量也很小；还因为青藏高原地区海拔高，温度低，≥0 ℃时期短所致。西藏西北部全年只有短时在 0℃以上，最大蒸散量只有 100～200 mm，而我国其他地区多在 600～800 mm 之间[39]。

(2) 彭曼公式计算草地湿润度指数的不足之处。

彭曼(Penmam)1956 年根据英国南部牧场供水充分矮草地的蒸发试验，推导出来的计算

水面潜在蒸发、草地或农田的可能(潜在)蒸散公式[34]。计算公式比较复杂,如下:

$$E_0 = \frac{\Delta \dfrac{R}{L} + rE_a}{\Delta + L}$$

式中:

E_0——最大可能蒸发量;

Δ——饱和水汽压对温度曲线在温度 T 处的斜率;

r——干湿表常数;

E_a——空气干燥力;

R——辐射平衡;

L——蒸发当量。

这是个著名公式,适用于湿润平原区,被世界广泛采用,有些国家和联合国粮农组织对其进行过修改。根据彭曼公式获得的可能蒸散量,从中可用其月或年平均可能蒸散量(mm)与同期的降水量(mm)计算干燥度[35]。

但用彭曼公式衡量我国天然草地水分湿润度指数不太合适。原因为:

其一,彭曼公式不宜在各种不同下垫面上通用。在寒冷地区,彭曼湿润度计算值偏低。彭曼公式不适于计算温度≤0℃期间的蒸发力。因为该公式建立在水面蒸发的基础上,当气温降至0℃以下时,水面结冰,蒸发过程变成升华过程,会导致其"干燥力"计算产生偏差。

其二,该公式适合供水充足的区域,与我国大部分草地处于干旱、半干旱区的现状差距大。由于我国西部草地覆盖度很低,该公式计算的蒸散量,在荒漠草原区可能产生较大偏差。

其三,高海拔地区,由于寒冷,彭曼湿润度系数偏低。

中国科学院青藏高原综合科学考察队邓立友用彭曼湿润度判别西藏草地植被类型,与实际吻合率为94.1%[38]。

著者将中国牧区气候区划科研协作组计算的一组彭曼湿润度0.3~0.5之间的草原植被与实际的草地类型进行比较,列于表6.2.3。

表6.2.3 不同海拔高度草地彭曼湿润度判定的植被类型*

项目	青海				内蒙古	吉林	西藏		
	玛多	托托河	共和	西宁	巴林左旗	白城	错那	安多	日喀则
海拔高度/m	4 221	4 535	2 835	2 261	483	155	4 280	4 800	3 836
彭曼湿润度	0.39	0.34	0.37	0.44	0.41	0.41	0.50	0.46	0.46
按彭曼湿润度评定的草地类型	草原	草原	草原	草原	草原	草原	草原	草原	草原
实际草地类型	高寒草甸	高寒草甸草原	温性灌丛草原	温性灌丛草原	温性典型草原		高寒草甸		温性典型草原
彭曼湿润度评定与实际草地类型的符合程度	不符合	不太符合	符合	符合	符合	符合	不符合	不符合	符合

*本表的彭曼湿润度引自中国牧区气候区划科研协作组在《我国主要牧区牧业气候区划中水分指标的探讨》[36]中表4的数据。

表 6.2.3 所列各地气象台站的彭曼湿润度都在 0.3～0.5 之间，属于半干旱气候类型，按彭曼湿润度评价规定，上述区域的草地均应评为草原(典型)植被。但实际的草地，青海的玛多和西藏的错那与安多，为湿润的高寒草甸植被，不是半干旱草原植被；托托河是高寒草甸草原，也不是草原(典型)植被。

总之，彭曼蒸散力计算方法，不太适合干旱荒漠草地蒸发力计算，不适合高海拔地区草地蒸发力计算，不适合冰冻期草地蒸发力计算。

(3) 伊万诺夫湿润度比较适于我国牧区草地水分指标的评定。

伊万诺夫(Н. Н. Иванов)湿润度的计算公式为：

$$K=\frac{R}{E_0}=\frac{R}{0.0018(25+t)^2(100-f)}$$

式中：

K——该月湿润度(K 也可以是年湿润度，年湿润度＝年降水量/年蒸发力)；

R——该月降水量，mm；

E_0——该月蒸发力，mm/月；

t——该月平均气温，℃；

f——月平均相对湿度。

伊万诺夫湿润度划分的草地水分状况与草地植被类型的对应关系见表 6.2.4[31]。

表 6.2.4 伊万诺夫湿润度草地水分状况分级标准

伊万诺夫湿润度	草地生境水分状况	草地植被类型
<0.13	极干旱	荒漠
0.13～0.20	强干旱	草原化荒漠
0.20～0.30	干旱	荒漠草原
0.30～0.60	半干旱	草原(典型)
0.60～1.00	半湿润	草甸草原
>1.00	湿润	草甸、草丛、灌草丛

1976 年中国科学院内蒙古宁夏综合考察队气候组，第一次在我国将伊万诺夫湿润度应用于畜牧业气候区划[40]。在《内蒙古自治区及其东西部毗邻地区气候与农牧业的关系》[41]一书中，对彭曼湿润度、积温估算湿润度、伊万诺夫湿润度几种常用的湿润指数作了对比分析，认为伊万诺夫湿润度能较好地反映内蒙古、宁夏地区草地自然景观。中国科学院内蒙古宁夏综合考察队草场组，1980 年在《内蒙古自治区及其东西部毗邻地区天然草场》一书中肯定，“伊万诺夫湿润系数值 0.6(半湿润)、0.3(半干旱)、0.13(较干旱)及小于 0.13(干旱)”与内蒙古、宁夏地区的自然植被从东向西“森林草原、干草原、荒漠草原、草原化荒漠及荒漠”的地带性分布区域大致相吻合[5]。

其后，全国农业气候资源和农业气候区划研究协作组，按伊万诺夫公式计算了我国牧区 200 多个气象台站的湿润度，并将其与实际景观对照，结果与中科院内蒙古宁夏综合考察队的结论一致。1986 年该协作组发表文章认为，伊万诺夫湿润度系数计算方法适用范围，可推及我国整个牧区[36]。并决定，采用伊万诺夫湿润度作为我国牧业气候区划的水分主导指标。伊万诺夫湿润度计算公式虽然是一个经验公式，但由于它采用了相对湿润度为蒸发力计算指标，能够估算≤0℃期间条件下的水分平衡，因此可以用于分析冬、春季草地水分的收支状况，比较符合我国天然草地多分布于高海拔区和北方寒冷地区的实际。

3. 地带性水、热条体综合分类指标

依据地带性草地类的水、热分类指标，将全国地带性草地划分为14类，见表6.2.5。

表6.2.5 中国地带性草地类的水、热分类指标

热量气候带	水分指标		草地类名称
	年降水量/mm	伊万诺夫湿润度	
高原亚寒带、寒带（高寒）	300（北部）～400（南部）	0.6～1.0	高寒草甸草原类
	200（北部）～350（南部）	0.3～0.6	高寒（典型）草原类
	100～200	0.13～0.3	高寒荒漠草原类
	＜100	＜0.13	高寒荒漠类
温带（温性）	350（北部）～500（南部）	0.6～1.0	温性草甸草原类
	250（北部）～400（南部）	0.3～0.6	温性典型草原类
	150～300	0.13～0.3	温性荒漠草原类
	100～150	0.10～0.13	温性草原化荒漠类
	＜100	＜0.1	温性荒漠类
暖温带（暖性）	＞550	＞1.0	暖性草丛类
	＞550	＞1.0	暖性灌草丛类
亚热带、热带（热性）	＞700	＞1.0	热性草丛类
	＞700	＞1.0	热性灌草丛类
	＞700	雨季＞1.0 旱季0.7～1.0	热性稀树灌草丛类

要特别指出，表6.2.5气候带水、热指标，只是地带性草地类的部分分类指标，不是唯一的分类指标。草地植被和植物是草地类型分类的主要依据，草地类的植被和植物分类指标，见《1：100万中国草地资源图》草地类型分类系统。

6.2.1.2 非地带性草地类分类指标

非地带性草地是在非纬度水平地带性水分条件作用下发育形成的草地。即在丰富地表水、土壤含水量高、地下水位高或海拔高度因素所致的湿润环境条件影响下，发育形成的低地草甸、山地垂直带草甸草地和沼泽草地。影响草甸和沼泽草地水分生态型发育的主要制约因素，是局部地段草地的地表水分和地下水分条件，而不再是草地所处经、纬度的地带性气候条件和大气降水。所以，非地带性草地又称隐域性草地。

1. 判断非地带性草地的因素

(1) 负地形因素。地形因素可改变地带性水分条件的再分配。负地形因素，如低洼地、沟谷、丘间洼地、山间盆地、山谷甸子地、山地鞍部等，排水不畅，易引起地表积水。

(2) 紧靠水源的地理位置。河漫滩、河流两侧低阶地、水泛地、湖滨、潜水溢出带、滩涂边缘海岸带、缘洲边缘、林缘、林间等地段，水源丰富，容易浸水，有地表水和地下水补给。

(3) 土壤滞水因素。具有阻止或减慢地表水下渗的地表物质结构，或地下有永冻层的寒冷区草地，易引起土壤水分饱和、土壤过湿、甚至地表水潴留。各种类型的沼泽土和草甸土（泛滥草甸土、潜育草甸土、沼泽化草甸土等）都是判断隐域性草地必不可少的重要因素。

(4) 地下水位高低。地下水位埋深程度，决定地下水可否直接为草地植物利用，影响草地

水分生态类型。

2. 非地带性草地类的主要分类指标

(1) 地表积水和地表径流状况。地表径流和地表水补给来源丰富,地表有常年积水、季节性积水或非短期临时性积水的草地,为非地带性草地。

(2) 土壤含水量。长时间土壤过湿、土壤水分饱和的草地,为非地带性草地。

(3) 地下水位埋深程度。地下水位埋深小于 0.5～1.0 m,草地植物根系可直接获取地下水,草地类型的生成直接受地下水制约的草地,为非地带性草地。

(4) 山地垂直带湿润度。按非地带性草地类划分指标,将全国非地带性草地划分为 4 个类,见表 6.2.6。

表 6.2.6 中国隐域性草地类分类特征

草地类名称	地表水	地下水埋深/m	地形	土壤水分	地带性
低地草甸类	基本无积水	＜0.5～1.0	负地形	潮湿	非地带性草地
沼泽类	季节性积水或常年积水	0	负地形	饱和过湿	非地带性草地
山地草甸类	无积水	＞0.5	山地	湿润	山地垂直带草地
高寒草甸类	无积水	＞0.5	高山高原	湿润	山地垂直带草地

6.2.2 草地亚类的分类指标

草地亚类是在草地类的范围内,其大地形或土壤基质或土壤类型或高级植被类型差异明显的草地。不同的草地类划分亚类的依据可以有所不同。

6.2.2.1 大地形差异

大地形指我国山地、高原、盆地、丘陵和平原 5 种陆地地貌形态。有些植被类型相同的草地"类"草地,因分布的大地形不同而产生较大差异,需要在"亚类"一级将其分开。

(1) 分布于平原丘陵与分布于山地的温性草原(如克氏针茅草原)差异明显。一般山地温性草原比平原丘陵草原植被组成的种类成分较复杂,半灌木、灌木、杂类草成分多,而草层高度矮,产草量低,围栏、割草条件、生产性能、利用价值略低于平原丘陵草原。因此,将温性草甸草原类、温性典型草原类和温性荒漠草原类 3 个类,按分布大地形分别划分为平原丘陵草甸草原亚类、山地草甸草原亚类,平原丘陵草原亚类、山地草原亚类,平原丘陵荒漠草原亚类、山地荒漠草原亚类。

(2) 分布于海拔高度不同的中低山与亚高山山地草甸类,其植被特征和生产性能有明显差异,见表 6.2.7。

表 6.2.7 亚高山草甸与中低山山地草甸的差异

山地垂直带	海拔高度/m	气候带	植被组成	种的饱和度	草层高度	产草量	毒草和不可食草的比例
中低山草甸	500～3 200,林线以下	山地温带	较简单	稍小	高	稍高	小
亚高山草甸	2 800～4 200,林线上下	山地寒温带	复杂	大	矮	稍低	大

鉴于亚高山草甸与中低山草甸生产性能的差异,将山地草甸类划分为亚高山草甸亚类和

中低山草甸亚类。

6.2.2.2 **土壤基质差异**

土壤基质指土壤的颗粒组成。质地较粗的土壤，粒径大的石砾、粗砂粒含量比例高，粒径小的黏粒含量低，土壤持水力、肥力低。草地土壤基质制约草地利用性能。发育于沙质、沙砾质土壤和风沙土的草地，耐牧性差，容易沙化，应选用低放牧强度。列出沙质土壤基质的草地亚类，有利于草地保护和经营管理。所以，从温性草甸草原类、温性(典型)草原类、温性荒漠草原类中，将发育于沙质土壤的该类草地，分别划分出沙地温性草甸草原亚类、沙地温性草原亚类、沙地温性荒漠草原亚类。

从温性荒漠类中，将分布于固定、半固定沙丘，覆沙地，风沙土的荒漠划分为沙质荒漠亚类。

6.2.2.3 **土壤类型差异**

发育于土壤含盐量高的盐土、盐碱土的草地，在同一草地“类”中，比其他同“类”草地品质低、产草量低、利用性能低，多为低质草地，容易引起草地盐渍化。从低地草甸类中划分出受大陆盐碱土影响的低地盐化草甸亚类和受海水盐分影响的海岸带滩涂盐生草甸亚类；从高寒草甸类中划分出发育于盐土的盐化高寒草甸亚类；从温性荒漠类中划分出发育于荒漠盐土的盐土质荒漠亚类。

将发育于棕漠土、灰棕漠土、荒漠土的土质和土砾质温性荒漠，命名为土砾质温性荒漠亚类。

6.2.2.4 **高级植被类型差异**

沼泽化草甸属于较高级的植被类型。植物学家在《中国植被》中，将沼泽化草甸列为草甸植被型下分的典型草甸、高寒草甸、盐生草甸和沼泽化草甸 4 个植被亚型之一。沼泽化草甸是典型草甸向沼泽过渡的草地类型，沼泽化草甸较典型草甸地表水分更丰富，排水不畅，有季节性积水，土壤为沼泽草甸土，过分潮湿，往往土层中有泥炭层。沼泽化草甸植被组成比典型草甸简单，湿生、沼生成分比典型草甸多，可利用性能不如典型草甸。按高级植被类型差异，将低地草甸类划分为低湿地草甸(典型)亚类和沼泽化草甸亚类，将高寒草甸类划分为高寒草甸(典型)亚类和高寒沼泽化草甸亚类。

6.2.3 草地组的分类指标

草地植物是组成草地类型最直观的因素，草地类型分类需要考虑草地植物群体的分类，考虑草地牧草利用品质与经营性能的聚类。

6.2.3.1 **草地植物经济类群分类**

1. 草地植物经济类群划分的回顾

草地植物的经济类群，就是从经济利用角度特别是从饲用价值出发，概要地划分出具有大致相似利用价值的草地植物类群，反映这些植物类群的经济特性及其内在的生态学与生物学特性。

国内外草地与植物学者提出过很多划分草地植物经济类群的方法与标准，大体上可分为经济利用分类和生态经济分类两种方法。前者侧重于植物的经济价值，后者除经济价值外，还兼顾植物的生态与生物学特性。

经济利用分类法的代表有：前苏联草地学家 A・M・德米特里耶夫在 20 世纪 40 年代提出从外部形态、经济地理、经济价值、生态学和生物学 5 个方面划分植物的经济利用性状。将草地植物按植物分类学抽象为禾本科草类、豆科草类、杂类草、莎草科草类 4 大经济类。在禾本科草中再按分蘖和繁殖类型划分为根茎型、疏丛型等 7 类禾草，将豆科草划分为丛生、具匍匐枝、无茎和具缠绕茎 4 类[42]。20 世纪 60 年代任继周等在其所著的草地教科书中，沿用前苏联的方法，将草地植物划为禾草、豆科草、莎草科草和杂类草 4 类[43]。

中国科学院新疆综合考察队将天然草场植物划分为豆科牧草、禾本科牧草、莎草科牧草、菊科牧草、杂类草牧草、盐柴类牧草、乔灌木牧草共计 7 类。

生态经济分类法的代表有澳大利亚和美国对草地植物类群的划分。澳大利亚将干旱疏林草地和灌丛草地的主要植物划分为短生禾草、多年生禾草、短生杂类草、藜科灌木等 8 类，再从利用角度和植物高度划分为高禾草、中禾草、短禾草，按生长季节划分为暖季多年生、冷季多年生、暖季一年生、冷季一年生、长绿多年生等等。美国划分的草地植物类群有多年生高禾草、多年生短禾草、杂类草、一年生草、半灌木、灌木、可食林木或枝叶饲料植物，在灌木之下再划分蒿类灌木、常绿灌木、盐灌木、窄叶灌木、荒漠灌木。在林木之下划分针叶树和阔叶树等。

2. 内蒙古宁夏综合考察队的草地植物经济类群分类法

中国科学院内蒙古宁夏综合考察队廖国藩等，在 20 世纪 60～70 年代草地调查工作的基础上，于 1980 年出版的《内蒙古自治区及其东西部毗邻地区天然草场》中对这一地区的 916 种草地植物，按照“一方面借助分类学、生态生物学分类的基础，另一方面考虑到饲草直接被家畜利用的适口性和它的营养化学组成”，将 916 种植物划分成 10 个类群组 32 个类群，见表 6.2.8。

表 6.2.8 内蒙古天然饲草经济类群分组表

类群组	类群	种数	类群组	类群	种数
1. 禾草	粗大禾草	22	4. 猪毛菜类	小半灌木、小灌木猪毛菜类	10
	中型宽叶禾草	42		干叶半灌木猪毛菜类	4
	中型细叶禾草	8		多汁半灌木猪毛菜类	5
	旱生细小禾草	35		非盐生一年生猪毛菜类	19
	中生细小禾草	15		盐生一年生猪毛菜类	25
	一年生小禾草	10	5. 杂类草	高中型杂类草	239
2. 豆科草	中型豆科草	37		矮小杂类草	178
	旱生细小豆科草	8	6. 苔草	粗糙苔草	20
	具劣味豆科草	36		细小苔草	12
	半灌木豆科	21	7. 葱类	葱类植物	15
	锦鸡儿豆科灌木	6	8. 鸢尾类	鸢尾类植物	10
3. 蒿类	小半灌木蒿类	13	9. 灌木类	宽叶灌木饲料	42
	半灌木蒿类	12		肉叶、半肉叶灌木饲料	7
	多年生蒿类	15		鳞叶灌木饲料	15
	一、二年生蒿类	11		干叶灌木饲料	9
				干叶、小叶灌木饲料	4
			10. 乔木类	乔木枝叶饲料	11

3. 全国草地资源首次统一调查草地植物经济类群分类法

20 世纪 80 年代进行的全国首次统一草地资源调查，通过各地草地植物调查实践与多年的学术交流，决定采用生态经济分类法，以许鹏提出的方案为基础[44]，统一划分全国草地植物经济类群。该分类法采用德国学者克涅尔的植物生活型划分进行分类，再按植物学科属和植物生长型划分亚类群。这一划分方案被最终认定为全国草地首次统一调查中草地经济植物的分类法，记载于全国草地调查成果《中国草地资源》中[45]，见表 6.2.9。

表 6.2.9 中国草地饲用植物生态经济类群分类表

类群	亚类群	类群	亚类群
Ⅰ. 短生、类短生草本	1. 禾草苔草	Ⅶ. 半灌木	20. 蒿与类蒿半灌木
	2. 杂类草		21. 盐柴类半灌木
Ⅱ. 一年生与越年生草本	3. 禾草		22. 多汁盐柴类半灌木
	4. 豆科草		23. 豆科半灌木
	5. 莎草类草		24. 杂类半灌木
	6. 杂类草		25. 垫状半灌木
Ⅲ. 多年生禾草	7. 小禾草	Ⅷ. 灌木	26. 无叶灌木
	8. 中禾草		27. 肉叶灌木
	9. 高禾草		28. 小叶灌木
	10. 粗糙禾草		29. 宽叶灌木
Ⅳ. 多年生豆科草	11. 小豆科草		30. 小灌木
	12. 中豆科草	Ⅸ. 竹类	31. 小竹
	13. 高豆科草		32. 高竹
Ⅴ. 多年生莎草科与类莎草草类	14. 小莎草	Ⅹ. 乔木	33. 小乔木
	15. 中莎草		34. 针叶乔木
	16. 大莎草		35. 阔叶乔木
Ⅵ. 多年生杂类草	17. 小杂类草	Ⅺ. 地衣、苔藓	36. 地衣
	18. 中杂类草		37. 苔藓
	19. 高杂类草		

4. 中国 1∶100 万草地资源地图试编期草地组的划分

草地植物经济类群的划分，仅从满足于草地经营的需要、局限于反映草地植物的经济特性的角度来进行经济评价还不够，还应该强调草地植物与生态环境的结合，强调同一类经济类群的植物不仅具有经济价值的一致性，还具有地理分布的一致性和对生态环境需求的相似性。生态条件对植物的饲用与生产价值有影响，植物的营养成分与气候地带性有一定的关系，不同地带的土壤化学特性对植物营养物质含量有明显的影响。此外，相同经济用途的草地优势植物在草地类型的形成、分布、草地改良方面具有大致相同的共性。综合反映上述植物的生态、生物学特性就能使草地经济植物类群的划分与草地类型的划分结合起来。

1∶100 万中国草地资源地图编图初期，综合历年草地调查和学术会议的各种意见，于 1988 年 3 月完成《中国草地类型的划分标准和中国草地类型分类系统》，规定草地组以构成草地的主要层的主要优势植物所属经济类群划分。吸收了富象乾等关于天然草场饲用植物经济类群划分的原则[46]，提出了供中国草地分类系统采用的 24 个植物经济类群，见表 6.2.10。

表 6.2.10 1∶100 万中国草地资源地图试编期的草地组分类

草地组		草地组		草地组	
序号	经济类群	序号	经济类群	序号	经济类群
1	根茎禾草	5	直立豆科草本	9	小莎草类
2	丛生禾草	6	匍匐茎豆科草本	10	直立杂类草
3	匍匐茎禾草	7	一年生豆科草本	11	匍匐杂类草
4	一年生禾草	8	大莎草类	12	鳞茎杂类草

续表 6.2.10

草地组		草地组		草地组	
序号	经济类群	序号	经济类群	序号	经济类群
13	一年生杂类草	17	盐柴类半灌木	21	鳞叶灌木
14	蕨类	18	多汁盐柴类半灌木	22	垫状灌木
15	半灌木	19	垫状半灌木	23	竹类
16	蒿类半灌木	20	肉质叶灌木	24	乔木

6.2.3.2 草地组的分类指标

应用上述表 6.2.7 划分草地组的规定，于 1990 年编制 1∶100 万中国草地资源图时，全国草地划分出 300 多个草地组，在草地类之下划分出的草地组的数量过多、过于繁杂，甚至出现一个“草地组”范畴内仅含有一个草地型。而一年生豆科草本、一年生杂类草、鳞茎杂类草等类群，分布面积很小，它们所辖含的草地型不能占据独立的草地图斑。因此，苏大学决定弃用试编期经济类群划分草地组的规定，将其简化为[1]高禾草；[2]中禾草；[3]矮禾草；[4]豆科草本；[5]小莎草；[6]大莎草；[7]杂类草；[8]蒿类半灌木；[9]半灌木；[10]灌木；[11]小乔木共 11 个类群，用作“草地组”的命名[32]。应该指出，在全国草地类型分类中，只采用了部分草地饲用植物生态经济类群，而不是完整的生态经济类群系统。

6.2.4 草地型的分类指标

本草地分类系统的草地型，以草地群落优势种和层次结构为指标进行划分。植被分类用“层片”划分群落结构。“层片是指同一层内生物生态学特性（生活型）相似一些植物种类”[23]组成的群体。植被“层片”的划分比较复杂，例如，《中国植被》中的草甸植被，划分为如下 7 个“基本层片：①短根茎嵩草层片；②根茎禾草层片；③杂类草层片；④丛生禾草层片；⑤根茎苔草层片；⑥中生灌木和盐生小灌木、小半灌木层片；⑦一年生植物层片。”[22]。草地分类宜简明，草地群落结构用“层”划分。草地层指形态、外貌相似的一些植物种类组成的植物群体。草地群落“层”，强调草地的畜牧业利用属性差异，用经济利用属性划分草地群落“层”，一般分为乔木层、灌木层、半灌木层、多年生草本层、一年生草本层和苔藓、地衣层等。《1∶100 万中国草地资源地图》草地类型分类系统规定，“型”是主要层优势种相同的草地。主要层即为建群层，建群层可以是饲用植物层，也可以为非饲用植物层。主要层的优势种即为建群种。简言之，“型”是建群种或共建种相同的草地。通常，主要层指饲用植物层，即多年生草本层，乔木层和灌木层视为景观层。但温性草原化荒漠类、温性荒漠类和高寒荒漠类中的小乔木层和灌木层，视为主要层，无论其可食与否。

6.3 《1∶100 万中国草地资源图》草地类型分类系统

6.3.1 草地类型分类方法的选择

1978—1985 年全国科学技术发展规划纲要，把农业自然资源调查和农业区划列为第一项研究任务,将编制1∶100万中国草地类型图与等级评价图列为重要研究任务。该图的主编单位中国科学院自然资源综合考察委员会,1979年主持在南昌召开了1∶100万中国草地类型图与等级图编制工作会议。就1∶100万中国草地类型图的草地类型分类,北京农业大学贾慎修、内蒙古大学李博、甘肃农业大学任继周分别为会议提交了各自的草地分类方法。贾慎修的方法基于草地植物-生境学分类,李博等的方法基于草地植被分类,任继周等的方法基于草地生物气候分类。此次南昌会议后,由于不能落实编制经费,1∶100万中国草地类型图与等级评价图的编制工作尚未开展便陷入长期停顿,被迫终止。

1980年由农业部畜牧总局主持,开展了以省(市、自治区)为单位进行的全国首次草地资源调查,1986年组织省级草地资源调查成果汇总,成立全国草地资源内业总结制图组,负责汇总省级草地资源调查成果图件,编制1∶100万中国草地类型图、草地等级图、草地利用现状图。该项编图工作,是全国草地资源调查制图的最后一级,与1979年南昌会议拟编制的1∶100万中国草地类型图与等级评价图有本质的不同。前者属于实地调查成图,后者属于利用过去的资料编绘成图。至1986年,经过各省的草地资源调查,已基本查清除西藏自治区和台湾地区以外的全国草地类型,较7年前南昌会议期间掌握的草地类型及分布资料丰富多了,南昌会议期间各家提出的中国草地分类系统,必须用最新调查资料进行补充、完善和必要的修改,才能真正应用于1∶100万中国草地类型图的编绘。

随着全国首次草地调查的开展,20世纪80年代初,许鹏、章祖同、郭思加、周寿荣等相继提出了各自关于中国草地类型分类的原则、标准和高级分类单位的主张,李建东等发表了法瑞学派的分类和草原数量分类方法。上述草地分类法的研究,推动了我国草地类型学的发展。但当时各地还处于全国首次草地统一调查初期,已有的各种分类方法和分类系统,对于制定用于编制中国1∶100万草地类型图类型分类系统而言,有下述几方面的不足需要解决。

(1) 20世纪80年代早期各家的草地类型分类系统,大多系针对中国全境或北方草原区小比例尺调查精度所设置,当时没有适用于1∶50万中比例尺调查精度的分类系统。1∶100万中国草地类型图利用省级1∶50万草地类型图缩编,首先需要了解、收集、统一省级草地类型分类系统。

(2) 当时各种草地类型分类方法制定的分类系统,多系专家个人的研究成果。由于专家熟知的草地类型地域有一定局限性,专家们提出的草地分类系统在分类级和分类单位的设置方面,存在着地区间差异。干旱区草地类型了解多,分类较详尽。热带、亚热带、北方暖温带次生草地的分类,因缺乏调查资料,几乎是空白;针对青藏高原草地的分类系统,分类级和分类单位的设置过于简单,区域差异小,适用性不够。

(3) 当时已有的草地类型分类系统,主要论述中国北方草地类型的高级分类单位,仅在示例区域涉及少数中级分类单位。缺少从基本分类单位逐级向上形成低级、中级、高级含有多个分类级的完整分类体系。

(4) 20世纪80年代早期,各家多依据草地生物学特征或生物气候特征的共性和差异进行草地类型分类,很少涉及草地类型的地图学特征。需要研究草地类型分类级的设置与草地调查制图区域面积大小的关系,需要研究草地类型分类级与草地类型地图比例尺的关系,需要研究最小制图限量面积与基本制图单位草地类型表现级的关系。

总之,20世纪80年代早期,没有完整的1∶100万中国草地类型图类型分类系统可供使用,要编制1∶100万中国草地类型图,必须首先制定相应比例尺精度的草地类型分类系统。

1980 年农业部设立南方和北方草地资源调查办公室，负责指导和统一全国草地调查技术。两个办公室均接受贾慎修植物-生境学分类方法，制定了相应的草地分类标准和技术规定，召开专业会议，讨论、修改全国草地类型分类方法、技术和分类系统。

6.3.2 省级草地类型分类系统的贡献

1986 年在北京召开第一次全国草地资源调查内业总结工作会议，成立了编制 1∶100 万中国草地类型图与等级评价图编图组。随后，在 1∶100 万中国草地图编制西安会议上，全国草地资源调查内业总结编图组负责人苏大学提出了《中国 1∶100 万草地资源图编制方案（讨论稿）》，并附中国草地类型图类型分类系统，供 1∶100 万中国草地类型图试编使用。同时，选择具有青藏高原东部湿润区和南方亚热带草地类型的成都幅、具有西北干旱荒漠区草地类型的哈密幅、具有北方温带干旱草原和暖温带次生草地的北京幅和具有青藏高原、黄土高原和内蒙古高原草地类型的西宁幅作为试点幅，进行试编。该 4 幅试点幅的草地类型包含有全国草地的主要代表草地类型，对制定 1∶100 万中国草地类型图图例系统有重要参考作用。试编中，成都幅吸收了四川省周寿荣和云南省武丕琼关于干热稀树灌草丛亚类的划分意见，吸收了苏大学在亚热带中山山地暖温带划分暖性草丛类与暖性灌草丛类的意见；哈密幅吸收了许鹏对温性荒漠类亚类的划分意见，将温性荒漠类的原 5 个亚类简化为 3 个亚类；北京幅接受了河北省增加滩涂盐化草甸亚类的意见；西宁幅提出，在高寒草甸类和山地草甸类之下分别增设灌丛草甸亚类和疏林草甸亚类的建议。

1987 年 2 月在北京召开 1∶100 万草地资源图试编样图幅审查会议，会议审查了成都幅、哈密幅、北京幅和西宁幅的草地类型图例系统，并对用作 1∶100 万草地资源图编绘的各省 1∶50 万草地类型图的草地类型图例系统进行了初步整编。1988 年 3 月由农业部畜牧局主持，邀请贾慎修和南方草地调查办公室、北方草地调查办公室，对《中国 1∶100 万草地资源图编制方案（讨论稿）》供试编用的中国草地分类系统进行审查、修改。会后由苏大学执笔完成《中国草地类型的划分标准和中国草地类型分类系统》。该分类标准和分类系统，随后由农业部畜牧局印发各省和全国草地资源调查内业总结各专题任务组遵照执行。

1989 年底，最后完成草地资源调查的西藏自治区，向全国草地调查内业总结领导小组提交了西藏自治区草地类型分类系统。苏大学在西藏草地分类系统中，将以前规定的高寒草原类细分为高寒草甸草原类、高寒（典型）草原类和高寒荒漠草原类 3 个类，并在高寒草甸类下增设高寒盐化草甸亚类。

6.3.3 1∶100 万中国草地类型图图例系统的制定

6.3.3.1 整编省级 1∶50 万草地类型图的类型图例系统

各省、市、自治区草地类型分类系统是 1982—1988 年期间先后按全国不同会议规定的草地分类意见制定的，其分类级的设置存在着差异。因调查手段和制图区域大小的不同，各省（市、自治区）1∶50 万草地类型图图例系统的详细程度差异更大。1991 年 7—10 月，全国内业总结编图组全部人员集中于北京香山，编制 1∶100 万中国草地资源图。期间，首先整编各省（市、自治区）1∶50 万草地类型图类型图例系统，然后将省级 1∶50 万草地类型图缩至 1∶100 万比例尺，按最小图斑面积 4 mm^2（相当于地面 400 hm^2）、最窄图斑宽＞0.6 mm（相当于地面 600 m）的规定，综合取舍各省 1∶50 万草地类型图图斑，汇总 1∶100 万缩编过渡图。用被保留下的 1∶50 万各省草地类型图的类型图例，整编完成 1∶100 万中国草地类型图缩编过渡图草地类型分类系统（初稿），供编图使用。该分类系统的全部基本分类单位——草地型，都来自于 1∶100 万缩编过渡图，有它们的分布边界，可以量算面积。这一分类系统（初稿），在编绘 1∶100 万中国草地类型图的使用过程中，对分布面积特小的草地型作了合并、调整，最终成为含 813 个草地型的《1∶100 万中国草地资源图草地类型图例系统》[47]。全国内业总结专著编写组和统计组的主要工作人员，参与了整编中国草地类型图分类系统的前期工作。

6.3.3.2 制定 1∶100 万中国草地类型图类型图例系统

1991 年北京香山编图工作，最后整编 1∶100 万中国草地类型图例系统过程中，对农业部畜牧局 1988 年下发的《中国草地类型的划分标准和中国草地类型分类系统》做出了下述重大修改。

1. 草地类

(1) 有人提议，取消暖性稀树灌草丛类（树木和灌木郁闭度 0.1～0.3）和热性稀树灌草丛类（树木和灌木郁闭度 0.1～0.3）。为此，南方和华北地区原来按稀树灌草丛类（即疏林草地类）编好的 1∶100 万分幅图要作废，按没有疏林草地类的新分类系统重新编绘。主编、南方和华北地区图幅编图人员对这一方案提出异议。但当时主管草地调查的行政官员支持取消疏林草地类的意见，并同意追加重新编绘图幅的经费。暖性稀树灌草丛类和热性稀树灌草丛类被取消，留下全国草地类型分类系统中没有疏林草地类设置的遗憾。

(2) 将以前规定的高寒草原类划分为高寒草甸草原类、高寒（典型）草原类和高寒荒漠草原类 3 个类。

(3) 根据南草办负责人苏大学对云南干热河谷和海南岛西部海岸带热带稀树干草原进行的专项实地调查，确认该类草地虽系次生形成，但性质与热带稀树草原（savanna）一致。为尊重南方有些草地以乔木为景观背景的自然现象，并征求中国科学院昆明植物所吴征镒院士和中国农科院海南热带作物院蒋候明研究员的意见，将原来的热性草丛类干热河谷稀树草丛亚类上升为干热稀树灌草丛类。

2. 草地亚类

简化了草地亚类的分类方案，减少了草地亚类的分类级，将原来全国草地划分的 47 个草地亚类合并、减少为 21 个亚类。

(1) 征得廖国藩和许鹏的同意，取消了在温性草原化荒漠类、高寒荒漠类、热性草丛类、暖性草丛类、热性灌草丛类、暖性灌草丛类划分亚类的规定。

(2) 将温性荒漠类的沙质、沙砾质、砾质、土质、盐土质 5 个亚类简化为荒漠亚类、沙漠亚类、盐漠亚类 3 个亚类。

(3) 在高寒草甸类下增设高寒盐化草甸亚类。

(4) 在低地草甸类下增设滩涂盐化草甸亚类。

3. 草地组

依据 1987 年确认的 24 个植物生态经济类群指标划分草地组的规定，组一级分类过于繁杂，在 1∶100 万草地资源图试编过程中，全国划分出数百个草地组。说明组的综合力度不够，组与组之间差异显著性小。其中，有的草地组只包含 1 个草地型，从图面上反映不了组与型两个分类级的差异。而鳞茎杂类草、一年生杂类草、一年生豆科草本3个生态经济类群所包含的草地型的面积太小,不能占据单个独立图斑。换言之,在1∶100万草地资源图规定的最小图斑面积(相当于地面400 hm^2)内,不能表现以鳞茎杂类草、一年生杂类草、一年生豆科草本为优势种组成的草地。为此,苏大学主编决定弃用24个植物生态经济类群命名草地组的规定,改用草地优势种牧草的经济利用性状命名草地组。将全国草地划分为主要利用叶层的高禾草、可供割草利用的中禾草和大莎草、只能用于放牧的矮禾草和小莎草、畜牧业利用价值较低的杂类草等,共计11种草地组分类指标。

6.3.4 1∶100万中国草地资源图草地类型图例系统

6.3.4.1 草地类

根据草地所处的气候带、草地生境湿润度、草地植被类型及其在草地畜牧业中的重要程度,将全国的草地划分为18个草地类。每个草地类的自然、经济特征如下:

Ⅰ. 温性草甸草原类

发育于温带,湿润度(伊万诺夫湿润度,下同)0.6~1.0,年降水量350~500 mm的半湿润地区,由多年生中旱生草本植物为主,并有较多旱中生植物参与组成的草地类型。

Ⅱ. 温性草原类

发育于温带,湿润度0.3~0.6,年降水量250~400 mm的半干旱地区,由多年生旱生草本植物为主组成的草地类型。

Ⅲ. 温性荒漠草原类

发育于温带,湿润度0.13~0.3,年降水量150~300 mm的干旱地区,由多年生旱生丛生小禾草草原成分为主,并有一定数量旱生和强旱生小半灌木、半灌木荒漠成分参与组成的草地类型。

Ⅳ. 高寒草甸草原类

发育于高山(或高原)亚寒带、寒带,湿润度0.6~1.0,年降水量300~400 mm的寒冷半湿润地区,由耐寒的多年生旱中生或中旱生草本植物为主组成的草地类型。

Ⅴ. 高寒(典型)草原类

发育于高山(或高原)亚寒带、寒带,湿润度0.3~0.6,年降水量200~350 mm的寒冷半干旱地区,由耐寒的多年生、旱生丛生禾草或旱生半灌木为优势种组成的草地类型。

Ⅵ. 高寒荒漠草原类

发育于高山(或高原)亚寒带和寒带,湿润度0.13~0.3,年降水量100~200 mm的寒冷干旱地区,由强旱生、丛生小禾草为主,有强旱生小半灌木参与组成的草地类型。

Ⅶ. 温性草原化荒漠类

发育于温带,湿润度0.10~0.13,年降水量100~150 mm的强干旱地区,由强旱生半灌木和灌木荒漠成分为主,又有一定旱生草本或半灌木草原成分参与组成的草地类型。

Ⅷ. 温性荒漠类

发育于温带,湿润度<0.1,年降水量<100 mm的极干旱地区,由超旱生灌木和半灌木为优势种,一年生植物较发育的草地类型。

Ⅸ. 高寒荒漠类

发育于高山(或高原)亚寒带、寒带,湿润度<0.13,年降水量<100 mm的寒冷极干旱地

区，由极稀疏低矮的超旱生垫状半灌木、垫状或莲座状草本植物组成的草地类型。

Ⅹ. 暖性草丛类

发育于暖温带（或山地暖温带），湿润度＞1.0，年降水量＞600 mm 的森林区，森林破坏后，由次生喜暖的多年生中生或旱中生草本植物为优势种，植被基本稳定的草地类型。其间散生有少量阳性乔、灌木，其乔、灌木郁闭度之和＜0.1。

Ⅺ. 暖性灌草丛类

发育于暖温带（或山地暖温带），湿润度＞1.0，年降水量＞600 mm 的森林区，森林破坏后由次生喜暖的多年生中生或旱中生草本为主，并保留有一定数量原有植被中的乔、灌木，而组成的植被相对稳定的草地类型，其灌木郁闭度 0.1～0.4 或乔木、灌木郁闭度之和 0.1～0.3。

Ⅻ. 热性草丛类

发育于亚热带、热带，湿润度＞1.0，年降水量＞700 mm 的森林区，森林破坏后，由次生热性多年生中生或旱中生草本植物为优势种，其间散生少量阳性乔、灌木，植被基本稳定的草地类型，其乔、灌木郁闭度之和＜0.1。

ⅩⅢ. 热性灌草丛类

发育于亚热带和热带，湿润度＞1.0，年降水量＞700 mm 的森林区，森林破坏后由次生热性多年生中生或旱中生草本为主，并保留有一定数量原有植被中的乔、灌木，植被相对稳定的草地类型，其灌木郁闭度 0.1～0.4 或乔、灌木郁闭度之和 0.1～0.3。

ⅩⅣ. 干热稀树灌草丛类

发育于干燥的热带和极端干热的亚热带河谷底部，年降水量＞700 mm，蒸发量是降水量的 3～4 倍，雨季湿润度＞1.0，旱季少雨、干燥，湿润度 0.7～1.0，森林破坏后次生为旱中生、多年生草本植物为优势种，其间散生少量阳性乔木和灌木，其乔、灌木郁闭度之和＜0.4，植被很稳定的草地类型。

ⅩⅤ. 低地草甸类

发育于温带、亚热带、热带的河漫滩、海岸滩涂、湖盆边缘、丘间低地、谷地、冲积扇扇缘等地形部位，地下水位＜0.5 m，排水不良或有短期积水，主要受地表径流或地下水影响而形成的隐域性草地，以多年生湿中生或中生草本为优势种组成的草地类型。

ⅩⅥ. 温性山地草甸类

发育于山地温带，湿润度＞1.0，年降水量＞500 mm 之森林区的林间、林缘或山地草原带之上，以多年生中生草本植物为优势种组成的草地类型。

ⅩⅦ. 高寒草甸类

发育于高山（或高原）亚寒带、寒带，湿润度＞1.0，年降水量＞400 mm 的寒冷湿润地区，由耐寒、多年生中生草本植物为优势种，或有中生高寒灌丛参与组成的草地类型。

ⅩⅧ. 沼泽类

发育于排水不良的平原洼地、山间谷地、河流源头、湖泊边缘等地形部位，在季节性积水或常年积水的条件下，形成以多年生湿生或沼生植物为优势种的隐域性草地类型。

6.3.4.2 **草地亚类**

(1) 温性草甸草原类下分：(Ⅰ)平原丘陵草甸草原亚类；(Ⅱ)山地草甸草原亚类；(Ⅲ)沙地草甸草原亚类。

(2) 温性草原类下分：(Ⅰ)平原、丘陵草原荒漠亚类；(Ⅱ)山地草原荒漠亚类；(Ⅲ)沙地草原荒漠亚类。

(3) 温性荒漠草原类下分:(Ⅰ) 平原、丘陵荒漠草原亚类;(Ⅱ) 山地荒漠草原亚类;(Ⅲ) 沙地荒漠草原亚类。

(4) 高寒草甸草原类,不划分亚类。

(5) 高寒(典型)草原类,不划分亚类。

(6) 高寒荒漠草原类,不划分亚类。

(7) 温性草原化荒漠类,不划分亚类。

(8) 温性荒漠类下分:(Ⅰ) 土质荒漠亚类;(Ⅱ) 沙漠亚类;(Ⅲ) 盐漠亚类。

(9) 高寒荒漠类,不划分亚类。

(10) 暖性草丛类,不划分亚类。

(11) 暖性灌草丛类,不划分亚类。

(12) 热性草丛类,不划分亚类。

(13) 热性灌草丛类,不划分亚类。

(14) 干热稀树灌草丛类,不划分亚类。

(15) 低地草甸类下分:(Ⅰ) 低湿地草甸亚类;(Ⅱ) 低地盐化草甸亚类;(Ⅲ) 滩涂盐生草甸亚类;(Ⅳ) 低地沼泽化草甸亚类。

(16) 温性山地草甸类下分:(Ⅰ) 中低山山地草甸亚类;(Ⅱ) 亚高山草甸亚类。

(17) 高寒草甸类下分:(Ⅰ) 典型高寒草甸亚类;(Ⅱ) 盐化高寒草甸亚类;(Ⅲ) 沼泽化高寒草甸亚类。

(18) 沼泽类。

6.3.4.3 草地组

各省区 1∶50 万草地资源地图按照《中国草地类型分类标准》划分的草地组非常复杂,很多经济类群因所含草地型面积小于最小图斑面积,不能占据独立草地图班。因此,编制全国 1∶100 万草地资源图时,综合了各省级草地类型中出现的草地组,将衡量草地经济价值的经济类群由 24 个缩减为 11 个类群。

全国草地多年生牧草划分为高禾草、中禾草、矮禾草、豆科草本、大莎草、小莎草、杂类草 7 个经济类群;半灌木区分为蒿类半灌木和半灌木 2 个类群,再加上灌木、小乔木 2 个类群,共划分 11 个类群[32]。组的划分指标和经济意义如下:

(1) 高禾草组。以草层高>80 cm,茎秆高大粗硬的禾草为优势种组成的草地,多利用其叶片。

(2) 中禾草组。以草层高 30～80 cm 的禾本科牧草为优势种组成的草地,可供割晒干草。

(3) 矮禾草组。以草层高<30 cm 的禾本科牧草为优势种组成的草地,属放牧型草地。

(4) 豆科草本组。以多年生豆科草本植物为优势种组成的草地。豆科牧草富含蛋白质,其粗蛋白质含量一般高于其他科牧草,对家畜生长发育具有重要意义。

(5) 大莎草组。以高大的莎草科牧草为优势种组成的草地,牧草冷季保存率高,植株较高大,可供割草,是高寒地区最重要的冷季放牧草地。

(6) 小莎草组。以矮小的莎草科牧草,主要是嵩草属或苔草属牧草为优势种组成的草地,草质柔软,叶量大,营养价值高,利用率高,是高寒地区最重要的暖季放牧草地。

(7) 杂类草组。除禾本科、豆科、莎草科以外的以双子叶阔叶牧草为优势种组成的草地。

杂类草的经济利用价值随种类不同而异，大多数以杂类草为优势种的草地，牧草适口性较差，枯黄后叶子易脱落，冷季保存率低，畜牧业利用经济价值较低。

(8) 蒿类半灌木组。以蒿类半灌木为优势种组成的草地。蒿类半灌木春夏多有异味，牲畜很少采食，秋后异味消失，籽实富含蛋白质，是绵羊、山羊秋季抓膘的重要草地。分布海拔相对较低，亦是冷季的重要放牧草地。较其他半灌木草地经济价值高。

(9) 半灌木组。以蒿类半灌木以外的其他半灌木为优势种组成的草地。半灌木层片构成优势的草地大多在温性草原化荒漠类、温性荒漠类和高寒荒漠类中出现，畜牧业利用经济价值不高。

(10) 灌木组。以灌木为优势种组成的荒漠草地，只能利用其叶片和嫩枝条。

(11) 小乔木组。以梭梭为优势种组成的荒漠草地，只能利用其叶片和嫩枝条。

6.3.4.4 草地型

型是主要层的优势种或共优种相同，生境条件相似，利用方式一致的草地。草地型的数量与分布，来自草地资源的实地调查结果。全国草地资源调查结束前，不可能全部预见和确定中国草地究竟存在哪些草地型。1991 年集中全国各省(市、自治区)草地资源制图人员编制 1∶100 万中国草地资源图期间，由草地专家和各地参与草地资源调查的技术骨干，按《1∶100 万中国草地资源图编制规范》最小图斑面积 4 mm^2 的规定，对全国各省(市、自治区)1∶50 万草地类型图中出现的草地型进行归并、整编。分布面积≥400 hm^2 的草地型被保留，分布面积<400 hm^2 的草地型被合并或舍弃。同理，试编的 1∶100 万分幅图中，面积≥400 hm^2 的图斑反映的草地型被保留，面积<400 hm^2 的图斑反映的草地型被合并或舍弃。最后汇总各分幅图的全部草地型。

综上所述，按照以上的类、亚类、组、型的分类标准，遵照《1∶100 万中国草地资源图编制规范》最小图斑面积 4 mm^2 和最窄图斑宽>0.6 mm(相当于地面 600 m)的规定，缩编、汇总各省市区 1∶50 万草地类型图的类型图例，用于编制《1∶100 万中国草地资源图》，再汇总《1∶100 万中国草地资源图》出现的全部草地类型，完成覆盖全国、含 18 个类 21 个亚类 128 个组 813 个型的《1∶100 万中国草地资源图草地类型图例系统》[47]。该类型图例系统是全国草地资源实地调查结果，中国草地资源数据册的统计和中国草地资源专著的编写，均使用这一分类系统。

6.4 小比例尺草地图草地类型分类系统

6.4.1 小比例尺草地图类型分类特点

6.4.1.1 小比例尺精度草地分类系统特点

(1) 小比例尺图精度调查，所用调查底图分辨率低，地形单元综合程度高，小地形单元和部分中地形单元得不到反映；水系综合程度高，细小的支流得不到反映，分布面积不大的小湖泊、水库、溢出泉等水面也得不到反映。致使受地形因素差异影响的草地类型，受地表径流影响或受地下水影响的隐域性水分生态系列草地类型，受沙质、沙砾质、盐土质等土壤基质影响的草地类型，难以精准分辨。

（2）小比例尺草地图比相同幅面尺寸的中、大比例尺图，辖区面积范围大，含有的草地类型更多。在众多复杂的草地类型中，图面只能反映重点类型，不宜面面周到，即应该反映草地高级分类单位及其分布规律。要遵循草地地带性类型学原则，根据草地形成条件、区域水热组合特点，力求把具有普遍地带性意义的草地类型反映出来，把具有显著景观指示意义的隐域性草地类型反映出来。所以，小比例尺草地图分类系统，应该层次简明，一般仅设置一个分类级，最多设置两个分类级。

（3）小比例尺调查精度草地图，不具有量测意义，限制了草地资源价值的表现，主要用于国家或省级草地和土地行政管理部门的草地规划、区划工作参考，用于学校教学和科普教育。因此，草地分类系统应强调科学性，不宜强调生产实用性。为追求其科学性，在草地连片分布范围广阔的高平原、高原面，草地类型较均一、差异小的特殊地段，应尽量表示到有优势种牧草参与冠名的分类级。

6.4.1.2　**影响小比例尺草地图类型分类的因素**

（1）比例尺大小和制图精度。成图的分类系统受目标图比例尺最小图斑面积规定和最窄图斑宽度规定的限制，分类系统的最基本制图单位应该是上图单位，能够在最小图斑内和最窄图斑宽度内得到表现。上级制图单位原则上不保留在分类系统中，必须保留时，最多允许保留一级，否则会致分类系统繁杂。

（2）草地图的性质。草地资源图强调草地的资源意义，要求反映草地的畜牧业利用特征和利用价值的高低。因此，从草地资源意义衡量，具有重要地位的青藏高原东部的山地草甸类型，在西北干旱草原区山地中具有重要地位的山地草甸类型，尽管它们的山地垂直带分布带宽仅 300～800 m，很难在 1∶400 万小比例尺图上（最窄图斑宽仅 1 mm，相当于地面 4 km）得到完整的表现。但从资源角度出发，要尽量夸大表示，在分类系统中要保留温性山地草甸类这个分类单位。而干热稀树灌草丛类，因其分布带宽太窄，分布面积小，畜牧业利用价值低，在 1∶400 万资源图中不予夸大表示。分类系统中也不保留该分类单位。

草地类型图是反映草地类型的地带性和隐域性草地的景观意义，强调反映草地的自然地带性及其分布规律，反映隐域性特征及其分布。因此，按自然地带特征和隐域性生态系列特征划分的草地类型，均力求得到科学反映，以说明各种自然地带的存在与分布。因此，从自然地带性科学意义出发，要夸大表示干热稀树灌草丛类。

（3）编图资料的精度与编图方式。利用现有资料编图，分类系统要受编图资料的精度和编图的方式影响。现有编图资料分类系统详尽，可靠性好，则可采用较详细的分类系统，现有编图资料粗糙，分类系统简单，则应采用较简单的分类系统。

采用等大比例尺编图，为确保其科学性，草地类型分类系统要比编图资料的分类系统概括程度更高。采用缩编方式成图，由于目标图比例尺小于原缩编图比例尺，可以保留较详细的分类单位。依据缩编规定，逐级保留缩编过渡图图面所有图斑范围内的草地分类单位。最后用目标图比例尺精度下被保留的全部分类单位，合并、整编目标图比例尺精度的新分类系统。

（4）成图手段。与调查成图所用信息源的分辨率和地面实地调查精度有关。地面实地调查工作详细、使用分辨率高的遥感信息源成图，成图精度高，分类系统可以深入细致，分类单位和层次多。相反，地面调查工作简单、用分辨率低的信息源成图，成图精度低，则分类系统简单，概括程度高。

6.4.2 几种小比例尺精度草地类型分类方法

小比例尺图精度的草地类型分类，应能客观地反映最小图斑面积规定的范围内和最窄图斑规定的宽度范围内的草地类型及其分布规律，尽量反映草地植被的主要组成成分。

6.4.2.1 苏大学分类法

著者对1∶400万中国草地资源图和1∶1 000万中国草地类型图的草地类型进行了分类。1∶400万中国草地资源图，采用植被和生境多因素分类法，依据草地植被、水、热条件和地形条件做两级草地类型分类。第一级为草地类，大部分地区以草地类为基本制图单位上图。第二级为草地型组，在植被较单一、差异小的宽阔平原、高原面、盆地等地域，以草地型组作为特定制图单位上图。

1. 第一级草地类

具有相同水、热大气候带特征和植被特征，具有独特地带性的草地，或具有广域分布的隐域性特征的草地。各草地类之间的自然特征和经济利用特征有质的差异。草地类是1∶400万中国草地资源图的基本分类单位，相当于中国植被分类系统的植被型或植被亚型，它的分类指标与《1∶100万中国草地资源图》分类系统的规定相同。

根据草地所处的气候带热量、草地生境湿润度、草地植被类型及其在草地畜牧业中的重要程度，将全国的草地划分为温性草甸草原类、高寒草原类等17个草地类。将《1∶100万中国草地资源图》分类系统中的热性稀树灌草丛类，因分布面积小且草地资源利用价值不高，而并入热性灌草丛类。全国以17个草地类为基本制图单位。

(1) 在最小图斑面积4 mm^2(相当于地面64 km^2)范围内，草地类型组成复杂，优势种不明显，或几种类型的草地在图斑内呈间断或交叉分布，以草地类为基本制图单位。

(2) 草地类型的畜牧业利用价值较低、其组成又难以用概括程度较低的分类级表示的区域，以制图综合程度较高的草地类为基本制图单位。

2. 第二级草地型组

草地型组是草地类的主要组成成分，优势种或共优种相同的草地的联合。用草地优势种(或共优种)牧草划分，或用优势种(或共优种)所属的生活型、经济类群划分。型组是为突出表现草地植被的组成和经济利用价值的分类级，相当于1∶100万中国草地资源图草地类型图例系统中的草地组，部分宽阔的平原、高原、盆地，草地植被组成一致性好的特殊地段，用草地型组重点反映草地组成成分，反映中国草地中分布最广泛、畜牧业利用价值较高的草地优势种牧草、饲用半灌木和饲用灌木。

(1) 在最小图斑面积范围内，草地类型组成简单，优势种明显、单一，某种草地类型在图斑内呈连续和唯一分布，以草地型组为特定制图单位。

(2) 对表示主要草地牧草生态地理分布界线有重要指示意义的草地类型，畜牧业利用价值较高的草地类型，应尽量详尽地表现草地植被的组成和主要牧草成分，以草地型组为特定制图单位。

6.4.2.2 许鹏分类法

为突出草地人为经营需要，便于生产应用，便于地理信息系统“3S”技术的应用，许鹏教授主张，把草地类型划分与草地区划和利用方式、价值融合为一体，建立草地资源类型划分系统，将草地资源类型划分为类区、亚类区、类、型、亚型5级系统[48]。

类区：以自然地理水热地带，并考虑草地资源经营整体共性，进行大区域划分；

亚类区：是类区的进一步划分，反映大区域内的分异，并与一定地理景观范围相吻合；

类：以大地形＋植被亚型＋草地适宜利用方式划分；

型：以草地植物群落建群种所属植物生态经济类群划分；

亚型：以草地植物群落建群种划分，并根据草地资源生态与生产力状态划分为优、良、中、劣4级，在同一亚型内进行评估。

上述许鹏新的5级草地分类系统中的后3级“类、型、亚型”，相当于1∶100万中国草地资源图草地类型图例系统中的“草地类、草地组、草地型”3级，而亚类区、类区，则适于小比例尺精度、比草地类综合程度更高的高级分类级。

6.4.2.3　**胡自治分类法**

胡自治教授设置了适合小比例尺精度的草地类型分类级。主张“综合顺序分类法在划分了所有56个类别的基础上，可以根据类的某个特点进一步把它们归并为若干类组，使其更具概括性”。并主张用3个系统归并类组，一是根据热量特征归并，二是根据湿润度特征归并，三是根据一般使用习惯进行类组的归并[31]。不过，将原来的56个类按“热量”、“湿润度”、“一般使用习惯”拆成3种不同性质的类进行类组的归并，会形成按“热量”、“湿润度”、“一般使用习惯”3套性质不同的类组。若能将3种指标进一步综合成一个“类组”评定指标，更有助于理解“类组”是“类”的上级分类单位。

6.4.2.4　**雍世鹏分类法**

雍世鹏教授等，根据路线调查获取的地面调查资料，利用1∶100万地形图为底图和部分航空照片资料，编制了1∶200万锡林郭勒幅天然草地植被图，采用二级草原分类系统。第一级为上层概括性分类单位，如典型草原、草甸草原，相当于1∶100万中国草地资源图分类系统中的草地类。第二级为基本制图单位，反映制图区域内38种草原植被“占优势的群落”，例如“28:克氏针茅、杂类草草原与羊草草原；29:小叶锦鸡儿、克氏针茅、杂类草灌木草原；30:克氏针茅、羊草草原”[49]。本图幅的制图区域为内蒙古锡林郭勒高平原，图幅范围不大，植被差异较小，所以每块图斑都能反映植被群落的优势种植物。如果制图区域范围扩大，对于<1∶100万的小比例尺图的地形条件和植被类型复杂区域，难以做到每块图斑均表现到优势群落。

6.4.3　1∶400万中国草地资源图草地分类系统

1. 温性草甸草原类

a. 羊草草甸草原

b. 贝加尔针茅(*Stipa baicalensis*)草甸草原

c. 线叶菊(*Filifolium sibiricum*)草甸草原

d. 羊茅(*Festuca ovina*)草甸草原

2. 温性草原类

a. 大针茅(*Stipa grandis*)草原

b. 克氏针茅(*Stipa krylouii*)草原

c. 长芒草(*Stipa bungeana*)草原

d. 羊茅草原

e. 蒿类半灌木草原

f. 具灌木的禾草草原

3. 温性荒漠草原类

a. 克列门茨针茅(*Stipa klemenzii*)荒漠草原

b. 短花针茅(*Stipa breuiflora*)荒漠草原

c. 沙生针茅(*Stipa glareosa*)荒漠草原

d. 戈壁针茅(*Stipa gobica*)荒漠草原

e. 蒿类半灌木荒漠草原

4. 高寒草甸草原类

a. 丝颖针茅草甸草原

b. 小型苔草、紫花针茅草甸草原

5. 高寒草原类

a. 紫花针茅草原

b. 小型针茅草原

c. 蒿类半灌木草原

6. 高寒荒漠草原类

a. 小型针茅荒漠草原

b. 青藏苔草(*Carex moorcroftii*)、垫状驼绒藜荒漠草原

7. 温性草原化荒漠类

a. 绢蒿(*Seriphidium*)、小型针茅草原化荒漠

b. 小半灌木、小禾草草原化荒漠

c. 具灌木的小型针茅草原化荒漠

8. 温性荒漠类

a. 蒿类半灌木荒漠

b. 红砂荒漠

c. 盐柴类半灌木荒漠

d. 灌木荒漠

e. 梭梭小乔木荒漠

9. 高寒荒漠类

a. 垫状驼绒藜(*Ceratoides compacta*)荒漠

10. 热性草丛类

a. 白茅(*Imperata cylindrica var. major*)草丛

b. 野古草(*Arundinella hirta*)草丛

c. 扭黄茅(*Heteropogon contortus*)草丛

d. 纤毛鸭嘴草(*Ischaemum indicum*)草丛

e. 五节芒(*Miscanthus floridulus*)、芒草丛

f. 芒萁(*Dicranopteris dichotoma*)、中禾草草丛

11. 热性灌草丛类
a. 具乔、灌的白茅灌草丛
b. 具乔、灌的野古草灌草丛
c. 具乔、灌的扭黄茅灌草丛
d. 具乔、灌的纤毛鸭嘴草(*Ischaemum indicum*)灌草丛
e. 具乔、灌的金茅(*Eulalia speeiosa*)灌草丛
f. 具乔、灌的五节芒、芒灌草丛
12. 暖性草丛类
a. 白羊草草丛
b. 黄背草(*Themeda japonica*)草丛
c. 白健杆(*Eulalia pallens*)草丛
13. 暖性灌草丛类
a. 具灌木的白羊草灌草丛
b. 具灌木的黄背草灌草丛
c. 具灌木的芒灌草丛
14. 低地草甸类
a. 芦苇沼泽化草甸
b. 小叶章(*Deyeuxia angustifolia*)沼泽化草甸
c. 芨芨草(*Achnatherum splendens*)低湿地草甸
d. 大型苔草沼泽化草甸
e. 盐生杂类草盐生草甸
f. 大米草(*Spartina anglica*)滩涂草甸
15. 温性山地草甸类
a. 羊茅草甸
b. 野青茅(*Deyeuxia*)草甸
c. 穗序野古草(*Arundinella chenii*)草甸
d. 具乔、灌的禾草草甸
e. 禾草、杂类草草甸
16. 高寒草甸类
a. 高山嵩草(*Kobresia pygmaea*)草甸
b. 矮生嵩草草甸
c. 线叶嵩草(*Kobresia capillifolia*)草甸
d. 具灌木的小型嵩草草甸
e. 紫羊茅(*Festuca rubra*)草甸
f. 圆穗蓼、珠芽蓼草甸
g. 小型苔草草甸
h. 西藏嵩草(*Kobresia tibetica*)沼泽化草甸
i. 藏北嵩草(*Kobresia littledalei*)沼泽化草甸

17. 沼泽类
a. 芦苇沼泽
b. 木里苔草(*Carex muliensis*)沼泽
c. 大型苔草、藨草(*Scirpus triqueter*)沼泽

6.4.4　1∶400万草地资源图分类系统的整编

1∶400万中国草地资源图利用1∶100万中国草地资源图缩编。保持缩编图与基本编图资料分类体系的一致性，是地图编制应恪守的基本原则，所以1∶400万中国草地资源图分类系统，用1∶100万中国草地资源图分类系统整编。

6.4.4.1　草地类的整编

将分布面积很小的干热稀树灌草丛类(savanna)并入热性灌草丛类，其他17个草地类予以保留，不作归并。干热稀树灌草丛类，是在热带干热气候和亚热带河谷底部极端干热的气候条件下，由于森林植被的破坏而次生形成的草地类型。南亚热带金沙江和元江中游，河谷深切、狭窄，两侧山地高耸、陡峭，河谷底部有强烈焚风影响，蒸发量大于年降水量的3～4倍；海南岛西北部距海岸1 km以内的热带海岸，旱季蒸发量大，极其干燥，湿润度0.7～1.0。上述两地发育形成近似非洲热带稀树草原的草地类型。1∶400万中国草地资源图规定，最小图斑面积相当于地面64 km^2，最窄图斑宽相当于地面4 km。连续、不间断的连片分布面积小于64 km^2，在河谷一侧的分布宽度小于4 km的干热稀树灌草丛，在1∶400万草地图上不能占据独立的图斑。此类草地产草量相对较低，分布面积不大，畜牧业利用价值不是很高。所以，从草地资源利用价值衡量，将其并入热性灌草丛类。

6.4.4.2　不宜设置草地亚类分类级

1∶100万中国草地资源图分类系统的“亚类”，系按草地大地形、土壤基质、土壤类型或高级植被类型的差异划分。用上述指标在小比例尺(<1∶100万)草地图上，难以准确划分草地“亚类”。

(1) 使用大地形指标划分的中低山山地温性草甸亚类和亚高山山地草甸亚类，其垂直带宽度一般小于1 km。而<1∶100万小比例尺草地类型图图斑最窄处宽度，相当地面直线距离一般大于1 km，因此，不能在小比例尺图上实现中低山山地温性草甸亚类和亚高山山地草甸亚类的划分。同理，用大地形将温性草甸草原类、典型草原类和荒漠草原类，划分为平原丘陵亚类与山地亚类。在小比例尺图(如1∶400万)图面上，将丘陵与山地分出来，其带宽最窄处要达到1.0 mm(相当于地面4 km)，而且要用作者编稿图线划粗0.2 mm(相当于地面800 m)的线条划分。这样划分出来的温性草原类中的平原丘陵亚类向山地草原亚类过渡的位置间隔，相当于地面直线距离4.8 km。这一亚类地形间隔距离与地面实际差距很大，往往只具有指示意义。

(2) 同理，用土壤基质划分的沙质草甸草原亚类、沙质典型草原亚类和沙质荒漠草原亚类，其亚类位置间隔沙带最窄处要达到4.8 km宽，也难以与地面实际分布吻合，只有象征性示意性。

(3) 用高级植被类型差异指标划分出来的低地沼泽化草甸亚类，一般面积不大，难以用4 km宽的带宽将沼泽化草甸和典型低地草甸分开。即便能分开，其图斑面积也相当小，资源

差异意义不大。

(4) 用草地土壤类型差异划分的亚类，主要是各种盐土草地亚类。盐土草地亚类，草地生产力均较低，与普通地带性土壤的草地亚类虽有差异，但因其生产力较低，严格划分盐土亚类的资源意义不是很大。

综上所述，小比例尺制图精度与工艺水平，难以实现＜1∶100万比例尺草地图分类系统中“亚类”级的划分，且小比例尺草地类型中“亚类”级的资源意义不大，故小比例尺草地类型图不宜设置草地亚类分类级。

6.4.4.3 型组的整编

将1∶100万草地图分类系统中的部分草地组和草地型整编为型组。如果只用“草地类”分类级，势必会将1∶400万中国草地资源图编成一幅不反映任何一种牧草的草地图，无疑将降低该图的科学性和使用价值。因此，参考1∶400万中国植被图分类系统[50]，设立了“型组”分类级。它是1∶100万中国草地资源图分类系统中，建群种相同的“型”的联合，相当于植被分类系统中的“群系组”。广袤平坦的内蒙古高原区、新疆平原(盆地)荒漠区、青藏高原区，有些地段的草地组成一致性较好，几十平方千米的大面积范围内，草地优势种相同。如羊草草原、大针茅草原、沙生针茅草原、矮生嵩草草甸、紫花针茅草原等，都可以在1∶400万图图面上占据独立的图斑。在＞64 km^{2}区域内，呈现连片分布的高山嵩草高寒草甸、紫花针茅高寒草原等类型的草地，能够表现到含高山嵩草、紫花针茅等优势种的分类级。如果在1∶400万草地图分类系统中，只设“草地类”一个分类级，则只能表现高寒草甸类、高寒草原类，不能表现高山嵩草、紫花针茅等优势种牧草。其结果，无疑是浪费分类系统精度，降低1∶400万草地图的科学性。因此，设置“型组”分类级，用于植被组成一致性好的特殊地域的草地分类。

型组的整编过程如下：第一步，利用1∶100万中国草地类型图缩照为1∶250万比例尺过渡图；第二步，根据《1∶400万中国草地资源图》最小图斑面积4 mm^{2}和最窄图斑宽1.0 mm的规定，在1∶250万过渡图上加粗、标绘出符合1∶400万中国草地资源图编制规定的图斑；第三步，在1∶250万过渡图上，把只标注原1∶100万中国草地类型图分类系统中的1种草地型的图斑挑出来，把标注同一种优势种牧草组成的含有2～3种草地型联合体图斑挑选出来；第四步，汇总被挑选出来含1种草地型图斑的草地型，汇总含某一种优势种草地型联合体图斑的草地型，编排组成1∶400万中国草地资源图分类系统中的型组。全国共合并、整编出77个型组。

6.4.5 1∶1 000万草地类型图分类系统的整编

1∶1 000万草地图，规定最小图斑面积4 mm^{2}和最窄图斑宽1.0 mm[51]，相当地于地面最小图斑为400 km^2，最窄图斑宽10 km。按此规定，在1∶1 000万比例尺图面上，全国大部分非牧区县的县级行政区范围内，只能划分出1～2块图斑，图斑界限内的土地类型，综合程度非常高，除含有草地外，还可能含有小块林地、耕地、河流、居民点等多种土地类型。就全国而言，1∶1 000万草地类型图主要反映最高级的草地类型及其分布规律，不具有面积量测意义和资源数量意义。所以，小于1∶1 000万草地类型图的草地分类系统，以最高级的草地分类级为基本制图单位。

前面在1∶400万中国草地资源图草地类的设置中已述及，干热稀树灌草丛类因面积小且畜牧业利用价值不高,从资源意义衡量被并入热性灌草丛类。但就中国地带性天然草地类型而言,干热稀树灌草丛类是我国唯一近似热带稀树草原(savanna)的一种草地类型。它分布的区域,旱季比热性灌草丛类分布区域干燥,土壤为燥红土,景观树种、牧草优势种与一般季风区热性灌草丛类草地稍有不同,是分布于热带和具有干热热带气候特点的南亚热带河谷底部的特殊草地类型,是我国最具干热特性的草地类型。它的存在,标志我国干燥热带植被类型和气候类型的存在,标志着这种近似热带稀树草原自然地带的断续存在,不宜轻易舍弃。权威的《中国植被》亦将稀树草原与温带干旱草原并列为一种植被型[22]。所以,从草地类型性质与草地地带性分布衡量,在 1∶1 000 万中国草地类型图上,该草地类被夸大表示。

6.5 苏大学草地类型分类系统

6.5.1 衡量完整草地类型分类系统的主要因素

一个完善的草地类型分类系统,应该有完整的分类体系,符合草地调查精度,能够反映草地的组成与利用特征。

6.5.1.1 完整的分类体系

科学的草地类型分类系统,应该含有从高级到低级若干个分类级,分别表现综合特征概括程度不同层次的草地。

前已述及,全国首次草地资源统一调查,在"1∶10 万"、"1∶20 万"、"1∶50 万"、"1∶100 万"4 种制图比例尺和 4 种面积大小不同的制图区域内,基本分类单位采用了同一个草地类型名称——"型",即用"型" 命名了互有差异、不同综合程度、不同级别的草地类型。因此,需要设置适用于>1∶100 万比例尺精度分类系统的命名系统。著者主张在 1∶100 万比例尺精度的草地"型"以下,再设亚型、微型、变型 3 个分类级,分别用作 1∶50 万,1∶20 万、1∶10 万和>1∶5万比例尺精度的基本分类单位[52]。另一方面,<1∶100 万小比例尺精度的分类系统,只是著者在编制《1∶400 万中国草地资源图》和《1∶1 000 万中国草地类型图》中进行过二级分类的尝试,仅局限于 1∶400 万和 1∶1 000 万两种比例尺,缺少更小比例尺的分类系统。需要在 1∶100 万比例尺精度的"草地类"之上,增设更高级的分类级,用作<1∶100 万小比例尺精度的分类单位。

综上所述,需要将以前大、中、小各种比例尺调查精度的分类系统,进行合并,组装成从低级到高级,适用于各种比例尺调查精度的完整草地分类系统。

6.5.1.2 符合草地调查精度

草地调查精度取决于基本分类单位的设置与选择。在一定的调查区域内,基本分类单位的设置,与调查精度的规定、草地类型图比例尺大小和最小图斑面积的规定四者密切相关。基本分类单位之分类级取决于它对应占有的最小图斑面积的规定。最小图斑面积小,则由于在小面积范围内,草地植被差异小,草地类型较一致,综合程度趋于简单,其基本分类单位的分类级低。相反,最小图斑面积大,则在大面积范围内,草地植被、土壤一致性差,地段差异大,草地类型分布均一性差,综合程度趋于复杂,其基本分类单位的分类级高。所以,不同比例尺精度的调查,应该选用符合精度要求的基本分类单位。调查精度与基本分类单位的选择关系,参见表 6.5.1。

表 6.5.1　草地类型基本分类单位的设置与调查精度的关系

制图行政区域	制图区域面积/万 km^2	草地图比例尺	最小图斑		基本分类单位和辅助分类单位的表现级
			面积/mm^2	相当于地面/hm^2	
县以下	<0.5	>1∶5 万	20	<20	基本分类单位:变型
农林县	0.5~1	1∶5 万	20	20	基本分类单位:微型
一般县	1~2	1∶10 万	20	30	基本分类单位:微型 类型复杂区域用辅助单位:亚型
地区或牧业县	2~10	1∶20 万 1∶25 万	20 20	80 125	基本分类单位:亚型
省或大流域区	10~100	1∶50 万	8	200	基本分类单位:亚型 类型复杂区域用辅助单位:型
全国或大流域区	>100	1∶100 万	4	400	基本分类单位:型 类型简单区域用辅助单位:亚型
全国	>900	1∶400 万	4	6 400	基本分类单位:类 类型简单区域用辅助单位:型组
全国	960	<1∶1 000 万	4	>40 000	基本分类单位:类组 类型简单区域用辅助单位:类

6.5.1.3　有含草地牧草指标的分类级

草地植被和优势种牧草,既是草地性质的表现,又是经济利用的直接对象。因此,必须设置含草地优势种牧草的指标或草地牧草利用属性指标的分类级。忽略草地牧草和草地植被的分类作用,单纯采用气候指标或地形指标或土壤指标或遥感影像指标进行草地类型分类,容易与气候区划分类、自然地理区划分类、土壤区划分类、遥感影像分类发生混淆。没有设置涉及牧草指标分类级的草地分类系统,从生产和草地科学角度衡度,属于有欠缺的草地类型分类体系。

6.5.2　草地类型分类原则

以草地发生学分类为主,同时兼顾农业经营分类法进行草地类型分类。

(1) 气候因素,特别是草地水、热状况,决定着草地的形成和发展,在一定的气候带内,必然发育着一定的草地类型。气候因素是草地形成和变异的决定性因素,应是草地分类的主要依据之一。

(2) 地形因素在改变了水、热条件再分配的情况下,能造就、发育出与所处气候带的地带性草地不同的草地类型。非地带性草地即低湿地草甸和沼泽,就是在负地形或积水地形条件下发育形成的。此外,地形因素特别是海拔高度、坡向,是制约山地垂直带草地发生的主要因素。因此,地形因素是非地带性草地的主要分类依据。

(3) 草地植被是草地发生、演替过程中最敏感、变化最迅速的因素,又是人类直接利用的对象。因此,草地植被应是不同层次草地类型的主要分类依据之一。

(4) 草地类型应该体现草地的经济价值,特别是畜牧业经营、利用特点,重视草地牧草对类型分类的意义,将草地饲用植物及其组合视作主要分类对象之一。

(5) 草地类型应具有相对的稳定性。草地分类应以基本稳定的、具有顶极群落的草地作

为分类对象,以一年生牧草为优势种的不稳定的草地,不宜用作分类对象

(6) 草地类型分类指标应有利于草地制图。划分的草地类型应能准确地绘制于地图上,以便准确地量算其面积和计算草地生产力。

(7) 草地资源分类要体现资源意义,划分出的草地类型应占有一定的面积。小于调查精度规定的最小图斑面积的草地,视作非分类对象。

6.5.3 分类单位和标准

遵照上述草地分类原则,永久性天然草地类型,按类组、类、型组、型、亚型、微型、变型7级进行分类。

6.5.3.1 第一级"类组"

类组是自然地带性特征、隐域性特征、植被特征近似的草地。类组是草地类型分类的最高级单位。

全国草地划分为如下7个草地类组:

1. 温性草原类组
2. 温性荒漠类组
3. 暖性灌草丛类组
4. 热性灌草丛类组
5. 高寒草原类组
6. 山地与高原草甸类组
7. 低湿地草甸与沼泽类组

6.5.3.2 第二级"类"

类是具有相同水、热大气候带特征和植被特征,具有独特地带性的草地,或具有相同隐域性特征的草地。各类之间的自然特征和经济利用特性有质的差异。类是草地类型分类的高级单位。

Ⅰ. 温性草甸草原类

Ⅱ. 温性草原类

Ⅲ. 温性荒漠草原类

Ⅳ. 高寒草甸草原类

Ⅴ. 高寒(典型)草原类

Ⅵ. 高寒荒漠草原类

Ⅶ. 温性草原化荒漠类

Ⅷ. 温性荒漠类

Ⅸ. 高寒荒漠类

Ⅹ. 暖性草丛类

Ⅺ. 暖性灌草丛类:发育于暖温带或山地暖温带,湿润度>1.0,年降水量>550mm的森林区,森林破坏后,由次生喜暖多年生中生或旱中生草本植物为主,和一定数量灌木组成的草地类型,植被相对稳定,其间可散生有个别乔木,树木郁闭度<0.1,且乔、灌木郁闭度之和<0.4。

Ⅻ. 暖性稀树灌草丛类:发育于暖温带或山地暖温带,湿润度>1.0,年降水量>550mm的森林区,森林破坏后,由次生喜暖多年生中生或旱中生草本植物为主,和一定数量的乔木成

分组成的草地类型，植被不够稳定，树木郁闭度0.1～0.2，乔、灌木郁闭度之和<0.4。

XIII. 热性草丛类

XIV. 热性灌草丛类：发育于亚热带和热带，湿润度>1.0，年降水量>700mm的森林区，森林破坏后，由次生热性多年生中生或旱中生草本植物为主，和一定数量灌木组成的草地类型，植被相对稳定，其间可散生有个别乔木，树木郁闭度<0.1，且乔、灌木郁闭度之和<0.4。

XV. 热性稀树灌草丛类：发育于亚热带、热带，湿润度>1.0，年降水量>700mm的森林区，森林破坏后，由次生热性多年生中生或旱中生草本植物为主，和一定数量乔木成分组成的草地类型，植被不够稳定，树木郁闭度0.1～0.2，且乔、灌木郁闭度之和<0.4。

XVI. 干热稀树灌草丛类

XVII. 低地草甸类

XVIII. 温性森林草原类：发育于温带或山地温带，湿润度>0.6～1.0，年降水量>400～500mm的半湿润区、湿润区，处于温性草原或山地草甸向森林过渡的过渡带，有树木景观，树木郁闭度<0.2，由多年生中旱生、中生草本植物为主组成的草地类型。

XIX. 温性山地草甸类

XX. 高寒草甸类

XXI. 沼泽类

以上暖性灌草丛类、暖性稀树灌草丛类、热性灌草丛类、热性稀树灌草丛类和温性森林草原类的分类指标为新定义。其他16个草地类的指标定义，与本节6.3《1∶100万中国草地资源图草地类型图例系统》中的定义相同。

6.5.3.3 第三级“型组”

型组是在草地类范围内，草地优势种或共优种所属生活型、经济类群相同的草地。型组是具有相同经济利用性状之草地型的联合，是草地类型分类的中高级单位。型组相当于《1∶100万中国草地资源图草地类型图例系统》中的草地组或其结合。设如下13个型组分类指标。

1. 高禾草型组
2. 中禾草型组
3. 矮禾草型组
4. 豆科草本型组
5. 大莎草型组
6. 小莎草型组
7. 杂类草型组
8. 蒿类半灌木型组
9. 半灌木型组
10. 灌木型组
11. 小乔木型组
12. 低质草型组：在类的范围内，组成建群层的优势种或共优种为不可食多年生植物，其间，还生长一些处于亚优势种和伴生种地位的可食牧草，畜牧业利用价值较低的草地。
13. 含毒草草本型组：在类的范围内，组成建群层的优势种或共优种为毒草，毒草在草群中占主导地位，可食牧草处于亚优势种和伴生种从属地位，畜牧业利用价值较低的草地。

以上从“1. 高禾草型组”直至“11. 小乔木型组”的11个草地型组的指标定义，与本书6.3

《1：100 万中国草地资源图草地类型图例系统》中 11 个同名称草地组的指标定义相同。

6.5.3.4 **第四级“型”**

型是主要层的优势种(建群种)或共优种(共建种)相同，生境条件相似，利用方式一致的草地。主要层指饲用植物层，通常指多年生草本层，但温性草原化荒漠类、温性荒漠类的小乔木型组和灌木型组的饲用层，分别指小乔木层和灌木层。型是草地类型分类的中级单位。如大针茅型温性(典型)草原，紫花针茅型高寒草原等。型是 1：100 万草地类型图的基本上图单位，每个型的不间断连片分布面积>400hm^2。

6.5.3.5 **第五级“亚型”**

亚型是在型的范围内，草地组成层次结构近似，主要优势层和次优势层优势种牧草相同的草地。亚型是草地类型分类的中低级单位。如贝加尔针茅、羊草亚型；贝加尔针茅、线叶菊亚型。亚型是 1：(25 万～75 万)草地类型图的基本上图单位。

6.5.3.6 **第六级“微型”**

微型是在亚型的范围内，组成草地群落作用最重要的层次结构相同，各主要层的优势种、共优种也相同的草地。通常指灌木层、半灌木层、多年生草木层各层优势种相同的草地；有乔木层的草地，则指乔木层、灌木层、半灌木层、多年生草木层各层优势种相同的草地。微型是草地类型分类的低级单位。如沙棘(*Hippophae rhamnoides*)-固沙草、沙生冰草、糙隐子草微型；克氏针茅、糙隐子草、冷蒿微型等。微型是 1：10 万草地类型图的基本上图单位。

6.5.3.7 **第七级“变型”**

变型是在微型的范围内，在相同的生境条件下，发育形成的群落层次结构相同、各层的优势种或共优种相同、季相相同，但由于利用方式、利用强度不同而引起优势种数量有差异的草地。变型是草地类型分类的最低级单位，用作>1：5 万大比例尺调查精度的基本分类单位。

6.5.4 制约分类单位的群落层次结构

本草地分类系统的型、亚型、微型、变型 4 级，均以草地群落优势种和层次结构为指标进行划分。草地群落“层”，强调草地的畜牧业利用属性差异，用草地植物经济利用属性、结合生活型划分草地群落“层”。如乔木层、灌木层、半灌木层、多年生草本层、一年生草本层和苔藓、地衣层等。《贵州草地》记载了“马尾松(*Pinus massoniana*)+火棘(*Pyracantna fortaneana*)+芒(*Miscanthus sinensis*)+金茅(*Eulalia speeiosa*)、黄背草(*Themeda japonica*)+矛叶荩草(*Arthraxon prionodes*)+小叶三点金草(*Desmodium microphyllum*)”和“青冈(*Quercus* spp.)+杜鹃(*Rhododendron* spp.)+芒(*Miscanthus sinensis*)+野青茅(*Deyeuxia arundinacea*)+白茅(*Imperata cylindrica* var. *major*)+知风草(*Eragrostis ferruginea*)+天兰苜蓿(*Medicago lupulina*)”等很多含 5 层以上草群的类型[12]。浑善达克沙地有榆+柠条锦鸡儿+差巴嘎蒿+沙生冰草、糙隐子草+狗尾草的草地，包含有 5 层：第一层乔木层——榆(*Ulmus pumila*)；第二层灌木层——柠条锦鸡儿(*Caragana korshinskii*)；第三层蒿类半灌木层——差巴嘎蒿(*Artemisia holoderon*)；第四层多年生草本层——沙生冰草(*Agropyron desertorum*)和糙隐子草(*Cleistogenes squarrosa*)；第五层一年生草本层——狗尾草(*Setaria uiridis*)。可见，评定多少层的群落优势种左右着分类单位级别的高低。分类单位级别高，草地植被类型综合程度高，要求较少层次的优势种植物相同；相反，分类单位级别低，草地植被类型综合程度低，要求更多层次的优势种植物相同，即需要扩大群落定性的结构层次，在更多层次结构范围内寻求草地类型的差异性。

根据上述分类单位划分标准，型用主要层建群种评定；亚型用主要优势层和次优势层2层的优势种评定；微型要求用3～4层最重要的群落层的优势种评定；变型要求用除苔藓、地衣层以外的各层优势种评定。

6.5.5 分类方法与命名规定

6.5.5.1 类组的划分

按天然草地自然地带属性的重要性和畜牧业利用价值，用分类系统的第二级——草地"类"，进行类组的合并。

(1) 将温性草甸草原类、温性典型草原类、温性荒漠草原类3个类合并为温性草原类组。

(2) 将温性草原化荒漠类、温性荒漠类、高寒荒漠类3个类合并为荒漠类组。

(3) 将暖性草丛类、暖性灌草丛类、暖性稀树灌草丛类3个类合并为暖性灌草丛类组。

(4) 将热性草丛类、热性灌草丛类、热性稀树灌草丛类、干热稀树灌草丛类4类合并为热性灌草丛类组。

(5) 将高寒草甸草原类、高寒典型草原类、高寒荒漠草原类3个类合并为高寒草原类组。

(6) 将温性森林草原类、温性山地草甸类和高寒草甸类3个类合并为山地与高原草甸类组。

(7) 将低平地草甸类和沼泽类2个类合并为低湿地草甸与沼泽类组。

6.5.5.2 类的划分

增加含稀树的草地类。前已述及"草原无树"分类系统的不妥。有乔木景观的草地是客观存在，森林与草原过渡带有森林草原，如樟子松(*Pinus sylvestris* var. *mongolica*)森林草原。在《中国植被》中虽然将森林草原与草甸草原视为同一种植被亚型，但明确"在我国温带草原区内，与森林相邻的一侧有一狭长的森林草原带"，并且在"草甸草原"之后加上一个"森林草原"后缀——"草甸草原(森林草原)"[22]，以示说明森林草原与草甸草原并存。在森林的边缘和林间，分布有具乔木(如白桦、杨、松)景观的林缘稀树草甸和林间稀树草甸。在华北暖温带次生灌草丛草地中，南方热带、亚热带次生灌草丛草地中，有乔木(如油松、马尾松)景观的疏林草地则更普遍。国土资源部制定的《中华人民共和国土地利用现状分类》国家标准(2007年发布、实施)，认可草地有树木存在，并将有树木的草地命名为"其他草地"。其定义为："指树木郁闭度<0.1，表层为土质，生长草本植物为主，不用于畜牧业的草地"[53]。

1988年之前完成全国首次草地统一调查的各省，都划分了疏林灌草丛草地类，见于出版的省级草地资源专著。划分了暖性疏林灌丛类的有《河北草地资源》[18]、《河南草地资源》[19]、《辽宁草地》[20]、《陕西草场资源》[21]，划分了热性疏林灌草丛类的有《贵州草地》[12]、《湖南草地资源与利用》[13]、《四川草地资源》[14]、《云南草地资源》[15]。上述暖性稀树灌草丛类和热性稀树灌草丛类，曾被列入1988年为全国首次草地资源调查内业总结制定的《中国草地类型的划分标准和中国草地类型分类系统》中，著者1989年在法国尼斯(NICE)召开的第16届国际草地会议(IGC)上已公开发表[54]。而且用含有这两个草地类的分类系统，编制完成1∶100万中国草地资源图的昆明幅、昌都幅、北京幅等10余幅编稿图(初稿)，并没有发现有不妥之处。但1991年上述两个含有"稀树"含义的草地类，遗憾地被迫取消了。有鉴于此，著者主张，在《1∶100万中国草地资源图》草地类型图例系统 18 个草地类的基础上，增加温性森林草原类、暖性稀树灌草丛类和热性稀树灌草丛类。著者认为应该设置具有乔木景观的高级草地类分类级。

根据中国草地的气候热量带、草地生境湿润度、非地带性特征、草地植被类型及草地畜牧业利用重要程度，将全国草地划分为如上 21 个草地类。

6.5.5.3 型组的划分

增加低质草型组和含毒草草本型组分类级的设置。其理由如下：

(1) 过去对草地植物经济类群的分类，主要针对饲用植物，特别是对多生草本饲用植物的分类。较少注意草地中的非饲用植物和有毒植物。天然草地中生长有很多不可食植物和有毒植物，有些能形成优势群落。尤其是利用过度的严重退化草地，不可食植物和毒草成分增加，可能由次要的伴生种上升为优势种、建群种，甚至成为草地群落背景。不可食草和毒草为主组成的草地，其间还生长有少量饲用植物，有一定的畜牧业利用价值，不属于非草地。因此，全国首次草地统一调查，对不可食草和毒草为主组成的草地与以饲用植物为主的草地，进行了相同的分类。但是，从草地植物经济类群角度衡量，从草地的可利用价值衡量，不可食草和毒草为主的草地不宜与饲用植物组成的草地相提并论，应该将它们区分开。

20 世纪 80 年代只有划分饲用植物经济类群的指标，没有设置划分不可食草和毒草所属经济类群的分类级。为区分不可食草和毒草为主组成的草地，在《1：100 万中国草地资源图草地类型图例系统》中，将冠名草地型的“不可食草和毒草”建群种置入括号内，以示与以饲用植物为主草地的区别。如(劲直黄芪)、紫花针茅型；(芒箕)、白茅型。这一冠名书写方法，如果不加以说明，很难让人明白其中含义，不如设置以“不可食草”和“毒草”为优势种草地的分类级。

(2) 以不可食草为优势种的草地，分布范围广、分布面积不小。其中主要类型有：热性草丛类和热性灌草丛类中的多种芒萁(*Dicranopteris dichotoma*)草地、紫茎泽兰(*Eupatorium adenophorum*)草地、飞机草(*Eupatorium odoratum*)草地；高寒草甸类和温性山地草甸类的以马先蒿(*Pedicularis* spp.)、点地梅(*Androsace* spp.)、蚤缀(*Arenaria*)等为建群种的草地；沼泽类中的以灯心草、荆三棱等为优势种的草地；低地草甸类中以苦豆子(*Sophora alopecuroides*)、翅碱蓬(*Suaeda heteroptera*)为优势种的草地；温性荒漠类的无叶假木贼(*Anabasis aphylla*)荒漠等。

(3) 以毒草为优势种的草地，分布范围相对较窄，分布面积较小。但用 1：(10 万～50 万)比例尺精度、最小图斑面积 20～100 hm^2 的规定衡量，含毒草草本型组草地的分布范围和分布总面积，大于小乔木型组和豆科草本型组。该型组的主要类型有：高寒草原类中以劲直黄芪(*Astragalus strctus*)、狼毒(*Stellera chamaejasme*)、黄花棘豆(*Oxytropis ochrocephala*)为优势种的草地；高寒草甸类中以黄总花(*Spenceria ramalana*)为优势种草地；温性山地草甸类中以大叶囊吾(*Ligularia macrophylla*)、大黄(*Rheum* spp.)、乌头(*Aconitum carmichaeli* spp.)为优势种的草地；温性草原类中以小花棘豆(*Oxytropis glabra*)、狼毒为优势种的草地；温性荒漠类以无叶假木贼(*Anabsis aphlla*)为优势种的草地。

6.5.5.4 型的划分与命名

型是主要层优势种或共优种相同的草地。用建群层优势种或共优种命名。

(1) 小乔木型组和灌木型组荒漠类以外的草地，主要利用对象为饲用植物层的多年生草本或半灌木，必须用多年生草本层或半灌木层优势种命名草地型，但具有乔木层或灌木层景观的草地，需要在多年生草本层或半灌木层的优势种前面，标示该草地的景观乔木或灌木。如砂生槐-固沙草型，说明该草地系固沙草型温性灌丛草原，具有砂生槐景观。

（2）荒漠类草地中的小乔木型组和灌木型组所属草地，无论其乔木和灌木可食与否，均按小乔木层、灌木层的先后顺序，用建群种或共建种命名草地型。

6.5.5.5 **亚型的划分与命名**

亚型的划分与命名在具有 2 个层以上的草地类型中进行，用主要层优势种加次要层优势种叠加命名，主要层优势种排在前面。例如，高寒荒漠草原类的紫花针茅、驼绒藜亚型草地，紫花针茅属多年生草本层，是建群层，高寒草原建群种，命名时放在首位；驼绒藜属半灌木层，为次要层，是荒漠种，放在第二位。而对温性草原化荒漠类的草地亚型的命名，则将建群层荒漠成分排在首位，而将次要的草原成分排在第二位，如驼绒藜、沙生针茅亚型草原化荒漠。

6.5.5.6 **微型的划分与命名**

微型是在亚型的范围内，组成草地的层次结构相同，各主要层的优势种、共优种也相同的草地。在草地群落作用最重要的 4 个层以内聚类、排列每个层相同的优势种即为微型。如沙棘（*Hippophae rhamnoides*）-固沙草、沙生冰草、糙隐子草微型。

草本饲用植物层可以按牧草生活型和经济利用属性再细分为层片。如金露梅（*Dasiphora fruticosa*）-紫羊茅（*Festuca rubra*）、珠芽蓼（*Polygonum viviparum*）、矮生嵩草草地和高山柳（*Salix cupularis*）-紫羊茅、珠芽蓼、黑褐苔草（*Carex atrofusca subsp minor*）草地。这两种草地，群落结构层次近似，第一层：灌木景观层；第二层：多年生草本饲用植物层，建群层。可以进一步区分为紫羊茅禾草层片、珠芽蓼阔叶杂类草层片、矮生嵩草和黑褐苔草小型莎草层片。按紫羊茅、珠芽蓼、矮生嵩草和黑褐苔草中 3 个层片牧草的优势度值大小顺序排序，最前面再标示景观乔木和灌木，即冠名为微型。

6.5.5.7 **变型的划分与命名**

变型的划分在微型范围内细分。变型草地的群落结构层次超过 4 层，每层的优势种或共优种相同。要求用 4 层以上群落结构的优势种划分变型，冠名长度比微型长。如冷杉（*Abies sp*）-金露梅- 紫羊茅、早熟禾微型中，若还分布有矮生嵩草、珠芽蓼、点地梅、蚤缀等，则可以进一步区分为：冷杉-金露梅-紫羊茅、早熟禾、矮生嵩草变型；冷杉-金露梅-紫羊茅、早熟禾、珠芽蓼变型；冷杉-金露梅-紫羊茅、早熟禾、杂类草变型等。

6.5.5.8 **多层次结构草地类型名称的书写**

具有多层次群落结构的型、亚型、微型、变型草地的命名、书写规定如下：

（1）不同群落层的植物之间用“-”分层，按乔木层、灌木层、半灌木层、多年生草本层和一年生草本层的先后顺序，用各层优势种排列命名，如木棉-坡柳-扭黄茅型。

（2）同层而不同层片的优势种植物之间，按各层片的优势种植物之优势度值 SDR（见本书 3.3.2.2）或覆盖度从大至小的顺序排列，并用“、”分隔开进行命名。如金露梅-紫羊茅、珠芽蓼、矮生嵩草微型，金露梅灌木层与多年生草本层之间用“-”分层，具有景观意义的灌木金露梅排在前面。而多年生草本层的“紫羊茅、珠芽蓼、矮生嵩草”中，紫羊茅属于矮禾草层片，珠芽蓼属阔叶杂类草层片，矮生嵩草属小型莎草层片，它们之间按优势度值 SDR 或覆盖度，从大至小的顺序排列，用“、”分隔开。

（3）低质草型组和含毒草草本型组下属的草地类型，以不可食草或毒草为优势种，命名时将不可食草或毒草优势种放在首位，但用括号加以标示。如（劲直黄芪）、紫花针茅（*Stipa purpurea*）、固沙草微型高寒草原，表示该草地型的优势种劲直黄芪是不具饲用价值的毒草。

6.6 草地类型分类技术

草地类型是对草地不同生境的饲用植物群体，以及这些群体不同组合的高度抽象和概括，人们通过草地类型认识和评价草地资源自然特性和经济特性。草地类型分类是否科学、准确，概括是否全面，关系到整个草地调查工作的质量与水平。制定草地类型分类系统是草地调查内业总结的核心工作内容之一，草地类型图编绘、面积量算与统计、产草量与载畜力计算、草地资源评价与利用、草地区划等，均以草地类型为基础展开。

草地分类系统的制定方式，可以区分为实际草地调查分类和资料编制分类两种。前者根据野外对草地的实地调查与测定结果，对草地进行分类，适用于大比例尺草地调查。后者利用已有的草地类型资料，进行汇总、缩编，对草地进行分类，适用于中、小比例尺调查。

6.6.1 实地调查区域草地类型分类系统的制定

县级草地分类通常采用实地调查方式进行，下面用 1∶10 万比例尺精度的县级调查，说明草地类型分类系统的实地调查制定方法。

1. 制订草地类型工作分类系统

首先根据野外踏勘调查掌握的草地类型资料，初步制订县级草地类型(工作)分类系统。该草地类型工作分类系统，用于指导初始的野外详细调查，同时又用外业详细调查、测定的资料，对该工作分类系统不断补充、修改。

2. 制订县级草地类型分类系统初稿

(1) 整理外业调查合格样地计算出来的草地群落植物优势度值，对调查区域(全县)每个调查样地的优势种和共优种进行登记、排列。聚类全部测定样地的群落名称，将优势种(或共优种)相同的草地样地归并在一起，用具有相同优势种(或共优种)并占据一定分布面积的群落，归并组成草地类型的最低级分类单位，即基本分类单位——变型(或微型)。

(2) 检查样地记录中该样地代表的草地面积，确定已归并出来的草地变型分布的大约面积。将分布面积很小的一些优势种(或共优种)命名的草地，与有较大分布面积、有显著重要地位的优势种命名的草地进行合并，组成草地微型。

(3) 将全县隐域性沼泽和低地草甸的样地挑选出来，依据它们的植被组成和优势种划分出沼泽类和低地草甸类中的草地微型。

(4) 按照当地气象台站的气候资料和热量带的划分，确定全县的气候热量带。计算伊万诺夫湿润度。根据气候热量带和伊万诺夫湿润度，划分出调查区域山地基带的地带性草地类。

(5) 按照山地气候热量带，划分出山地草地垂直带。根据样地海拔高度，将隐域性草地样地以外的全县其他外业调查样地，按山地热量带进行排列、区分。然后聚合相同热量带内的样地草地群落，划分基本分类单位，初步获得全县山地垂直带的草地微型。

至此，使用调查测定样地可以划分出全县的基本分类单位，再参考经野外补充、修改的草地类型(工作)分类系统，制订县级草地类型分类系统(初稿)。

3. 制定县级草地类型图图例系统

用县级草地类型分类系统(初稿)，指导县级草地类型图的编绘。在县级类型图编绘过程中，依据编图实践，对县级类型分类系统（初稿）作出必要的调整、修改、完善。最后，根据上一级调查比例尺精度需求，决定是否将微型合并为上一级分类单位——亚型；是否用经济利用属性基本相同的“微型”或“亚型”合并为上级分类单位“型组”。最终形成县级草地类型图类型图例系统。

6.6.2 编绘成图区域草地类型分类系统的整编

编绘成图区域的草地类型分类系统，利用已有编图资料的草地类型分类系统缩合，根据缩编过渡图中出现的草地类型进行整编制订。

6.6.2.1 低级分类系统向高级分类系统整编的原则

利用大比例尺调查精度分类系统缩编为中、小比例尺精度的分类系统，遵照中、小比例尺成图精度规定和最小图斑限定面积规定，对大比例尺精度的分类系统进行合并、整编。

整编过程中，小于目标图比例尺最小图斑面积规定和最窄图斑宽度规定的图斑，被舍弃或被合并，表现这些被舍弃或被合并图斑所占据的原图例系统的分类单位，亦被取消或被合并。分类单位合并的原则如下：

（1）近似合并。类型近似，分布面积差异不大，合并后冠以上一级分类单位名称。如紫花针茅、丝颖针茅、香青（*Anaphalis sinica*）微型高寒草原与紫花针茅、丝颖针茅、黑褐苔草微型高寒草原，两个草地微型性质近似，分布面积相差不大，主要层优势种同为紫花针茅，次优势层优势种同为丝颖针茅，合并为紫花针茅、丝颖针茅亚型。

（2）求同合并。面积近似，性质有异，合并后冠以有相近内容的上一级分类单位名称。如杜鹃-矮生嵩草、早熟禾、珠芽蓼微型高寒草甸与矮生嵩草、早熟禾、杂类草微型高寒草甸，前者为具有灌木景观的灌丛高寒草甸，后者是以矮生嵩草为优势种的草本高寒草甸，二者性质有异。但有共同成分——主要饲用层优势种矮生嵩草和次优势层优势种早熟禾，且分布位置靠近，处于矮生嵩草灌丛草甸和矮生嵩草草本草甸的过渡带，合并后冠以矮生嵩草、早熟禾亚型。

（3）以大吃小。分布面积差异大，性质有异，合并后冠以分布面积大的上一级分类单位名称。如羊茅、杂类草亚型温性山地草甸类和紫羊茅、圆穗蓼亚型高寒草甸类，前者分布面积小，属于亚高山垂直带，一般带宽小于 200 m。后者为面积宽阔的高寒草甸类，分布于亚高山草甸带之上。合并后，亚高山带图斑被取消，原“羊茅、杂类草亚型”分类级亦随之被舍弃，并入原“紫羊茅、圆穗蓼亚型”高寒草甸类，取其建群种名冠以紫羊茅型。

（4）聚众冠新。群聚小图斑群，分布面积小，类型各异，各类型的独立图斑个体面积差异小，但各类型所占据的小图斑数量差异较大，类型必须合并、重组。重组后，冠以上一级分类单位名称。如半农半牧区县有白草、固沙草亚型；固沙草、藏沙蒿亚型；藏白蒿、白草亚型 3 种温性草原，被开垦的农田分割，彼此的优势种不同，图斑个体面积差异不特别悬殊，不符合“以大吃小”或“近似合并”原则规定，只能进行异质合并、重组。但 3 种亚型图斑的分布数量差异大，以白草、固沙草亚型的图斑数量最多。重组后，取原来数量最多的亚型名称，冠以白草型。

对缩编过渡图的图斑类型，严格遵守上述缩合、整编原则和相关技术规定，弃小留大，逐级整合，直至完成目标图比例尺精度的类型分类系统。

6.6.2.2 地区级和自治区级草地类型分系统的制订

1. 县级草地类型分类系统的整合

（1）综合、合并县级草地类型中相同或相近的草地微型，升级为亚型；

(2) 归并、舍弃分布面积很小、重要性不大的草地微型；

(3) 保留县级草地类型分类系统中的类、型组二级上级分类单位，用于地区级或自治区级草地分类系统的制订。

2. 地区级分类系统的制订

(1) 地区级(调查比例尺为1∶20万)草地分类系统，用辖区县全部县级草地类型图类型图例系统整合。地区级分类系统的基本分类单位为草地亚型，需要将县级分类系统中的微型合并、升级为亚型。除要反映常见、分布面积大、有代表性的草地亚型外，还要尽量反映地区级重要的和特有的草地类型，避免下述县级草地微型被删除：①分布面积虽小，但畜牧业利用意义重大，利用程度高，产草量高的微型；具有重要意义的割草地、冷季放牧草地的微型，如低地草甸和山地草甸中的一些草地微型，应尽量反映详细。②分布面积虽小，但对草地类型分布界线有指示意义的草地微型应尽量反映。如高寒草原类在西藏分布东界的微型，热性灌草丛类在西藏分布北界的微型。③分布带宽较窄，却是垂直带草地重要组成成分的山地垂直带草地微型。④地区所辖各县中特有的草地微型。

(2) 对辖区县的县级草地类型分类系统进行平衡。若所辖各县分别为不同单位承担的调查，各县分类系统对分类级的划分、命名可能不一致，需要统一。

(3) 县与县之间有争议的类型，要查看原始定名样地或县级类型图，复核定名。

(4) 严格区分县级和地区级分类系统中分类单位的含义和命名系统的差异。前已述及，全国草地资源统一调查开始时，“型”视为县级类型分类系统中的基本分类单位，地区级分类系统也将“型”视为基本分类单位，致使用“型”命名了不同分类级别的基本分类单位。如果利用上述这样的县级分类系统整编地区级分类系统时，一定要审查、分辨县级草地“型”和地区级草地“型”的含义差异。按成图比例尺大小和新的“类组、类、型组、型、亚型、微型、变型”类型命名系统，命名地区级分类系统的分类单位。

3. 省级分类系统的制订

(1) 省级(调查精度为1∶50万)分类系统，用省辖全部地区级草地类型图类型图例系统整合。省级分类系统的基本分类单位为草地亚型，类型复杂区域可以增加一个辅助分类级，即辅助单位——型。1∶50万比例尺调查精度的最小图斑面积为200 hm^2，故在下述草地类型分布复杂的地段，用辅助分类单位“型”进行分类：①山区，特别是纬度偏北、山地草地垂直带组成复杂、带宽较窄的山地；②隐域草地面积不大，但草地组成复杂；③狭窄的河谷，且河谷各阶地草地类型差异明显。

(2) 地区之间有争议或冠名有矛盾的类型，要查看原始定名样地或地区级类型图，复核定名。

(3) 草地类型分布界线有指示意义的草地亚型应尽量反映，本省特有的草地亚型或在全国有重要意义的亚型尽量保留。

6.6.3 草地分类系统整编实例

大于目标图比例尺最小图斑面积和最窄图斑宽度的缩编图图斑被保留。被保留图斑所表现的原图例系统的分类单位，用作整编目标图分类系统的素材和依据。随着缩编图比例尺缩小，图斑对应的地面面积扩大，图斑表现的分类级需相应提高。参考目标图比例尺精度对基本分类单位的要求(见表6.5.1)，汇集被保留的缩编图含有的全部分类单位，整编为目标图比例尺精度的分类系统。下面用西藏林周县1∶10万比例尺精度分类系统，逐级缩编实例，阐述县级草地类型分类系统，逐级向上整编为地区级、省级、国家级草地分类系统的整编过程，参见表6.6.1。

表6.6.1 林周县草地类型分类系统逐级整编实例

调查精度（比例尺）	1∶10万	1∶25万	1∶100万	1∶200万	1∶400万	1∶1 000万
制图区域	林周县	拉萨市	西藏自治区	西藏自治区	中国	中国
最小图斑面积/mm^2	20	20	4	4	4	4
最小图斑之地面面积/hm^2	20	125	400	1 600	6 400	40 000
林周县范围内的草地类型	Ⅱ．温性草原类	Ⅱ．温性草原类	Ⅱ．温性草原类	Ⅱ．温性草原类		
	（Ⅱ）山地草原亚类	（Ⅱ）山地草原亚类	（Ⅱ）山地草原亚类	（Ⅱ）山地草原亚类		
	B. 中禾草组	B. 中禾草组	B. 中禾草组	B. 中禾草组		
	1. 白草	白草	88. 白草	4. 白草		
	2. 白草、紫花针茅					
	3. 固沙草	固沙草、白草	91. 固沙草、白草			
	4. 砂生槐-白草					
	G. 蒿类半灌木组	G. 蒿类半灌木组	G. 蒿类半灌木组			
	5. 藏白蒿、白草	藏白蒿、白草	121. 藏白蒿、白草	8. 藏白蒿		
	Ⅳ．高寒草甸草原类	Ⅳ．高寒草甸草原类	Ⅳ．高寒草甸草原类	Ⅳ．高寒草甸草原类	16. 高寒草甸类	17. 高寒草甸类
	C. 矮禾草组	C. 矮禾草组	C. 矮禾草组	C. 矮禾草组		
	6. 紫花针茅、羊茅	紫花针茅、羊茅	199. 紫花针茅、小莎草	16. 紫花针茅、小莎草		
	7. 香柏-紫花针茅、高山嵩草	紫花针茅、高山嵩草				
	Ⅴ．高寒草原类	Ⅴ．高寒草原类				
	C. 矮禾草组	C. 矮禾草组				
	8. 红花蔷薇-紫花针茅、白草	紫花针茅				
	9. 小蘗-紫花针茅、白草					

续表 6.6.1

调查精度(比例尺)	1∶10万	1∶25万	1∶100万	1∶200万	1∶400万	1∶1 000万
林周县范围内的草地类型	XV. 低平地草甸类	XV. 低平地草甸类			16. 高寒草甸类	17. 高寒草甸类
	(Ⅳ)低地沼泽化草甸亚类	(Ⅳ)低地沼泽化草甸亚类				
	E. 大莎草组	E. 大莎草组				
	10. 无脉苔草、高山嵩草	无脉苔草				
	XVII. 高寒草甸类	XVII. 高寒草甸类	XVII. 高寒草甸类	XVII. 高寒草甸类		
	(Ⅰ)高山高寒草甸亚类	(Ⅰ)高山高寒草甸亚类	(Ⅰ)高山高寒草甸亚类			
	C. 矮禾草组	C. 矮禾草组	C. 矮禾草组			
	11. 高原早熟禾、高山嵩草	高原早熟禾、高山嵩草	726. 高原早熟禾、高山嵩草			
	G. 杂类草组	G. 杂类草组				
	12. 鹅绒委陵菜、高原早熟禾、高山嵩草	鹅绒委陵菜				
	F. 小莎草组	F. 小莎草组	F. 小莎草组			
	13. 高山嵩草	高山嵩草	731. 高山嵩草	68. 高山嵩草		
	14. 高山嵩草、钉柱委陵菜					
	15. 高山嵩草、圆穗蓼	高山嵩草、圆穗蓼	735. 高山嵩草、圆穗蓼	69. 高山嵩草、圆穗蓼		
	16. 高山嵩草、乳白香清	高山嵩草杂类草	736. 高山嵩草杂类草	70. 高山嵩草杂类草		
	17. 高山嵩草、走茎苔草		737. 具灌木的高山嵩草			
	18. 高山柳-高山嵩草					
	19. 小蘗-高山嵩草					

续表 6.6.1

调查精度（比例尺）	1∶10 万	1∶25 万	1∶100 万	1∶200 万	1∶400 万	1∶1 000 万
林周县范围内的草地类型	20. 小叶杜鹃-高山嵩草 (Ⅲ)高寒低地沼泽化草甸亚类 E. 大莎草组 21. 西藏嵩草	小叶杜鹃-高山嵩草		77. 杜鹃高山嵩草	16. 高寒草甸类	17. 高寒草甸类
	ⅩⅧ. 沼泽类	ⅩⅧ. 沼泽类				
	G. 杂类草组	G. 杂类草组				
	22. 灯心草、无脉苔草	灯心草				
资料来源	唐启孟等.《西藏拉萨市林周县草地资源》	唐启孟、苏大学等.《1∶25 万西藏拉萨市草地类型图》	苏大学.《1∶100 万中国草地资源图》	苏大学、崔恒星.《1∶200 万西藏自治区草地资源图》	苏大学.《1∶400 万中国草地资源图》	苏大学.《1∶1 000 万中国草地类型图》

注：表中的草地类型编号均取自原资料成果中的编号。

林周县属于西藏自治区拉萨市，1988 年完成县级草地资源调查，按照著者 1987 年制订的《西藏自治区草地类型分类系统（初稿）》进行草地类型分类。林周县的高原面位居高寒草甸带向高寒草甸草原带过渡的过渡区，低海拔河谷区为干旱温性草原区，还有小块隐域性低地草甸和沼泽分布。县级分类系统共划分为高寒草甸类、高寒草甸草原类、温性草原类等 6 个类 10 个草地组 22 个草地型。

1. 由 1∶10 万比例尺分类系统整编为 1∶25 万比例尺分类系统

用林周县 1∶10 万调查精度分类系统，缩编为 1∶25 万比例尺精度的拉萨市草地类型图分类系统，进行了如下升级整合：

（1）“21. 西藏嵩草高寒低地沼泽化草甸亚类”因分布的最小图斑面积＜125 hm^2，被取消。属于以大吃小合并。

（2）“1. 白草型和 2. 白草、紫花针茅型”合并提升为白草型。属于近似合并。

（3）“3. 固沙草型和 4. 砂生槐-白草型”系分布于农耕地外围的小块草地，分布面积 20～200 hm^2 之间，邻近县其他类似地段还有固沙草、沙蒿型和白草、钉柱委陵菜型等小块草地分布。将这些生境条件基本一致但优势种有差异的小块草地，组合成新的面积大的草地类型。属于聚众冠新式合并。

（4）“8. 红花蔷薇-紫花针茅、白草型和 9. 小蘖-紫花针茅、白草型”，景观灌木不同，但草本层优势种相同，合并为以草本层优势种紫花针茅冠名的草地型。属于求同合并。

（5）“10. 无脉苔草、高山蒿草型”的次优势种高山嵩草命名被取消，提升为综合程度更高的“无脉苔草型”低地沼泽化草甸亚类。属于近似合并。

(6)“12. 鹅绒委陵菜、高原早熟禾、高山嵩草型”的次优势种高原早熟禾、高山嵩草之命名被取消，保留鹅绒委陵菜杂类草组，与拉萨市其他县的同类鹅绒委陵菜型草地合并。属于近似合并。

(7)“14. 高山嵩草、钉柱委陵菜型、16. 高山嵩草、乳白香青型和 17. 高山嵩草、走茎苔草型”，3 个“型”的第一优势种相同，将 3 个型合并为“高山嵩草杂类草型”。属于近似合并。

(8) 将分布面积较小的“18. 高山柳-高山嵩草型、19. 小蘗-高山嵩草型”并入面积大的“20. 小叶杜鹃-高山嵩草型”。属于以大吃小式合并。

(9)“22. 灯心草、无脉苔草型”中的次优势种无脉苔草型被取消命名，提升为综合程度更高的“灯心草”沼泽类。属于近似合并。

2. 由 1∶25 万比例尺分类系统整编为 1∶100 万比例尺分类系统

由 1∶25 万比例尺分类系统整编为 1∶100 万比例尺分类系统，进行了如下的合并、升级：

(1)“Ⅴ. 紫花针茅高寒草原类”被取消，并入“Ⅳ. 高寒草甸草原类”。属于求同合并，也可以认为是以大吃小式合并。在林周县境内，高寒草甸草原类属于高原面上的过渡类型，湿润度 0.6～1.0，分布面积较大。高寒草原类则是在高寒草甸草原类地带范围内，分布于某些特别陡峻、土壤滞水条件差、特别干燥的阳坡局部地段，分布面积＜400 hm^2，小于最小图斑面积，湿润度＜0.6，与高寒草甸草原类的生境条件有差异。但两个草地“类”主要优势种牧草相同，故而将紫花针茅高寒草原类并入高寒草甸草原类。

(2)“ⅩⅤ. 无脉苔草低平地草甸类”因分布面积小于最小图斑面积(400 hm^2)，且无脉苔草沼泽化草甸畜牧业利用价值低而被取消，就近并入周围的其他草地类型。属于以大吃小式合并。

(3)“ⅩⅧ. 灯心类沼泽类” 因分布面积＜400 hm^2，小于最小图斑面积，且灯心草沼泽，几乎没有畜牧业利用价值而被取消，就近并入周围的其他草地类型。属于以大吃小合并。

(4) 将“紫花针茅、羊茅型和紫花针茅、高山嵩草型”合并为“紫花针茅、小莎草型”。这两个草地“型”主要优势种相同，拉萨市其他县还有紫花针茅、线叶嵩草型，紫花针茅、青藏苔草型等类型，故而合并冠以“紫花针茅、小莎草型”。属于近似合并。

从 1∶25 万比例尺分类系统整编为 1∶100 万比例尺分类系统，林周县境内，独立图斑相当于地面面积＜400 hm^2 的低地草甸类、沼泽类和高寒草原类 3 个非主流草地类被合并掉。

以上“整编实例”中的草地“型”和表 6.6.1 中的草地“型”，均系执行 1988 年《中国草地类型的划分标准和中国草地类型分类系统》规定进行的命名。按著者新的完整草地分类系统衡量，上述林周县 1∶10 万比例尺精度的草地“型”，应为“微型”，而拉萨市 1∶25 万比例尺精度的草地“型”，应为“亚型”。

3. 用 1∶100 万比例尺分类系统整编为 1∶200 万比例尺分类系统

用 1∶100 万比例尺分类系统整编为 1∶200 万比例尺分类系统，只有一项合并，将“91. 固沙草、白草型”并入“白草型”。第一优势种不同，但有共同优势种。属于求同式合并。

4. 用 1∶200 万比例尺分类系统整编为 1∶400 万和 1∶1 000 万比例尺分类系统

用 1∶200 万比例尺分类系统整编为 1∶400 万和 1∶1 000 万比例尺分类系统，因 1∶400 万和 1∶1 000 万比例尺草地类型图最小图斑面积已大于 6 400 hm^2，在林周县境内，＞6 400 hm^2 呈不间断、连片分布的草地，只有高寒草甸类。因此，该县除高寒草甸类外的其他草地类均被取消，缩编过渡图上的其他草地类就近并入高寒草甸类。

6.6.4 草地类型划分常见的误区

6.6.4.1 混淆草地与非草地的区别

将非草地——高山流石滩植被和高山垫状植被，划分为高寒草甸类、高寒荒漠类草地。

高山流石滩植被是指高山草地带以上永久雪线以下，处于冰雪冻融带，由稀疏适冰雪植物、垫状植物组成的植被。大多为不可食植物，只有少量胎生早熟禾、小型蒿草等饲用植物，具有先锋群落性质，不属于永久性草地。多见于冻融交替的碎石滩上，地形复杂的陡坡地段，有时也向下延伸进入高寒草地区。

高山垫状植被，分布于大陆性高山、高原区（非海洋性冰川区）的碎石质、粗骨质、极高海拔地段的一种稀疏垫状植被。位居高山草地带之上，或与高山草地同海拔高度的碎石质陡坡、强石质化基质或原始高山土壤的地段。植被稀疏，垫状植物占优势，大多数为非可食植物，具有高山先锋植被意义。常见的有垫状蚤缀垫状植被、点状点地梅垫状植被等。

高山流石滩植被和高山垫状植被分布于青藏高原、新疆北部西部山地、帕米尔高原等高海拔区。全国首次草地调查，有些地方混淆了上述两种植被与永久性天然草地的区别，将它们视为草地，扩大了草地的范围。其典型事例有：将甘肃甘南州的流石滩植被划分为高寒荒漠草地。高寒荒漠类草地是高寒草地系列中最干燥的草地类型，年降水量<100 mm，位居极端干旱的青藏高原西部。高寒荒漠草地分布的最东界为阿尔金山以东的哈拉湖。甘南州在阿尔金山以东数百千米，年降水量 500～700 mm，高寒地带性草地为高寒草甸类，不会出现地带性高寒荒漠类草地。但某著作的甘南片作者认定甘南州有 18 927 hm^2 高寒荒漠类草地，显然是违反草地自然分布规律的草地分类。

6.6.4.2 忽略地带性草地与隐域性草地的区别

(1) 某 1∶100 万中国自然资源图的 M50 满洲里幅，将海拉尔河入呼伦湖的河口区低湿地草甸中的红砂(*Reaumuria soongorica*)低地盐化草甸，定性为红砂盐生荒漠。混淆了低地草甸和荒漠的本质差异。红砂盐化草甸与红砂盐土荒漠，虽然建群种植物相同，土壤都含盐，但其草地性质截然不同，前者极干燥，后者富含水分。盐漠分布于极干旱荒漠区，而呼伦湖位于典型草原区，距西部荒漠区近 1 000 km。

(2) 某著作将芦苇盐生低地草甸亚类等同于盐土荒漠亚类，忽略了两者地下水位埋深和是否短暂季节性积水的差异，混淆了盐化草甸土和有钙层淀积的盐漠土的本质差异。虽然两者的土壤都含盐，但前者是内陆盐渍化低地草甸，受地下水位高或地表水潴留影响形成的隐域性草甸，系草甸土；而后者是地带性极干旱荒漠，属荒漠盐土，其草地本质是荒漠。

6.6.4.3 忽略草地热量垂直带差异

山地垂直带草地类型未按热量带划分，甚至出现错误。

(1) 20 世纪 80 年代初期，我国首次开展南方草地资源调查，对南方山地草地类型认识不足。调查初始，南方山地草地按热性草丛类、热性灌草丛类和热性疏林类 3 种草地类划分。没有注意到亚热带的云南高原、鄂西山地、湘西山地、川西和川北山地非热性草地类型的划分。著者在《贵州草地》一书中，划分了温性山地草甸类，但顾及没有全国统一规定，而没有划分黔西北亚热带山地暖温带，将亚热带山地暖温带草地命名为“中山灌草丛组”或“中山疏林草地组”。1988 年以前出版的南方草地资源调查专著，均没有从山地热量带角度衡量，没有将亚热带山地中的山地暖温带次生草地视作暖性灌草类或暖性草丛类进行分类。直到 1989 年，著者完成西藏草地调查，在藏东南和喜马拉雅山东段南坡亚热带高大山地中，将山地暖温带热量带视为“类”一级分类指标，开始在西藏草地分类和1∶100万中国草地类型图成都幅试编中，从亚热带高大山地中，划分出山地暖性草丛类等山地暖温带草地类型。

(2) 某著作中列出了甘肃省甘南藏族自治州的草地类型，其中高寒草原类325 323 hm^2(488万亩)[55]，相当于该州一个中等县的幅员土地总面积。甘南州位居青藏高原东北部，气候较湿润，高原面和高山亚寒带为高寒草甸和亚高山草甸带，没有高寒草原类分布。甘肃省饲草饲料技术推广总站、甘南藏族自治州草原工作队，经过调查，1984年撰写的《甘肃省甘南藏族自治州天然草场调查报告》(油印稿)也没有认可甘南州有高寒草原，仅在北部大夏河、洮河河谷及干燥阳坡地段分布有少量温性草原。某专著认定甘南州有如此大面积高寒草原类的原因之一，就是忽视了山地垂直热量带，将部分温带山地草原上升为高寒草原带的结果。

6.6.4.4 **用特征种牧草单因素分类取代多因素草地发生学分类**

南欧法瑞学派(苏黎世-蒙彼利埃 Zurich-Montpelier)对植物群落的分类，强调植物的种类成分，根据特征种和区别种来辨别植物群落。“能够反映生境(气候或土壤)的特征，而在群落中不一定占优势的植物称标志种或指示种。热带雨林和热带常绿季雨林等建群种和优势种不明显的植被，可以试用标志种来划分”[23]。全国首次草地调查的外业和内业工作均已采用优势度值评定草地群落，不能再用另外一种分类体系的标志种进行草地类型分类。忽略草地类型的水热条件、地形、土壤、植被综合性特征发生学分类，仅用单一标志种牧草划分草地类型，特别是用广域性牧草单因素分类时，最容易引发错误。典型事例如下：

(1) 认定白羊草(*Bothriochloa ischaemum*)系暖性草丛类和暖性灌草丛类草地的建群种，将伊犁河谷白羊草温性山地草甸冠名为暖性草丛类。

(2) 认定白茅(*Imperata cylindrica* var. *major*)是南方热带、亚热带热性草丛类和热性灌草丛类的地带性建群种，将华北暖温带的白茅草地冠以热性草丛类草地。

(3) 认定唐古特红景天(*Rhodiola algida* var. *tangutica*)是高寒荒漠类草地的建群种，将甘肃、青海唐古特红景天流石滩垫状植被认定为高寒荒漠类草地。

(4) 认定针茅是草原种，见针茅就划草原。四川省阿坝州和甘肃省甘南州一些利用过度、有退化现象的山地草甸和高寒草甸，出现少量针茅侵入。某著作将这种有针茅侵入的“异针茅＋线叶嵩草＋珠芽蓼草场型”等亚高山地草甸认定为针茅草原，忽略了草甸与草原的本质差异。

6.6.4.5 **忽略制约草地类型分类的土壤因素**

(1) 混淆内陆盐化草甸亚类与海涂盐生草甸亚类的差异。

(2) 将青藏高原阿里地区赖草、芦苇盐化低地草甸等同于西藏昌都地区东部低湿地草甸。后者为不含盐的草甸土。

6.6.5 正确使用“四度一量”法进行草地类型分类

(1) 前已述及，“四度一量”法的相对高度值命名低矮的小型嵩草高寒草甸不合适。在西藏修改“四度一量”法之前，各省进行的草地调查均按“四度一量”法执行。青藏高原东部，年降水量＞500 mm地带性草地，属于亚高山草甸类和高寒草甸类。但在一些利用过度、陡峭阳坡和相对干燥的河谷地段，有几种略喜湿的针茅侵入低矮的小型嵩草草甸群落，如丝颖针茅、异针茅、疏花针茅。对于低矮的小型嵩草高寒草甸群落而言，针茅的相对高度值特别大，相对重量值也在小型嵩草草甸中占有一定比例，从而致使针茅能参与草甸群落的命名。

我国首次全国草地调查某技术规程规定，草地型优势种“取优势度达60%以上的植物种来命名，如果有两种植物的优势度都达到60%以上，则取两种植物来命名草场型，并且以优势度大者放在前面”[56]。此规定把“四度一量”命名群落的方法，变成了用“四度一量”法命名草场型。根据这一规定，甘肃省饲草饲料技术推广总站和甘南藏族自治州草原工作队，1984年编著的《甘肃省甘南藏族自治州天然草场调查报告》(油印稿)中表3.1甘南藏族自治州草场分类系统，在亚高山草甸中划分出3个含异针茅的草场型。记载如下：

“Ⅱ. 亚高山草甸类　1. 阳坡禾草草场组　(1) 异针茅+硬质早熟禾草场型

(2) 异针茅+线叶嵩草+珠芽蓼草场型

2. 滩阶地禾草草场组(2) 异针茅+矮生嵩草草场型”

四川省畜牧局编著、1989年出版的《四川草地资源》[14]，按上述规定制定的四川天然草地类型分类系统，在高寒草甸类中划分出含丝颖针茅、异针茅的草地型。记载如下：

“Ⅰ. 高寒草甸草地类

2. 禾草、杂类草草甸草地组

(7) 丝颖针茅、异针茅、禾草、杂类草草甸草地”。

上述草地分类对草地类和草地组的划分很准确。但是，1992年出版的某著作中，甘南片草地的作者和阿坝片草地的作者，认定以针茅为优势种就是草原，采用特征种牧草单因素分类，取代植物-生境多因素发生学分类法，将上述甘南州含异针茅的亚高山草甸类划定为高寒草原类；将上述阿坝州含丝颖针茅、异针茅的高寒草甸类划定为高寒草甸草原类。实际上甘南州不存在高寒草原类，阿坝州更不存在任何干旱草原。由于“四度一量”法的规定和使用方法不够完善，致使将小型嵩草草甸群落命名为针茅草甸群落，进而又将针茅草甸群落认定为干旱草原，最终形成违背自然规律的结论，将草甸定性为草原，将我国高寒草原的分布东界向东推进了200～400 km。

(2) 小型嵩草高寒草甸和小型嵩草亚高山草甸中，有些类型含阔叶杂类草成分较多，有些类型因利用过度而退化，不可食草和毒草成分增加。按传统植被群落调查法定性，它们无疑是小型嵩草草甸。但使用“四度一量”法进行群落调查定性，由于其中高大的阔叶杂类草、不可食草、毒草的相对高度值，相对重量值较大，导致原本处于伴生种或次优势种地位的绿绒蒿、大黄、囊吾、黄总花等上升为共优种甚至优势种，进而参与小型嵩草草甸群落命名，进而将小型嵩草亚高山草甸和小型嵩草高寒草甸命名为不可食草或毒草杂类草草甸。致使草地的冠名定性不符合草地固有的自然属性和经济特性。

参考文献

[1] 王栋．草地管理学，北京：畜牧兽医图书出版社，1955.

[2] 中国科院新疆综合考察队，中国科学院植物研究所．新疆植被及其利用．北京：科学出版社，1978：313-330，67-74，273-279.

[3] 贾慎修．关于中国草场的分类原则及其主要类型特征．植物生态学与地植物学丛刊，1964，2(1)：32-39.

[4] 贾慎修．中国草原类型分类的商讨．中国草原，1980(1)：1-11.

[5] 中国科学院内蒙古宁夏综合考察队．内蒙古自治区及其东西部毗邻地区天然草场．北

京:科学出版社,1980:44-49,1.
[6] 任继周,胡自治,牟新待.我国草原类型第一级一类的气候指标.甘肃农业大学学报,1965(2).
[7] 任继周,胡自治,牟新待,等.草原的综合顺序分类及其草原发生学的意义.中国草原,1980(1):12-24.
[8] 许鹏.中国草地分类原则与系统讨论.四川草原,1985,5.
[9] 苏大学.中国南方天然草地类型分类的探讨.自然资源,1986(2):37-42.
[10] 苏大学,薛世明.西藏自治区草地资源.北京:科学出版社,1994:118-121.
[11] 梁祖铎,等.江苏省滨海草场的类型与开发利用.南京农学院学报,1984(4).
[12] 苏大学.贵州草地.贵阳:贵州人民出版社,1987:57-62,71-80.
[13] 湖南省畜牧局.湖南草地资源与利用.长沙:湖南科学技术出版社,1986.
[14] 周寿荣.四川草地资源.成都:四川民族出版社,1989:92-109,113-115,51.
[15] 武丕琼.云南草地资源.贵阳:贵州人民出版社,1989.
[16] 许鹏.新疆草地资源及其利用.乌鲁木齐:新疆科技卫生出版社,1993.
[17] 陈唯真.山东省鲁中南山地丘陵草场的类型及开发利用.山东农学院学报,1982(2).
[18] 河北省畜牧水产局.河北草地资源.石家庄:河北科学技术出版社,1990.
[19] 河南省畜牧局.河南草地资源.郑州:河南科学技术出版社,1987.
[20] 吴孤樵.辽宁草地.沈阳:辽宁大学出版社,1990.
[21] 殷世杰.陕西草场资源.西安:陕西人民出版社,1989.
[22] 中国植被编辑委员会.中国植被.北京:科学出版社,1980:154-156,578-582,513,629-630.
[23] 侯学煜.中国植被地理及优势植物化学成分.北京:科学出版社,1982:31-33,37-39.
[24] 钱崇树,吴征镒,陈昌笃.中国植被的类型.地理学报,1956,22(3):66-75.
[25] 内蒙古草场资源考察队.内蒙古草场资源遥感应用研究Ⅰ.呼和浩特:内蒙古大学出版社,1987:186-187,161.
[26] 祝廷成.试论我国草原的分类、分布及基本特征.吉林师范大学学报,1963(1):95-109.
[27] 史志诚.陕北森林草原区的植物群落类型-Ⅰ.疏林草原和灌木草原.中国草原,1982(2):1-4.
[28] Harrington C N et al. Management of Australia's Rangeland. The Commowealth scientific and Industrial Research Organization,1984
[29] 苏大学.澳大利亚新南威尔士州的草地及管理.国外畜牧学—草原与牧草,1987(5):52-54.
[30] Lauren Brown. The Audubon Society Nature Guides—GRASSLANDS. New York: Chanticleer Press,Inc,1989:510-512.
[31] 胡自治.草原分类学概论.北京:中国农业出版社,1997:183-186,232,241-242.
[32] 苏大学.1∶100万中国草地资源图的编制与研究.自然资源学报,1996(1):75-83.
[33] 苏大学.1∶400万中国草地资源图的编制.草地学报,1996,4(4):254.
[34] 中国科学院青藏高原综合科学考察队.西藏气候.北京:科学出版社,1984:144-145.
[35] 中国自然资源研究会教育工作委员会.自然资源简明词典.北京:中国科学技术出版社,1993:175-176.
[36] 中国牧区畜牧气候区划科研协作组.我国主要牧区牧业气候区划中水分指标的探讨//中国

农业气候资源和农业气候区划论文集．北京：气象出版社，1986，191-196.
[37] 许鹏．草地资源调查规划学．北京：中国农业出版社，2000：46.
[38] 中国科学院青藏高原综合科学考察队．西藏草原．北京：科学出版社，1992：17-19.
[39] 侯光良，李继由，张谊光．中国农业气候资源．北京：中国人民大学出版社，1993：157-160.
[40] 李继由．气候资源考察研究四十年//中国科学院国家计划委员会，自然资源综合考察委员会编．自然资源综合考察研究四十年．北京：中国科学技术出版社，1996，33.
[41] 中国科学院内蒙古宁夏综合考察队．内蒙古自治区及其东西部毗邻地区气候与农牧业的关系．北京：科学出版社，1976.
[42] 德米特里耶夫 A M. 草地经营与草地学基础．蔡元定，章祖同译．北京：财政经济出版社，1955.
[43] 甘肃农业大学．草原学．北京：农业出版社，1961.
[44] Xu Peng. The Economic Grops of Grassland Plants in Xinjiang Proceeding of XⅥ International Grassland Congress (1)，1989：1411-1412.
[45] 中华人民共和国农业部畜牧兽医司，全国畜牧兽医总站．中国草地资源．北京：中国科技出版社，1996：83-89，147-152，359-395.
[46] 富象乾，等．中国北部天然草场饲用植物经济类群划分的初步方案．中国草原与牧草，1984：2-3.
[47] 苏大学．1：100 万中国草地资源图编制规范．北京：中国地图出版社，1991：附录 1-24.
[48] 许鹏．中国草地资源类型划分刍议//中国草学会六届二次会议暨国际学术研讨会论文集. 北京：草业科学编辑部，2004：42.
[49] 雍世鹏．中华人民共和国自然地图集生物图组典型区域植被图(2)—“锡林郭勒”幅说明(比例尺 1：2 000 000)//国家地图集编纂委员会．中华人民共和国国家自然地图集”地图说明．北京：地图出版社，1966：279-282.
[50] 侯学煜．1：400 万中华人民共和国植被图简要说明．北京：地图出版社，1979.
[51] 苏大学．1：1 000 万中国草地类型图//国家自然地图集编纂委员会．中华人民共和国国家自然地图集．北京：中国地图出版社，1999：171-172，272.
[52] 苏大学．草地资源分类系统与评价//孙鸿烈．中国自然资源综合科学考察与研究. 北京：商务印书馆，2007：378-379.
[53] GB/T 21010—2007 土地利用现状分类．北京：中国标准出版社，2007：2.
[54] Su Daxue. Compilation and Study of Grassland Resource Map of China (Scale-1：1 000 000) (A)//The XⅥ International Grassland Congress(C). France，Nice，1989：1395
[55] 北方草场资源调查办公室．中国重点牧区草地资源及其开发利用．北京：中国科学技术出版社，1992：227-229，246-248.
[56] 北方草场资源调查办公室．草场资源调查技术规程．北京：中国农业科技出版社，1986：7，19-20.

第7章

草地资源地图编制

摘要:本章详细阐述了草地实地调绘制图、编绘制图、系列制图、草地资源地图集的编制技术。介绍了草地图的制图内容、比例尺及精度、常用的制图方法。解释了草地类型分类系统与草地图例系统的区别、制图单位与最小图斑面积的规定。叙述了基础底图对地理要素与现势性的要求、地理底图编制要点。详述了县级大比例尺草地实地调绘成图程序,草地遥感图的调绘、转绘,图例系统的制定。记述了按隐域性草地—水平地带性草地—山地垂直带草地的先后顺序编制县级草地类型图的方法,草地图斑分割与山地垂直带草地的编绘技术。叙述了采用实地调绘与编绘相结合方式编绘中比例尺草地类型图、草地等级图和草地利用性状图的编绘方法。详述了中小比例尺草地类型图的编制步骤、缩图与缩编技术,制图综合、取舍、图幅拼接方法。叙述了采用相同的信息源、地理底图、相同的误差控制、统一的高级地类界线、有联系的分类系统,编制草地图的系列制图技术,系列制图的图种协调、纵向与横向协调、精度协调方法。叙述了统一制图内容、表现方法、地理底图,统一编制方法、设色与图面设置的草地地图集编制要点。叙述了地图制印过程中,草地图的设色与分版设计、总色样图与分色样图的制作。

7.1 草地资源地图概述

地图是由各种地物的几何图形组成的图件。地图分为普通地图和专题地图两大基本类型:普通地图泛指表现自然和社会经济一般特征的地形图;专题地图指采用专用图像符号系统,表现某种或某几种自然经济现象为主题的地图。草地资源地图是一种专题地图。

7.1.1 草地资源地图

用地图形式表现某一地域范围内草地资源数量、质量、分布、利用、保护等内容的专题地图称草地资源地图。草地资源图是用于草地面积量算、获取草地载畜量、了解草地空间分布与结构、规划草地畜牧业建设项目、设置草地自然保护区、划分草地权属及各种利用界线等不可缺少的手段。草地资源图为草地畜牧业区划与配置、草地改良、国土整治、草地畜牧业生产管理提供科学依据[1]。

草地资源图的种类较多。按制图对象可以分为只表现某一专项草地资源要素的单项草地资源图和表现多项草地资源要素的综合草地资源图。

单项草地资源要素图有草地类型图、草地评价图、草地利用现状图、退化草地图、草地载畜量分布图、草地区划图等。其中草地类型图是基本图种,其他单要素草地图,如草地评价图、利用现状图等,可以利用草地类型图进行编制。

多项要素综合草地资源图,如《1∶100 万中国草地资源图》,它表现草地类型、草地等级、草地自然保护区、草地利用性状和改良草地等多项内容。

草地类型图的制图对象为草地类型。草地类型发育、形成于一定的自然条件下,内含以水热为中心的气候、土壤、植被等固有特征。其中草地植被是草地类型中表现最直观、变化最迅速的要素,又是最为重要的利用要素,成为草地类型图中首要表现内容。所以,常常有人将草地植被类型图简称为草地类型图。草地类型图包含有草地植被类型图的部分内容,但是不等于草地植被类型图,二者的区别如表 7.1.1 所示。

表 7.1.1　草地资源图与草地植被类型图的区别

项目	草地植被图	草地资源图
表现内容	草地植被类型	1. 资源性质:草地植被类型 2. 资源质量:草地质量、品质 草地第一性生产力 草地经济利用性状(可用性) 资源结构(在图面积说明书中表示) 3. 资源数量:面积、载畜能力(用草地级推算) 4. 资源的评价结果 5. 改良草地
分类系统	按植被群落结构分类, 不区分可食与不可食牧草	1. 按植被群落结构分类 2. 按草地经济类群分类 3. 不可食草组成的类型不表示 4. 按草地利用性状、放牧季节分类 5. 按品质和第一性生产力分类(植被类型相同、产草量不一致,区分为不同等级类型)
图斑分割	按植被群落性质分割图斑,如金沙江两岸相同的植被类型可以用一个图斑表现	1. 按植被性质分割图斑 2. 按草地经营单位分割图斑,图斑不能夸越深切河谷和高海拔山脊线 3. 按草地利用性状分割图斑

地图的详尽程度与精确度按比例尺衡量,普通地图按比例尺通常分为大、中、小 3 种比例尺:小于 1∶100 万为小比例尺,1∶(10 万～100 万)为中比例尺,大于 1∶10 万为大比例尺。不同比例尺的地图所表示对象的等级也不同。大比例尺地图上可以详细地表示出植物种和植

物群落；在中比例尺地图上，必须改而表示群丛和群丛组；而在小比尺地图上，则要表示大的植物群系、群系纲和植被型[2]。可见，地图比例尺不仅确定地图的详细程度和精度，还间接地规定了地图内容的繁简特征。

按专题图的成图比例尺，可区分为大比例尺、中比例尺、小比例尺 3 种不同精度、不同用途的图，大、中、小比例尺的规定不尽相同。土地利用图，尤其是涉及土地权属调查的农用地利用现状图，要求图面内容详细，图斑面积小，所以土地利用图中的大、中、小 3 种比例尺图，其比例尺都偏大。景观图以自然景观为制图对象，自然条件因素综合程度高，图面内容较简单，图斑面积偏大，所以景观类型图的大、中、小 3 种比例尺都偏小。草地资源图，其制图对象主要是天然草地，大多分布于耕地和人口稀少的地区，其图面内容的丰富程度、图斑面积的大小与数量，介于土地利用图和景观图之间，所以大、中、小 3 种比例尺类型图的比例尺，介于土地利用图和景观图之间。表 7.1.2 为几种专题图比例尺种类的划分规定。

表 7.1.2 几种专题图比例尺种类的划分

种　类	大比例尺图	中比例尺图	小比例尺图
中国土地利用现状图[3]	>1：1 万	1：(1 万～10 万)	<1：10 万
前苏联土壤图[4]	>1：5 万	1：(5 万～30 万)	<1：30 万
美国土壤图[4]	>1：6.25 万	1：(6.25 万～50 万)	<1：50 万
中国草地资源图[5]	>1：10 万	1：(10 万～50 万)	<1：50 万
中国景观图[6]	>1：10 万	1：(10 万～100 万)	<1：100 万

大比例尺(>1：5 万)草地资源图精度高、表现内容详尽，多用于县、乡、牧场辖区范围内的草地畜牧业生广。小比例尺(<1：50 万)草地资源图概括程度高，精度较低，表现草地分布规律，用于省级和大流域范围甚至全国范围内的草地区划。中比例尺(1：(5 万～50 万))草地图，其精度和表现内容的详细程度介于大比例尺图与小比例尺图之间，多用于地区和省辖范围的草地畜牧业生产管理与规划。

按成图方法可以将草地图区分为两大类。一类为利用航卫片、地形图，经过实地调绘编制成的草地图；一类为利用现有图件、资料，在室内编制而成的草地图。大、中比例尺草地类型图、退化草地图、草地利用现状图多为实地调绘图。草地等级图、草地区划图、草地载畜量图、小比例尺草地图一般为编绘图。

7.1.2 草地图发展过程

专题地图渊源于农业生产，古代巴比伦和埃及测制了农田水利图，我国商周时期也编有土地图。1973 年，我国在长沙马王堆汉墓中发现了距今 2 100 多年前的汉代驻军图、城邑图，这可能是我国最早的专题地图[7]。

7.1.2.1 科学技术的发展成就了草地制图

草地植被表示在地图上，始于 15 世纪中叶。16 世纪末，俄国莫斯科地区地图表现了森林和草地，18 世纪，法国的地图上除表现了杨树等树种外，还表现了蘼草、芦苇沼泽。当时只是把地图当作一种载体，多半是为军事服务目的把植被、草地、沼泽等内容而见著于地图上，相当于现代地图上标注的专题符号。鉴于没有在地图上表示植被、草地、沼泽的分布边界，这种地图还不能称为植被图，也不能称为草地图或沼泽图。1898 年德国植物学家发布了世界第一张具有现代地图意义的世界植被图[8]，图中表示了热带雨林、常绿阔叶林、针叶林等森林植被。同一时期，法国、俄国、瑞士等国都发表了一些植被地图。当时的植被制图还处于初始阶段，森林植被、草地植被、沼泽植被都只限于简单的高级分类单位，制图精度也不高。

20 世纪初至 20 世纪中期，植被制图技术渐趋成熟，天然草地作为一种植被类型被列为制图对象，编制了天然草地图。当时，美国在中、西部草原区，前苏联在中亚草原地区，编制了一些不同区域的中、小比例尺草场植被类型图。

测绘技术、大地测量技术与空间遥感技术的发展成就，大大推进了地理制图技术的发展。

第二次世界大战期间，用于军事目的航空摄影与测量技术得到飞速发展，应用航空照片判读技术被用于地理制图，大大提高了地理制图的精确度，加快了地理制图的野外调查进度，缩短了成图周期。20 世纪 50 年代末，我国应用黑白航片判读辅助制图技术，在内蒙古、新疆、甘肃等地，编制了一批中、大比例尺草场类型图。如 1∶20 万锡林郭勒草原图[9]、伊犁地区和天山北坡若干 1∶5 万国营牧场草地植被图。

20 世纪 60 年代以后，彩色摄影处理技术用于航空摄影，出现了彩色航空像片和彩红外航片，精确的雷达测量技术得到应用，大大提高了航摄资料的分辨率。各种高精度的专题地图，包括草地植被图、草地类型图应运而生。我国应用彩色红外航空遥感技术，对天津市的土地资源进行了全面调查，完成天津市所辖各县 1∶5 万草场类型图和 1∶5 万草场等级图，进而缩编完成 1∶10 万天津市草场类型图和天津市 1∶10 万草场等级图[10]。20 世纪 60 年代中期，空间技术迅速发展，军事侦察卫星、气象卫星、地球资源卫星等各种遥感卫星相继被送入太空。人们的视野扩大了，过去地面调查难以全面观察到的地球表面植被组成，可用陆地遥感卫星影像快速实现。采用遥感卫星影像进行草地资源调查和制图，实现了草地资源制图的革命性变化，草地制图技术达到新的高度。

20 世纪 70 年代，计算机图像处理技术快速发展，草地图编制开始采用地面信息与遥感图像计算机处理相结合的技术方法，按综合遥感影像类型边界，在计算机屏幕上勾绘草地类型边界，实现人机对话编图。此种计算机辅助制图技术，大大提高了中比例尺草地图制图精度，进一步缩短了制图周期。

20 世纪 90 年代后，数字化遥感图像产生，地图计算机数字化技术成熟。在计算机屏幕上，调用数字化遥感影像，标绘图斑边界，对图斑实行拼接、裁剪、缩放、注记等操作，并可配合叠加有关地理信息系统和数据库，检索、调用相关的地形、海拔高度、降水量等自然要素，调用草地牲畜负载量、人口等社会经济要素，进行对比分析判读、成图，实现了全数字化计算机制图[11]。

7.1.2.2 草地类型分类方法的发展推动了草地制图

草地类型分类方法与技术的深入发展，推动了草地类型图和草地资源图制图水平的发展。

20 世纪初，美国创立了以气候类型为基础的顶级植被群落学说，促进了草地类型分类的深入发展，推动了天然草地植被的制图水平的提高。20 世纪 20～30 年代，根据 F. E. Clements 顶级植被分类标准，将美国天然草地划分为高草普列利、低草普列利、半荒漠、高山草甸、荒漠化稀树草原、沼泽等类型，编制成 1∶800 万美国植被图，该图被收进《美国农业地图集》，于 1924 年出版发表。但当时由于顶级植被群落学分类创立不久，缺少对深受土壤基质条件和人类活动因素影响下的植被类型分异的精确定义及相应的分类级[8]，进而影响中、下级植被的分类，难以产生包含中、下级分类单位的完善分类方案，致使中、大比例尺天然草地制图工作受到影响，延误了20世纪40～50年代美国中、大比例尺草地类型图编制工作的进展。

1945年第二次世界大战结束后，前苏联积极发展农业生产，开展了大规模自然资源综合考察和宜农土地资源调查，其间，植物地形学草地类型分类方法应运得到发展，趋于成熟。应用天然草地植物地形学分类法，在中亚地区和西伯利亚地区编制了一批中比例尺天然草地植被图和草场图。1954年И. А. 查岑肯提出了明确的植物地形学4级分类法[12]，并渐趋成为前苏联草地类型主流分类学派，推动了前苏联草地类型制图水平的发展。20世纪50年代末，苏联科学院科学家将该分类法引入到蒙古人民共和国，与蒙古人民共和国科学院合作，编制完成《1∶150万蒙古人民共和国植被图》[13]，其主要制图对象为天然草地。但该图直到1979年才正式出版。

法国蒙彼利埃大学的科学家，创立了植被类型数量分类法，学术界称之为法瑞学派分类。蒙彼利埃植被制图中心，应用法瑞学派的分类成果，1973年帮助突尼斯编制完成了1∶150万突尼斯草场图[8]。

7.1.2.3 **我国草地图的发展过程**

我国的草地资源研究从地植物学和地理学研究发展起来，草地制图是在1949年以后由地植物学家和地理学家开创。1956年，地植物学家李继侗完成呼伦贝尔盟陈巴尔虎旗谢尔塔拉牧场的草原调查，绘制了我国第一幅大比例尺草原图——1∶250 00陈巴尔虎旗谢尔塔拉牧场草原植被图[14]。

20世纪50年代，中国科学院组织了涉及有天然草地调查任务的黄河中游水土保持综合考察队、新疆综合考察队（中苏联合）、青海甘肃综合考察队（中苏联合），对我国北方的天然草地植被、草地资源进行综合调查，编制完成1∶150万新疆草场类型图[15]。与此同时，植物地形学草地分类法由中苏联合科学考察队中的苏联地植物学家和当年进入我国北方地区工作的苏联草原专家引入我国，促进了我国草原调查与草地制图工作。为规划、指导草地畜牧业生产发挥了积极作用。20世纪50年代后期，接受植物地形学草原分类法，在北方主要天然草地区编制完成如下一些草地图：

1959年，新疆牧场勘测设计队调查了伊犁地区和天山坡草地，绘制了1∶5万国营牧场草地（植被）图。

1959年，内蒙古畜牧厅草原管理局所属草原勘查队，对锡林郭勒盟全境的草场进行了调查。首次用航空照片判读，绘制了1∶20万锡林郭勒草原图[9]。

1959年，甘肃省畜牧厅，历经5年完成甘肃省2州5市共44个县的草地资源调查，绘制了1∶100万甘肃省草原分布图[16]。

进入20世纪60年代，利用地形图进行草地调查、编制草地图的方法逐渐成熟。随着区域性草地调查的开展，各地编制完成了一批不同比例尺的草地图。其中，1961—1965年，中国科学院内蒙古宁夏综合考察队完成内蒙古及毗邻地区草场调查，廖国藩等用地形图，参照黑白航片，经实地调查，编制了1∶50万内蒙古及毗邻地区草场类型图，影响面较大[17]。

1973—1977年中国科学院自然资源综合考察委员会、中国科学院地理所、南京土壤所和内蒙古大学等单位，组成黑龙江省荒地综合考察队，调查可供开垦的天然草地。重点考察了黑龙江省岭东大杨树地区和岭西呼伦贝尔盟（呼伦贝尔盟当年属黑龙江省管辖）的天然草地，编制了1∶50万呼伦贝尔盟草场类型图。

20 世纪 80 年代初期，国家科委和国家农委下达进行全国统一草地资源调查和编制 1∶100 万中国草地资源地图的任务。调查以省为单位进行，覆盖全国 95％的陆地面积，编制完成各省、自治区 1∶50 万草地类型图、草地等级图和草地利用现状图。除东部平原农区县外，全国大部分地区编制完成县级 1∶10 万（其中农业县 1∶5 万，牧业县 1∶20 万）、地区级 1∶20 万草地类型图、草地等级图和草地利用现状图。大部分省区主要采用地形图结合卫星影像为信息源，编制草地资源地图，西藏、宁夏、贵州、新疆则主要利用航卫片为信息源进行编制。这是我国至今最完整、覆盖面最广的草地资源制图。

1983—1986 年，以北京大学、内蒙古大学等 8 所高等学校为主，组成内蒙古草场资源考察队，利用 MSS 和 TM 卫星影像，开展内蒙古草场资源遥感调查，雍世鹏、李博、毛赞猷、崔海亭、史培军等完成内蒙古自治区各盟市 1∶(35 万～50 万)草场类型图，1∶50 万呼伦贝尔盟草原沙化现状图[18]。

1987—1990 年，开展"黄土高原地区资源与环境遥感调查和系列制图研究"项目，利用 TM 图像为基本信息源，结合进行地面实地调查，采用系列制图技术，编制一系列相关土地图。其中，苏大学等编制完成《1∶500 000 黄土高原地区草地资源图》[19]，1991 年由西安地图出版社出版。这是我国公开出版的第一幅跨省区中比例尺草地资源图。

20 世纪 80 年代末，进行全国首次草地资源调查成果汇总，成立草地资源地图制图组，负责编制 1∶100 万中国草地资源地图。1993 年，苏大学主编的《1∶1 000 000 中国草地资源地图集》[20]，由中国地图出版社出版。该图由省级中比例尺草地资源图缩编，以 10 万个野外调查测产样方为定性、定量依据，参考 TM、MSS 图像定位进行编制。该图首次完成 18 个类 21 个亚类 144 个组 813 个型 4 级分类的中国草地类型分类系统。该图突破传统的单要素成图法，采用多要素编制成图，同时表现草地类型、草地等级、草地利用性状。该地图集是国内外第一本国家级草地资源地图集，被国内外很多图书馆和大学收藏。以 1∶100 万中国草地资源地图为编图资料，苏大学主编了《1∶4 000 000 中国草地资源地图》[21]，1996 年由科学出版社出版。接着苏大学又编了《1∶10 000 000 中国草地类型地图》[22]，为中华人民共和国国家自然地图集收录，1999 年由中国地图出版社出版。以上 3 种比例尺中国草地图，是目前我国公开出版发行的唯一覆盖全国范围的草地资源地图。

1996 年，章祖同编了《1∶10 000 000 中国草地资源区划图》[23]，用作《中国草地资源》专著的附图。这是我国第一幅内容详细的全国范围的草地资源区划图。

7.1.3　草地图制图方法与制图精度

7.1.3.1　制图方法

草地地图编制可以归纳为以下 5 种基本制图法。

1. 野外调绘制图

利用航卫片和地形图为信息源，按照预先设计的制图规程，进行野外调查，通过实地勾绘、填图、采样、拍摄照片、草绘草地分布图、剖面图等工作，绘制草地图草图，然后在室内整理、加工，绘制成正式成图。按成图手段可分为如下两种调绘制图法。

（1）地形图制图法，是利用地形图为信息源，依据地形图上显示的地形、等高线、水系、地物特征点，勾绘地物轮廓边界。没使用遥感信息源手段的早期草地制图，均采用地形图制图法。

(2) 航卫片制图法，是利用航空照片和卫星遥感影像为信息源，依据影像的边界线和线状地物图形，勾绘地物轮廓边界。在航空像片和卫星影像片上，各种地物轮廓、线状地物、特征点，已经按航卫片的像元缩影在影像中。绘图方法由常规地形图绘图法采用的依据特征点勾绘，变成依据影像的边界线和线状地物图形勾绘。

大比例尺草地图和比例尺>1∶1万的详细比例尺草地图，必须采用野外调绘制图法制图。

2. 室内编绘制图

利用航卫片和地形图为信息源，在室内通过分析地形图或航卫片影像特征，配合各种专业图件、资料，编绘制图。现代大比例尺地形图多系航测图，图上表现的地形、地势、海拔高度、植被类型、土地类型、水源及水系都较详细，可以从中获得很多有用的特征资料，用于编绘草地图。

小比例尺草地图、需要经过统计计算进行数量分级的等级评价图、草地载畜量图，多采用室内编绘法制图。

3. 调绘与编绘综合制图

常见的方式是先调绘后编绘，先用航卫片或地形图进行野外调绘，再回到室内，利用各种图件资料，对野外调绘草图进行核查、修改，重编定稿，完成制图。另一种方式是先编绘后调绘，先利用各种编图资料和图件，在室内编绘成草图，然后携编绘草图至野外，参照遥感影像或地形图，进行现场验证、修改、定稿。对编绘草图可以是全图幅调绘，也可以是重点区域调绘或疑问区域调绘。地区级和省级地域范围的中比例尺草地图，多采用调绘与编绘相结合的综合制图法。

4. 系列制图

系列制图是一种特定的制图方法和过程，即以航空像片或卫星影像作为统一的信息源，在这些空间图像上根据区域内部的同一性和外部的差异性，划分最小的地理单元，确定一些公共的地理界线，作为专题制图的基本单元，然后根据不同专业或专题的分类指标体系与图例系统，设计特定的逻辑顺序来分解作业，从而编制出一系列的专题地图[24]。系列制图提供了新的制图原理和方法。

1∶500 000 黄土高原地区草地资源图，系“黄土高原地区资源与环境遥感调查和系列制图”研究项目之一，采用系列制图方法编制。该图应用TM遥感影像、国土卫星图像和部分彩红外航片等统一信息源，采用统一的工作底图和出版底图、统一的制图规程以及相近专业间协调一致的高级分类单位，结合地面实地调绘，与其他1∶500 000黄土高原地区土地利用图、森林图、植被类型图、土地资源图、土壤图、侵蚀强度与侵蚀类型图6种地图，同步共同编制而成。

5. 计算机自动制图

利用遥感图像信息和计算机自动化制图技术，自动完成草地图制图。现代航空与航天遥感图像，可以及时提供大量草地资源信息，制图自动化技术又为遥感图像的自动判读、分类、传输、储存、制图提供了技术保障，实现了遥感图像的自动制图。ArcGIS是集数字制图和数据管理功能的空间信息软件系统，著者2003年主持的全国草地资源遥感快查项目，应用计算机专用软件ArcGIS进行资源数字地图的缩图，成功用1∶25万中国草地资源数字地图，缩编为1∶50万比例尺数字地图。有作者利用ArcGIS的数字制图功能，进行了草地资源规划地图的制作[25]。但计算机自动制图难以发挥专业制图人员的判断力与创造性，制图的灵活性和可靠性受到一定限制。所以，计算机自动制图目前多限于小比例尺草地图制图，尚未见利用计算机自动制图技术编制可应用于草地生产的大、中比例尺草地资源地图的报道。

7.1.3.2 **制图精度**

1. 草地资源图精度要求

草地资源地图的制图精度，取决于调查比例尺精度和草地图的种类。

(1) 制图比例尺是决定制图精度的首要因素。制图比例尺越大，要求的精度越高。各种比例尺草地图制图精度要求，体现于最小图斑的地面面积和草地类型图例基本分类单位表现级的规定，参见表6.5.1。

(2) 草地图的制图精度因地图种类而异。草地类型图、性质图的精度要求高于评价图、利用现状图，草地区划图要求的精度最低；桌面用图的制图精度高于墙壁挂图；人工草地的制图精度要求高于改良草地，更高于天然草地。

2. 制约制图精度的因素

(1) 地形图比例尺和精度。地形图上各种地物的轮廓线、水域、道路、专业类型界线(如植被、土壤)等，是根据地面上一定数量连续分布的特征点勾绘的。特征点数量选取的多少，直接影响地形图的精度，进而影响利用地形图为信息源调绘草地专题图的精度，影响利用地形图校核遥感影像专题图的效果。因此，要尽量选择航影地形图，编制时间最近的地形图，尽量弃用边境地区早年编制的粗糙的"跑马图"。

(2) 遥感信息源。制图所用的遥感信息源的分辨率、波段选择、摄制时间、几何纠正精度，直接影响专题制图精度。

(3) 外业调绘精度。外业调绘线路的疏密、调绘点和生产力测定点间隔距离的长短、每幅航卫片调绘点的多少、调绘点分布的均匀性与代表性、调绘作业前后间隔时间的长短等因素，影响专题图编制精度。

(4) 制图区域地貌形态。宽阔、起伏小的平原和高原面可获得较高的制图精度。地表破碎、沟壑纵横、切割很深的复杂地貌形态，影响制图精度的提高。

3. 规定最小图斑面积

最小图斑面积为见著于图面的最小图斑的限量面积。最小图斑面积是衡量草地图编制精度的重要指标，影响草地图最小图斑面积规定的制约因素如下：

(1) 成图精度的要求。成图精度要求高，要求基础制图单位表现的分类级低，最小图斑面积应该小；反之，最小图斑面积可以大。

(2) 成图的方法和手段。缩编成图、采用航片和分辨率高的卫片或数字卫星影像成图，最小图斑面积可以小；采用分辨率低的卫片或数字卫星影像和地形图调绘成图，则最小图斑面积应该大。

(3) 比例尺。一般情况下，小比例尺图最小图斑面积小，大比例尺图最小图斑面积大。

(4) 制图区域自然条件与草地植被组成的复杂性与均匀性。制图区域自然条件，尤其是草地地形和草地土壤条件复杂，草地植被组成复杂、均匀性差，其最小图斑面积应该小；反之，自然条件和草地植被组成较单一、变化小、均匀性好，则最小图斑面积可以大。

7.1.4 地理基础底图

草地资源地图由草地资源专业内容和地理基础要素两部分组成。地理基础要素由地理基础底图提供，因此，地理基础底图的质量影响草地资源地图的编制和质量。

1. 底图的种类

底图分为两种，一种是工作底图，另一种是出版底图。工作底图用于草地资源图编绘、航卫片预判图的转绘，又称为编绘底图或转绘底图。工作底图要求的内容较详细，一般地形图上的制图网、水系、地势、居民地、道路网、境界线等要素均需要表示。出版底图用于与草地专题内容版套合印刷，又称印刷底图。出版底图是依照出版图的内容要求，对全要素工作底图进行要素取舍、化简获取。对草地类型图和草地资源图而言，需要中密度的水网，少量的居民地和道路，无需境界线；对草地利用图而言，要求较多的居民地和道路，境界线完整；对于草地侵蚀图而言，要求较密的水网，少量居民地，无需境界线。

2. 底图的作用

地理基础底图的重要地理要素，是组成草地资源地图的组成部分。具有以下作用：

(1) 提供指示草地地理位置的标识，包括经纬网格、水系、居民点、明显地物点等要素。它们具有确定的方位，起骨架作用，是转绘草地遥感航卫片预判图、编绘草地专题内容的控制系统。起定位、骨架作用地理要素的精确度，直接制约面积量算的精度，进而可影响草地资源生产力计算与评价结论。

(2) 底图再现制图区域地理景观面目，阐明草地专题内容与地理要素的相互关系，显示草地专题内容的空间分布。可帮助理解草地专题内容的分布规律，为编绘草地类型分布、垂直带分布等专题内容，提供衡量、检测手段。

(3) 对于地图集而言，通过底图的翻版、分涂后，可保证整个图集中各图幅的统一协调。

3. 底图的编制

地理底图的编制，一般以国家基本比例尺地形图为依据。国家基本比例尺地形图由国家测绘部门按统一的地图规范编制而成，具有内容详尽、几何精度高、统一的数学基础——地图投影和比例尺、统一的图式符号，能够满足编制各种草地专题图的需要。

地理底图通常由地图专业技术人员编制，草地图专业制图人员，根据专题图的需要提出对地理底图要素的选取要求和选取指标。草地资源地图要求必须选取的地理基础要素如下：

(1) 数学要素，经纬网格；

(2) 水文要素，河流水网图形；

(3) 地貌要素，等高线和特殊地貌形态，如沙漠、沼泽、黄土、喀斯特等要素，为提高草地类型分类的准确性，1∶100 万草地资源图出版底图选取了变距等高距等高线；

(4) 居民点，草原区多选，农区少选，大比例尺图用真形表示，小比例尺图用符号表示；

(5) 境界线，一定要全部选取；

(6) 交通线，在草原区尽量选取，其他地区从简选取。

目前我国已基本完成 7 种国家基本地形图，为编制标准化地理底图提供了条件，20 世纪 70 年代中国科学院地理所编制出版了全国 1∶150 万地理基础底图[7]，中国地图出版社先后出版了几种小比例尺中国地理底图。上述图件基本覆盖了草地资源图的基本比例尺，草地专业制图人员只要提出地理要素选取指标，即可获得草地图编制需要的地理底图。

4. 底图的现势性

编绘工作底图与出版底图的现势性应该尽量一致，最好用同时相、全要素编绘工作底图，选取地理要素、制作等比例尺出版底图。随着时间的推移，地表景观会发生变化。草地遥感判读图，要求使用现势性好的最近期卫片编制，如果与之匹配的地理基础底图的现势性不能与之相适应，必定招致成图的假性错误。例如，全球变暖、气候干旱，引起青藏高原和新疆干旱区内陆湖泊干涸、消失，致使按2000年卫片判读的很多草地图斑，落在30年前地理底图的湖泊中。又如，河流出海口泥沙沉积引起海岸线向外扩移，致使按2000年卫片判读的黄河入海口和江苏省海岸带滩涂草甸带图斑，落入了20世纪70年代出版底图的海洋中。再如，按草地经营原则规定，草原上人畜不能穿行的铁路、高速公路，应为草地图斑的分界线。按近期卫片判读的大量青藏高原高寒草地图斑，均以新建的青藏铁路分割。用这种卫片判读图，套合20世纪80年代没有青藏铁路的出版底图，大量被青藏铁路分割的草地图斑，成了没有气候、地形依据、无法解释的图斑分割。以上说明，必须依据成图遥感信息源年代的现势资料，修改地理基础底图的现势性。

7.1.5 草地类型图例系统与制图单位

7.1.5.1 草地类型图例系统与草地类型分类系统的概念

草地类型分类系统是指在生物学或农学范畴内对草地的分类结果，世界各国大多以草地植被类型用作草地类型的分类依据。草地类型具有很多特定的自然属性和特征，是在一定的气候条件、水分条件、土壤条件、地形条件下发育形成的。但最直观、最容易辨认的类型分异，是草地植被。一般高级草地类型主要依据高级草地气候类型和植被类型划分，中、低级草地类型主要依据草地的植物种类组成进行分类。

草地类型图例系统是地图上体现草地专题内容的分类系统，它除了要体现草地生物学属性特征和分类等级外，更要体现地图学属性和制图区域大小的限定因素。图例系统要求在地图上反映草地专题要素的地理规律，如水平地带性、垂直地带性及制图区域内的分异规律。因而可以合并某些生物学分类单位为一个制图单位，也可将某些生物学分类单位划分为更详细的制图单位。也就是说，对草地资源和草地类型的生物学或农学范畴的分类，是草地专题图例的基础，但草地专题图例系统不是生物学范畴分类系统的重复。

草地生物学类型分类方法，一定程度上制约草地类型图和草地资源图的编制。草地类型分类学研究愈深入，草地类型分类愈详尽，设置的分类级差数量愈多，设置的分类单位的数量愈多，则基本制图单位的限量面积即最小图斑面积可以愈小，草地类型图的编制也就愈详细，精度愈高。相反，草地类型分类方法愈粗糙，类型概括程度愈高，则类型分类的级差数量少，级差趋于简单，分类单位的设置数量少，致使草地图的制图单位的限量面积偏大，总图斑数量少，草地图的编制趋于简单，精度低。

7.1.5.2 制约草地类型图例系统设置的因素

1. 专题地图性质

是桌面用图还是墙面挂图？桌面用图图面负荷密度大、图斑分割程度高、独立图斑的范围可以小，专业类型分类详细，专题图例详细。墙面挂图要求可视效果好，图面负荷密度要小、图斑分割程度较低、独立图斑包围的范围要大，专业类型分类要求层次分明但类型简明，专题图例简明、清晰。

2. 专题图比例尺

比例尺大小决定基本制图单位的表现级。通常，大比例尺草地专题图，内容较详细，上图的图例详尽，可以把分类系统中的低级分类单位表现出来。比例尺小，地图的内容概括程度高，只能表现分类系统中较高的分类单位。

3. 最小上图图斑面积的规定

最小图斑面积决定制图精度，决定了在最小图斑面积范围内应表现的草地类型的最低分类级——基本制图单位图例。制图过程中，特别是缩编过程中，一些小于最小图斑面积的小图斑被舍弃或被概括合并掉，有可能致使有些被舍弃或被合并的小图斑所表现的分类单位被从图例系统中取消。

4. 草地植被组成的均匀性

在比例尺相同的情况下，草地植被组成均匀性好的区域，可以对某些分类单位表示特别详细。而草地植被组成均匀性差的区域，对另一些分类单位只作概略性表示[26]。例如，1∶20 万草地类型图的 6 mm^2 基本制图单位图例，在内蒙古呼伦贝尔高原的贝加尔针茅（*Stipa baicalensis*）草甸草原和锡林郭勒高原的大针茅（*Stipa grandis*）典型温带干旱草原区，因其草原植被组成均匀一致，可连续延绵分布上百平方千米，基本制图单位可精确到植被分类系统中的低级分类单位——群丛。而在松嫩草原低地草甸分布区，受地下水位和地表积水分布差异的影响，低湿地草甸草地组成不够均匀，同样 6 mm^2 基本制图单位图例，只能表规到群丛组甚至群系。

5. 制图区域内地貌类型组成状况

地貌类型简单、地形变化小的区域内，其草地类型变化较小，在基本制图单位规定的面积范围内，可以表现到较低级的草地类型。如新疆准噶尔盆地，在 1∶100 万草地类型图最小图斑面积 4 mm^2 内，可以表示到驼绒藜（*Ceratoides latens*）、沙蒿（*Artemisia arenaria*）型，相当于植被分类统的群丛组。而紧邻准噶尔盆地的天山和阿尔泰山山地，其山地草甸带和亚高山草甸带植被组成较复杂，其垂直分布带带宽仅 200～300 m，相当于 1∶20 万草地图图面 1～1.5 mm 宽。在这样窄范围的制图区域内，基本上图单位面积内草地类型的差异性、综合程度较平原区高，其表现级只能表示到群系，群系以下的分类单位表现不出来，设置的草地类型图例系统的分类级较平原区少。

7.1.5.3 图例系统与类型分类系统的差异

（1）草地的类型图例系统属于地图学范畴，而草地类型分类系统基本上属于生物学范畴。在某些制图区域内，草地专题地图的类型图例系统可以与草地的生物学类型分类系统不完全一致。当按照草地学科分类的内容表示到地图上，某些草地类因轮廓范围过小而不能在地图上表示时，便要对草地学科的分类内容进行选择和归并。

全国草地资源首次统一调查室内汇总工作中，《1∶100 万中国草地资源图》的编制和《中国草地资源》专著的编写，都要制定全国范围的中国草地分类系统。《1∶100 万中国草地资源图》的草地类型图例系统，用各省的 1∶50 万草地类型图图例系统合并、制定。按《1∶100 万中国草地资源图》的最小上图图斑面积 4 mm^2（相当于地面 6 000 亩）的规定，省级 1∶50 万草地类型图中，图斑面积＞4 mm^2 的图斑图例被保留，进入 1∶100 万中国草地资源图图例系统，而面积＜4 mm^2 图斑的草地类型图例被舍弃。如滩涂盐生低地草甸亚类中的“香附子（*Cyperus rotundus*）型”草地[27]，呈零星分布，其图斑面积很小，在省级 1∶50 万草地图中每块“香附子型”图斑草地面积 1 000～2 000 亩，或更小，有些接近 1 500 亩的图斑被夸大保留。但缩照至 1∶100 万比例尺后，“香附子型”图斑最大的为 1 mm^2，大多数图斑＜1 mm^2，且呈零散分布，不呈集群式分布，既不符合夸大表示的原则，又不符合集群式小图斑就近合并的原则。所以，“香附子型”图例未能进入 1∶100 万中国草地资源图图例系统[28]。

《中国草地资源》专著的中国草地类型分类系统，主要按照气候生物学范畴的草地植被类型分类标准，利用各省的草地类型分类系统进行合并、制定。制定过程中，要参考省级草地资源统计册中所列各种草地类型的分布面积，决定省级草地类型分类系统中的基本分类单位是合并、保留，还是舍弃。上述"香附子型"草地，在各省草地资源统计册上的分布总面积，符合《中国草地资源》专著的中国草地类型分类系统有关草地型面积的规定，被认定为群丛组，而被保留在《中国草地资源》专著的中国草地类型分类系统中。从而造成，同一个省级分类系统中的"香附子型"草地被列入了中国草地类型分类系统中，而不能列入《1∶100 万中国草地资源图》的草地类型图例系统。

由于草地植被类型分类原则和标准与草地资源图的草地类型图例系统的分类原则和标准的差异，致使《中国草地资源》专著的中国草地类型分类系统中的草地类型基本单位，却没有列入《1∶100 万中国草地资源图》的中国草地类型图例系统中的草地类型，还有低地草甸类的下述草地型[27]：结缕草（*Zoysia japonica*）型；具盐豆木的芨芨草（*Achnatherum splendens*）型；具白刺的芨芨草（*Achnatherum splendens*）型；盐地鼠尾粟（*Sporobolus uirginicus*）型；芦苇（*Phragmites australis*）型。沼泽类的：灰脉苔草（*Carex appendiculata*）型；水麦冬（*Triglochin palustre*）、发草（*Deschampsia caespitosa*）型；香蒲（*Typha* spp.）、杂类草型。

（2）受地图表达能力的限制，某些生物学范畴草地类型分类级不一定能用制图方法显示。例如有些区域草地类型呈镶嵌分布格局，组成草地类型复区，如温性草原区的山麓地带，常有克氏针茅草地与冷蒿草地镶嵌分布的复区。草地学科类型分类，可以区分这两种禾草草原和蒿类草原，但在地图上很难用两种颜色叠加区分禾草草原和蒿类草原。基于此类"复区"的类型图例系统，可能采用"以大吃小"的办法归并掉其中的一种类型，或改用另一种图例符号表示。

（3）依据制图区域地理要素分布特点，草地类型图例系统不一定能包含草地生物学科类型分类系统低级分类级的全部草地类型。草地类型图例系统允许在低级类别中有不同组合，允许将呈小面积交叉分布的草地类型归并成新的草地复合类型，即复合图例。而草地生物学科类型分类没有此种分类规定，不能将呈小面积交叉分布的草地类型归并成新的草地复合类型。

7.1.5.4 制图单位

草地专题图例中的草地制图单位包括实际上图单位和概括性制图单位。实际上图单位又称基本上图单位，由基础上图单位的限量面积即最小图斑面积及其所表现的草地分类单位组成。概括性制图单位又称上层制图单位，由基础上图单位的上层类型分类级组成，只见著于基础上图单位的上端图例系统，不在图斑内显示。例如表 7.1.3 的草地类型图例系统。

表 7.1.3 草地类型图例系统

Ⅱ. 温性草原类
（Ⅰ）山地草原亚类
B. 中禾草组
1 大针茅
2 克氏针茅
3 具灌木的克氏针茅
4 克氏针茅、冷蒿
H. 蒿类半灌木组
5 冷蒿

表7.1.3图例系统中,"[1]大针茅、[2]克氏针茅、[3]具灌木的克氏针茅、[4]克氏针茅、冷蒿、[5]冷蒿"各草地型图例,为基本上图单位。而"Ⅱ. 温性草原类、(Ⅰ)山地草原亚类、B. 中禾草组、H. 蒿类半灌木组"诸图例,为概括性制图单位,只在图例系统和图例簿中出现,不在图斑内出现。

7.2 草地资源地图实地调绘成图技术

草地资源实地调绘成图包括4种图件的编绘:①草地类型图;②草地等级图;③草地利用现状图;④草地分区图。一个调查区域4种草地资源地图中,草地类型图是最重要、最基础的图件,其他3种图均可用草地类型图编绘派生。我国草地资源地图编制,以20世纪80年代开展的全国草地资源调查最全面。当年以省(市、自治区)为单位进行草地调查,实地调绘、编制草地资源图。下面以西藏自治区草地资源制图为例,阐述各种草地资源图调绘成图技术。

7.2.1 草地调绘成图程序与步骤

以省为单位开展的草地资源调查制图,包括县(旗)、地区(盟、州)、省(市、自治区)3级的草地类型图、草地等级图、草地利用现状图和草地分区图4种图件的编绘,以县级草地图为基础图件。上述各种草地图的制图程序与步骤,详见图7.2.1西藏自治区草地制图工作流程图所示。

7.2.1.1 野外调绘图件的清理

进入内业总结后,首先要清理经外业调绘并已获检查、验收合格的草地类型调绘图和草地利用现状调绘图,已调绘的航片和卫片、样地点位图。根据野外检查、验收结论,对需要补充、修改的地方进行修改、补充。

7.2.1.2 航、卫片转绘

(1) 航片转绘。航片用于大比例尺精准调查。根据外业调查对航判图复核的结果,对野外勾绘的底图进行全面修正,经检查无误后,用立体转绘仪将校正后的航片草图转绘到编绘工作底图上。

(2) 卫片转绘。将调绘的卫片影像图在计算机屏幕上缩小或放大至所需比例尺,再套绘到编绘工作底图上;也可直接放大或缩小至所需比例尺,在计算机屏幕上粘贴至同比例尺数字地形图上。

7.2.1.3 县级草地图的编绘

(1) 编绘草地类型图。依据整理好的野外样地调查资料,对踏查后制定的县级草地类型工作分类系统进行审查、修改、补充,将少数或个别分布面积很小的基本分类单位进行合并,形成县级草地类型分类系统(初稿)。用县级1∶10万或1∶20万(纯牧区)航、卫片转绘图和县级草地类型分类系统(初稿),编绘县级草地类型图。

(2) 编绘草地等级图。依据草地调查技术规程中规定的草地等级评价标准,首先以县级草地类型图图例系统的基本上图单元为单位进行等级评定;然后,对县级草地类型图的独立草

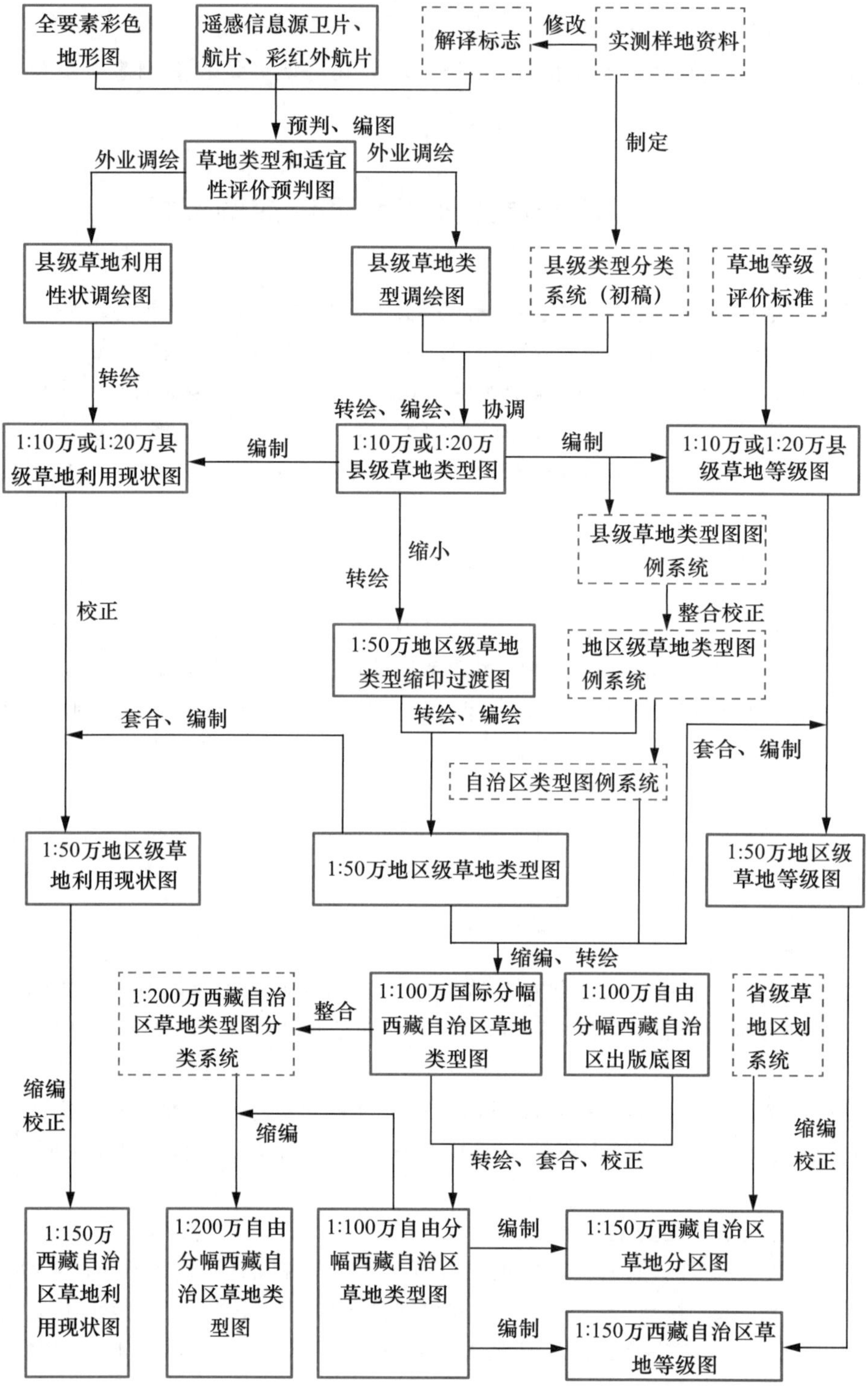

图 7.2.1　西藏自治区草地制图工作流程图

地类型图斑，按图斑所示草地类型，逐块进行草地等级评定；最后，将相同的等级图斑进行合并，即为县级草地等级图。

(3) 编绘草地利用现状图。根据季节草地的野外调查资料和访问调查结果，对县级草地利用适宜性评价调绘图进行必要的修改，转绘至编绘工作底图上，形成县级草地利用现状图编绘图。然后，根据县级草地类型图中图斑所反映的草地所处的海拔高度、地形条件、图斑表现的草地类型所隐含的草层高度等生产特性，再按照草地利用性状的规定，对县级草地利用现状图编绘图进行增删、修改、补充、核查图斑编号，形成草地利用现状图初稿。最后与土地利用现状专业联合对草地利用现状图进行专业间协调、做必要的调整与修改，定稿。

(4) 县级行政范围和草地面积较小，县级草地区划图较简单。没有特殊需要，一般不编制县级草地区划图。

7.2.1.4 地区级草地图的编绘

(1) 地区级草地类型图的编绘。地区级草地类型图用县级草地类型图编绘，将县级不同比例尺的草地类型图，缩小至 1∶20 万(或 1∶25 万)比例尺，然后转绘至 1∶20 万(或 1∶25 万)编绘工作底图上，或在计算机屏幕上完成地区所辖各县类型图缩图，再统一粘贴至 1∶20 万(或 1∶25 万)比例尺工作底图或数字地形图上。西藏、内蒙古和新疆 3 个自治区幅员面积太大，地区级草地图为 1∶50 万比例尺，需经对 1∶10 万或 1∶20 万县级草地类型图加粗标描，再缩至 1∶50 万比例尺，形成地区级草地类型缩小过渡图。综合地区所辖各县草地类型图的图例系统，整合、制定地区级 1∶50 万草地类型图例系统。用 1∶50 万草地类型图图例系统和 1∶50 万草地类型缩小过渡图，编绘地区级草地类型图。

(2) 地区级草地等级图和草地利用现状图的编绘。县级、地区级、省级的草地等级评价标准没有差别，草地利用适宜性评价标准，也没有差别。但由于地区级草地类型系统已不同于县级草地类型系统，需要按地区级的草地类型重新评定草地等级和适宜利用类型。因此，需将同比例尺地区级草地类型图用作基本编图资料，依据草地等级评价标准和草地利用适宜性评价标准，评定地区级草地类型的相应草地等级和草地利用适宜类型。同时，参考复印缩小并统一比例尺的地区所辖各县的草地等级图和草地利用现状图，编绘地区级草地等级图和草地利用现状图。

(3) 地区级草地区划图的编绘。制定地区草地区划系统。利用地区级草地类型图为缩图资料，依照地区草地区划系统，基本按草地类型分布界线的走向，编制草地分区图。

7.2.1.5 省级草地图编绘

(1) 编绘西藏自治区级草地类型图。将地区级 1∶50 万(西藏、内蒙古、新疆 3 自治区以外的其他省、市、自治区为 1∶20 万)草地类型图，缩至 1∶100 万(其他省为 1∶50 万)草地类型过渡图；综合各地区草地类型图的类型图例系统，制定 1∶100 万比例尺精度西藏自治区草地类型图图例系统；用 1∶100 万类型过渡图和自治区草地类型图例系统，套合 1∶100 万国际分幅地形图，编绘 1∶100 万国际分幅西藏自治区草地类型图；最后，将分幅类型图转绘至 1∶100 万自由分幅西藏自治区出版底图上，完成 1∶100 万西藏自治区草地类型图。

(2) 将西藏 1∶100 万草地类型图用作基本编图资料，参考缩至 1∶100 万比例尺的西藏各地区级草地等级图和地区级草地利用现状图，编绘自治区草地等级图和草地利用现状图。

(3) 制定西藏草地区划分区系统，用 1∶150 万西藏自治区草地类型图，编制西藏草地分区图。

以上县级草地图属于实地调绘制图，地区(盟)级和省(市、自治区)级草地图，属于调绘与编绘相结合的综合制图。

7.2.2 大、中比例尺县级草地类型图的绘制

7.2.2.1 制图精度

1. 制图比例尺

(1) 草地面积宽阔的纯牧区县，草地类型图成图比例尺为1∶25万(20世纪80年代中期为1∶20万)，采用TM卫片(20世纪80年代中期还用MSS卫片)多种信息源的遥感图像解译，配合地形图并经野外实地调绘成图。

(2) 半农半牧区县，草地类型图成图比例尺为1∶10万，采用黑白航片、参考TM卫片调绘成图。

(3) 重点农业区，草地类型成图比例尺为1∶5万，采用彩红外航片、黑白航片和SPOT卫片调绘成图。各种比例尺成图的最小上图图斑面积，按天然草地和人工草地分别规定，参见表2.2.2。

2. 草地类型图例系统

依据整理好的野外样地调查资料、路线调查和山地垂直带草地剖面调查记录，对踏查后制定的县级草地类型工作分类系统进行审查、修改、补充，将少数或个别分布面积很小的基本分类单位进行合并，形成县级草地类型分类系统(初稿)。用县级1∶10万或1∶20万(纯牧区)航、卫片转绘图和县级草地类型分类系统(初稿)，编绘县级草地类型图。

县级草地类型图编绘工作图例系统的基本制图单元：1∶5万比例尺为草地变型；1∶10万比例尺为草地微型；1∶20万(或1∶25万)比例尺为草地微型(或草地亚型)，而草地型组、草地类为上层制图单元。编制草地类型图就是要实现在最小图斑规定值和最窄图斑规定值的面积范围内，客观地反映该面积范围内的草地植被的组成类型。

7.2.2.2 草地类型图绘制步骤

(1) 将地面调查测定样地的点位按经纬度标绘在编绘底图上，并标注按草地群落植物优势度值命名的草地群落名称。

(2) 按县级草地分类系统(初稿)和调查测定样地点的草地群落名称，圈定草地“类”的大体分布界线范围。其步骤如下：

①首先，划分隐域性草地。利用信息源将隐域性草地和显域性草地(即地带性草地)区分开，在调绘资料图——地形图、航卫片、计算机遥感影像图图面上，将位居河流两侧、湖泊和水库周边低洼地形部位，具黑、蓝色遥感影像特征的水分生态系列之低地草甸类、沼泽类草地勾绘出来。地表常年积水或长时间积水为沼泽，地表不积水或仅季节性短时间积水为低地草甸类。沙质土壤系列草地，具有灰白色、有沙质土壤外表形态遥感影像特征，容易将分布于各种沙带、沙质土壤基质上的草地类型划分出来。

②然后，划分水平地带性草地。第一步，划分纬度地带性界线。依据调查区域内气象台站记录的气温、调查区域内等温线图、≥0 ℃年积温图、气候区划图等资料与图件，按表6.2.1草地纬度热量带划分指标，划出被调查区域的气温热量带范围。第二步，划分气候湿润度界线。依据调查区域内气象台站记录的降水量、蒸发量、等雨线图、蒸发量图、气候区划图等气象资料，水文站测定的水文资料，计算伊万诺夫湿润度。确定草地的水分生态经度地带性差异，划分湿润度区域界线。划分指标见表6.2.4。第三步，划分综合气候小区。用上述热量带和湿

润度区域界线，套合地形图经纬度，将调查区域划分为若干个以水、热条件为中心的自然气候小区。把县内各种气候小区，如温性半湿润区、温性半干旱区的经纬度界线标注于编绘底图上，以此限定水平地带性草地“类”的划分界线范围。

③最后，划分山地草地垂直带。依据山地垂直带草地剖面调查记录与样地测定实录资料、外业路线调查记录、访问调查记录，参考已有的文字和图件调查资料，确定不同区域山地草地垂直带的名称和数量，按山地草地垂直带分布海拔高度绘出垂直带草地“类”的大致界线。

(3) 确定基本分类单位界线。遵照信息源分类标志，按参与基本分类单位定名的草地群落调查样地点位分布图，在编绘底图上绘出基本分类单位的分布界线。大于1∶10万大比例尺调查精度，基本分类单位应是分类系统的最低分类级——“变型”。随着调查比例尺的缩小，基本分类单位的等级相应提高，介于1∶(10万～20万)之间的中比例尺调查精度，其基本分类单位随之提高至“微型”。如果比例尺为1∶25万，大部门地区基本分类单位还是“微型”，但在植被类型复杂的山区，有可能上升至“亚型”。应该选用哪个分类级为基本分类单位，视比例尺大小和最小图斑面积的规定，参考表6.5.1而定。

在已圈定的自然气候类型小区内，按草地图例系统，自上而下先圈定高级分类单位界线，再勾绘低级分类单位即基本分类单位界线。换言之，按先绘草地“类”，后绘草地“微型(或变型)”的顺序划分。

(4) 与其他专业图协调。草地类型图(初稿)绘制完成后，应与同比例尺土壤图、土地利用现状图协调，或与参与调查的土壤专业和土地利用专业技术人员协调。

①与县级土地利用现状图协调草地和非草地两大地类的界线。草地(含荒草地、伐林迹地)与非草地的大范围界线，原则上以土地利用现状专业调绘的界线为准。

②与相关的土壤类型图、植被类型图、森林类型图协调。西藏草地类型分类与土壤类型分类，都采用发生学分类法。草甸类草地的土壤应该为草甸土，相反，含钙的草原土壤，其植被类型一定是草原类草地。如果在草甸土范围内编绘出草原类草地，要么草地类型定性有误，要么土壤类型定性有误。通过与草地类型图相关专题图或专业制图技术人员之间的协调，可减少草地专业偏见和主观性，提高成图的质量和精度。

(5) 县级草地类型图的审查、验收。县级草地类型图经专业间协调后，还要进行审查、验收。审查、验收标准如表7.2.1所示。审查后，对存在不妥的图幅进行修改，直至全部图幅合格后，方可清绘成图。

表7.2.1 县级草地类型图审查、验收标准

审查项目	不及格	及格	良好	优秀
抽查5%的图斑，其类型界线位移<3 mm的准确率/%	<60	60～70	70～80	>80
抽查5%图斑，其草地类型命名准确率/%	<80	80～90	90～95	>95
>最小图斑面积的草地被漏划图斑的数目/(块数/1个图幅)	>6	4～6	2～4	<2
未闭合图斑和图斑内标两种以上类型代号的图斑(不含复合图斑)数占图幅总图斑数百分率/%	>10	5～10	3～5	<3
相邻的相同类型图斑未合并的图斑数占图幅总图斑数百分率/%	>10	5～10	3～5	<3

7.2.2.3 图斑分割技术

1. 图斑分割原则

(1) 草地图斑按自然景观单元进行分割。不同的生态自然区，草地图斑的形状和结构各有其特点，互有差异，图斑分割应遵循这些特点。尊重气候带、地形和土壤自然区划界，参考等温线、等雨线进行图斑分割。

(2) 草地图斑应按地形界线分割。图斑应平行于山脉走向和河流的流向，沿坡麓线、洪积扇、台地、阶地、黄土地貌等地形界线分割。

(3) 山地垂直带图斑遵循等高线走向分割。山地温带草地、亚高山草地和高山草地图斑，按山地热量带划分，亦即按海拔高度和坡向分割。

(4) 草地经营原则，图斑分割有利于草地经营、管理。大比例尺草地图要按草地经营利用的一致性分割图斑，按转场放牧和割草运输屏障线分割图斑，图斑不能穿越人畜难以越过的河流、峡谷、山脊线、冰川和山峰，不能用 1 块草地图斑包围县及县以上城镇居民点。

2. 图斑分割的区域差异

(1) 以草地为主的牧区。草地图斑大，分布连片，非草地地物细小，间断分布，因而草地图斑包含面积狭小的沙地、裸地、耕地、居民点等非草地地类。

(2) 平原农区。草地居次要地位，草地分布面积小，草地被农田或森林、灌木林包围，草地图斑小，孤立，间断分布，草地往往与特殊地物如湖泊、沼泽、沙滩、河流、河谷紧密相连。草地图斑常与农田或森林构成复合体。

(3) 半农半牧区。草地与非草地面积相差不大的农牧过渡区，草地图斑的分布和形状与区域内部的小地形条件关系紧密。在自然条件较差，如海拔较高、坡度大，或紧靠沙地的局部地区多为草地，草地图斑可以呈连续分布。而在地形平坦、海拔较低或近居民点的局部地区，草地图斑细小、破碎，分布不连续。

(4) 林区。草地图斑孤立分布于林间、林缘或山体的下部、沟谷两侧、山麓地带。草地图斑的边界较不明显。

(5) 荒漠区。草地图斑大块连片，图斑周边边界不明显，图斑内允许含有小块沙地、石砾地、盐碱地。

(6) 山区。草地图斑呈条带状，平等于山脉走向，或沿山谷走向，按一定的海拔高度分布，图斑边界较分明。

(7) 高原区。图斑呈块状、片状，大范围连片，连续分布，图斑周边界线不明显。草地类型图斑的分割要按自然生态区域特点进行，图斑的形状和结构应符合上述特点。

3. 山地垂直带草地的划分

依据地形图等高线和航卫片信息的色彩、纹理，区分垂直带的分布位置。划分的顺序步骤如下：

(1) 先确定基带的草地类型及分布海拔高度，确定植被退缩带海拔高度，即草地的分布上限，从而限定山地垂直带草地的分布范围。

(2) 明确山地草地垂直带的组成，确定不同坡向拥有的草地垂直带的数量和带宽。西部极干旱高寒荒漠区，垂直带谱极为简单，仅为高寒荒漠或高寒荒漠草原。这一事实往往被忽略，而画蛇添足增划垂直带谱。

(3) 然后，明确同纬度山地垂直带草地分布的经向差异。温性山地草甸带，在北纬 29°20′

的雅鲁藏布江南岸，从东经 94°往西至东经 88°之间，随干旱程度加重，经度偏西 1°，分布海拔高度下限抬升 40～50 m。但有两个地区例外，一处是阿尔泰山，它受来自西部大西洋暖湿气流影响，自西往东干旱增强，因此，阿尔泰山山地垂直带的位置是由西向东逐渐升高。另一处是西藏阿里地区印度河上游森格藏布和朗钦藏布（象泉河）河谷，来自印度洋的暖湿气流从西向东流，河谷从西向东干旱加重，草地垂直带分布下限海拔高度从西向东抬升。

(4) 再后，确定山地垂直带草地分布的坡向差异。山地草地垂直带坡向差异较大的西北干旱区和青藏高原区，同类型垂直带草地在山地阴坡的分布海拔高度较阳坡的分布海拔高度下降 100～300 m。

(5) 相同草地类型，在孤立山峰的分布海拔高度比在连绵的群山和丘状高原的分布海拔高度下降 50～100 m。

4. 遵循地形因素分割图斑

(1) 确认山脊线可否用作草地类型的分界线。喜马拉雅山、念青唐古拉山、昆仑山、祁连山等高大山脉，山脊线是草地类型的分界线。湿润区、半湿润区中、低山的山脊线往往不能作为草地类型的分界线。暖湿气流可以越过中、低山体的山脊线，爬过山脊，在雨影区（北坡）靠山脊线 100～200 m 的范围内形成与迎风坡差不多的降水。因此，位于中、低山脉的草地图斑，应以雨影区一侧山脊线以下 100～200 m 为高寒草甸或山地草甸的图斑界线。

(2) 区分阴、阳坡垂直带草地分布海拔高度的差异。向阳坡气温高，背阳坡（阴坡）气温低，相同垂直带草地类型，南坡的分布海拔高度比北坡高 100～200 m。当图斑沿山体成环形分布时，要用相同垂直带谱的南、北坡分布海拔高度的差异，进行图斑分割。

(3) 严格沿等高线走向划分气候热量带。忽视等高线的制图作用，不严格按草地热量带分割草地图斑，往往出现将山地温性草地绘于高寒草地带之上。不严格沿等高线走向划分气候热量带，导致草地类型热量带倒置的错误，是图斑分割中最常见的错误。

(4) 同一个夷平面台地或同一个山顶，不宜划分不同草地类或不同气候带草地。由于图斑轮廓的延长，或图斑合并、夸大处理不当，或接边处理不当，造成同一个夷平面台地或同一个山顶划分出不同草地类或不同气候带草地的图斑分割线，是常见的错误之一。

7.2.2.4 采用特殊表示方法表现制图内容

1. 复合图例

草地类型专题图例可以允许复合图例的存在。有些分布面积较小的重要草地类型，或有类型分布边界的指示意义，或有草地垂直带组成指示意义，或有某种重要牧草分布界线的指示意义，重要程度较高，但其图斑面积达不到被夸大、不能占据独立图斑规定的标准，需要与其他主体草地类型组成复合体表示。例如位于四川省青藏高原东部的干旱河谷底部，分布有面积很小的高大禾草芒属（*Miscanthus*）热性草丛类草地，呈狭长、断续窄带状分布或呈斑块状分布，在 1∶20 万中比例尺草地资源图上，按最小图斑面积规定，不能占据独立图斑。但此种高禾草草地在草层普遍低矮的青藏高原具有特殊意义，必须给予表示。因此，将芒属热性草丛类草地捆绑于河谷两侧主体草地黄背草（*Themeda*）热性灌草丛类草地，组成复合体图例表示。其图例为：黄背草热性灌草丛 70%＋芒属热性草丛 30%。

2. 复合图斑

(1) 在地形复杂、破碎地段和草地类型分布复杂地段，可用草地类型复合图斑表示。1∶50 万黄土高原地区草地资源图，允许一个图斑可以由两个表示不同草地型的图例组成复合单元进行标注。例如黄土高原 1∶50 万草地类型缩小过渡图中,有的图斑是由原 1∶20 万的两块图斑合并组成:一块为表 7.1.3 图例系统中编号[2]克氏针茅型;另一块为编号[5]冷蒿型,且两块图斑面积大小相近,不能用“以大吃小”进行图斑兼并。可以用如下复合图斑形式表示:[2] 60%+[5] 40%。

(2) 在特殊地段,允许用一种草地类型图例和某个非草地地物组成复合单元,标注一个图斑。

(3) 小比例尺图的草地垂直带比较窄,在最窄图斑宽度规定范围(如 1 mm)内,有时存在 2 种草地类型垂直带:例如表 7.1.3 图例系统中,编号[2]克氏针茅型和编号[4]克氏针茅、冷蒿型的垂直带;还有编号[3]具灌木的克氏针茅型和编号[5]冷蒿型的垂直带。为了客观地反映该垂直带的完整组成,需要在窄带图斑内标注“2+4”或“3+5”的复合图斑编号进行标注。

3. 非比例符号

小于最小图斑面积规定的图斑,且既不能舍弃又不能合并的专题内容,需要用非比例符号表示。如农业部部级月牙湖沼泽草地自然保护区,一定要在中国草地自然保护区调绘图中表现。但其分布面积小于 1∶400 万草地资源图最小图斑限量面积规定,不能转绘该保护区的大比例尺真实图形。根据制图规定,只能在 1∶400 万草地资源图中用非比例符号标注[29]。

7.2.3 中比例尺地区级草地类型图的绘制

以省为单位组织的草地资源调查,有两种组织形式。草地面积小的省区,如贵州省、宁夏回族自治区,组织省级调查队完成全省调查,不单独编制地区级草地图。草地面积辽阔的西藏、内蒙古、新疆、四川、青海等省区,则由地区独立进行调查,每个地区都编制本地区的草地图,然后进行全省汇总。

7.2.3.1 地区级草地类型图的种类

(1) 地区级 1∶25 万国际分幅草地类型图。地区级草地类型图规定为国际分幅 1∶25 万(20 世纪 80 年代为 1∶20 万)比例尺,用县级草地类型图,在 1∶25 万地形图上编制完成。该图供编制 1∶50 万省级草地资源图和制作地区级草地类型挂图使用。由于县级草地类型图比例尺不统一,直接用县级草地类型图编制省级草地资源图,转换环节较多。借此地区级国际分幅 1∶25 万比例尺过渡图,可实现省级草地类型图和省级草地类型分类系统基础资料的统一。

(2) 地区级草地类型挂图。西藏自治区地区级草地类型挂图规定为两个全开印刷张,比例尺根据各地区(市)幅员面积的大小定为 1∶(40 万～75 万),采用自由分幅,其地理底图由西藏自治区土地资源调查技术组提供。

7.2.3.2 地区级 1∶25 万草地类型图的编绘技术要点

(1) 地区(市)级草地类型图利用所辖各县草地类型图进行综合编制,先将大比例尺县级草地类型图缩编为 1∶10 万比例尺,再将所辖全部县的类型图缩至 1∶25 万比例尺。缩图技术操作方法参见 7.3.3 缩图。

(2) 相邻县级草地类型图的拼接。在拼接所辖各县草地类型图过程中发生矛盾时,遵照下述原则处理:①图斑边界线遵照遥感影像边界线划定;②小图斑的图斑线迁就大图斑;③图斑所属草地类型的定性规定,没有调查样地资料依据的图斑定性迁就有调查样地资料依据的图斑;④图幅拼接分歧意见较大,难以决断时,需派人实地补点调查决定。此乃中比例尺调绘成图技术与中比例尺编绘成图技术的重要差别之一。

(3) 地区级 1∶25 万草地类型图的最小草地图斑面积：天然草地 20 mm^2，人工草地 8 mm^2，<8 mm^2 的人工草地用非比例符号表示。

(4) 地区(市)级 1∶25 万草地类型图初稿完成后，应与相邻地区(市)的草地类型图进行接边。接边原则与上述县级草地图的接边原则相同。未与相邻地区草地类型图完成接边的地区(市)级草地类型图，不予验收。

7.2.3.3 **地区级 1∶50 万草地类型挂图的编绘技术要点**

(1) 地区级 1∶50 万草地类型挂图，用地区 1∶25 万草地类型图进行缩编。

(2) 地理要素按地理底图提供的信息全部选取。

(3) 编绘工作的拼接，复照、缩小、转绘过程中，操作精度的控制要求如下；边长误差<0.2 mm，对角线误差<0.3 mm，草地图斑轮廓线粗 0.12～0.15 mm，图斑界线间距>0.6 mm，狭长图斑最窄处不小于 0.6 mm。小于 0.5 mm×0.5 mm 的图斑界线弯曲应予化简图形。

(4) 最小草地图斑面积：天然草地 10 mm^2，人工草地 6 mm^2，2～6 mm^2 的人工草地，用有色实心圆点标注，圆点直径 1.4 mm。颜色与真形人工草地图斑的设色相同。<2 mm^2 的图斑舍弃。

(5) 制图综合技术要求。由 1∶25 万地区级草地类型图缩编为 1∶50 万地(市)级草地类型挂图，采用制图综合办法，提高图斑表现的草地类型的表现级来实现，不是简单的缩小和取舍。其原则是：①<10 mm^2 的小图斑群集，遵循就近综合，同类综合，以小拼大的原则进行图形综合。综合后的图斑要保持原图形特点，使面积变形和形状变形最小。②对显示草地分布规律、生态地理界线、草地利用界线有重要意义的小于 10 mm^2 的图斑，夸大至 10 mm^2 表示。

7.2.4 中、小比例尺省级草地类型图的编制

省级草地类型图的比例尺按制图区域面积大小而定，通常为 1∶50 万，用实地调绘成图的地区级 1∶25 万草地类型图缩编。没有独立进行地区级草地调查的省份，用县级草地类型图缩编。著者主持编制、1985 年由湖南地图出版社出版的 1∶50 万贵州省草地资源图，直接用黑白航片编绘的 1∶20 万贵州省草地类型图缩编而成，没有经过地区级草地类型图过渡。内蒙古、新疆、西藏 3 个草地面积辽阔的自治区，自治区级草地类型图比例尺为 1∶100 万。中、小比例尺省级草地类型图，采用调绘与编绘相结合的制图技术编制。

西藏自治区 1∶100 万草地类型图，是 20 世纪 80 年代末草地调查的重要成果，用 1∶(40 万～75 万)地区级草地类型图缩编。编制方法和步骤如下。

7.2.4.1 **制定 1∶100 万西藏自治区草地类型图图例系统**

1∶100 万西藏自治区草地类型图图例系统，用西藏 7 个地区(市)1∶(40 万～75 万)草地类型图的类型图例进行整编。该 1∶100 万草地类型图图例系统以草地型为基本分类单位，相当于植被分类系统中的群系，比县级和地区级所用的草地“型”概括性高。整编类型图例系统的原则如下：

(1) 地区级图例系统中的草地类，按全国统一草地类型划分原则和标准予以保留。草地类型的合并只在亚类以下的分类单位中进行。

(2) 西藏特有的草地类型要保留。

(3) 在全国草地类型分布界线划分有重要意义的类型应该保留,例如显示热性灌草丛类分布西界、北界的类型,西部阿里高寒地区中的温性草地类型均保留。

7.2.4.2　**统一基本编图资料图比例尺**

将地区级 1∶(40 万～75 万)草地类型图缩小或放大至 1∶50 万比例尺,用 1∶50 万比例尺复印图进行接边。

7.2.4.3　**基本编图资料图的接边、标描**

对 1∶50 万比例尺拼接好的复印图,进行加粗标描。标描内容如下:

(1) 将草地与非草地地类区分开,非草地分布区用铅笔划上线条或涂黑,以便缩照后草地与非草地明显可辨。此工序可免除下一步缩编后对草地和非草地的鉴别困难,加快编绘速度,提高编绘质量。

(2) 对草地类和亚类的类型图斑界线加粗,标描。

(3) 对山地植被垂直带包括森林带、亚高山灌丛带界线加粗。

(4) 对分布面积不大,但具有重要指示意义和重要的特殊草地类型,必须在 1∶100 万草地类型图中保留的草地类型图斑,进行加粗标描,以免缩图后,因分布面积小在缩编时被遗忘。

(5) 对标描区域要保留的图斑,用定稿的西藏自治区 1∶100 万草地类型图图例系统(初稿)的编号进行标注。

(6) 描标经纬网、水系、湖泊、重要居民点、冰川等明显地物控制点,用于下一步缩编时用做参照地物点。

(7) 标描图幅边框,标明拼接图幅号。

7.2.4.4　**复印缩照、展点、裱拼**

用 1∶50 万的加粗标描图,缩至 1∶100 万。按 1∶100 万比例尺国际分幅标准展点、拼合。用 4 幅相邻 1∶50 万的缩照图,按国际分幅标准裱拼为 1 幅 1∶100 万缩照裱拼图,再进行编绘。

7.2.4.5　**编绘操作技术要点**

用裱拼的 1∶100 万缩照图,套合该图幅的编绘工作底图,按照西藏 1∶100 万草地类型图图例系统(初稿)进行编绘。以草地型为基本制图单元。在相同草地类范围内,对基本相同或近似的原县级和地区级草地类型图中所设置的草地型进行综合、取舍、合并操作,分割草地图斑。

(1) 按 $5^\circ \times 5^\circ$的经纬网格逐格编绘,以便逐格平差消除缩图过程中产生的误差。

(2) 最小图图斑面积:天然草地 4 mm^2,人工草地 2 mm^2。图斑面积>4 mm^2 的天然草地独立图斑和图斑面积>2 mm^2 的人工草地独立图斑,全部保留。

(3) 图斑的综合取舍。对面积<4 mm^2 图斑进行综合取舍,根据图斑所示草地类型的重要性、所示地理位置的重要性决定是否合并或夸大,或舍弃。

①图斑合并。面积<4 mm^2 且间距<0.3 mm 的小图斑予以合并。合并原则以大吃小,取大图斑图例编号。面积相差不大的相邻图斑,遵循相邻同质、同型草地图斑归一的原则,简化图斑的弯曲部分,保持最小的面积变形和形状变形,进行合并。新生成的合并图斑,取原图斑中概括程度高的图例编号。

②图斑夸大。面积<4 mm^2 但对显示草地类型和重要优势种分布规律有重要指示意义的图斑、对显示草地利用界线或显示重要山地垂直带组成有重要指示意义的图斑,夸大表示。

重要的隐域性草地图斑、反映草地类分布极端界线的图斑，尽量保留或夸大表示。草地图斑稀疏区内，面积<4 mm^2 的图斑尽量保留，必要时夸大表示。

③图斑舍弃。面积<4 mm^2 且间距<0.3 mm 的群集小图斑中没有重要指示意义的草地图斑，适当舍弃。

④采用复合图斑表示。小于最小图图斑面积，既不宜被综合、被舍弃又不宜被夸大的小图斑，可以用复合图例或复合图斑的形式表现。

(4) 山地垂直带草地图斑的综合。省级中、小比例尺草地类型图，主要反映山地草地垂直带分布规律，不能真实反映垂直带的实际宽窄。因此，在不超过植被分布上限、不影响山麓线以下非草地类型表示的原则下，山地垂直带线划位置可适当向上、向下伸延，尽量保留所有的垂直带组成成分。垂直带合并原则如下：

①带窄的草地类型并入带宽的草地类型。

②次要草地带并入主要草地带。如昌都东部 4 000 m 以上分布有亚高山草甸带和高寒草甸带。从整个西藏和全国衡量，当地是亚高山草甸带的主要分布区，而高寒草甸带在其他区域分布很广。若图上实在难以划分出 2 个带时，应保留亚高山草甸带而舍弃高寒草甸带。

③分段保留。在有限的垂直带宽度范围内难以保全所有草地垂直带组成的情况下，可以将 2 个连续分布的垂直带，在 1 个带谱宽度范围内分段表示为不连续的垂直带，从而在图面上保留下全部垂直带的组成。

④草地与非草地组成的垂直带，保留草地垂直带。有些山地垂直带，由草地与灌丛、草地与疏林、草地与农耕地、草地与稀疏垫状植被组成，在山地垂直带合并时，保留草地垂直带，舍去非草地内容的垂直带。

7.2.5 草地等级图的编制

7.2.5.1 县级草地等级图的编制

用同比例尺县级草地类型图为基本编图资料，编绘草地等级图。

(1) 制定草地等级评价标准。首先要制定草地等级评价标准，用作草地等级图的图例。根据等级评价标准，评定县级草地类型图图例系统的基本制图单元所属的草地等级。

(2) 县级草地等级图的编制方法。县级草地等级图用县级草地类型图编绘，编绘步骤如下：第一步，按草地等级评价标准，对县级草地类型图的类型图例系统中的基本制图单元，评定其所属品质等别和产草量级别，亦即对所有的草地微型(大比例尺县级草地类型图的基本制图单元为变型)评定所属草地等级，见表 7.2.2。

表 7.2.2 草地类型的等级评定示例

草地类型名称	所属草地品质等	所属草地产草量级
紫花针茅、固沙草、鹅绒委陵菜微型	Ⅲ	7
矮生嵩草、高原早熟禾、杂类草微型	Ⅱ	6

第二步，对县级草地类型图中的所有草地类型图斑，视其分布的生境条件，按上述草地微型的等级评价结果，对草地类型图斑逐块进行草地等级评定，标注草地等级代号。如对“紫花针茅、固沙草、鹅绒委陵菜微型”图斑，标注Ⅲ等 7 级。对一些由于分布海拔高度不同或地形条

件差异引起产草量有差别的草地类型，其草地级的评定应给出 1～2 级的级差幅度。如对上述"矮生嵩草、高原早熟禾、杂类草微型"的大图斑，可以视测产样方记录，按海拔高度一分为二，低海拔区图斑评为 6 级，高海拔区图斑评为 7 级。

第三步，将具有相同等级的相邻图斑进行合并，舍去其间的类型图斑界线，即为草地等级图斑。无需合并的独立图斑，标注评定的草地等级代号取代类型代号，即为草地等级编稿原图，然后清绘、定稿。

(3) 将已定稿的草地等级评价图，进一步对相同草地等的图斑进行合并，删除草地级的评价代号，即为草地品质图。进一步对相同草地级的图斑进行合并，删除草地等的评价代号，即为草地生产力图。

7.2.5.2　**地区级、自治区级草地等级图的编绘**

地区级、自治区级草地等级图的编绘方法，与县级草地等级图的编绘方法基本相同，即用同比例尺的地区级或自治区级草地类型图为基本资料进行编绘。编绘要点如下：

(1) 在编绘地区级或自治区级草地等级图之前，要对所辖各县草地类型图图例系统的等级评价赋值进行审查。发现有不妥或有误之处时，要据此对县级草地类型图图例系统的等级评价赋值进行必要的修改，用作制定地区级或自治区级草地类型图图例系统的等级评价参考。

(2) 制定地区级或自治区级草地类型图图例系统的等级评价赋值标准。

(3) 用地区级或自治区级草地类型图进行编绘。对地区级或自治区级草地类型图中的所有草地类型图斑，按地区级或自治区级草地类型图图例系统的等级评价赋值标准，对草地类型图斑逐块进行草地等级评定，标注草地等级代号。

地区级、自治区级草地等级图，不宜用县级等级图合并缩编。其理由有二：①地区级、自治区级的草地等级评价所依据的草地类型与县级草地等级评价依据的草地类型不相同，地区级草地类型图图例系统或自治区级草地类型图图例系统中的基本制图单元，是用所辖若干个县的草地类型图中的基本制图单元合并、综合的结果，对草地品质和生产力的综合评价程度高于县级基本制图单元。显然，对地区级、自治区级基本制图单元的等级评价标准，不同于县级基本制图单元的评价标准，故不能使用县级基本制图单元评价的县级等级图缩编地区级和省级等级图。②地区和省(自治区)级类型图比例尺小于县级类型图，地区和省(自治区)级类型图所辖各县类型图的图斑总数量，比经过县级拼接、合并编绘的地区级和省(自治区)类型图图斑总数多。如果用县级等级图合并编绘地区级等级图，会导致地区级等级图的图斑数量多，且图斑破碎，图面负荷量重。

7.2.6　草地利用现状图的编制

草地利用现状图为实地调绘成图，用草地利用现状外业调绘图编制。编绘方法与步骤如下。

7.2.6.1　**制定草地利用现状评价标准**

首先按草地利用的适宜性制定草地利用性状划分标准，将天然草地划分为放牧草地，割草地，放牧、割草兼用草地和难利用草地。再将其中的放牧草地按其放牧适宜季节划分为用于冷季放牧的冷季放牧草地、用暖季放牧的暖季放牧草地和可供四季放牧的全年放牧草地。评价标准见本书 8.2.4 草地利用性状评价。

7.2.6.2　**县级草地利用现状图的编制**

县级草地利用现状图是县、地(市)、自治区 3 级草地利用现状图中最基础、具有生产指导意义的重要图件。其编绘步骤如下：

(1) 首先将草地利用现状外业调绘图等比例尺转绘至编绘工作底图上。

(2) 利用编绘工作底图的地形条件、海拔高度、距水源的距离等地理信息，参考航片、1∶20万TM卫片，按制定的草地适宜性利用划分标准，将转绘至编绘工作底图上的利用现状图，编绘暖季放牧、冷季放牧、四季放牧和难利用草地的分布界线。

(3) 将转绘图上的初步编绘的县级草地利用图，套合等比例尺县级草地类型图，按草地类型图斑界线对草地利用现状图斑做草地专业的最后审查和修改。同时，请当地草原技术干部参与草地利用现状图的审查，帮助落实割草地的分布界线，初步定稿。

(4) 将初步定稿的县级草地利用现状图与县级土地利用现状图、土壤评价与利用图进行专业间协调，参考兄弟专业的利用现状图，对初步定稿的县级草地利用现状图进行审查、修改。

(5) 县级草地利用现状图经过县级草地调查成果验收后，合格者需要根据验收组提出的意见再做最后的修改、定稿，移交清绘成图，不合格者需返工重编。

7.2.6.3 地区(盟、市、自治州)级草地利用现状图的编制

利用1∶25万至1∶50万地区级草地类型图为基本编图资料编绘。将地区所辖各县的草地利用现状图缩至与地区级草地类型图相同的比例尺。利用1∶25万至1∶50万地区级草地类型图，套合同比例尺缩小的县级草地利用现状图，按地区类型图斑界线，参考缩小的县级草地利用现状图，编绘地区级草地利用现状图的图斑界线。再与土地利用现状专业、土地资源评价专业和土壤专业的相同图件进行协调，做必要修改，即为地区(市、盟、自治州)级草地利用现状图初稿。该初稿图经地区级草地资源调查成果验收合格后，根据验收组的修改意见，进行最后的修改、定稿、清绘、交制印单位制印。

7.2.6.4 西藏自治区草地利用现状图的编制

用西藏1∶50万地区级草地利用现状图为基本编图资料编绘。将经野外调绘，又经与土地利用现状专业协调编绘的地区级草地利用现状图(或挂图)复印，缩至1∶150万，并转绘至1∶150万编绘工作底图上，按规定的草地利用性状划分标准进行缩编。然后与土地利用现状专业的土地利用现状图协调、审查、修改、定稿，送制印单位制印。

自治区级的草地利用现状图与自治区级草地等级图的基本编图资料不同，前者用同比例尺地区级草地利用现状图为基本编图资料编绘，后者用同比例尺地区级草地类型图为基本编图资料编绘(见图7.2.1)。因为草地利用现状界线可以与草地类型界线不一致，同一草地类型，例如紫羊茅亚高山草甸，可能同时划分为暖季放牧草地和冷季放牧草地两种利用类型。但是等级评价图不能将相同的草地类型图斑分割评价，一块紫羊茅亚高山草甸图斑只能评为一种品质等。

7.2.7 草地自然区划图的编制

草地自然区划图，通常简称为草地分区图。

7.2.7.1 草地分区原则

西藏草地分区按照以下原则进行[30]：

(1) 以草地环境条件的地域分异为分区依据。环境条件以草地水、热条件为核心，包括气候、地貌、土壤、植被、水文等自然条件。

(2) 以草地类型组合特征的一致性为分区基础。用草地植被的地带性与非地带性相结合,以地带性草地为主,基带与垂直带相结合,以基带草地类型为主,结合考虑区内的优势草地类型,选择设置分区指标。

(3) 以社会经济条件、畜牧业经营特征及发展方向诸方面的相似性为分区依据。

(4) 以草地培育技术、改良措施、利用制度、管理技术等方面的共同性为分区指标。

(5) 以自然界线为主制定分区界线,有利于保持草地区域特征的完整,便于因地制宜分类指导生产。鉴于西藏自治区行政单位"乡"的设置,大都照顾到自然环境的特点和明显的自然边界,具有良好的地域完整性。因此,在草地分区中尽量保持乡级行政单位的完整,以便于分区资料的统计和生产应用。

7.2.7.2 西藏自治区草地分区的单位

西藏草地自然区划,采用"区"、"小区"、"片"3 级分区单位。

(1) 区:在水、热条件组合上具有共同特征,在草地类型组合方面具有相同地带性特征,草地垂直带谱的性质与结构相似,草地利用特点与经营方向基本一致的地理区域。草地区的划分以草地热量带和水分组合类型为指标。草地"区"用地理地貌区域+热量、水分状况的组合类型进行命名。如喜马拉雅山南翼、山地暖热湿润草地区。

(2) 小区:在草地区以内,由于地形或地理位置差异而形成的具有一定生物气候特点区域。小区是具有一致的草地类型组合或同一主导草地类型,草地垂直带结构相近,草地经营方式具有同一性的区域。小区具有一致的草地类型组合,基本相同的地貌类型组合,属于一定的区域地貌单元。草地"小区"用地理位置+大地貌+地带性草地类型进行命名。如喜马拉雅山南翼、山地暖热湿润草地区,雅鲁藏布江下游、山地热性灌草丛与山地草甸小区。

(3) 片:是草地分区的基本单位,小区内有地域差异的经营单元。它具体反映草地资源类型分布的区域性差异,是经营管理的具体单元。草地"片"用地理位置名称命名。如喜马拉雅山南翼、山地暖热湿润草地区,雅鲁藏布江下游、山地热性灌草丛与山地草甸小区,墨脱—易贡片。

7.2.7.3 草地分区图的编制

如图 7.2.1 所示,草地分区图遵照草地分区原则和标准,用同比例尺草地类型图按区—小区—片的先后顺序编绘。首先,将制图区域按大气候带、大地貌单元、植被与生态地理区域差异划分自然区。然后,在区的范围内,按草地类型组合和地貌类型组合差异划分小区。最后,在小区的范围内,按草地资源类型经营的区域性差异划分片。

草地分区图需套合制图区域的同比例尺行政区划图编绘。省级以下区域的草地分区图,尽量保持"乡"级行政界线的完整。国家级草地自然区划图的各级分区界线,保持与县级行政界线吻合[27],以利草地生产管理应用。草地分区图初稿完成后,要参考制图区域同比例尺的自然区划图、土地利用现状图和土壤图的自然区划界线,修改、定稿。

7.3 草地资源地图编绘成图技术

草地资源地图编绘成图,是利用现有的资料图件或遥感资料编制草地资源图的一种成图方法。草地资源编绘成图多用于中、小比例尺草地图的编制,用已有的各种比例尺资料图件缩编,成图比例尺愈小,缩编成图的成分愈大,缩编过程中制图综合的程度愈高。其编制工作程序，可以分为准备工作、制定编制规范、缩图、编制编绘原图、清绘与整饰、制印出版 6 个阶段。

7.3.1 准备工作

7.3.1.1 准备地理底图

地理底图是专题图的骨架和数学基础的体现。要选择现势性强、地理要素准确、符合编制草地地图要求的地理底图。编制小比例尺草地专题图，一般选择国家测绘局编制出版的小比例尺地形图为地理底图[31]。地理底图分编绘底图和出版底图两种。需要按照缩编目标图的编制技术规程，选取、修改、整编缩小过渡图和缩小目标图的地理底图的地理要素。

1. 编绘底图

编绘底图是用作编绘草地专题要素的工作底图。它是以基本地形图为基础，按草地专题图的要求适当化简，编绘成全要素聚酯薄膜蓝图，起骨架和定位作用。原地形图中各要素内容，按截止到编图日期的现势资料做必要修改，只做取舍，不再增加，不再做概括。

2. 出版底图

出版底图供印刷时与专题要素版套合印刷。它是对编绘底图内容进行分要素化简、取舍、修编后，制成的聚酯薄膜黑图，分为水系注记版和地貌版。其境界、注记、行政区划等要素，根据截止到编图日期的现势资料做必要修改。有的测绘单位和地图出版单位，可以提供已经化简的中、小比例尺通用出版底图。该种底图，一般仅需依据现势资料对有变化的要素做修改。

(1) 出版底图的水系注记版要素选取。选取地形图上的水系和水域，包括河流、湖泊、水库、运河、渠道、蓄水渠、沼泽等，1∶100 万专题图选取 3 级以上河流[32]，1∶400 万专题图选取 1～2 级河流。

草地水源和供水条件是草地利用建设的重要因素，要充分反映。北方天然草地主要分布区内的时令河和图上面积＞1 mm^2 的淡水湖应选取。干旱和缺水草地区内可供人畜饮水的小淡水湖，图上面积＜1 mm^2 应适当夸大到 1 mm^2 表示。西北主要干旱草地分布区和南方山地主要草地分布区的湖泊和水库，其图上面积＞2 mm^2 应全部选取，介于 1～2 mm^2 之间的应适当夸大选取。草地分布区内的溢出泉和水井应尽量选取，用符号标注。咸水湖要标注“(咸)”。

北方农区和南方热带、亚热带非主要草地区的小河、小湖、小水库、水井、泉，要适当舍弃。

要表示海岸线和干出滩中的泥滩、沙滩、红树林滩、砂砾石滩。选取海岛，图上面积＜0.35 mm^2 小岛，用点状符号表示。

编制小比例尺草地图，只选取主要铁路、主要公路，西北和南方主要草地分布区，要选取一般公路。不表示海上交通和陆地水运。

选取起定位作用的长城、名胜古迹和明显地物点，如古塔、寺庙等。

选取县以上居民地。草原牧区的居民地选取到“乡”一级，主要草地分布区要选取区内的畜牧场和重要畜牧业设施。

应表示国界、省(市、自治区)界。国界线按照1989年中国地图出版社出版的《1∶400万中华人民共和国地形图》绘制,省界按照1984年国务院批准的《1∶000 000省市自治区行政区域界线画法图》修改绘制。

各种注记,如居民地、山脉、河流、高原、盆地、沙漠、沙地、半岛等地理名称,按原地形图规定注出。经纬网线亦按原地形图规定绘出。

(2) 出版底图的地貌版要素选取。要选取对判断草地发生与分布有关的沙地、戈壁、干河、干湖、喀斯特地貌,在不超过地图允许的负载量、不损失草地图可读性的前提下,选取对判断草地类型、生产力、草地分布界线、草地垂直带变化有密切关系的等高线。选取、确定等高线间隔,需要遵守3条原则:其一,充分重视不同地貌类型的过渡关系,对于划分平原、丘陵、山地、沙地范围的等高线尽量选取;其二,在平原、山地、黄土丘陵、河谷等不同地貌类型区,要依据可视性好和图面负载适中的原则,选择不同的等高线间隔,高大的山地、陡峻的河谷,等高线密度大,需要删除部分等高线;其三,选取能反映重要草地区域分布界线、草地热量带界线和草地生产力垂直变化界线的等高线。1∶100万中国草地资源图的等高线,以变距等高距表示,选取的等高线及两条等高线间距所内含的中国主要草地生态地理区域如下[32]:

−100 m

吐鲁番盆地及海涂草地区

50 m

东部平原及海岸带草地区

200 m

东部平原、丘陵农区草地区

400 m

东北西部缓丘草地区,东部低山丘陵和四川盆周草地区

800 m

内蒙古东部草地区,南方和华北西部低山草地区

1 000 m

内蒙古高平原和黄土高原东部草地区,农区低中山山地草地区

1 400 m

黄土高原和内蒙古高原西部草地区,新疆荒漠草地区,农区低中山山地草地区

1 800 m

北疆山地草原带,农区中山山地草地区

2 200 m

西南高中山次生山地草甸带,北疆亚高山草甸带

2 800 m

甘肃、青海亚高山地草甸和山地草原带,北疆高寒草甸带

3 250 m

横断山地区亚高山灌丛草原,青藏高原东缘亚高山稀树草甸带

3 750 m

青藏高原东部亚高山草甸带,西藏河谷温性草原区

4 250 m

青藏高原东部高寒草甸区和高寒草原区

4 750 m

青藏高原西部高寒草甸、高寒草原和高寒荒漠区,垫状植被带

5 250 m

植被退缩带,风化流石滩,裸岩

6 000 m

终年积雪带,裸岩

7 000 m

终年积雪带

8 000 m

选取一定数量的高程点。1∶100 万草地图,每幅图选取 10～30 个高程点,山区多选,平原区少选,尽量选取有地名的高程点和紧靠明显地物的高程点。

7.3.1.2 **收集、评价、校正编图资料**

(1) 尽可能收集供编制草地图有关的各种专题图件、资料,并进行分析、整理,划分为基本资料、补充资料和参考资料。

基本资料包括:①供缩编目标草地专题图用的基本专题图件,诸如草地类型图、草地等级评价图、季节草地适宜性评价图、草地利用现状图等,包括以上图件中具有经纬网的聚酯薄膜编稿原图、彩色编稿原图、正式印刷出版的纸质彩色图,上述资料图件是编制目标草地专题图的依据。②供缩编用的基本专题图,在编制过程中进行草地调查的路线图和样地点位图。③整理供缩编用的基本专题图上出现的各种草地类型,每种草地类型选择 2～3 个有代表性的典型调查、测产样地资料。④根据编图需要,选择收集覆盖编图区域的近期 TM、国产卫星像片、其他遥感卫片、或数字遥感影像、重点制图区的彩红外航片等,以备用于编绘原图的审查、校核、修改和验收。

补充资料包括:供缩编用的基本专题图编制过程中当时依据的草地调查文字报告、资源数据统计册、植被与土壤文字报告、草地植物名录等资料。

参考资料包括:①与供缩编用的基本专题图比例尺接近的土地利用现状图、植被图、土壤图、森林图等其他相关的专题图件。②比供缩编用基本专题图完成时间更早的其他草地资源图件。

(2) 对供缩编用的基本专题图件、资料进行分析评价。评价项目包括,基本专题图件表现的内容、图例系统、精度、现势性、与缩编目标图的符合程度。评价结论记入图历簿。

(3) 审查基本专题图件的制图区域边界,包括国外境界。省际间有争议的边界、重复的制图区域、飞地、互不过问的空白区“天窗”,在复照缩图前,要按地理底图上的边界进行修改、订正。

(4) 基本专题图件中不宜拍照的要素,需先行用黑笔标描,再拍照提取。需要在编绘底图上修改、增加的地理要素和注记,要先转绘在基本专题图件上,再复照。

7.3.1.3 **确定编制技术路线和编制工作流程**

成立编委会或编图组,由编委会或编图组决定草地专题图编制的初步工作程序及采用的相应技术措施,指导样图幅的试编。通过样图幅试编取得经验,确定最终的编制工作程序与步骤。1∶100 万中国草地资源图编制流程如图 7.3.1 所示。

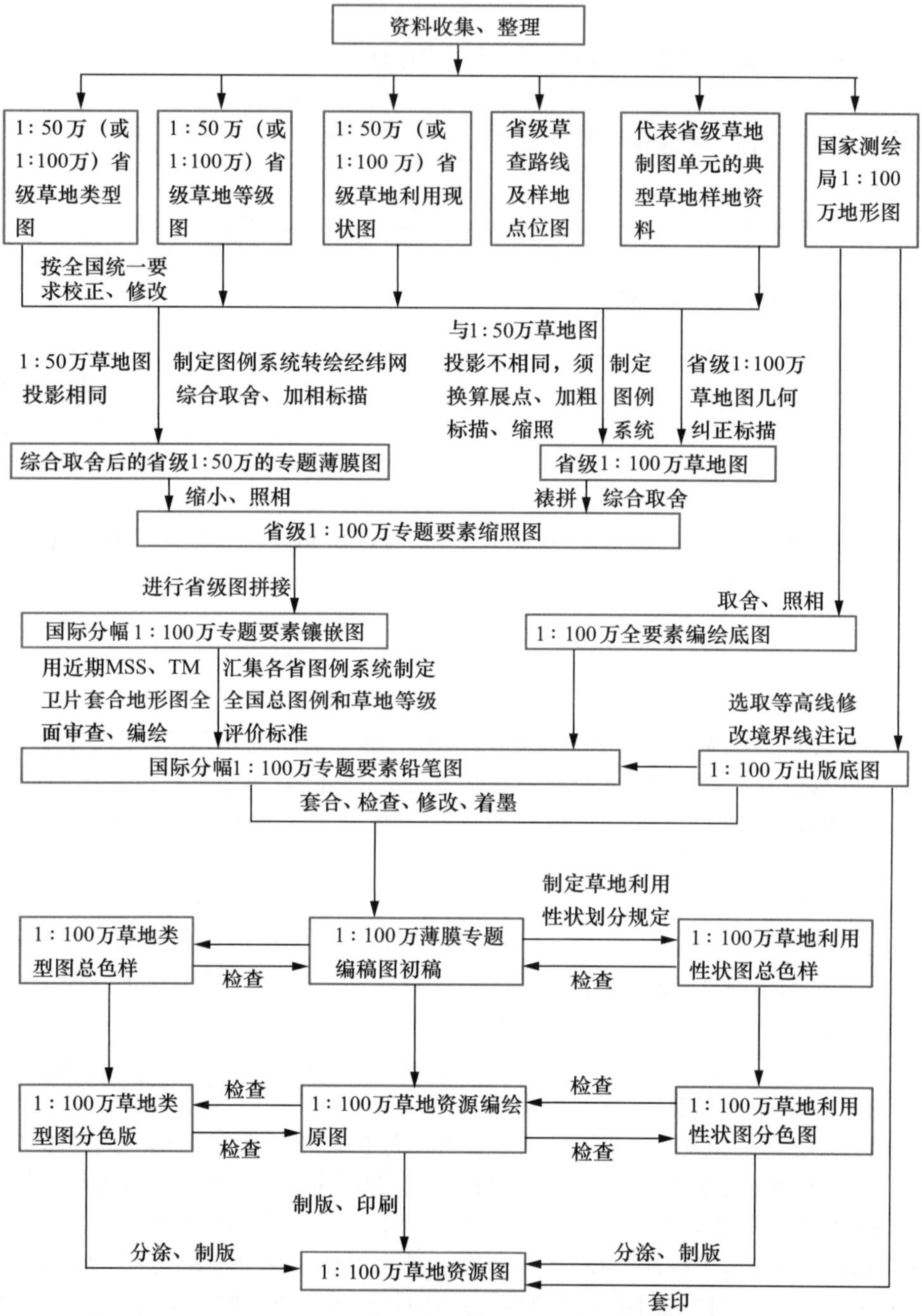

图 7.3.1　**1：1 000 000 中国草地资源图编制流程图**

7.3.2　制定编制规范

草地专题图的编制规范和图幅编绘设计书，是草地资源图编绘成图的行动纲领。编制规范要规定草地图编制的总体实施方案、技术路线、地理基础底图、编图资料和预期成果[33]。编制规范应包含下述内容。

7.3.2.1 **编制规范的内容**

(1) 任务来源,目的,专题图的性质、用途,制图内容,最终成果。

(2) 地理基础底图:①编绘工作底图,包括地理要素化简,按现势资料的修订,制作薄膜图;②出版底图,包括地理要素和明显地物点的选取,绘制经纬网,按现势资料和有关规定要修订的境界、行政区划界、注记等。

(3) 编图资料:①要收集的编图资料的种类,包括基本资料、补充资料、参考资料;②规定编图资料的整理和分析评价方法,以及使用范围和使用环节;③规定对供缩编用图件的审查和必要的修改内容,按现势资料规定对缩编用图的修订内容。

(4) 确定专题图例系统和表现方法:①编制草地类型图和草地资源图,要制定草地类型图例系统,规定其表现方法;②编制草地等级评价图和草地资源图,要制定草地等级评价标准,规定其表现方法;③编制草地利用图、季节放牧草地图和草地资源图,要制定草地利用适宜性评价标准,规定其表现方法;④编制草地退化图和利用现状图,要制定草地退化、沙地、盐渍化分级评定标准,规定其表现方法;⑤编制草地载畜量图、草地利用图和草地资源图,要制定草地合理载畜量计算标准,规定草地载畜量及载畜潜力的表现方法;⑥编制草地自然区划图和草地畜牧业区划图,要制定草地区划系统,规定分区、分片指标和命名方法。

(5) 规定编制工作程序、流程和步骤。

(6) 编绘原图的编制规定。内容包括:①规定编绘方法,确定基本上图单位,规定最小图斑面积;②编绘原图的质量要求;③确定图面配置;④确定图例簿的格式及填写要求。

(7) 印刷原图的制作规定。内容包括:①地物、水系及注记版的制作;②等高线地貌版的制作;③专题线划版的制作;④专题注记版的制作。

(8) 审查、验收。内容包括:①规定需要提供审查、验收的成果清单,一般应包括编绘原稿及其总色样图、图例系统、面积量算表、说明书、图例簿等;②确定成果审查、验收的办法、步骤和评价指标;③规定对需要修改的成果和需要返工甚至重编的成果的处置办法。

(9) 制印、出版。主要内容为:①规定符合草地类型冷暖色彩的草地专题设色方案;②总色样图和分色样图的制作。

7.3.2.2 **制订图幅编绘设计书**

图幅编绘设计书是专题图各个图幅的编绘指南,遵照总体编制规范的要求和各项技术规定,结合各图幅的特点,规定每幅图幅的编绘操作。内容包括:①图幅编绘的主持人和编绘人员;②编图资料的评价、使用;③地理要素的选取、增、删规定;④专题图例系统;⑤与相邻图幅的衔接,省际间图幅衔接,图幅抄、接边规定;⑥面积量算与数据统计;⑦图例簿填写与说明书的编写;⑧编绘流程与时间安排;⑨成果审查方法与验收规定。

7.3.3 缩图

7.3.3.1 **常规缩图**

1. 缩图前技术准备工作

(1) 确定缩图方案和缩图比例。被缩图和缩小目标图比例尺差距不大时,如由 1∶10 万缩至 1∶20 万,或由 1∶50 万缩至 1∶100 万,比例尺只缩小 1 倍,可以一次缩成。若缩图比例尺差距很大时,则需要经过 2～3 次中间过渡比例尺缩图。例如,用地区级 1∶20 万编图资料缩至 1∶100 万缩小过渡图，用于编制 1∶100 万草地类型图过程中，若由 1∶20 万图一次缩成 1∶100 万比例尺，要缩小 5 倍，则 1∶100 万缩印图变成密密麻麻的线划，一团黑，分辨不出图面内容。需先用 1∶20 万图缩至 1∶40 万或 1∶50 万，再对 1∶40 万或 1∶50 万过渡图进行制图综合，加粗标描处理，再缩至 1∶100 万比例尺；或对 1∶40 万或 1∶50 万过渡图，再经过 1∶80 万或 1∶75 万的第二次缩小过渡，最后缩至 1∶100 万比例尺。

（2）按缩小比例尺，计算相邻经线间纬线的缩小长度，计算被缩图的线划需加粗标描的粗细。人的眼睛对线划的分辨率是 0.05～0.06 mm。缩小目标图的线划被缩至小于 0.05～0.06 mm 时，若不用放大镜，人的眼睛难以分辨，所以缩小目标图的线划粗必须大于 0.06 mm。根据这一原则，在确定缩图比例尺后，还要计算被缩图的线划要加粗标描的粗细，以确保缩小目标图的线划粗＞0.06 mm。

（3）按最小图斑面积规定，对被缩图图斑加粗标描。先按缩小目标图最小图斑面积的规定，计算在被缩图上需要保留多大面积的最小图斑，然后计算被缩过渡图在加粗标描过程中，需要保留多大面积的最小图斑，以确保符合目标图中最小图斑面积规定的小图斑不会在缩图过程中被丢弃。计算公式：

$$S=\Delta T\times(A\div T)^2$$

式中：

S——被缩图应保留的最小图斑面积；

ΔT——目标缩小图要求的最小图斑面积规定；

A——被缩图比例尺；

T——目标缩小图比例尺。

被缩图的线划和图斑面积的缩小比例计算，参见表 7.3.1。

表 7.3.1　从 1∶20 万图缩至 1∶100 万图的缩图比例计算

项目		被缩图	第一次缩小过渡图	第二次缩小过渡图	目标缩小图
比例尺		1∶20 万	1∶40 万	1∶80 万	1∶100 万
线划	缩小倍数	—	1	1	0.25
	线划粗/mm	1.0	0.5	0.25	0.20
面积	缩小倍数	—	4	4	1.56
	最小图斑面积/mm^2	100.0	25.0	6.25	4.0

表 7.3.1 显示，如果用 1∶20 万资料图，经缩至 1∶40 万、再缩至 1∶80 万两次过渡缩图，最终缩小为 1∶100 万目标编稿图，要求 1∶100 万目标编稿图的最小图斑面积为 4 mm^2，线划粗为 0.2 mm 时，其线划粗要缩小 5 倍，面积要缩小 25 倍。所以，缩图前需要对 1∶20 万资料图的线划加粗到 1.0 mm；需要保留大于 100 mm^2 以上的图斑，并对其加粗标描。

2. 对被缩图的缩编技术处理

（1）确定要复印的缩图区域，加划复印区边框。

（2）对被缩图复印区的图面进行清理，清除不需要复印的内容；对复印区中需要复印的内容，按被缩图线划粗细的计算结果，标描不清楚的线划和注记。

（3）按被缩图线划粗细的计算结果，标描控制网点、标描地图经纬网；加粗、标描有定位控制作用的水系、湖泊、重要的居民点注记、重要的道路等。

3. 对被缩图专题内容的技术处理

(1) 划分草地为主的区域和非草地为主的区域界。草地为主的区域内,草地图斑为主,非草地地类为小块真形独立图斑。非草地地类为主的区域,草地图斑成为被非草地地类包围的小块真形独立图斑。缩图前划出草地区和非草地的区域界,将非草地区域用铅笔涂黑,有助于分辨缩小目标图的图斑定性,避免在利用缩照图编图时,花费很多时间去辨认哪些是草地图斑,哪些是非草地图斑。

(2) 划分高级草地类型的分类界,如高寒草原类的分布东界,暖性草丛类的分布北界,平原区温性荒漠类与荒漠草原类的分界线等。缩图前将这些重要的地带性草地分界线标描后,利用缩照图缩图时,可以节省很多辨认缩小目标图上草地类型的时间。

(3) 划出大的山地范围线,特别是坡麓线,为后面编绘山地垂直带草地做好铺垫。我国北方干旱区山地,其草地"类"的分布带宽多为200～400 m,绘于1∶50万地图上,不足1 mm,在小比例尺图上则更窄。因此,在编制小比例草地类型图的山地垂直带时,要夸大表示。缩图前划出山地范围线,有利提示山地垂直带作业区。

(4) 标绘出呈小范围分布但具有重要指示意义的草地分布区。例如在亚热带区的西部山地、云贵高原、海拔2 200 m以上的山顶夷平面分布有山地草甸类草地,但面积很小,在被缩过渡图上如不特别标注,利用缩照图编图时,往往被遗漏。

4. 缩图方法

(1) 采用缩图的方法有:用大型工程复印机缩图,变形小,精度高。用普通静电滚筒式复印机缩图,变形较大,缩小的比例尺不够精准,变形朝一个方向发生,但缩图费用便宜。用缩放仪照相缩小,缩小比例尺精度高,清晰度高,但缩照成本费高。复照缩图为中心投影,中心无变形,变形由中央向外辐射。编图时对图幅边缘的图斑转绘要考虑其微小的变形因素。

(2) 被缩图与缩小目标图比例尺差距太大时,在对被缩图加粗标描过程中,需要对被缩图进行一次综合取舍整编,合并和舍弃一些图斑。对被缩图加粗、标描、整编时,需要遵循下述原则进行:①沿被加粗线划的中心线进行加粗,不得沿图斑线的外围或内环加粗,以保证缩小目标图与被缩原始图图形和图面负荷维持不变。②维持被缩图整编前后草地面积与非草地面积的比例基本不变。如被缩原始图草地图斑面积占图幅面积的40%,经综合取舍、合并、整编缩小后的过渡图,其草地图斑面积仍占图幅面积的40%左右。即有的草地小图斑被舍弃了,而另一些草地小图斑被夸大了,草地图斑总面积基本维持不变。③有些小于最小图斑面积规定的小图斑被舍弃,这些小图斑所表现的草地类型亦被取消。如果表现某种草地类型的小图斑,如"香附子微型"、"水麦冬微型"、"香蒲微型"等图斑(见7.1.5.3图例系统与类型分类系统的差异),无一符合夸大表示原则,在缩图过程中被全部舍弃。则"香附子微型"、"水麦冬微型"和"香蒲微型"的类型图例,亦被从被缩图的图例系统中被取消,从而导致缩编图图例系统的升级改编。

每缩图一次,需要整编一次。例如,由1∶20万资料图,缩至1∶40万过渡图,若1∶40万过渡图的最小上图图斑面积规定为10 mm^2,则缩图前需要对1∶20万资料图中所有大于40 mm^2的图斑进行加粗标描。

7.3.3.2 计算机自动缩图

全国草地资源遥感快查,应用计算机专用软件进行资源数字地图的缩图,从1∶25万中国草地资源数字地图缩编为 1∶50 万比例尺数字地图。

该项工作是在全国草地资源类型遥感解译与判读结果的基础上，将其进一步缩编为 1∶50 万的制图标准。缩编工作以标准的 1∶50 万分幅为基本数据单元进行。在正式的缩编工作之前，首先要将以行政省区为数据单元的遥感解译判读结果数据切割合并组成以 1∶50 万分幅组织的数据。

缩编工作在 MGE 的工作平台上进行。缩编后的数据集成等相关工作在 ArcGIS 平台上进行。该次缩编规定：最小图斑面积控制在 3 mm^2（相当于地面 750 000 m^2），大约相当于 833 个 TM 影像像元；相邻图斑间最小距离为 0.5 mm（相当于地面 250 m），大约相当于 8 个 TM 影像像元。面积小于 3 mm^2、与相邻图斑间距小于 0.5 mm 的孤立图斑，视相邻图斑的性质处理，若相邻图斑为同类型图斑，要将它们合并，若为不同类型的图斑，缩编时被删除。该次缩编工作流程如图 7.3.2 所示。

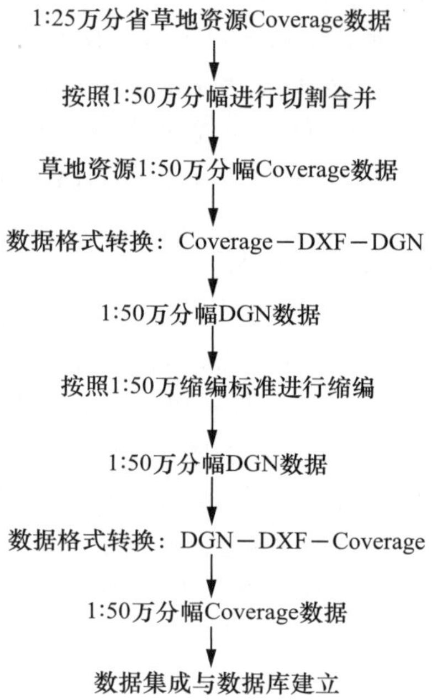

图 7.3.2　应用 ArcGIS 自动缩图流程图

7.3.4　整编缩小过渡图

7.3.4.1　投影转换

用于草地资源外业调查的 1∶5 万、1∶10 万、1∶20 万地形图均为高斯投影，1∶100 万中国地形图为正轴等角圆锥投影。当用中、大比例尺调绘图为基本资料图编绘 1∶100 万草地资源图时，在缩照编绘过程中，需要解决编绘资料图与编绘目标图投影系统不一致的矛盾。在缩图过程中需要对高斯投影的资料图，按 1∶100 万中国地形图的等角圆锥投影的要求，制作展点布版，进行投影转换。

7.3.4.2　选取、化简、整编缩小过渡图缩照图的地理要素

按缩编目标图的编制技术规程，利用与缩小过渡图同比例尺的地形图，选取、化简地理要素，编绘过渡图地理工作底图。包括删除乡级甚至县级行政区划界，删减居民点、地物注记、高程点，精减交通线，化简水系网等技术操作内容，确保编绘过渡图的专题内容与它的地理基础要素之间的符合程度，为下一步缩编目标图提供可靠的基础。例如，同一制图区域、不同比例尺精度的图 7.3.3、图 7.3.4 和图 7.3.5 三幅草地类型图中，1∶5 万比例尺图 7.3.3 中的小河，缩至 1∶20 万比例尺图 7.3.4，双线河只能用单线河表示，再缩至 1∶50 万比例尺图 7.3.5 时，因小河是位于水资源丰富的南方湿润区的 4 级小河而被删除。

7.3.4.3　整编缩小过渡图图例系统

按缩编目标图的编制技术规程，整编缩小过渡图的图例系统。利用基本资料图的图例系统缩编，根据缩编过渡图出现的草地类型图例进行整编。遵照目标图比例尺成图精度规定和最小图斑限量面积的规定，有些被舍弃或被合并图斑的分类单位，如果没有占据其他图斑，则该分类单位被取消或被合并，形成过渡图比例尺精度的图例系统。例如，1∶20 万比例尺图 7.3.4

中沿河边分布的狗牙根（*Cynodon dactytlon*）微型低地草甸，缩至 1∶50 万比例尺图 7.3.5 时，因面积小被就近并入草地 B_{II} 中，图中只保留白茅亚型和刺芒野古草（*Arundinella setosa*）亚型。如果在 1∶50 万比例尺最小图斑面积规定范围内没有其他狗牙根微型图斑，则狗牙根低地草甸类型将在 1∶50 万草地类型图图例系统中被取消。草地类型图图例系统合并实例见第六章表 6.6.1。

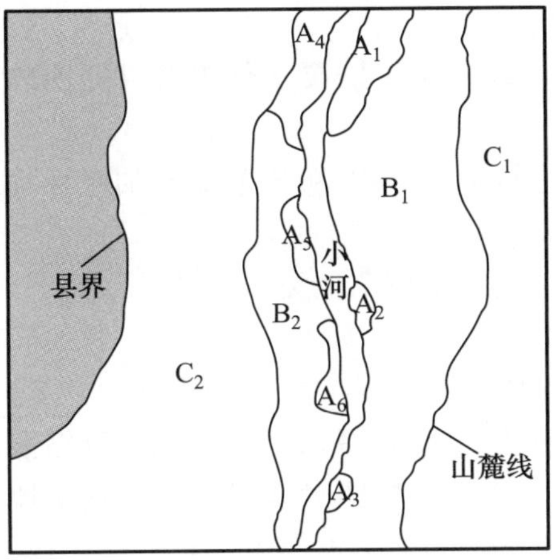

图 7.3.3　1∶50 000 草地类型图

A_1、A_2、A_3、A_4、A_5、A_6：狗牙根变型低地草甸

B_1、B_2：白茅微型热性草丛

C_1、C_2：刺芒野古草微型热性草丛

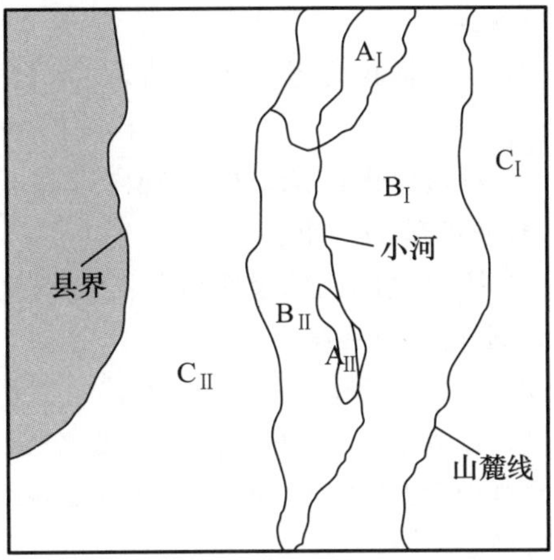

图 7.3.4　1∶200 000 草地类型图

A_I、A_{II}：狗牙根微型低地草甸

B_I、B_{II}：白茅微型热性草丛

C_I、C_{II}：刺芒野古草微型热性草丛

1∶100 万中国草地资源图用各省、市、自治区 1∶50 万（其中北京市、天津市和宁夏回族自治区为 1∶20 万）草地资源图缩编，各省、市、自治区的草地类型分类系统，是 1982—1988 年先后按全国不同会议制定的草地分类系统规定意见所制定，不同年份规定的草地类型分类级的设置存在着较大差异。因调查手段和制图区域大小的不同，各省（市、自治区）1∶50 万草地类型图图例系统的详细程度差异也很大。1990 年集中全国各地的草地资源图编图人员，在北京按国际分幅编绘 1∶100 万中国草地资源图。首先对 1∶50 万省级草地类型图的图例系统进行合并、压缩、整编，舍弃在省级草地类型图例系统中未出现而在省级文字报告中出现的草地类型，形成 1∶50 万中国草地资源图过渡图图例系统。1∶400 万中国草地资源图和 1∶1 000 万中国草地类型图图例系统的整编，参见 6.4.4 和 6.4.5。

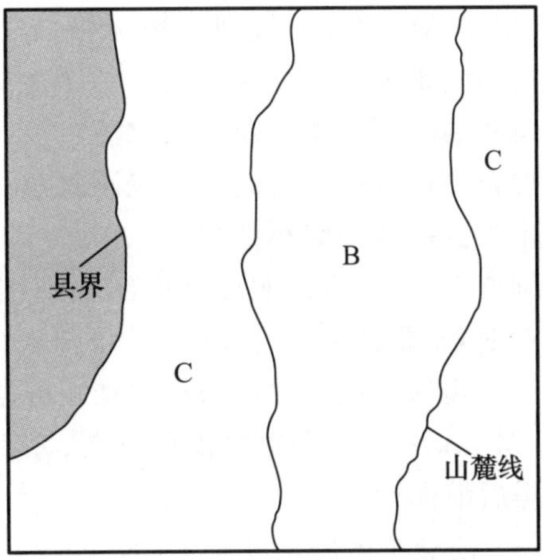

图 7.3.5　1∶500 000 草地类型图

B：白茅亚型热性草丛

C：刺芒野古草亚型热性草丛

7.3.4.4 **缩小过渡图的编绘**

过渡图的编绘不同于目标图的编绘。

1. 过渡图的编绘原则

(1) 按过渡图比例尺精度要求编绘。如用 1∶20 万宁夏自治区草地资源图，经过 1∶50 万过渡图缩编为 1∶100 万中国草地资源图时，由于宁夏没有 1∶50 万草地图编制规程，需要参照甘肃、陕西相邻省 1∶50 万草地资源图的编制规程、制图精度要求，对 1∶50 万宁夏过渡图进行编绘。

(2) 对过渡图专题要素进行取舍、合并、制图综合，编绘精度的要求低于对目标图的编绘要求。

(3) 对过渡图已选取的专题内容和非草地要素，进行加粗标描，可以放宽对加粗标描线划粗细、弯曲细部的要求。

(4) 按过渡图比例尺精度的类型图例系统，标注过渡图图斑草地类型代号。

2. 过渡图的编绘

以 1∶250 万过渡图为例，简述过渡图的编绘要点如下：

(1) 参考 1∶100 万中国草地资源图的草地利用现状界线，抹黑、标绘 1∶250 万缩照过渡图的非草地，以便在 1∶250 万缩照过渡图缩至为 1∶400 万目标图时，能辨认、区别草地与非草地区域。

(2) 按图斑面积对 1∶250 万缩照过渡图草地图斑进行取舍、合并，然后加粗标描。图斑取舍判断标准，以目标图最小图斑面积规定为准，按目标图最小图斑面积计算过渡图应选取保留的最小图斑(参见 7.3.3.1 中的被缩图应保留的最小图斑面积计算方法)。按 1∶400 万比例尺目标图最小图斑面积 4 mm^2 的规定，对 1∶250 万缩照过渡图上的小图斑处置规定如下：①面积＞10.24 mm^2 的草地图斑加粗标描。②面积＜10.24 mm^2、但有重要指示意义的小图斑，保留并沿图斑外廓线划加粗标描。③面积＜10.24 mm^2、邻近有其他草地图斑，且与紧邻图斑的间隔距离小于目标图允许的图斑最小间隔距离，则需要与紧邻草地图斑合并。需要合并图斑间的间隔距离判断方法如下：

拟合并过渡图图斑间的间隔距离(mm)＝目标图规定的图斑最小间隔距离(mm)×过渡图缩小为目标图的编小倍数。

例如 1∶400 万比例尺目标图相邻图斑间的最小间隔距离规定为 0.3 mm，则在 1∶250 万缩照过渡图上为 0.3 mm×400÷250＝0.48 mm，即＜0.48 mm 的相邻图斑，应予合并处理。按相邻图斑合并后的形状加粗标描，取合并前面积大的图斑的类型代号标注。④面积＜10.24 mm^2、不具有重要指示意义、又不与其他草地图斑相邻的孤立小图斑，予以舍弃，将图斑抹黑后缩图。

(3) 按最窄图斑宽度规定，对 1∶250 万缩照过渡图的草地图斑进行取舍、合并。1∶400 万比例尺最窄图斑宽度规定为 0.6 mm，相当于 1∶250 万比例尺图的 0.96 mm。所以，对 1∶250 万缩照过渡图最窄图斑宽度＜0.96 mm、但反映地带性草地类型分布极端界线和对重要山地草地垂直带组成有重要指示意义的小图斑，夸大表示，加粗标描。否则，在图斑最狭窄处断开，分割为两个图斑，再视断开图斑的面积，或保留、或舍弃。

(4) 按 1∶250 万过渡图的草地类—草地型组—草地型三级类型图例系统，对 1∶250 万过渡图的草地图斑标注草地类型代号，包括保留的、合并的、夸大的 3 种图斑。

(5) 对 1∶250 万过渡图的加粗标描图斑,标绘各个草地类的标识界,以便缩至为 1∶400 万目标图时,能辨认。

7.3.5 编制编绘原图

编绘原图(即目标图)的编制程序,可参考 1∶1 000 000 中国草地资源图编制流程图(图 7.3.1)。

7.3.5.1 编绘原图的编制方式

用缩小过渡图为基本资料图编绘,编制方式视过渡图与编绘原图比例尺相同与否,视有无现成可用的编绘工作底图而定。

(1) 用复照、拼接后的缩小过渡图套合同比例尺全要素编绘底图编绘。20 世纪 80 年代末,内蒙古、新疆、西藏 3 个自治区的草地资源图为 1∶1 000 000 比例尺,与全国草地资源图汇总的比例尺相同。但内蒙古、新疆自治区草地资源图在调查制图时,还没有制订全国统一的 1∶1 000 000 中国草地资源图编制规程,必须按自治区的自行规定编制,3 个省级资源图之间互有差异,又没有拼接。因此,需将精度不合规定的自治区级 1∶1 000 000 草地图,按 1∶1 000 000 双标准纬线等角圆锥投影计算展点,进行几何纠正后,再复照,用做基本资料编绘图,套合 1∶1 000 000 聚酯薄膜地理基础工作底图进行编绘。

(2) 缩小的过渡图与目标图比例尺不同时,需将缩小过渡图缩至与目标图等比例尺,再编绘。如果有现成的与目标图等比例尺的编绘工作底图,将过渡图套合同比例尺的编绘工作底图上进行编绘。

(3) 编制编绘工作底图,供编绘原图时套合使用。如果没有现成的编绘工作底图,则需要用与目标图同比例尺的地形图自行编制编绘工作底图。选取、化简、整编地形图缩照图的地理要素,按缩编目标图的编制技术规程,编绘供编绘原图使用的全要素地理工作底图。

①简化地理要素选取,提高居民点、注记、地物的选取规定,减少居民点标注,在符号密集区合并相同或相近的点位符号,以保证最重要的地物被选取。

②简化线划符号和轮廓范围的形状,即简化水系、交通线、城市轮廓钱,减少交通网、水系、境界等线状地物线,双线河变单线河等。

(4) 利用基本资料图缩照、制作基本资料图镶嵌草地图,供编制编绘原图时使用。

①省级 1∶50 万草地图投影方式一致,将 1∶50 万草地图照相缩小或用高精度复印机复印缩小至 1∶1 000 000 缩照图,然后直接裱拼成 1∶1 000 000 镶嵌草地图。

②省级 1∶50 万草地图虽然投影方式不一致,但照相缩小成 1∶1 000 000 缩照图后,与 1∶1 000 000 地理基础工作底图套合的吻合程度好。图幅边长误差<0.2 mm,对角线误差<0.3 mm 者,亦可直接用省级图裱成 1∶1 000 000 镶嵌草地图。

③省级 1∶50 万草地图投影方式不一致,缩成 1∶1 000 000 比例尺以后,与 1∶1 000 000 聚酯薄膜地理基础底图套合移位较大,图幅边长误差>0.2 mm,对角线误差>0.3 mm,则需要按 1∶1 000 000 双标准纬线等角圆锥投影计算展点,套照成 1∶1 000 000 草地图,再进行拼接。

7.3.5.2 制定编绘原图工作图例系统

经过过渡图的缩编,已经获得缩小过渡图比例尺精度的图例系统。按目标图(即编绘原图)

比例尺精度合并、综合过渡图图例系统，形成目标图编绘工作图例系统，用作目标图的编绘。

(1) 1∶100 万中国草地资源图，按“类—亚类—组—型”4 级编绘、分割、注记草地图斑。以草地型为基本制图单位上图，在地形复杂的特殊地段可用两种草地型的复合图斑或复合图例表示。“类、亚类、组”3 级为上层制图单位，分别用图斑色彩、图例编码表现[35]。

(2) 1∶400 万中国草地资源图图例，划分为 2 级制图单位：第 1 级，草地类，为基本制图单位；第 2 级，草地型组，为特定制图单位。草地型组是草地类的重要组成成分。在全国大部分地区用基本制图单位上图，全面反映全国草地类的分布。部分平原地区，草地植被组成简单，一致好的特殊地段用特定制图单位上图，重点反映每个草地类中分布面积大、分布范围广、最主要的组成成分——草地型组。通过草地型组的名称，反映中国草地中分布最广泛、畜牧业利用价值高的草地优势种牧草、饲用半灌木和饲用灌木。

(3) 1∶1 000 万中国草地类型图采用 2 级制图单位：第 1 级，草地类，为基本制图单位；第 2 级，草地型组，为特定制图单位。草地型组是草地类的重要组成成分，相当于植被分类的群系组。2 级类型图例均为上图单位。草地型组定位于青藏高原、内蒙古高平原、大盆地等地形简单、草地类型组成差异小的区域。草地类定位于地形复杂、草地类型综合程度高的区域。

目标图编绘过程中，有些小图斑被舍弃；有些小图斑被合并；有些图斑被综合，成为新的草地类型或高一级类型。目标图编绘完成后，对目标图所有图斑的类型图例进行登记、编排、综合，并根据综合的结果，对目标图编绘工作图例系统进行修改，完成目标图（即编绘原图）的草地类型图例系统。

7.3.5.3 编绘原图的编图技术方法

编绘成图技术多用于小比例尺草地资源图的编制。用编绘原图等比例尺的缩照过渡图，套合编绘原图工作底图，遵照编绘原图工作图例系统，参考制图区域的原中比例尺草地资源图，进行图斑分割、综合取舍和图斑定性，编绘作者编绘原图。下面用小比例尺草地图的编制为例，阐述编绘原图的编图技术方法。

1. 草地图斑的编绘顺序

先划分隐域性草地，低地草甸类、沼泽类、沙质土壤草地；再划分水平地带性草地；最后划分山地垂直带草地。编绘操作技术与上述“7.3.4.4 缩小过渡图的编绘”相同，不再赘述。

2. 草地图斑的取舍

用编绘目标图的最小图斑面积规定，衡量、评定基本编绘图中草地图斑的取舍。下述类型的图斑被舍弃：

(1) 图斑面积小于编绘原图最小图斑面积规定标准，既不能就近合并又不符合夸大表示规定的孤立小图斑，被舍弃。例如，1∶5 万比例尺图 7.3.3 中的孤立小图斑 A_3，在缩至 1∶20 万比例尺图 7.3.4 时，因面积小于最小图斑面积，又不具有重要指示意义，而被舍弃。

(2) 图斑面积小于编绘原图最小图斑面积规定标准、且无特殊重要意义的小图斑群集中的小图斑。

(3) 图斑狭窄处宽度小于最小狭窄图斑宽度规定标准、且系非主流山地垂直带草地的狭窄小图斑。

(4) 与非草地组成的复合图斑中，接近最小图斑面积规定标准和最小狭窄图斑宽度规定标准、且没有重要指示意义的小复合图斑。

最小图斑面积的规定，参见表 6.5.1。最小图斑面积的大小受比例尺、图种性质、制图区域的地形、编图资料及地理底图的精度、制图手段和方法等众多因素的制约。图斑取舍的实际编绘操作，需要给予最小图斑面积一定的变化幅度。例如，1∶100万草地资源图最小图斑面积4 mm^2的规定，在草地面积小、分布较零星的农区和半农半牧区比较适宜；在广阔的牧区，按4 mm^2最小图斑面积的规定进行图斑分割，会导致部分地区草地图斑破碎。牧区草地的最小图斑面积以8～12 mm^2更合适。

3. 草地图斑的夸大处理

下述类型的图斑在编图过程中需要夸大表示：

(1) 小于最小图斑面积规定标准、但有重要指示意义的小图斑。①表示地带性草地类型生态地理分布极端界线有重要指示意义的图斑，如高寒草原类分布的东界图斑，热性草丛类分布的北界图斑，温性草原类分布的南界图斑等。②对于显示草地类型和主要建群种牧草分布规律，或划分草地分布生态地理界线和利用界线有重要意义的图斑，尽量保留，必要时进行夸大处理。

(2) 小于最小狭窄图斑宽度规定标准的重要条状小图斑。①沿河流、海岸带、湖滨等线状或条带状地物分布的草地图斑，受最窄图斑宽度规定的限制，如不夸大表示则会被丢失的条状图斑。如河漫滩低地草甸、滩涂盐化草甸、高寒草甸类中沼泽化草甸的部分条状图斑。②部分山地草地垂直带图斑。温带荒漠区、高寒草原区和高寒草甸区范围内的天山、阿尔泰山、祁连山、横断山等高大山地，山地草地垂直带的组成较复杂。其中带宽较窄的温性山地草甸带和温性山地草原带有重要意义，但图面表示有困难，其图斑要夸大表示，或将呈连续分布、但宽窄不一的草地垂直带图斑，在狭窄处断开，分割成几个间断的条带图斑表示。

(3) 草地面积虽小，但产草量高、利用价值高，可用于割草或冷季放牧的有重要意义的小块草地图斑。

(4) 部分农区的零星草地图斑。大兴安岭—燕山—长城—吕梁山—六盘山—青藏高原东缘一线以东、以南的农区草地分布零星，草地面积较小。对草地图斑稀疏区的小于最小图斑面积规定的小图斑，给予夸大表示。其中，≤1∶100万桌面用图中2～4 mm^2的图斑，经综合夸大到4 mm^2表示，1∶(50万～100万)桌面用图中，<6 mm^2的小图斑，可夸大到6 mm^2表示。在中、小比例尺草地图中，这些被夸大表示的小草地图斑的面积，与地面草地的实际分布面积略有差异。

4. 编绘原图的制图综合

制图综合，是在大比例尺草地图向小比例尺同类草地图过渡时，对草地图表现内容必须进行的概括技术操作。需要做的概括技术操作包括简化地物点的选取和轮廓图形，概括地图质量、数量特征。

(1) 草地图的制图综合方式。①图形轮廓概括，简化图斑轮廓形状和图形弯曲。概括操作要求：保持图形直线段与曲线段的组合和曲率变化，保持主要弯曲点，维持综合前图形弯曲对比度，维持综合前图形的尖、圆、钝等几何形状基本不变。②质量特征的概括，如简化草地类型分类层次，提高最低分类级别，合并近似的草地类型。③数量特征概括，提高数量指标的划分尺度，如简化草地等级标准的划分级差，将2～3种草地垂直带类型合并为一个垂直带。④范围法的综合，扩大基本制图单位范围面积的选取标准，合并同类小区域范围内的图斑，用专题符号表示，取代小图斑的轮廓面积表示法。

(2) 编绘原图的图斑合并。根据草地专题图斑内容的重要性、面积大小、图斑类型显示的所处地理位置的重要程度，对用于目标图编绘的草地图斑进行合并。例如，1∶5万比例尺图

7.3.3 中的 A_2、A_5、A_6 三块狗牙根变型低地草甸，缩至 1∶20 万比例尺图 7.3.4 时，就近合并为 A_{II} 一块狗牙根微型低地草甸类图斑。

①图形综合。遵循相邻同质同型草地归一综合的原则，对编绘目标图的相邻同质同型图斑进行合并综合。对图形进行概括，除去和简化图形弯曲部分，使图形清晰，充分显示图形主要形状和特点，显示草地类型分布基本特征。要求合并后的图斑与合并前的图斑保持最小的形状变形和面积变形，保持图斑与地形的协调性，不出现跨越地形界线的图斑。

②小于最小图斑间隔距离的相邻图斑进行合并。图斑合并的原则是以大吃小，将小图斑合并在大图斑内，取其大图斑的图例编码。面积相差不大的相邻小图斑合并后，取原图斑中概括程度高的图例编码。图斑面积大小相差不大的异型草地类图斑合并后，可采用复合图例的方式表示。

③面积小于最小图斑面积规定的相邻密集小图斑应合并表示。在最小图斑面积规定范围内的群集小图斑应予合并，合并后维持原图形变形最小，总图斑面积变化不大。合并后的图斑，取比原草地类型高一层的类型图例标注。

④对小于最窄图斑宽度规定的相邻小图斑进行合并。在最窄图斑宽度规定范围内，出现两个以上条状图斑或山地草地垂直带图斑，且各条状图斑和垂直带草地图斑的重要程度、生态类型指示意义差异不大，需要将两个以上条状图斑或山地草地垂直带合并为一个，合并后的图斑取比原垂直带草地类型高一层的类型图例标注。

5. 小比例尺山地草地垂直带的编绘

中国山地面积广阔，占总面积 60%以上的天然草地分布于山地，能否科学、合理地表现山地草地的组成与分布，成为编绘小比例尺草地图的关键。山地草地垂直带的编绘是小比例尺草地资源图制图综合的核心，编制全国范围小比例尺草地图的山地草地垂直带，必须掌握全国草地垂直带的分布规律。

(1) 暖湿气流的流向致使山地垂直带海拔高度位置变化。受太平洋暖湿气流和季风影响，我国绝大部地区从东往西变干旱，相同山地草地垂直带分布的海拔高度，从东向西随干旱程度加重而逐渐升高。如温性典型山地草原带的分布海拔高度，在东部大兴安岭西麓为 800～1 100 m，至中部黄土高原上升至 1 400～1 800 m，至西部天山南坡中段上升到 2 400～2 800 m。如北纬 28°～30°之间中山山地草甸的分布下限，在东经 117.5°的武夷山和东经 118°10′的黄山，下限海拔为 1 600～1 800 m，至东经 111°～110°的湘西山地上升为 1 800～2 100 m，至东经 105°～104°的黔西山地上升至 2 200～2 400 m，至藏东昌都地区东经 98°的芒康山，上升到 2 800～3 000 m，至东经 94°尼洋河河谷两侧山地上升为 3 200～3 300 m。

(2) 而新疆阿尔泰山、伊犁河谷、西藏印度河上游河谷，由西向东干旱加重，垂直带线划的位置自西向东抬升。

(3) 相同山地草地垂直带的位置，随纬度由南向北升高，分布下限降低，带谱宽度变窄。温性山地草甸类的亚高山草甸的分布下限，在北纬 27°的玉龙雪山为 3 800 m，往北至北纬 31.5°的神农架降为 3 500 m，至北纬 34°的秦岭南坡降为 3 300 m，再往北至北纬 39°的五台山降为 2 700 m。

需要按照上述山地草地垂直带分布规律，编绘小比例尺全国草地资源图。山地草地垂直带的其他编绘技术，参见 7.3.4.4 缩小过渡图的编绘和 7.2.2.3 中“山地垂直带草地的划分”的阐述。

7.3.5.4　图斑定性与表示方法

1. 图斑表现的制图单位

图斑表现的制图单位，应客观地反映草地植被类型与组成。表 6.5.1 表示的最小图斑面积与基本分类单位的对应关系，不是绝对不变的对应关系。影响图斑面积范围内草地类型表现级因素很多。受制图比例尺、最小图斑限量面积、草地植被组成、地形变化等因素影响，在图斑面积范围内，可能表现基本制图单位，也可能表现为上一级制图单位。例如 1∶5 万比例尺图 7.3.3 中，沿河岸分布的狗牙根草地，受河漫滩地表水短期浸渍与浅层地下水影响，类型单纯，牧草组成较一致，表现到变型一级。离开河漫滩的草地，不能受惠于河流侧渗地下水影响，组成开始复杂，表现到微型。

2. 图斑定性

1∶100 万中国草地资源图，以草地型为基本制图单位上图，用草地型的图例编号注记图斑。只有在极个别特殊地段，使用复合图例表示。1∶400 万中国草地资源图和 1∶1 000 万中国草地类型图，采用高级和低级二级制图单位上图，编图过程中，需要判断用哪一个级别的制图单位上图。以 1∶400 万中国草地资源图为例，说明判断草地图斑应该表现的制图单位和理论依据如下：

(1) 在最小图斑面积范围内，草地类型组成复杂，优势种不明显，或几种类型的草地在图斑内呈间断或交叉分布，用高级基本制图单位反映到草地类。

(2) 畜牧业利用价值较低的草地类型，其组成可以用概括程度较高的分类级表示，对应图斑的制图综合程度较高，用高级基本制图单位反映到草地类。

(3) 在最小图斑面积范围内，草地类型组成简单，优势种明显、单一，某种草地类型在图斑内呈连续和唯一分布，用低级特定制图单位反映到草地型组。

(4) 对表示主要草地牧草生态地理分布界线有重要指示意义的草地类型和畜牧业利用价值很高的草地类型，应尽量表现草地类型的组成，对图斑的制图综合程度较低，用低级特定制图单位反映到草地型组。

(5) 在农区、半农半牧区、山区，草地综合程度高，表现较高级上图单位；宽阔的牧区，地形变化较小的高原、高平原、大盆地，表现较低级的上图单位。

3. 图斑注记表示方法

1∶100 万中国草地资源图的草地类型图例分为 4 层，用数码代号表示。第 1 层表示草地“类”，用罗马数字Ⅰ、Ⅱ、Ⅲ……表示；第 2 层表示草地“亚类”，用带括号的罗马数字(Ⅰ)、(Ⅱ)、(Ⅲ)……表示，没有“亚类”的草地类，不设第 2 层草地类型图例；第 3 层表示草地“组”，用大写英文字母 A、B、C……表示；第 4 层表示草地“型”，用阿拉伯数字 1、2、3……表示。草地图斑注记用 5 位数字字母串表示，前 3 位阿拉伯数字表示草地型的统一编号，第 4 位用英文小写字母表示草地的“等”，第 5 位用阿拉伯数字表示草地的“级”。草地类型与草地等级图例的表示方法，见 7.4.2.2 草地资源图例。草地适宜利用类型用线划符号表示[20]。

7.3.5.5　制图绘制工艺要求

以 1∶100 万草地图为例，作者编绘原图的绘制工艺要求如下：

(1) 图斑轮廓线粗 0.12 mm、图斑界线间距＞0.6 mm、狭长图斑最窄处不小于 0.6 mm、图斑界线弯曲＜0.5 mm×0.5 mm 应化简图形。图斑界线应与非草地地类界线的关系清楚，与线状地物保持＞0.3 mm 的距离。图斑界线和地物界线距离＜0.3 mm 时，允许与地物界共边。

(2) 一个图斑一个编码,图斑过大时,编码可重复注出,图斑过小容纳不下时,需要加0.1 mm粗、10～15 mm长的引线,将编码标注在图斑外的引线一端。引线不能穿越相邻图斑。

(3) 作者编绘原图的各项绘图工作完成后,经分涂总色样图(见7.6草地图的制印、出版)检查、修改,再经专业制图人员清绘,即为编绘原图。当前计算机制图,在计算机屏幕上设色,规定图斑线划粗细,故可省去制作总色样图和清绘操作。

7.3.5.6 **图幅的拼接**

图幅的拼接指分幅编稿原图的接边。

(1) 接边内容包括:图斑界线的接合;专题图斑编码的审核与取舍;水系网的拼接和省(市、自治区)行政界线的拼接。

(2) 接边处理原则:①没有调查样地资料依据的图斑迁就有调查样地资料依据的图斑;②在原省级图中没有采用航卫片校正勾绘的图斑迁就使用航卫片勾绘的图斑;③小图斑界线迁就大图斑;④一般情况下,先完成的图幅抄边,后完成的图幅接边,后成图者迁就先成图者。

(3) 接边误差。接边误差应<0.1 mm。

(4) 责任人。接边时编图人员要实事求是,尊重客观事实,对自己的编稿原图主动承担修改责任。图幅内省际间的接边由主持编图的幅长完成,图幅间的拼接由所属图幅的幅长协商完成。图幅间重大拼接异议,由编委会协商解决。

7.3.6 编绘原图的质量要求与审查

7.3.6.1 **编绘原图的质量要求**

一幅合格的草地资源编稿图,应该符合草地资源地图编制规范要求,内容正确、注记清晰、接边正确、图历簿填写清楚。具体要求如下:

(1) 编图资料完整,使用正确、得当,图历簿填写齐全、完整。

(2) 按草地资源地图编制规范和精度要求进行编绘,草地图斑界线与非草地地类界线关系清楚,图斑线划粗细、最小图斑面积、最窄图斑宽度、图斑界线间距等符合编绘原图的质量规定。

(3) 编绘中的拼接、照相、缩编、转绘操作严格控制精度,要求操作误差为:图幅边长误差<0.2 mm,对角线误差<0.3 mm。

(4) 图面内容正确,图斑注记正确、清楚、字体工整,注记和文字说明吻合;图斑无遗漏、无变形;图斑与地物要素的相关位置一致,专题图斑大小和位置准确,与底图的地形、地物要素相符。

(5) 图例编排无遗漏,图例中的草地类型全部在图面上得到反映。图廓外的图面内容完整、正确,配置符合规定。符号和注记正确,配置恰当,指示明确,符合草地资源地图图式的规定。

(6) 图幅间抄接边准确无误。接边吻合精度<0.1 mm。

(7) 说明书内容完整,文字简练明确。

7.3.6.2 **编绘原图的审查**

(1) 审查内容。编稿原图完成后要提交审验的成果为:①编稿原图及编图基本资料,包括草地专题线划版、选取了等高线的地貌板、注记版、编稿原图等大复印(或蓝晒)着色完成的草地类型总色样图和草地利用性状总色样图；②图例系统；③说明书；④图历簿；⑤面积量算统计表。

(2) 审查方法。图斑的定性、定位、评价结果与实地调查结果不相符，或与所处的地理环境及分布规律不相符，评定为误差图斑。误差图斑数占抽查图斑数的百分比称为编图误差。用编图误差来衡量编图质量。审查时，抽查图幅内图斑总数的10%，编图误差小于5%为优，误差5%～10%为良，误差10%～20%为合格，误差大于20%为差错。评定为良和合格的图幅退回原作者修改、补充；评定为差错的图幅需要重编。

(3) 审查组织形式。编稿图的审、验分三级进行。①首先是图幅自审，由幅长组织本幅图的编图人员进行审查、定稿。②编图片审查。通过自审的图幅送交所在片，由片长组织片内各图幅技术人员进行互审和修改。片内互审通过后，邀请本片范围内有关草地、植被方面的权威专家审查，签署审查意见。再按片内专家审查意见做必要修改。③编委会审查。通过片内专家审查的合格图幅，提交草地资源图编委会，由主编组织编委会的顾问、有关专家对各图幅进行集中审验，并签署审验意见。重点审查图幅间草地图斑是否协调，草地分布规律是否正确。错误较多的图幅退回原作者修改，错误较少的图幅由编委会组织修改。

编绘草地资源图的整个过程中，从收集资料到编稿原图完成，所有重要的工作内容和事件，都应认真记入图历簿。

7.4 草地资源地图系列制图技术

系列地图是指同时编制的一系列互相联系的地图，通常指一系列表现不同内容的专题地图。系列成图是指编制系列图的一种制图方法，即在相同的制图区域，相同的制图时间内，采用相同的制图依据，相同的制图方法，编制一系列相同比例尺、可互为补充、互为借鉴的不同种类的专题地图。

但也有将表现相同内容、不同比例尺的一系列专题地图，称之为比例尺系列地图。即采用相同的分类体系，相同的制图依据或信息源，用近似的制图方法，逐级缩编而成的比例尺不同、表现内容大体一致的一系列某种专题地图。

在区域自然资源调查和农业自然条件调查中，往往是各专业分别调查各自专题要素，各专题要素分别独立制图，专业间缺少协调，最后把分别完成的各种专题地图汇总起来，类似地图集。例如，区域自然区划图集，将一个区域的植被图、森林图、草地资源图、土地利用现状图等汇集在一起。结果，各图种间不可避免地在分类、图例、尤其是轮廓线等方面，留下不少分歧与矛盾。影响各专题图的互相比较、分类面积的量算结果和可利用性，使这些地图在区域综合评价、自然区划、农业区划与规划设计的应用上受到一定的限制。如果能够编制统一的自然地理单元轮廓图，再在此基础上分别编制各专题要素图，即可大大提高各专题图之间的协调一致，减少专题间制图因素差异的影响。这就是系列制图的出发点。

7.4.1 系列制图概述

系列制图的基本思想，是把整个制图区域作为一个自然综合体来研究，制图区域内各种内容的专题图，均为表示这一综合体内某一方面的要素。各种专题图之间，既有各自研究的专业内容，也有各专业内容共同依存的地学环境基础，这种基础就是系列制图的科学依据。

系列地图的编制研究早在20世纪50年代就已经开始，其中比较常用的方法是先编制“自然轮廓基本单元图”，然后在这一地图的基础上编制出其他要素图。前苏联曾在20世纪50～60年代的一些综合考察和综合制图中试验和采用过这种方法，美国也曾用这种方法编制了区域性的大、中比例尺自然条件和自然资源图。20世纪80年代初，中国科学院地理研究所利用卫星影像、采用类似的方法，编制了云南丽江幅系列图，比前人的工作前进了一步。云南丽江的遥感系列成图，首先判读出自然地理单元轮廓界线图，根据制图区域的遥感图像划分出尽可能小的地理单元，把勾绘好的地理单元图晒成蓝图，提供给各专业组，各专业组以这样的地理单元为基础，进行各自专业的定性、定量工作[36]。

采用系列成图法编制1∶50万黄土高原地区草地资源图，是国家“七五”科技攻关项目——“黄土高原地区资源与环境遥感调查和系列制图”课题项目的重要研究内容之一。该图应用准同步时相TM遥感影像、国土卫星图像和部分彩红外航片等统一信息源，采用统一的工作底图、统一的制图规程以及协调一致的一级分类单元的分类系统，在实地调绘的基础上，与黄土高原地区1∶500 000土地利用图、森林图、植被类型图、土地资源图、侵蚀强度与类型图和土壤图7种同比例尺地图共同编制。制图过程中，同一专题图各图幅之间进行多次协调，在宏观上体现专题内容的规律性。不同专题图之间，以影像为依据，保持一级地貌类型界线和一级地物宏观界线一致，体现出自然综合体的区域整体性概貌。

为确保系列成图的科学性和质量，必须采用下述关键制图技术：

（1）统一底图、统一信息源、统一技术规范是系列制图的前提条件。统一地理基础要素和信息源，为各专题图的数学要素与制图精度的一致性提供了保证，也为各专题内容的协调提供了共同基础。统一制图技术规范，规定和约束各专题图在图例系统、编制流程、制图精度、协调方法等方面必须共同遵守的技术路线，是完成系列制图的技术保证。

（2）统一高级制图界线的等级分类，用作专题图种相互协调的基础。遥感系列制图，首先要确定系列图中各专题图种之间共有的高级地类界线。在陕北，黄土丘陵沟壑区与风沙区界线，是两大差别显著地貌区域的一级边界，黄土丘陵区的梁峁边线、沟缘线、坡脚线，风沙区的流动沙区、半固定沙区、固定沙区的界线，是重要的不同自然地理过程的分界线，是二级地貌高级共同边界。耕地、林地、草地、水域、裸岩、裸土是高级土地利用现状的共用边界[37]。上述边界为各专题图的共用边界，各专题图必须在遵守共用边界的前提下进行续分。因此，需要根据资源分类的重要程度，对遥感图像进行界线的等级划分，把影像界线划分为一级地类界线、二级地类界线和专题图上图的基本单元界线。

（3）制定各图种互有联系的科学分类系统是系列制图的科学基础，需要保持不同专题图分类系统间的密切联系。黄土高原地区草地资源图的类型分类，采用草原植被分类法，与植被图的类型分类单位、类型名称基本一致。草地资源图与土地利用图，都共同遵守《土地利用现状调查技术规程》中关于牧草地的一、二级分类标准。草地资源图与土壤图的类型分类都采用发生学分类，土壤图中的山地草甸土、高山草甸土、亚高山草原土、亚高山草甸土、草甸土和沼泽土[38]等土类、亚类的划分，分别依次与草地资源图中的山地草甸类、高寒（高山）草甸类、温性山地草原亚类、亚高山草甸亚类、低地草甸类和沼泽类草地一一对应。

(4) 采用相同的误差控制,确保各专题图有大体一致的制图精度、均衡的图幅负载。

(5) 应该建立各专题图相互联系的影像判读标志与地学分析判读方法,以保证在解译、判读方法和标准方面各专题相互协调。制图过程中,不同专题图 TM 图像的解译标志,各自都要用高分辨率彩红外影像抽查验证、修改。

不同图种系列图编制的关键技术为:各专题图使用同一张编绘工作底图,采用同时期、同分辨率的信息源。

不同比例尺系列图编制的关键技术为:采用同一分类体系,由大比例尺向小比例尺逐级缩编。

7.4.2 黄土高原草地资源图的制图对象和图例系统

7.4.2.1 制图对象

1∶50 万黄土高原地区系列草地资源图的制图对象,为 1984 年全国农业区划委员会制定的土地利用现状类型划分规定中的牧草地,比农业部全国草地资源首次统一调查认定的草地范围窄。牧草地系指主要生长草本植物,历来经营畜牧业的土地。草本植被覆盖度一般在 15%以上,干旱地区在 5%以上,树木郁闭度在 0.1 以下的土地,凡用于畜牧业的均划为牧草地。历来经营畜牧业的疏林草地、灌木草地也包括在内。

根据牧草地的经营程度又划分为天然草地、改良草地、人工草地和牧区饲料地。

天然草地:指自然生长的草本植物,未经人工改良而用于放牧或割草的土地,包括历来用于畜牧业的疏林草地、灌木草地。

改良草地:指采用灌溉或排水、施肥、补播等措施进行改良的天然草地。

人工草地:指全部翻耕后人工种植牧草而建立的永久性牧用草地。

牧区饲料地:系指人工种植的作为牲畜饲料的籽实或多汁类植物的土地。

下述地类不算牧草地:①在草本植被覆盖度大于 15%(干旱地区大于 5%)的土地上生长的树木郁闭度大于 0.1,尚未用于畜牧业的土地;②草本植被大于 15%(干旱地区大于 5%),树木郁闭度小于 0.1,尚未用于畜牧业的土地;③非牧区的饲料地;④草田轮作的耕地[39]。

7.4.2.2 草地资源图例

图例系统是由草地分类系统和草地等级评价系统两部分组成,按制图单元进行顺序排列,用草地类型编码注记。

(1) 草地类型分类依据草地发生学原则,采用植物—地形学综合分类法,按 4 级分类。

第一级"类",具有相同的水热条件为中心的大气候带特征,具有一致的植被型或植被亚型,有独特的地带性或大范围隐域性特征的草地。类是草地类型分类的高级单位。

第二级"亚类",亚类是类的补充,在类的范围内其大地形或土壤基质条件有明显的差异的草地。

第三级"组",草地优势种或共优种植物所属经济类群一致的草地。组是草地类型分类的中级单位。

第四级"型",在组的范围内,地境一致,组成草群主要层(饲用植物层)的优势种植物或共优种植物相同的草地。型是草地类型分类的基本分类单位。

黄土高原地区 1∶50 万草地资源图类型图例采用顺序图例。即图例系统与分类系统的排列基本一致,图例名称也和分类系统上的名称一致[40]。

草地类型编码分层次表示,即用 4 个层次的数字或字母代码表示。表示方法规定如下。

草地类:用罗马数字Ⅰ、Ⅱ、Ⅲ…表示;

草地亚类:用带括号的罗马数字(Ⅰ)、(Ⅱ)、(Ⅲ)…表示,不设"亚类"的草地类,不再编"亚类码";

草地组:用英文大写字母 A、B、C…表示;

草地型:在图例系统中,该分类级为上图单元,用阿拉伯数字 1、2、3…表示,按排列顺序连续编码。

如:

Ⅲ. 温性荒漠草原

(Ⅱ)山地荒漠草原亚类

A. 禾草组

91. 短花针茅

图例系统中只有表示草地型(基本制图单元)的数字编码在其图斑内注记,草地型以上层次的"组"、"亚类"、"类"3 个分类级编码,不用作图斑注记。

(2) 草地等级评价图例。黄土高原地区草地资源评价,采用草地等级综合评价法。用草地牧草的品质优劣和产量高低,评定其畜牧业利用价值。

草地"等"反映草地品质的优劣,是评定草地质量的指标。首先依据草群中各种饲用植物的营养价值、适口性和利用率的高低,将所有饲用植物划分为优、良、中、低、劣 5 等,然后再以每等植物在草群中所占的重量百分比划分草地"等"。划分标准如下:a 等,优等牧草重≥60%;b 等,良等以上牧草重≥60%;c 等,中等以上牧草重≥60%;d 等,低等以上牧草重≥60%;e 等,劣等牧草重>40%。

草地"级"反映草地牧草产量的高低,用草地牧草地上部分的生物产量表示级,按单位面积年平均最高可食干草产量(kg/hm^2)将草地划分为 8 级:1 级,>4 000; 2 级,3 000~4 000;3 级,2 000~3 000;4 级,1 500~2 000;5 级,1 000~1 500;6 级,500~1 000;7 级,250~500;8 级,<250。

草地评价等级亦用字母和数字编码表示。

(3) 草地资源图斑注记格式。草地资源图斑采用 5 位数字符号串进行标注。其中,前 3 位数字为草地型图例编号;第 4 位是英文字母,为草地等编码;第 5 位是数字,为草地级编号。标注格式如下。

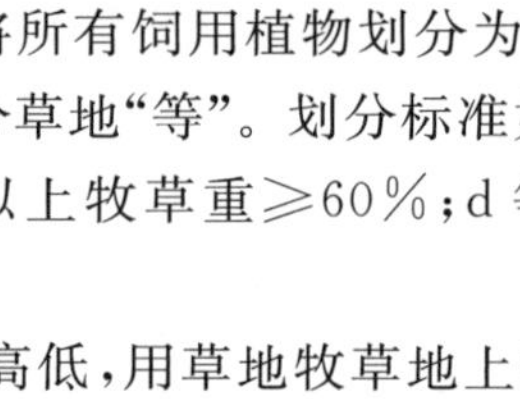

7.4.3 草地资源图系列制图工作流程

黄土高原地区 1∶50 万草地资源图遥感系列制图的方法和工作程序(图 7.4.1),大致分为 6 个阶段进行：

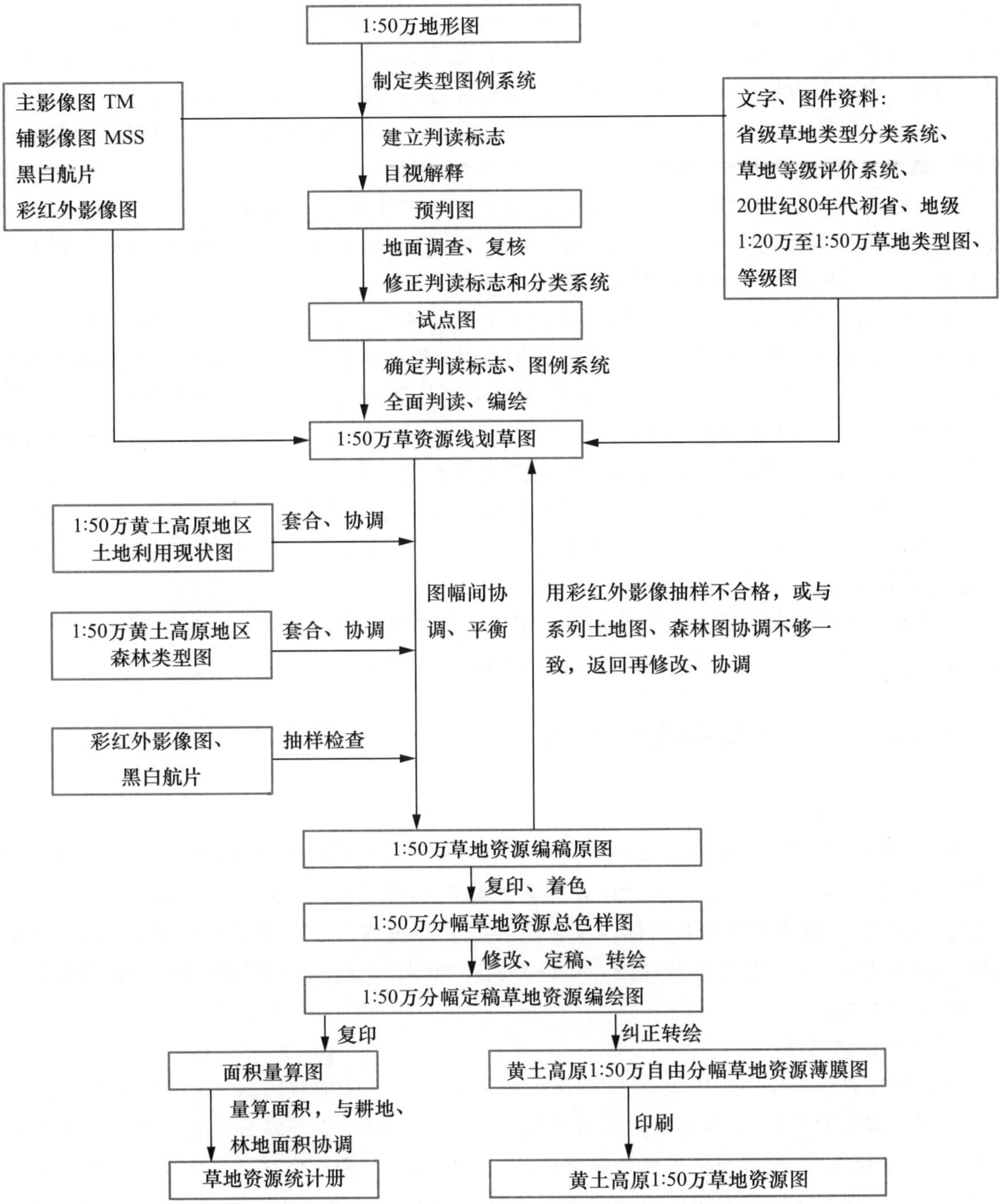

图 7.4.1 1∶50 万黄土高原地区草地资源图编制流程

(1) 准备阶段。系列制图总体组收集各种资料，如信息源、地形图和其他地图、文字和统计数据等；选择 TM 图像和国土资源卫片时相、假彩色合成波段，进行几何纠正处理；编制统一的地理底图；编写总设计书和实施方案。各专题图收集各自专题的参考资料与图件，进行专题图可行性论证，拟定系列专题图分类系统和制图规程等。

（2）野外考察、建立判读标志阶段。分别由各专题图按拟定的分类系统和制图规程，进行野外考察，通过野外实地调绘结果，建立系列专题内容的 TM 图像和国土资源卫片影像判读标志。选择有 1∶5 万比例尺彩红外航片的区域，依据预判标志，参考彩红外航片，完成 1～3 幅预判图。再对预判图进行地面调查、核实，用彩红外航片实地抽查、验证判读标志和预判图的正确性。根据野外实地调查和彩红外航片抽查验证的结果，修改判读标志，开展典型地区专题制图试点，完成试点幅图的编绘。

（3）室内判读成图阶段。总结试点幅的编制方法与技术，全面展开所有图幅的预判。先行判读较稳定的地貌类型和土地利用类型，再分步进行其他专题内容的分析与判读。对预判图幅进行接边、拼接，完成草地资源线划草图。

（4）专题图间协调阶段。首先是协调地理单元的基本界线，再协调农田、林地、草地的一级地类界。总体组要抓好各专题图面的协调工作，使系列各专题图的有关内容在大的趋势上保持协调一致。协调过程中，若发现草地图斑与土地利用图、森林图图斑有重合或与一、二级地类界线有矛盾，或草地图各图幅间存在矛盾，需要返回重新判读、重新编绘 1∶50 万线划草图。作者草图通过协调、验收后，经清绘成为正式的系列图编绘原图。

（5）面积量算阶段。编绘原图完成后即可进行各专题内容的面积量算工作，初步量算数据由各专题图提供。最后由总体组协调各有关数据，经多次反复，认真核查各专题数据，确定后，编制数据集。

（6）成果处理阶段。着手编写专题研究报告和制图说明书。并做好系列专题图和数据集出版前的各项准备工作。经正式出版的成果即可提供应用。

7.4.4 草地资源图系列图的协调

1. 系列制图的横向协调

制图协调是系列制图必需设置的重要环节。同为 1∶50 万比例尺的不同专题内容的草地资源图、土地利用图、森林图等专题图，清绘整饰成图前，必须进行图种之间的横向协调。协调内容包括分类、分级体系和选取指标以及轮廓界线等的协调[41]。轮廓界线的协调，除了要求反映共同的地带性和非地带性规律外，主要协调各专题图，正确反映各制图现象和要素轮廓线之间的重合关系。

2. 图种协调顺序

先协调在景观分异中作用大、稳定性高的要素专题图[42]。地貌类型、土壤类型比较稳定，受人类干扰因素影响较小，变化速度相对缓慢，应予优先协调。黄土高原的丘陵沟壑区地形切割破碎，环境梯度大，故常产生轮廓线重叠现象。地形特征的变化往往是环境梯度变化的重要标志，因此，地形界线成为专题图协调的重要依据。如塬边线、峁边线、固定沙丘等一级、二级地形、地物界线是否为各专题图遵守？沙地草原亚类草地分布界线与风沙土的分布界线是否一致？沙地草原亚类草地不能分布在风沙土界线范围以外，否则草地图和土壤图必有一方判读编绘有不妥处，需要纠正。然后，协调土地资源图以外、制图要素稳定性差的图种，即与植被图的协调。协调顺序从高级单位到低级单位，先协调草地类型与植被类型高级类型界线，而后协调中级类型界线，最后协调低级类型界线。

3. 地类界线的定位协调

黄土高原地区系列图制图，将土地利用图、草地资源图和森林图划归为一个图组，其主要制图对象分别为耕地、草地和林地。这 3 幅图的制图对象与内容关系非常密切，同时要分别提供资源面积清单，因此，它们之间不允许有地类界线矛盾。如果出现地类界线矛盾，则所量算的资源数据清单就会出现矛盾。以往，不同专业和不同行业主管部门，对耕地、林地、草地的认定标准有差异，致使行业部门之间的耕地、草地、林地间的一级地类界线往往存在矛盾。因此，系列制图，首先要统一一级地类的划分标准。黄土高原地区系列制图，以全国农业区划委员会 1984 年 9 月公布的《土地利用现状调查技术规程》为主要依据，进行草地、耕地和林地的划分，需要将这 3 幅图的编稿作者图，透绘或透照在同一工作底图上，对所有图斑的重叠部分，查找重叠原因，并做出修正。首先要遵照制图分类系统中关于耕地、草地、林地的定性规定，协调处理图斑重合界线。如将半农半牧区县有几何图形的饲料地划归草地；将农区范围内的小于最小图斑面积规定又不符合夸大原则的零星小块草地，就近并入耕地或园地；将树木郁闭度 0.1～0.3 的疏林地，按其分布地理位置和调查材料，判断是否用于畜牧业。用于畜牧业的划归疏林草地，没有用于畜牧业的判归疏林林地。对重叠类型界线的修改原则为：没有实地调绘的界线，服从实地调绘的界线；没有大比例尺类型图依据的界线，服从有大比例尺类型图依据的界线；没有用彩红外影像抽查的界线，服从已用彩红外影像抽查验证过的界线。3 种专题图共用同一张工作底图，在同一张工作底图上协调专业图斑线划界线，避免了耕地、草地和林地 3 类农业用地的重叠覆盖现象，确保了草地、耕地、林地的资源面积精度。

4. 制图精度的协调

草地资源图最小上图图斑规定为 4 mm^2。在显示草地类型和分布规律上，或者在生产利用上有重要意义的 2～4 mm^2 的草地图斑夸大到 4 mm^2。草地分布稀少地区的 2～4 mm^2 的草地图斑，也可以视情况适当夸大表示。

该图最小线划间距规定为 1.0 mm，最小线划弯曲度 0.8 mm×0.8 mm。图斑界线与地物界线间距不小于 0.5 mm，否则图斑界线与地物界线共边。

图幅拼接边误差不超过 0.2 mm。

图幅转绘按 15″×15″的经纬网络逐块进行，图斑轮廓线粗 0.15 mm。转绘必须严格控制误差，图廓边长误差必须小于 0.2 mm，对角线误差小于 0.3 mm。

首先要协调土地资源图组草地、耕地、林地 3 幅图的最小图斑面积规定，最小图斑面积规定不一致，会导致面积量算精度不一致。其次要协调图蝠的拼接、转绘精度。最后协调图面负荷、线划粗细等制图工艺水平。

5. 系列制图的纵向协调

草地资源系列图可分为专题内容相同但比例尺不同的纵向系列图幅的协调，例如，1∶20 万草地类型图、1∶50 万草地类型图、1∶100 万草地类型图之间的协调，包括科学内容、综合程度、表示方法的协调，已在 7.3 草地资源地图编绘成图技术中阐述了。

7.5 草地资源地图集的编制

地图集是依据统一的编制原则和目的，为相同用途和服务对象，编制、汇集的一组地图，并装帧成册或汇集成盒[31]。专题地图集汇集的各地图图幅，不是机械的组合，是可用于相互补充、相互配合，具有可比性的一部完整的科学作品。它具有如下共同特点：①所汇集的一组专业地图，专题内容全面、完整，各种地图有着统一的结构，各图幅的编排先后次序、系统合乎逻辑；②各图幅有共同协调、完整的表示方法；③图幅配置和图例的表示方法，遵循相同的原则，有着相同的规格；④各图幅的内容取舍、制图综合，有着统一的规定。

地图集的种类可按制图区域范围、地图的内容特征、地图的用途、地图集的开本尺寸划分。与气候图集、土壤图集等一样，草地资源地图集属于专题地图集中的自然地图集，服务于科学研究、教学、经济建设、草地畜牧业生产、土地规划、生态保护事业。

目前正式出版的草地地图集，仅见著者主编的《1∶1 000 000 中国草地资源地图集》[20]。下面以该地图集为例，阐述草地资源地图集的编制与编辑技术要点。

7.5.1 地图集的编制规定

(1) 地图集的内容全面、完整。草地地图集应包含一套互相联系的地图和文字附录。1∶100 万中国草地资源地图集包含有：①按国际分幅的全国范围内 64 幅完整草地图。②序图。用 1∶1 000 万中国草地类型图为序图，给读者感受中国草地类型及分布全貌。③中国草地资源结构表，包括按草地类型统计草地面积、草地载畜量。④1∶100 万中国草地资源图的草地利用性状，包括在 1∶100 万图上量算的各类放牧场、割草地、割草放牧兼用草地、难利用草地的面积。⑤全国 18 个草地类图例的典型彩色照片，展示各类草地的植被景观特征。

(2) 维持地图集内各图幅的统一性和可比性。统一性指各图幅表现的内容、表现方法、图例系统、设色、草地等级分级标准、草地利用性适宜性评价标准等统一。采用统一的面积量算方法、量算工具、面积计量单位，规定统一的平差统计方法，每幅图所列草地面积与非草地类面积之和，等于该图幅理论控制面积。规定统一的理论载畜量的计算方法，以求获得各图幅间统一规格的资源数据，用以制作草地资源结构表。

可比性指各图幅的编制时间大致相同，均为 1980—1988 年调绘成图。各图幅的编制精度、编制方法和手段、误差控制相同，面积数据和载畜量数据因计算方法相同而具有可比性。

(3) 统一编制规程和制印工艺。各图幅按同一个编制规程的要求，采用相同的缩图方法、相同的编制方法编制。制图综合、取舍标准、绘图工艺要求各图幅一致。各图幅统一制印，按相同制图工艺清绘、刻绘，各图幅的清绘、刻绘、制板分别在同一地图制印单位进行。

(4) 采用统一的地理基础底图。底图的投影方式、地理要素的取舍、现势性一致，图面整饰，各图幅协调统一。

(5) 统一图面表示方法。草地资源图的图例分为草地专题图例和用以表示地理背景的图例两种。草地专题图例由表示草地图斑内容的线段、符号、颜色、文字注记组成，根据“1∶1 000 000 中国草地资源图草地类型图例系统”、“中国草地等级评价标准”和“中国草地利用性状的划分规定”制定。地理背景图例从 1∶1 000 000 中国地形图中选取。

草地资源图各要素分别在 3 个平面表示。专题要素即图斑、编号及注记在第一平面表示；水系、交通、经纬网在第二平面表示；陆地地貌和等高线在第三平面表示。

(6) 图集的各图幅用色一致。照顾各比例尺草地系列地图设色的系统性和统一性，《1∶1 000 000 中国草地资源地图集》全部图幅，包括序图在内，相同草地“类”的设色一致，保证全国52幅拼幅图和序图印刷成图的其他地理要素的色调统一。

7.5.2 地图集的编辑

7.5.2.1 中国草地资源地图集拼幅

为节省制印经费,减少图幅制印数量,1∶1 000 000中国草地资源图,将中国64幅国际分幅图拼合成52幅出版。1∶1 000 000中国草地资源图分幅及拼图方案,详见图7.5.1[20]。

拼幅图应以地理要素黑膜图为基础,按图7.5.1拼合方案作适当位置调整。拼合前要进行试验,确认能容纳拼幅图的内容才可正式拼幅。拼幅的边线与内图廓粗细一致,两拼幅间保持1 cm间隔,邻接图幅的拼合,其间不留空白。

其他等高线版、专题线划及注记版,均按此拼好后的基础进行重叠套合并幅,要特别注意不得丢失内容,并保持注记完整。拼好后即可进行蒙绘、蒙刻,制作底图[32]。

拼幅图印刷原图按统一的外图廓进行图外整饰,图名、图号并列,草地类型图例亦合并列出,略图亦相应按拼幅的分布状况绘出。

7.5.2.2 中国草地资源地图集编排次序

(1) 在正式地图幅前面,依此排定图名、图序、编委会和顾问委员会组成、责任分工、编制单位、前言。

(2) 图集的全部图例系统、19个一级草地类色标、18个天然草地类图例的典型彩色相片,排在同一个展开页幅面。

(3) 图集64幅目录与《1∶1 000 000中国草地资源地图集》分幅与拼幅检索图,排在同一个展开页幅面。

(4) 图集总体说明书与中国草地资源结构表、中国草地利用性状面积结构表,排在同一个展开页幅面。

(5) 序图——1∶1 000万中国草地类型图,单独一页。

(6) 按国际分幅,全国52幅拼幅草地图,拼成草地资源地图集[32]。前背页为该幅中文说明书及编图人,中间展开页为本图幅地图,后背页为本幅英文说明书。

7.5.2.3 中国草地资源地图集开本

按地图集每幅印刷图尺寸大小,选择合适规格的纸张印图。鉴于低纬度与高纬度图幅的图幅宽度相差较大,应选中纬度图幅的东西宽度为准,低纬度图幅东西宽度太大时,应用大规格纸印刷。我国印刷地图用纸的规格如下:大全开,850 mm×1 168 mm;标准全开,787 mm×1 092 mm;大对开,840 mm×575 mm;标准对开,780 mm×540 mm。

《1∶1 000 000中国草地资源图集》,幅面为4开本。按上述印刷用纸规格,建议制印单位选择合适的印刷用纸尺寸,节省开支。装订时进行个别折页。按每幅对折,无线装订成集。

7.5.3 说明书的编写

说明书是草地资源地图集内容的文字表述,是图面特征的必要补充和分析,同样是草地资源地图集的重要组成部分。草地资源地图集说明书分为分为两部分,一为中国草地资源图集总体说明书,一为每幅图的分幅说明书。

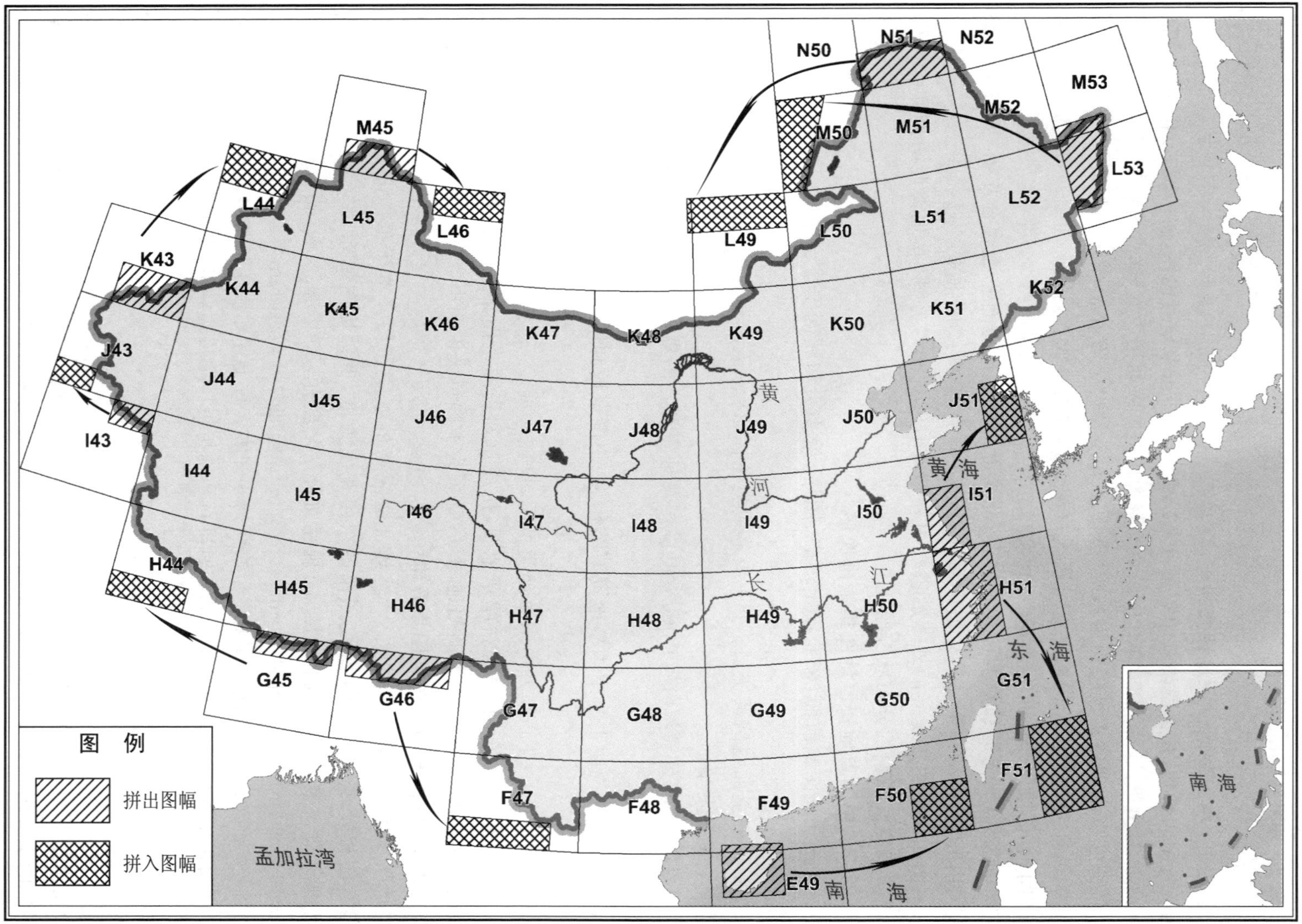

图 7. 5. 1 《1:1 000 000中国草地资源图》分幅及拼幅略图

7.5.3.1 **总体说明书内容**

记叙草地图集各图幅共同遵守的整体编制技术，包括：①制图对象、草地的范畴、表现内容、制图精度、编制技术规定；②草地类型分类方法，“类—亚类—组—型”4级图例系统，全国18个草地类定性的水、热条件、植被组成、结构、土壤特征；③草地等级评价标准；④草地利用性状评价、划分标准；⑤草地理论载畜的计算方法与计算公式。

7.5.3.2 **分幅图说明书**

分幅图说明书由幅长主持编写，字数2 000～3 500字。编写的基本格式和内容如下：①图幅的地理位置及区域范围；②自然条件和社会经济概况；③草地资源概况，包括草地类型的面积、分布规律、生产力、空间组合区域特征、草地数质量评价等；④草地利用适宜性评价结果，草地利用现状，存在问题及对策；⑤图幅的主持编绘单位，参加编绘单位，编图人员和说明书撰写人。

各分幅图说明书(初稿)完成后，由编委会审查，提出审查意见。各图幅按审查意见和统一格式，做必要修改。

7.5.3.3 **说明书编写的注意事项**

要规定说明书的编写内容、字数限制，并由编委会提供统一的说明书编写范文，以求各图幅的说明书保持内容与格式一致。说明书中使用的草地类型的英文名称、草地植物的拉丁文学名一定要与图幅图例的名称一致，各图幅不得自作主张自行修改。分幅说明书(初稿)需经编委会审查，由编委会最后定稿。

为便于国际学术交流，说明书由编委会组织专家翻译成英文。

7.6 草地图的制印、出版

作者编稿原图送交制印前和制印过程中，草地专业制图人员要配合地图制印单位，制作总色样图，参与印刷图设色与分版的设计，制作分色样图，参与图面配置的设计，审查印刷样图。

7.6.1 清绘、制作总色样图

7.6.1.1 **清绘**

将1∶1 000 000草地图专题要素缩编铅笔编稿图与1∶1 000 000地理要素工作底图套合，进行修改、接边、审查、图幅间协调平衡、沿铅笔线划的中线上墨，即成1∶1 000 000草地类型图作者编稿原图(初稿)。

将编绘完成的1∶100万国际分幅草地类型图作者编稿原图(初稿)，蒙绘在出版底图薄膜上，再套合彩色地形图做一次审查、修改，即成1∶1 000 000草地资源图作者编稿原图。定稿后的作者编稿原图，送交清绘成图。

清绘由地图专业绘图人员承担。清绘的绘图工艺要求比草地专业人员绘制作者编稿原图的绘图工艺高，要求图斑线划以作者编稿原图线划的中心线为准，线划粗由作者编稿原图的

0.12 mm 提升为 0.1 mm。

7.6.1.2 **制作总色样图**

用清绘图(初稿)等大复印,按草地类着色,制作总色样图。总色样图用于检查作者编稿原图及其清绘图。通过对清绘图(初稿)复印图的分涂着色,检查图斑是否闭合、图斑线有否交叉、图斑是否重叠,检查是否有图斑遗漏、开“天窗”现象,检查有无遗漏图斑编码、图斑编码不全或编码错误现象。

总色样图一定要用最终定稿并清绘的作者清绘图制作,不可用编绘过程中的过渡图代替。总色样图的用色不同于正式印刷图的设色,分幅总色样图的用色种类比整个印刷图的用色种类少,要求色差大,特别是相邻分布类型图斑的色差要大,着色水彩应涂匀,不宜用彩色铅笔着色。

总色样图是下一步制图中分版、撕膜操作的依据,一定要准确。任何疏忽或细小的错误,如将裸地或小块耕地等非草地类地类涂成了草地色,将高寒草甸类型图斑着了高寒草原类的色,都将招致下一步制图分版和撕膜的错误,增加改版和审校、打样作业的工作量,增加制图费用。因此总色样图应由草地专业编图人员亲自参与制作,以便及时发现问题及时解决。

着色完成的总色样图,需复核、检查,避免遗漏和涂错色。然后,用总色样图审查、修改清绘图的错误,再与同比例尺的土壤图、土地利用现状图等协调、修改,定稿。定稿后的作者编稿原图的清绘图,送制印单位制版、印制。

按草地适宜性评价标准,在 1∶1 000 000 草地资源编稿原图(初稿)复照图上划分草地适宜利用界线并着色,即成草地利用性状总色样图,供制印时使用。

7.6.2 草地图设色

7.6.2.1 **设色原则**

草地类型图按草地类设色。设色原则如下:

(1) 草地类型图斑的色彩,应符合草地实际的冷、暖、干、湿的水、热状况。草甸用冷湿色,即兰绿色系;草原用温干色,即黄色系;荒漠用暖干色,即红、棕色系。

(2) 草地类设色,大体与该类草地的基质的组成和性质相适应,色调的浓度与地形切割程度相适应。

(3) 呈相邻分布类型的设色,色差尽可能大,以提高其可读性。

(4) 经济原则,多设一个色,要多制一块色版,增加一块色版的制版、印刷费。

7.6.2.2 **设色单元**

1∶1 000 000 中国草地资源图的草地图斑,以草地“类”作为设色单元。全国各图幅相同草地“类”的设色一致,相邻分布的草地类之间的色差显著,便于读图。

(1) 用黄、红、蓝、棕、淡绿、淡紫、钢灰 7 个色不同色调比例的组合,表现 18 个天然草地类和 1 种改良草地共 19 个一级草地类。亚类以下的草地类型均按规定用黑色罗马数字、英文字母以及阿拉伯数字表示。

(2) 共 19 个一级草地类的设色,需考虑各方面的综合因素,即以色调的冷暖象征水、热条件,以加强草地类型的定性表达。以色调的浓淡对比增强地形主体效应,以设色的明显差异来表达相邻分布的各类草地的分异性并加强读图效果,用鲜明的色彩突出东部草地零星分布和若干稀有草地类型小面积分布的突出性等。各类草地的设色如表 7.6.1 所示。

表 7.6.1 1∶1 000 000 中国草地资源图的草地类设色

草地类代号	草地类名称	设色	草地类代号	草地类名称	设色
Ⅰ	温性草甸草原类	黄 50%、淡绿 50%	Ⅺ	暖性灌草丛类	淡绿 100%、红 10%、蓝 30%
Ⅱ	温性草原类	淡绿 60%、红 15%	Ⅻ	热性草丛类	淡绿 50%、黄 50%、红 30%
Ⅲ	温性荒漠草原类	黄 100%	ⅩⅢ	热性灌草丛类	黄 70%、红 70%
Ⅳ	高寒草甸草原类	红 30%、蓝 30%	ⅩⅣ	干热稀树灌草丛类	红 40%、黄 10%
Ⅴ	高寒草原类	红 50%、蓝 15%	ⅩⅤ	低地草甸类	黄 20%、蓝 40%
Ⅵ	高寒荒漠草原类	棕 60%	ⅩⅥ	山地草甸类	淡绿 100%
Ⅶ	温性草原化荒漠类	红 40%、黄 100%、钢灰 10%	ⅩⅦ	高寒草甸类	黄 50%、蓝 50%、红 15%
Ⅷ	温性荒漠类	棕 30%、黄 50%	ⅩⅧ	沼泽类	蓝 50%、红 10%
Ⅸ	高寒荒漠类	棕 60%、红 10%、蓝 20%	lG	改良草地	红 100%
Ⅹ	暖性草丛类	黄 50%、红 30%			

7.6.2.3 **制作《1∶1 000 000 中国草地资源图》色标及设色效果图**

必须通过设色效果图检验，最终确定设色方案。

7.6.3 分版、制作分色样图

7.6.3.1 **分色版**

1∶1 000 000 中国草地资源图，分成红、黄、蓝、淡紫、淡绿、棕、钢灰、黑 8 个色版，按确定的色标印刷并验校，各色版的组成见表 7.6.2。全国 52 幅图均采用该 8 个色版套印，以保证印刷成图色调的统一。

表 7.6.2 1∶1 000 000 中国草地资源图色版组成

色版	组成
黑(一)	背页说明及图表
黑(二)	地物水系注记版上图廓内外(包括外图廓)的内容＋专题注记版
钢灰	地物水系注记版上外图廓以内的钢灰色内容＋图廓外地势略图中的等高线＋等高线地貌版＋专题线划版图斑和草地类型图例中的钢灰叠色
蓝	地物水系注记版上的水系及注记＋行政区略图及地势略图上的水系及分区分层的蓝色＋草地分类图斑及其图例中的蓝色叠色
淡紫	专题线划版＋利用性状图例及利用性状的网纹＋草地类型图斑的淡紫色叠色＋行政区及地势略图中分区和分层的淡紫色分区及分层
棕 淡绿	专题线划版草地分类图斑及其棕、淡绿叠色＋地势略图分层及行政区略图分区的棕、淡绿设色
红 黄	草地分类图斑及其红、黄叠色

7.6.3.2 制作分色样图

用分色版复印图涂色即为分色样图，用分色样图审查草地类型图斑分色是否有误，用彩色版与黑色注记版套合，在透图台上检查图斑设色与图斑编码是否一致。

7.6.4 图面配置与整饰

（1）正式印刷出版的草地资源图的图面，由草地专题要素图配以图号、图名、图例、比例尺、变距等高距、地势略图、行政资料略图、编制单位、经费资助单位、出版单位等内容组成。向国外发行的 1∶1 000 000 中国草地资源图，图面内容用中文、英文、植物拉丁名 3 种文字对照表示。图面配置以突出反映草地专题内容为原则，兼顾读图方便和图面美观。1∶1 000 000 中国草地资源图的图面配置和图幅规格如下：①北图廓西为图名，即中国草地资源图；②北图廓东为图幅编号；③北图廓中央为图幅名称；④南图廓中央为 1∶1 000 000 数字和直线比例尺，图幅的等角圆锥投影方式；⑤南图廓东为编委会、全国主持单位、主编单位、参加编图单位和出版单位署名；⑥南图廓西为资助单位署名，变距等高距高度表；⑦西图廓为行政资料略图、地势略图、草地利用现状图例和图斑注记说明；⑧东图廓为草地类型图例表。

（2）草地专业制图人员，要承担图廓外下述项目的制作与整饰：图斑注记图示、草地利用性状图示、图幅资料略图。

7.6.5 印刷样图的审查

作者编稿原图通过总色样图和分色样图检查、定稿后，送交地图制印出版单位制印。草地图印刷原图经编委会和责任编辑审定后制版，打出彩色样图，即为印刷样图。编委会组织专业人员对印刷样图再进行详细审查，发现问题及时修改。

草地图付印期间，编委会要派出负责制印的技术人员经常到印刷厂检查制印质量，与厂方协商解决制印过程中的技术问题。

参考文献

[1] 孙鸿烈．中国资源科学百科全书．北京：中国大百科全书出版社，石油大学出版社，1999：16，589.

[2] 别尔良特 A M. 地图——地理学的第二语言．李建新，侯存治译．北京：中国地图出版社，1991：46-47.

[3] 国家计划委员会农业区划局，农牧渔业部土地管理局．土地利用现状调查手册．北京：农业出版社，1985，21-22.

[4] 赵其国，龚子同．土壤地理研究法．北京：科学出版社，1989：42，221，226-227.

[5] 资源科学技术名词审定委员会．资源科学技术名词．北京：科学出版社，2008：90.

[6] 伊萨钦科 A Г. 景观调查与景观图的编制．王化群译．长春：吉林科学技术出版社，1987：31-32.

[7] 温长恩．专题地图制图．北京:地震出版社,1984:1,42.
[8] 中国科学院中国植被图编辑委员会．中华人民共和国植被图(1∶1000 000)说明书．北京:地质出版社,2007:4-16.
[9] 内蒙古锡林郭勒盟草原工作站．锡林郭勒草地资源．呼和浩特:内新图准字(88)第 6 号,1988:332.
[10] 中国科学院遥感应用研究所,天津市农业区划委员会土地资源调查专业组,天津市农业区划委员会办公室．彩色红外航空遥感技术在天津市土地资源调查中的应用．北京:测绘出版社,1985:2-3.
[11] 苏大学,刘建华,钟华平,等．中国草地资源遥感快查技术方法的研究．草地学报,2005(13):7.
[12] 胡自治．草原分类学概论．北京:中国农业出版社,1997:9.
[13] Юнатов А А, ДашнямБ. КАРТА РАСТИТЕЛЬНОСТИ МОНГОЛЬСКОЙ НАРОДНОЙРЕСПУБЛИКИ. Масштаб 1∶1 500 000. Москва,1979.
[14] 李博．内蒙古植被研究史．内蒙古大学学报,1964:1.
[15] 新疆维吾尔自治区畜牧厅．新疆草地资源及其利用．乌鲁木齐:新疆科技卫生出版社,1993:3-4.
[16] 韩天虎,孙斌,张贞明,等．甘肃草原资源与生态监预警体系建设思考．草原与草坪,2009,133(2):73.
[17] 中国科学院内蒙古宁夏综合考察队．内蒙古自治区及其东西部毗邻地区天然草场．北京:科学出版社,1980.
[18] 内蒙古草场资源考察队．内蒙古草场资源遥感应用研究Ⅰ．呼和浩特:内蒙古大学出版社,1987:3,71,135,158,183.
[19] 苏大学,谷锦柱,鲁征．1∶500 000 黄土高原地区草地资源图．西安:西安地图出版社,1991.
[20] 1∶1 000 000 中国草地资源图编辑委员会．1∶1 000 000 中国草地资源图集．北京:中国地图出版社,1993.
[21] 苏大学,鲁征,刘建华,等．1∶4 000 000 中国草地资源地图．北京:科学出版社,1996.
[22] 苏大学．1∶1 000 万中国草地类型图∥国家自然地图集编纂委员会．中华人民共和国国家自然地图集．北京:中国地图出版社．1999:171-172,272.
[23] 中华人民共和国农业部畜牧兽医司,全国畜牧兽医总站．中国草地资源(附图— 1∶1 000 万中国草地资源区划图)．北京:中国科技出版社,1996.
[24] 陈述彭．《遥威系列成图方法研究》之序∥褚广荣,王乃斌．遥威系列成图方法研究．北京:测绘出版社,1992.
[25] 赵军,王雪平,金蓉．ArcGIS 在草地资源规划中的应用．草业科学,2006,23(3):1-4.
[26] 褚广荣,王乃斌．遥威系列成图方法研究．北京:测绘出版社,1992:27,112-114.
[27] 中华人民共和国农业部畜牧兽医司,全国畜牧兽医总站．中国草地资源．北京:中国科技出版社,1996:169,400.
[28] 1∶1 000 000 中国草地资源图编辑委员会．1∶1 000 000 中国草地资源图草地类型图图例系统∥ 1∶1 000 000 中国草地资源图编辑委员会．1∶1 000 000 中国草地资源图编制

规范附录．北京：中国地图出版社，1991：1-24.

[29] 苏大学．1：400 万中国草地资源图的编制．草地学报，1996，4(4)：252-258.

[30] 苏大学，薛世明．西藏自治区草地资源．北京：科学出版社，1994：268-269.

[31] 张克权，黄仁涛．专题地图编制．北京：测绘出版社，1982：63-64，202.

[32] 1：1 000 000 中国草地资源图编辑委员会．1：1 000 000 中国草地资源图编制规范．北京：中国地图出版社，1991：2-4，19，25.

[33] 苏大学．1：1 000 000 中国草地资源图的编制研究．自然资源学报，1996，11(4)：2-3.

[34] 侯学煜．1：400 万中华人民共和国植被图简要说明．北京：地图出版社，1979.

[35] Su Daxue. Compilation and Study of Grassland Resource Map of China (Scale-1：1 000 000)// The XVI International Grassland Congress. France，Nice：1989：1395-1396

[36] 褚光荣．关于遥感系列成图中几个问题的探讨//中国科学院自然资源综合考察委员会，等．黄土高原遥感调查试验研究．北京：科学出版社，1988：160.

[37] 陈光伟，叶树华．神府地区资源与环境遥感调查及制图．北京：科学出版社，1994：4-6.

[38] 1：500 000 黄土高原地区资源与环境遥感系列图编委会．黄土高原地区资源与环境遥感系列图说明书. 北京：地震出版社，1992：37.

[39] 国家计划委员会农业区划局，农牧渔业部土地管理局．土地利用现状调查手册．北京：农业出版社，1985：14-15.

[40] 刘胤汉．陕北黄土高原土地类型系列制图研究．西安：陕西师范大学出版社，1986：39.

[41] 王化群．《中国自然保护地图集》中土地资源系列制图问题的研究//黄志良，王化群．中国自然保护及其制图研究．北京：科学出版社，1992：113.

[42] 吴健平．遥感系列地图的统一协调问题研究——以赤峰幅草场资源系列图为例//内蒙古草场资源遥感考察队．内蒙古草场资源遥感应用研究．呼和浩特：内蒙古大学出版社，1987：75.

第8章

草地资源评价

摘要:本章在回顾中国科学院新疆综合考察队、内蒙古宁夏考察队草地资源评价方法的基础上,阐述了牧草品质、牧草营养价值、草地资源等级、草地土壤常规评价技术,宜牧土地资源评价技术。指出并修改了全国草地资源首次调查草地等级评价的欠妥规定,提出供大范围草地区域使用的优质高产、中质中产等简要等级评价标准的规定。详述了草地利用适宜性类型的划分及评价指标,提出适用于大比例尺精度割草地量化记分评价方法,提出永久性禁牧草地评价标准和中国永久性禁牧草地的种类。提出依据自然资源容量和环境条件科学评价、选择牧民定居点及定居形式,细述了牧民定居点水资源平衡、草地资源承载力与草畜平衡计算实例。

8.1 草地饲用植物评价

草地饲用植物指草地中可供家畜放牧采食或人工收割后用于饲喂家畜的各种植物,包括草本植物和木本植物两类。其中草本饲用植物通称牧草,木本饲用植物指可为牲畜饲用的乔、灌木的叶和嫩枝条。而广义的"牧草"定义,则包括草本牧草和木本饲用植物。

8.1.1 草地牧草饲用价值评价

牧草的饲用价值,指牧草的营养价值、适口性和利用性能。一般认为牧草中蛋白质含量高,纤维素含量低,则牧草的营养价值高;牧草对家畜的适口性越好,家畜则采食多,家畜良好营养状况的保证度高;牧草耐践踏性好,枯黄后或刈割后保存率高,则利用价值高。牧草饲用价值,从牧草的营养成分含量、适口性和利用性能三方面进行衡量评价。通过调查草地牧草的适口性、采食率,分析牧草的营养成分含量,测定牧草消化率,可以了解草地牧草饲用价值的高低。牧草的适口性测定和牧草营养成分分析属于草地资源调查内容。家畜对牧草的消化率属于饲养试验范畴,需要特定的试验条件,草地资源调查难以完成。

8.1.1.1 牧草营养成分含量的评价

1. 牧草营养成分含量的种间差异

禾本科牧草富含无氮浸出物，蛋白质含量中等，但粗纤维含量一般高于其他牧草。豆科牧草富含蛋白质，无氮浸出物含量也很丰富，多为优良牧草。豆科牧草在我国天然草地群落组成中占有比例很小，且豆科中的棘豆属、黄芪属、岩黄芪属中的一些植物含有毒素，对家畜有毒害作用。莎草科中的嵩草属、苔草属、扁穗草属牧草其粗蛋白质、粗脂肪和无氮浸出物含量都较高，是营养价值较高的牧草，在高寒草甸草地群落组成中占有数量上的优势。除禾本科、豆科和莎草科牧草以外其他科的草地牧草，一般通称为杂类草，杂类草因种类不同，营养成分含量互有差异。高寒草甸和亚高山草甸中的蓼科牧草，主要为圆穗蓼、珠芽蓼，它们的粗蛋白质、无氮浸出物含量都较高，粗纤维含量较低，草质柔软、营养价值较高，秋季结实期，籽实中富含粗蛋白质、粗脂肪和无氮浸出物，是牲畜秋季重要的抓膘牧草。可食灌丛的当年嫩枝叶一般粗蛋白质和无氮浸出物的含量均较高，具有较高的营养价值。

2. 牧草植株不同部位营养成分含量的差异

植物营养期，一般叶片比茎的营养价值高，叶子中的可消化蛋白质、无氮浸出物和胡萝卜素的含量均比茎的含量高。处于结实期的蒿类半灌木，其籽实的粗蛋白质、粗脂肪、无氮浸出物含量比茎、叶高，而粗纤维的含量比茎、叶低。秋季，进入结实种子期的草地牧草，种子的营养成分含量优于茎、叶。

3. 不同生长期牧草营养成分含量的差异

牧草植株营养成分含量处于动态变化中，不同生长期牧草的营养成分含量差异甚大。牧草由萌发至花期，是营养物质不断积累的阶段，粗蛋白质、粗脂肪和无氮浸出物的含量都在不断增加；而盛花期至枯黄期，干物质含量逐渐增加，粗纤维和灰分含量也逐渐增加，同时植物自身要消耗一些营养物质，使其总营养价值逐渐降低。

因此，评价牧草营养成分含量，要选择抽穗期、孕蕾期的牧草全株，进行营养成分含量的测定、分析。

8.1.1.2 牧草适口性的评定

牧草品质优劣，还要根据家畜对其实际采食程度进行评定。有些牧草，如十字花科、玄参科、唇形科、伞形花科及菊科中的一些牧草，虽然含蛋白质高，含纤维素低，化学营养价值较高，但由于含有芥子油、有机酸或一些挥发性的芳香物质，家畜并不喜欢采食，致使饲用价值降低。而营养成分含量低、但适口性好的牧草，牲畜采食多，获得的营养成分总量多，即牧草的适口性能掩盖其营养成分含量的高低。可见，牧草对于家畜的适口性，更能说明牧草的饲用价值。现代大量研究表明，各种饲用植物的物理特性、化学特性、生物学特征以及草群结构都与牲畜的选择采食反应有联系。为了全面、正确地评定牧草的饲用价值，必须将牧草的适口性和营养含量二者结合起来，并以牧草适口性好坏为主，划分草地中各种牧草的优劣。

1. 影响牧草适口性的因素

牧草间适口性的差异是相对的，牧草的适口性优劣受诸多因素影响，归纳起来主要有以下几个方面：

(1) 牧草的生长发育阶段。一般而言，牧草在营养期通过光合作用合成并积累有机物，此时的牧草蛋白质含量高、纤维素含量低、营养价值高，草质柔嫩，适口性好。开花、结实后其营养物质迅速向根部转移，牧草的蛋白质含量降低，纤维素含量增加，适口性下降。有些植物，如干旱草原草地上广泛分布的蒿属植物，在营养期枝叶含有挥发性芳香油，具有特殊的气味，牲畜不喜食，枯黄后异味消失，在早春或晚秋时节，其适口性变好。

（2）生境条件。如生长在高寒盐化草甸中的青藏苔草，草质柔软，适口性好，而生长于高寒草原和高寒荒漠草原草地的青藏苔草则很粗硬，适口性差。

（3）草地牧草的丰富程度。当草地牧草丰富、优良牧草种类多、家畜有充足的选择余地时，对某些牧草的喜食程度降低；而在草地牧草种类贫乏，优良牧草种类少时，则又表现为喜食。

（4）牲畜种类。干旱草原上的一些旱生丛生禾草，羊喜食，而牦牛喜食性差；又如一些饲用灌木，如砂生槐、白刺花、锦鸡儿等，山羊喜食，绵羊次之，牦牛则很少采食。

（5）家畜的营养状况和饥饿程度。饥饿程度对牧草的适口性有很大影响，饥不择食，处于饥饿状态的家畜，会对正常状态下不喜食的牧草，表现出喜食。

2. 牧草适口性分级

饲用植物的适口性，划分为嗜食、喜食、常食、愿食、少食5类。通过观察家畜对草地牧草的采食或投饲饲喂的喜食程度评定。

嗜食：各种家畜均喜食，在任何情况下，首先被挑食的牧草，并且表现为贪食。

喜食：在任何情况下，各种牲畜都乐于采食，但不从草群中挑食的牧草。

常食：各种家畜愿意采食、经常采食的牧草，喜食程度不及嗜食、喜食两类牧草。

愿食：愿意采食的牧草，但大多数家畜采食不多，仅耐粗饲的山羊、骆驼喜食，或青嫩时喜食，枯黄后变粗硬而不愿采食，或青绿期有异味不愿采食，异味消失后喜食的牧草。

少食：不愿采食、很少采食或偶尔采食的牧草，只有在某一时期或缺草时或很饥饿时才采食，或对家畜有轻微毒害作用的牧草。

8.1.1.3 牧草利用性能的评价

牧草利用性能主要是针对家畜利用而言，放牧或割草贮存性能越好，其利用价值越高。利用性能主要从下述几个方面进行评价：

（1）牧草秋季枯黄后，立枯保存率的高低。枯草保存率越高，则损失越小。

（2）牧草耐牧性的高低。牧草耐牲畜践踏性能的高低，放牧或割草后再生能力的高低。一般密丛性禾草优于疏丛性禾草，禾草优于阔叶杂类草。

（3）牧草刈割后保存率的高低。阔叶性杂类草刈割后，叶量损失很大。

（4）牧草适宜利用时间的长短。有些牧草青绿时有异味不宜利用，有些牧草结实后或枯黄后迅速老化，茎秆粗硬而不能利用。适宜利用时间越长的牧草，其利用性能越好。

8.1.2 草地牧草品质等综合评定

牧草等是用于分别牧草饲用品质的高低的。牧草饲用品质主要指饲用价值，用牧草的适口性、营养价值、利用性状进行综合评价，将草地牧草划分为优、良、中、低、劣5等。常用综合定性法和记分法评定牧草品质。

8.1.2.1 综合定性划分牧草品质的规定

优等牧草：各种家畜首先从草群中择食；营养价值高，干物质中粗蛋白质含量＞10%，粗纤维含量＜30%；草质柔软，耐牧性好，冷季保存率高。

良等牧草：各种家畜喜食，但不挑食；干物质中粗蛋白质含量＞8%，粗纤维含量＜35%；耐牧性好,冷季保存率高。

中等牧草:各种家畜均采食,但喜食程度不及优等和良等牧草,枯黄后草质迅速变粗硬或青绿期有异味;干物质中粗蛋白质含量<10%;粗纤维>30%;耐牧性良好。

低等牧草:大多数家畜不愿采食,仅耐粗饲的山羊、骆驼喜食,或草群中优良牧草已被采食完后才采食;干物质中粗蛋白质含量<8%,粗纤维含量>35%;耐牧性差,冷季保存率低。

劣等牧草:家畜不愿采食或很少采食,或只在饥饿程度很重的情况下采食,或某些季节有轻微毒害作用,仅在一定季节少量采食;耐牧性差,营养物质含量与中、低等牧草无明显差异。

8.1.2.2 记分法评定牧草品质的规定

1. 制定牧草品质记分规定

选取影响牧草品质等评定的营养成分、适口性和利用性能各项指标,根据各个指标对其影响饲用品质作用的贡献大小,赋予记分权重,将每个指标按饲用品质划分为优、良、中、低、劣5级,每个级给定记分标准,从而形成牧草品质评定的记分表(表8.1.1)。

表8.1.1 饲用植物的饲用价值评分规定

评定项目		权重	项目指标与给分	优	良	中	低	劣
营养成分	粗蛋白质	2	粗蛋白质含量/%	>13	11~13	8~11	5~8	<5
			给分	20	16	12	8	4
	粗纤维	2	粗纤维含量/%	<16	16~22	22~28	28~34	>34
			给分	20	16	12	8	4
适口性	喜食程度	2	喜食级别	嗜食	喜食	常食	愿食	少食
			给分	20	16	12	8	4
	适食时间	2	适食季节数	四季	三季	二季	一季	短于一季
			给分	10	8	6	4	2
	适食牲畜种类	1	采食牲畜种类数	5	4	3	2	1
			给分	10	8	6	4	2
利用性状	可利用性	2	可利用率/%	80~100	60~80	40~60	20~40	<20
			给分	20	16	12	8	4

2. 评定牧草品质等

牧草品质等评分规定见表8.1.2。

表8.1.2 牧草饲用价值记分评定标准

饲用价值等	记分评价总得分
优等	>85
良等	70~84
中等	60~69
低等	50~59
劣等	<50

首先，对被评定的牧草，按表 8.1.1 规定的记分标准，逐项记分，再将所有项的记分累加，获得该牧草的总得分。然后，按表 8.1.2 牧草饲用价值记分评定标准，评定牧草的饲用价值等别。

8.1.2.3 **西藏草地主要常见多年生牧草的品质等**

依据上述评价方法和规定，对西藏主要草地多年生优势种牧草做如下划分[1]。

(1) 优等牧草。主要是莎草科嵩草属的小型嵩草，禾本科的羊茅属、早熟禾属，蓼科的蓼属及豆科的苜蓿属、豌豆属等。

莎草科：高山嵩草、矮生嵩草、线叶嵩草、短轴嵩草、禾叶嵩草、尼泊尔嵩草、嵩草、日喀则嵩草、大花嵩草等。

禾本科：羊茅、紫羊茅、中华羊茅、穗状寒生羊茅、微约羊茅、高原早熟禾、早熟禾、胎生早熟禾、羊茅状早熟禾、卡西早熟禾、波伐早熟禾、西藏早熟禾、黑穗画眉草、画眉草等。

蓼科：圆穗蓼、珠芽蓼等。

豆科：野苜蓿、天兰苜蓿、百脉根、野豌豆、西藏野豌豆等。

(2) 良等牧草。主要为莎草科嵩草属中的大型嵩草、苔草属，禾本科披碱草属、野青茅属及豆科的一些植物。

莎草科：褐鳞苔草、黑褐苔草、红棕苔草、窄果苔草、白尖苔草、毛囊苔草、黑穗苔草、芒尖苔草、西藏嵩草、藏北嵩草、粗壮嵩草、四川嵩草、甘肃嵩草、阿穆尔莎草、华扁穗草、扁穗草等。

禾本科：穗序野古草、知风草、帕米尔碱茅、喜马拉雅碱茅、裸花碱茅、垂穗披碱草、垂穗鹅观草、赖草、西藏三毛草、藏异燕麦、糙野青茅、林芝野青茅、小花剪股颖、疏花剪股颖、丝颖针茅、异针茅、短芒大麦草、狗牙根等。

豆科：锡金岩黄芪、札达岩黄芪、米口袋、砂生槐、白刺花、细茎黄芪、浪卡子岩黄芪、亚东米口袋、小叶鹰嘴豆。

其他科：多穗蓼、叉枝蓼、叉分蓼等。

(3) 中等牧草。主要是禾本科针茅属、细柄茅属、草沙蚕属、三芒草属、固沙草属；菊科蒿属；豆科锦鸡儿属、山蚂蝗属等一些种类。

禾本科：紫花针茅、羽柱针茅、昆仑针茅、短花针茅、沙生针茅、镰芒针茅、荒漠镰芒针茅、长芒草、固沙草、草沙蚕、多花草沙蚕、小草沙蚕、三刺草、藏布三芒草、猬草、寡穗茅、小落芒草、落芒草、三角草、羽茅、白草、狗尾草、须芒草、小菅草、桔草、孔颖草、荩草、矛叶荩草、白茅、芒、河八王、扭黄茅、黄背草、芦苇、发草、扁芒草等。

莎草科：青藏苔草、木里苔草等。

菊科：藏沙蒿、藏白蒿、日喀则蒿、江孜蒿、冻原白蒿、川藏蒿、甘青蒿、伊朗蒿、藏龙蒿。

(4) 低等牧草。主要是菊科蒲公黄属、紫菀属、狗哇花属、香青属、火绒草属；蔷薇科委陵等属；藜科藜属、猪毛菜属；蓼科酸膜属、大黄属；十字花科独行菜属、高原芥属；紫草科滇紫草属、齿缘草属、微孔草属；唇形科糙苏属、香薷属、鼠尾草属；玄参科婆婆纳属；车前科车前属；鸢属科鸢尾属等的一些植物。

菊科：细裂叶莲蒿、栉叶蒿、白莲蒿、青藏狗哇花、拉萨狗哇花、星舌紫菀、灰枝紫菀、戟叶火绒草、矮火绒草、毛香火绒草、木根香青、乳白香青、旋叶香青、垫状女蒿、灌木亚菊、羽叶垂头菊、狮牙状风毛菊、丽江风毛菊、针叶风毛菊、黑苞风毛菊、西藏蒲公英、锡金蒲公英、合头菊等。

蔷薇科：蕨麻委陵菜、翻白委陵菜、钉柱季陵菜、康定委陵菜、二裂委陵菜、金露梅、小叶金露梅等。

十字花科：独行菜、遏蓝菜、藏荠、燥原荠、高山葶苈、锡金葶苈、高原芥、念珠芥、播娘蒿等。

伞形科：矮泽芹、西藏棱子芹、川滇柴胡、拉萨厚棱芹等。

紫草科：软紫草、滇紫草、翅假鹤虱、多花微孔草、西藏微孔草、毛果草、密花毛果草。

豆科：鬼箭锦鸡儿。

唇形科：齿叶荆芥、白花枝子花、萝卜秦艽、西藏糙苏、螃蟹甲、独一味、西藏鼠尾草、头花香薷、密花香薷、光叶鸡骨柴、线叶百里香、香茶菜等。

玄参科：毛果婆婆纳、藏玄参、肉果草等。

其他科：小叶瓶尔小草、具槽杆荸荠、小果滨藜、藏虫实、猪毛菜、多茎土娄菜、架棚、荆苞紫金标、海韭菜、水麦冬、展苞灯心草、细叶鸢尾、马蔺、卷鞘鸢尾等。

(5) 劣等牧草。主要是石竹科、玄参科、景天科、蕨类等少量采食或青草期有轻微毒性枯黄后可食的一些植物。

石竹科：藓状雪灵芝、垫状雪灵芝、石生繁缕、禾叶繁缕、无瓣女娄菜、拉萨女娄菜、蝇子草、藏蝇子草。

景天科：互生红景天、柴胡红景天、四裂红景天、小景天、高山景天等。

玄参科：草甸马先蒿、拟鼻花马先蒿、球花马先蒿、斑唇马先蒿、全缘兔耳草、大萼兔耳草等。

其他科：菟丝子、锡金肋柱花、甘青青兰、直立点地梅、垫状点地梅、杉叶藻、多刺绿绒蒿、长柄黄堇、角果碱蓬、蕨类等。

8.1.3 草地牧草营养评价

草地牧草营养物质含量受草地饲用植物的种类、生育期、生境条件、特别是土壤养分状况的影响。草地牧草营养评价，除专用研究目的需要外，通常在饲用植物处于开花、现蕾初期时，采集草地饲用植物化学分析样，测定营养成分含量，进行营养评价。其评价的主要工作内容如下。

8.1.3.1 常规化学营养成分含量的测定与评价

饲料营养含量测定分为概略营养和纯养分两种分析法。饲用植物一般采用概略养分分析法，必须分析的牧草常规化学营养成分项目为：粗蛋白质、粗脂肪、粗纤维、粗灰分、磷、钙和水分 7 项。无氮浸出物指饲料中单糖、双糖、和多糖(淀粉)等无氮物质，又称可溶性碳水化合物。无氮浸出物的含量通过计算获得，为 100%减去上述粗蛋白质、粗脂肪、粗纤维、粗灰分和水分 5 项营养成分的含量之差。

(1) 牧草概略总营养物质(%)＝粗蛋白质含量＋粗纤维含量＋无氮浸出物含量＋粗脂肪含量＋粗灰分。

(2) 草地牧草粗蛋白质含量越高、牧草品质越好。评价指标为：

粗蛋白质含量＞12%，为高蛋白质含量牧草；

粗蛋白质含量 5%～12%，为中蛋白质含量牧草；

粗蛋白质含量＜5%，为低蛋白质牧草。

(3) 牧草纤维素含量。天然草地牧草纤维素含量一般为 25%～45%。评价指标为：

粗纤维含量<28%,为低粗纤维牧草;

粗纤维含量29%~40%,为中粗纤维牧草;

粗纤维含量>40%,为高粗纤维牧草。

牧草粗纤维含量越低,则无氮浸出物含量越高,消化率越高,其牧草品质优良。牧草粗纤维含量越高,则无氮浸出物含量越低、消化率越低、牧草品质越低下。

草地牧草的粗蛋白质和粗纤维含量,是评定牧草营养价值的主要指标。草地牧草的粗脂肪含量,一般为1.5%~4.5%,不同种牧草间可相差几倍。但因其总含量较低,所以,单项粗脂肪含量指标,一般不被用作牧草营养成分评价。同理,粗灰分、磷、钙的含量也较低,亦不被用作单项指标对牧草进行营养评价。

8.1.3.2 草地牧草的氨基酸含量测定

蛋白质的氨基酸组成,说明蛋白质质量的高低。全价蛋白质,各种必需氨基酸组成平衡。我国目前只对少数天然草地牧草和少数改良草地牧草进行过氨基酸测定。从动物营养需要衡量,组成蛋白质的氨基酸中,以赖氨酸含量最为重要,但目前只有动物对赖氨酸需要的饲养标准,还没有牧草赖氨酸含量的分级标准。

8.1.3.3 草地牧草微量元素含量的测定

牧草微量元素含量测定工作,仅在少数地区和少数草地上进行,即仅在已经发现家畜微元素缺乏病的地区,或施用微量元素肥料增加草地产草量效果特别显著的地区,有选择性地进行草地牧草的微量元素含量测定、分析与评价。通常关注的植物需要的微量元素为Fe(铁)、Zn(锌)、Mo(钼)、Cu(铜)、B(硼)等[2]。

8.1.3.4 草地牧草的总能、消化能和代谢能计算

草地牧草的能量评价,在草地牧草营养物质测定的基础上进行。计算方法采用国际上普遍采用的计算公式与计算参数[3]。

1. 总能按下列公式和系数计算

$$总能(GE)=aZ_1+bZ_2+cZ_3+dZ_4$$

式中:

GE——饲料总能,MJ;

a——粗蛋白质系数,24 MJ/kg;

b——粗脂肪系数,40 MJ/kg;

c——粗纤维系数,18 MJ/kg;

d——无氮浸出物系数,18 MJ/kg;

Z_1——粗蛋白质含量,kg;

Z_2——粗脂肪含量,kg;

Z_3——粗纤维含量,kg;

Z_4——无氮浸出物含量,kg。

2. 消化能按下述公式和参数计算

$$消化能(DE)=\frac{可消化总养分(\%)}{100\times 1\ 000}\times 4\ 409\ \text{MJ/kg}$$

3. 代谢能按下列公式和参数计算

$$代谢能(ME)=\frac{可消化总养分(\%)}{100\times 1\ 000}\times 3\ 616\ MJ/kg$$

8.2 草地资源评价方法

草地资源评价主要是针对草地资源质量和畜牧业利用状况进行的评价。

8.2.1 中国科学院新疆综合考察队的评价方法

我国天然草地资源评价始于20世纪60年代初,中国科学院新疆综合考察队廖国藩等,依据草地产草量、植被组成与毒害植物、植物的适口性、营养成分,草场的供水与草地改良条件,制定了新疆天然草场质量的评级标准(表8.2.1),将全疆的草场划分成优、良、中、低、劣5个等级[4]。该评价方法属于综合评价法。

表 8.2.1 新疆天然草场评级标准

草地等级		优	良	中	低	劣
主要指标	每亩草地干草产量/kg	200以上	200～100	100～70	70～30	30以下
	植被组成	禾本科、豆科	禾本科、莎草科	低级禾本科、蒿属、莎草科	优质藜科、平原灌丛	合头草、琵琶柴、麻黄、盐穗木等
	供水条件*	多水	有水	短水	缺水	无水
	有效利用系数	1～0.9	0.8～0.7	0.7～0.6	0.5～0.3	0.3以下
参考指标	毒害植物	无	少	较少	较多	多
	改良条件**	简单设施	简单改良	简单改良/复杂改良	复杂改良	很难改良

*供水条件中的多水,系指水文网分布均衡,全年流量稳定的地区,泉水与裂隙水分布较多的地区;有水是指达到上述多水的条件,但水量仅够利用或冬季有稳定积雪的地区;短水则是指地表径流集中在局部,而大面积缺水的地区;缺水则是指有引水或有提取地下水的条件,仅现在缺水的地区;无水则是指根本没水的地区。

**改良条件中,简单设施包括:①增设棚圈;②消耗少量的劳力即可扩大牧场面积的办法(如清除灌木、灌丛等)。简单改良:①打浅井或贮积雪、掏泉、扩大牧场利用范围;②可引水灌溉;③清除乱石;④简单的耕作技术。复杂改良:①引渠、打深井及兴修较大的水利工程;②复杂的耕作技术(如翻耕、播种等)。

8.2.2 中国科学院内蒙古宁夏综合考察队的评价方法

20世纪70年代初,中国科学院内蒙古宁夏综合考察队廖国潘等进一步明确了草地资源评价的原则与标准，首次提出草地资源等级评价和草地营养类型评价法[5]。

8.2.2.1 **草地等的划分**

根据草地饲用植物的营养价值和适口性高低、地形条件即地形坡度的大小，水源条件即草地水源的有无、水源开采的难易程度三项指标，评定草地的质量“等”。

1. 草地植被的饲用价值

在对饲用植物进行评价时，不但要注意其所含营养成分的种类及其多少，而且还应考虑其适口性的广泛程度，即有一些牧草一年四季为各种家畜均喜食，另一些牧草为某几种家畜所喜食，还有的牧草是在生长的某一季节为某种家畜所喜食等。根据饲用植物的饲用价值和适口性及其为家畜所采食的广泛程度，将内蒙古自治区及东西毗邻地区的主要饲用植物 236 种，聚类划分为优、良、中、低、劣 5 个等。

优等牧草：19 种，分属禾本科、豆科。这一等级的植物，由于其蛋白质含量高，纤维素少，故一年四季均为各种家畜最喜食，并且整个植株都能食用。

良等牧草：52 种，分属禾本科、豆科、菊科、百合科。这一等级的植物通常为各种家畜均喜食，植株的大部分被吃掉，但适口性的季节变化较明显，如禾本科针茅属的植物，在营养期适口性高，而花果期由于芒刺的危害，致使适口性下降。菊科的冷蒿和亚菊，由于生长旺盛时含挥发性脂肪多，故适口性下降，随着植物的干枯，适口性又有所提高。

中等牧草：种类较多，有 66 种，分属禾本科、豆科、菊科、莎草科、藜科、十字花科、蔷薇科等。这一等级的植物，家畜乐意吃，但只吃植株的一部分，如豆科中锦鸡儿属的一些植物，在内蒙古西部地区羊喜食其花及嫩枝，骆驼则终年喜食，牛、马很少利用。另一些植物也同样表现出适口性的季节变化，如一些高大的禾本科植物(芨芨草、野古草、芦苇，沙竹等)由于其含纤维素高，质地坚硬，适口性则较差，但在营养期适口性较好，而到拔节抽穗后，蛋白质含量显著下降，纤维素剧增，适口性则降低；菊科的旱蒿、线叶菊等由于不同生长阶段挥发性脂肪的变化，同样也表现出适口性的季节变化特点。

低等牧草：72 种，分属于菊科、藜科、蒺藜科、蔷薇科、蓼科、豆科、鸢尾科、毛茛科、杨柳科等。这一等级的植物是由灌木、半灌木组成，有的带毛、带刺，有的含有浓郁的气味。所以大多数家畜不太愿意采食。如豆科的康青锦鸡儿、刺叶柄棘豆及蒺藜科的西伯利亚白刺、白刺等；菊科的蒿属植物含挥发性脂肪，鸢尾科的一些植物含纤维素高，所以家畜很少采食。

劣等牧草：27 种，分属藜科、蒺藜科、麻黄科，这一等级的植物主要以盐生灌木、半灌木组成，如盐爪爪，猪毛菜属植物以及珍珠、霸王等，由于其含盐分、灰分高，羊少量采食，为内蒙古西部荒漠地区骆驼的主要饲料来源。还有些草本植物，如糙苏、矶松、甘草、披针叶黄花等，家畜基本不吃。

2. 地形条件

主要考虑坡度与地形切割程度，它直接影响草群的利用率。随着坡度的增大，家畜的行走速度减慢，对草群的利用率也逐渐减低。草地坡度为 5°～10°时，放牧绵羊的行走速度为每小时 2～3 km，草群的利用率为 60%～70%；坡度增至 10°～20°时，放牧绵羊行走速度降为每小时 1～2 km，而草群的利用率较坡度为 5°～10°的草地减少 20%～30%。

3. 水源条件

牧业供水包括地表水和地下水，主要考虑有无水源、开发的难易程度，饮水点距草场的距离以及水质的好坏，它直接影响草场的开发和利用。一般说来，适宜于各种牲畜的饮水半径：

牛为 2～3 km,羊为 3～5 km,马为 7～10 km。在这一范围内的草场,其利用率较高,反之,超出饮水半径的草场,其利用率较低。还有一些草场,地表水缺乏,地下水埋藏较深,不易开发,谓之缺水草场,只可用作冬季雪后临时放牧场或打草场。

根据上述原则,将内蒙古自治区及东西毗邻地区的草场,按其质量分为五等,划分如下:

一等草场:优等牧草占草群总重量的 60%以上。草群粗蛋白质含量较高,冷季也能达到 4%～5%,基本上能满足放牧家畜冷季时蛋白质的需要。牧场供水半径为 3～5 km。地下水埋深小于 5 m。坡度为 10°以下。

二等草场:良等牧草占草群总重量的 60%以上,或优、中等牧草占 40%。冷季蛋白质含量为 3%～4%,对高产性能的家畜已不能满足其对粗蛋白质的要求。牧场供水半径为 5～7 km。地下水埋深 5～10 m。坡度为 20°～30°。

三等草场:中等牧草占草群总重量的 60%以上,或良、低等牧草占 40%。草群粗蛋白质含量冷季下降为 2%～3%,已不能维持冷季家畜对粗蛋白质的需求。牧场供水半径 7～10 km。地下水埋深 10～15 m。坡度为 20°～30°。

四等草场:低等牧草占草群总重量的 60%以上,或中、劣等牧草占 40%。草群营养成分以无氮物质含量较高,蛋白质含量较低。牧场供水半径 10～15 km。地下水埋深 15～20 m。坡度 30°～35°。

五等草场:劣等牧草占草群总重量的 60%以上。草群富含灰分,其他营养成分也较低,但暖季牧草的碱度偏高,因此,家畜不乐食,冷季适口性较好。牧场供水半径 15 km 以上。地下水埋深 20 m 以上。

上述天然草场质量评定标准列于表 8.2.2。

表 8.2.2 天然草场等的评定标准

评定项目			等别				
			一	二	三	四	五
主要项目	草群质量		优	良	中	低	劣
	不同草群(组成)/%		优>60	良>60 优、中 40	中>60 良、低 40	低>60 中、劣 40	劣>60
辅助项目	牧场水源	饮水半径/km	3～5	5～7	7～10	10～15	15 以上
		地下水埋深/m	<5	5～10	10～15	15～20	20 以上
	坡度/°		10 以下	10～20	20～30	30～35	35 以上

8.2.2.2 **草地级的划分**

天然草场的好坏,不但应视其质的优劣,而且还必须重视其产量的高低。由于产量显著地受降水影响,它有季节动态与年动态的变化,而质量则相对稳定。因此,在以质量作为草场资源评价的主要因素时,标志着草场生产力高低的产量也是评价的重要因素之一。

由于各等草场都是由各种不同的草场类型组成,而各种草场类型单位面积产草量又有很大的差别,高者可达 6 000 kg/hm^2(鲜草)以上,低者 750 kg/hm^2(鲜草)以下。这样在同一等草场中则可依产量的变化划分若干个级。内蒙古草地根据单位面积产草量的变幅划分为 6

级，列表于8.2.3。

表 8.2.3 天然草场级的评定标准

评定指标	级别					
	1	2	3	4	5	6
鲜草产量/(kg/hm^2)	6 000 以上	6 000～4 500	4 500～3 000	3 000～1 500	1 500～750	750 以下

上述中国科学院内蒙古宁夏综合考察队提出的草地等级评价思想，被后来各地进行草地资源评价时所借鉴。但该等级评价方法中有两处不足：其一，草地等评定指标的规定中，不同质量牧草重量百分比的规定欠严谨，不完善；其二，草地级评定标准采用鲜草重量，却未规定牧草干鲜比，欠妥当。

8.2.2.3 **草地营养类型的评价方法**

草地营养物质的基本元素是氮、碳有机物和矿物质(即灰分)。利用草地牧草或草群的常规化学营养成分分析资料，可求出有机物质营养总量。

$$有机物质营养总量=粗蛋白质+粗脂肪\times 2.4+粗纤维+无氮浸出物$$

然后，将有机物质营养总量分为氮物质(粗蛋白质)和碳物质(粗脂肪、粗纤维、无氮浸出物)两大类，采用 K. Nehring 氏公式计算碳、氮营养比，其计算公式为：

$$营养比=\frac{无氮浸出物+粗纤维+粗脂肪\times 2.4}{粗蛋白质}$$

8.2.3 草地资源等级评价

《中华人民共和国草原法》第二十三条规定，国务院草原行政主管部门会同国务院有关部门制定全国草原等级评定标准。县级以上人民政府草原行政主管部门根据草原调查结果、草原的质量，依据草原等级评定标准，对草原进行评等定级。

8.2.3.1 **全国草地调查初期草地等级评价规定**

以草地牧草品质的优劣论等，以草地牧草产量的高低定级。全国草地调查初期，规定按五等八级进行草地等级评价。

1. 草地等别的评定

草地等表示草地品质的优劣。即用各个等别饲用植物的重量占测定草地样方植物(包括不可食草和有毒有害植物)总重量的百分比划分草地等。全国草地调查初期，草地等级的划分标准规定如下[6]：

一等草场：优等牧草重量占60%以上。

二等草场：良等牧草重量占60%以上，优等及中等占40%。

三等草场：中等牧草重量占60%以上，良等及低等占40%。

四等草场：低等牧草重量占60%以上，中等及劣等占40%。

五等草场：劣等牧草重量占60%以上。

以上划分规定的数量指标不连续，规定存在如下不妥：

(1) 二等草场。既然规定了“良等牧草占 60%以上”，那么优等和中等牧草不能占 40%，只能<40%；而且所列出优、良、中三种等别的牧草重已占该等草场的 100%，草地中若出现有低等牧草甚至劣等牧草，怎么计算？

(2) 三等草场。既然规定了“中等牧草占 60%以上”，那么良等和低等牧草不能占 40%，只能<40%；而且所列出草地中的中、良、低 3 个等别的牧草重，已占整个草地的 100%，一旦出现有劣等或优等牧草，则没有进一步的划分依据。

(3) 四等草场。既然规定了“低等牧草重量占 60%以上”，那么中等及劣等牧草不能占 40%，只能<40%，而且草地中除中、低、劣 3 种等别的牧草外，如果还有极少良等牧草甚至优等牧草出现时，则缺乏可供进一步划分的依据。

(4) 五等草场。“劣等牧草重量占 60%以上”的规定欠妥。既然前面的四等草场已规定了低等牧草量占 60%以上，那么，草地中余下的可以用于评定五等草场的牧草重量应该<40%，即使五等草场只有低等和劣等两类牧草，那么五等草场中的劣等牧草重，应该<40%。按照上述五等草场的评定规定，如果出现“低等牧草重占 50%”，或者出现“劣等牧草重介于>40%和<60%”之间时，，则没有对应的牧草等别，可对号入座。可见，上述草地等的评价标准明显有误。

2. 草地级的评定

用草地饲用植物地上部可食产草量评定草地产量级别，毒草、不可食植物的生物产量不计算其内。全国统一调查初期规定，用 1 hm^2 鲜草重按八级评定草地产量级。其标准如下[6]：

一级草地：>12 000 kg/hm^2；

二级草地：9 000～12 000 kg/hm^2；

三级草地：6 000～9 000 kg/hm^2；

四级草地：4 500～6 000 kg/hm^2；

五级草地：3 000～4 500 kg/hm^2；

六级草地：1 500～3 000 kg/hm^2；

七级草地：750～1 500 kg/hm^2；

八级草地：<750 kg/hm^2。

调查初期规定用鲜草重量分级，未考虑相同鲜草重的牧草，干物质含量可能不同。

3. 草地等级的综合评定

将草地等与草地级进行交叉评价，可获得草地等级评价组合。其交叉组合见表 8.2.4。

表 8.2.4　草地等级综合评价表

级别 / 等级	一级	二级	三级	四级	五级	六级	七级	八级
Ⅰ等	$Ⅰ_1$	$Ⅰ_2$	$Ⅰ_3$	$Ⅰ_4$	$Ⅰ_5$	$Ⅰ_6$	$Ⅰ_7$	$Ⅰ_8$
Ⅱ等	$Ⅱ_1$	$Ⅱ_2$	$Ⅱ_3$	$Ⅱ_4$	$Ⅱ_5$	$Ⅱ_6$	$Ⅱ_7$	$Ⅱ_8$
Ⅲ等	$Ⅲ_1$	$Ⅲ_2$	$Ⅲ_3$	$Ⅲ_4$	$Ⅲ_5$	$Ⅲ_6$	$Ⅲ_7$	$Ⅲ_8$
Ⅳ等	$Ⅳ_1$	$Ⅳ_2$	$Ⅳ_3$	$Ⅳ_4$	$Ⅳ_5$	$Ⅳ_6$	$Ⅳ_7$	$Ⅳ_8$
Ⅴ等	$Ⅴ_1$	$Ⅴ_2$	$Ⅴ_3$	$Ⅴ_4$	$Ⅴ_5$	$Ⅴ_6$	$Ⅴ_7$	$Ⅴ_8$

表 8.2.4 中的 $Ⅰ_1$、$Ⅰ_2$ 直到 $Ⅴ_8$ 每个等级组合，既可以反映草地品质的优劣状况又可以反映草地生物产量的高低。这种等级交叉匹配综合评价，可以更全面地反映草地的经济利用性状，在草地生产中更具有实用意义。

8.2.3.2 西藏草地等级评价对全国调查初期规定的修改

西藏草地资源调查是全国首次统一草地资源调查的组成部分，是全国最后开展调查的省份，原则上接受全国草地资源评价技术规定。同时，著者在西藏草地资源调查技术规程中，对全国首次草地调查初期草地等级评价方法进行了下述修改。

1. 草地品质等的评定

用 8.1.2 草地牧草品质等综合评定的优、良、中、低、劣 5 个等别牧草在草群所占的重量比例，划分草地"等"别。将西藏草地划分为如下 5 等[1]。

一等草地：优等牧草重≥60%；

二等草地：良等以上牧草重≥60%；

三等草地：中等以上牧草重≥60%；

四等草地：低等以上牧草重≥60%；

五等草地：劣等牧草重>40%。

优等牧草的重量大于、等于整个草地植物总重量的 60%时，评定为优等草地；良等以上牧草(含优等牧草)重量大于、等于草地植物总重量的 60%时，评定为良等草地；劣等牧草重>40%时，评定为五等草地。

2. 草地产量级的评定

用含水量 17%的自然风干干草重，代替全国调查初期规定的鲜草重为计量单位，进行草地分级。按每公顷草地年产风干干草重分级，其分级标准如下：

一级草地：>4 000 kg/hm^2；

二级草地：3 000～4 000 kg/hm^2；

三级草地：2 000～3 000 kg/hm^2；

四级草地：1 500～2 000 kg/hm^2；

五级草地：1 000～1 500 kg/hm^2；

六级草地：500～1 000 kg/hm^2；

七级草地：250～500 kg/hm^2；

八级草地：<250 kg/hm^2。

干草与鲜草的换算比例，用野外采集的样地混合牧草营养分析样，分析测得的干鲜比换算。未做实地采集和干鲜比试验的草地牧草，参照各地已有的试验研究测定结果，用下述干鲜比规定，将鲜草重换算成干草重。牧草的干鲜比规定如下：

荒漠类草地 1∶2.5，草原类草地 1∶3，草甸类草地 1∶(3～3.5)，沼泽化草甸 1∶(3.5～4)，嵩草和芦苇沼泽 1∶5，暖性和热性灌草丛类草地 1∶3.2。

8.2.3.3 西藏简要草地等级评价规定

按上述全国统一规定，表 8.2.4 中的 5 等、8 级交叉组成 $Ⅰ_1$～$Ⅴ_8$ 共计 40 个等级的划分，级别多，级间组距小，有点欠简明。所以，西藏草地资源调查内业工作的后期，将 5 个品质等改为优质、中质、低质 3 个品质等，将 8 个产量级改为高产、中产、低产 3 个产量级，进行评价[7]。

1. 简要草地品质等的评价规定

优质草地:优、良牧草重占草地地上部总产草量的60%以上;

中质草地:中等以上牧草重占草地地上部总产草量的60%以上;

低质草地:低、劣牧草重占草地地上部总产草量的40%以上。

2. 简要草地产量级的评价规定

高产草地:干草产量>2 000 kg/hm^2;

中产草地:干草产量500~2 000 kg/hm^2;

低产草地:干草产量<500 kg/hm^2。

3. 简要草地等级交叉评价规定

将西藏草地按照上述等、级标准划分的3个品质等、3个产量级,进行交叉组合,划分为优质高产、优质中产、优质低产、中质高产、中质中产、中质低产、低质高产、低质中产、低质低产共计9个等级[7]。见表8.2.5。

表8.2.5 西藏自治区草地等级综合评价

品质	高 产	中 产	低 产
优质	优质高产	优质中产	优质低产
中质	中质高产	中质中产	中质低产
低质	低质高产	低质中产	低质低产

上述"五等八级"详细等级划分评价,适合县域以下,小面积范围、大比例尺精度调查的草地评价。"三等三级"简要等级划分评价,适合县域以上,大面积范围、小比例尺精度调查的草地评价。

上述西藏草地等级评价标准,可供制定全国草原等级评定标准参考。

8.2.4 草地利用性状评价

草地利用性状指草地利用适宜性。草地利用性状评价,是按照草地固有的自然特征和生产力性能,对草地进行适用性评定。

8.2.4.1 草地利用适宜性评价限制性因素

1. 放牧草地的评价因素

草地所处的气温条件、海拔高度、地形特征、草地植被利用特性、水源条件、地表侵蚀、土壤基质以及畜舍、棚圈等畜牧业设施等因素,影响放牧草地的评价。

(1) 草地气温直接影响家畜的采食活动。气温过高,家畜食欲减退,甚至停止采食;气温过低,家畜活动减少,体热散失,使膘情下降,甚至发生冻害。草地的海拔高度是决定同纬度草地气温差异的最重要因素,山地草地主要按山地气候垂直带划分草地利用的适宜季节。放牧的海拔高度限界,就本质而论是寒冷界限。在西藏干旱区山地,放牧的极限海拔高度由东向西增高,西部可达5 200~5 300 m。随着纬度增加,放牧的海拔高度限界逐渐转变为纬度限界。

(2) 地形通过影响草地水、热状况再分配而影响季节草地的划分。这里所说的地形主要指坡度和坡向。海拔较高的阴坡、半阴坡多在夏季利用，阳坡则多在冷季使用。L·略尔 1977 年在阿尔卑斯山考察发现，夏季在坡度为 39%的南坡上进行坡地生产，阳光的入射角几乎达到 90%，但冬季在北坡上，阳光入射角则基本上等于 0%[8]。他还发现，在海拔 1 500 m 山坡上，南坡的积雪持续时间为 130 d，而在北坡则为 169 d。可见，北方寒冷区和青藏高原草地的草地坡向是选择季节放牧草地的重要因素。

坡度 25%被用作割草地与放牧地的界限。在工业化国家，当坡度为 35%时，必须使用昂贵的畜力进行梯田耕作。因此，在草业生产中往往将坡度 35%作为现代草业生产的坡度界限[8]。坡度 35%～40%的草地，用作临时放牧草地。坡度＞40%的草地则不宜用作畜牧业经营生产，需要永久保护。

(3) 草地植被利用特性，随草地类型和牧草生长发育阶段的不同而变化。蒿属半灌木草地夏季有异味，牲畜采食少，秋季异味消失且籽实富含蛋白质，是秋季羊抓膘的重要草地。阔叶杂类草，青草期鲜嫩，叶量大，而枯黄后叶子大量脱落，枯草保存率很低，因此宜作暖季放牧地。热带、亚热带草地牧草青草期幼嫩，适口性良好，枯黄后质地粗糙，适口性大大降低，故适宜春、夏季放牧、割草利用。含有乔木和灌木的草地，一般分布地域海拔较低，树木又能起挡风、遮雪作用，宜作冷季放牧场。

(4) 水源状况是划分季节放牧草地的重要依据之一，在允许的最大饮水半径内，有足够可供人、畜饮用的淡水，是评定能否用作放牧草地的先决条件。夏季草地气温高，家畜需水量大，饮水次数增加，因此要求夏季牧场应靠近水源。有些暖季不能利用的缺水草场，冷季降雪后可以利用。

(5) 地表侵蚀状况，指草地受风蚀、水蚀、蹄蚀损害的状况。下述草地不宜评为永久放牧草地：严重的风蚀草地，活动的半固定沙丘草地，严重的水土流失草地，蹄蚀裸斑密布的严重退化草地。

土壤基质对放牧草地评价的影响，见 8.3 草地土壤评价。

(6) 草地设施是划分季节草地的重要依据之一。在同类草地中，有畜舍、棚圈、贮草棚设施的草地，宜留做冷季放牧使用。

总之，夏秋季放牧草地应气候凉爽、多风；冬春寒冷季节放牧，宜选择海拔低，背风向阳的阳坡、谷地、滩地、山腰逆温带草地，林线以下的灌丛草地和疏林草地。各地牧民在长期生产实践中积累了划分季节牧场的经验，藏北牧区有“春放水边、夏放高山、秋放山坡、冬放滩地”的谚语；西藏山南地区有“春季牧场在山腰，夏季牧场在半坡，秋季牧场在山顶，冬季牧场在阳坡”的说法；还有夏放“帮扎”，即以高山嵩草、矮生嵩草等矮小嵩草属、苔草属牧草为优势的高寒草甸草地；冬放“那扎”，即藏北嵩草、西藏嵩草等高大型嵩草属牧草为优势的低地沼泽化草甸草地等谚语。以上是牧民划分放牧草地的精辟总结。

2. 割草地的评价因素

草地的生产性能、地形条件和交通条件，制约割草地的选择。适于用作割草的草地，需符合下述条件：

(1) 草地的生产性能。草层高度符合人工或机械割草作业要求，草层高必须＞30 cm；草地覆盖度较高、产草量高，太稀疏的草地不值得割草；草地品质为中等以上，低质草地、不可食草比例太高的草地，不宜用作割草地草地；草被中基本上无灌木成分，牧草适合刈割、适合晒制干草并适合贮存。

(2) 地形条件。坡度小，地表较平坦，没有大的坑洼；坡度<25%，才可以用机器牵引作业进行人工饲草种植与收割。因此，坡度25%被用作机械割草地限界；坡度35%作为人工割草地的坡度限界。

(3) 交通条件。割草地选择距冬季放牧点或定居点距离近、交通方便、地势较平坦的地段。选择这样的地段既可节省干草运输距离，割草地上的残落草和刈割后重新萌发的二茬草在冬季可就近利用，补充放牧。

8.2.4.2 **中小比例尺调查精度的草地适用类型划分规定**

天然草地适用类型可以按三级划分。首先区分为可利用和难利用两大类，然后区分草地利用的永久性和割草性能，最后区分草地的适用季节。草地利用类型划分规定见表8.2.6。

表8.2.6 草地利用类型划分规定

一级	二级	三级
可利用草地	永久性放牧草地	冷季放牧草地 暖季放牧草地 春秋季放牧草地 四季放牧草地
	割草地	固定割草地 临时割草地
	割草放牧兼用草地	
	临时放牧草地	暖季临时草地 冷季临时草地
难利用草地	永久性难利用草地	无人区草地 低质草地 永久性禁牧草地
	暂时难利用草地	缺水草地 短期封育禁牧草地 缺乏牧道的草地

1. 可利用草地

天然草地历来为放牧家畜或食草野生动物所利用。水热条件好、草层高、覆盖度高、地势较平坦的草地，可以用作割草场，刈割牧草用以饲喂家畜。草层低、覆盖度不够高、地势不平坦的草地，不宜用作割草地。凡适于割草的草地，也能用于放牧。我国传统牧区草地，缺少可供割贮青草的草地，割草地在草地畜牧业中具有重要地位，需要从放牧草地中列出来给予独立评价。

可利用草地按其适用性状进一步区分为永久性放牧草地，割草地、割草放牧兼用草地、临时放牧草地4类。对放牧草地，按适于放牧的季节再区分为：适于暖季放牧的暖季放牧草地，适于冷季放牧的冷季放牧草地，介于暖季放牧草地与冷季放牧草地之间、供转场放牧的春秋季放牧草地和可供四季放牧的全年放牧草地4种。

(1) 永久性放牧草地。草层高<30 cm,总覆盖度>10%的草地,或草层高,覆盖度虽达到割草地标准,但地表很不平坦,坡度>25°,不宜刈割作业的草地,以及不值得用于割贮青草的低等和劣等草地。季节放牧草地主要依据草地利用季节的适宜性进行划分。按适用季节进一步划分为:

①冷季放牧草地。不适宜割草,但气温较高,可以在冬春季放牧的温性、热性草地;森林(包括高度>60 cm的灌木林)线以下、背风向阳、冬春积雪深度<10~20 cm的山地温带和寒温带草地。

②暖季放牧草地。夏季气候温凉,有人、畜饮水水源,林线以上可以用于放牧利用的高寒草地,即在可利用草地中。除可用做冷季放牧和四季放牧以外的其他放牧草地均可评为暖季放牧草地。

③春秋季放牧草地。山地垂直草地中,介于暖季放牧草地与冷季放牧草地之间的放牧草地,或供暖季放牧草地与冷季放牧草地之间进行转场放牧的过渡草地,供春季或秋季放牧利用。

④四季放牧草地。放牧利用季节不受限制,不仅适宜冷季放牧利用,在其他季节也可以放牧利用;适宜于冷季放牧的草地中,距固定居民点半径10 km以内的草地。热带、亚热带范围内的河谷区草地,农区、半农半牧区、居民点周围的草地,常年用于役畜、奶畜、老、弱、病畜放牧利用,不分利用季节,为全年利用草地。

新疆天然草地,受分布格局和草地载畜容量的影响,除上述4种放牧草地外,还划分有冬季放牧草地、夏季放牧草地和冬春秋三季放牧草地[9]。

(2) 割草地。草层高>30 cm,总覆盖度>50%,地表较平缓,地表无浸蚀、基本无鼠穴,坡度<25%,草被中无灌木,品质中等以上的草地。

各地人工种植的或补播的各种类型的中禾草人工草地和改良草地,大部分可用做割草地。

按利用方式可将割草地分为固定割草地和半固定割草地。

①固定割草地。为连续在同一地段连年割草。草层高>30 cm的温性禾草草甸草原和温带禾草山地草甸草地,多为固定割草地。

②临时割草地。草地是否用于割草不固定,割草根据每年草地的水热状况而定。牧草生长好的年景割草,生长不好的年景只能用于放牧。还有一种割草地,采取割草、放牧逐年轮换方式,或者割草二年后,再放牧一年。我国北方草原区、荒漠区、青藏高寒区割草地贫乏,适于割草的草地面积小,因此,其割草地多为不固定割草地。南方热带、亚热带、华北暖温带山区绝大部分草地适于割草,因此,割草地段也多不固定。寒冷地区难进入的沼泽和沼泽草甸,只有在冰雪封冻后,才能割草。还有一些大的湖心岛、江心岛上的割草地,或湖缘、河缘的割草地,只能在秋冬枯水位时才能进入割草。上述类型的割草地评为临时割草地。

(3) 割草放牧兼用草地。草地符合割草地条件,割完草后,继续用于放牧,割草与放牧兼用。

(4) 临时放牧草地。不具备长期放牧经营条件、不能固定利用时间、只能作为补充草地供临时放牧利用的草地。可以进一步划分为暖季临时放牧草地和冷季临时放牧草地。

①暖季临时放牧草地。主要指雨后可以进入的缺水草地和临近于植被退缩线的高寒草地。后者为分布海拔高度最高的草地,包括位居稀疏垫状植被之下的高寒草甸、有饮水源的高

寒草原、高寒荒漠草原和高寒荒漠。

②冷季临时放牧草地。主要指雪后可以进入放牧的缺水草地，如干旱区草原、有放牧利用价值的荒漠；冰雪封冻后可以进入放牧的积水草地；秋冬枯水位露出水面的河缘、湖缘低湿地草地等。

2. 难利用草地

难利用草地系因缺乏人、畜饮水水源，交通闭塞、缺乏牧道，或限于当前科技水平和资金投入水平不高，而难以利用的草地。难利用草地主要包括缺水草地、无人区草地、低质草地、人、畜难以进入的沼泽、缺乏牧道的草地等。难利用草地进一步区分为暂时难利用和永久性难利用两类。

(1) 永久性难利用草地。在 8.5 永久性禁牧草地的评定中阐述。

(2) 暂时难利用草地。草地当前因缺水、交通闭塞或人为禁牧而难以利用的草地，待草地投入水平提高，条件改善，可以获得利用。暂时难利用草地可以进一步划分为缺水草地、短期封育禁牧草地、缺乏牧道的草地三类。

①缺水草地。在允许的最大放牧半径外，缺乏人、畜饮水水源的放牧草地，评为缺水草地。最大放牧饮水半径一般为：山羊、绵羊，8～10 km；黄牛，4～8 km；马，30 km；骆驼可达 50 km。离畜群最大放牧饮水半径以外无饮水水源的草地，牲畜喝不到水，而不能进入放牧。还有的缺水草地属于放牧季节内缺水，而在非放牧利用季节有水。例如，有的高海拔草地，气候寒冷，只宜在暖季利用，然而暖季内，草地缺乏地表径流溪水或蓄水坑而缺水。冷季降雪后，雪较长时间不化，草地有雪水，但草地因气候严寒，海拔太高，还是不能利用。缺水草地雨后或雪后可以进入放牧，通过草地饮水工程建设，可以改善缺水状况。

②短期封育禁牧草地。在各种因素制约下，可利用草地数年内需要禁牧、停止利用的草地。包括，按国家标准 GB 19377—2003《天然草地退化、沙化、盐渍化的分级指标》监测，已经达到严重退化、严重沙化、严重盐渍化标准的草地，必须强制性停止利用；严重的水土流失草地、严重的鼠害草地、持续干旱导致生产力大幅度下降而暂时失去利用价值的草地，也需要短期禁牧；按国家生态建设规划，已列入退牧还草、风沙源治理、小流域治理、牧民搬迁等项工程范围内需要禁收的草地。以上各种类型的草地需要禁牧，若干年内不能利用。

③缺乏牧道的草地。包括缺乏牧道的原始森林之上的高寒草地、林间草地；难以进入的荒漠中的绿洲草地；缺乏交通条件的岛屿草地。

《1∶100 中国草地资源图》编制过程中，难以确保在最小图斑面积内，准确勾绘缺水草地和短期封育禁牧草地，所以，《1∶100 中国草地资源图》编制规定，难利用草地只包括：缺乏人、畜饮水的无人区草地；分布于茂密原始森林以上，缺乏牧道，目前难以开发利用的草地；人、畜难以进入的沼泽、海涂草地和沙漠中的绿洲草地；缺乏交通条件的湖心岛、江心岛草地及无人居住的小海岛草地；交通极为不便，坡度$>35°$的山地草地。

草地利用评价地图的编制，应该按照制图需要、编图资料的分辨率和最小图斑面积的规定，制定草地利用类型划分规定。

8.2.4.3 **大比例尺调查精度的草地适用类型划分规定**

县级草地重点区或相当于县级的大型草地畜牧场的草地资源与草业建设规划，用于指导草地生产，要求精准，采用$>$1∶5 万比例尺、甚至 1∶1 万比例尺精度调查。最小图斑面积小，评价的地块面积往往$<20\ hm^2$。草地适用类型的划分，比中小比例尺调查精度的国家级和省

级调查更详细、定位精度更高,评价内容和指标多于中小比例尺精度的调查。

1. 大比例尺割草地的调查与划分规定

(1) 划分指标。要求比中小比例尺调查精度的割草地划分标准,增加下述划分指标:①草地植被群落牧草组成结构,用以进一步评价其割草地的价值;②适合割草的方式,适用机械割草与否;③微地形地表状况,是否有石块、鼠洞、土丘等障碍物;④产草量指标,用以评价割草地的价值;⑤地块面积大小指标,用以评价其割草地的重要程度。

(2) 量化评分法。割草地类型丰富的基层生产单位,对大比例尺割草地适宜性调查,要求精度高,有的采用量化评分法评价割草地[10]。著者在邦达草原建设规划中,使用 1∶5 万大比例尺精度和量化评分法,评价割草地类型的划分实例,见表 8.2.7 西藏八宿县邦达草原适用割草地划分规定。

表 8.2.7 西藏八宿县邦达草原适用割草地评价指标

评价级别与权重	草层高度/cm	干草产量/(kg/hm^2)	微地形	坡度/%	草群牧草组成	草地地块面积/hm^2	适于割草方式
优级	>50	>2 000	平坦	<5	禾草+大嵩草	>1 000	机割
中级	31～50	1 200～2 000	微小起伏	5～10	大嵩草	500～1 000	机割
尚可级	25～30	750～1 200	地表偶有砾石、土丘、鼠洞	10～20	大嵩草+杂类草	<500	人工
评分权重/%	30	15	10	10	20	5	10

评价方法和步骤如下:

首先,选用个 7 个主要评价项目:草层高度;产草量(干草);微地形;坡度;草群牧草种类组成;地块面积大小;适于割草方式。

第二步,确定每个评价项目的赋值记分规定,按表 8.2.7 评价项目指标,逐项给予记分:指标达到优级记 3 分,指标达到中级记 2 分,指标达到尚可级记 1 分。

第三步,赋予评价项目权重。草层高度:30%;产草量:15%;微地形:10%;坡度:10%;群落牧草种类组成:20%;地块面积大小:5%;适于制草方式:10%。

第四步,评分。用评价项目指标的记分乘以权重,得到评价项目的得分。

最后,计算每块草地的总得分。总评得分等于各项评价项目的记分乘以权重之和。按总评得分,从高至低排序,评定割草地地块的适用性高低。得分越高,割草地的品质越好。

2. 大比例尺放牧草地的调查与划分规定

>1∶5 万比例尺的草地资源详查,其放牧地适用类型的划用评价,要求比中、小比例尺调查详细。在小范围调查区域内,适于放牧利用草地类型的差别,可能主要表现在草地品质的差异上。

首先,按季节放牧草地的必备条件,评出草地放牧的适用季节。必备条件包括:①海拔高度。明确当地暖季放牧草地的最高海拔高度限界和冷季能进入放牧的最高海拔高度限界。②草地覆盖度>10%。③草地坡度<35%,35%～40%为临时放牧草地。④水源。按最大放

牧牲畜饮水半径划出经营性草地，在经营草地内再划分季节放牧草地。

然后，在评出的季节放牧草地中，增加草地适用品质方面的量化评价指标，对同类季节草地评出优劣顺序。放牧草地细分的量化指标有：①地表状况。地表侵蚀、鼠洞、砂砾石覆盖状况。②产草量指标。按产草量对放牧草地分级评价，分级指标见“草地等级评价”。③坡度。细分各放牧地块的草地坡度，坡度越小越好。④适宜放牧季节数。优劣排序为：适合四季放牧利用，能放牧利用三季，能放牧利用二季，只能放牧一季。⑤水源距离。在最大放牧半径允许范围内，距最近饮水水源的距离越近越好。

8.2.5 草地营养评价

草地营养受草地饲用植物的种类、牧草的生育期、生境条件、特别是土壤养分状况的影响。草地营养评价通常是指草地大部分饲用植物处在开花、现蕾初期时，对草地饲用植物群体的营养成分含量的测定与评价。

8.2.5.1 草地营养评价的主要内容

草地营养评价对象为草地类型(取其定名的草地群落为代表，下同)全部饲用植物混合样。送测的草地调查样方饲用植物混合样，其各种饲用植物的组成比例应与植被调查样方中的植物组成比例保持一致。送测的混合样，最好是在做草地植被群落调查时设置的样方内所采的样本，这样可保证送测化学营养成分化验的样品与植被群落描述、测定的数据来自同一个样方，各种植物组成比例一致。

草地营养评价有三项主要内容：①草地类型混合样化学营养成分含量的测定、总营养物质的计算；②草地类型混合样总能和消化能的计算；③草地类型混合样营养比的计算与草地营养类型的划分。

此外，有特殊要求的少数草地类型和人工草地，需要进行氨基酸和微量元素含量的测定。

8.2.5.2 草地类型化学营养成分含量的测定与评价

1. 草地类型可食草营养成分含量的测定

(1) 常规化学营养成分的测定。必须分析草地类型可食牧草混合样本的常规化学营养成分，分析项目为粗蛋白质、粗脂肪、粗纤维、无氮浸出物、粗灰分、磷、钙和水分 8 项。

①草地类型可食牧草混合样的有机物质营养总量＝粗蛋白质(%)＋粗纤维(%)＋无氮浸出物(%)＋粗脂肪(%)×2.4。

②草地类型可食牧草粗蛋白质含量越高、草地品质越好。评价指标为：

高蛋白质草地：草地类型粗蛋白质含量＞13%；

中蛋白质草地：草地类型粗蛋白质含量 10%～13%；

低蛋白质草地：草地类型粗蛋白质含量＜10%。

③天然草地类型可食牧草粗纤维含量一般为 25%～56%。评价指标为：

低粗纤维草地：草地类型粗纤维含量＜30%；

中粗纤维草地：草地类型粗纤维含量 30%～33%；

高粗纤维草地：草地类型粗纤维含量＞33%。

草地类型各种饲用植物群体粗蛋白质和粗纤维的含量，是评定草地营养成分的最主要指标。粗纤维含量越低，则无氮浸出物含量越高，消化率越高，其草地品质优良。粗纤维含量越高，则无氮浸出物含量越低、消化率越低、草地品质低下。

④草地类型粗脂肪含量一般为1.5%～4.5%之间，草地粗灰分、磷、钙的含量不高，通常不用它们的单项指标进行草地类型的营养评价。

(2) 草地类型牧草氨基酸含量的测定。我国有的动物饲养标准含有必需氨基酸需求量的规定，但还没有牧草氨基酸含量的分级标准。目前，我国只有极少数天然草地和少数改良草地的牧草进行过氨基酸测定和评价。

(3) 草地类型牧草微量元素含量的测定。目前仅仅在已经发现家畜微元素缺乏病的地区，或施用微量元素肥料增加草地产草量特别显著的地区，有目的、选择小范围的草地类型和人工草地群落，进行微量元素的分析与评价。

2. 草地类型营养含量评价

世界各国都将草地牧草所含营养成分的种类和数量多少，作为草地饲用评价的重要指标。20世纪80年代进行的全国统一草地资源调查，做了大量的天然草地饲用植物和草群混合样品的营养成分分析，为中国草地营养评价奠定了基础。根据该次调查各省大量的草地类型营养含量分析结果，在《中国草地资源》书中[11]，提出了中国天然草地营养物质含量评价规定，如表8.2.8所示。

表8.2.8 中国草地营养物质含量评价标准 %

营养成分	中国草地营养物质含量全距	高含量组	中含量组	低含量组
粗蛋白质	3.35～15.60	>13	10.0～13.0	<10
粗纤维	25.1～56.69	>33.0	30.0～33.0	<30.0
无氮浸出物	29.09～49.23	>44.0	44.0～37.0	<37.0
粗灰分	6.19～19.53	>12.0	12.0～8.0	<8.0
钙	0.23～2.8	>1.20	0.5～1.2	<0.5
磷	0.03～0.29	>0.20	0.20～0.17	<0.17

8.2.5.3 草地类型混合饲用植物的能量评价

现代家畜营养学，已普遍采用各种能量单位评价饲草料的营养价值。草地类型的能量评价，以草地牧草营养物质测定与评价为基础，在完成草地类型饲用植物群体混合样营养成分测定后，进行草地总能(GE)、消化能(DE)、代谢能(ME)的计算和评价。采用的计算方法、计算公式与计算参数，与前已述及的8.1.3.4草地牧草的总能、消化能和代谢能计算中的计算、评价方法相同。

8.2.5.4 草地营养类型的划分

1. 目的意义

草地营养类型是指草地群落之主要牧草在营养期、花果期的含氮物质(粗蛋白质)与无氮物质(包括粗脂肪、粗纤维、无氮浸出物)和灰分的数量组合关系，即在不同灰分含量的背景下，草地牧草含氮物质和无氮物质含量之营养比。草地营养类型，可以用于指导草地畜种的合理配置。依据草地营养含量的特点，科学安排最适利用畜种，合理、有效地为家畜提供所需要各种营养物质，提高草地养畜效益。

已有的调查资料表明，氮碳营养比大于 1∶12 的宽比草地，无氮浸出物含量高，适宜养乳用牛，而中比(1∶(6.1～12))和窄比(1∶(4.4～6.0))草地，则由于粗蛋白质含量较高，适于发展肉牛、毛用羊和耐力持久的乘挽马。

2. 划分草地营养类型的原则

(1) 以草地型为基本评价单位。草地型是指主要层(饲用植物层)的优势种相同、生境条件相似、利用方式一致的草地。草地型是草地利用和改良的基本单位，同一草地型的草群营养成分含量基本相同或相近。所以，以草地型为基本单位划分草地营养类型。

(2) 指标相对稳定。草地营养类型的划分指标必须相对稳定，否则，就失去了划分营养类型的作用。研究结果表明，草群氮碳营养比和粗灰分含量在花、果期变化不大，因而依据草地牧草在花、果期的营养比及粗灰分含量划分草地营养类型，可保证划分指标的相对稳定性。

3. 划分草地营养类型的方法

(1) 计算草地营养比。根据各草地型花、果期草群的营养成分，采用德国 K. Nhring 的营养比公式计算草地营养比。

$$营养比=碳物质/氮物质 =\frac{粗纤维+无氮浸出物+粗脂肪\times 2.4}{粗蛋白质}$$

(2) 划分草地营养类型的标准。根据草地型的营养比和粗灰分含量划分草地营养类型，其标准如表 8.2.9 所示。

表 8.2.9　草地营养类型的划分标准

营养比	灰分含量					
	<10%		10%～20%		>20%	
	营养类型	符号	营养类型	符号	营养类型	符号
1∶(1.5～4.5)	氮型	N	氮一灰分型	N—A	灰分一氮型	A—N
1∶(4.5～8.0)	氮碳型	NC	氮碳一灰分型	NC—A	灰分一氮碳型	A—NC
1∶(8.0～15.0)	碳氮型	CN	碳氮一灰分型	CN—A	灰一碳氮型	A—CN
1∶(15.0～30.0)	碳型	C	碳一灰分型	C—A	灰分一碳型	A—C

8.3　草地土壤评价

土壤是草地发生的必要条件，土壤类型左右着草地类型的形成和分布。土壤是草地植被的立地条件，影响草地植被的生长发育。土壤肥力制约草地牧草产量，土壤营养影响草地牧草的 P、Ca 和微量元素等营养成分含量，甚至导致草地家畜微量元素缺失、病变。土壤物理组成与结构，影响草地耐牧性，制约草地放牧利用，土壤中沙粒或砾石含量超过一定限度的草地，不宜用于放牧。草地土壤制约草地改良和人工草地建植，影响人工饲草料种植和产量。总之，对草地的评价，不能忽视草地生产、生态系统地下部分所依赖的土壤。

以下用西藏草地土壤评价为例，介绍草地土壤的评价内容和技术方法。

8.3.1 草地土壤评价因素及指标

天然草地土壤质地不易受人们的调控，草地牧草的可食性，多受生物因素的影响，与土壤性质和肥力关系不大。因此，草地土壤质量评价，除土壤因素外还须考虑土壤以外的评价因素。目前多以土壤、环境和生物三方面因素用作评价因子。现将草地土壤质量评价因子及其分级指标列于表 8.3.1。

表 8.3.1 西藏草地土壤质量评价因子的分级标准和评价指数*

评价因子			分级标准和评价指数					
			1	2	3	4	5	6
土壤因素	土壤有机质	含量/%	＞5.0	5.0～3.5	3.5～2.0	＜2.0		
		评价指数	12	9	6	3		
	土壤速效磷	含量/(μg/g)	＞10	10～5	＜5			
		评价指数	3	2	1			
	土壤草毡层	厚度/cm	＞12	12～6	5～1	0		
		评价指数	4	3	2	1		
	土壤盐渍性	有或无	非盐渍	盐渍				
		评价指数	0	－2				
	土壤侵蚀	强度	轻	中	强			
		评价指数	5	3	1			
环境因素	海拔高度	高度/m	＜3 800	3 800～4 200	4 200～4 600	4 600～5 000	＞5 000	
		评价指数	8	6	4	2	0	
	地面坡度	坡度/°	＜15	15～25	＞25			
		评价指数	5	3	1			
	距淡水源距离	距离/km	＜5	5～10	10～15	＞15	无淡水	
		评价指数	8	6	4	2	0	
生物因素	牧草鲜草产量	产量/(kg/亩)	＞250	250～201	200～151	150～101	100～50	＜50
		评价指数	12	10	8	6	4	2
	可食牧草比例	比例/%	＞90	90～81	80～71	70～60	＜60	
		评价指数	5	4	3	2	1	

* 本表除海拔高度和距淡水水源距离二项指标内容外，大部分内容根据李建平等《西藏自治区土壤资源》(1994 年科学出版社出版)P594 之表 18.1.1 改写。

8.3.1.1 **土壤因素**

根据调查资料，草地土壤的诸属性中，选择土壤有机质、速效磷、草毡层、盐渍性和侵蚀状况 5 项为评价因子，各自的分级标准见表 8.3.1。

(1) 土壤有机质含量。土壤有机质是土壤肥力的重要物质基础，并可综合反映土壤温度、水分和养分等诸肥力因素的协调情况。土壤的氮素营养和速效钾含量等与有机质含量密切相关。因此土壤有机质含量是土壤质量的重要标志之一。例如，产草量高的草甸土和亚高山草甸土，其有机质含量一般为 5%～6%，而产草量低的高山荒漠草原土，亚高山荒漠草原土和盐渍草原土等，土壤有机质含量均在 2%以下。但是，并非有机质含量愈高的土壤，其产草量就愈高，例如，高山草甸土、沼泽土等，土壤有机质含量可达 6%～10%或更高，但其生产力，反而不及草甸土和亚高山草甸土，这是因为它们受寒冻或水分过剩的影响，本来植物生长量低，只是由于有机质的分解作用缓慢，才在土壤积累多量有机质。将草地土壤有机质含量分为 4 级进行评价，含量分级标准及相关的评价指数见表 8.3.1。

(2) 土壤速效磷含量。西藏草地土壤的速效磷变化大，一般是不依赖于土壤有机质含量的相对独立因素，其中相当大面积的草地土壤速效磷含量较低，可单独成为牧草产量的限制因素。土壤速效磷含量分为高(>10 μg/g)、中(5～10 μg/g)、低(<5 μg/g)3 级。

(3) 草毡层。草毡层是高寒半湿润气候条件下形成的特殊土壤发生层次。草毡层能提高草地抵御放牧践踏的能力，具有保护牧草再生的作用，因而是影响草地土壤生产力的一个重要因素。草毡层的作用与草毡层的厚度、紧密程度、覆盖地表的连续性有关。草毡层的厚度一般以 15 cm 为宜，分为以下 4 级：1 级，草毡层的厚度>12 cm，紧密而富弹性；2 级，草毡层厚度 6～12 cm，紧密，但有少量脱落；3 级，草毡层厚度<6 cm，或不连续；4 级，基本无草毡层发育。

(4) 土壤盐渍性。土壤盐渍化抑制牧草生长、影响草地土壤生产力的发挥。西藏高原盐土的盐化程度高，牧草难以生长，已归入难利用土壤之列。一般盐渍化土壤如盐化草甸土、碱化草甸土等，虽然牧草仍能生长，但产草量已不及正常土壤。但草地生产对土壤盐渍性的要求不如农耕地土壤严格，草地土壤分为非盐渍化和盐渍化 2 级。

(5) 土壤侵蚀。主要包括水蚀和风蚀。土壤侵蚀强度分为轻、中、强 3 级。轻度侵蚀：侵蚀面积<10%，地面无明显沟蚀现象，植被覆盖度 80%以上；中度侵蚀：侵蚀面积 10%～30%，地面有浅侵蚀沟，植被覆盖度 50%～80%；强度侵蚀：侵蚀面积>30%，地面有 1 m 以上深度的沟侵，植被覆盖度<50%。

8.3.1.2 **环境因素**

在环境因素中，选择对草地的生产力和利用影响较大的海拔高度、地面坡度和淡水源状况为评价因子。

(1) 海拔高度。西藏地带性草地主要分布在海拔 2 500～5 000 m 范围内，垂直分布的高差达 2 400～2 800 m。海拔高度不仅决定草地的气候尤其是温度条件，同时在很大程度上影响草地利用的难易。海拔高度分为如下 5 级。

1 级：海拔高度小于 3 800 m，热带、亚热带和山地暖温带湿润型土壤，如山地黄壤、黄棕壤、棕壤。草地水、热条件好，西藏产草量最高的草地，草层高，大部分适合割草，草地改良、人工草地建植和人工饲草料种植条件优良。

2 级：海拔高度 3 800～4 200 m，山地温带半湿润型草地土壤，以山地淋溶土、山地棕壤、暗棕壤、褐土、山地林灌草甸土为主。草地水、热条件较好，草地产草量高，草质好，割草场比例大。很少有草地雪灾，具有较好的草地改良、饲草料种植和人工草地建植条件，适于发展现代化草地畜牧业。

3 级：海拔高度 4 200～4 600 m，草地土壤以亚高山草甸土和亚高山草原土为主，牧草种类成分较多，生长茂盛，产草量高，放牧季节较长，在水分条件较好的地带可以重点建设刈割草场和改良草场。

4 级：海拔 4 600～5 000 m，草地土壤以高山草原土和高山草甸土为主，牧草种类成分少，草层低矮，产草量不高，在高山草甸土分布区，由于土壤冻融作用强烈，草毡层易于剥落滑塌，致使耐牧性降低。

5 级：海拔高度 5 000 m 以上，寒冻作用强烈，垫状植物比例大，牧草低矮、稀疏，产草量甚低，地高路遥，天寒缺氧，人、畜生活困难，大多不宜放牧利用。

(2) 地面坡度。坡度是影响水土流失强度的重要因素之一。陡坡水土流失强，土层瘠薄，并影响放牧效益。石质土和粗骨土大多分布在陡坡上，已归入难利用土壤之列。现有永久性基本草地土壤的地面坡度一般＜45°。宜用草地的坡度划分为 3 级：＜15°，15°～25°和＞25°。

(3) 淡水源状况。淡水是放牧草地家畜的必要条件，无饮水源的草地，目前暂时不能利用。据访问调查资料，放牧牛羊一天内能够放牧的最远距离为 15 km 左右。在 15 km 范围内，有无足够的人、畜饮用淡水源，是能否用作冬季草场的重要条件。草地淡水源距离超过 15 km 的草地，即使其他条件都好，也只能用作临时放牧草场。按距淡水源的距离，将草地淡水源状况分为 5 级。1 级：＜5 km，适用于奶畜、接羔育幼草场；2 级：5～10 km，适用于牛羊冬春放牧场；3 级：10～15 km，马和育成畜冬春放牧场，或暖季放牧场；4 级：＞15 km，只能用做临时放牧场；5 级：无淡水区草地，评为难利用草地。

8.3.1.3 **生物因素**

牧草产量和可食牧草比例二项生物因素是草地土壤生产力的主要体现。故选作评价因子。

(1) 牧草产量。西藏天然草地基本上无经济投入，靠天养畜，靠地养畜，草地牧草产量与土壤质量优劣存在较强的相关性，因而是反映土壤生产力水平的主要标志[7]。据各类草地土壤的牧草测产资料，西藏自治区草地每亩鲜草产量的最高值为 300 kg 左右，最低值不足 30 kg。据此，将每亩草地鲜草产量分为如下 6 级。1 级：＞250 kg；2 级：201～250 kg；3 级：151～200 kg；4 级：101～150 kg；5 级：50～100 kg；6 级：＜50 kg。

(2) 可食牧草的比例。体现草地的利用价值，也反映草地土壤退化情况，是退化草地评估的重要指标之一，严重退化草地，可食牧草比例下降，不可食和毒草比例上升。依据可食牧草种类成分占整个草群植物种类的比例，划分为如下 5 级。1 级：＞90％；2 级：80％～90％；3 级：70％～80％；4 级：60％～70％；5 级＜60％。

8.3.2 草地土壤质量评价

8.3.2.1 **草地土壤质量等的评价因素**

表 8.3.1 西藏草地土壤质量评价因素和指标中，所用的 10 个评价项目和参评因子，都是影响或反映草地土壤质量的主要因素。但是它们对重要性的贡献互不相同，因此赋予各个评价因素不同的评价指数，相当于权重指数。10 个草地土壤质量评价项目的总指数之和为 61，其中土壤因素为 26，约占 43％；环境因素为 18，约占 29％；生物因素为 17，约占 28％。再按规定

的评级指数范围，评价每个项目的等级。在此基础上，对西藏草地的各种土壤类型(亚类)逐一进行质量评定，求得每类土壤10个评价项目的指数和。指数和越大的土壤，其质量越好。据此将西藏草地土壤评定为5个质量等，见表8.3.2[12]。评价土壤等的指数和规定如下：一等土壤的指数和＞55；二等土壤为45～54，三等土壤为35～44，四等土壤为25～34，五等土壤的指数和＜25。

表 8.3.2 西藏草地土壤质量等的评定标准

评价因子		各土壤质量等的指数范围				
		一等	二等	三等	四等	五等
土壤因素	土壤有机质	12	12～6	12～3	9～3	9～3
	土壤速效磷	3～2	3～1	3～1	4～1	3～1
土壤因素	土体草毡层	4	4	4～1	2～1	2～1
	土壤盐渍性	0	0,－2	0,－2	0,－2	0
	土壤侵蚀	5	5	5～1	3～1	1
环境因素	海拔高度	5	5～3	5～3	5～0	5～0
	地面坡度	5	5～3	5～1	3～1	3～1
	淡水源距离	8	8～4	8～4	8～4	4～0
生物因素	牧草产量	12	12～8	10～6	8～2	4～2
	可食牧草比例	5～2	5～1	5～1	5～1	5～3
评价指数和		59～57	54～45	44～35	34～25	24～18

8.3.2.2 **草地土壤质量等的评价**

表8.3.2中评定的西藏自治区草地土壤资源5个质量等，各等土壤质量分别评述如下：

1. 一等草地土壤

一等草地土壤的主要类型为草甸土、沼泽土和亚高山草甸土。地面坡度低于5°，基本无侵蚀，有紧密的草毡层，土壤肥力较高，平均每公顷鲜草产量3 750 kg以上，生长优质禾草、小嵩草和大嵩草，是西藏主要的接羔育幼草场。

2. 二等草地土壤

二等草地土壤的主要类型为亚高山草甸土和高山草甸土，部分草甸土和沼泽土。地面坡度在5°～15°之间，有少量水蚀或盐化现象，草毡层发育良好，土壤肥力较高，平均每公顷鲜草产量2 250～3 750 kg，为西藏上等冬春放牧草场。

3. 三等草场土壤

三等草地土壤面积最大的是高山草甸土和亚高山草甸土，其次为少量草甸土、亚高山草原土和褐土。地面坡度一般＞15°，大多有草毡层发育，受低温、盐化等因素影响，部分土壤有中度侵蚀，平均每公顷产鲜草1 500～2 250 kg，牧草利用率相对较低，以暖季放牧利用为主。

4. 四等草地土壤

四等草地土壤以高山草原土为主，还有部分高山草甸土、亚高山草原土、褐土和山地灌丛草原土。其地面坡度大小不等，一般无草毡层发育，土壤侵蚀较强，土壤有机质含量明显低于前三等土壤,有效磷多在 8 μg/g 以下,平均每公顷鲜草产量 750～1 500 kg,适于冷季放牧的面积占 1/3 左右,2/3 为暖季放牧草场。

5. 五等草地土壤

五等草地土壤的主要类型为高山草原土、高山荒漠草原土和亚高山荒漠草原土。其中无人区缺水草场的土壤面积占 45%,土壤多干旱、低温,土壤侵蚀较重,牧用效益极低,平均每公顷产鲜草一般在 750 kg 以下。

8.3.3 草地土壤营养物质含量评价

8.3.3.1 土壤有机质和氮、磷、钾含量

草地牧草生长的必须养分,除碳、氮、氧来自大气外,其他元素都从土壤中吸取。用 20 世纪 80 年代全国草地资源调查获得的草地产草量数据和载畜能力资料,与草地土壤养分测定资料对比分析[13],结果显示:

(1) 土壤有机质和全氮含量的多少,直接影响草地的产草量,从而间接地影响草地载畜能力。草地 0～20 cm 土层,土壤有机质和全氮含量越高,则草地产草量和载畜能力越高。

(2) 土壤中磷的含量与北方草原产草量恰恰存在着反比关系,即土壤中磷含量越高,草地产草量越低[11]。这是因为土壤中磷元素大部分是以迟效性状态存在,而且土壤中有效磷含量和全磷含量并不成正比关系。我国北方大多数草地土壤类型不缺磷,南方的热性草丛、热性灌草丛和干热稀树灌草丛的草地红壤、黄壤缺磷。在热带、亚热带地区改良天然草地和建植人工草地时,应特别注意补充土壤磷素,需要施用磷肥或种子包裹磷肥丸衣。

(3) 土壤中的钾素可分为三部分,其一是植物难以利用的钾;其二是缓效性钾,占全钾的 2%左右;其三是速效性钾。速效性钾含量是各类草地供钾水平的标志,以亚热带、热带的热性草丛和灌草丛草地供钾水平最低。一般来讲,我国各类草地土壤都不缺钾,但钾对豆科牧草肥效特别敏感,因此在建立人工草地时,应注意增加土壤中的钾素。

(4) 草地土壤常规营养含量分级。表 8.3.1 列出了西藏天然草地土壤有机质、速效磷的含量,其中有机质含量很高,而速效磷含量很低,符合西藏天然草地土壤,尤其是高寒草甸土和亚高山草甸土的实际含量。但对于全国而言,特别是对于饲料地和人工草地而言,表 8.3.1 中的土壤有机质含量指标应降低,而速效磷含量指标应提高。人工草地建植、饲草料种植、天然草地施肥改良,离不开草地土壤常规营养含量的评价。从草地农业角度出发,草地土壤养分含量分级见表 8.3.3。

表 8.3.3 草地土壤养分含量分级表

级别	有机质/%	全氮/%	速效磷/(mg/g)	速效钾/(μg/g)
丰富	>4	>0.2	>40	>200
丰	3～4	0.15～0.2	20～40	150～200
适中	2～3	0.1～0.15	10～19	100～149
缺	1～2	0.075～0.1	4～9	50～99
很缺	<1	<0.075	<4	<50

8.3.3.2 **草地土壤中微量元素含量**

土壤微量元素是指土壤中含量极少，而对草地植物、家畜生长发育又不可或缺的一些化学元素。草地植物直接从土壤中吸取微量元素，而家畜采食草地上的饲用植物，间接地从土壤中获取微量元素。草地土壤中缺少某种或几种微量元素时，会导致草地植物生长发育不良，甚至引发家畜某种微量元素的缺乏症或机能紊乱、生产力下降。在微量元素缺乏地区，施用微量元素肥料，牧草产量可以获得明显增产。草地土壤有效微量元素含量分级见表 8.3.4。

表 8.3.4 草地土壤有效微量元素含量分级表*

μg/g

分级	硼	钼	锰	锌	铜	铁
丰富	＞2.0	＞0.3	＞30	＞3.0	＞1.8	＞20
多	1.1～2.0	0.21～0.3	16～30	1.1～3.0	1.1～1.8	11～20
适中	0.51～1.0	0.16～0.2	5.1～15	0.51～1.0	0.21～1.0	4.6～10.0
少	0.21～0.5	0.11～0.15	1.1～5.0	0.31～0.5	0.11～0.2	2.6～4.5
贫乏	＜0.2	＜0.1	＜1.0	＜0.3	＜0.1	＜2.5

* 本表由全国土壤普查办公室编著，农业出版社 1992 年出版的《中国土壤普查技术》111 页表 6.1 改编。

8.3.4 暂不宜被畜牧业利用的土壤

暂不宜被畜牧业利用的主要土壤类型有：风沙土、新积土、粗骨土、石质土、高山荒漠土、高山寒漠土、原始高山草甸土。

(1) 风沙土。指风成沙性母质上发育起来的土壤，其沙层厚度多在 2.0 m 以上。

(2) 新积土。新近流水沉积物发育的一类幼年性土壤，植物生长稀疏，尚未形成稳定的植物群落。

(3) 粗骨土。是在山地陡坡上发育的一类幼年性土壤，土层浅薄，养分含量很低，植被稀疏。

(4) 石质土。石质山地上处于原始发育阶段的一种薄层山地土壤，土层极薄，植被生长稀疏低矮，没有畜牧业利用价值。

(5) 高山荒漠土。在海拔 4 900 m 以上高原亚寒带，干旱严酷条件下形成的一种贫瘠的土壤。高山荒漠植被，植被稀疏、单调，产草量极低。20 多 hm^2 才能承载一个羊单位。几乎没有畜牧业利用价值。

(6) 高山寒漠土。高山冰缘地带的原始土壤，是分布位置最高的高山土壤，上接永久高山冰雪带。生长稀疏垫状植物，没有畜牧业利用价值。

(7) 原始高山草甸土。高山草甸土与高山寒漠土交接地带的过渡性土壤，海拔多在 5 000～5 200 m 以上，成土母质为寒冻风化物或冰碛物。高山草甸植被，覆盖度一般＜30%，植物低矮、根系浅，草皮层容易呈块状滑脱。

8.4 宜牧土地资源评价

宜牧土地资源为适宜经营畜牧业的土地资源。

土地的适宜性，只有相对于特定的土地利用状况才有意义。很多类型的土地有多宜性。

土地评价，必须对适合一种以上的多种土地利用形式进行比较，比较每一种土地利用形式下的生产价值和成本，从中获取最适利用方式。

很多土地宜农、宜林、也宜牧，在适宜发展农林牧生产的土地中，将利用限制性最低，既宜牧，但也宜农、宜林而不用作农林业生产的土地，评定为宜牧土地。宜牧土地包括天然草地、改良草地、人工草地和不宜种植农作物但适宜种植人工饲草料的饲料地。

8.4.1 土地适宜性评价分类概述

目前，国际上土地资源评价分类主要流行三种方法体系。一是联合国粮农组织制定的《土地评价纲要》；二是美国制定的《土地利用能力分级》；三是前苏联制定的《苏联土地生产—发生分类方案》。

联合国粮农组织制定的土地评价分类体系，是把土地制图单元与一定的土地利用方式联系起来，根据土地属性来确定土地适宜性能和土地质量，进而按土地质量进行土地利用方式评价和土地评级。这一分类系统划分为四级：第一级土地适宜纲，为最高级，划分为适宜土地和非适宜土地两类；第二级土地适宜级，以适宜性（利用性能）特征指标进行分类；第三级土地质量等，按土地利用条件进行评等；第四级土地限制型，为最低级，按利用的限制因素分类。联合国粮农组织制定的这一土地评价分类体系，得到比较广泛的采纳。

美国的土地利用能力分级，按照适于农业生产的土地生产能力和土地制限性进行划分。这一土地资源评价分类体系，比较适用于集约化程度高的农业土地评价，在土地适宜性能的评价方面，有所不足。

前苏联土地生产—发生分类方案，主要依据土壤评价分级资料，结合土地最佳利用方式进行分类。这一土地评价分类体系，要求以掌握比较科学的土壤调查资料为前提，有一定局限性。

我国土地适宜类分类，采用土地适宜性指标划分。土地适宜性指标，是依据生产目的所要求的土地条件，在满足生产目的要求的前提下，土地的适宜性及利用可能性指标。现行的土地适宜性分类，只根据目前的土地条件和利用可能性，通过比较、分析，把每个土地单元归入所适合的土地适宜性等级中[14]。这种分类有助于对当前的土地利用规划、决策提供参考，同时也有利于为土地改造、利用措施的制定，提供局部或区域性建议。

土地适宜类在地域分布上具有重复性，很多区域都有宜农、宜林、宜牧土地的分布。土地具有多宜性，同一种土地可能适于多种用途。因此，土地适宜类划分有必要从需要目的、生产量的经济价值、生态效益等多方面进行分析，依据利用目的去选择适宜的土地，依据土地条件确定其合理利用方向。土地适宜性分类的基本原则为：

（1）主宜性原则。以获得土地最大经济效益、生态效益和社会效益的主导适宜性进行划分；

（2）主导因素和综合因素相结合的原则。既考虑主导因素对土地质量的作用，又考虑各因素间相互联系而产生的影响；

（3）区域差异性原则。将区域自然条件差异、社会经济和生产水平的差异性作为评价的参考因素。

土地适宜类是土地利用的最佳形式。从农、林、牧业的生产及其相互联系出发，土地评价中把土地划分为宜农、宜林、宜牧和暂不宜农林牧 4 种土地类。宜农地指适宜于种植业的已有耕地和可在近期开垦的农耕地；宜林地指已有的森林、灌木林和可以生长林木（乔木和灌木）的土地;宜牧地指可用于畜牧业生产的天然草地、改良草地、人工草地和适宜种植人工饲草料的饲料地;暂不宜农林牧地,指在当前科技水平和投入水平的情况下,暂不宜用于发展农林牧业生产的土地。

土地适宜类按土地适宜性的优先顺序进行划分。在大多数情况下,宜农土地为既宜农,也宜林、也宜牧的土地,宜林土地为既宜林又宜牧的土地,而宜牧土地的多宜性则较差。

下面以西藏自治区宜牧土地资源评价为例,介绍宜牧土地资源评价技术。

8.4.2 土地评价控制区

在自然条件复杂多样、区内不同地段土地特点和生产条件存在较大差异的地区,为充分反映区域土地适宜性差异,需要按差异小区域进行土地评价。为此,需要划分若干有差异的土地评价控制区,并制定以自然地域差异和综合自然区划为基础的土地评价控制区指标体系。

西藏自治区地域辽阔,跨越从热带、亚热带直到高原寒带多种热量带,从东南部年降水量1 000 mm以上的湿润区,向西北逐步过渡到年降水量<50 mm以下的极干旱区,不同区域的农、林、牧各业生产条件差异巨大。需要在土地差异和自然条件差异较大的区域,按差异区域进行土地评价,制定能反映区域差异、符合当地实际的土地适宜类、土地质量等、土地限制型的划分指标。

西藏土地资源评价指标,主要包括区域最热月均温(℃)、年均降水量(mm)、年均相对湿度(%)、干燥度、年均径流深度(mm)、作物耕作制与土地利用、主要土壤类型和土壤区、主要植被类型和所处的自然地带等指标[14]。按此指标体系,将西藏划分为六个土地评价指标控制区。分别为一区:喜马拉雅南麓暖热常绿阔叶林区;二区:藏东三江中游针叶林区;三区:藏南雅鲁藏布江中上游亚高山灌丛草原区;四区:藏东北怒江上游亚高山草甸区;五区:藏北高原宽谷高山草甸区;六区:藏北高原湖盆高山草原区。各控制区控制指标列于表8.4.1。

表8.4.1 西藏自治区土地评价指标控制区概况表*

项目	一区	二区	三区	四区	五区	六区
最热月均温/℃	18～25	12～18	10～16	10～14	6～12	6～10
年降水量/mm	800～4 000	500～1 000	300～500	500～700	400～700	150～300
年相对湿度/%	65～80	50～65	40～50	50～65	50～80	40～50
干燥度/度	<10	0.3～1.5	1.6～4.0	1.0～2.5	1.0～1.5	2.0～8.0
年径流深度/mm	1 000	350～600	100～250	200～400	250～350	10～50
农作物种植熟制和土地利用	农业一年两作或三作,可种水稻、甘蔗、柑橘、油桐和茶树,热带森林	农业一年两作或一作,可种小麦、青稞等,苹果等温带水果,温带森林,主要树种云杉、松、栎	农业一年一作,青稞、小麦、油菜等,山地灌丛林,干旱草原,阴坡亚高山草甸和高山草甸	农业一年一作,青稞、油菜,亚高山草甸、亚高山灌丛草甸	无种植农业、无经营性林业、天然草地辽阔,西藏的主要牧区,以放牧牦牛为主	无农业种植、无经营性林业、天然草地辽阔,西藏的主要牧区,南部牦牛为主,北部藏羊为主,西北部未利用

续表 8.4.1

项目	一区	二区	三区	四区	五区	六区
主要土壤类型和土壤区	山地红壤、黄壤、黄棕壤，山地热带、亚热带土壤区	褐土和棕壤，高原暖温带土壤区	亚高山灌丛草原土，小面积高山草原土，高原温暖、半干旱土壤区	亚高山灌丛草甸土、亚高山草甸土、高原温凉半湿润土壤区	高山草甸土、沼泽土、高原亚寒带半湿润土壤区	高山草原土、高山荒漠草原土、沼泽土，亚寒带干旱土壤区
主要植被类型	常绿阔叶林，山地垂直带有针阔混交林，林线以上高山草甸	云杉、松、栎等针阔混交林，林线以上高山草甸	亚高山灌丛草原和高山草原	圆柏疏林，亚高山灌丛草甸、亚高山草甸	高山草甸沼泽草甸	高寒草原、高寒荒漠草原
自然地理带	喜马拉雅山南麓、暖热常绿阔叶林带	藏东三江中游针叶林带	雅鲁藏布江中上游亚高山灌丛草原带	怒江上游亚高山草甸带	藏北怒江、拉萨河河源高山草甸带	藏北高原高山草原、高山荒漠草原带

* 西藏自治区土地评价指标控制区，根据张天增、林大武主编，1994 年科学出版社出版的《西藏自治区土地资源评价》第 53 页表 3.3 改写。

8.4.3 宜牧土地适宜类

8.4.3.1 宜牧土地适宜类主要划分指标

宜牧土地适宜类主要划分指标有海拔高度、地形坡度、草地植被覆盖度、牧草利用率、牧草鲜草产量、牧道状况、距水源距离状况、土壤砂粒含量和砾石含量等。需要通过调查和分析，在不同控制区，针对区域差异，制定宜牧土地适宜类划分标准。西藏自治区各控制区内宜牧土地类划分的基本指标如表 8.4.2 所示。

表 8.4.2 西藏各控制区内宜牧土地类划分指标

指标 控制区	海拔 高度/m	坡度 /°	0～10 cm 土层砂粒量 /%	牧草产量 （鲜草）/ （kg/hm²）	可食牧草 比例 /%	植被 覆盖度 /%	距淡水源 距离 /km	牧道
Ⅰ	＜4 900	＜40	＜70	＞750	＞30	＞30	＜10	有
Ⅱ	＜5 100	＜40	＜70	＞450	＞30	＞30	＜10	有
Ⅲ	＜5 200	＜40	＜80	＞450	＞30	＞15	＜15	有
Ⅳ	＜5 200	＜40	＜70	＞450	＞30	＞30	＜15	有
Ⅴ	＜5 300	＜45	＜70	＞450	＞30	＞30	＜15	有
Ⅵ	＜5 300	＜45	＜60	＞300	＞30	＞10	＜15	有

超过表 8.4.2 所示宜牧土地类划分指标之外的草地，为不宜牧草地。对不宜牧天然草地的划分指标，说明如下。

(1) 海拔高度。分布于下述高海拔区的草地不宜牧：一区（喜马拉雅南麓暖热常绿阔叶林区）海拔高度 4 900 m 以上的草地；二区（藏东三江中游针叶林区）海拔高度 5 100 m 以上的草地；三区（藏南雅鲁藏布江中上游亚高山灌丛草原区）和四区（藏东北怒江上游亚高山草甸区）海拔高度 5 200 m 以上的草地；五区（藏北高原宽谷高山草甸区）和六区（藏北高原湖盆高山草原区）海拔高度 5 300 m 以上的草地。以上海拔高度的草地，均为接近高山稀疏垫状植被或高山风化带、冻融带的低质草地，多为原始高山草甸，粗骨质土壤，草皮层易脱落，或为高山稀疏草原，植被低矮稀疏不具备永久放牧草地的条件，只能偶尔用作暖季临时放牧场。

(2) 地形坡度。草地坡度＞40°，放牧易引起水土流失，放牧牲畜易发生摔伤、摔死事故，怀孕母畜易流产。坡度太陡，难以开展割草作业，特别是机械刈割作业。因此，坡度＞40°的草地，通常不用作永久性放牧场或割草场，亦不宜用作饲料种植用地、不宜用于建植人工草地。

(3) 土地表层(0～10 cm)砂粒含量。草地表层土壤砂粒含量，是制约草地放牧的重要因素。表层土壤(0～10 cm)结构组成中，含砂量高，耐践踏力则低，放牧家畜的轻微蹄蚀，即可引起草地沙化。藏北高原湖盆高山草原区，土壤多为高山草原土、荒漠草原土或高山寒漠土，含沙量高，缺乏草毡层，气候干旱，易沙化。该区的山羊，在放牧畜群中的比例高于其他区域，山羊对草地啃食、蹄蚀破坏最重。所以，要求草地表层土壤的砂粒含量，比其他区域低。

(4) 草地牧草鲜草产量。喜马拉雅南麓暖热常绿阔叶林区水、热条件好，要求用作宜牧地的草地产草量高；藏北高原湖盆高山草原区水、热条件差，应放低用作宜牧地的草地产草量指标。

(5) 草地可食牧草比例。要求用作宜牧地的草地，其可食牧草比例应大于 30%。若草地中不可食草和毒害草比例大于 70%，草地的畜牧业利用价值很低，不宜用作宜牧地。

(6) 草地植被覆盖度。要求用作宜牧地的草地，具有一定的植被覆盖度。过于稀疏的草地，不宜放牧，更不宜割草。藏北高原湖盆高山草原区植被覆盖度＜10%的草地、藏南雅鲁藏布江中上游亚高山灌丛草原区植被覆盖度＜15%的草地、其他各区植被覆盖度＜30%的草地，不宜评为宜牧土地。

(7) 距饮用水源的距离。牛羊的放牧半径最大为 15 km，换言之，用作放牧牛羊的放牧草场，其距饮用水源的最远距离为 15 km(马和骆驼的饮用水源可以在 15 km 以外)。饮水源距离超过 15 km 的草地，评为缺水草地，不宜用作永久性放牧草地。喜马拉雅南麓暖热常绿阔叶林区和藏东三江中游针叶林区，草地多分布于山地，放牧家畜饮水要走山路。据调查，驱赶行走山路的放牧牛羊，其饮用水源的最远距离为 10 km 。

(8) 牧道。用作宜牧土地的天然草地，拟用作人工草地或饲料地的土地，都必须有道路，缺乏牧道的草地，人、畜难以进入，暂不宜利用。

8.4.3.2 宜牧土地适宜类其他划分指标

除按表 8.4.2 宜牧土地适宜类主要指标评出的不宜牧土地外，暂不宜牧土地类还应包括下述土地类型：

(1) 裸岩砾石坡和砾石滩地[15]。土地中裸岩砾石地面积占土地总面积的 70%以上。

(2) 风沙地[16]。土地中，表层为沙层覆盖、植被覆盖度在5%～15%以下的土地面积，占土地总面积的70%以上。

(3) 盐碱地。土地中无植被覆盖的盐碱斑面积占土地总面积的70%以上。

(4) 高寒稀疏垫状植被[17]。介于雪线与高寒草地或高寒灌丛植被带之间的土地，生长着由适冰雪植物组成的稀疏植被或垫状植被。

(5) 高寒荒漠草地[18]。发育于高山或高原寒带、亚寒带寒冷干旱区，由极稀疏、低矮超旱生植物组成的草地，畜牧业利用价值极低。

(6) 后备草地。缺淡水源或草地质量很低的草地，暂不宜用作永久性放牧地，亦不能用于割草的草地。

8.4.3.3 **暂不宜牧土地类**

在宜牧土地类评价中，当草地土壤侵蚀和过度放牧程度达到极强度级时，此类草地评为暂不宜牧土地类。

此外，按土地利用现状调查规定的土地分类系统衡量，冰川地、永久积雪地、水面(湖泊、河流)、道路、居民点用地，显然都不是宜牧土地。

8.4.4 宜牧土地质量等

土地质量等是土地适宜类的续分单位，反映现有条件下土地生产能力的高低。它是在土地适宜类范围内，按土地质量条件和土地宜牧利用适宜程度的进一步划分，反映各种土地形成因素综合影响下的土地生产潜力的差别。

8.4.4.1 **制约土地质量等的评价因素**

评定土地质量等，是针对土地的某一利用方式，评价其与这一利用方式密切相关的各种土地因素的优劣。评价指标为土地利用的限制因素及限制强度，同时参考目前土地的生产能力水平。影响土地质量的因素很多。首先，影响土地质量的限制因素随利用方式而异；其次，不同因素的影响程度有一定的差别；影响土地质量的同一因素在不同区域的影响强度也有大小之分。鉴于上述原因，宜牧土地质量等的划分指标，应包括制约土地质量的主导因素指标、从属因素指标，以及各制约因素影响程度强弱的指标。

宜牧土地质量等评定，将最能影响生产能力的限制因素温度、水分和地形条件列为主导因素，将土壤条件、地表状况列为参考因素(或称从属因素、次要因素)。主导因素与次要因素的位置排列关系，不是永久不变。就一般规律而言，主导因素比次要因素对土地质量的影响更突出。但有些地区，也有次要因素成为土地质量的重要限制因素。为使宜牧土地质量等的评定更合理、更直观，西藏宜牧土地质量等的评价，对一些限制因素指标进行了适当调整。如水分指标，对宜农地评价时用灌溉条件，而对宜牧地评价时用降水量；又如温度指标，对宜农地评价时用保熟程度，而对宜牧地评价时用海拔高度。即用降水量和海拔高度的差异，来说明限制因素对宜牧土地质量等的影响强度。

8.4.4.2 **宜牧土地质量等的评价指标**

西藏宜牧土地质量等划分指标如表8.4.3所示。

表 8.4.3 西藏宜牧土地质量等的划分指标

土地等	限制强度	主导限制因素				参考限制因素		
		地区	海拔高度/m	年均降水量/mm	地形坡度/°	土层厚度/cm	土壤侵蚀/%	过牧状况
Ⅰ	无限制	低海拔区	＜3 800	＞500	＜5	＞60	＜2	无
Ⅱ	弱限制	东南部*	3 800～4 000	400～500	5～15	30～60	2～5	轻度以下
		西北部	3 800～4 200					
Ⅲ	中度限制	东南部	4 000～4 600	300～400	15～30	15～30	5～10	中度以下
		西北部	4 200～4 900					
Ⅳ	强度限制	东南部	＞4 600	＜300	＞30	＜15	＞10	中度或重度
		西北部	＞4 900					

* 东南部包括：一区，喜马拉雅南麓暖热常绿阔叶林区；二区，藏东三江中游针叶林区；三区，藏南雅鲁藏布江中上游亚高山灌丛草原区；四区，藏东北怒江上游亚高山草甸区。西北部包括：五区，藏北高原宽谷高山草甸区；六区，藏北高原湖盆高山草原区。

8.4.4.3 宜牧土地质量等评定方法与步骤

宜牧土地质量等，按土地各因素条件组合的优劣程度进行划分，具体方法与步骤如下：

(1) 按表 8.4.3 所列宜牧土地质量等参数规定，把主导限制因素强度档次每个级别差，记作系数 1，把次要的参考限制因素强度档次每个级别差，记作系数 0.5。

(2) 比较所评定相应等级各种土地条件的系数差，并将各系数差累加。

(3) 凡差别累加值≥1.5 时，均作降一等处理；凡差别累加值≥3 时，则作降两等处理；依此类推。

(4) 参照目前宜牧土地实际生产水平的高低，与依据上述宜牧土地质量等划分指标划分的结果，进行对比分析。西藏宜牧土地质量等级评价应参考的宜牧土地生产力指标，见表 8.4.4。最后依据局部地域差别，对划分的级别做适当的调整，将按产量指标划分的 6 等，调整为按宜牧土地质量限制强度的 4 等。

表 8.4.4 评定西藏宜牧土地质量等级的生产力参考指标

宜牧土地质量等	鲜草产量/(kg/hm^2)
Ⅰ	＞3 750
Ⅱ	3 001～3 750
Ⅲ	2 251～3 000
Ⅳ	1 501～2 250
Ⅴ	751～1 500
Ⅵ	≤750

8.4.5 宜牧土地限制型

宜牧土地限制型是最低级宜牧土地分类单位，反映影响宜牧土地质量的主导限制因素。

宜牧土地限制型在同一宜牧土地等级范围内划分，依据主导限制因素和其他限制因素进行划分。

宜牧土地限制型，按限制因素的分布区域，分为区域性限制型和局部地段限制型两类。前者为限制因素在评价区域内普遍存在，后者为限制因素仅在评价区域内的局部地区或某些地段存在。

（1）区域性限制型。有低温限制型、干旱限制型两种；

（2）局部地段限制型。有地表沙化限制型、土壤盐渍化限制型、地表侵蚀限制型、淡水源缺限制型、放牧过度限制型、坡度大限制型、土层薄限制型、土壤砾石多限制型、土壤有机质低限制型、地下水位高限制型、饲料地灌溉差限制型等。

应指出，宜牧土地可能受多种限制因素影响，在宜牧土地评价中，限制型的命名仅说明最突出的限制因素，且在这一限制因素解除后，将会显著提高宜牧土地生产力。

8.5 永久性禁牧草地的评定

8.5.1 目的意义

天然草地有其固有的利用适宜性和生态功能。我国天然草地面积广阔、类型多样，不同类草地的生产性能和利用特性差异明显。按草地的自然和经济属性，可将我国草地划分为畜牧业经营区、水土涵养区、野生动物繁衍区、草地自然保护区、无人区等功能区。除经营区草地允许放牧外，其他生态功能区草地，一律禁牧。停止向无人区边缘草地、生态脆弱区草地的扩张放牧行为，撤销无人区边缘和极干旱荒漠内的部分牧业点。

由于草地牲畜承载量持续增加和掠夺性经营，我国草地已严重超载过牧。据统计，自20世纪80年代以来至2002年，全国120个纯牧业县和146个半农半牧县，草原牧区人口增加33%，草地承载的牲畜头数增加了46%。另一方面，草地被垦，草地水资源被拦截等因素，已导致2 000多万 hm^2 草地消失，畜均占有的可利用草地面积由2 hm^2 减少到目前的1.46 hm^2，至2000年，草地超载48%[19]。草地持续超载过牧，得不到休养生息，致使产草量尤其是可食产草量逐年下降，草地植被覆盖度日渐降低，草地退化日益加重，最终植被消失，或成为黑土滩。已经失去放牧利用价值的严重退化草地，必须实行禁牧。

目前已不适宜继续放牧，却仍用于放牧的草地有：沙化、石质化、覆盖度很低的低质草场；严重的水土流失草地；由于气候持续干旱、风沙、洪涝、鼠虫害等自然因素，或过牧、人为损害等因素导致的严重退化草地，且短时期内（10年）难以恢复，需要禁牧。总之，为确保天然草地的生态安全，需要进行草地功能区划分调查，进行禁牧草地的调查和评定。

8.5.2 永久性禁牧草地的种类及评定标准

8.5.2.1 永久性难利用草地需禁牧

1. 无人区草地

我国无人区草地有三大块，分别分布于西藏自治区羌塘高原北部，青海省西南部的可可西里高原，西藏、新疆、青海三省区交界的昆仑山、阿尔金山地区。

(1) 藏北无人区草地。位居西藏西北部，俗称羌塘高原，面积 1 334 余万 hm^2。世界上海拔最高的高原草地，海拔高度多在 4 700 m 以上，年降水量自东南往西北由 120 mm 逐步减少到 50 mm 以下，植被稀疏，主要为高寒荒漠草原草地，东南部为典型高寒草原，西北部为高寒荒漠。多咸水湖，缺少人、畜饮用水，交通闭塞，区内没有人居住，没有人类经济活动。

(2) 青海省西南部可可西里高原无人区。位居玉树州曲麻莱、杂多、治多三县的西部，往西与西藏羌塘高原无人区接壤，面积很大，属于无人区。通过卫片判断，地表多岩石风化物，粗砂砾石、砂裸地，地表植被稀疏、低矮，零星分布在湖盆、河谷与山前洪积扇部位，有些为垫状植被，放牧价值不大。

(3) 西藏、新疆、青海三省区交界的昆仑山、阿尔金山地区。位于青藏高原、祁连山与新疆中亚荒漠交汇处，海拔高度>3 000 m，气候非常干旱，年降水量<100 mm，山体下部基本上无植被，往上随着海拔升高，蒸发量降低，开始出现山地荒漠植被，再往上出现山地荒漠草原，草地植被稀疏，缺少人、畜饮水，远离居民点，没有人类经济活动，属于无人区。

除上述三大块无人区外，新疆罗布泊地区、内蒙古阿拉善高原西部、甘肃河西走廊北边马鬃山西段亦属于无人区。

2. 难利用的低质草地

(1) 低质高寒荒漠类草地。分布于藏北高原的高原面及湖盆区，生产力极低，覆盖度<10%，利用条件恶劣。受高寒荒漠生物气候影响，在强烈冰川作用堆积及粗骨母质的自然条件限制，形成高寒荒漠化稀疏植被地带及高山荒漠土带。地势高，一般海拔 4 900～5 200 m，高寒干旱，生长垫状驼绒藜、驼绒藜为主的荒漠植被，放牧利用价值很低。

(2) 低质高寒草地。分布于高海拔的高山与高原，位居流石滩植被，稀疏垫状植被之下，固定的永久性高寒草地之上的低质草地。西藏阿里地区措勤县海拔 5 200～5 300 m 以上、那曲地区西部双湖办 5 200 m 以上的高海拔区草地，生产力低、不稳定、土层薄、粗骨土比例高，草皮易剥落，接近冰雪冻融地带，草地环境非常脆弱，耐牧性很差，不宜作为永久性放牧地。藏北高原"无人区"边缘的草地，其中那曲地区的双湖区、尼玛县有 200 多万 hm^2，阿里地区改则、日土县北部约有 115 余万 hm^2 荒草地，高寒干旱、环境恶劣，不宜放牧利用。

(3) 石砾地草地。按 20 世纪 80 年代全国草地调查规定，有两种植被覆盖度>5%的石砾地，被划归草地。其一，上接现代冰川及永久积雪分布带，下接永久性草地，在严酷生态环境条件限制下，岩屑风化物发育，寒冻风化及重力崩塌作用强，限制了土壤与植被的发育，形成冰碛物、石砾及粗骨质土为主的寒漠带、流石坡的垂直分布格局。其中年降水>400 mm 地区的石砾地，植被覆盖度较高。其二，受干旱生态环境影响及坡积、洪冲积作用，冰碛物、粗骨物质及洪冲积堆积物，在河谷形成坡积、洪冲积石砾地段。其中能接收到洪水浸润的河谷石砾地，植被覆盖度较高。上述两种石砾地，按植被覆盖度>10%的标准，亦可被划入草地。但这样的石砾地草地应永久性禁牧。

(4) 永久性缺水草地。缺淡水，水的矿化度太高，含盐量太高或水质太差，不适合人、畜饮用；离最近人、畜饮水点距离>30 km、且草层低矮不宜割草的缺水草地；可用于割草，但刈割草运输距离太长，运输成本过高，用作割草地得不偿失的缺水草地；远离水源的部分沙砾干旱地段，近期内难以提供人、畜饮水，难以放牧的缺水草地。

(5) 坡度>45°的陡峻山地草地。

3. 受地理位置限制不能牧用的荒草地

荒草地指树木郁闭度<10%，表层为土质，生长草本植物，短期内(>10 年)不能用于放牧的土地。当前难利用的荒草地包括：

(1) 缺乏交通条件的湖心岛、江心岛草地、近海中小岛上的草地。

(2) 交通极为不便，处于陡峭地形与宽阔茂密森林带之间，缺乏牧道难以通行的林间草地；喜马拉雅山南、北两坡中上部(南坡 4 200～4 700 m、北坡 4 400～5 000 m)原始森林带以上的荒草地，新疆阿尔泰山西段和准噶尔界山原始森林线以上的草地，人、畜难以进入。

(3) 远离居住点或放牧点，人、畜难以进入的荒漠绿洲草地。

8.5.2.2 **不适合人居住的草地需要永久性禁牧**[20]

1. 极干旱荒漠草地

年降水量<100 mm 的极干旱荒漠区，极为干旱，荒漠草地以适口性较低的灌木、半灌木为主，只适合放牧骆驼和山羊，荒漠草地覆盖度很低，一般<15%，草地载畜能力亦很低，平均约 2 hm^2 才能载 1 个羊单位。沙漠边缘的荒漠草地是土地沙漠化和荒漠化的主要危害区。荒漠草地经济利用价值不高，在新疆和内蒙古西部多作为冬春临时补充放牧地，青藏高原西北部的高寒荒漠草地，严寒干旱，植被覆盖度和生产力更低，只能作为夏季的临时补充放牧场。荒漠草地缺少人、畜饮水，浅层地下水矿化度高，苦涩，不宜于人、畜饮用。荒漠区定居的牧民因长期饮用此种不适合人类饮用的苦水，导致多种慢性病高发。因此，天然草地面积宽阔、经济比较发达的国家，如前苏联和澳大利亚，不将荒漠视为天然草地，不用做家畜放牧。在极干旱、缺水荒漠区，更没有牧民定居。而经济欠发达的国家，特别是处于干旱地区的国家，如蒙古国、中东和北非洲一些国家，则在荒漠上放牧。美国荒漠地区亚利桑那州，放牧经济深入到年降水量 150 mm 为限；非洲纳米比亚，放牧经济延伸到降水量 100 mm 的荒漠为限[8]。我国迫于牧民的人口压力，在新疆、甘肃、青海、西藏荒漠区，放牧活动一直延伸到年降水量 40～50 mm 的极干旱区。极干旱荒漠区，除用做作游牧外，还有少量牧民定居其中。青藏高原的高寒荒漠区，夏季亦有牧民的固定放牧点，而且不断加重荒漠草地的载畜量负荷，致使成为我国土地荒漠化主要发生地区。位于腾格里沙漠、巴丹吉林沙漠等沙漠边缘的荒漠草地，大面积的半固定、固定沙丘活化，成为我国沙尘暴的重要沙尘源区。

年降水量<100 mm，并缺少符合人、畜饮水标准水源的极干旱荒漠，主要为内蒙古西部阿拉善荒漠、甘肃河西走廊西段荒漠、南疆塔里木盆地荒漠、青海省柴达木盆地荒漠、宁夏西部荒漠、西藏西北部阿里地区的温带荒漠与高寒荒漠。

2. 严酷的高寒草地

极高寒草地是个缺氧的环境。长期居住在高海拔草地区，慢性缺氧有可能对人体造成损害，部分人还可能患慢性高原病[21]。最新研究表明，我国目前患有慢性高原病的人已达 25 万人，主要分布于青藏高原。

海拔 4 000 m 以上的草地，气压低，空气密度小，空气中的氧气含量也相应减少，平均每立方米空气中含氧量仅有 0.186 kg，为平原地区的 65%。缺氧是造成许多疾病的主因之一。西藏军区总医院全军高山病防治研究中心，通过多年的西藏高原病流行病学研究发现，生存在海拔 3 000 m、3 700 m、3 900 m 和 4 520 m 四个不同海拔高度的人群，急性高原病的发病率分别为 40%～57.3%、63.8%、89.24% 和 100%，高原肺水肿患病率分别为 0、0.77%、1.61% 和 6.67%[22]。

长期生活于极高寒恶劣气候条件下的牧民，容易发生肺水肿、高血压、高原性心脏病，妇女早产、儿童智力发育缓慢等疾病。不适合人类居住的极高寒草地，指青藏高原、帕米尔高原和高山山地的高海拔区草地，其分布海拔高度为，青藏高原西部 4 700 m 以上，帕米尔高原和新疆境内高山 4 300 m 以上。主要分布于西藏的羌塘高原无人区边缘地区、喜马拉雅山、念青唐古拉山、昆仑山的高海拔区、青海省青南高原西部和海北州的西部。

藏北羌塘高原和可可西里及其周边地区，生活条件更为恶劣，处于“生命禁区”。这里地广人稀，有的县牧业人口不足 1 万人，设立庞大的行政机关，行政费用很高，经济耗费很大。采取禁牧、移民、并县的办法，有利于降低行政管理成本。

3. 地方病高发区草地

地方病是指有严格地方性区域特点的一些疾病。这里主要指发生于草原牧区，因饮水或土壤中微量元素不足或过量，引起的非传染性疾病或中毒。草原牧区与地理环境有关的主要地方病为大骨节病，氟、砷中毒病，克山病。

大骨节病是与特定的地理环境有关的地方性骨关节病，以骨关节增粗、畸形为主要表现，是一种退行性关节病，可使人短期丧失劳动能力，多发于儿童。20 世纪 80 年代中国科学院地理研究所地方病研究组发现大骨病与低硒环境有关，其分布范围与低硒土壤地带的分布大体一致。大部分大骨节病发病区，土壤含硒总量在 0.15 mg/kg 以下。章申院士发现，大骨节病与饮水中硫元素含量偏低有关。该病主要分布于东北—陕北—川西北阿坝州—西藏的狭长地带。2011 年国家启动了以若尔盖、红原草地为主的阿坝州大骨节病防治试点。

氟、砷中毒病。长期饮用含氟量高的水或食物，引起慢性骨骼氟中毒，导致骨质致密、硬化、骨骼变形，严重者可致瘫痪的地方性关节病。西藏藏北地区、新疆奎屯、且末、宁夏干旱区长期饮用含氟和含砷较高的水，而引起慢性砷中毒和氟中毒，影响儿童智力发育、成人关节痛、儿童氟斑牙、甚至牙齿脱落。

克山病这是一种与低硒环境有关的地方性心肌病，还可能与钼、镁的含量有关。这是一种流行于荒僻的山岳、高原及草原地带的以心肌病为主的疾病。首先在黑龙江省克山县发现，在陕北地区如黄龙县、麟游县较多发，其分布范围也与低硒环境有关。

地方病高发区草地，在其致病环境因素未得到有效改善前，不适合人们定居放牧。河南省三门峡市灵宝县，有大面积成片草地，但没有人愿意进入开发利用，原草地区域的农民还想往外迁。其主要原因是草地区域内有大骨节病，尤其是儿童发病率高。就全国而言，尽管地方病高发区的草地面积范围很小，但在永久性禁牧草地评定中，不能忽略这一因素。

上述三种不适合人们居住区域的草地，需要永久性禁牧，将牧民和牲畜外迁。

8.5.2.3 有些临时性畜牧业经营草地须永久性禁牧

20 世纪 80 年代全国首次统一草地资源调查，按传统放牧习惯界定草地，凡习惯上被用来放牧的土地，大多认定为草地，所涉及的草地，包括植被总覆盖度＞5％的各类天然草地、高寒荒漠、苔原、盐碱地、沙地、石砾地、沼泽地、苇地、沿海滩涂。从生态保护角度出发，有些部门和专业人士认为，年降水量＜100 mm 的极干旱草地，植被覆盖度＜15％的稀疏草地，以灌木和半灌木为优势种的低质草地，不宜用作永久性放牧草地。著者认为，鉴于目前我国北方和西部已利用的天然草地中，90％以上已退化，在当前生产水平和生活水平下，建议畜牧业经营性草地植被覆盖度＞10％比较合理。按此标准衡量，下述草地应该禁牧。

(1) 低覆盖稀疏草地。20 世纪 80 年代全国首次统一草地资源调查，按传统放牧习惯界定的草地中，植被覆盖度5%～10%的各种低覆盖稀疏草地，应该禁牧。

(2) 难利用沼泽。沼泽地为地势低洼、地下水溢出带，湖滨河边渍水区，滋生湿生植物和沼生植物、常年渍水的土地。其中以杉叶藻、香蒲、水麦冬等不可食杂类草为优势种组成的利用价值极低的杂类草沼泽；在放牧季节中人、畜难以进入，亦不宜用船作交通工具进行割草的全年积水的沼泽，被评为难利用草地。难利用沼泽评为永久性禁牧草地。可以行船进入割草，或早春、严冬结冰后，可通行的高禾草和大莎草沼泽，不属此列。

(3) 已划归造纸部门使用的苇地。苇地指生长芦苇的低湿地，包括滩涂和海涂上的芦苇地，不包括荒漠中不渍水的芦苇荒漠。按20世纪80年代全国草地调查规定，应划入草地范畴的苇地中，有些早年已经归属轻工业系统造纸部门用作纸浆原料地，此类苇地应永久性禁牧。

(4) 裸岩、石砾地及盐碱地。青草期植被覆盖度>10%，但表层为岩石或石砾，且其覆盖面积>70%的裸岩、石砾地；表层盐碱聚集，生长天然耐盐植物，裸露盐碱斑覆盖面积>70%的盐碱地，应该永久性禁牧。

8.5.2.4 源头区、国家级自然保护区核心区草地需永久性禁牧

(1) 大江、大河源头水源涵养区草地。我国的重要江河，如长江、黄河、澜沧江、怒江、雅鲁藏布江、辽河、黑龙江等，都发源于草原地区。黄河水量的80%、长江水量的30%、东北河流水量的50%以上直接来源于草原地区。中国冰川储量约为5 590亿 m^3，年平均冰川融水量为563亿 m^3，其中90%以上的冰川分布在干旱草原地区。以青藏高原为代表的草原地带具有强大的水源涵养能力，被誉为“中国水塔”，草原的兴衰直接关系到我国的水系变化[23]。青海省青南高原是长江、黄河、澜沧江的发源地，俗称“三江源”，境内河川密布，湖泊、沼泽众多，雪山冰川发育壮观。境内各类湿地面积约557万 hm^2，大于50 hm^2 以上的天然湖泊共有439个，总面积达134万 hm^2；山地冰川2 965条，面积达36.75万 hm^2，占全国冰川面积和冰储量的6.19%，冰川数量和规模居全国第三位。

长江、黄河、澜沧江、怒江、雅鲁藏布江等大江大河的源头区，区内自然条件严酷，海拔高于4 600 m，草地生产力低、不稳定，土层薄，粗骨土比例高，草皮易剥落。接近冰雪冻融地带的草地环境更为脆弱，耐牧性很差，草地破坏后难以恢复，不宜用作永久性放牧地。

(2) 各种国家级自然保护区核心区的草地。根据《中华人民共和国自然保护区条例》规定，各种国家级自然保护区核心区实行绝对保护，禁止一切经济活动。位于天然草地分布区内的国家级保护区，如天然草地保护区、植物与生态系统保护区、湿地(湿草地)保护区、野生动物保护区等，其核心区都是天然草地，均应该永久禁牧。

(3) 国家一级野生动物栖息繁衍区草地。终年在天然草地上栖息、或在草地上进行繁殖的国家一级野生动物，如野牦牛、野驴、野马、野骆驼、藏羚羊、白唇鹿、海南坡鹿、黑颈鹤等。为上述野生动物划定的栖息繁衍区草地，如新疆奇台县卡拉麦里草地、青海玉树隆宝滩等草地区应该禁牧，将草地还给野生动物。

8.5.2.5 以保护为主、生态功能优先的草地，需部分永久性禁牧

1. 不能再放牧的严重退化草地

草地退化严重到不能继续放牧的程度，“一方水土已经养不活一方人”，草地上的人、畜必须迁出原来的草地，搬迁到能够供养他们生存的地区。例如，内蒙古西部额济纳河沿岸和居延海周围的草地，由于上游黑河向下游减少供水，导致下游河流和尾闾湖泊干涸，地下水位快速下降，草地因干旱缺水而退化、枯萎，无法养畜。类似的还有青海省三江源地区的玛多县、达日

县等地的黑土滩草地，其草地已不能放牧，失去利用价值，必须禁牧。

2. 短期内难以改造和恢复的生态脆弱区草地

西部极度生态脆弱区，主要有青藏高原海拔 4 500 m(东南部)至 4 700 m(西北部)以上的高寒草地区、内蒙古西部至新疆的荒漠区、沙漠边缘区、内陆河沿岸绿洲边缘区、江河源头区、黄土高原西北部风沙干旱草地区。目前，这些地区的草地，负载了过多的牲畜和人口，生态破坏状况正日益加剧[24]。需要从上述极度生态脆弱区圈定新的无人区，迁走草地牲畜和人口，限制人、畜在脆弱区内无节制的经济活动，杜绝人们在脆弱区内的破坏性开发活动，用草地植被自然恢复代替盲目的种草种树。依靠大自然的自我修复功能，恢复草原植被，是保护生态环境最便捷、经济的有效办法。

3. 重点荒漠化防治区草地

草地禁牧是荒漠化防治的重要措施。对严重沙化草地的防治，最简单、经济、行之有效的办法就是对其停止一切经济经营活动，予以封闭，令其自然恢复。

美国西部国土面积的 30%属于干旱半干旱荒漠区，20 世纪初，美国兴起西部开发，大量的东部移民进入西部干旱草地区，大量饲养牛羊，开垦草原，种植小麦，导致草地严重超载、退化、沙化，引发 1934 年和 1936 年震惊世界的两次黑风暴，造成巨大损失。美国恢复西部草原生态环境的主要措施为：立即颁布了《泰勒放牧法(The Taylor Grazing Act)》，加强草原管理，实施草原禁牧、减牧；封闭沙化土地和沙化草原，建设为国家公园、荒漠自然保护区和荒漠旅游区[25]；疏散草原区人口，将部分农牧民送回到东部。经过 50 多年的努力，才使其生态环境得到恢复。实施干旱荒漠草地禁牧，减少荒漠区放牧压力，进行适度生态移民，是中外荒漠生态治理的普遍模式，概莫能外。

我国京津风沙源治理工程中，减少土地的人、畜负荷量是一项重要措施[26]。工程实施以来，已完成沙化区、水土流失区 4 万农民的搬迁。按人均占有 5 个羊单位计算，减少治理区沙质草地和水土流失草地 20 万羊单位的负载，以保障草地休养生息，得以恢复。

4. 严重超载草地，需严格草畜平衡，部分实施永久性禁牧

我国西部生态环境的恶化，是资源、人口、环境严重失调所酿成的恶果。草地沉重的放牧压力，人口的不断增长，向大自然不断索取，生态恶化和贫穷落后困扰着西部许多地区的农牧民。国际公认温带干旱草原其人口承载力为 5 人/km^2，我国现在温性干旱草原早已超过 11 人/km^2。每增加 1 个草原人口，按草原牧民最低生存标准，需要增加 20 个羊单位的草地载畜量。内蒙古锡林郭勒盟草原，20 世纪 50 年代至今，全盟人口由 20 多万人，发展到 90 多万人，牲畜数量则增加了 12.3 倍，自 1997 年以来，全盟草地每年平均超载牲畜 700 万头(只)以上。国家林业局 2002 年组织的沙区普查和社会经济调查表明，我国沙区资源与人口增长的矛盾十分突出，北方 12 省、自治区的干旱半干旱地区的沙区人口已达 7 465 万人，人口密度为每 24 人/km^2，远远超出这类地区人口理论承载量的极限。像定西地区这样干旱的地方，人口承载量理论上每公顷最多 7 人或 8 人，但现在这里的人口密度却达到 128 人/km^2。最近 20 年，在国家帮助下定西地区人、畜外迁，减少人、畜压力，局部地区草地才出现绿色。把草地上超载的人、畜迁走，是防治草地生态危机的重要途径。

8.5.3 禁牧草地的人、畜转移承受力调查

草原禁牧成功与否，取决于严格的科学规划和有效管理。

1. 禁牧实施前应有严格的科学评估调查

被禁牧的区域，其草地已经不允许继续牧用，或生态环境已经恶劣到人们不可生存的地步，或必须封闭、停止人类经济活动，予以保护。要用大比例尺调查精度，按上述永久性禁牧草地的种类及评定标准，查清以下问题：

(1) 需禁牧草地的类型、面积、分布；

(2) 以户为单位，查清禁牧草地上实际饲养的牲畜种类、数量、牧民数量；

(3) 制定允许牧民人均转移的牲畜数量标准，确定转移牧民允许转移的牲畜种类、数量；

(4) 制定被禁牧草地的减畜计划，为不能转移安排的牲畜制定补助标准和办法。

2. 被禁牧草地的人、畜转移安置能力调查

因草地禁牧而转移出草地的牲畜要有地方安置，安置地具备必备的生存条件，有足够的人、畜饮用水资源，有相应的基本生活设施及相应的产业发展基础。

根据牧区草原水资源条件，科学规划可以容纳迁入禁牧草原牧民的安置区面积和人、畜容纳量，结合水资源的合理调整和配置，发展人工灌溉饲草基地，从政策上扶持禁牧搬迁牧民定居区的水利建设。科学规划一些中心城镇，扶持其工业化、城镇化，为禁牧草地的牧民创造转移归宿。

我国尚有安置一定数量草地禁牧人、畜的水土资源条件。中国工程院的专家认为，青海省遭受生态破坏的一个重要原因是人口布局不够合理。从长远看，青海省共和盆地塔拉滩的草地资源和水资源尚有一定发展潜力，土地相对平坦，有一定厚度，离黄河近，从黄河提水，技术上可行。因此，从长远看，塔拉滩是青海省有战略意义的后备土地资源，有可能成为省内禁牧草地上人、畜转移的出路。

我国牧区水资源还有一定的开发潜力[27]。草原禁牧搬移应“逐水草而居”。草原禁牧、牲畜转移要获得好的归宿，关键在于建好人工绿洲灌溉基地和牧民安置区，解决好饲草料基地与牲畜棚圈建设，其中以保证水利建设、发展绿洲灌溉饲料和牧草生产最为重要。我国牧区水利建设滞后，草地水资源尚有一定开发潜力。推广节水灌溉技术，可获得更大的饲草料生产能力，用于安置草原禁牧的人、畜转移。

加强草地农业生产结构调整，改变草原放牧畜牧业经营方式，种养结合，增加圈养舍饲比例，可以创造草原禁牧、搬迁的就业岗位。把草地上零散分布的牧民集中到绿洲人工灌溉饲草料基地定居，可实现“种一点、护一片”的效果[28]。西北地区，一般建植 1 hm^2 人工灌溉饲草料基地，可换取 20 hm^2 干旱风沙草原的封育保护；人均有 0.17～0.2 hm^2 基本农田，就可以解决吃饭问题，其余耕地可通过建植人工饲草料基地，生产饲草，换取草原的封禁恢复，其生态效益和社会效益都十分显著。

目前，我国需要禁牧的草地人、畜转移数量，就我国的经济实力而言，压力还可以承受。极干旱荒漠区的阿拉善盟有 27 万 km^2，从事牧业生产的人口不到 3 万人，西藏极高寒的尼玛县和双湖办事处的牧民不到 1 万人。按中等生活水平衡量，每个牧民占有 25 个羊单位，上述 5 县总计禁牧 100 万羊单位，把这些人、畜转移出来，将暂时难以恢复的草原区域保护起来，靠大自然的修复功能使其自然恢复，是治理严重退化草原的最好办法。

8.6 牧民定居点的选择与评价

我国牧区传统草原畜牧业，自古至今依靠天然草地放牧，牧民常年游牧，逐水草而居，多住蒙古包、帐篷，难挡风雪、暴雨。牧民居无定所，终年在草地上游牧，没有种植和储备人工饲草料条件，雪灾、冻灾频发，往往给牧民造成毁灭性灾难。牧民定居有利于人工饲草料生产、储备和牲畜圈养补饲，有利于组织家畜品种改良和兽医卫生防疫，为实现家庭牧场式集约化草地经营创造条件。四川省对川西北纯牧区500户游牧民定居意愿调查结果显示，要求定居的牧民人口占牧民总人口的97.83%，愿意出资建房的牧户数占牧户总数的98.14%。

国家非常重视草原游牧牧民定居问题。2008年国务院颁发了《关于支持青海省等藏区经济社会发展的若干意见》(国发[2008]34号)，将实现牧民定居摆在重要位置。2008年11月5日国务院常务会议部署了“实施游牧民定居工程”的重大决策。由国家发改委主持，力争从2008年起，用5年时间基本实现全国草原牧区的牧民定居。国家将给每户游牧民补助2.5万元用于定居房屋、牲畜棚圈和贮草棚建设。每户定居房屋建筑面积不低于50 m^2，牲畜棚圈建筑面积不低于80 m^2。这一重大扶贫工程，将惠及全国40余万户约200万草原游牧民，为有史以来世界最大的牧民德政工程，深受各民族草原游牧牧民欢迎。

8.6.1 科学评价、选择牧民定居点

8.6.1.1 科学决策牧民定居点建设

(1) 全面评价牧民定居点的自然资源和环境条件。目前，牧民定居点建设规划，对牧民定居点的自然资源和环境条件评价不够全面，缺少人、畜饮水方案，缺少人工饲草料生产和草畜平衡规划内容。存在定居点人、畜饮水设施、人工饲草料生产与储藏，不能与牧民居住房屋与牲畜棚圈建设一榄子解决的缺憾。当人、畜饮水方案和人工饲草料生产方案不能落实，或不能与居住房屋和牲畜棚圈建设同步落实时，即使牧民的房屋和牲畜棚圈建好了，人和牲畜还是不能进驻定居点，难以实现定居。

(2) 加强牧民定居点建设分区。我国草原牧区广泛分布于温带草原区、干旱荒漠区、风沙区、青藏高原和新疆山地。各地草原牧区的自然资源容量与自然条件、牧区经济与交通条件、牧民定居形式与定居点规模，差异很大。牧民定居点建设，需要遵循区域差异，加强分区指导。

(3) 加强牧民定居类型与定居点选择的科学调查。青藏高原高海拔牧区和西北干旱草原区，人工饲草料种植条件短期内难以改善。在缺乏天然割草地，放牧草地资源承载力较低、又难以获得大量越冬饲草储备的区域，需要调查牧民定居点的自然资源及生态容量，正确选择牧民定居方式和定居点规模。

(4) 合理确定牧民定居点规模。当前，荒漠区新建人工绿洲牧民定居点，规模很大，大多在100～300户之间，少数定居点甚至超过300户。集中了几万头(只)牲畜，大量的粪便及生活污水难以处理，给环境和卫生防疫带来很大的压力，人、畜安全难以保障。

总之，牧民定居点建设，必须对当地自然资源容量与生态环境进行评价，在科学评价的基础上，再行决策。

8.6.1.2 **不尊重科学的牧民定居,破坏草原,甚至带来毁灭性灾难**

按天然草地自然条件差异和气候季节变化进行游牧,适水草而居,是最经济、合理、有利于草原保护的草地畜牧业经营方式。在不增加人工饲草料生产和贮备的情况下,不能满足定居点牲畜对补饲需求的情况下,定居牧民仍沿袭定居前的单纯放牧经营方式,必定增加定居点周围草地的放牧压力,导致定居点周围草地超载过牧,甚至引起草地退化和破坏。21世纪初始,新疆天山北坡一些县的牧民定居,属于单纯牧民居住式定居,没有增加饲草料生产与储备,没有增加补饲,继续沿用定居前的草地放牧方式,造成定居点周围的草地较定居前超载过牧,致使草地在不到10年的时间内明显退化。

非洲萨赫勒地区,实行牧民定居,开发无水草原,造成严重后果。从20世纪60年代末到20世纪80年代,一些发达国家筹措大批资金(6.25亿美元),帮助在萨赫勒地区牧民开发无水草场。利用现代技术打井抽水,供人、畜饮用,并应资助国要求,按照外国专家的设计,在水井周围兴建牧民生活服务区等永久性居住地。致使有的居民点水井周围的草地植被遭受重牧,迅速地消失,草原形成以水井和牧民居住房屋为中心的同心圆式带状土地退化"脓肿圈"(pyospheres)。[25]游牧生活和生产方式转变为定居后,定居的牧民在水井周围打柴、砍树,相对稳定的畜群聚集于水井周围,反复啃食牧草,践踏草原,寸草不生的荒漠化圈逐年向外扩大。1968—1973年大旱以后,萨赫勒地区水井周围的荒漠化圈的半径扩大至数千米,水井和居住房屋中心位置变成了光裸、寸草不生的荒漠。这种意想不到的后果出现后,1987年一些国际组织开始采取果断措施,终止了耗资巨大的萨赫勒地区草原牧民定居计划[25]。

8.6.1.3 **依据自然资源和环境条件选择牧民定居点**

牧民定居点选址要遵守因地制宜原则。首先,定居点要有满足人、畜安全饮用的水资源和水质条件;其次,在最大饮水半径内有供饲养定居牲畜的足够草地资源;三是有适合人居住的宜居环境。这一选址原则可以归纳为:以水定地,以地定居,草畜平衡,人随地走。即第一步"以水定地",按水源条件选择供牧民定居的草地;第二步"以地定居",评价备选定居点的居住环境,如海拔高度和地形条件,是否适合人类居住;第三步"草畜平衡",计算定居点草地资源容量和承载能力,在草畜平衡的前提下,确定定居点能容纳的畜群规模;第四步"人随地走",一线牧业生产人员和管理人员必须进入定居点草地,以最高草地家畜承载量为限,确定最多允许随畜群进入定居点的牧民和家庭数量。

牧民定居点选址必须综合考虑定居点周围的水源、草场、气候、环境、交通等多种因素。我国牧区草地,一般划分为冬春和夏秋两季利用,定居点应以冬季草场为首选点,无理想地点时可考虑在春季草场选点,其基本要求是:距离水源较近或地下水丰富,地势平坦,地质结构良好,无不良工程地质现象,气候适宜,背风向阳,交通便利,草场丰茂,与夏秋草场距离适当,具有小气候特征,就地建筑材料充足。同时还要考虑长远发展的需求,留有一定的可供扩充的地带。一般定居点以10户为宜,定居户数和牲畜过多,会造成草场的过度利用,定居户数和牲畜过少,则造成草场资源的浪费。

8.6.2 游牧民定居类型

2008—2009年,国家发改委组织游牧民定居工程项目的考察和论证,著者参加了对青海省玉树州、果洛州、海南州、黄南州的三江源地区、环青海湖地区和海西州,西藏自治区阿里地区、日喀则地区、林芝地区和拉萨市，新疆阿勒泰地区、伊犁地区、博尔塔拉州，四川省甘孜州、阿坝州，云南省迪庆州和宁夏回族自治区盐池县草原牧民定居工程建设的考察。上述区域的牧民定居形式，复杂多样，可以简单地归纳为如下7种类型。

1. 湿润草地区，分散式完全定居

四川省甘孜州、阿坝州南部低海拔草地区，云南迪庆州低海拔盆地、新疆伊犁和阿勒泰地区中山带，属于年降水量400～500 mm以上的温带山地草甸带，有大面积稳产、高产的山地草甸、亚高山草甸和低湿地草甸草地，既分布有较大面积的天然割草地，又具备发展旱作人工草地和人工饲草料生产条件。草地水源丰富，牲畜可在定居点草地上全年轮牧，就近获得全年的饲草料供给，不需要游牧。牧民可在自己承包的草地上分散定居，阿勒泰地区此类牧民定居户约占牧民总户数的10%。适合此种定居方式的牧区还有：内蒙古东部和黑龙江、吉林两省西部的草甸草原区和温带山地草甸带牧区。

2. 有灌溉水源的半干旱草原区，小规模集中式完全定居

平原、丘陵温带典型草原区，天然草地平坦宽阔，在河流两侧和湖泊周围有稳定的足够的地表水资源，或有足够可靠补给来源的地下水资源，可供适当发展灌溉人工饲草料生产。或位居半农半牧区交错带，可就近获取农副产品供牲畜越冬，牲畜可不游牧。此种区域的牧民，小规模集中于水源地定居。适合此种定居方式的牧区有：青海省黄南州、海南州半农半牧区的温带典型草原区、内蒙古锡林郭勒盟东部和南部、河北坝上典型草原区等。

3. 山地草地区，农牧结合式半定居

山地垂直带草地差异大，草地垂直分布海拔高度落差大，夏季牲畜到高海拔夏季牧场游牧，冬季在温暖的沟谷草地越冬。越冬地有足够的水源，可以发展用于冬储的饲草料生产。冬季在人工饲草生产基地就近相对集中定居，每个定居点的定居规模多在30户以内。放牧人员，暖季在暖季牧场游牧，冷季在定居点附近承包草场内轮牧。非放牧人员，全年生活于定居点上。此种定居方式比较普遍，新疆北疆的天山、阿尔泰山、西部准噶尔界山的山地草地区的很多牧户，西藏阿里地区噶尔藏布等河流两侧、昌都地区怒江河谷区、日喀则地区、拉萨市低海拔区的牧户，青海湖环湖地区的牧户，均采用此种方式定居。

4. 荒漠草地区，新建人工绿洲，大规模集中式半定居

冷季牲畜在荒漠草地上越冬，暖季在山地草地或其他草地上游牧。随着人口和牲畜的增长，草畜矛盾日渐扩大，越冬冷季草地严重退化，承载力下降，草地长期超载过牧，难以维持草畜平衡。政府大力兴修水利工程，将水源引入荒漠区，发展人工绿洲灌溉草地农业。半年以上的冬春季，牲畜依靠人工饲草料，进行舍饲圈养。牧民则大规模集中定居于新建绿洲内。定居规模以引入的水资源容量为准，每个定居点的定居牧户，往往达到80～100户以上。定居点通水、电、路，配套农业机械、饲料加工等设施，建有医务室、小学、文化娱乐室等，为社会主义新牧区模式定居。新疆大部分可以获得饲草料生产用水的荒漠草地区，内蒙古西部荒漠区、青海省海西州荒漠区，均采用此种模式定居。

5. 荒漠区，新建人工绿洲，大规模集中式完全定居

北疆引额尔齐斯河和乌伦古河河水，在平原荒漠区修建大型灌渠，宁夏修建引黄灌渠，如红寺堡开发区的大型灌渠。利用灌渠的水资源，开垦干旱荒漠与荒漠草原，发展灌溉草地农业，大力种植饲草料，新建人造绿洲。阿勒泰地区每户人均配0.73 hm^2 饲草地，宁夏红寺堡灌渠每户配0.07～0.2 hm^2 水浇地。将草原游牧民，或承包草地已严重退化，承载力已大幅

下降而失去生计的牧民，迁入新灌渠定居点，牲畜完全圈养，不再放牧。部分饲料地少的牧户，定居后改经营农业或其他行业。定居点通电、通水，通路，配有小学、卫生防疫站。

6. 建牧民新村，保留游牧式半定居方式

青藏高原高海拔草地区，放牧人员随牲畜终年游牧，非放牧人员集中式定居。高海拔草地区，缺少可供安全越冬的低海拔草地，缺少割草地。受水源条件和热量条件的限制，不能发展有一定规模的人工饲草料种植生产，只能在越冬的畜圈内或越冬水源地附近零星地种点草，缺少储草能力。放牧人员必须随牲畜在各类草地上终年游牧。兴建牧民新村，安置非放牧人员，包括学生、老弱病残定居。牧民新村建在有饮用水源保障、紧靠县、乡政府或行政村、企业所在地附近。定居点通水、电、路，基础设施配套，建有小学、医务室、文化娱乐室，相当于社会主义新农村模式。这一定居模式适合于青藏高原"三江源"地区、西藏那曲地区、日喀则地区、川西北石渠、色达、红原等高海拔高寒纯牧区。

7. 搬迁式定居，牧民搬离原经营草地，易地安置定居

草地长期遭受过牧或鼠虫害危害，已不能利用，人、畜必需被迫外迁安置，如青海果洛州黑土滩退化草地上的牧民被迫搬迁至州所在地安置。位居高海拔风雪区，冬季风雪灾害频繁的老定居点，需下撤搬迁，重新安置，如云南德钦县的牧民下撤定居。位居于泥石流、滑坡、陡坎、塌方等地质灾害易发地段上的定居点，需要搬迁至安全地带，重新定居。如四川甘孜州一些地区的牧户，为避泥石流和滑坡的潜在威胁，搬迁至安全地带重新定居。青海省"三江源"地区、云南省白马雪山等各种国家级自然保护区核心区内的牲畜和牧民，按国家自然保护区条例规定，需外迁安置。

8.6.3 牧民定居点水资源容量需求分析

有足够符合人、畜饮用标准的淡水源，是草原牧民定居的前提条件。缺少人、畜饮用水源的草地，不能安置牧民定居。

草地水资源容量的大小，影响牧民定居点类型的选择，制约定居点建设规模，左右定居点能够容纳的人、畜数量。

牧民定居点所需水资源，分为人、畜生活用水和人工饲草料生产用水。水资源容量能保障人工饲草料生产需要时，可以发展灌溉人工草地和灌溉人工饲草料生产，发展牲畜圈养舍饲，选择农牧结合式牧民定居模式，将游牧畜牧业逐步转变为现代集约化家庭牧场式畜牧业。如果水资源容量只能确保人、畜饮水，不能提供人工饲草料生产用水，在缺乏天然割草地，草地牲畜只能依靠天然草地放牧，又不能发展旱作人工草地的干旱草地区和高寒草地区，牧民定居则只能选择生活居住式定居模式。

牧民定居项目的生产性用水，只能计算地表水和有可靠补给来源的浅层地下水容量。我国有关政府部门规定，农业综合开发项目用水，即各种农业生产用水，只能用浅层地下水、潜水[28]，禁用深层地下水。但人、畜饮水项目，可少量开采深层地下水。据此规定，牧民定居项目的生产用水，包括饲料生产与加工、畜产品生产与加工，不能开采深层地下水。

8.6.3.1 可供水资源量计算

可供水资源，指居民点用水半径范围内的河川径流、湖泊、水库、沼泽之地表水和浅层地下水，不含冰川积雪和深层地下水。居民点用水半径制约因素，除定居点牲畜放牧半径外，主要

取决于人工饲草料生产用水地距定居点的距离，一般应小于 20～30 km。可供水资源中的湖泊、水库、沼泽水量和浅层地下水，年度变化不大，比较稳定。河川径流水量由过境水资源量和定居点区内自产水资源量两部分组成。计算公式为：河川径流量＝入境水资源量－出境水资源量＋区内自产水资源量。

河川径流年度变化较大，特别是干旱草原区的地表径流年度变化大。因此，可供河川径流水量的计算要考虑年度变化因素，按径流量保证率计算。保证率最低为 25％，最高为 90％，50％和 75％介于中间，通常用 75％保证率。

由上可见，牧民定居点可供水资源总量，包括用水半径范围内的 75％（或 50％）保证率的河川径流量，可用的湖泊、水库、沼泽水量和可抽采并有可靠补给来源的浅层地下水量。

8.6.3.2 **需水量计算**

1. 人、畜饮水及生活用水量

牧民定居点的居民饮水及生活用水定额，按干旱区城市居民用水定额标准计算。定居点家畜用水量，按畜种羊、黄牛、牦牛、马、骆驼、鹿的日饮水量标准计算。牛奶生产耗水量大，饲养奶牛的定居点或专业奶牛饲养小区定居点，要按奶牛生产用水标准计算。

牧民定居点人、畜饮水及生活用水量不大。荒漠绿洲型定居点，人、畜饮水有大型灌渠水源保障，其他类型的牧民定居点，规模较小，人、畜数量较少，且允许开采深层地下水供人、畜饮用。所以，牧民定居点人、畜饮水及生活用水量比较容易满足。

2. 人工饲草料生产用水量

人工饲草料生产用水指生产人工饲草料的灌溉用水。人工饲草料生产用水系牧民定居点最大的耗水项目，牧民定居点人工饲草料生产用水量能否满足和满足程度，制约牧民定居点的类型和规模。牧民定居点人工饲草料生产用水量计算程序如下：

(1) 确定灌溉项目。人工饲草料生产包括：多年生人工草地、补播培育改良草地、一年生人工饲草、谷物饲料、牧草种子生产 5 项。每个牧民定居点，须根据定居点的水资源容量、气候条件和实际需要，选择其中的 2～3 项并规划出灌溉面积。其中，多年生人工草地，包括多年生人工割草地和多年生人工放牧草地；补播培育改良草地，指通过部分耕翻、补播、施肥改良的天然草地；一年生人工饲草，指在专用饲料地上播种的一年生栽培牧草；谷物饲料，指在专用饲料地上播种的收获籽实的谷物饲料作物。以上 4 项是常见的人工饲料生产。牧草种子生产，要求条件高，大部分牧民定居点不具备生产牧草种子的条件。

(2) 选择灌溉方式。目前的灌溉方式有漫灌、渠灌、喷灌、滴灌四种。漫灌要求地表平坦，投资少，但效率低，最耗水，是粗放落后的灌溉方式。渠灌要求修建灌溉渠道，或在地下铺设输水管道，成本比漫灌高，但灌溉效率也比漫灌高。喷灌适用于地表不平坦的人工草地和改良草地，灌溉效率高，耗水量少，省水，但需要购置喷灌设备，成本高。上述三种灌溉方式，是当前饲料生产常用的灌溉方式。滴灌成本最高，效率也最高，最节省水资源。除特殊需要外，牧民定居点的人工饲料生产，不需要采用滴灌方式。

(3) 确定灌溉定额。影响灌溉定额的因素，制约灌溉定额的制定。下述因素影响灌溉定额：

①当地可供水资源量大小。当地水资源丰富，可供水资源量大，灌溉定额可以定高一些，反之，灌溉定额应低。

②当地气候条件。高寒湿润草地区，蒸发量小，灌溉定额可以低一些，蒸发量大的干旱荒

漠区，灌溉定额高。

③灌溉方式。要求灌溉定额高的灌溉方式，依次是漫灌＞渠灌＞喷灌。

④饲料作物种类。不同类型的人工饲料作物，要求的灌溉水量不同，同一地区不同饲料作物要求的灌水量：多年生人工放牧草地牧草＜人工或改良割草地多年生牧草＜一年生栽培饲草＜谷物饲料作物。

⑤单位面积饲草料地的产出量。高标准方案，要求饲草料产量高，灌溉定额应高，反之，低标准饲草料产出方案，灌溉定额可低。

为保证正常饲草料生产，人工饲料地灌溉定额一般为 3 000～7 500 m^3/hm^2，最低 1 500 m^3/hm^2，最高可达 10 500 m^3/hm^2，甚至更高。

8.6.3.3 水资源供需平衡计算

1. 水资源年内分配

对于牧民定居点用水而言，冰川积雪、湖泊、沼泽和浅层地下水的年内不同时间段的可供水量，变化不大。我国处于季风区，降水多集中于夏季，夏季冰川融水增加，依赖天然降水和冰雪融水的河川径流量，年内不同月份变化较大。特别是干旱区，夏季多洪水，冬春河流干涸。因此，对于采用河川、溪水用作人、畜饮水和生活用水水源的牧民定居点，需要按月计算水资源供需平衡。

2. 确定灌溉用水供需平衡时段

日平均气温稳定超过 0℃，多年生牧草开始萌发，进入返青期，此时需要灌溉第一次水。牧草开始枯黄后，对增加当年饲草料产量而言，灌溉作用已不明显。全国大部分地区草地 4 月份进入萌发返青期，8 月份进入枯黄期。因此，在无水库蓄水设施，主要依赖河川径流水灌溉饲草料地的情况下，选定 4—7 月为灌溉水资源供需平衡时段。

3. 灌溉用水供需平衡实例*

著者 2001 年主持完成西藏八宿县邦达草原草业工程与生态工程项目初步设计，用其中两个乡的饲草生产水资源平衡，说明牧民定居点饲草料生产用水计算方法。

八宿县益青乡、郭庆乡，引玉曲河的根日曲等 4 条支流的河水，灌溉邦达草原人工饲草料地，其灌溉用水供需平衡计算步骤如下：

(1) 选定灌溉方案和灌溉定额，确定计算参数。

①灌溉水资源供需平衡时段：4—7 月。

②选定灌溉用水保证率：75%。

③灌溉定额选用低标准：多年生人工草地 1 800 m^3/hm^2；改良割草地 2 100 m^3/hm^2；一年生饲草地 2 400 m^3/hm^2；谷物饲料地 2 700 m^3/hm^2。

④灌溉方式：喷灌。

(2) 计算可用灌溉径流量。根据玉曲河水文站多年测定资料，推算根日曲等 4 条支流 4—7 月的入境水量和出境水量(计算公式见第 3.2.4.1 中的地表水)，按 75%保证率计算，获得境内可用灌溉径流量。见表 8.6.1。

(3) 计算灌溉需水量。根据选定的灌溉定额、要灌溉的饲料作物种类和面积，算出灌溉需

* 依据苏大学编写《昌都地区八宿县邦达草原草业工程与生态工程初步设计报告(2001 年)》第三章水资源评价及供需平衡改写。

水量。最后，用境内可用灌溉径流量与灌溉需水量进行比较，完成灌溉水资源供需平衡计算，如表 8.6.1 所示。

(4) 确定人工饲草料灌溉规模。依据灌溉水资源供需平衡计算结果，调整缺水区饲草料灌溉规模。

表 8.6.1 八宿县益青乡、郭庆乡邦达草原项目区灌溉水资源供需平衡

河流	4～7 月径流量/万 m^3	灌溉面积 /hm^2					综合灌溉定额/(m^3/亩)	灌溉需水量/万 m^3	水量供需平衡/万 m^3	
		小计	饲料地类型代号*						余	缺
			Ⅰ	Ⅱ	Ⅲ	Ⅳ				
根日曲	402	10 920	5 760	1 425	3 735	0	123	134	+268	
努龙曲	806	10 896	6 909	0	3 987	0	120	131	+476	
波昂曲	226	6 088	3 437	1 546	0	1 105	139	97	+139	
多青曲支流	92	8 486	7 916	324	246		121	103		−11
总计	1 526	36 390	24 022	3 295	7 968	1 105	503	465	+872	

* 饲料地类型代号及含义：Ⅰ. 多年生人工草地；Ⅱ. 一年生饲草地；Ⅲ. 改良割草地；Ⅳ. 谷物饲料地。

8.6.4 牧民定居点草地资源承载力与草畜平衡分析

天然草地资源的类型与承载容量、生态容量，是影响牧民定居点性质和规模的决定因素。有足够可供冬季或四季放牧的冷季天然草地，或有足够可供割草的天然割草地，可以满足在定居点草地上进行全年小区轮牧，或储备足够的冬贮草，用于冬季补饲，则可以发展完全定居模式。定居点没有足够容量的越冬冷季草地或割草地，则只能发展非放牧生产人员生活定居模式。定居点最大允许放牧半径以内的草地承载容量，制约定居点性质和定居类型的选择，限制了定居人口与畜群的数量规模。著者 2008 年在《阿勒泰地区游牧民定居工程总体规划(2008—2015 年)》中，简述了牧民定居点草地资源承载能力和草畜平衡分析方法如下。

8.6.4.1 天然草地资源承载力

1. 阿勒泰地区天然草地资源承载力

据 1986 年草地监测，阿勒泰地区有天然草地总面积为 987 万 hm^2，占阿勒泰地区土地总面积的 83.4%，其中可利用面积为 720 万 hm^2。牧民定居点建设前的草地承载状况如表 8.6.2 所示。

夏牧场可利用面积 101.6 万 hm^2，可载畜 696 万只羊单位，现有牲畜 799 万只羊单位，夏牧场超载 103 万只羊单位，超载率 14.8%；春秋牧场可利用面积 260.3 万 hm^2，可载畜 335 万只羊单位，现有牲畜 799 万只羊单位，春秋牧场超载 464 万只羊单位，超载率 138.5%；冬牧场可利用面积 345.5 万 hm^2，可载畜 442 万只羊单位。现有牲畜 565 万只羊单位，超载 123 万只羊单位，超载率 27.8%(表 8.6.2)。

表 8.6.2 阿勒泰地区牧民定居工程建设前草地资源承载状况

项目		夏牧场(73 d)	春秋牧场(146 d)	冬牧场(146 d)	合计
草地面积/万 hm^2		101.6	260.3	345.5	—
理论载畜量	季节载畜量(利用季)/万羊单位	696	335	442	—
	全年载畜量/万羊单位	139.2	134.0	176.8	450
实际载畜量	季节载畜量(利用季)/万羊单位	799	799	565	—
	折合全年载畜量/万羊单位	159.8	319.6	226.0	705.4
季节草地超载	超载量(利用季)/万羊单位	103	464	123	690
	超载率/%	14.8	138.5	27.8	—
按全年利用期计算	超载量/万羊单位	20.6	185.6	49.2	255.4
	超载率/%	—	—	—	56.76

注:①夏牧场、春秋牧场以牧业年度 6 月 30 日实际饲养量计算,冬牧场以年底存栏数计算。

②季节草地利用期占全年利用期的比例为:夏场 0.2;春秋场 0.4;冬场 0.4。按此季节草地利用期比例,将季节草地利用季内的理论载畜量和实际载畜量换算成全年(365 d)利用期的载畜量,则在全年利用期内,草地平均超载量为 255.4 万羊单位。

2. 阿勒泰地区草地超载量预测

(1) 按全年(365 d)利用期计算,目前阿勒泰地区草地超载量为 255.4 万羊单位(年),超载率为 56.76%。其中:夏牧场超 20.6 万羊单位(年);春秋牧场超 185.6 万羊单位(年);冬牧场超 49.2 万羊单位(年)。

(2) 阿勒泰地区实施退牧还草工程,要对 45 万 hm^2 草地实施禁牧。按被禁牧草地平均 1 hm^2 产干草 750 kg,草地平均利用率为 50%,每个羊单位年食干草 657 kg 计算,45 万 hm^2 禁牧草地 8 年禁牧期内要向非禁牧草地转移牲畜 25 万羊单位(年)。若绝对禁牧期为 4 年,从第 5 年开始草地可恢复利用,则 4 年绝对禁牧期内,将给项目区的非禁牧草地转移增加 12.5 万羊单位(年)的负载量。

阿勒泰地区草地目前已超载牲畜数和退牧还草项目中禁牧草地要转移的牲畜数,两项合计,全地区非禁牧草地将负担超过其理论载畜量 267.9 万羊单位(年)的牲畜。

8.6.4.2 牧民定居工程和其他生态建设规划可增加的载畜容量

(1) 牧民定居工程规划的增草工程项目中,其所增产草量能够全部用于畜牧业生产的项目有:灌溉人工饲草料种植、草地补播改良、天然割草地培育、旱作人工草地、防灾饲草料生产 5 项。各项目所增饲草料,可供各个放牧季节饲用。按《天然草地合理载畜量的计算(NY/T 635—2002)》标准规定计算[30],增草项目实施后,每年可增加载畜容量 235.64 万羊单位。见表 8.6.3。

(2) 草地生态建设工程的增草项目,所增牧草可部分用于饲喂牲畜的项目有:

①退牧还草工程中的补播草地 7.47 万 hm^2。退牧还草工程项目区的草地补播为改善草地生态环境、增加草地覆盖度为目的而设计,该项目区内的草地为禁牧、休牧草地,一般为中度以上退化草地,补播后的前 4 年,不宜利用。实施补播 4 年后,可以恢复使用,即相当于 3.73

万 hm^2 补播草地可供利用，可增加牲畜承载容量 1.7 万羊单位。

②鼠害防治草地 66.7 万 hm^2。经过灭鼠治理的鼠害草地，一方面能减少鼠害对牧草损失量，另一方面，治理后部分牧草恢复生长，能增加牧草产量。

经过治理的鼠害草地，灭鼠工程实施 4 年后，可增加牧草产量 20%，即 66.7 万 hm^2 鼠害草地中，其中 33.34 万 hm^2 增加的牧草产量可供利用，可增加载畜容量 7.61 万羊单位/年（表 8.6.3）。

表 8.6.3 阿勒泰地区牧民定居和草地生态工程增加草地承载量预测

项目		面积/万 hm^2	项目实施前草地产量/(kg/hm^2)	项目实施后增草效果			增产干草的承载容量	
				增产幅度/%	1 hm^2 增产干草/(kg/hm^2)	增加干草总产量/kg	羊单位年需草量/[kg/(羊单位·年)]	可增加载畜容量/万羊单位
牧民定居工程增草项目	草地补播改良	106.67	1 200	25	300	32 000	657①	48.71
	天然割草地培育	33.34	1 500	50	750	25 000	689.85②	36.24
	旱作人工草地	6.67	1 200	200	2 400	16 000	657	24.35
	防灾饲草生产基地	0.233	1 500	900	13 500	3 150	689.85	4.57
	灌溉人工饲料地	8.0	750	1 400	10 500	84 000	689.85	121.77
可用的退牧还草工程中的补播草地		3.73	1 200	25	300	1 120	657	1.70
可用的鼠害防治工程中的草地复壮		33.34	750	20	150	5 000	657	7.61
合计								244.95

注：①按羊单位日食含水量 14%的干草 1.8 kg，年需干草 657 kg/羊单位；

②用割制干草饲喂，除羊单位日食量 1.8 kg 外，增加 5%的牧草耗损量，年需割草地干草 689.85 kg/羊单位。

以上新增草地牧草，基本上都可用于冷季补饲或冷季放牧，有利于草地牲畜越冬。

8.6.4.3 草畜平衡分析

以上牧民定居工程和其他生态建设工程中的全部可用增草项目，共计可增加载畜容量 244.95 万羊单位/年，可使当前草地 96%的超载牲畜获得解救。超载率较工程实施前降低 51.66%。但比目前超载和禁牧草地转移的牲畜总数 267.9 万羊单位/年，还少 22.95 万羊单位/年。也就是说，如果不减畜，牧民定居工程和其他生态建设工程实施后，草地还将继续维持超载 22.95 万羊单位/年，超载率 5.1%。

综合上述水土资源容量计算分析，牧民定居工程实施后，可使当前96%的超载牲畜获得解救，提高草地载畜能力和牲畜越冬能力，效果显著，自然资源容量基本上可满足阿勒泰地区96%的畜群冬季在定居点饲养。

8.6.5 牧民定居点环境条件评价

(1) 牧民定居点的海拔高度。草地分布的海拔高度决定能否兴建牧民定居点。有研究表明，生存于海拔高度 4 520 m 的人群，急性高原病和高原肺水肿患病率分别为 100% 和 6.67%。长期居住于空气稀薄的高海拔区，容易发生肺水肿、高血压、高原性心脏病、妇女早产、儿童智力发育缓慢等疾病[20]。用宜居环境标准衡量，青藏高原海拔 4 520 m 以上地区，不宜设置新的牧民定居点。著者在编制《西藏高寒牧区游牧民定居项目可行性研究报告(2002年)》时，建议不在高海拔区的尼玛县和双湖办事处建设新牧民定居点，西藏自治区农牧厅采纳了这个建议。

青藏高原东南部海洋性冰川区，如云南迪庆州、西藏林芝地区、喜马拉雅山东段南坡，年降水量 700 mm 以上，雪线比大陆性冰川低，高海拔草地区经常发生雪灾。为避免冰雪灾害，牧民的定居点宜设在海拔 4 000 m 以下的山地温带地区。

(2) 牧民定居点的地形条件。定居点宜选择平坦，宽阔，背风向阳的地形，方便人、畜进出，方便道路、引水、电力建设施工的地段。不宜选在陡坡上或易受崩塌威胁的山坳之中，不宜选地势低洼、排水不畅的地段。

(3) 定居点要避开地质灾害多发地段，避开滑坡、泥石流、洪水多发地段。避开历史上曾发生强烈地震的区域，宜选择地形宽阔、容易设防、容易救援的地段。

(4) 土层薄、土壤含砂量大的沙质土、草地已明显沙化的地段、严重的水土流失地段，不宜用于牧民定居。

(5) 年降水量<100 mm 的极干旱草地区，植被覆盖度<15%的稀疏草地，以灌木和半灌木为优势种的低质草地，不宜用于牧民定居。

总之，需要依据各地自然资源条件和环境因素，对牧民定居工程进行科学决策，在定居点的选择与布局、定居类型、建设内容与规模等方面，加强分类指导。

参考文献

[1] 苏大学，薛世明．西藏自治区草地资源. 北京：科学出版社，1994：238-241.

[2] 钟永安．草原地区植物缺铁病初步研究//李敏，钟永安．鄂尔多斯草原与纳米结构 SiO_2. 北京：中国农业大学出版社，2009：42.

[3] 东北农学院．家畜饲养学. 北京：中国农业出版社，1988：95-107.

[4] 中国科学院新疆综合考察队．新疆植被及其利用. 北京：科学出版社，1964：169-178.

[5] 中国科学院内蒙古宁夏综合考察队．内蒙古自治区及其东西部毗邻地区天然草场. 北京：科学出版社，1980：160-165.

[6] 北方草场资源调查办公室．草场资源调查技术规程．北京：中国农业科技出版社，

1986:22.
[7] 苏大学．西藏草地资源的结构与质量评定. 草地学报,1995,3(2):147-150.
[8] 安德列埃．农业地理学——世界农业的构造地带与经营形式. 北京:科学出版社,1991:22-23,34.
[9] 许鹏．新疆草地资源及其利用．乌鲁木齐:新疆科技卫生出版社,1993:207.
[10] 许鹏．新疆荒漠区草地与水盐植物系统及优化生态模式. 北京:科学出版社,1964:203-204.
[11] 中华人民共和国农业部畜牧兽医司．全国畜牧兽医总站．中国草地资源. 北京:中国科技出版社,1996:369,372,53-54.
[12] 李建平,姚祖芳,刘世全．西藏自治区土壤资源．北京:科学出版社,1994:594,596.
[13] 中华人民共和国农业部畜牧兽医司．中国草地资源数据. 北京:中国农业科技出版社,1996:10-29.
[14] 张天增,林大武．西藏自治区土地资源评价．北京:科学出版社,1994:51-56.
[15] 楚玉山,刘纪远．西藏自治区土地利用．北京:科学出版社,1992:53.
[16] 国家计划委员会农业区划局,农牧渔业部土地管理局．土地利用现状调查手册．北京:农业出版社,1985:19.
[17] 中国科学院中国植被图编辑委员会．中国植被及其地理格局——中华人民共和国植被图(1∶1 000 000)说明书(上卷). 北京:地质出版社,2007:443,447.
[18] 资源科学技术名词审定委员会．资源科学技术名词．北京:科学出版社,2008:87.
[19] 苏大学．我国草地资源快速消失//中国草学会六届二次会议暨国际学术研讨会论文集．北京:草业科学编辑部,2004:28-31.
[20] 苏大学．论实施草原生态移民搬迁的必要性与可行性. 草原与草坪,2006(1):3-7.
[21] 国际高原医学会慢性高原病专家小组．第六届国际高原医学和低氧生理学术大会颁布《慢性高原病青海诊断标准》. 青海医学院学报,2005(1).
[22] 吴天一．青藏高原人体低氧适应问题．青海环境,1996(1).
[23] 杜青林．中国草业可持续发展战略．北京:中国农业出版社,2006:43.
[24] 苏大学．天然草原在防治黄河上中游流域水土流失与土地荒漠化中的作用与地位．草地学报,2000,8(2):77-81.
[25] 陈建华,魏百刚,苏大学．农牧交错带可持续发展战略与对策. 北京:化学工业出版社环境科学与工程出版中心,2004:74-76,69-70.
[26] 张建娥,王建民．宁夏盐池县草原禁牧对畜牧业影响的调查分析. 草业科学,2005,22(10).
[27] 王根绪,程国栋．中国西北干旱区水资源利用及其生态环境问题. 自然资源学报,1999,14(2):109-116.
[28] 袁嘉祖,闵庆文．水是西北地区生态系统重建的根本. 自然资源学报,2001,16(6).
[29] 孙鸿烈．中国资源科学百科全书. 北京:中国大百科全书出版社,石油大学出版社,1999:319-320.
[30] 苏大学,孟有达,武保国．NY/T 635—2002《天然草地合理载畜量的计算》. 北京:标准出版社,2002.

第9章

草地承载力与草畜平衡调查

摘要：本章阐述了草地承载力概念、国内外草地载畜量与标准家畜单位的规定；指出了全国首次草地资源调查各地绵羊单位不同日食量的规定，致使省际间的绵羊单位不等值，缺乏比较性；提出了将哺乳母羊与未断奶羔羊独立计算的2011年农业部载畜量标准新羊单位规定、草地标准干草的规定；详述了草地合理载畜量计算方法、季节草地、全年利用草地、区域草地草畜平衡计算；阐述了宜牧土地资源生产潜力与人口承载力计算方法。

9.1 草地承载力概述

9.1.1 草地承载力评定的意义

草地生产能力，是指一定面积的草地，在维持可持续生产的前提下，在一定时期内，能够生产最大动植物数量的能力。草地生产能力评定，是对草地生产的动植物数量、生产效率和潜力的综合定量分析。

草地承载力，在最近出版的《放牧地与放牧动物术语》中，被定义为："特定放牧系统中，在特定的时间内，达到某一动物生产性能水平而不会导致放牧地退化的最大载畜量。"即合理载畜量。

草地承载力评定，是用于指导、检验、监测和管理草地畜牧业生产，促进和提高生产效率，维护草地生态安全的必要手段之一。草地管理最简单、有效的办法是控制草地载畜量。按照草地合理承载量安排草地生产，既不会因放牧太轻浪费草地资源，也不会因放牧过重导致草地退化。《中华人民共和国草原法》[1]第四十五条规定，国家对草原实行以草定畜、草畜平衡制度。县级以上地方人民政府草原行政主管部门应当按照国务院草原行政主管部门制定的草原载畜量标准，结合当地实际情况，定期核定草原载畜量。各级人民政府应当采取有效措施，防止超载过牧。第三十三条规定，草原承包经营者应当合理利用草原，不得超过草原行政主管部门核定的载畜量……草原载畜量标准和草畜平衡管理办法由国务院草原行政主管部门规定。

“以草定畜”是我国草地管理工作的法宝。评定中国各类草地科学、合理承载量，是实现“以草定畜”的前提，是实施草原法的重要技术依据，对于提高草地生产力和经济效益，促进西部地区的经济发展，保护我国自然生态环境特别是保护我国西部自然生态环境，保护草原，防止草原退化、沙化，具有十分重要的生态和经济意义。

美国20世纪初至30年代初，大力开发西部草原，超载过牧，导致草地严重退化、沙化，酿成1934年袭击全美的草原沙尘暴。痛定思痛，美国当年立即制定了限制草地过牧、严格按草原科学承载力管理草原的《泰勒放牧法》。澳大利亚从20世纪20年代至50年代严格执行不同草地类型实行不同的载畜量和放牧强度的制度，使已退化的草原逐步得以恢复。新西兰、英国、法国、加拿大、挪威、日本、南非等国家的很多地区，都制定了不同类型草地合理承载量的规定。

我国20世纪80年代以省为单位进行的全国草地资源调查，由于调查规程中关于载畜量计算的规定较粗，一次性测产造成的草地产草量欠准确，有些地区出于担心本地区草地超载太严重而有意识地降低羊单位日食量标准等因素影响，各省、市、自治区采用的草地载畜量计算规定不够一致，草地载畜量计算的准确性有待提高。全国草地资源调查内业总结时，不敢贸然修改各省按各自标准计算出的草地总载畜量，省与省之间草地载畜量计算标准差异所致的部分计算结果被保留于《中国草地资源数据》[2]统计册中，降低了全国草地资源载畜量数据标准的一致性。

天然草地合理载畜量计算和草畜平衡计算，与牧民的切身利益密切相关，牧民草地承包、禁牧、减畜、生态补偿、定居点选择等项工作，要计算草地承载能力；各部门执行草原法，实行草原监测与监理，要以规定的草地承载量为执法依据；全国投资数百亿元的多项重大草原保护与建设工程，如农业部的退牧还草工程、国家发改委的游牧民定居工程、国家林业局的京津风沙源治理工程、“三江源”自然保护区建设工程和荒漠化防治工程、水利部的黄土高原水土保持工程和小流域治理工程、西藏自治区生态屏障建设、环青海湖生态保护、宁夏中部干旱区生态移民、甘肃省甘南州水源涵养工程、新疆天山北坡森林保护和准噶尔盆地植被保护等重大项目，在论证项目的必要性与可行性、项目实施预期的经济效益和生态效益时，必须进行天然草地合理载畜量计算和草畜平衡计算。由上可见，草地合理载畜量计算和草畜平衡计算的重要性不言而喻。

9.1.2 国内外草地载畜量的规定

9.1.2.1 国内外有关草地载畜量的定义

草地载畜量概念产生于20世纪20年代。近一个世纪来，随着草地科学的进步与发展，草地载畜量概念和定义逐步完善。国内外有关草地载畜量的定义很多，不同时期比较有权威性的定义有：

(1) 1954年，英国草原学家Dorothy Brown在《植被调查和测量方法》一书中提出，草地载畜量应包括三个变量，即家畜、草地面积和时间，草地载畜量可以用三种方式表示：①单位时间内，一定面积草地能承载的家畜头数；②一头单位家畜，在一定放牧时间内所需的草地面积；③单位草地面积，可供一头家畜放牧的时间（天数或月数，即绵羊日或牛月等）[3]。

(2) 1985年,任继周、胡自治对草地载畜量的定义是:以一定的草原面积,在放牧季内以放牧为基本利用方式(也可以适当配合割草),在放牧适度的原则下,能够使家畜良好的生长及正常繁殖的放牧时间及放牧头数[4]。

(3) 1989年,美国《草原管理名词术语汇编》第三版规定,载畜量(carrying capacity),义同载牧量(grazing capacity),是指与维持和改进植被或资源并行不悖的条件下,可能的最大放牧率[5]。

(4) 1996年,《中国农业百科全书·畜牧专业卷》对载畜量作了如下定义:以一定的草原面积,在放牧季节内以放牧为基本利用方式(也可以适当配合割草),在适度放牧,不破坏草原资源的原则下,能够使家畜良好生长、正常发育和获得最多畜产品的放牧时间和头数[6]。

(5) 2011年,著者在《天然草地合理载畜量的计算(NY/T 635—2002)》标准的修订版中,将载畜量区分为合理载畜量和实际载畜量。载畜量(carrying capacity)为:一定的草地面积,在某一利用季节,所承载家畜的头数和时间。草地合理载畜量(proper carrying capacity)为:一定的草地面积,在某一利用季节,在适度放牧(或割草)利用、维持草地可持续生产前提下,满足家畜正常生长、繁殖、生产畜产品的需要,所能承养的最多家畜头数和时间。合理载畜量又称理论载畜量。

9.1.2.2 草地载畜量单位

根据当地草地家畜生产性能和草地牧草品质,很多国家制定了草地载畜量单位。

(1) 美国牛单位:美国草原管理学会规定,体重1 000 lb(1 lb=0.454 kg)干奶牛日消耗26 lb饲草,即454 kg体重成年奶牛干奶期日消耗12 kg牧草干物质为1个牛单位。

(2) 新西兰羊单位:体重55 kg哺单羔母绵羊,年消耗520 kg优质干草为1个羊单位[7],即日食量1.425 kg(绝对干燥重)优质人工草地干草。

(3) 英国草地单位:能供给体重533.4 kg,日产奶9 L(英文原文为:体重1 176磅,日产奶2加仑)的乳牛所需(草地)牧草,而不必加喂其他饲料的草地面积[7]。

(4) 德国草地单位:体重500 kg,日产奶10 kg乳牛,需消耗8 kg中等品质的干草(或25 kg青饲料)所需草地面积;或体重500 kg育肥牛,日增重1 kg,需消耗8 kg中等品质干草(或25 kg青饲料)所需草地面积。

(5) 日本草地载畜量时间单位:标准体重420 kg日本黑毛种育成母牛,放牧1日,所消耗的草地牧草为1个牛·日(cd,即cow day)[8]。

(6) 王栋绵羊单位:我国草原界老前辈王栋先生1955年提出绵羊单位,其规定如下:在牧季中,能供给一头体重40 kg母绵羊及其所生羔羊需要的草料,每日需牧食青草5～7.5 kg,视草料优劣而有上下,而不必加喂其他饲料的牧地面积[9]。

(7) 内蒙古自治区标准计量局1990年12月17日发布了内蒙古自治区地方标准《蒙DB 604—90:天然草地适宜载畜量计算标准》,规定以一只成年绵羊为一个绵羊单位,每天所需的饲草量为2 kg干草[10](未说明成年绵羊的体重和干草含水量)。

(8) 苏大学、孟有达、武保国,2002年制定了国家农业行业标准——《天然草地合理载畜量的计算(NY/T 635—2002)》[11],2002年12月由中华人民共和国农业部发布。该标准规定,1只体重50 kg并哺半岁以内单羔、日消耗1.8 kg草地标准干草的成年母绵羊,或与此相当的其他家畜为一个标准羊单位,简称羊单位。草地标准干草 (standard hay)定义为,达到最高月产量时,收割的以禾本科牧草为主的温性草原草地或山地草甸草地之含水量14%的干草。

9.1.2.3 全国首次统一草地资源调查草地载畜量计算规定的不足

王栋绵羊单位在我国具有权威性,已经使用了近半个世纪。该绵羊单位的规定有如下需要补充完善的地方:①需要明确青草的含水量,或鲜草折合为干草的干鲜比;②需要明确不哺乳母羊与哺乳母羊牧草消耗的差异;③需要明确母羊哺乳羔羊的数量,哺单羔和哺双羔其营养需求量不同;④需要明确哺乳期与非哺乳期牧草消耗的差异。

有些部门在使用王栋绵羊单位过程中,对其规定作了修改,但有的修改出现了不应该有的偏差——将日食量大小不同之绵羊品种,等同于绵羊单位。绵羊单位是标准动物单位,只能有一个标准日食量。有作者用"各地绵羊的日食量也有差别的日食量(鲜草 3～5 kg/只羊)"计算出来的"一只绵羊所需各类型草场有效草场面积"[12],视为绵羊单位所需草场有效草场面积。即将日食量大小不同的不同绵羊品种视为标准绵羊单位。20 世纪 80 年代初以省为单位进行的全国草地资源调查,各省、市、自治区采用的草地载畜量计算规定不够一致。各地采用的绵羊单位日食量(鲜草重)为:黑龙江省 5 kg;河北省 4.5 kg;青海省 4.0 kg;宁夏回族自治区冬季 0.5 kg 干草。按大小不一日食量计算出的绵羊单位,是互不等值的绵羊单位。各省定义的互不等值的绵羊单位日食量,用于各省、各地区评定各自草地的承载力,无可非议。但省际间不等值的绵羊单位,缺乏可比性。重点牧区片草地调查规定的各地绵羊日食鲜草量为:新疆伊犁片、阿勒泰片 6 kg,四川甘孜、阿坝片 5 kg,青海环湖片 4 kg,并且认定绵羊日食量等同于绵羊单位日食量[13],形成新疆伊犁片、阿勒泰片的 1 个羊单位等于青海环湖片 1.5 个羊单位的局面。将几种不同日采食量标准计算得到的绵羊单位载畜量数据,用于评价载畜量承载力地区差异,导致按日食量 6 kg 标准计算、拥有 4 670 余万 hm^2 草地的新疆维吾尔自治区草地理论总承载羊单位数,反而小于按日食量 4 kg 标准计算、拥有不足 3 333 万 hm^2 草地的青海省草地理论总承载羊单位数的不妥结论。

20 世纪 80 年代初,全国首次草地资源调查,南方地区规定使用黄牛单位。黄牛单位规定如下:体重 200 kg 的黄牛,日食鲜草 26 kg,为 1 黄牛单位,即日食鲜草为体重的 1/10(20 kg)加体重的 3%(6 kg)鲜草保险系数,合计 26 kg*。同时规定:1 头水牛为 1.3 黄牛单位;1 只绵羊为 0.25 黄牛单位;1 只山羊为 0.14 黄牛单位;1 匹马(南方山地马)为 0.8 黄牛单位。上述黄牛单位的规定,虽然其科学性有待加强,但没有明显错误。当年执行中国南方草场资源调查技术规程的 16 个省、自治区,用黄牛单位统一了各地草地载畜量的计算方法。

9.1.3 估算草地承载量的方法

目前有三种估算草地承载量的方法:牧草产量估算法、牧草能量估算法、放牧试验估测法。

1. 牧草产量估算法

通过测定草地的可食产草量,规定草地利用率,获得可利用的草地可食产量,再依据家畜的饲养需求,确定需要从草地采食的牧草量,计算草地载畜量。草地可食产草量指草地群落的可食牧草产量,是草地家畜的日粮组成。不宜用单一人工栽培牧草,也不宜用粗蛋白质或粗纤维等单一牧草营养元素来替代天然草地日粮,用以衡量标准草地动物(羊单位)的营养需求。

牧草产量法计算草地合理载畜量,可以参考家畜饲养试验结果但不宜用精确的家畜营养

---

* 南方草场资源调查办公室,中国南方草场资源调查方法导论及技术规程,1981 年,168 页、232 页。

饲养试验结果来制定相对粗放的放牧草地的承载量标准。

2. 牧草能量估算法

该方法是通过测定草地牧草的可利用营养物质能量，依据家畜饲养标准中的能量需求规定，计算草地载畜量。用被家畜采食牧草的可利用营养物质的数量来评定草地生产能力，能量是其主要的度量单位。主要通过计算牧草被转化为家畜可利用的消化能(DE)、代谢能(ME)、净能(NE)及净能衍生的淀粉价(SE)等各种形态的能量水平，评价草地的生产能力，其中，代谢能是能量估算法的最适宜指标。用牧草可利用营养物质能量评定草原生产能力，比牧草产量法合理、科学。但该方法存在下述限制性因素：①它需要有全面的牧草化学营养成分分析化验资料基础，需要有测定牧草消化率、代谢能的测定技术和测定实验，因而在基层草地生产单位，难以广泛应用；②影响牧草干物质采食的一系列动物因素和环境因素，会掩盖牲畜能量需求量的差异；③动物会优先选择采食高能量饲草，牧草适口性影响草地牧草采食率的因素，不易克服。因此，在草地生产管理实际工作中，草地承载力评定，很少用草地牧草营养物质法。

3. 放牧试验法

该方法是在一定的草地面积上，放牧一定数量、一定体重的家畜，同时维持家畜的正常繁殖、生长、生产畜产品，维持草地合理放牧利用率，在一定的放牧时间段内，测定每头家畜所需要的最小草地面积。草地围栏放牧试验是确定科学合理草地载畜量的最佳方法。但是围栏放牧试验需要大量的财力、物力投入，对于自然条件复杂、草地类型多样、产草量差异大的地区，不太适用。

草地承载力评价，既要有科学性，又要有实用性，避免繁琐，便于基层操作。因此，需要坚持科学性与实用性结合，制定草地合理载畜量标准。通过草地围栏放牧试验，确定草地合理载畜量，是估算草地承载量的最佳方法。既不宜采用过于精细的草地营养试验和牧草能量值用于载畜量标准的制定，也要避免从地区、部门利益出发，为降低当地草地超载率，而降低载畜量计算定额参数，人为提高草地承载量。只有这样，才能提高草地承载力评价标准的科学性和实用性。

综上所述，目前对于县级以上地域范围的草地载畜量计算，使用草地牧草产量法最为实用。国家级草地合理承载能力评价，宜采用草地牧草产量法计算草地合理载畜量。

9.1.4 2011年草地载畜量农业行业标准修订内容

著者在2002年制定的国家农业行业标准——《天然草地合理载畜量的计算(NY/T 635—2002)》标准，已实施7年。2010年著者接受农业部委托，对其进行修订。以下是2011年草地载畜量农业行业标准的主要修订内容。

9.1.4.1 标准羊单位定义

2011年版载畜量标准定义的标准羊单位为：1只体重45 kg、日消耗1.8 kg草地标准干草的成年绵羊，或与此相当的其他家畜，为一个标准羊单位，简称羊单位。同时规定，断奶前羔羊与哺乳母羊分别计算家畜单位，未断奶羔羊按0.2个羊单位计入现存实际家畜饲养量。

1. 重新定义标准羊单位的意义

未断奶羔羊与哺乳母羊分开，独立记入现存家畜饲养量的规定，增加了合理载畜量计算的科学性。其理由如下：

（1）将未断奶羔羊与哺乳母羊分开，单独记入现存家畜饲养量，反映了草地实际承养的畜群头数，记录了北方和青藏高原暖季放牧场真实负载的家畜数量，反映了同一繁殖母羊群当年在暖季放牧场与冷季放牧场的羊群数量差异。冷季放牧场承载的数量是上一年 12 月底的年末存栏数，而暖季放牧场承载的数量是当年 6 月底（牧业年度）承养的母羊数与未断奶羔羊数之和。

（2）可以消除哺乳母羊和非哺乳母羊营养需求的差异，可消除同一哺乳母羊在哺乳季节与非哺乳季节营养需求的差异。断奶前羔羊也要采食草地牧草，未断奶羔羊其营养消耗，特别是食草量，应与哺乳母羊分开计算，才能反映哺乳母羊与不哺乳母羊的差异。

（3）可以消除同一哺乳母羊对接羔育幼草场牧草消耗量，与对非接羔育幼草场牧草消耗量不等的差异。

2. 羊单位体重 45 kg 更符合草原纯牧区实际

2002 年版的《天然草地载畜量的计算（NY/T 635—2002）》标准，羊单位体重以中国美利奴羊体重为标准。从我国家畜改良面将不断扩大、家畜个体体重将逐步提高的角度出发，从澳大利亚等国家多认同 50 kg 成年母羊为羊单位的角度出发考虑，规定羊单位体重为 50 kg。但这一体重规定有下述局限性：

（1）青藏高原、内蒙古中西部、陕甘宁干旱区大多数草地绵羊品种，成年母羊，体重小于 50 kg。

（2）2010 年修订《天然草地合理载畜量的计算（NY/T 635—2002）》标准时，拟定了“草地载畜量计算标准调查问卷”，“问卷”的第 5 条问羊单位体重 50 kg 是否合理？还是偏重？收回的调查问卷中，当地绵羊品种体重较重的新疆、黑龙江、吉林、辽宁、山西、河北等省、区，认为羊单位体重 50 kg 的规定合理。但来自纯牧区、当地绵羊品种体重较轻的四川、甘肃、青海、内蒙古、西藏的专家认为，羊单位体重 50 kg 的规定偏重。

3. 体重 45 kg 标准羊单位能量消耗分析

最近研究显示，45 kg 体重羊单位日食量 1.8 kg 草地标准干草的规定更科学。

（1）农业部肉羊饲养标准（NY/T 816—2004）规定，体重 50 kg、日泌乳量 0.2～1.8 kg/d 的泌乳母绵羊的营养需求为：代谢能 12.13～28.87 MJ/d，进食牧草干物质 2.2 kg/d。

（2）按上述农业部肉羊饲养标准，选用能量浓度折合成绵羊代谢能为 8.68 MJ/kg 的标准苜蓿干草（干物质 DM 92.4%，干物质中粗蛋白质 CP 18.2%），计算 2002 年版载畜量标准羊单位的能量消耗，“50 kg 体重并哺半岁内单羔，日消耗 1.8 kg 草地标准干草的成年母绵羊”的能量消耗如下：①日增重 0.2 kg 前提下，1 只体重 4～20 kg 羔羊的代谢能需求为 2.72～7.5 MJ/d，平均为 5.16 MJ/d。②泌乳母绵羊哺乳期 80 d 期间的平均泌乳量为 0.56 kg/d，日产奶 0.56 kg 的泌乳母绵羊的代谢能需求为 15.89 MJ/d。③羔羊由哺乳长到以吃草为主，期间的日粮中，平均干草的消耗量占日粮的 49.8%。

以上规定与测定资料显示 50 kg 体重并哺半岁内单羔母绵羊代谢能需求为：15.89 + 5.16 × 49.8% = 18.46 MJ/d，折合标准苜蓿干草 2.13 kg/d[14]。其中母羊消耗 1.83 kg/d 干草；所哺单羔消耗 0.30 kg/d 干草。

将干物质占 92.4% 的苜蓿干草换算成含水量 14% 的草地标准干草，则 50 kg 哺乳母羊需日进食 1.97 kg 草地干草。尽管育肥肉用羊的营养消耗量标准要高于草地哺乳母羊，但仍说明原体重 50 kg 羊单位日食量 1.8 kg 草地标准干草之规定，有待修改完善。其途径有三：其一，将未断奶羔羊记入现存家畜饲养量，其营养消耗与哺乳母羊分开计算；其二，降低标准羊单位的体重；其三，提高原标准羊单位的日食量。

在不具备大量做羊单位日食量放牧试验的情况下，基于上述 3 项原因，决定降低羊单位体重，规定体重 45 kg 的成年母绵羊为 1 个羊单位。

9.1.4.2 羊单位日食量为含水量 14%的风干干草 1.8 kg 的依据

(1) 绵羊日食量测定的试验结果。青海省畜牧兽医研究所沈南英于 1959—1963 年在内蒙古锡林郭勒盟荒漠化草原上，进行了绵羊日食量测定试验。供试动物为本地蒙古绵羊，平均体重 41.2 kg(30.4～53 kg)每只羊全年平均日采食量 1.57 kg 干草[15]。试验草地的优势植物为小叶锦鸡儿、狭叶锦鸡儿、针茅、糙隐子草、芨芨草、冷蒿及葱属等。试验用干草的干物质含量约 90％，折合为含水量 14％的风干干草为 1.64 kg。按羊单位 45 kg 体重计，日食含水量 14％的风干干草为 1.79 kg。

(2) 根据 20 世纪 60—70 年代内蒙古 5 个试验站以及新疆、青海等地绵羊、牦牛日食量测定结果，我国现行采用的按体重大小规定的成年绵羊日食量分别为：大型羊(体重 50～60 kg)鲜草 6 kg；中型羊(体重 45～50 kg)鲜草 5 kg；小型羊(体重 40～45 kg)鲜草 4.0 kg；特小型羊(体重 40 kg 以下)鲜草 3.5 kg。按中型绵羊主产区温性草原区草地自然风干干草的干鲜比为 1∶3，则中型绵羊日食含水量 14％的风干干草为 1.7 kg。

(3) 美国牛单位日食量 12 kg 干物质，1 牛单位＝8 个羊单位，按此折算比例，1 羊单位的日食量为 1.5 kg 干草(绝对干燥重)，折合含水量 14％的风干干草为 1.744 kg。

(4) 新西兰羊单位日食量 1.425 kg(绝对干燥重)优质人工草地干草，折合含水量 14％的风干干草为 1.66 kg。我国天然草地干草营养成分含量，远低于新西兰以黑麦草和苜蓿为主的优质干草，若用含等量营养物质的我国天然草地干草计量，新西兰羊单位日食量，则要大大超过 1.66 kg。

综合上述国内外标准家畜日食量的测量与规定，著者在《天然草地合理载畜量的计算(NT/T 635—2002)》2011 年修改版中规定，体重 45 kg 羊单位日食量，为含水量 14％的草地标准干草 1.8 kg。

9.1.4.3 采用草地标准干草的理由

(1) 不同地区、不同草地类型的草地牧草，其营养物质含量有差异。人工草地牧草营养物质含量高，而热带、亚热带草丛、灌草丛草地牧草(特别是枯草)营养成分含量低。标准家畜应该每日消耗等量营养物质，家畜采食的日粮种类和重量可以不同，但需要采食等量营养物质。换言之，理论上，羊单位需要采食营养物质含量相等的草地牧草。为消除不同草地牧草营养物质含量和品质不同的差异，设置营养物质含量基本一致的"草地标准干草"，并制定不同品质类型的草地牧草与"标准草地干草" 的折算系数，借以实现羊单位日采食等量营养物质饲草的计算。标准草地干草的品质高低的评价，以草食畜饲用价值为依据进行评定。

(2) 不采用牧草干物质计算载畜量的理由如下：采用牧草干物质计算载畜量，对于营养物质含量和饲用品质较一致的草地而言，无疑科学性强；但对于营养物质含量和饲用品质差异较大的草地而言，由于牧草干物质只反映牧草不含水分，不能反映草地牧草营养物质含量和饲用品质的差异，若用"牧草干物质"单一因素指标计算草地载畜量，则难以平衡营养物质含量和饲用品质差别大的草地之间的差异。此外，还要增加大量不同草地类型的混合牧草样品干物质含量的测定工作量，增加基层生产单位的负担。

(3) 采用含水量 14%的干草，是为了与我国规定的牧草干草标准(NY/1574—2007)含水量一致。

9.2 草地承载力调查与计算

9.2.1 计算流程

草地牧草产量法计算草地合理载畜量，用草地可利用面积、单位面积草地的可食产草量、草地牧草的利用率、家畜的日食量和放牧利用时间进行计算。计算步骤如下：

(1) 按草地类型确定其利用季节，量算出各季节草地的面积；

(2) 测定各类草地产草量；

(3) 计算出各类型草地的可食产草量；

(4) 确定各类型草地的利用率；

(5) 确定各季节放牧草地的利用时间；

(6) 计算出季节草地理论载畜量。

计算流程见图 9.2.1。

9.2.2 草地可食产草量的测定与计算

用于计算草地承载力为目的草地可食产草量的测定，比草地详查规定的草地测产简单。可以减少测产的草地类型，不必要求精确到所在草地基本型；可以按牧草经济类群称重，不必详细到按优势种单种牧草种称重；只测可食牧草重，不必测不可食草与毒草的重量。

9.2.2.1 可食产草量的测定

1. 放牧草地可食产草量的测定

齐地面剪割草地地上部可食牧草称重，折算成含水量 14%的干草，测定样方面积如下。温性草原、山地草甸、低地草甸、热性次生草地、暖性次生草地：1 m^2；温性荒漠草原、高寒草原：2 m^2；温性荒漠：5 m^2；高寒草甸：0.5 m^2。

2. 割草地可食产草量的测定

割草地牧草达到最高月产草量时进行割草，剔除其中的不可食草和毒草，称重可食牧草，再折算成含水量 14%的干草。割草的留茬高度为：草层高 30～80 cm 的中草草地，5 cm；草层高 80～120 cm 的高草草地，10 cm；草层高＞120 cm 的特高草地，20 cm。

9.2.2.2 可食草产量计算

1. 可食草产量计算的有关技术参数

(1) 牧草再生率。计算草地可食草产量采用的牧草再生率如表 9.2.1 所示。

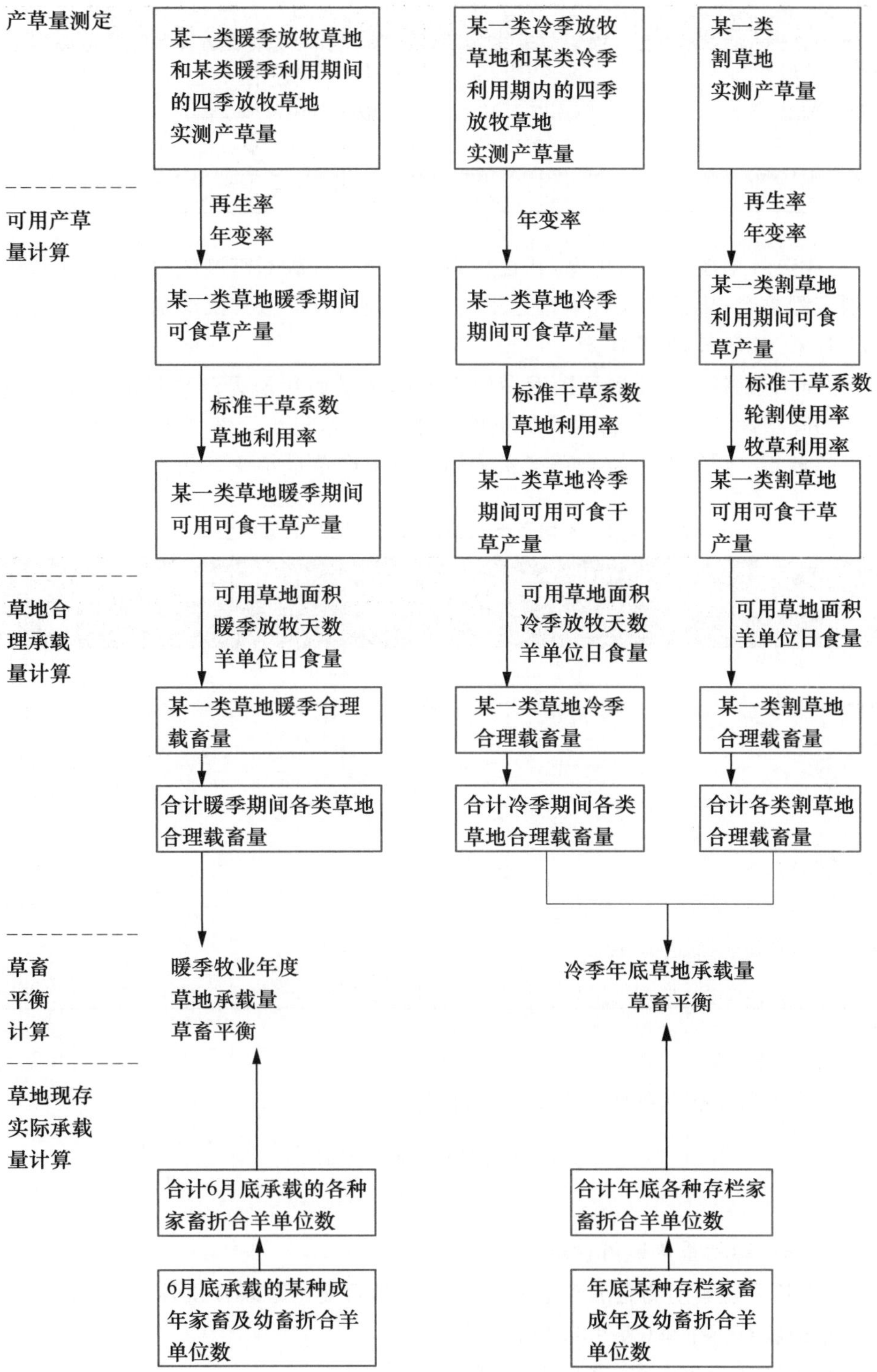

图 9.2.1 草地合理载畜量与草畜平衡计算流程图

表 9.2.1 不同热量带和不同类型草地的牧草再生率

草地类型	牧草再生率/%	草地类型	牧草再生率/%
中亚热带草地	35～50	温带草甸草地	15～20
北亚热带草地	25～35	温带草原草地	10～15
暖温带次生草地	20～25	温带荒漠、寒温带和山地亚寒带草地	0～5

规定，南亚热带草地牧草再生率，在达到最高月产量首次刈割测产后，由 8 月末和 11 月中旬二次刈割实测决定；热带草地牧草再生率，在达到最高月产量首次刈割测产后，由 8 月上旬、10 上旬、11 月末三次刈割实测决定。

(2) 产草量年变率。年降水量接近多年平均降水量的年份为产草量的平年；年降水量大于多年年平均降水量 25％的年份为产草量的丰年；年降水量小于多年年平均降水量 25％的年份为产草量的歉年。计算草地可食草产量采用的草地产草量年变率如表 9.2.2 所示。

表 9.2.2 不同草地类型区域的草地产草量年变率

草地类型区域	产草量年变率/%	
	丰 年	歉 年
草甸草原区	115	80
典型草原区	125	70
荒漠草原区	135	55
草原化荒漠区	140	60
荒漠区	150	60
暖温带草丛、灌草丛区	115	80
热带、亚热带草丛、灌草丛区	110	85
温带草甸区、高寒草甸区、低地草甸区	110	85
沼泽区	105	95

2. 可食草产量计算

(1) 暖季草地和春秋季草地可食草产量计算

$$Y_w = Y_{wm} \times (1 + G_c) \div R_y$$

式中：

Y_w——暖季或春秋季草地可食草产量，kg/hm^2；

Y_{wm}——生长季盛草期测定的含水量 14％之草地可食干草现存量，kg/hm^2；

G_c——草地牧草再生率(表 9.2.1)，％；

R_y——草地产草量年变率(表 9.2.2)，％。

(2) 冷季(枯草期)草地可食草产量计算

$$Y_c = Y_{cm} \div R_y$$

式中：

Y_c——冷季(枯草期)草地可食草产量，kg/hm^2；

Y_{cm}——冷季枯草期中期测定的含水量14%之草地可食干草现存量，kg/hm^2；

R_y——草地产草量年变率(表9.2.2)，%。

(3) 四季利用草地可食草产量计算

$$Y_y = Y_{ym} \times (1+G_c) \div R_y$$

式中：

Y_y——四季利用草地可食草产量，kg/hm^2；

Y_{ym}——实测的含水量14%之草地可食干草产量(取暖季盛草期和冷季枯草期中期测定之草地地上部可食草产量与冷暖季时间的加权平均值)，kg/hm^2；

G_c——草地牧草再生率(表9.2.1)，%；

R_y——草地产草量年变率(表9.2.2)，%。

(4) 割草地可食草产量计算

$$Y_h = Y_{hm} \times (1+G_c) \div R_y$$

式中：

Y_h——割草地可食草产量，kg/hm^2；

Y_{hm}——割草地牧草达到最高月产量时，刈割的含水量14%的可食干草产量，kg/hm^2；

G_c——草地牧草再生率(表9.2.1)，%；

R_y——草地产草量年变率(表9.2.2)，%。

9.2.2.3 草地标准干草的计算

计算草地载畜量需要消除草地牧草营养含量的差异。营养物质含量不相同的各种不同草地类型的可食产草量，乘以标准干草折算系数，可转换为营养物质总含量大致相等的草地标准干草产量。计算草地载畜量采用的草地标准干草折算系数如表9.2.3所示。

表9.2.3 不同类型草地牧草折合成草地标准干草的折算系数

草地类型	草地标准干草折算系数	草地类型	草地标准干草折算系数
荒漠草地	0.85～0.95	禾草高寒草甸与高寒草原	1.00～1.05
暖性草丛、灌草丛草地	0.80～0.90	莎草高寒草甸与高寒草原	1.00
热性草丛、灌草丛草地	0.75～0.85	杂类草草甸和沼泽	0.80～0.85
禾草低地草甸	0.90～0.95	禾草沼泽	0.80～0.90
杂类草高寒草地	0.85～0.95	改良草地	1.00～1.10
禾草温性草原和山地草甸	1.00		

表9.2.1牧草再生率、表9.2.2产草量年变率和表9.2.3标准干草折算系数非常重要。但上述三个表所列项目中，个别项目，如山地亚寒带草地的牧草再生率、沼泽区草地产草量的年变率，缺乏测定数据支持；有测定数据支持的绝大多数项目，所依据的数据取自于24～28年前的首次全国草地调查，现实性较差。为提高现实性，删除上述计算参数，改为按草地监测实

际测定值计算，则要在未布设监测点的全国95%以上的天然草地区，加强监测工作，加强对各地现有草地生产力测定和天然草地干草的调查研究。

9.2.3 可用草地产草量计算

9.2.3.1 草地利用率

1. 放牧草地的利用率

季节放牧草地采用的草地利用率如表9.2.4所示。

表9.2.4 不同利用季节放牧草地的利用率 %

草地类型	暖季放牧利用率(E_w)	春秋季放牧利用率(E_s)	冷季放牧利用率(E_c)	四季放牧利用率(E_y)
低地草甸类	50～55	40～50	60～70	50～60
温性山地草甸类、高寒沼泽化草甸亚类	55～60	40～45	60～70	55～60
高寒草甸类	55～70	40～45	60～70	50～60
温性草甸草原类	50～60	30～40	60～70	50～55
温性草原类、高寒草甸草原类	45～50	30～35	55～65	45～50
温性荒漠草原类、高寒草原类	40～45	25～30	50～60	40～45
高寒荒漠草原类	35～40	25～30	45～55	35～40
沙地草原(包括各种沙地温性草原和沙地高寒草原)	20～30	15～25	20～30	20～30
温性荒漠类和温性草原化荒漠类	30～35	15～20	40～45	30～35
沙地荒漠亚类	15～20	10～15	20～30	15～20
高寒荒漠类	0～5	0	0	0～5
暖性草丛、灌草丛草地	50～60	45～55	60～70	50～60
热性草丛、灌草丛草地	55～65	50～60	65～75	55～65
沼泽类	20～30	15～25	40～45	25～30

依据放牧方式和表9.2.4规定的利用率幅度，确定草地利用率。采用轮牧、围栏划区轮牧利用方式的草地，其利用率取表9.2.4规定的利用率上限；采用连续自由放牧、散牧利用方式的草地，其利用率取表9.2.4规定的使用率下限。

2. 割草地的使用率

割草地的使用率为实施割草的草地面积占割草地总面积的比例。草地生产实施割草地轮换割草，割草地的使用率规定为：连续割草年限占一个割草轮割周期年限的比例，每个轮割期内休割一年。如轮割周期为5年的割草地，连续割草4年，休割1年，其使用率为80%。割草地的使用率规定如表9.2.5所示。

表 9.2.5 不同类型割草地使用率

草地类型	低地草甸类 温性山地草甸类 温性草甸草原类	温性草原类 沼泽化高寒草甸亚类 沼泽类	暖性草丛、灌草丛类 热性草丛、灌草丛类
轮割周期/年	4	3	5
割草地使用率/%	75	67	80

3. 割草地牧草利用率

牲畜采食到的牧草量占割草地刈割产草量之比，称为割草地牧草利用率。从割草地刈割的牧草，在晾晒、运输、饲喂过程中会有一定损失，一般为10%左右。割草地牧草利用率规定为90%，

4. 退化草地的利用率

退化草地包括退化放牧草地和退化割草地。轻度退化草地的利用率，为表9.2.4规定的草地利用率和表9.2.5规定的草地使用率的80%；中度退化草地的利用率，为表9.2.4规定的草地利用率和表9.2.5规定的草地使用率的50%；严重退化草地停止利用，实行休割、休牧或禁牧。

9.2.3.2 可用草地产草量计算

1. 放牧草地

可用草地产草量=放牧草地可食产草量×草地利用率

2. 割草地

可用草地产草量=割草地可食产草量×割草地使用率×割草地牧草利用率

9.2.4 单位草地载畜量的计算

9.2.4.1 用草地面积单位表示的草地合理载畜量的计算

1. 用草地面积单位表示的放牧草地合理载畜量的计算

$$S_{usw}=\frac{I_{us}.D_w}{Y_w.E_w.H_w}$$

式中：

S_{usw}——1羊单位暖季（或冷季、或春秋季、或四季）需某类暖季（或相应的冷季、或春秋季、或四季）放牧草地的可利用面积，hm^2/[羊单位·暖季（或冷季、或春秋季、或四季）]；

Y_w——1 hm^2 某类暖季（或冷季、或春秋季、或四季）放牧草地可食草产量，kg/hm^2；

E_w——某类暖季（或冷季、或春秋季、或四季）放牧草地的利用率（表9.2.4），%；

H_w——某类暖季（或冷季、或春秋季、或四季）放牧草地牧草的草地标准干草折算系数（表9.2.3）；

I_{us}——羊单位日食量[1.8 kg 草地标准干草/（羊单位·d）]；

D_w——暖季（或冷季、或春秋季、或四季）放牧草地的放牧天数，d。

2. 用草地面积单位表示的割草地合理载畜量的计算

$$S_{ush}=\frac{I_{us}\cdot D_h}{Y_h\cdot E_h\cdot H_h\cdot E_f}$$

式中：

S_{ush}——1羊单位在全年(或暖季、或冷季、或春秋季)利用期内需某类割草地可利用面积，hm^2/[羊单位·年(或暖季、或冷季、或春秋季)]；

I_{us}——羊单位日食量[1.8 kg草地标准干草/(羊单位·d)]；

D_h——需要从割草地刈割牧草饲喂家畜的天数，日；

Y_h——1 hm^2 某类割草地可食草产量，kg/hm^2；

E_h——某类割草地使用率(表9.2.5)，%；

H_h——某类割草地牧草的草地标准干草折算系数(表9.2.3)；

E_f——刈割的割草地牧草利用率(90%)。

9.2.4.2 用家畜单位表示的草地合理载畜量的计算

1. 用家畜单位表示的放牧草地合理载畜量的计算

$$A_{usw}=\frac{Y_w\cdot E_w\cdot H_w}{I_{us}\cdot D_w}$$

式中：

A_{usw}——1 hm^2 某类暖季(或冷季、或春秋季、或四季)放牧草地在暖季(或相应的冷季、或春秋季、或四季)放牧期内可承养的羊单位，羊单位/[hm^2·暖季(或冷季、或春秋季、或四季)]。

Y_w、E_w、H_w、I_{us}、D_w 见9.2.4.1之1。

2. 用家畜单位表示的割草地合理载畜量的计算

$$A_{ush}=\frac{Y_h\cdot E_h\cdot H_h\cdot E_f}{I_{us}\cdot D_h}$$

式中：

A_{ush}——1 hm^2 某类割草地分别在全年(或冷季、或春秋季、或暖季)利用期内割草投饲可承养的羊单位，羊单位/[hm^2·年(或冷季、或暖季、或春秋季)]。

Y_h、E_h、H_h、E_f、I_{us}、D_h 见9.2.4.1之2。

9.2.4.3 用时间单位表示的草地合理承载量的计算

1. 用时间单位表示的放牧草地合理承载量的计算

$$T_{usw}=\frac{Y_w\cdot E_w\cdot H_w}{I_{us}}$$

式中：

T_{usw}——1 hm^2 某类暖季(或冷季、或春秋季、或四季)放牧草地可供1羊单位家畜在暖季(或冷季、或春秋季、或四季)放牧期内可放牧利用的天数，d/(hm^2·羊单位)；

Y_w——1 hm^2 某类暖季(或冷季、或春秋季、或四季)放牧草地可食草产量，kg/hm^2；

E_w——某类暖季(或冷季、或春秋季、或四季)放牧草地利用率(表9.2.4)，%；

H_w——某类暖季(或冷季、或春秋季、或四季)放牧草地牧草的标准干草折算系数(见表 9.2.3);

I_{us}——羊单位日食量,1.8 kg 标准干草(1.8 kg 标准干草·羊单位)/d。

2. 用时间单位表示的割草地合理承载量的计算

$$T_{ush}\frac{Y_h \cdot E_h \cdot H_h \cdot E_f}{I_{us}}$$

式中:

T_{ush}——1 hm^2 某类割草地可供 1 羊单位利用的天数,d/(hm^2·羊单位);

Y_h、E_h、H_h、E_f、I_{us}见 9.2.4.1 之 1。

9.2.5 草地类型的合理载畜量计算

1. 某种类型放牧草地合理载畜量的计算

$$A_{wk}=\frac{S_{nw}}{S_{usw}}$$

式中:

A_{wk}——某类暖季(或冷季、或春秋季、或四季)放牧草地在暖季(或相应在冷季、在春秋季、在全年)放牧期可承养放牧的羊单位;

S_{nw}——某类暖季(或冷季、或春秋季、或四季)放牧草地可利用面积,hm^2。

S_{usw}见 9.2.4.1 之 1。

2. 某种类型割草地合理载畜量的计算

$$A_{hk}=\frac{S_{nh}}{S_{ush}}$$

式中:

A_{hk}——某类割草地分别在全年(或冷季、或春秋季、或暖季)利用期内割草投饲可承养的羊单位;

S_{nh}——某类割草地可利用面积,hm^2。

S_{ush}见 9.2.4.1 之 2。

9.3 天然草地草畜平衡调查

《中华人民共和国草原法》第三十三条规定,草原承包经营者不得超过草原行政主管部门核定的载畜量,草原载畜量标准和草畜平衡管理办法由国务院草原行政主管部门规定。承包草原的合理载畜量和草畜平衡,指承包的区域草地合理载畜量和草畜平衡。草畜平衡计算程序见图 9.2.1。

9.3.1 区域草地合理载畜量计算

9.3.1.1 区域放牧草地合理载畜量的计算

$$A_w = \sum_{k=1}^{n} A_{wk}$$

式中：

A_w——区域内草地中各类暖季（或冷季、或春秋季、或四季）放牧草地可承养的羊单位总和；

k——区域内草地用做暖季（或冷季、或春秋季、或四季）放牧草地的草地类型序号；

n——区域内草地中用做暖季（或冷季、或春秋季、或四季）放牧草地的草地类型数；

A_{wk}——某类暖季（或冷季、或春秋季、或四季）放牧草地在暖季（或相应在冷季、在春秋季、在全年）放牧期可承养放牧的羊单位；

9.3.1.2 区域割草地合理载畜量的计算

$$A_h = \sum_{k=1}^{n} A_{hk}$$

式中：

A_h——区域内草地中各类割草地可承养的羊单位总和；

A_{hk}——某类割草地分别在全年（或冷季、或春秋季、或暖季）利用期内割草投饲可承养的羊单位；

k——区域内草地中用做割草地的草地类型序号；

n——区域内草地中用做割草地的草地类型数。

9.3.1.3 区域草地合理总载畜量的计算

1. 季节利用草地合理总载畜量的计算

$$A_u = A_w + A_h$$

式中：

A_u——在暖季（或冷季、或春秋季）利用期内，区域内草地中所有草地类型合理载畜量总和，羊单位；

A_w——区域内草地中各类暖季（或冷季、或春秋季）放牧草地可承养的羊单位总和；

A_h——区域内草地中各类割草地在暖季（或冷季、或春秋季、或全年）可承养的羊单位总和。

2. 区域草地全年合理总载畜量的计算

（1）计算公式

$$A_{ys} = \frac{A_w \cdot D_w}{365} + \frac{A_s \cdot D_s}{365} + \frac{A_c \cdot D_c}{365} + A_{gy} + \frac{A_{hw} \cdot D_{hw}}{365} + \frac{A_{hs} \cdot D_{hs}}{365} + \frac{A_{hc} \cdot D_{hc}}{365} + A_{hy}$$

式中：

A_{ys}——区域草地全年总合理载畜量，羊单位；

A_w——暖季放牧草地可承养的羊单位；
D_w——暖季放牧草地利用天数；
A_s——春秋季放牧草地可承养的羊单位；
D_s——春秋季放牧草地利用天数；
A_c——冷季放牧草地可承养的羊单位；
D_c——冷季放牧草地利用天数；
A_{gy}——四季利用放牧草地可承养的羊单位；
A_{hw}——割草地暖季可承养的羊单位；
D_{hw}——从割草地刈割牧草用于暖季投饲的天数；
A_{hs}——割草地春秋季可承养的羊单位；
D_{hs}——从割草地刈割牧草用于春秋季投饲的天数；
A_{hc}——割草地冷季可承养的羊单位；
D_{hc}——从割草地刈割牧草用于冷季投饲的天数；
A_{hy}——四季使用的割草地可承养的羊单位。

(2) 按全年利用计算合理总载畜量，对季节放牧草地利用期的规定：①缺乏割草地的区域，放牧草地按冷、暖两种季节转场放牧的草地区域，其冷季和暖季放牧期之和 365 d；②缺乏割草地的区域，放牧草地按冷季、暖季、春秋季三种季节转场放牧的区域，其冷季、暖季、春秋季三种季节放牧期之和必须为 365 d；③划分为季节放牧草地和割草地的区域，其区域内各季节放牧草地的放牧天数之和，必须等于 365 d 减去区域内割草地刈割牧草可投饲的天数。

(3) 割草地利用期的规定：①全年舍饲圈养区域，从割草地刈割牧草投饲的时间应为 365 d；②划分为割草地与季节放牧草地的区域，从割草地刈割牧草投饲的天数与全部季节放牧草地的放牧天数之和应为 365 d。

9.3.2 草地现存载畜量调查

草地区域内现存饲养的草地家畜，按草地畜群的畜种和品种折算为标准家畜，分别按成年畜的体重与幼畜的年龄折算为标准羊单位。

成年畜按表 9.3.1 所示的标准家畜单位折算系数换算；幼畜按表 9.3.2 所示的折算系数换算为同类的成年畜，再进一步换算为标准家畜单位。

表 9.3.1 各种成年家畜折合为标准家畜单位(羊单位)的折算系数

畜种	体重/kg	代表性品种[16~17]	羊单位折算系数
1. 绵羊			
特大型	>55	阿勒泰羊、进口纯种半细毛羊等	1.3
大型	50～55	中国美利奴羊军垦型、敖汉细毛羊、山西细毛羊、大尾寒羊、小尾寒羊、乌珠穆沁羊等	1.2

续表 9.3.1

畜种	体重/kg	代表性品种[16~17]	羊单位折算系数
大中型	45～50	中国美利奴羊科尔沁型、中国美利奴羊吉林型、中国美利奴羊新疆型、甘肃细毛羊、鄂尔多斯细毛羊、进口细毛羊和半细毛羊2代以上的高代杂种、哈萨克羊、塔什库尔干羊等	1.1
中型	40～45	蒙古羊、巴音布鲁克羊、藏北草地型藏羊、贵德黑羔皮羊、中国卡拉库尔羊、兰州大尾羊、广灵大尾羊、西藏细毛羊等	1.0
小型	35～40	高原型藏羊、柯尔克孜羊、滩羊、和田羊、青海高原半细毛羊、同羊等	0.9
特小型	＜35	雅鲁藏布江型藏羊、云贵高原小型山地型绵羊、湖羊等	0.8
2. 山羊			
大型	＞45	关中奶山羊、崂山奶山羊、雅安奶山羊等	1.1
中型	40～45	内蒙古山羊、新疆山羊、亚东山羊、辽宁绒山羊、雷州山羊、龙陵山羊、燕山无角山羊、马头山羊等	1.0
小型	35～40	中卫山羊、济宁山羊、成都麻羊、太行山山羊、陕西白山羊、槐山羊、贵州白山羊、阿里绒山羊、阿尔巴斯绒山羊等	0.9
特小型	＜35	福青山羊、子午岭黑山羊、东山羊、西藏山羊、柴达木山羊、川东白山羊、都安山羊等	0.8
3. 黄牛			
特大型	＞550	进口纯种大型肉用牛、短角牛、西门塔尔牛、黑白花牛等	10.0
大型	500～550	中国草原红牛、三河牛、进口大型肉用型和兼用牛的二代以上高代杂种牛等	9.0
中型	450～500	秦川牛、南阳牛、鲁西牛、晋南牛、延边牛、蒗脚牛、进口大型肉用型及兼用型牛的低代杂种等	8.0
小型	350～450	蒙古牛、哈萨克牛、海南高峰牛、大别山牛、邓川牛等	6.5
特小型	＜350	西藏黄牛、华南黄牛、南方山地黄牛等	5.0
4. 水牛			
大型	＞500	上海水牛、海子水牛、摩拉水牛和尼里水牛及其高代杂种等	9.0
中型	450～500	滨湖水牛、江汉水牛、德昌水牛、德宏水牛、摩拉水牛和尼里水牛的低代杂种、兴隆水牛、信阳水牛等	8.0

续表 9.3.1

畜种	体重 /kg	代表性品种[16~17]	羊单位折算系数
小型	<450	温州水牛、福安水牛、西林水牛及其他南方山地品种水牛等	6.5
5. 牦牛			
大型	>350	横断山型牦牛、亚东牦牛、大通牦牛等	5.0
中型	300~350	玉树牦牛、九龙牦牛等	4.5
小型	<300	青海高原型牦牛、西藏牦牛、新疆牦牛等	4.0
6. 马			
大型	>370	伊犁马、三河马、山丹马、铁岭马等	7.0
中型	300~370	蒙古马、哈萨克马、河曲马、大通马等	6.0
小型	<300	藏马、建昌马、丽江马、乌蒙马、云贵高原小型山地马等	5.0
7. 驴			
大型	>200	关中驴、德州驴、佳米驴等	4.0
中型	130~200	凉州驴、庆阳驴、汝阳驴、晋南驴等	3.0
小型	<130	西藏驴、新疆驴、内蒙古驴等	2.5
8. 骆驼			
大型	>570	阿拉善驼、苏尼特驼等	10.0
小型	≤570	新疆驼、帕米尔高原驼等	9.0

表 9.3.2 幼畜与成年畜的家畜单位折算系数

畜 种	幼畜年龄	相当于同类成年家畜当量
绵羊、山羊	断奶前羔羊	0.3
	断奶至1岁	0.6
	1~1.5岁	0.8
马、牛、驴	断奶至1岁	0.3
	1~2岁	0.7
骆驼	断奶至1岁	0.3
	1~2岁	0.6
	2~3岁	0.8

9.3.3 区域草地的载畜量潜力与超载计算

用区域内放牧草地和割草地的合理载畜量之和与草地实际饲养量比较，计算草地区域的载畜潜力与超载。草地家畜实际饲养量的计算，按规定换算成标准家畜。区域草地合理载畜量不含区域内附属草地、农副产品、秸秆等其他饲料资源可承养的载畜量。

1. 按季节利用的区域草地的载畜量潜力与超载计算

$$P_w = A_w + A_h - A_{pw}$$

式中：

P_w——暖季（或冷季、或春秋季）放牧草地和割草地的载畜量潜力，羊单位；

A_w——区域内暖季（或冷季、或春秋季）放牧草地的合理载畜量，羊单位；

A_h——区域内割草用于暖季（或冷季、或春秋季）投饲的割草地合理承养量，羊单位；

A_{pw}——暖季（或冷季、或春秋季）当季草地牲畜实际饲养量，羊单位。

当 $P_w>0$，暖季（或冷季、或春秋季）放牧草地与割草地尚有载畜潜力；当 $P_w=0$，暖季（或冷季、或春秋季）放牧草地和割草地载畜量之和与当季草地牲畜实际饲养量达到平衡，草地利用适度；当 $P_w<0$ 暖季（或冷季、或春秋季），放牧草地和割草地已超载过牧。

省、地区、县各级行政区域的草畜平衡计算规定，冷季草地牲畜实际饲养量用年末存栏数，暖季和春秋季草地牲畜实际饲养量用当年 6 月 30 日牧业年度牲畜统计数。

2. 按全年使用的区域草地载畜量潜力与超载计算

$$P_{ws} = A_{ys} - A_{py}$$

式中：

P_{ws}——按全年利用的区域草地载畜量潜力，羊单位；

A_{ys}——区域草地内全年合理总载畜量，羊单位；

A_{py}——当年区域草地实际饲养量年底存栏数，羊单位。

$P_{ws}>0$，按全年使用的区域草地还有载畜潜力；$P_{ws}=0$，区域草地全年合理载畜量与全年平均实际饲养量达到平衡，草地利用适度；$P_{ws}<0$，按全年使用的区域草地已超载过牧。

9.4 宜牧土地生产潜力与人口承载力分析

宜牧土地包括永久性天然草地、永久性人工草地和改良草地，不宜种植籽实农作物但适宜种植饲料和栽培牧草的饲料地。

宜牧土地生产能力受制约土地生产潜力因素的影响，受土地生产过程中诸因素相互匹配关系的影响。其主要决定性因素如下：

（1）气候条件。宜牧土地所处地理位置的气温、降水、太阳辐射、蒸发力等气候因素，是影响土地生产能力的决定性因素，由此决定的宜牧土地生产潜力为气候生产潜力。

（2）宜牧土地质量条件。指宜牧土地的基本自然特征，包括土壤的类型与肥力、地形与坡度、地表侵蚀程度等因素，影响宜牧土地生产过程。

（3）植被生态类型产能条件。即各种天然草地植被类型、人工草地类型、人工种植饲草料的种类与面积，以及它们在适当的水、热和土地条件下所能获得的产量。

（4）人为因素。指宜牧土地生产过程中的人为参与力度，如宜牧土地利用方式，管理水平，水、肥、劳力和科学技术投入水平等，人为参与作用直接影响宜牧土地生产能力。人为参与作用，是影响宜牧土地生产能力动态变化的活跃因素，也是人们提高宜牧土地生产能力有作为的因素。

宜牧土地生产潜力分析，首先讨论草地的第一性生产力；随后依照草地生产力和宜牧土地面积的关系，求出草地的第一性生产量；再根据草、畜关系推导出畜牧业生产的潜力；最后依据农牧民消费水平，计算宜牧土地人口承载力。

9.4.1 宜牧土地的气候生产潜力

宜牧土地气候生产潜力分析，用于大面积范围（>5 万 km^2）的草地畜牧业经济、生态保护方面的规划，适用于小比例尺调查精度的宜牧土地生产潜力分析，是了解宜牧土地生产潜力的大致能力和分布规律，而不需要很多地面测定资料的宜牧土地资源生产潜力常用分析方法。

9.4.1.1 迈阿密(Miami)模型

宜牧土地气候生产潜力估算方法很多，其中迈阿密模型（Miami Model）计算土地气候生产潜力法[18]，虽然发表年代比较早，但比较成熟。在宜牧土地资源评价中，多用于计算气候因素影响下的土地生产潜力。

自然植被净第一性生产力（net primary productivity，NPP）反映植物每年通过光合作用所合成的有机物总量。20 世纪 80 年代以来，国内一些学者开始采用国际上流行的自然植被 NPP 估算模型，如迈阿密模型，对中国自然植被的气候生产潜力及其对气候变化的反应进行模拟研究[19]。迈阿密模型是国际上比较成熟的计算气候生产潜力的模型，它是利用可靠的自然植被 NPP 的实测资料，利用与实测生产力相匹配的年均气温及年均降水资料，利用最小量因子限定定律，计算土地的气候生产潜力。计算参数是温度和水分。张宪洲利用迈阿密模型，对我国自然植被的净第一性生产力进行了分析[20]。

迈阿密模型计算温度生产潜力的公式为：

$$Y_t = \frac{2\ 000}{1 + e^{1.315 - 0.119t}}$$

式中：

Y_t——牧草的温度生产潜力，kg/(亩·年)；

t——年平均温度，℃；

e——自然对数底。

迈阿密模型计算降水生产潜力的公式为：

$$Y_r = 2\ 000(1 - e^{-0.000664r})$$

式中：

Y_r——牧草的降水生产潜力，kg/(亩·年)；

r——年平均降水量，mm；

e——自然对数的底。

当同一地段用温度计算出的生产潜力，与用降水计算出的生产潜力为不同数值时，则按最小量因子限制定律，择用两个数值中较小的一个，用以代表此地段牧草的气候生产潜力。

9.4.1.2 桑斯韦特(Thornthwaite Memoria)纪念模型

桑斯韦特（Thornthwaite Memoria）研究了植被生物量与蒸腾蒸发量（ET）、气温、降水量之间的关系，并据此建立了 NPP 和 ET 之间的统计关系。基于可能蒸散量模型和植被净生产力测定资料，Lieth H 等于 1972 年提出了迈阿密模型的改进型——桑斯韦特纪念模型[18]。其计算公式为

$$NPP=3\ 000[1-e^{-0.0009695(E-20)}]$$

式中：

E——实际蒸散量，mm；

e——自然对数的底。

实际蒸散量受太阳辐射、温度、降水量等多种气候因素影响，引入实际蒸散量进行估算，考虑的因素比 Miami 模型多，因而对植物的 NPP 的估算较 Miami 模型合理。有研究者认为，桑斯韦特模型的最佳使用范围为实际蒸散量 200～750 mm 的地区，超出此范围时，计算误差加大[21]。

还有报道，有个研究小组利用迈阿密模型、桑斯韦特模型，研究了内蒙古呼伦贝尔市典型草原区 6 个旗县的牧草气候生产潜力。得到的结果为，呼伦贝尔市典型草原区草原牧草气候生产潜力为 4 925.5～5 551.542 kg/(hm^2 · 年)(干草)[22]。20 世纪 80 年代初，呼伦贝尔典型草原区 6 个旗县(新巴尔虎左旗、新巴尔虎右旗、陈巴尔虎旗、鄂温克旗、海拉尔市、满洲里市)，属于呼伦贝尔重点牧区片草原，当年草地调查结果显示，天然草地平均鲜草产量 3 695 kg/hm^2，折合干草为 1 232 kg/hm^2；全片旱作人工草地(没有灌溉)平均干草产量 4 500 kg/hm^2[23]。上述用迈阿密模型和桑斯韦特模型计算出的草地气候生产潜力，与草地实际生产能力接近，对小比例尺调查精度要求的宜牧土地生产潜力规划，有指导意义。

9.4.1.3 江爱良模型

江爱良系中国科学院地理所气候学家。他综合国外一些光、热、水生产潜力模型，发表了自己的计算方法如下：

$$Y=0.279(P/E_0)Q\sum_{i=1}^{12}T_i$$

式中：

Y——气候生产力，kg/亩；

P——年降水量，mm；

Q——生长期太阳辐射量，kJ/cm^2(月平均气温>0℃)；

E_0——用彭曼公式计算的年蒸发量，mm；

T_i——月平均气温，℃。

式中如果 $P\geqslant E_0$，则令 $P/E_0=1$；$T_i\leqslant 0$，则令 $T_i=0$。

呼伦贝尔盟草地研究所，用江爱良公式计算了内蒙古呼伦贝尔盟草原的气候生产潜力产量，计算结果[24](表 9.4.1)表明：呼伦贝尔盟东部扎兰屯、牙克石、博克图三地的森林草原，海拉尔的草甸草原的气候生产潜力，比较接近实际，说明上述湿润、半湿润草地的光、热、水资源潜力，得到了一定程度的发挥。该盟西部满洲里、完工两地典型草原气候生产潜力的估算值，比实际产量略高。这可能与江爱良公式用彭曼蒸发量因素计算有关，彭曼蒸发量方法对于干旱地区不太适用(见 6.2.1.1 中“草地水分生态类型评定”)。

表 9.4.1 呼伦贝尔盟草地各气象台站光、热、水生产潜力

台站	牙克石	海拉尔	完工	满洲里	博克图	扎兰屯
光、热、水生产潜力/(kg/hm^2)	4 875	4 695	4 020	3 525	5 940	7 785

气候生产潜力分析方法，适用于大面积范围，小比例尺精度的宜牧土地资源生产潜力分析，适于宜牧土地生产力估测的规律性研究。无论哪种气候生产潜力计算模型，均难以取代大比例尺精细调查精度下的宜牧土地资源生产力评价技术。基层畜牧业生产单位的宜牧土地资源生产潜力评价，需要按不同宜牧土地类型分别实际测定其生产力，以实测生产力资料进行宜牧土地资源生产潜力评定，才具有指导畜牧生产经营意义。

9.4.2 宜牧土地当前第一性生产潜力

宜牧土地当前生产潜力的评价，必须以草地生产的投入水平为前提条件，例如，是否给草地施肥，是否灌溉，是否消灭鼠虫害，是否使用良种牧草品种，等等。

9.4.2.1 区域宜牧土地生产潜力

宜牧土地当前第一性生产潜力分析以一定区域为分析对象，通过对区域牧草气候生产的估价，结合土地质量条件进行评价，其计算公式为

$$P_a = P_c \times f(l)$$

式中：

P_a——宜牧土地的生产潜力，kg/亩；

P_c——气候生产潜力；

$f(l)$——土地质量系数。

宜牧土地质量系数是反映土地生产能力的综合指标值，是对某一特定区域土地质量水平的整体概括，代表常年宜牧土地生产能力的平均值。

宜牧土地质量系数确定的具体步骤为：

首先，根据宜牧土地的不同等级，参照牧草产量产出指标，通过相关性关系的统计检验，对每一等级土地赋予相应的等级系数值。例如，西藏宜牧土地等级系数值，如表 9.4.2 所示。

表 9.4.2 西藏宜牧土地等级与土地等级系数

宜牧土地等级	产量水平(牧草干物质)/(kg/亩)	赋值的等级系数(R)
一	>200	1
二	>100～200	0.8
三	>50～100	0.4
四	>30～50	0.2
五	<30	0.1

上表各等级宜牧土地与产量间的关系，可用直线回归公式表达如下：

$$Y=0.0062+0.0051x$$

式中：

Y——宜牧土地等级系数；

x——宜牧土地的参照产量。

然后，以一定区域为单位，计算宜牧土地质量系数，计算公式如下：

$$f(l)=\frac{\sum_{i=1,j=1}^{n} A_i \times R_j}{\sum_{i=1}^{n} A_i}$$

式中：

$f(l)$——某一区域单位为土地质量系数；

A——不同等级宜牧土地的面积；

R——不同等级系数值；

$i,j=1,2,3,4,5$；$n=5$(即 5 个宜牧土地等级，见表 9.4.2)。

将某一区域宜牧土地的气候生产潜力值(Pa)，乘以其相应的土地质量系数($f(l)$)，即可求出代表这一区域宜牧土地生产潜力的平均状况。部分缺少气象观测资料的地域，宜牧土地气候生产潜力的计算，可参考气候生产潜力分布图、草地和人工饲草料生产状况，结合当地自然地理条件，进行分析计算。

要特别指出的是，上述宜牧土地生产潜力的分析结果，只反映一定区域平均宜牧土地生产潜力的可能性，代表该区域生产潜力的普遍性，不代表特殊管理和投入条件下的潜力水平。也就是说，人工草地的产量水平，会高于平均宜牧土地生产潜力。

9.4.2.2 影响宜牧土地生产潜力的因素

草地建设、人工饲草料生产和科技水平的投入水平等因素，影响宜牧土地生产潜力。著者针对国家启动重大草地建设与生态保护项目，对“十五”期间全国草地生产潜力的提高进行过预测，提高我国宜牧土地生产潜力的主要途径有：

(1) 退化草地复壮。天然草地经采取禁牧、休牧、划区轮牧等保护措施后，至 2010 年，60%的退化草地得以复壮，产草量恢复到 20 世纪 80 年代初水平，产草量可提高 20%，草地承载力比 2000 年可提高 2 496 万羊单位。

(2) 人工草地建设。按“十五”期间农业部畜牧兽医局制定的《全国草原生态建设规划》、《已垦草原退耕还草计划》、《退牧还草植被恢复计划》，至 2010 年全国牧区和半农半牧区人工草地建植面积达到 760 万 hm^2。按平均 1 hm^2 人工草地载 3 羊单位计，可承养 2 280 万羊单位。

(3) 草地水利建设。按水利部农村水利司制定的《全国牧区草原生态保护水资源保障规划》，退耕还草工程调整出的 72 万余 hm^2 耕地，将配套水利设施，改建为灌溉饲料地，按每公顷灌溉饲料地增产的饲草料可承养 15 个羊单位计，可承养 2 280 万羊单位[25]。

(4) 草地补播。对草地补播，一般可提高草地产草量 10%～20%。

(5) 草地改良。通过施肥、划破草地等改良措施，可提高草地生产力 10%～20%。

(6) 采用优良高产牧草品种。选育、培育抗旱、耐寒牧草和饲料作物品种，使用优良牧草品种进行草地生产，可提高草地第一性生产力5%。

9.4.3 宜牧土地第二性生产潜力

9.4.3.1 第一性生产潜力向可用第一性生产潜力的转化

可用宜牧土地的第一性生产潜力，取决于宜牧土地第一性生产潜力和从第一性生产潜力向可用第一性生产潜力的转化量。

宜牧土地植物气候潜力的生产总量不能被全部利用，原因为：①可利用宜牧土地占宜牧土地总面积比例，影响宜牧土地生产能力。由于地形、交通条件的制约，山地切割程度较深、远离居民点、受高山阻隔地段的草场，缺少人、畜饮水的缺水草场，利用程度很低或未被利用。②冷、暖季草场的面积、生产力不均衡，冷季草地不足，限制了草场的载畜能力。③不同类型草地植物的可食比例不一样。因此，应将不可食草从宜牧土地植物生产总量中扣除。④宜牧土地资源结构，即天然草地、人工草地、饲料地三者的比例关系，草地负载牲畜数量的密度等因素，影响宜牧土地资源的实际生产能力。⑤周期性自然灾害与抗灾能力，影响草地畜牧业生产水平。

宜牧土地牧草实际可能利用的生产潜力计算公式

$$
\begin{aligned}
P_{a_c} &= P_g \times f(\mathrm{e}) \times f(\mathrm{u}) \times f(\mathrm{o}) \\
&= P_g \times f(\mathrm{in})
\end{aligned}
$$

式中：

P_{a_c}——实际可能利用的生产潜力量；

P_g——生产潜力量；

$f(\mathrm{e})$——可食性牧草占牧草的比例系数，其值在0～1；

$f(\mathrm{u})$——可利用宜牧土地占宜牧土地的系数，其值在0～1；

$f(\mathrm{o})$——其他因素对实际生产潜力的影响系数，其值在0～1；

$f(\mathrm{in})$——$f(\mathrm{e})$、$f(\mathrm{u})$和$f(\mathrm{o})$综合因素对实际牧草生产潜力的影响系数，由$f(\mathrm{e}) \times f(\mathrm{u}) \times f(\mathrm{o})$求得，其值也在0～1。

宜牧土地适宜性利用潜力预测，很大程度上取决于自然环境条件、人为利用的投入水平及人类社会对宜牧土地利用方式的需求。

西藏草地资源调查中的宜牧土地实际牧草潜力量评价，以较高的投入水平和今后30～50年内可望达到的水平为前提，通过专家系统的评定，将宜牧土地牧草实际生产能力各项影响函数控制如下：$f(\mathrm{e})$值确定为0.70～0.80，$f(\mathrm{a})$值为0.70～0.80，$f(\mathrm{o})$值为0.50～0.60；综合影响系数$f(\mathrm{in})$为0.245～0.384[26]。据此计算获得，2030年前后，西藏宜牧土地可利用牧草总产量可能达到2 957万～4 635万t。

按每个羊单位日食含水量14%草地标准干草1.8 kg，草地牧草利用率95%，以及践踏、运输和人工饲喂耗损量计算，每个羊单位需要从草地上获取2.0 kg草地标准干草，折合为1.72 kg牧草干物质。按表9.4.2土地等级产量含量水平，再根据上述宜牧土地牧草实际可能利用的生产潜力计算公式的计算结果，就可以大致计算出一定区域内宜牧土地可能的载畜量。

可用宜牧土地第一性生产潜力估算结果，是个动态值，随着生产条件的改变，在一定范围之内，其值仍有变化。但是，从宏观角度衡量，它仍有重要参考价值，可用此估算结果与当前的畜牧业生产状况进行比较，进行区域宜牧土地是否超载或尚有载畜潜力的评估。

9.4.3.2 **宜牧土地第二性生产潜力**

宜牧土地第二性生产潜力，指草地动物的生产能力，即通过草地家畜（包括驯养的野生经济动物）利用草地牧草和人工种植的饲草料，转化为畜产品肉、奶、皮、毛、绒的转化能力。

影响宜牧土地第二性生产潜力的因素很多，当前最突出、影响力最大的因素如下。

(1) 草地畜牧业经营管理水平。目前我国草地畜牧业经营管理水平处于粗放阶段。提高经营管理水平，可大幅度提高草地畜牧业生产能力。如推行季节畜牧业生产方式，提高畜群中的适龄母畜比例，加大秋季家畜出栏率，尽量加大当年羔羊育肥出售比例，维持尽量小的越冬畜群数量，最大限度地减少公畜和驮畜数量等，已大大提高我国草地第二性生产力即动物性生产效率。目前我国牧区适龄母羊占羊群的比例已从20年前的40%～50%提高到70%左右，公羔羊70%～80%已实行当年育肥出栏。但上述这些管理措施还有进一步改善、提高的空间，在评定宜牧土地第二性生产潜力时，仍然是必须考虑的重要制约因素。

(2) 增加越冬饲草贮备。我国北方和西部草地，枯草期达6～7个月，青藏高原高寒草地，枯草期长达8～9个月。枯草期牧草营养物质含量较青草期下降70%～80%以上，牧草粗蛋白质降低，粗纤维增加，90%以上的维生素被破坏，牧草消化率降低。枯黄后的天然草地牧草不能满足草地家畜需要，完全依靠天然草地放牧的家畜，越冬期体重可下降30%，冷季缺草成为中国草地利用的最大限制性因素。

美国草地畜牧业投资的60%，用于冬季饲草料的生产与贮备。青贮塔、干草库、饲草料加工、运输机械，是先进的草地畜牧业国家畜牧场必备的设备。目前我国仅在内蒙古自治区东部牧区、新疆北部山地牧区和半农半牧区，有割草、贮草能力，不少牧区有培育割草地、增加贮草能力的提升空间。尽力增加越冬饲草料生产和贮备，可减少冬季家畜掉膘损失，同时避免来年春季家畜恢复体重过程中对草地的消耗。

(3) 抗灾基地和家畜暖棚建设。抗灾基地建设，可提高抗灾能力，减少因灾牲畜死亡。暖棚保温，建设家畜暖棚，可以提高牲畜的越冬能力。按2000年末我国天然草地放牧畜牧业水平衡量，抗灾基地和暖棚建设，可以提高幼畜成活率5%～10%，减少成畜死亡率2%～3%，可整体提高草地生产力1%～1.5%。

(4) 培育优良家畜品种。选用产肉、产奶、产毛性能高的草地家畜品种，能获得宜牧土地生产潜力的提高。例如，旭日干院士通过胚胎移植培育的绒山羊新品种，平均产绒量达到400 g/只，比以前的内蒙古阿尔巴斯绒山羊产绒量120～150 g/只，提高1倍多。

(5) 加强牲畜疫病防治。提高草地家畜疫病防治水平，特别是杜绝家畜烈性传染病，可以提高牲畜畜产品产量，降低家畜死亡率。在目前草地牲畜防疫水平较低的情况下，加强草地牲畜疫病防治可以整体提高草地畜牧业生产能力0.5%～1.0%。

9.4.4 宜牧土地资源人口承载力分析

9.4.4.1 **宜牧土地资源人口承载力分析的意义**

著者1985年调查，西藏自治区当雄县草地载畜量超载108%，而从1953—1984年32年间，人均占有牲畜数始终维持在20个绵羊单位左右，变化不大。可见，草地载畜量超载实际为草地人口增加所致[27]。在人口增加，而草地生产力和家畜个体生产力不能获得相应提高的情况下，牧民为保持最低生活需要，只能增加饲养家畜头数。人口的增长必将导致家畜数量的不断增加，使草地超载过牧，草地退化，进而引起草地生产力降低，家畜品质下降，畜产品产量减少。人们为了满足最低畜产品的需要，不得不进一步增加牲畜头数，结果导致草地畜牧业陷入失去控制的恶性循环中。所以，在进行草畜平衡调查的同时，还应该进行草地人口承载力的调查与分析。

9.4.4.2 适合宜牧土地资源人口承载力估测的地区

指小比例尺调查精度前提下，对以天然草地畜牧业为唯一经济产业形式的地区(纯牧区)进行的草地人口承载力估测。纯牧区的经济生产能力，完全取决于草地畜牧业和以当地草地畜牧业为依托的附属产业。人们的食物、生活物品全部来源于草地畜牧业，土地的人口承载能力完全取决于当地草地畜牧业的生产能力。除草地畜牧业外，还经营种植业，或兼营与当地草地畜牧业无关的运输、农产品加工业的地区，其影响人口承载力的因素较复杂，不在“宜牧土地人口承载力”讨论区域范围内。

9.4.4.3 宜牧土地资源人口承载力估测方法与程序

(1) 以宜牧土地资源适宜性评价为基础，估测与之匹配的气候资源综合生产能力。一个地区农业气候资源的优劣，除了水、热、光辐射单项农业气候资源外，还取决于单项农业气候资源的匹配状况。选用草地区域年降水量、≥0℃的年积温、年太阳总辐射量，可以组合成不同草地农业气候资源生产力指数，进一步将我国主要天然草地区划分为如下若干草地气候生产力指数类型区[28]：①水资源较丰富、热量不足、光资源丰富型，如青藏高原东部、新疆北部山地草地区。②水资源较丰富、热量不足、光资源欠丰富型，如内蒙古东部、黑龙江、吉林西部草地区。③水、热资源欠丰富、光资源丰富型，如内蒙古中部、西藏中部、青海中北部草地区。④水资源贫乏、热量资源不足、光资源丰富型，如内蒙古西部、甘肃和青海西北部草地区。

还可以进一步划分出更多的草地气候生产力指数类型区。依据各草地气候类型区的特点，从植被净生产力气候模型，如迈阿密(Miami)模型、桑斯韦特(Thornthwaite Memoria)模型、筑后(Chikugo)模型等多种模型中[21]，选择一种最符合当地草地实际生产力的计算模型，计算出天然草地生物产量潜力。

(2) 确定可用气候生产潜力。用气候净初级生产力模型计算出来的草地生产量，不能全部被利用。家畜采食要留有一定的高度，割草也要留有一定的高度，不能齐地面割，不能将牧草的地上部生物产量全部利用。为了保证草地植被的休养生息、永续利用，必须限定一定的草地利用率。一般典型草原利用率为50%，“吃一半留一半”，越是干旱稀疏的草地植被，利用率越低。

(3) 确定宜牧土地中，可供生产人工饲草料的宜牧土地的面积和占草地总面积的比例。确定在高、中、低几种投入水平下，在不同的管理水平下，人工饲草料的生产能力。有灌溉的人工草地产草量可以是当地天然草地的10倍，草甸草原和山地草甸地区的旱作人工草地，也可以比天然草地提高生产力1～3倍。而有灌溉的人工种植之高产饲草料，如饲料玉米，其产量可以是天然草地的10～20倍。可见，人工饲草料产能，蕴藏着很大提高草地人口承载力的潜能。

(4) 确定区域草地畜牧业生产结构的改进程度。包括繁殖母畜占畜群比例的提高幅度，当年育肥羔羊和育肥牛犊出栏比例的提高幅度，畜群良种化比例的提高幅度，役用畜在畜群中减少的比例等。据此估算单位存栏畜生产畜产品能力的提升幅度。

（5）确定草地牧民的消费水平。①维持牧民生存的最低生活水平，每个牧民需占有 20 羊单位。②维持牧民温饱生活水平，每个牧民需占有 35 羊单位。③维持牧民小康生活水平，每个牧民需占有 50 羊单位。④维持牧民低富裕生活水平，每个牧民需占有 100 羊单位以上。

按照牧区上述可用草地净初级生产力，加上人工饲草料生产、增加投入水平等措施可提升的生产潜力，除以牧民某一消耗水平线需要的羊单位数，即可获得草地牧区适宜的人口承载量。

参考文献

[1] 中华人民共和国草原法. 北京：中国农业出版社，2003：14，10.

[2] 中华人民共和国农业部畜牧兽医司，中国农业科学院草原所，中国科学院自然资源综合考察委员会．中国草地资源数据. 北京：中国农业科技出版社，1994.

[3] Dorothy Brown. Methods of Surveying and Measuring Vegetation. Norwich：Jarrold and Sons Limited，1957，126-127，102.

[4] 甘肃农业大学．草原调查与规划. 北京：中国农业出版社，1985：100-111.

[5] Glossary Revision Special Committee, Publication Committee Society for Range Management. A Glossary of Terms Used in Range Management. Colorado：Edison Press，Denver，1989.

[6]《中国农业百科全书》编委会．中国农业百科全书．畜牧专业卷. 北京：中国农业出版社，1996：775.

[7] 许鹏，胡自治．草地资源调查规划学. 北京：中国农业出版社，2000：117，121.

[8] 沼田真．草地调查法手册. 姜恕，祝廷成等译．北京：科学出版社，1986：155.

[9] 王栋．草原管理学．北京：畜牧兽医图书出版社，1956.

[10] 苗忠，郑书刚，金美荣．蒙 DB 604—90《天然草地适宜载畜量计算标准》. 呼和浩特，1990-12-17 发布．

[11] 苏大学，孟有达，武保国．NY/T 635—2002《天然草地合理载畜量的计算》. 北京：标准出版社，2002.

[12] 中国科学院内蒙古宁夏综合考察队．内蒙古自治区及其东西部毗邻地区天然草场．北京：科学出版社，1980：166-168.

[13] 北方草场资源调查办公室．草场资源调查技术规程. 北京：中国农业科技出版社，1986：26-27.

[14] 刘玉杰，李向林，何峰．基于饲养标准的家畜单位折算方法. 草地学报，2009，17(4)：500-504.

[15] 乔宝音．草地生产能力评定刍议. 中国草地，1987(6)：56-59.

[16]《中国畜禽遗传资源状况》编委会．中国畜禽遗传资源状况. 北京：中国农业出版社，2004.

[17] 郑丕留．中国家畜家禽品种志. 上海：上海科技出版社，1986.
[18] 孙鸿烈．中国资源科学百科全书. 北京：中国大百科全书出版社，石油大学出版社，1999：519.
[19] 周广胜，郑元润，陈四清，等．自然植被第一性生产力模型及应用. 林业科学，1998，34(5).
[20] 张宪洲．我国自然植被净第一性生产力估算与分布. 自然资源，1993(1)：15-21.
[21] 张美玲，蒋文兰，陈全功，等．草地净第一性生产力估算模型研究进展. 草地学报，2011，19(2)：357-359.
[22] 赵慧颖，魏学占，乌力秋，等．呼伦贝尔典型草原区牧草气候生产潜力评估. 干旱区农业研究，2008(1)．
[23] 章祖同，刘起．中国重点牧区草地资源及其开发利用. 北京：中国农业科技出版社，1992：143，146.
[24]《中国呼伦贝尔草地》编委会．中国呼伦贝尔草地. 长春：吉林科学技术出版社，1992：22.
[25] 苏大学．我国草地资源快速消失//中国草学会六届二次会议暨国际学术研讨会论文集. 北京：草业科学，2004：29.
[26] 张天增，林大武．西藏自治区土地资源评价．北京：科学出版社，1994：150.
[27] Su Daxue. Methods of raising the production level of garsslands in the High-frigid pastoral areas. International Center for Integrated Mountain Development (ICIMOD), Kathmandu, Nepol Sep, 1990.
[28] 侯光良，李继由，张谊光．中国农业气候资源．北京：中国人民大学出版社，1993：343-350.

第10章

草地保护调查

摘要：本章详述了我国草地退化、荒漠化、盐渍化现状，分析了导致“三化草地”发生的人为及自然驱动因素，阐述了草地退化、沙化、盐渍化调查技术，必须监测指标与辅助监测指标，评定草地退化、沙化、盐渍化程度分级的国家标准与方法。

简述了中国草地水力侵蚀、风力侵蚀、重力侵蚀、冻融侵蚀等水土流失类型和石漠化，记述了有关地形、降雨、土壤水分、地面组成物质、植被覆盖度、鼠洞密度、侵蚀模数等各项水土流失因素的强度调查，黄土高原1∶50万草地风蚀图编制技术方案，风蚀强度等级的评定与计算方法。

概述了草地有毒有害植物的致害成因，详述了中国草地的主要毒草与危害程度、有毒有害植物调查内容，评述了有毒有害植物的避害调查。

详述了我国需要保护的草地类型及景观、优良牧草种质资源、国家一级珍稀濒危动植物，阐述了草地自然保护区设置、布局调查要点。概述了我国农业、环保和林业等部门已兴建的全国草地自然保护区，遵照保护区的典型性、稀有性、合理布局原则，提出了2010—2020年中国草地自然保护区的设置与布局方案建议。

草原法规定，国家实行基本草原保护制度。对重要放牧场、割草地、改良草地、草种基地，严重退化、沙化、盐碱化、石漠化草地和生态脆弱区草地，具有调节气候、涵养水源、保持水土、防风固沙特殊作用的草地，国家重点保护的草地野生动植物，草地科研、教学试验基地实施保护。本章阐述草地保护与保护区调查技术方法。

10.1　草地退化调查

草地退化(rangeland degradation)在生态学领域和农学领域中有着不完全相同的定义。草地生态学认为，草地退化是草地生态系统中能量流动与物质循环失调，输入小于输出，致使草地生态系统处于逆行演替之中的过程。农学领域将草地退化认为是不合理管理与超限度利用造成的草地生产力的下降过程。草地经营学家通常把植被的演替方向不利于草地生产的变化称为“草地退化”[2]。著者认为的草地退化，指天然草地在干旱、风沙、水蚀、盐碱、内涝、地下水位变化等不利自然因素的影响下，或过度放牧与割草等不合理利用，或滥挖、滥割、樵采破坏草地植被，引起草地生态环境恶化，草地牧草生物产量降低，品质下降，草地利用性能降低，甚至失去利用价值的过程[1]。

处于顺向演替的草地，由于其生态环境改善，发生乔木定居、灌木侵入滋生，草地植物群落趋于复杂，乔、灌成分比例上升，不可食阔叶杂类草成分比例上升，从而导致草地可食生物产量降低、载畜能力下降的变化过程，从生态学角度衡量，不视为草地退化。

草地退化是草地生态系统逆行演替的过程，草地生态系统逆向演替与草地利用性能降低不一定同步发展。处于逆向演替的草地，草地利用性能降低，有一定的发展阶段，草地植被的退化过程，与该草地植物饲用价值、草地利用性能的降低过程并不完全吻合。草地退化的最终结果必将引起草地饲用价值的降低，但草地退化的某些阶段，并不一定引起草地饲用价值的降低。如较湿润区的虎榛子（*Ostryopsis davidiana*）灌丛草地，因干旱或砍伐灌木而退化，退化过程中虎榛子等不可食灌木的数量减少，多年生禾本科牧草增加，草地可利用的营养成分和利用性能反而有所提高。南方亚热带、热带高大的五节芒（*Miscanthus floridulus*）草地，因过度割伐利用而退化为白茅中禾草草地，继而再退化为马陆草（*Eremochloa zeylanica*）矮禾草草地。退化后的中禾草草地和矮禾草草地的放牧利用性能反而比高禾草草地有所提高。因此，不宜简单地用草地牧草营养价值和草地利用性能作为草地退化的评价指标。

10.1.1 草地退化表现

草地退化表现在植被退化、土地与土壤退化以及由此引起的草地第二性生产性能降低三个方面。

1. 草地植被退化

(1) 首先，草地地上部生物产量特别是可食生物产量降低，载畜能力下降，继而地下部生物产量降低。我国北方和青藏高原天然草地的第一性生产力，20 世纪 60 年代前无明显下降现象。草地可食牧草产草量从 20 世纪 60 年代开始下降，70 年代较 50 年代约下降 20%，90 年代又较 70 年代下降 20%～30%，目前全国牧区草地的产草量较 20 世纪 50 年代末下降了 1/3～1/2。

(2) 草层高度降低，草地低矮化；草地群落密度和覆盖度降低，草地植被稀疏化。

(3) 草地生物多样性受损，植物群落组成成分减少，种的饱和度降低，草地群落组成趋于简单。

(4) 草地植物群落结构和优势种发生变化。适口性好的优良牧草和疏丛性、根茎性、不耐践踏的牧草减少，适口性差的牧草、耐践踏的低矮、密丛性植物、一年生草本植物比例上升；不可食草、毒害草比例上升；草地退化指示植物或草地沙漠化指示植物或盐碱化指示植物比例上升；重度退化草地，优势种组成结构发生改变，不可食草和毒害草可能占据草地群落的主导地位。

(5) 草地质量品质降低，单位面积草地牧草可食营养成分总含量下降。南方山地草地不断无计划地火烧，致使不为牲畜食用的芒萁、蕨类草地面积扩大，草地品质降低。

2. 草地土地与土壤退化

(1) 草地地被物逐渐减少或地被物消失,地表裸露面积扩大,地表出现蹄蚀、风蚀或水蚀;重度退化草地,草地覆盖度明显降低,出现斑块状裸地或地表被严重侵蚀。

(2) 草地出现干旱化、荒漠化或沙化,地表覆沙面积扩大;地表风蚀痕迹明显,固定、半固定沙丘活化。

(3) 土壤通透性降低、土壤养分被不断消耗,土壤肥力下降,土壤有机质含量,土壤的氮、磷、钾含量下降,甚至出现贫瘠化。

(4) 土壤表层盐分含量增加,土壤水分的矿化度提高,地面盐碱斑面积扩大;盐渍化草地面积扩大。

(5) 草地排水不良,引发土壤积水、潜育化或沼泽化。

(6) 草地鼠害日渐严重,鼠洞及啮齿动物特别是害鼠数量增加,超过草地可容纳的鼠洞数量及鼠类数量的允许标准。

草地植被退化、土地与土壤退化若得不到遏制,最终导致草地植被消失,丧失草地利用价值,草地生态系统崩溃,草地变成裸地、黑土滩、盐碱滩、沙地、石砾地。

3. 草地第二性生产性能降低,草地家畜个体和品种生产性能下降

生长于北方牧区草地退化草地的家畜,年年冬、春处于饥饿、半饥饿状况,长此下来,家畜个体出现退化。与20世纪60年代初相比,目前,当地牧区草原品种成年家畜个体活重和屠宰后胴体重下降10%~30%,家畜个体生产水平下降,牦牛个体产奶量下降30%以上,绵羊个体产毛量下降20%以上。

10.1.2 中国天然草地退化概况

10.1.2.1 草地退化面积与退化速度

20世纪20~30年代,美国、澳大利亚等草原大国,对草地掠夺性开发利用,过度超载放牧,进行草原垦殖,致使草原退化、沙化,引发沙尘暴。目前,天然草地退化是世界性普遍现象,尤其是比较贫穷、人口密度较大的发展中国家的天然草地普遍退化。全世界天然草地每年退化、沙化和盐渍化面积,约占世界草地总面积的0.1%。

我国草地退化速度快于世界平均水平。1980—2000年间,我国天然草地退化面积每年以150万hm^2的速度增加,每年的退化面积约为草地总面积的0.5%。2000年国家环境保护总局发布的《2000年中国环境状况公报》显示,20世纪70年代中期,全国退化草地面积约占草地总面积的15%,到20世纪80年代中期,已增加到30%以上,90年代中期达到50%以上,到21世纪初已扩大至90%,其中中度以上的退化草地面积占半数。

据20世纪80年代初全国统一草地资源调查估算,我国北方和西部牧区,退化、沙化、盐渍化"三化"草地已达7 000多万hm^2,约占牧区草地总面积的30%,草地退化以每年166万hm^2的速度扩大。据北方草地资源调查办公室调查,80年代中期,北方11片重点牧区草地中,"三化"草地已达3 089万hm^2,占可利用草地面积的39.7%。20世纪90年代中期,农业部对北方12个省区的草地退化进行了遥感调查。结果显示,北方12个省区退化草地面积为139.77万km^2,占该区草地总面积的50.24%,其中轻度、中度和重度退化草地面积分别占退化草地总面积的57.30%、30.54%及12.16%。与80年代中期比较,90年代退化草地面积在逐年扩

大。例如内蒙古自治区农业厅调查统计，1983 年全区退化草地面积为可利用面积的 35.57%，1995 年扩大到 60.08%，13 年增加退化草地 173 619 km^2，即每年以可利用草地面积 1.9%的速度扩大。2001 年遥感快查结果表明，北方和青藏高原草地退化进一步加剧，90%的草地已经或正在退化，其中中度程度以上的退化草地已达 1.3 亿 hm^2，严重退化草地达 5 650 万 hm^2。

我国大面积的退化草地集中分布于北方草原带，西部荒漠草原及荒漠区山地草地、青藏高原高寒草地。特别是河流两侧的湖滨、谷地等地形平坦，水、热条件较好的冬季草场和割草场已普遍退化。我国北方牧区草地退化形态已由线状、点状发展到带状、片状阶段。据调查，带状、片状的退化草地由重度、中度和轻度退化草地连片组成。随着时间的推移，退化草地由居民点、饮水点、配种站、接羔育幼草地呈辐射状向外扩展，退化程度加重。原有的重度退化草地逐渐变为裸地，失去利用价值；中度退化草地变为重度退化；轻度退化草地变为中度退化；未退化草地，逐渐变成草层高度降低、产草量减少的轻度退化草地。若以 10 年为一单位时间，居民点和饮水点四周退化草地的范围，每 10 年向外扩展 1～3 km。

南方退化草地面积约为 1 400 万 hm^2，约占南方草地总面积的 30%，其中重度退化草地 280 万 hm^2。南方的退化草地集中分布于村寨和居民点周围。

至 2000 年代中期，全国严重退化草地近 1.8 亿 hm^2，并以每年 200 万 hm^2 的速度继续扩张[3]，退化速度每年约为 0.5%。而同期，改良草地和人工草地的建设速度每年低于 0.3%，退化速度大大高于草地改良与建设的速度，形成逆差。

10.1.2.2 草地退化类型及其分布区域

1. 草地退化类型

可以从草地退化驱动因素和草地退化表现结果两方面划分草地退化的类型。

(1) 按退化驱动因素划分，我国草地退化的类型主要有超载过牧型退化、垦殖撂荒型退化、樵伐毁草型退化、鼠虫危害型退化、持续干旱型退化、风蚀型退化、水蚀型退化、冻融破碎化型退化、内涝型退化、灌溉不当型退化等。

(2) 按退化结果划分，我国草地退化的类型主要有植被低矮型退化、植被稀疏型退化、毒杂草型退化、荒漠化型退化、黑土滩型退化、石漠化型退化、草地破碎化、土壤盐渍型退化、土壤贫瘠型退化、土壤潜育型退化等。

2. 主要分布区域

全国天然草地退化有明显的区域特点，退化草地的分布与区域自然地理条件、草地利用、破坏与保护程度密切相关。将全国退化草地划分为如下 7 种类型区域。

(1) 温带干旱草原区。包括蒙、甘、宁、陕大部和青海东地区，草地面积 50 万 km^2，以内蒙古草原和黄土高原草地为主体。北部为纯牧区、中部为半农半牧区，南部为农区。气候干旱，植被稀疏，是全国甚至世界上水土流失最严重的地区，草原风蚀，风沙区面积超过 20 万 km^2，超载过牧、草地开垦、樵采滥挖、干旱、风蚀、水蚀等因素致使大面积草地退化、沙化。以荒漠型退化、风蚀与水土流失型退化、植被低矮型与稀疏型退化、鼠虫危害型退化为主。

(2) 西北干旱荒漠和山地草原区。包括新疆、甘肃河西走廊、青海海西州、内蒙古西部阿拉善盟等西北干旱区，草地面积约 90 万 km^2。地带性草地为温带荒漠、草原化荒漠、荒漠草原和山地草原草地，在内陆河流两侧和湖泊周围有低湿地草甸或盐化草甸。气候干旱，沙漠和戈壁面积大，植被稀少，草地植被覆盖低、生产力低。本区的山地，如贺兰山、祁连山、天山、阿尔泰山分布有该区域最好的山地草地，多系传统的重点草地畜牧业区。草地多年来利用过度，草地退化、沙化、盐渍化、蝗虫灾害严重。以草地荒漠化、风蚀型退化、植被稀疏型退化和土壤盐渍型退化为主。

(3) 青藏高原高寒草地、冻融区。包括西藏、青海、川西北、滇西北地区，天然草地广阔，区内有天然草地 1.2 亿 hm^2，约占全国草地总面积的 30%。草地地势高亢，热量不足，以高寒草地类型为主，草地植被一旦破坏很难恢复。受超载过牧、鼠虫害的影响，1/3 的草地发生退化，雅鲁藏布江、澜沧江、怒江的上游地区和内陆湖滨草地出现大面积沙化现象。其中水力、风力侵蚀面积 22 万 km^2，冻融侵蚀面积 104 万 km^2。以黑土滩型退化、鼠虫危害型退化、毒杂草型退化、风蚀型退化和冻融破碎化型退化为主。

(4) 东北半湿润草甸草原区。包括东北黑、吉、辽三省及内蒙古东部、河北坝上地区，草地面积 41 万 km^2，是我国温带草甸草原主要分布区。草地分布于小兴安岭西麓和长白山西麓向西，经松辽平原、直至呼伦贝尔草原，山地有较大面积的山地草甸和林缘草地。无计划的大量开垦草地、过度放牧、樵采、乱砍滥伐、水资源的不合理利用及鼠虫危害，使草地退化、沙化面积不断扩大，退化速度约为 0.5%。以植被低矮型、植被稀疏型退化、土壤盐渍型和土壤潜育型退化为主。

(5) 华北暖性灌草丛次生草地区。包括京、津、冀、鲁、豫、晋的部分地区及苏、皖的淮北地区，草地面积仅 14 万 km^2。本区草地以暖温带次生灌草丛草地为主体，草地集中分布于晋南、鲁西、豫西丘陵山地及冀北燕山山地，东部滨海还有小面积盐化草甸草地。丘陵平原零星小块草地多利用过度，山地草地坡陡，土层浅薄，水源涵养能力低，黄泛区风沙土较多，易受风蚀、水蚀危害。东部滨海地带土壤盐渍化明显。草地开垦与撂荒、过度放牧为草地退化主因。以植被低矮型、稀疏型退化、土壤贫瘠型退化为主。

(6) 东南湿润次生草地区。包括闽、赣、粤、琼、湘、鄂、浙、沪的全部和皖、苏、桂大部分地区，草地面积约 30 万 km^2。南方草地主体是森林屡遭砍伐、火烧破坏后，次生的热性草丛类或热性灌草丛类草地。草地主要分布于桂西和湘西山地、大别山、南岭、浙闽山地，海南岛低山丘陵区，在长江中下游及支流两岸湖滨地区分布有低地草甸。目前，退化草地面积约占草地总面积的 30%，威胁主要来自居民点周围草地的过度放牧，其次是滥垦滥伐、烧山毁草和草地开垦。以植被低矮型退化、水土流失型退化和可食草减退型退化为主。

(7) 西南岩溶湿润次生草地区。包括黔、渝全部，滇、川的大部，桂西、鄂西、湘西、陕南部分地区，草地面积约 37 万 km^2，系南方草地畜牧业的重要区域。该区的金沙江流域和云贵高原以山地草甸草地为主，四川盆周山地、云南和贵州山地为热性次生草地为主。四川凉山州和云贵高原草地退化主要缘自草地过度放牧和草地鼠害，其他地区的草地退化缘自乱砍滥伐、毁草、烧草，草地开垦、紫茎泽兰(*Eupatorium adenophorum*)等不可食草侵入。该区以喀斯特地貌为主，且紫色土分布面广，毁草开垦且大多为陡坡开垦，易造成严重水土流失，基岩裸露，形成大面积石漠化。以水土流失型退化、石漠化型退化、毒杂草型退化和鼠害型退化为主。

10.1.3 草地退化的驱动因素

草地退化调查，重点是对引发草地退化驱动因素的调查，以便制定防治草地退化的对策。草地沙化和盐渍化是草地退化的表现之一，广义的草地退化包括草地沙化和盐渍化，通称草地

“三化”。所以，广义草地退化驱动因素，包含草地沙化和草地盐渍化的驱动因素。引发草地退化的驱动力，可以归结为人为因素和自然因素两类。

10.1.3.1 **草地退化的人为因素**

1. 草地承载的人口和牲畜数量超过草地承载力，草地持续超载过牧

(1) 据统计，自1950年以来，牧区人口成倍增长，至1990年，北方干旱草原区人口密度超过12人/km^2，为国际公认的干旱草原区生态容量5人/km^2的2.4倍。我国沙区资源与人口增长的矛盾十分突出，国家林业局2002年组织的沙区普查和社会经济调查表明，北方12省、自治区的干旱半干旱地区沙区人口已达7 465万人，人口密度为24人/km^2，远远超出这类地区人口理论承载量的极限。干旱地区人口增加，引发对草地掠夺式过度利用。

草地负载的人口每增加1人，最低需增加20个羊单位的家畜才能维持其生存，草地每增加1个羊单位家畜，则需要消耗1 hm^2 典型草原草地。草地人口增长，导致草地承载牲畜快速增长，进而导致草地的过度消耗，致使草地退化。

(2) 20世纪50年代初，全国草原大小牲畜约3 000万头(只)，平均每头牲畜占有草地7.67 hm^2。据2002年第二次全国草地遥感调查结果表明，自20世纪80年代初至2002年，草原牧区人口增加33%，草地承载的牲畜头数增加了46%，按自然头数计算，畜均占有的可利用草地面积由2 hm^2 减少为1.4 hm^2；按羊单位计算，每个羊单位平均占有永久性草地面积由0.52 hm^2 下降为0.38 hm^2；按国际标准牛单位计算，全国草地负载量为3.04 hm^2/(牛·年)，已大大低于国际上公认的畜均应占有草地5 hm^2/(牛·年)的载畜临界线标准。2002年全国120个纯牧业县和146个半农半牧县拥有各类草地面积2.01亿 hm^2，其中可供畜牧业经营的草地为1.75亿 hm^2，能承载1.25亿羊单位，加上自产人工饲草料资源，合计可承养15 283万羊单位。而该年实际承养了22 707万羊单位，超载了7 424万羊单位，超载48%[4]。草地持续超载过牧，牧草被过度啃食，产草量逐年下降，适口性好的优良牧草不断减少，覆盖度降低，草地得不到休养生息，最终植被萎缩，成为裸地或黑土滩。

2. 草地开垦、撂荒

自20世纪50年代至2001年，我国累计开垦了1 930万 hm^2 天然草地，为我国草地面积的4.8%，全国耕地面积的18.2%来自草地开垦[5]。其中近50%的垦后草地被撂荒，成为裸地、沙地或稀疏草地。我国草地开垦历经4次高潮，第1次为1958—1959年大跃进年代，向草原进军，把草地当荒地，垦荒农耕。由于选择不当或计划不周，很多被垦草地，未种植便撂荒，有些收成不好，种一两年即撂荒。第2次为1960—1962年困难时期，为缓解粮食供应的困难，未经严格地块选择，乱垦草地种粮。后来，在有关政府的干预下，大量“闭地”，封闭被垦草地，恢复草地植被。第3次是1967—1976年“文化大革命”时期，在“牧民不吃亏心粮”的极左口号下，鼓励牧民开垦草地种粮食。牧民没有农耕技能，垦后草地大多被撂荒。第4次是1993—1997年，粮食提价后，在经济利益驱使下，有些部门将草地变相地出租给一些公司或私人，用于开垦、种粮食出售。种植1～3年后，地力不济，被大量撂荒。全国农业区划办公室遥感调查，1986—1996年10年间，黑龙江、内蒙古、新疆、甘肃4个省开垦的174万 hm^2 草地，其中49.2%垦后被撂荒[6]。草地经垦殖撂荒，必然成为退化或沙化草地，15～20年内难以自然恢复。1973年著者调查表明，呼伦贝尔盟海拉尔至满洲里铁路沿线1958年农垦部门开垦的大面积草原，垦后1年即撂荒，撂荒14年后的被垦典型草原尚未完全恢复原貌。内蒙古鄂尔多斯市沙化土地面积的40%来自被垦草原。

3. 破坏草地植被

(1) 受经济利益驱使，滥挖、滥割、滥搂草原经济植物，破坏草地植被，屡禁不止。20 世纪末，每年有成百万农牧民涌入内蒙古、新疆、甘肃、宁夏、青海、西藏、川西北各地草原，乱采滥挖草地野生药用植物，如挖冬虫夏草、甘草(*Glycyrrhiza uralensis*)、贝母(*Fritillaria cirrhosa*)，割麻黄(*Ephedra sinica*)、罗布麻(*Apocynum uenetum*)，搂发菜(*Notoc commune* var. *flagelliforme*)，大面积破坏草地植被。

据调查，挖一棵甘草要破坏草地 0.8～1.2 m^2，挖一棵秦艽(*Gentiana macrophylla*)、独一味(*Lamiophlomis rotata*)、红景天(*Rhodiola rosea*)分别破坏草地 1.13 m^2、0.28 m^2、0.16 m^2。每挖 1 条虫草，要刨出约 30 cm^2 宽、8～12 cm 深寸草不生的坑洞。全国每年数十万人进入草地挖虫草，踩踏草地，仅青海省，每年因此破坏高山草甸 3 000～6 000 hm^2，留下草地沙化的潜在威胁。每采挖 1 t 野生鲜独一味一项，要破坏草地植被面积 1.27 hm^2。甘肃省甘南州每年收购野生鲜独一味 500 t，仅采挖独一味一项，甘南州每年遭受破坏的草地面积就达 635 hm^2[7]。至 2002 年，内蒙古自治区因乱挖滥搂屡计破坏的草原面积已达 1 267 万 hm^2，其中 200 万 hm^2 完全沙化。

乱采、滥挖草地野生药用植物对草地造成如下破坏：①不区分植株，采挖时将尚未成熟的植株一并采走；②不区分地点，在已严重退化、沙化的草地采挖，或在各种、各级自然保护区中的草地上采挖；③不保护植被，采挖时随意踩踏，掘土乱撒，采挖后不回填、不重植；④不留种，采用掠夺式采挖方式，不注意保留种质资源。因乱采滥挖野生药用植物对草地造成严重破坏，草地上的药用植物如贝母、雪莲、红景天、锁阳已近濒危。

(2) 草地灌木是牧民的薪柴来源，草原牧民樵采草地灌木、半灌木、甚至刨根。仅内蒙古自治区西部 3 盟(市)草地牧民，每年要消耗 5 亿 kg 草地灌木，大体相当于 2 000 km^2 的草原灌丛和荒漠灌丛遭不同程度砍伐[2,8]。新疆荒漠区每年需薪柴燃料 350 万～700 万 t，主要来自樵采荒漠灌木，致使近万平方千米的荒漠草地植被遭到不同程度破坏。

(3) 开挖草地植被淘金、挖煤，开矿不回填。数万淘金者将青海西部草原挖得千疮百孔。据中国科学院“七五”科技攻关项目——黄土高原地区资源与环境遥感调查表明，20 世纪 80 年代末，内蒙古、陕西、山西三省接壤区“黑三角”开挖露天煤矿，不回填恢复草地植被，致神户、东胜、灵武和准格尔 1.8 万 km^2 煤田开发区，沙漠化土地面积已达 79%。

4. 掠夺式草地经营，重利用，轻保护，重索取，少投入

长期以来，草地被当作取之不尽用之不竭的资源，掠夺式经营，重利用，轻保护，重索取，少投入。受各种因素影响，特别是草地所有制、草地承包、继承权等问题的影响，大多数牧民几乎完全依靠利用天然草地资源，不愿投资进行草地施肥、灌溉、补播、培育割草地、建设人工草地、提高草地生产力，不愿自主改善草地生态环境建设。政府对改善草地生态环境的投入，虽然逐年增加，但折合为单位面积草地的投入，非常有限。自 20 世纪 50 年代初至 90 年代初，40 年间屡计草地投入不足 0.45 元/hm^2，每公顷草地的产出为 15～30 元/年。用 1988 年全国草地的资金的投入与该年绵羊、山羊的总产出产值计算，其投入与产出比为 1∶108[9]。20 世纪 90 年代末，我国对草地的生产建设投入达到 4.5 元/(hm^2 · 年)，草地的产出为 100～300 元/(hm^2 · 年)，对草地投入的幅度仍然很低。与我国温带草地水热条件相当的美国犹他州草地牧场，用于生产和购买人工饲草料的生产成本，占牧场全部经营成本的 50%～60%。我国的草地经营，用于生产和购买人工饲草料的生产成本，1970 年以前<1%，2010 年代<5%。草地

经营的这种投入产出关系表明，草地畜牧业成为我国经营最粗放，成本投入最低的产业部门。对草地掠夺式经营，输入草地生态系统的能量与营养物质持续地小于输出，致使草地生态系统入不敷出，处于逆行演替之中，草地必然退化。

尽管2000年以来，国家不断加大草地生态建设投入，在退牧还草、沙尘源治理、“三化”草地防治、鼠虫害防治等方面，投入超百亿元的巨资。但毕竟因覆盖面有限，草地的恢复、改良速度仍赶不上退化速度，形成点上建设，面上破坏；边建设，边破坏；局部生态环境好转整体生态环境恶化的草地持续退化现象。

5. 水资源过度利用或不合理利用，导致干旱区草地沙化

(1) 内陆河上游拦截水资源，致使中下游河流断流，河流两侧草地植被枯死，尾闾湖泊干涸，湖泊周围的草地植被逐渐低矮、稀疏、退缩、枯萎、消失。罗布泊是最典型的实例，20世纪50年代末，罗布泊湖区碧波荡漾、鱼肥水美，湖周水草丰美、牛羊成群，生机盎然。后来由于塔里木河下泄水量被拦截，10年时间内，湖泊干涸、地下水位迅速下降，湖周芦苇和草地植被随之枯死，罗布泊变成寸草不生的荒漠、死亡之地。据新疆水利部门调查，在20世纪的最后30年，新疆内陆河上游绿洲农业超量用水，已使河流下游$340\times10^4\ hm^2$草原和荒漠植被萎缩，沦为沙漠[10]。甘肃省在河西走廊黑河上游修水库，拦截黑河水资源，造成下游内蒙古额济纳旗草地大面积荒漠化和沙化。先是额济纳河断流，继而1961年和1992年西居延海和东居延海相继干涸，湖底成为沙质、砾石质荒漠[11]；地下水位急剧下降，额济纳河两岸和居延海周围的胡杨、沙枣、红柳、梭梭和草原植被较20世纪50年代减少60%，额济纳绿洲内的荒漠、戈壁、沙漠面积却增加了68%，绿洲周边地区的流沙每年以140 m的速度侵入绿洲；内蒙古自治区水利厅李旭报道的遥感调查结果，20世纪80年代较60年代额济纳旗的沙漠面积增加了462 km^2，平均每年扩大23 km^2[12]。甘肃省石羊河上游截留水源，下游的民勤盆地绿洲深受其害，地表水径流量自20世纪50年代末的$5.8\times10^8\ m^3$减少到90年代的$(1.3\sim1.5)\times10^8\ m^3$，迫使部分耕地弃耕撂荒，成为沙地，致使草地植被稀疏、裸露地表扩大。

(2) 过度开采草地地下水资源，草地旱化，致使草地植被稀疏、浅根系草本植被枯萎、继而沙棘、红柳等灌丛草原植被衰败。新疆著名的斯库台草原因过度抽取地下水，造成地下水位下降，植被旱化甚至枯萎，美丽的草原风光不再。民勤绿洲于20世纪70年代开始大规模抽取地下水，1997年保留机井达到7 392眼，年提水量高达$5\times10^8\ m^3$，地下水年超采量维持在$(2.0\sim2.5)\times10^8\ m^3$[13]，致使地下水位迅速下降，大量耕地被迫弃耕撂荒、沙化；绿洲周围的草原植被和沙生植物枯萎死亡，防风固沙体系急剧衰败，沙丘活化，沙尘源面积日益扩大。超采地下水，最终导致民勤盆地绿洲、额济纳绿洲衰败，绿洲外围草原、塔里木河下游绿色长廊消失。

(3) 干草原和荒漠草地的水资源利用不当，引发草地盐渍化。如新疆天山北坡山麓低洼地段的干旱草原，遇洪水漫灌，内蒙古黄河段河套地区草地，河水漫灌，致土壤盐分随毛细管上升，致使草地发生次生盐渍化。黄河断流引起海水倒灌，致黄河河口地区草地产生盐碱化。

6. 改变草地经营方式，导致草地退化、沙化

(1) 雨养农业向草原牧区推进，低耗水型放牧草地畜牧业改变为耗水型半农半牧经营。历代中原王朝修筑的长城，是南方农耕文化与北方草原游牧文化的分界线，长城的位置及修筑年代，比较精确地反映了不同时期汉民族农耕的北界和北方草原民族草原畜牧业的南界。北方草原游牧民族与南方从事农耕的汉民族屡经战乱，草原垦殖兴废不断。鄂尔多斯草原，自明朝洪武年间开始，陕西等地的汉族农民进入草原进行垦殖。清朝中期雍正二年(1724年)蒙地

（草原）放垦，察哈尔右翼四旗即科尔沁草原被放垦，山西、河北一带汉族农民越过长城大量开垦科尔沁草原[14]。随着草原垦殖和农耕活动向草原区的推进，长城以北的草原区，由昔日的单一低耗水型草地放牧畜牧业经营结构，变成草原与农田交错分布，种植业与草原放牧畜牧业并存的半农半牧区，致使土地过度垦殖，耗水量加大，翻耕后土壤蒸发量增加、加速了草地干旱，植被退缩。

我国北方温带典型草原，年降水量 300～400 mm，十年九旱，开垦草原形成的雨养农业，不能保收。被垦草原的土壤有机质和肥力耗损到一定程度，或被迫休闲或被撂荒，成为裸地、沙地。昔日风吹草低见牛羊、水草丰美的鄂尔多斯草原和科尔沁草原，经过 200～300 年交替的开垦、农耕、撂荒，天然草地植被覆盖度日益降低，裸地、沙地、撂荒地面积日益扩大，最终大部分草原变成了如今的毛乌素沙地和科尔沁沙地。自汉朝、唐朝以来，屯垦戎边开垦的草原，凡是没有灌溉者，无一不沦为沙地。

(2) 超越水资源容量，在干旱草原区发展高耗水性养殖业，取代传统的低耗水性草原畜牧业。内蒙古阿拉善高原和乌兰察布高原干旱草原区，历来经营低耗水型草原放牧畜牧业，后来追求发展高产出、但不适合干旱草原的奶牛业、肉牛养殖业。为此要打机井，大量超采地下水，灌溉高耗水型青贮玉米和青饲料，引起地下水位急剧下降。地下水位的下降，必然引起草原干旱，致使草地部分牧草及根系浅的半灌木植被稀疏、退缩。位居干旱草原区的蒙牛集团和林格尔奶牛养殖基地、呼和浩特乳都的奶牛产业，依靠超量抽取地下水，发展高耗水奶牛养殖，已经引起地下水位下降，给草地旱化、荒漠化留下隐患。

10.1.3.2 草地退化的自然因素

1. 大风致使草地发生风蚀或浮沙风积

我国北方草原和青藏高原中西部草地多大风，西藏中西部和青海干旱草原区，内蒙古西北部、甘肃河西走廊、陕甘宁长城一线以北风沙区，冬春多大风。风速≥8 级年平均大风日数，西藏中西部多达 100～150 d，海拔 4 500 m 以上的开阔高原最多可达 200 d，甘肃安西县干旱草原区 80 d，大风极易造成地表物质松散的草地风蚀。我国北方的沙漠、各种植被覆盖度较低的覆沙地、沙质草原、沙质荒漠，干涸的沙质河床与湖泊，土质疏松的各种旱作农田和撂荒地，为草地风蚀和风积提供了大量沙粒物质。大风扬沙、沙丘活化、沙漠边缘向外扩张，导致草地风蚀或浮沙堆积覆盖。西藏雅鲁藏布江上中游河谷和拉萨河下游河谷，几乎随处可见河沙被大风刮上两侧山沟掩埋的草地。

2. 草地气候变暖、变干旱引发草地退化

草原气候属于大陆性半干旱与干旱气候，不同年度间气候条件差异显著。据近 40 年的气象资料分析，我国草原区降水变率达 46%～95%，多雨年与少雨年年降水量相差 2.6～3.5 倍，如典型草原地带的丰雨年，降水量可达 400 mm 以上，干旱年不到 200 mm。草原植物在长期选择过程中形成了适应草原气候环境变化的自适应功能，气候不利的年份，植物种群间相互补偿，维特其生态功能。但当气候持续干旱超出草地生态系统自适应能力阈值时，草地生态系统出现退化，草地类型逐渐向干旱类型演变。著者对青藏高原无人区草地，用 1987－1988 年与 2000 年的 TM 资源卫星影像判译、对比调查发现：①西藏羌塘高原无人区和青海可可西里无人区，气候变暖，蒸发量增加，致使很多湖泊干涸消失，永久积雪和冰川覆盖的面积明显缩小；②未遭受人们经济活动干扰的区域，草地面积也在缩小；③长江源头无人区的草地，沙化面积扩大；④草地植被覆盖度降低；⑤干旱的高寒草原和高寒荒漠草原类型由沟谷低海拔区域向有冰雪水补给的相对较湿润的高海拔区域推进。上述无人区草地面积缩小，湖泊及其湖泊周围草地的消失，基本上与人类经济活动无关，10余年间因无人区草地面积略微缩小，引起单位面积草地野生动物数量增加的作用微小。无人区上述草地退化现象，显然是气候变暖，蒸发量增加，草地变干旱所致。

20世纪80年代末调查，我国内蒙古高原西部，荒漠草地分布的东界，较60年代初向东部草原带推进了50 km；青藏高原中部，干旱山地草原带往上向湿润的山地草甸带推进了50～100 m；新疆荒漠区的平原荒漠往上向山地草原带推进了40～60 m。此种山地草原呈现荒漠化，山地草甸呈现草原化，以及伴随发生的草地植物生物多样性受损，草地覆盖度、草层高度、草地生物产量降低，都表现出缓慢和连续性特点，带有自然条件慢性变化的痕迹。有别于受人们经济活动干扰，而出现的相对快速、突变性的退化特点。

3. 草地鼠害

草地啮齿动物种群达到一定数量后，对草原可造成如下多方面危害。

(1) 啃食优良牧草，导致草地群落退化演替。啮齿动物喜食的禾本科和莎草科等优良牧草成分减少，逐渐从群落中消失，杂类草滋生，使原有植物群落的种类成分和数量发生变化。

(2) 挖掘活动损伤牧草，降低群落密度。挖洞就会切断或损伤植物的根系，破坏植被。尤其地下生活的鼢鼠，不仅挖洞居住，而且靠采食洞道植物根系生存，从而损伤植物，影响植物生长和发育，甚至导致死亡。

(3) 挖洞成丘，覆压牧草，降低草地覆盖度。鼠类挖洞，把大量土壤推向地面，在洞口前形成土丘，致顶土力弱的牧草黄化而死亡。土丘无植被覆盖，造成草地覆盖度降低，土丘的底面积越大，植被覆盖度降低越大。

(4) 降低土壤肥力。啮齿动物多在肥力最丰富的土壤A层挖洞，把肥沃的土壤翻到地面。干旱多风的季节，这些疏松的土丘，往往因风蚀而被夷平，导致土壤肥力流失。

总之，大量啮齿动物的啃食和挖掘活动，使优良牧草成分减少，降低草地覆盖度，致使草地逆向退化演替，严重时形成次生鼠荒裸地，失去利用价值。目前我国北方和西部牧区草地鼠害严重，每年鼠害发生面积都在2 000万 hm^2 以上，其中达到防治指标的受害面积为1 700万 hm^2 左右。四川、甘肃、内蒙古、青海等省(区)，草地鼠害发生面积均在200万 hm^2 以上，成为致草地退化不可忽视的生物因素。

4. 草地虫害

各种中小型蝗虫、草原毛虫、草地螟、草原叶甲等昆虫，啃食牧草地上部或根茎，致牧草枯死。发生虫害的草地，50%～80%的草地牧草被吃掉，严重虫害区，地表牧草几乎被全部吃光。虫口密度大、成灾次数较多的虫害草地，一般都发生于气候适宜的冬春放牧草地。这些草地往往由于放牧过重，植被退化，而成为害虫特别是蝗虫发生的主要场地。遭受虫灾后的草地，进一步退化或沙化。而退化、沙化草地又给草地害虫的滋生、蔓延提供了生态条件，促成了虫害的发生。由此形成"虫害—草地退化"的恶性生态循环。

我国每年都有草地虫害发生，达到防治指标需要防治的草地虫害面积约550万 hm^2，而每年防治达标的面积仅350万 hm^2 左右。未能防治的持续虫害区草地，必定引发草地退化。

10.1.4 草地退化调查

草地退化调查包括退化草地的定性和定位调查两部分。前者依据草地退化的表现和驱动因素，分为植被退化、土地退化、土壤退化、退化的人为驱动因素4项内容，后者为草地退化面积和分布的遥感调查。下面简述若干比较成熟的草地退化专属调查方法。

10.1.4.1　**植被退化调查**

调查内容包括植物群落特征、群落植物组成结构、指示植物和地上部产草量。

1. 植物群落特征调查

重点调查总覆盖度和草层高度相对百分数的减少率(%)。

(1) 测定草地覆盖度方法很多[15]，除野外实地调查测定外，可用遥感方法——植被指数测定植被覆盖度。

遥感器所测得的地表反射辐射 R，与植被的总反射辐射 R_V、土壤的总反射辐射 R_S、植被覆盖度 f 之间的关系，可表示为

$$R=fR_V+(1-f)R_S$$
$$f=(R-R_S)/(R_V-R_S)$$

则植被覆盖度 f_1 为

$$f_1=(\rho-\rho_s)/(\rho_v-\rho_s)$$

式中：

ρ ——植被与土壤混合光谱反射率；

ρ_v、ρ_s——纯植被和纯土壤宽波段反射率。

当覆盖的草地植物叶面积指数较均一时，利用植被指数也可计算覆盖度 f_2[16]，即

$$f_2=(NDVI-NDVI_S)/(NDVI_V-NDVI_S)$$

式中：

$NDVI$——所求地块或像元的植被指数；

$NDVI_V$、$NDVI_S$——纯植被和纯土壤的植被指数。

(2) 调查草地现势植被总覆盖度比未退化草地总覆盖度降低的百分数(%)，用以确定草地是否退化和评定草地退化级别。

但有的研究工作，不查找未退化草地的总覆盖度本底数据进行比较，直接用现势草地植被总覆盖度划定退化草地，造成错误结论。如有研究者，用计算机处理TM数据，提取 $NDVI$ 划分西藏班戈县草地总覆盖度，直接将遥感图像测定的覆盖度划分草地退化等级："覆盖度＞85%(无明显退化)、60%～84%(轻度退化)、26%～59%(中度退化)、＜25%(重度退化)"[17]。按此方法，会将我国原始干旱草原和荒漠草地，不管利用与否，全部定为退化草地。

2. 群落植物组成结构调查

重点调查优势种牧草综合算术优势度相对百分数的减少率(%)和可食草种个体数相对百分数的减少率(%)。对高寒草地和荒漠草地优势种地位的判定调查，可用：

(1) 覆盖度和重量综合算术优势度(summed dominance ratio，SDR_2)，计算公式为

$$SDR=(C'+P')/2$$

式中：

C'——某种植物的相对覆盖度值。用该种植物的投影盖度(C)的绝对值(%)除以群落各

种植物中最高的投影盖度绝对值的比值。

P'——某种植物的相对重量值。用该种植物齐地面剪割的地上部重量(P)绝对值除以群落中各种植物地上部最重的重量绝对值的比值。

SDR_2 值>60%的植物为优势种;两种植物的 SDR_2 值同时都>60%时,该两种植物为共同优势种。

(2)"权量四度一量法",计算公式为

$$SDR=(D'+F'+2C'+H'+2P')/7$$

式中:

SDR——优势度值;

D'——相对多度;

F'——相对频度;

C'——相对覆盖度;

H'——相对高度;

P'——相对重量值。

3. 指示植物调查

指示植物(plant indicator)指标志某类草地植被类型出现的特征种植物或标志草地出现退化、沙化、盐渍化具有指示意义的植物。重点调查草地退化指示植物种个体数相对百分数的增加率(%)和草地盐渍化指示植物种个体数相对百分数的增加率(%)。

4. 地上部产草量调查

重点调查总产草量和可食草产量相对百分数的减少率(%),不可食草与毒害草重量相对百分数的增加率(%)。

10.1.4.2 土地退化调查

1. 地表侵蚀调查

重点调查风蚀面积和浮沙堆积面积占草地面积相对百分数的增加率(%)。首先要选择适合观测风蚀与风积的典型草地地段,然后树立标志草地地表位置的标示刻度尺,按规定时间间隔观察、记录风蚀和风积厚度。同时在草地观察区中,寻找可以用以观察风蚀厚度的固定参照物,如电线杆、围栏水泥柱,并在参照物上标志观察开始时的地表位置,用以帮助观测风蚀强度。注意调查不同覆盖度草地,发生风蚀作用的强弱。

2. 草地破碎化调查

草地破碎化是冻融重力侵蚀的结果,发生于有冻融交替现象的高寒草地区。冷季草地表土层结冰膨胀,部分根系易绷紧断裂,降低了表层土壤中根系的盘结能力。暖季温度升高,表土层解冻、软化、塌陷,受力状况发生变化,草皮层出现裂缝并在坡面重力作用下,发生斑块状下滑现象,下层土壤基质出露,无植被覆盖。青藏高原位居高山流石滩植被下方的高寒草甸草地,特别是发育于原始高山草甸土的高寒草甸草地,由于冻融作用,在陡坡处经常可见大片草地滑塌或草皮层脱落,表土外露的裸土斑[18]。

3. 地表鼠洞调查

我国草地上栖息着各种啮齿动物170多种，形成鼠害的常见种主要有田鼠、鼢鼠、鼠兔、黄鼠、沙鼠、旱獭等80多种。它们具有高繁殖力，并形成大种群，挖掘洞穴，破坏植被。中等程度的鼠害草地，一般每公顷有害鼠200～300只，特别严重的鼠害草地每公顷有害鼠1 000～2 000只，草地到处是鼠洞，千疮百孔，几乎成为裸地，失去放牧利用价值。

重点调查鼠洞面积及其占草地面积相对百分数的增加率(%)。草地鼠类挖洞会导致草地地表裸露，引发地表风沙侵蚀。鼠洞口堆积的松土，遇中等以上降雨即可形成土壤流失。鼠类数量用鼠洞数量衡量，需调查鼠洞密度，做详细记载。调查时选择代表性地段，取面积(50×50～100×100) m^2 为一个调查样地，清查样方内的鼠洞数，再换算出一公顷内的鼠洞数表示。目前尚没有啮齿动物对草地危害程度的分级标准。各地因啮齿动物对草地危害程度不同，啮齿动物种类不同，鼠洞的大小和推出鼠洞外的松散土壤体积不同，各地对草地鼠害的分级还不够统一。建议按农业部制定的草原鼠害防治技术规程进行鼠害调查[19]。鼠害是否达到需要防治的指标，参考表10.1.1。

表10.1.1　新疆草原主要害鼠防治指标

害　　鼠	每公顷有效洞口(或只数)
鼢鼠(*Myospalax*)	150个以上(新土丘)
高原鼠兔(*Ochotona curzoniae*)	150个以上
布氏田鼠(*Microtus brandti Radde*)	1 500个以上
大沙鼠(*Rhombomys opimus*)	400个以上(或30只以上)
黄兔尾鼠(*Lagurus luteus*)	160个以上(或40只以上)
草原兔尾鼠(*Lagurus lagurus*)	160个以上(或40只以上)
鼹形田鼠(*Ellobius talpinus*)	150个以上
长爪沙鼠(*Meriones unguiculatus*)	50只以上

注：本表引自新疆畜牧厅灭鼠治蝗指挥办公室倪亦非2008年新疆草地资源调查培训班教材稿。

10.1.4.3　土壤退化调查

1. 土壤理化性质

(1) 调查土壤容重(soil bulkdensity)。土壤容重是指土壤自然垒结状态下土体(包括土粒和孔隙)绝对干燥时的重量，单位为 g/cm^3 或 t/m^3。其数值大小与土壤质地、结构和有机质含量有关。土壤容重参考指标为：自然沉实后的表土容量1.25～1.35 g/cm^3，刚耕翻的农地<1 g/cm^3，底土可大至1.4～1.6 g/cm^3，夯实的土壤高达1.8～2 g/cm^3。

土壤容重是计算土壤孔隙度的必要参数，是计算土壤空气容量，换算草地土壤水分、养分、盐分和有机质贮量的重要参数。容重低的土壤表明其孔隙多，反之则孔隙少。过度放牧、遭牲畜过度践踏而退化的草地土壤，孔隙少。重点调查0～20 cm土层土壤容重相对百分数的增加率(%)

(2) 土壤障碍层的调查。对荒漠化、冻融侵蚀、盐渍化、潜育化退化草地，需分别调查土壤剖面的钙质和石膏积聚层、永冻层、积盐层、铁锰结盘情况，记载它们在剖面中出现的部位、厚度、形态、胶结程度。

2. 土壤养分

重点调查 0～20 cm 土层有机质含量相对百分数的减少率(%);0～20 cm 土层全氮含量相对百分数的减少率(%)。

10.1.4.4 草地退化人为驱动因素的调查

1. 调查样地

(1) 选择近居民点、饮水点、配种站、接羔育幼越冬草地等人、畜频繁活动的草地设置调查样地调查。

(2) 选择执行路线调查的沿线草地,观测调查或设置调查样地。

2. 调查内容

草地畜牧业利用调查,包括畜均和人均占有草地面积、草地的牲畜负载密度,放牧压、超载过牧情况;樵采、滥挖、滥割破坏草地植被的情况;草地修路、车辙、工矿工程对草地的破坏;草地旅游破坏情况等。

10.1.4.5 草地退化分布的遥感调查

用不同年代遥感图像对比分析法,调查草地退化面积和分布。

1. 调查步骤

(1) 收集用于草地退化调查的不同年代遥感影像,要求遥感影像为大体相同的夏末、秋初时相。收集与遥感影像基本同年代的地形图、草地图、植被图、气象观测资料等辅助数据。

(2) 确定调查比例尺精度,建立草地退化分类体系和草地类型遥感解译标志。

(3) 进行野外实地草地退化调查,拍摄野外实地景观照片,修改、确定遥感解译标志和退化分类系统。

(4) 编绘退化草地图。

2. 调查方法

(1) 参照地形图、草地图、植被图、解译不同年代遥感影像中的地类和草地类型,例如目视解译 20 世纪 70 年代末 MSS、80 年代未期 TM 和 2000 年代初 TM/ETM 三个年代的遥感图像,获得几个不同年代的草地类型及分布目视解译图。

(2) 借助 GIS 的空间分析模块,叠加不同时期遥感图像的解译结果,对比分析研究区域内不同年代草地退化格局和过程。

(3) 再结合研究区域地形图 DEM 的生成,提取不同海拔高度、不同坡向和不同坡度空间数据,分析不同地理位置、不同地貌部位的草地退化格局与过程特征[20]。

10.1.5 中国草地退化程度分级

10.1.5.1 草原退化分级的意义

缺乏草地退化分级标准,而不能对退化草地进行有效的监测,是过去不能遏止草地退化的原因之一。制定天然草地退化分级标准,并用于控制草地利用强度,是落实草地有偿承包、规划草地保护与生态建设、监测草地生态建设效果、遏止天然草地退化、恢复草地生产力、改善草地生态环境必不可少的技术手段。

草地退化可用草地状况背离顶极群落的程度来衡量。美国学者 E. I. Dyksterhuis,把演替过程中植物种类成分的变化分为减少种、增多种和侵入种三类[21]。①相对生物量随放牧强度加大而递减的植物,称为“减少者”,一般都是顶极群落中的优势种和优良牧草;②相对生物量随放牧强度加大而递增的植物,称为“增加者”,一般都是顶极群落中适口性差的、耐牧性强的杂类草、小半灌木及一年生植物;③凡属原来不是顶极群落中的植物,随放牧强度增大,生态恶化后侵入的植物,称为“侵入者”,它们也是草原退化的“指示植物”[2]。草地经营管理学家认为,减少种或增多种是属于放牧条件下未被破坏的、相对稳定的原生或顶极植被成分,而侵入种是放牧过度出现的后果。基于此种草地放牧利用对草地生态系统演替影响的认识,E. I. Dyksterhuis 用原生或顶极植被成分的多少对草地生态基况进行评价,划分为下列 4 个等级:

优良:当前植被相对盖度的 75%～100%由群落中的减少种或增多种所构成,或由侵入种和增多种所构成的相对盖度<25%;

良好:当前植被相对盖度的 50%～75%由原生或顶极植被构成(原生植被还存在,而不是个别的牧草种或植物);

中等:当前植被相对盖度的 25%～50%由原生或顶极植被构成;

低劣:当前植被相对盖度中,由原生或顶极植被构成的<25%。

美国土壤保持协会认可了上述草地生态状况的评价方法,还设计了草原基况划分为优良、良好、中等和低劣草原分级图解,表明各等级中顶极植被原有的成分占多少比例;表明减少种、增加种和侵入种在总覆盖度中所占的相对百分数。这一评价方法被美国农业部用于生产实践。美国农业部要求各州每年 4～12 月每月都评定草原基况,由农业部统计记录事务局加以汇总、整理,并列入《美国农业年鉴》公布[22]。

我国国家林业局治沙办公室有沙漠化土地划分标准,土壤学界有适用于作物种植的盐碱土、沙质土划分标准,草地学界有各种退化草地的划分方法。美国、澳大利亚、加拿大等草地大国,均有由农业部或初级产业部制定的草地植被和草地土壤退化分级与定性标准,联合国制定了土地荒漠化划分规定。上述这些规定和方法,主要针对土壤或土地退化、植被退化。国内外草地学界对天然草地退化及恢复的研究很多,生态、土壤、植被、草原保护等有关专业的学者发表了一些评定草原退化、沙化、盐渍化的论述,内蒙古自治区技术监督局于 1999 年 4 月发布了内蒙古自治区地方标准 DB 15/T 323—1999《内蒙古天然草地退化、沙化标准》。该标准确定了草甸草原、典型草原、荒漠草原、低地草甸 4 种类型草地的轻度、中度和重度退化指标,但涉及范围未能涵盖所有类型的天然草地。参考国内外草地退化程度分级研究成果,受农业部委托著者制定了《天然草地退化、沙化、盐渍化分级指标》农业行业标准,后上升为国家标准[1]。

10.1.5.2 草地退化监测指标的选择原则

(1) 草地退化监测指标的制定,应遵守《中华人民共和国草原法》的基本原则,不得违反《草原法》和农业部颁布的《草原管理条例》的相关规定。

(2) 草地退化标准系农业部草原管理、监理部门强制各地执行的草原管理技术性文件,与草地退化学术研究不同,监察指标应该简洁、明了、准确,监测指标不宜繁杂、过细,应选择常规监测指标和常规测试方法。

(3) 监测指标的含义尽量与过去未退化时的本底调查指标的含义一致,以利于对比。

(4) 监测指标应有较强的可操作性。宜选择适合当前国内县级科技部门测试技术的指标，便于基层草原监理站、草原站执行。

10.1.5.3 中国天然草地退化分级指标

1. 中国草地退化程度分级与分级指标(表 10.1.2)

表 10.1.2 草地退化程度的分级与分级指标

监测项目			草地退化程度分级			
			未退化	轻度退化	中度退化	重度退化
必须监测项目	植物群落特征	总覆盖度相对百分数的减少率(%)	0～10	11～20	21～30	>30
		草层高度相对百分数的降低率(%)	0～10	11～20	21～50	>50
必须监测项目	群落植物组成结构	优势种牧草综合算术优势度相对百分数的减少率(%)	0～10	11～20	21～40	>40
		可食草种个体数相对百分数的减少率(%)	0～10	11～20	21～40	>40
		不可食草与毒害草个体数相对百分数的增加率(%)	0～10	11～20	21～40	>40
	指示植物	草地退化指示植物种个体数相对百分数的增加率(%)	0～10	11～20	21～30	>30
		草地沙化指示植物种个体数相对百分数的增加率(%)	0～10	11～20	21～30	>30
		草地盐渍化指示植物种个体数相对百分数的增加率(%)	0～10	11～20	21～30	>30
	地上部产草量	总产草量相对百分数的减少率(%)	0～10	11～20	21～50	>50
		可食草产量相对百分数的减少率(%)	0～10	11～20	21～50	>50
		不可食草与毒害草产量相对百分数的增加率(%)	0～10	11～20	21～50	>50
	土壤养分	0～20 cm 土层有机质含量相对百分数的减少率(%)	0～10	11～20	21～40	>40
辅助监测项目	地表特征	浮沙堆积面积占草地面积相对百分数的增加率(%)	0～10	11～20	21～30	>30
		土壤侵蚀模数相对百分数的增加率(%)	0～10	11～20	21～30	>30
		鼠洞面积占草地面积相对百分数的增加率(%)*	0～10	11～20	21～50	>50
	土壤理化性质	0～20 cm 土层土壤容重相对百分数的增加率(%)	0～10	11～20	21～30	>30
	土壤养分	0～20 cm 土层全氮含量相对百分数的减少率(%)	0～10	11～20	21～25	>25

* 已达到鼠害防治标准的草地，须将“鼠洞面积占草地面积相对百分数的增加率(%)”指标列入必须监测项目。

2. 监测指标区分为必须观测指标和辅助观测指标

评定草地退化的程度，受下述因素影响：①草地退化是一个动态演替过程，既是渐进的，又具有阶段性，响应各项退化项目的时间、顺序有差异。草地土壤的退化滞后于草地植被的退化，退化草地土壤养分含量的降低，滞后于地表侵蚀等。②不同类型的草地，对引发草地退化驱动因素反映的敏感程度不一样，有的草地类型反映敏感，有的反映不敏感，草地生物产量和草地植被是草地退化最敏感的因素。③不同草地类型草地退化的表现有差异。例如，出现沙化指示植物的草地，不一定同时出现盐渍化指示植物；发生风蚀的草地，不一定会发生水蚀。④各项草地退化观察项目，指示退化表现的重要程度有差异，宜按监测项目对草地退化指示性的重要程度设计观测顺序。

有鉴于此，将评定草地退化的指标，分为必须监测项目指标和辅助监测项目指标。将反映草地退化最敏感、指示作用最明显、必须优先观察的指标，列入必须监测项目，优先进行调查、评价。辅助监测项目，反映草地退化不如必需监测项目敏感，为参考调查指标[23]，是在完成对必须监测项目调查后，还不能决定退化级别时，需要进一步扩大调查的项目内容。

3. 监测项目少用绝对值指标

评价草地退化程度指标的绝对值，有空间差异。①草地退化的表现有明显的地域差异。例如，东部半湿润区盐化草地与西部荒漠区盐渍化草地的土壤含盐量差距很大；东西部草地植物耐盐力有明显差别；不同草地类型对草地退化驱动因素反映的敏感度和表现程度差异显著。因此，应避免选用绝对值指标，尽量选择监测指标的相对值。②草地退化监测指标与其强度分级指标的制定，均以 20 世纪 80 年代前各地区对未退化草地调查、测试的本底数据为依据。以前全国各地对监测草地退化采用的测定方法、测试的仪器和设备不尽相同，所获草地退化指标的绝对值会有地区间差异。为准确反映各地草地退化变化的时间系列，宜采用当地测定的监测指标变化的相对值。

4. 鼠害辅助观测项目转化为必须观测项目

就全国而言，鼠害不是引发草地退化的主要驱动因素，鼠害退化草地面积相对较小，因而未列入必须观测项目。但已达到鼠害防治标准的草地（表 10.1.1），须将“鼠洞面积占草地面积相对百分数的增加率（%）”指标列入必须监测项目。啮齿动物对草地的危害程度，可以参考表 10.1.3 和表 10.1.4 中的指标进行分级。

表 10.1.3　啮齿动物对草地危害程度分级指标

鼠害危害程度	无明显鼠害	轻度	中度	重度	极重度
鼠洞及其土丘面积占草地面积的百分率/%	<5	5～10	10～25	25～50	>50
鼠害致草地产草量下降的百分率/%	<5	5～15	15～30	30～60	>60

表 10.1.4　草原主要害鼠危害分级表

大沙鼠 (*Rhombomys opimus*)	Ⅰ级（轻度危害）	<400 个/hm^2 有效洞口
	Ⅱ级（中度危害）	400～650 个/hm^2 有效洞口
	Ⅲ级（重度危害）	650～800 个/hm^2 有效洞口
	Ⅳ级（极度危害）	>800 个/hm^2 有效洞口
鼹形田鼠 (*Ellobius talpinus*)	Ⅰ级（轻度危害）	<200 个/hm^2 土丘
	Ⅱ级（中度危害）	200～300 个/hm^2 土丘

续表 10.1.4

鼹形田鼠 (*Ellobius talpinus*)	Ⅲ级(重度危害)	300～500 个/hm^2 土丘
	Ⅳ级(极度危害)	>500 个/hm^2 土丘
黄兔尾鼠 (*Lagurus luteus*)	Ⅰ级(轻度危害)	<600 个/hm^2 有效洞口
	Ⅱ级(中度危害)	600～800 个/hm^2 有效洞口
	Ⅲ级(重度危害)	800～1 200 个/hm^2 有效洞口
	Ⅳ级(极度危害)	>1 200 个/hm^2 有效洞口
草原兔尾鼠 (*Lagurus lagurus*)	Ⅰ级(轻度危害)	<600 个/hm^2 有效洞口
	Ⅱ级(中度危害)	600～800 个/hm^2 有效洞口
	Ⅲ级(重度危害)	800～1 200 个/hm^2 有效洞口
	Ⅳ级(极度危害)	>1 200 个/hm^2 有效洞口

注:本表引自新疆畜牧厅灭鼠治蝗指挥办公室倪亦非 2008 年新疆草地资源调查培训班教材稿。

10.1.5.4 草地退化强度评定方法

(1) 70%以上的必须监测项目指标未达到各级退化草地标准时,则认定该草地为未退化草地。

(2) 50%以上的必须监测项目指标达到某一退化级规定值时,则该草地视为退化草地。并以必须监测项目达标最多的退化级别,确定为该草地的退化级别。

(3) 当达到各级退化标准的必须监测项目指标占必须监测项目指标总数的 30%～50%时,需要用辅助监测项目指标,做如下进一步评价:①当必须监测项目指标中的 30%～50%的项目指标达到轻度以上退化级别,且辅助监测项目指标中有 40%以上的指标达到轻度以上退化级别时,则认定为退化草地,并以必须监测项目达标最多的退化级别,认定为草地退化级别。②当必须监测项目指标中 30%～50%的项目指标达到轻度以上退化级别,而辅助监测项目指标中达到轻度以上退化级别的少于 40%时,视为未退化草地。

(4) 轻度沙化草地、轻度盐渍化草地视为中度退化草地。

(5) 中度或重度沙化草地、中度或重度盐渍化草地视为重度退化草地。

10.1.5.5 未退化草地本底数据的参照标准[1]

(1) 监测点附近有草地自然保护区时,以监测点附近自然保护区中相同水、热条件的草地为未退化草地基准,测定保护区之合理利用示范区中相同草地类型的植被、地表与土壤特征,用作本底数据。

(2) 监测点附近没有草地自然保护区,或草地自然保护区没有与需要评价是否退化的相同草地类型时,用 20 世纪 80 年代初、中期全国首次统一草地资源调查样地资料,选用被监测地区相同草地类型中的未退化草地的植被、地表与土壤特征为基准。

(3) 监测点附近既没有草地自然保护区,又缺少 20 世纪 80 年代初、中期全国草地首次统一调查的样地调查资料时,用 20 世纪 80 年代初、中期全国草地首次统一调查资料编写的各省、市、自治区草地资源专著或正式出版物中的资料数据,选用未退化的相同典型草地类型特征资料为基准。没有出版草地资源专著的省、市、自治区,用中华人民共和国农业部畜牧兽医司和全国畜牧兽医总站主编,由中国科学技术出版社 1996 年出版的《中国草地资源》中未退化的相同典型草地类型资料为基准。

10.2 草地荒漠化调查

联合国环境规划署(UNDP)1990年提出荒漠化的定义,"荒漠化是干旱、半干旱和具有旱灾的半湿润地区的土地退化,是人类不合理活动的结果",1992年联合国环境与发展大会基本采纳了这个定义,1994年通过的《联合国关于在发生严重干旱和/或荒漠化的国家特别是在非洲防治荒漠化的公约》,将荒漠化定义为"荒漠化是指包括气候变异和人类活动在内的种种因素造成的干旱、半干旱和亚湿润干旱地区的土地退化"[24]。主要包括:①风蚀和水蚀致使土壤物质流失;②土壤的物理、化学和生物特性或经济特性退化;③自然植被长期丧失。

有两种荒漠化分类界定体系。一为依据形成荒漠化地表物质组成分类,划分为土质荒漠化、沙质荒漠化、砾质荒漠化、盐土质荒漠化。此乃传统的荒漠分类法,中国首次草地资源调查,荒漠类草地即使用此法分类。二为依据荒漠化形成的主导因素分类,即上述联合国荒漠化防治公约采用的成因分类法。按成因分类,可将我国发生的荒漠化划分为风蚀荒漠化、水蚀荒漠化、冻融荒漠化及土壤盐渍化4种类型。下面着重讨论发生在西北内陆干旱区的风蚀荒漠化和土壤盐渍化。水蚀荒漠化和冻融荒漠化在10.3草地水土流失调查中讨论。

10.2.1 草地荒漠化概述

10.2.1.1 中国土地荒漠化的类型、面积与分布

为了解我国土地荒漠化现状、分布与发展趋势,有关部门进行了很多调查研究。其中,由国家政府出资立项、涵盖范围广阔的土地荒漠化调查研究,有如下3项。

1. 原国家林业部于1994—1996年开展了全国首次荒漠化普查工作

该项普查工作对风蚀、水蚀、冻融和盐渍化等营力造成的多种荒漠化土地类型进行了全面调查,完成了《中国荒漠化报告》和《1:100万中国荒漠化分布图》。以1994年底的全国荒漠化普查为基础,于1995—1999年间,采用地面实测与遥感调查相结合的方法完成荒漠化监测调查。查明1999年我国共有荒漠化土地面积267.4万km^2,占全国土地总面积的27.9%。其中,风蚀沙质荒漠化面积最大,为187.3万km^2,占荒漠化土地总面积的70.0%;水蚀荒漠化土地面积为26.5万km^2,占9.9%;土壤盐渍化面积为17.3万km^2,占6.5%;冻融荒漠化土地面积为36.3万km^2,占13.6%。但是,这个267.4万km^2全国荒漠化土地总面积数据,把大面积荒无人烟的地质历史时期形成的沙漠、沙地、戈壁、风蚀劣地、荒漠、盐碱地、高寒冻土包括在之内,扩大了荒漠化界定范围,致使中国荒漠化土地总面积的数字偏大,值得商榷。

2. 国家环保局1996—1997年主持了"中国荒漠化(土地退化)防治研究"项目

该项研究获得亚太经合会支持和联合国环境规划署资助,采用遥感调查与重点地区地面调查相结合的技术方法,规范了土地荒漠化发生的时间和空间尺度。明确界定,荒漠化是人类不合理经济活动与脆弱的生态环境相互作用造成的土地生产力下降和土地退化,将地质历史时期纯自然因素导致形成的沙漠、沙地、戈壁、风蚀劣地、荒漠、盐碱地、高寒冻土排除在荒漠化

之外。查明中国已经存在的荒漠化(土地退化)土地总面积为 86.16 万 km^2,占国土(陆地部分)总面积的 8.98%。其中,秦岭—淮河以北的干旱、半干旱和具有干旱的亚湿润地带的荒漠化面积为 66.40 万 km^2,秦岭—淮河以南为 19.76 万 km^2。在秦岭—淮河以北的荒漠化土地面积中,风力侵蚀与堆积的荒漠化土地为 36.90 万 km^2,占该区荒漠化面积的 55.6%,居首位;流水侵蚀的面积为 21.60 万 km^2,占 32.5%;盐渍化与工矿开采等引发的荒漠化面积为 7.90 万 km^2,占 11.9%[25]。但该项研究,将发生于我国南方湿润区的水土流失引起的土地退化认定为荒漠化,扩大了联合国荒漠化公约界定的荒漠化范围。

3. 中国工程院"西北地区荒漠化与水资源利用研究"国务院咨询项目

该项目于 2001—2003 年,对我国新疆、青海、甘肃、宁夏、陕西及内蒙古境内,按联合国防治荒漠化公约认定的范围,进行了荒漠化调查。

(1) 调查区域。湿润指数 0.05~0.65 的干旱、半干旱和亚湿润干旱区,湿润指数小于 0.05,但依靠冰山融雪产生的水量维持生存的荒漠绿洲界定为荒漠化潜在发生地区,纳入调查范围。这些绿洲的局部地区,由于人类的不合理经济活动,正在发生着典型的荒漠化过程,如塔里木河下游绿色走廊和黑河下游额济纳旗的沙质荒漠化,绿洲农耕区的土壤次生盐渍化等。而下述两类地区排除在荒漠化土地范围之外:一为属于人类史前的地质历史时期由纯粹自然因素形成的沙漠(地)、戈壁、风蚀地、荒漠、原生盐土和高寒高原冻融侵蚀的土地;二为湿润指数大于 0.65 的区域,大多是位于降水量较大的高山地区。

(2) 调查方法。利用 1∶100 万中国草地资源图,全国首次统一调查有关退化、沙化、盐渍化"三化"草地资料,1∶100 万中国土地资源图和 1994—1996 年全国土地荒漠化普查的有关资料进行分析,同时重点地区配合进行遥感调查与地面实地调查相结合的技术方法。

(3) 调查结果。查明我国西北地区荒漠现状如下:扣除地质历史时期形成的沙漠(地)、戈壁、风蚀地、荒漠、原生盐土和高寒高原冻融侵蚀的土地面积外,我国西北荒漠化土地面积 64.79 万 km^2。其中风蚀荒漠化土地为 33.43 万 km^2,占区内荒漠化土地面积的 53.0%;水蚀荒漠化土地 22.46 万 km^2,占 34.7%;盐渍化土地 8.0 万 km^2,占 12.3%[26]。但该项调查没有涵盖西藏中西部、东北三省西部和河北坝上地区的干旱、半干旱和亚湿润干旱区。

10.2.1.2 草地荒漠化是中国土地荒漠化的主体

朱震达等 1989 年提出了沙漠化土地成因分类,调查获得以土地利用为主的人类活动导致的中国沙漠化面积。其中,以草原过度农垦为主造成的沙漠化土地面积为 44 700 km^2,占沙漠化土地总面积的 25.4%;以草原过度放牧为主的为 49 900 km^2,占总面积的 28.3%;以过度樵采为主的 56 000 km^2,占总面积的 31.8%;以工矿交通城市建设破坏植被为主的 1 300 km^2,占总面积的 0.7%;以水资源利用不当为主的 14 700 km^2,占总面积的 8.3%[27]。可见,沙漠化主要发生于天然草地。

著者参与的中国工程院西北地区荒漠化与水资源利用研究,查明我国西北地区草地退化面积 60.43 万 km^2,占调查区荒漠化总面积的 93.27%,约占调查区草地总面积的一半。其中,发生在干旱区的约 39.01 万 km^2,发生在半干旱区的约 21.42 万 km^2。可见,我国土地荒漠化绝大部分发生于天然草地,其次是耕地。森林砍伐导致的林地荒漠化面积极小。

10.2.1.3 中国土地和草地荒漠化发展趋势

中国土地和草地荒漠化与沙化正不断扩大。目前我国沙漠化面积扩展速度加快,20 世纪 80 年代较 50 年代增加了 6.4 万 km^2。国家林业局第二次荒漠化调查表明,1995—1999 年 5

年之间，全国荒漠化土地面积扩大了 5.2 万 km^2，每年净扩展 1.04 万 km^2，当时仍以每年 2 460 km^2 的速度扩展。其中 80％的土地荒漠化、沙化，发生于天然草地，已有 235.3 万 hm^2 草地成为沙漠化土地。黄河、长江源头区，草地荒漠化过程加剧，每年以 3～4 万 hm^2 的速度扩展[28]，其中青海境内每年有近 3.3 万 hm^2 的草地被浮沙侵掩[29]。

10.2.2 草地沙化调查

10.2.2.1 草地沙化的界定

草地沙化(rangeland sandification)指不同气候带具沙质地表环境的草地，受风蚀、水蚀、干旱、鼠虫害和人为不当经济活动等因素影响，如长期的超载过牧、不合理的垦殖、滥伐与樵采、滥挖药材等，使天然草地遭受不同程度破坏，土壤受侵蚀，土质变粗沙化，土壤有机质含量下降，营养物质流失，草地生产力减退，致使原非沙漠地区的草地，出现以风沙活动为主要特征的类似沙漠景观的草地退化过程[1]。草地沙化属于风蚀荒漠化，是草地退化类型的一种。

10.2.2.2 草地沙化常规调查

调查内容除草地退化调查内容外，需增加风力、风成地貌类型和地表物质组成 3 项。

1. 风力调查

风不仅加速土壤水分蒸发，更造成沙粒移动、细沙粒被吹走，致土壤粗沙化、浮沙堆积。引起砂粒移动的风速与砂粒粒径有关，有研究认为，起沙风值如下：地面组成物以粉细沙为主的地区为 4 m/s，以细沙为主的地区为 5 m/s，已经粗化的沙砾质地表 7 m/s 以上[30]。我国北方农牧交错区，年平均风速为 4～6 m/s，当平均风速大于 5.5 m/s 时，在裸地上会发生土壤风蚀现象，草原垦荒地平均年风蚀厚度为 0.1～0.3 cm。草原植被可以增加下垫面的粗糙程度，降低近地表风速，俗话称"寸草档丈风"，可以减少风蚀作用的强度。当植被覆盖度大于 17％时，风速达到 8 m/s 以上才能产生风蚀现象。中国农业大学草地所在河北坝上的研究表明，随着草原植被覆盖度的增加，风蚀模数下降，当植被盖度达 70％时，只有 6 级以上的强风才可引起风蚀。我国干旱草原植被覆盖度一般＜50％，干旱荒漠植被覆盖度一般＜35％，遭遇大风，必定引起风蚀和风积沙化。风力调查内容包括：

(1) 收集调查区域气象台站风力测定资料，包括风速、风力、风速大于 5.5 m/s 的起沙风日数，大风日数和持续时间、风速季节性变化。风力与风速的分级，按气象部门规定划分。

(2) 在重点沙化草地监测区，安设小型自动风力测定仪进行风力监测。

(3) 草地风蚀和风积的实地调查(参见退化草地的风蚀调查)。

2. 风成地貌类型调查

(1) 首先区分为风蚀沙地还是风积浮沙地。

(2) 调查沙地形态。沙地可分为平缓沙地和沙丘两类，沙丘可进一步分为新月形沙丘、垄状沙丘、堆状沙丘和蜂窝状沙丘。

(3) 调查沙丘固定状况。沙地草地地形常使用形态与固定状况结合描述，如堆状固定沙丘、垄状半固定沙丘。

3. 地表物质组成调查

草地地表物质有土质、盐土质、沙质、沙砾质、砾石质和石砾质(戈壁)等。主要调查地表沙砾化程度，采用样方法调查，用沙砾覆盖地面的百分率(%)进行分级。样方面积为 1 m^2，观察记录 1 m^2 内沙、砾、石覆盖地表的百分比，用做分级指标。地表沙砾化分级指标如下：

(1) 无明显沙砾化：沙、砾、石覆盖率<10%；

(2) 轻度沙砾化：沙、砾、石覆盖率 20%～30%；

(3) 中度沙砾化：沙、砾、石覆盖率 30%～50%；

(4) 重度沙砾化：沙、砾、石覆盖率 50%～70%；

(5) 极重度沙砾化：沙、砾、石覆盖率>70% 。

10.2.2.3 **草地沙化专项调查**

1. 植物群落特征

(1) 植被组成。各类沙地草地的主要优势种牧草有，沙生针茅(*Stipa glareosa*)、沙生冰草(*Agropyron desertorum*)、冰草(*Agropyron cristatum*)、戈壁针茅(*Stipa gobia*)、白草(*Pennisetum flaccidum*)、固沙草(*Orinus thoroldii*)、三芒草(*Aristida heymannii*)等多年生禾草；沙鞭(*Psammochloa uillosa*)、沙蒿(*Artemisia soongorica*)、褐沙蒿(*Artemisia intramongolica*)、沙漠绢蒿(*Seriphidium santolinum*)、差巴嘎蒿(*A. halodendron*)、黑沙蒿(*Artemisia ordosica*)等杂类草和蒿类半灌木；锦鸡儿(*Caragana sinica*)、藏青锦鸡儿(*Caragana tibetca*)、沙棘(*Hippophae rhamnoides*)、砂生槐(*Sophora moorcroftiana*)、白刺等灌木。发生沙化的草地，最早表现是可食禾草减少，继而是可食蒿类和杂类草减少，然后是可食灌木和一年生牧草减少，最后植被消失。草地植被成分组成的变化，反映草地沙化程度的强弱。按草地群落中沙生植物的组成比例，划分为如下 4 种级别：①沙生植物为一般伴生种或偶见种。②沙生植物成为主要伴生种。③沙生植物成为优势种。④草地植被很稀疏，仅有少量沙生植物。

(2) 草地总覆盖度。发生沙漠化的草地，植被变稀疏，覆盖度降低。重点调查草地总覆盖度相对百分数的减少率(%)。草地覆盖度调查方法，参见 10.1 草地退化调查。

(3) 沙漠化指示植物。指示草地发生沙漠化和沙地恢复的重要先锋植物如下：①一年生禾草有狗尾草(*Setaria uiridis*)、画眉草(*Eragrostis pilosa*)、虎尾草(*Chloris uirgata*)、早熟禾(*Poa annua*)等；②沙地草原类型的适沙杂类草代表种有沙蓬(*Agriophyllum squarrosum*)、沙米(*Agriophyllum squarrosum*)、大果虫实(*Corispermum macrocar pum*)、兴安虫实(*C. chinganicum*)、蒙古虫实(*C. mongolicum*)、沙参(*Adenophora elata*)、沙葱(*Allium semenouii*)、猪毛菜(*Salsola collina*)、刺沙蓬(*S. ruthenica*)等；③沙地荒漠类型的适沙杂类草代表种有蝶果虫实(又称绵蓬)(*C. patelliforme*)、倒披针叶虫实(*C. lehmannianum*)、戈壁猪毛菜(*S. gobica*)等。

重点调查草地沙漠化指示植物个体数相对百分数的增加率(%)。

2. 地上部产草量

过度放牧、干旱风蚀导致的沙化草地，地上部生物产量必定降低。重点调查项目为：

(1) 总产草量相对百分数的减少率(%)；

(2) 可食草产量占地上部总产草量相对百分数的减少率(%)。

3. 沙化草地地形特征

草地沙化呈渐进式发展，沙化草地的风蚀地貌形态，因沙化发展的阶段和程度不同而异。

著者多次调查的青海省塔拉草原，1970 年还是平坦的典型草原，后来逐渐沙化，至 1997 年，下风向出现了 3 m 多高的流动沙丘。沿着西北风主风向，可以看到塔拉草原下述各种沙化阶段的风蚀地貌形态。

（1）风蚀穴、风蚀槽和沙堆。沙化初期，当草地植被覆盖不足以保护地面时，风蚀地段的地表细沙粒遭风吹刮，开始流动，最初为斑点状，逐渐连片，形成小的风蚀穴和风蚀槽。刮走的沙粒易地停留、堆积，形成小沙堆，发展为覆沙地段，浮沙覆盖厚度＜10 cm。

（2）风蚀坑和沙包。沙化中期，风蚀穴和风蚀槽继续扩大，形成较深的风蚀坑，小沙堆扩大成沙包，堆积的覆沙厚度 10～100 cm。

（3）新月形沙丘和沙丘链。沙化后期，风蚀坑继续遭风蚀而扩大、连片，成为大片流沙。覆沙地段沙物质堆积的沙包，亦彼此相连。最后，风蚀地段与覆沙堆积地段连成一片，形成新月形沙丘和沙丘链，覆沙厚度＞100 cm。

（4）按风沙活动程度，可将沙化草地划分为固定沙丘、半固定沙丘、半流动沙丘和流动沙丘。草地沙丘活化也有一定的发展过程。起初，固定草丘不断被风蚀，草地表层土壤有机质层损失，继而表土层细小颗粒被刮走，质地相对粗化，固定草地沙丘开始活化。沙丘活化面不断扩大，逐渐成为半流动沙丘，最后发展为流动沙丘。沙化草地地形的主要调查项目如下：①风蚀坑、风蚀槽的大小、形状、深度；②沙丘的大小、高度和固定程度；③风积浮沙层厚度，积沙面积大小；④裸沙面积占草地地表面积相对百分数的增加率（%）。

4. 沙化草地土壤

草地沙化致使表层土壤发生损失，损失表层土壤的草地，草地牧草难以生存而消失，成为裸沙地。此时如若继续遭风蚀，则吹蚀底土，其性质属于沙地风蚀，不属于草地沙化范畴。所以，草地表层土壤的变化，即 0～20 cm 表土层土壤理化性质的改变，是草地沙化土壤调查的重点，包括土壤机械组成和土壤养分含量两项调查内容。

（1）土壤机械组成。①重点调查粒径＞0.05 mm 粗砂粒含量相对百分数的增加率（%）。草地土壤中各种粒径土粒的组成比例，是反映土壤沙化最敏感、最重要的指标。通俗地讲，草地沙化就是草地土壤粗砂化过程。粗砂粒含量比例增加，说明土壤沙化加重；粗砂粒含量比例减少，说明土壤沙化程度降低。②调查粒径＜0.01 mm 物理性黏粒含量相对百分数的减少率（%）。土壤中的物理性黏粒，可以相互粘在一起，几个小黏粒粘成一颗大团粒，从而增加土粒的重量和抗蚀能力，减少被风刮走的土粒数量。

（2）土壤养分含量。草地沙化土壤养分含量的变化，滞后于草地生物量和草地植被的变化。①草地沙化最先导致土壤有机质耗损和土壤有机质含量降低，首先要调查草地土壤有机质含量相对百分数的减少率（%）。②草地沙化进一步发展，会引起土壤全氮含量降低，因此，要调查土壤全氮含量相对百分数的减少率（%）。

10.2.3 草地沙化程度分级

（1）草地沙化程度分级指标。尽量收集以前的草地调查、测定资料，与现在草地沙化调查测定数据进行对比分析，划分草地沙化的发生程度。涉及政府部门进行的草地沙化调查，应按表 10.2.1 草地沙化分级与分级指标国家标准[1]，进行沙化强度的评定和分级。

表 10.2.1 草地沙化(风蚀)程度分级与分级指标

监测项目				草地沙化程度分级			
				未沙化	轻度沙化	中度沙化	重度沙化
必须监测项目	植物群落特征		植被组成	沙生植物为一般伴生种或偶见种	沙生植物成为主要伴生种	沙生植物成为优势种	植被很稀疏，仅存少量沙生植物
			草地总覆盖度相对百分数的减少率/%	0～5	6～20	21～50	>50
	指示植物		草地沙漠化指示植物个体数相对百分数的增加率/%	0～5	6～10	11～40	>40
	地上部产草量		总产草量相对百分数的减少率/%	0～10	11～15	16～40	>40
	地上部产草量		可食草产量占地上部总产草量相对百分数的减少率/%	0～10	11～20	21～60	>60
			地形特征	未见沙丘和风蚀坑	较平缓的沙地，固定沙丘	平缓沙地，小型风蚀坑，基本固定或半固定沙丘	中、大型沙丘，大型风蚀坑，半流动沙丘
			裸沙面积占草地地表面积相对百分数的增加率/%	0～10	11～15	16～40	>40
辅助监测项目	0～20 cm土层的土壤理化性质	机械组成	>0.05 mm粗砂粒含量相对百分数的增加率/%	0～10	11～20	21～40	>40
		机械组成	<0.01 mm物理性粘粒含量相对百分数的减少率/%	0～10	11～20	21～40	>40
		养分含量	有机质含量相对百分数的减少率/%	0～10	11～20	21～40	>40
		养分含量	全氮含量相对百分数的减少率/%	0～10	11～20	21～25	>25

(2) 草地沙化程度评定方法。草地沙化程度评级方法见10.2.5.2中的规定。

10.2.4 草地盐渍化调查

10.2.4.1 草地盐渍化的界定

草地盐渍化(rangeland salification)指干旱、半干旱和半湿润半干旱区(亚湿润干旱区)的河湖平原草地、内陆高原低湿地草地及沿海泥沙质海岸带草地，受盐(碱)地下水或海水浸渍，或受内涝，或受人为不合理的利用与灌溉影响，其土壤处于近代积盐，形成草地土壤次生盐渍化的过程[1]。

草地盐渍化是地势较低的低地草甸或低地盐化草甸，地下水位升高，引起草地土壤的盐（碱）含量增加到足以阻碍牧草生长，使不耐盐碱的草地植物衰减、消退，草地植被变稀疏，牧草生物产量降低，耐盐（碱）力弱的优良牧草减少，可食牧草减少，盐生植物比例增加，草地利用性能降低，盐（碱）斑面积扩大的草地退化过程。

我国北方和青藏高原中西部干旱、半干旱和半湿润半干旱区，在土壤本底盐（碱）含量较高的地段，发育有盐化低地草甸草地、滩涂盐生草甸草地、盐生荒漠草地。上述受土壤盐碱含量因素影响发育形成的原生态盐生草甸和盐生荒漠，当其草地植被组成及生物产量变化不大，土壤盐（碱）含量与原有的本底盐（碱）含量相比增加不明显，不属于草地盐渍化。只能将受各种人为因素和自然因素驱动，草地土壤盐（碱）含量增加、生境条件恶化，致使非盐化天然草地植被逐渐向盐生植被演变，或致使原有盐生草地的盐化程度进一步加重，草地生产力下降，甚至完全丧失草地生产力的逆行演替过程，称为草地盐渍化。次生盐渍化草地，是退化草地类型的一种。

10.2.4.2　**草地盐渍化的驱动因素**

受干旱气候条件、地下水、地形和人为因素的影响，干旱地区蒸发量增强，盐分随土壤水分上升而聚积、增加，致使草地土壤盐渍化。

1. 气候因素

蒸发量大于降水量是草地土壤盐渍化发生的前提条件。强烈的蒸发致土壤水分损失，盐分聚集，降水致盐分淋溶、下渗脱盐。所以，草地土壤盐渍化只发生于蒸发量大于降水量的干旱、半干旱和亚湿润干旱地区。华北平原区，当月蒸发量与降水量比值＞2 时，土壤处于积盐期，月蒸发量与降水量比值＜2 时，土壤处于脱盐月份[31]。我国草地盐渍化面积已达 930 万 hm^2，大面积发生于东北地区西部松嫩草原、内蒙古中西部、新疆、甘肃、宁夏、青海、西藏等地的干旱荒漠和干旱草原区。

2. 地下水因素

地下水矿化度高和地下水位高，是引起草地土壤盐渍化的主导因素。含一定盐分的地下水，水位埋深超过临界线，致使土壤盐分聚积，阻碍植物生长，引发盐渍化。

3. 地形因素

土壤盐分聚积受地形因素影响，盐随水动，水分移动受地形条件制约，故草地盐渍化受地形条件影响。草地盐渍化发生于水盐汇集地段和积盐地形部位，发生于内陆河下游冲积平原、干旱荒漠区绿洲边缘的低湿盐化草地；多发生于地势低平、地下水位较高的地段；排水滞缓、易发生内涝的地段，如东北松嫩草原中海拔高度 160～180 m 以下的低洼地段。

4. 土壤因素

土壤质地影响毛细管水上升，黏重的土壤对毛细管水上升有阻碍作用，上升高度低于壤土，在相同条件下，壤土比黏土更易盐渍化。土壤有机质有防盐作用，当土壤腐殖质层厚度达 30 cm 时，有显著防盐作用和降低地下水临界水位深度的作用[31]。

5. 人为因素

（1）易发生盐渍化的草地，水分条件好，草地产草量高，一般利用率也高，大多被过度割草、放牧。过度利用致使草地退化，覆盖度降低，草地裸露面积增加，蒸发量增加，增加土壤盐分滞集。

(2) 过度放牧带来牲畜的过多践踏，致草地土壤变致密，形成更多毛细管，地下水上升增多，滞留于土壤的盐分增加。

(3) 草地洪水漫灌、人工草地灌溉措施不当，排水不畅，引起地下水上升至土壤表层，形成积盐，导致土壤次生盐渍化。

10.2.4.3 草地盐渍化常规调查

1. 收集、分析草地盐渍化相关资料

(1) 收集当地历年各月平均蒸发量与平均降水量资料，计算逐月蒸发量与降水量蒸降比；

(2) 收集地下水资料，包括地下水出现深度、流动方向、水文地质、矿化度和水化学类型等；

(3) 收集盐渍化草地调查区草地利用方面的资料，包括载畜量密度、放牧强度；

(4) 收集已有的涉及草地盐渍化方面的调查资料，如土壤盐渍化调查报告与分布图。

2. 实地调查

(1) 调查地下水。结合土壤剖面观察，调查土壤地下水静止深度，从土壤质地和盐分状况，分析地下水变幅及其对土壤盐渍化形成的影响。调查与地下水补给有关的地表水的 pH 值与矿化度。

(2) 调查地形和土壤质地，分析土壤排水状况。地形和土壤质地条件，影响土壤排水。土壤排水不畅或排水极差，易引起土壤盐渍化和潜育化。①排水不畅：水分在土体中移动缓慢，一年中有半年以上的时间地表湿润。其原因可能为地下水位较高，或有侧向水补给，或两者结合。②排水极差：水分在土体中移动极为缓慢，一年中有半年以上时间地表呈潮湿状态，甚至可能有少量积水。其原因可能是地下水位过高，或是侧渗补给，或是两者结合。

土壤母质、土壤类型和土壤腐殖层是土壤质地调查的重点。

(3) 调查草地洪水漫灌、人工饲草料地灌溉状况，调查灌溉用水的 pH 值，水污染情况，调查水利设施，灌排系统的完善程度和渗漏状况。

3. 采集水样、分析化验水化学成分

采集地下水、井水，草地灌溉用水水化学分析样，测定矿化度、分析水化学组成，研究其与土壤盐渍化、潜育化的关系。

4. 采集土样、分析化验土壤化学成分

包括土壤盐、碱类型、含量、土壤常规营养元素含量等。

地形、土壤、地下水和水矿化度的常规调查方法，参见第 3 章外业调查。

10.2.4.4 草地盐渍化专项调查

1. 草地群落特征

调查耐盐碱指示植物和草地总覆盖度变化两项内容。

(1) 耐盐碱指示植物

①草地土壤盐渍化先锋植物多为一年生盐生多汁植物，如碱蓬(*Suaeda glauca*)、角果碱蓬(*S. corniculata*)、盐地碱蓬(*S. salsa*)等；盐化荒漠草地指示植物主要为碱蒿(*Artemisia anethifolia*)。

②草地呈弱盐渍化的指示种杂类草有叉毛蓬(*Petrosimonia sibirica*)、粗糙叉毛蓬(*P. squarrosa*)、白茎盐生草(*Halogeton arachnoideus*)、西藏盐生草(*H. glomeratus* var. *tibeticus*)、雾冰藜(*B. dasyphylla*)等，其中苏打盐化草甸土草甸的指示种为星星草

(*Puccinellia tenuiflora*)、碱蓬。碱蓬是东北草甸草原地带盐渍化退化草地上的典型植物；华北轻度盐化草甸代表种为马蔺(*Iris lactea* var. *chinensis*)。西北、西藏、河西走廊荒漠区绿洲边缘低地草甸盐渍化的禾本科牧草指示种为赖草(*Leymus secalinus*)、芦苇；东北地区为碱茅(*Puccinellia distans*)。

③北方干旱区地下水位常处于临界水位之上、含盐量中等、中度以上盐渍化草甸的指示植物，杂类草有碱蓬、翅碱蓬(*Suaeda heteroptera*)；多汁盐柴类半灌木有盐爪爪(*Kalidium foliatum*)、细枝盐爪爪(*Kalidium gracile*)、圆叶盐爪爪(*K. schrenkianum*)、小叶碱蓬(*S. microphylla*)等；中度以上盐化荒漠指示半灌木主要有红砂、珍珠猪毛菜(*Salsola passerina*)、蒿叶猪毛菜(*Salsola abrotanoides*)、小蓬(*Nanophyton erinaceum*)、盐生假木贼(*Anabasis salsa*)、白滨藜(*Atriplex cana*)、短粗猪毛菜(*Salsola brachiata*)等。

④北方沿海海潮线以上受海水倒灌或侧渗影响的重盐渍化滩涂草甸指示植物为盐地碱蓬(*Suaeda salsa*)。

草地植被组成结构中，耐盐碱植物比例成分的变化，充分反映草地盐渍化的发生与发展程度。按草地群落中耐盐碱植物的组成比例，划分为如下4种级别：①盐生植物少量出现；②耐盐碱植物成为主要伴生种；③耐盐碱植物占绝对优势；④不耐盐碱植物消失，仅有少量稀疏耐盐碱植物。

(2) 草地总覆盖度相对百分数的减少率(%)。调查方法参见第3章外业调查和上一节草地退化调查。

2. 地上部产草量

盐渍化草地牧草受盐分胁迫而退缩，生物产量降低，重点调查：

(1) 总产草量相对百分数的减少率(%)；

(2) 可食草产量占地上部总产草量相对百分数的减少率(%)。

3. 地表特征

轻度以上盐渍化草地，会出现寸草不生、直径<1 m、面积大小不一的盐(碱)斑、盐圈，盐斑表土常有1～2 cm^2 厚的白色盐结皮壳。盐渍化程度愈重，盐(碱)斑数量愈多，面积愈大，直径可达1～2 m。必须调查盐碱斑面积占草地总面积相对百分数的增加率(%)。

4. 0～20 cm 表土层土壤理化性质

盐渍化草地系表层土壤含盐量增加所致。盐渍化草地表层土壤的pH值，通常变化不大，但当地下水或灌溉用地表水遭受碱性工业废水污染，则表层土壤呈碱性，引发草地碱化，破坏草地生态系统。重点调查0～20 cm表土层土壤：

(1) 土壤含盐量相对百分数的增加率(%)；

(2) pH相对百分数的增加率(%)。

5. 地下水专项调查

除常规地下水调查外，为满足草地盐渍化程度分级的需要，设置如下两项地下水专项调查项目：

(1) 潜水位深度(cm)；

(2) 矿化度相对百分数的增加率(%)。

6. 0～20 cm 表土层土壤养分

发生盐渍化的草地，表土层土壤的有机质和土壤营养元素必定遭受耗损，因此要重点调查

0～20 cm 表土层土壤如下两项内容：

（1）有机质含量相对百分数的减少率（%）；

（2）全氮含量相对百分数的减少率（%）。

10.2.5 草地盐渍化程度分级

10.2.5.1 草地盐渍化程度分级指标

草地盐碱斑、草地植被中盐生植物的比例成分和土壤盐、碱含量的高低，是划分草地盐渍化程度的主要指标。涉及政府部门进行的草地盐渍化调查，应按表 10.2.2 所列草地盐渍化分级与分级指标国家标准[1]，进行盐渍化强度的评定和分级。

表 10.2.2 草地盐渍化程度分级与分级指标

<table>
<tr><th colspan="3" rowspan="2">监测项目</th><th colspan="4">草地盐渍化程度分级</th></tr>
<tr><th>未盐渍化</th><th>轻度盐渍化</th><th>中度盐渍化</th><th>重度盐渍化</th></tr>
<tr><td rowspan="8">必须监测项目</td><td rowspan="2">草地群落特征</td><td>耐盐碱指示植物</td><td>盐生植物少量出现</td><td>耐盐碱植物成为主要伴生种</td><td>耐盐碱植物占绝对优势</td><td>仅存少量稀疏耐盐碱植物，不耐盐碱的植物消失</td></tr>
<tr><td>草地总覆盖度相对百分数的减少率/%</td><td>0～5</td><td>6～20</td><td>21～50</td><td>> 50</td></tr>
<tr><td rowspan="2">地上部产草量</td><td>总产草量相对百分数的减少率/%</td><td>0～10</td><td>11～20</td><td>21～70</td><td>> 70</td></tr>
<tr><td>可食草产量占地上部总产草量相对百分数的减少率/%</td><td>0～10</td><td>11～20</td><td>21～40</td><td>> 40</td></tr>
<tr><td>地表特征</td><td>盐碱斑面积占草地总面积相对百分数的增加率/%</td><td>0～10</td><td>11～15</td><td>16～30</td><td>> 30</td></tr>
<tr><td rowspan="2">0～20 cm 土层理化性质</td><td>土壤含盐量相对百分数的增加率/%</td><td>0～10</td><td>11～40</td><td>41～60</td><td>> 60</td></tr>
<tr><td>pH 值相对百分数的增加率/%</td><td>0～10</td><td>11～20</td><td>21～40</td><td>>40</td></tr>
<tr><td colspan="6"></td></tr>
<tr><td rowspan="4">辅助监测项目</td><td rowspan="2">地下水</td><td>潜水位/cm</td><td>200～300</td><td>150～200</td><td>100～150</td><td>100～150</td></tr>
<tr><td>矿化度相对百分数的增加率/%</td><td>0～10</td><td>11～20</td><td>21～30</td><td>> 30</td></tr>
<tr><td rowspan="2">0～20 cm 土壤养分</td><td>有机质含量相对百分数的减少率/%</td><td>0～10</td><td>11～20</td><td>21～40</td><td>> 40</td></tr>
<tr><td>全氮含量相对百分数的减少率/%</td><td>0～10</td><td>11～20</td><td>21～25</td><td>>25</td></tr>
</table>

10.2.5.2 草地沙化、盐渍化强度分级的评定方法

首先依据表10.2.1和表10.2.2中必须监测项目的调查结果分级。如果用必须监测项目调查结果还不能确定分级级别时,再增加用辅助监测项目的调查结果分级。

(1) 70%以上的必须监测项目指标未达到各级沙化或盐渍化草地标准时,则认定该草地为未沙化或未盐渍化草地。

(2) 50%～70%的必须监测项目指标达到某一沙化或盐渍化规定值时,则该草地视为沙化或盐渍化草地。并以必须监测项目达标最多的沙化或盐渍化级别确定为该草地的沙化或盐渍化级别。

(3) 当达到各级沙化、或盐渍化标准的必须监测项目指标占必须监测项目指标总数的30%～50%时,需要用辅助监测项目指标进一步评定。

(4) 确定未沙化和未盐渍草地的本底数据标准,参见10.1.5.5未退化草地本底数据的参照标准。

10.3 草地水土流失调查

水土流失(water and soil losses)是指在水力、重力、风力等外营力作用下,水土资源和土地生产力的破坏和损失,包括土地表层侵蚀和水土损失,亦称水土损失[24]。1981年科学出版社《简明水利水电词典》提出,水土流失指"地表土壤及母质、岩石受到水力、风力、重力和冻融等外力的作用,使之受到各种破坏和移动、堆积过程以及水本身的损失现象"。这是广义的水土流失,包括水和土体两种损失,前者如径流、渗透损失,后者为土壤侵蚀。土壤侵蚀又可分为水力侵蚀、重力侵蚀、混合侵蚀、风力侵蚀等形式。

狭义的水土流失特指水力侵蚀现象,指在水流作用下,土壤被侵蚀、搬运和沉积的过程。这与土壤侵蚀概念有点相似,所以人们常将狭义的"水土流失"与"土壤侵蚀"两词等同起来使用。本书采用广义的水土流失概念。

10.3.1 草地水土流失类型与驱动因素

10.3.1.1 草地水土流失类型

我国是世界上水土流失最严重的国家之一。根据全国第二次水土流失遥感调查,20世纪90年代末,我国水土流失面积356万km^2,占国土面积的37.1%,其中水蚀面积165万km^2,风蚀面积191万km^2。在356万km^2水土流失面积中,包括草原牧区37.7万km^2,水蚀与风蚀交错区水土流失面积26万km^2。另外,据水利部1990年的遥感调查,我国有冻融侵蚀面积125万km^2,没有统计在公布的水土流失面积之内。

1. 水力侵蚀

据调查统计,在全国165万km^2的水蚀面积中,不同水力侵蚀强度的面积组成如下:轻度,83万km^2;中度,55万km^2;强度,18万km^2;极强度,6万km^2;剧烈,3万km^2。水力侵蚀主要分布于丘陵山区,其中,黄土高原区是全世界水土流失最严重的地区。据20世纪80年代末遥感调查,黄土高原区水力侵蚀的水土流失面积为29.28万km^2,占该地区总面积的

46.95%[32]，平均每年流失土壤13亿t。长江源头，包括通天河、扎曲和大渡河源头，流域面积15.86万km^2，基本上为天然草地分布区，仅在沟谷区点缀有极小面积森林和耕地，其水土流失面积已达10.63万km^2，占长江源头区土地总面积的67%[33]。草地超载过牧、鼠害、开垦与撂荒所致的草地生态环境恶化，是导致长江源头区水土流失的重要因素。据调查，来自长江上游草地的泥沙，已占长江宜昌站泥沙量的35%[34]。

全国河流大多发源于山地或高原天然草地区。长江发源于唐古拉山，河源段称通天河、上游段称金沙江，流经青藏高原和横断山草地区。长江的主要支流雅砻江、大渡河均源自青藏高原东缘草地。黄河源自青海省巴颜喀拉山，河源段和上、中游流经青藏高原和黄土高原草地区。澜沧江、怒江、雅鲁藏布江均发源并流经青藏高原草地。黑龙江发源于大兴安岭西坡和呼伦贝尔草原，其主要支流嫩江和松花江的源头和上游分别流经小兴安岭和长白山山地草甸带。新疆的外流河伊犁河发源并流经准噶尔西部山地草地，额尔齐斯河源自阿尔泰山山地草地。我国的内流河塔里木河发源于天山草地，疏勒河、黑河和青海湖水系均源自祁连山草地。以上各河流的发源地和上、中游流经的天然草地都是重要的水源涵养地，又是河流水源的重要补给地。目前，各河流的河源区和上、中游区，由于破坏植被、开垦草原等经济活动，致使水土涵养功能减弱，水土流失加重，中、下游河床抬升、湖泊淤塞，制约了江河源头和上游的土地开发利用。

2. 风力侵蚀

风力侵蚀又称风沙侵蚀，指干旱草原、植被稀疏区，大风吹蚀表土，导致表土损失、粗沙化、沙尘暴或者草地荒漠化的过程。风力侵蚀主要表现为表土移动，不同于湿润或半湿润地区发生的水土流失。全国第二次水土流失遥感调查的191万km^2风蚀面积中，不同风力侵蚀强度的面积组成如下：轻度79万km^2；中度25万km^2；强度25万km^2；极强度27万km^2；剧烈35万km^2。

黄河上游流经黄土高原西部和内蒙古高原西部风沙区，包括青海省黄南州、海东地区、甘肃省天水、平凉及庆阳等陇中地区、宁夏自治区、陕北、内蒙古鄂尔多斯市和巴彦淖尔盟东南部，属于干旱、半干旱区。地带性植被为温带干旱草原和温带草原化荒漠。拥有天然草原14.2万km^2，占黄河上游流域面积27.9万km^2的50.9%。黄河上游草地植被稀疏、风沙危害严重。风沙区面积已达20万km^2，其中沙漠化土地已达11.8万km^2[28]。近年来沙尘暴频繁发生，西沙东进，北沙南侵，淹埋农田，毁坏交通和通信。

3. 重力侵蚀

地表物质在自身的重力作用下，失去与下层物质的平衡而发生的迁移、堆积现象，主要表现为滑坡侵蚀和崩塌侵蚀。

滑坡：指不透水层以上的整块土体沿坡体向下滑动的现象。滑动土体的厚度和滑动距离因坡长和坡度大小而异。

崩塌：河流两岸或溪流两侧的草地，在河水或溪水的水力冲击、淘蚀作用下，整块土体倒塌的现象。

4. 冻融侵蚀

高寒冻土区草地，因气温周期性发生冻结与解冻正负交替，冻土层中的地下冰和地下水不断发生相变和位移，使土层产生冻胀与融沉交替变形，地面物质松动、崩解，形成大量碎屑物质。这些碎屑物质在解冻时，与土层中超饱和融水，沿地面斜坡向下移动，形成冻融泥流、冻融滑塌等一系列冻融侵蚀。对草地而言，高寒草甸的滑塌为影响最大的冻融侵蚀[35]。位居高山流石滩植被下方的高寒草甸草地，特别是发育于原始高山草甸土的高寒草甸草地，土壤砾石含量多，在冻融作用下，草根易崩断，陡坡草地草皮层易脱落或滑塌，致使表土外露，形成大块的裸土斑。

以上所述大面积发生于天然草地的水力侵蚀、风力侵蚀、冻融侵蚀，给草地生态、草地生产造成严重威胁，必须重视对草地水土流失的监测调查。

5. 石漠化

石漠化是亚热带喀斯特山区的土地退化过程。石灰岩山地，森林被砍伐、草地被开垦、撂荒、遭反复垦殖，地表植被遭破坏，在雨水特别是暴雨的冲刷下，土壤严重流失，基岩大面积裸露[36]，土地生产力下降或失去生产能力。石漠化主要发生于我国西南地区和南亚热带西段，至 2001 年底，滇、黔、桂、川、渝、湘西等西南 284 个县(市、区)石漠化面积已发展到 10 多万 km^2，目前仍以每年 2 500 km^2 的速度扩大。

10.3.1.2 水土流失的危害

水土流失引起耕地和草地面积减少，土壤养分流失，肥力降低，产草量降低。因水土流失，我国年损失耕地 100 万亩。草地滥垦、滥挖，破坏草地植被，引起水土流失，使湖泊、水库淤塞，成亿吨的泥沙输入长江、黄河等大江大河，抬高河床，成为洪水隐患，缩短航运里程。对当地和河流下游的生态环境、生产、生活和经济发展都造成极大的危害。

水土流失产生冲蚀沟，破坏地面的完整，造成土地沙化，影响草地放牧和农业生产，威胁城镇安全，加剧干旱等自然灾害的发生，导致群众生活贫困，阻碍经济、社会的可持续发展。

石漠化已成为我国西南山区首要生态灾难，每年造成的直接经济损失超过百亿元，制约当地山区的经济发展，缩小了人们的生存空间。

10.3.1.3 水土流失的驱动因素

水土流失是不利的自然条件与人类不合理的经济活动互相交织作用的结果。

1. 导致水土流失的自然因素

引发水土流失的不利自然条件，主要有地面坡度陡峭，土壤含砾石多、质地松软易蚀，高强度暴雨，大风、冻融交替频繁，地表植被覆盖度低等。

(1) 地形。地面坡度越陡，地表径流的流速越快，对土壤的冲刷侵蚀力就越强。坡面越长，汇集地表径流量越多，冲刷力也越强。

(2) 降雨。主要指降水量和降水强度。降雨强度超过土壤水分入渗强度，才会产生超渗的地表径流，造成对地表的冲刷侵蚀。引发水土流失的降雨，一般是强度较大的暴雨。

(3) 地面组成物质。主要指成土母质和土壤抗蚀能力。地表土质疏松，则抗蚀能力弱，容易形成水土流失。

(4) 植被。达到一定郁闭度的林草植被有保护土壤不被侵蚀的作用。郁闭度越高，保持水土的功能越强。植被破坏严重，再加上雨水和地表水的冲刷，则导致水土流失。加大植被的覆盖率，可以保持水土，防止水土流失的发生。

(5) 风力。指风力与风速的大小。风力越大，吹蚀的表土越多。

(6) 高寒冻融山地。昼夜温差大，季节冻融交替频繁，融冻风化层含有饱和与过饱和的融水，土层薄、草根盘结层浅、土壤砾石含量高，容易导致陡坡草地草皮层脱落或滑塌，形成冻融侵蚀。

我国是个多山国家，山地面积占国土面积的2/3，草地多分布于山地，多陡坡。我国大部分地区属于季风气候，降水量集中，年降水量的60％～80％集中在雨季降落，且多暴雨。我国主要草地分布区——北方和青藏高草地区系多风区，尤其是植被枯黄的冬春，多大风，风力强劲。我国是世界上黄土分布最广的国家，黄土物质松散，在缺乏植被保护情况下，极易发生侵蚀。天然草地的上述地貌、气候和土壤条件，是造成易于发生水土流失的主要原因。尤其是黄土高原，由于黄土物质疏松，抗蚀能力差，降水集中，多暴雨，地形破碎，植被稀疏，成为世界上水土流失最严重的地区。

2. 导致水土流失的人为因素

主要指人类对草地不合理的利用，破坏草地植被和稳定的地形，造成水土流失。引发水土流失的不合理经济活动主要有：

(1) 开垦草原、尤其是陡坡开垦。我国人口众多，粮食需求压力大，片面追求粮食产量，忽视因地制宜的农林牧综合发展，在生产力水平不高的情况下，对草地实行掠夺性开垦，把只适合林、牧业利用的土地辟为耕地。大量开垦陡坡地，加剧水土流失，陡坡越开越贫，越贫越垦，生态系统恶性循环。

(2) 破坏草地植被。不合理的草原樵采、滥挖滥采草地药材等破坏草地植被的人为活动，加速地表土壤的损失和移动。草原牧民、牧区乡镇居民燃料需求导致草原樵采，乱砍滥挖草地灌木、滥挖滥采草地药材、搂草皮，使地表裸露，加重了水土流失。

(3) 过度放牧与割草利用。过度放牧，增加践踏和土壤紧实度，从而降低降水渗透力，减少降水下渗，有利径流的形成；草地过度利用，减少枯枝落叶层和土壤腐殖质，甚至降低草地密度和覆盖度，从而降低土壤对雨滴的抗蚀作用，引发水土流失。有研究表明，内蒙古东乌旗，坡度6°、覆盖度71.5％的草甸草原，遭遇一次降水强度为23.8 mm的降水后，测定结果为：70％利用率草地区比30％利用率草地区，径流量多58.24％，土壤侵蚀量多117.3％[37]。

(4) 不合理的矿产资源开采。在天然草地区挖煤、开矿、挖沙、采石等，破坏草地植被，不回填恢复，加剧水土流失。如黄土高原风沙区五大媒田范围内，风沙化土地已占五大媒田土地总面积的61.4％。

(5) 经济建设项目后续保护工作不到位。在天然草地区修筑公路、铁路、建厂房、居民点、修大型水渠、输油管等经济建设项目不合理，使边坡稳定性降低，或缺少必要的后续生态保护工程，引发水土流失、甚至滑坡、塌方、泥石流等更严重的地质灾害。青藏高原修建的公路、铁路两侧草地的取土处，已历经20余年，至今有些地段仍地表裸露。

10.3.2 草地水土流失外业调查技术

10.3.2.1 调查目的和要求

调查草地水土流失现状及其危害；调查土壤侵蚀原因、侵蚀程度、强度及其分布情况；调查总结水土保持综合治理规划及其综合防治措施等，为编制发展草地生产和建设规划提供科学依据。要求对草地、荒草地进行全面调查，绘制水土流失侵蚀图，有特殊要求的要绘制草地水土流蚀分区图。

10.3.2.2 水土流失自然因素的调查

在一般草地资源外业调查（见本书第3章）的基础上，对引发草地水土流失有关的自然因素和人为因素，需进行详细调查。20 世纪 80 年代末西藏自治区土地资源调查，依据当时农业部和水利部有关规定，在西藏自治区土地资源调查技术规程中，制定了以下有关草地水土流失和土壤侵蚀方面的调查内容。

1. 地形

除坡度、坡向外，增加坡长和沟谷地貌两项调查内容。

(1) 坡长。坡愈长，收集的雨水愈多，水土流失量愈多。坡长分为：短坡，＜50 m；中等坡，50～200 m；较长坡，200～500 m；长坡，＞500 m。

(2) 沟谷地形调查，主要调查内容：①沟谷断面形状，窄“V”形谷、“V”形谷、“U”形谷和具有河漫滩的平底谷；②沟壑密度，沟道长度＜1 km/km^2、1～2 km/km^2、2～3 km/km^2、3～5 km/km^2、＞5 km/km^2；③沟谷深度，＜50 m、50～100 m、100～200 m、＞200 m；④沟谷宽度，＜300 m、300～500 m、500～1 000 m、1 000～2 000 m、＞2 000 m；⑤沟谷纵坡度，平缓、较平缓、陡峻等。

2. 气候因素

降雨。降雨是形成土壤侵蚀的动力，暴雨形成的地表径流是造成表土冲蚀的主要原因。降雨强度愈大，持续时间愈长，则土壤冲蚀愈强烈。需收集或调查测定下述数据：①多年平均降雨量；②大雨、暴雨(日降雨量＞50 mm 或 1 h 降雨量≥16 mm)出现的月份、次数；③总暴雨量占年降雨量的百分比；④一次暴雨的日期、历时、数量及降雨强度。

3. 地表径流

大气降水量超过地表下渗量时，在地表汇集形成径流。山地积雪融化水，也要汇集成径流，流至平原地区。地表径流带走地表松散的泥沙物质，流向河流和湖泊，致使土体中的土壤和水分流失。河流分为常年性河与季节性河，常年性河上游多河床深切，形成“V”形谷，有的下切达数十米，如金沙江、怒江、澜沧江，对草地土壤侵蚀影响甚小。下游属堆积区，形成冲积平原，雨水足够大时，对地表造成冲刷。降水和冰雪融水太大时，会在山麓洪积平原上形成洪水。干旱区洪水漫灌草原时，一方面引起水土流失，另一方面会使土壤盐分上升至表土层，引发土壤次生盐渍化。

4. 土壤和地面组成物质

(1) 母质。母质与杭冲蚀性能密切相关，除本书 3.2.3.2 中母质的调查内容外，要增加母质的化学特性和土体内胶结物质性质的调查。易溶解的胶结物质，遇水后土粒易分散，影响土壤抗水蚀能力降低。

(2) 土体厚度。土层薄的草地，土壤水分容易饱和，容易出现地表径流，比土层厚的草地侵蚀作用强。温带山地如贺兰山、祁连山、天山等山地草原栗钙土，土层厚约 30 cm，遇大雨或暴雨时，土壤水分容易饱和，土壤片蚀、沟蚀作用强烈，易引发侵蚀。土体厚度划分规定为：极厚土体，＞100 cm；厚土体，100～60 cm；中厚土体，60～30 cm；薄土体，30～10 cm；极薄土体，＜10 cm。

(3) 土体中障碍层。土体中含有障碍层，如钙积层、永冻层，阻碍水分在土壤中的下渗，或下漏缓慢，有促进地表径流形成和增大水土流蚀的作用。

5. 植被

调查植被覆盖度。地面植被生长愈好，土壤侵蚀愈弱。当植被覆盖度＞90％时，除遭特大暴雨外，基本无土壤冲蚀。

6. 土壤排水状况

包括地形影响的排水条件和土壤质地制约的土体内排水条件两方面。可划分为排水过量、排水良好、排水中等、排水不畅、排水极差5个级别，其中排水不畅和排水极差两种类型，与水土流失关系不大。各地区土壤排水条件的分级指标互有差异。

(1) 排水过量。水自土层中排出较快，一般多为地势较高，土层较薄，土壤质地较粗，且土层质地均一。排水过量类型的草地，易引发水土流失。

(2) 排水良好。水分易从土壤中流走，但流动不快，雨后土壤保持适于牧草生长的湿度时间较长。水土流失作用中等。

(3) 排水中等。水分在土体中移动缓慢，在半年时间内，剖面中大部分土体湿润，该类土壤往往在土体内或土体以下具有不透水层，或地下水位较高，或有侧向水渗入补给，或三者结合。水土流失作用较弱。

7. 鼠洞密度的调查

草地啮齿动物掘洞，洞口堆积的松土，引发风蚀，遇中等以上降雨可形成土壤流失。选择不同鼠洞密度的代表性地段，清查样方内的鼠洞数、计算鼠洞密度，测定洞口外堆积的松土数量并称重，计算出1 hm^2 鼠害草地的鼠洞数和掘出的土壤重。目前尚没有啮齿动物对草地水土流失危害程度的分级标准。因啮齿动物种类不同，鼠洞的大小和推出鼠洞外松散土壤的体积不同，各地对草地鼠害的分级指标尚未统一。建议按农业部制定的草原鼠害防治技术规程进行鼠害调查[19]，参考表10.1.3或表10.1.4鼠害分级指标，进行分级。

10.3.2.3 土壤侵蚀人为因素的调查

(1) 草地牲畜承载状况。夏秋季(雨季)草地超载过牧情况；>25°超载过牧草地占放牧草地的比例；放牧方式，散牧还是围栏轮牧。

(2) 牧民樵采、破坏草地植被的情况。滥挖甘草、麻黄、冬虫夏草、贝母等草地药材，滥搂发菜、滥伐草地灌木的数量，致草地破坏的面积、破坏程度。

(3) 草原开垦与撂荒情况。调查被垦草地的类型、面积、坡度；被垦草地中缺少灌溉和已撂荒的面积；已经沙化和已发生水土流失的面积、程度等。

(4) 草地开矿，主要指露天煤矿、沙金矿。调查开挖面积、被掩埋的草地面积、是否回填恢复草地植被。

(5) 工程建设对草地的破坏。调查在天然草原上修路、钻探石油、修建厂房、居民点等工程，破坏草地地表和植被的面积与程度。

10.3.2.4 调查方法

(1) 收集调查区域内水土保持试验站径流资料，并进行分析。收集调查区域下游水文站土壤侵蚀模数(soil erosion index)资料，用以分析调查区域土壤侵蚀模数。

(2) 进行土壤侵蚀样方调查。包括量测坡度、坡面长度、坡面上的侵蚀沟道数，调查地表物质组成和砾石化状况，调查、量测沟头的前进速度、水蚀沟的密度、深度、宽度。

(3) 结合土壤剖面调查，了解土壤障碍层，观察土壤排水状况。

(4) 调查草地鼠洞数量、密度。调查草地超载过牧程度、草地蹄蚀状况。

(5) 调查土壤侵蚀模数。土壤侵蚀模数是指在水力、风力、冻融、重力等外营力作用下，土壤、土壤母质及其他地面组成物质被破坏、剥蚀、转运和沉积的强烈程度，以单位时间、单位面积上的土体损失量表示。常用单位为 $t/(km^2 \cdot 年)$，即每年每平方千米面积的土壤损失量。

土壤侵蚀模数是防治区域土壤侵蚀的重要科学数据。土壤侵蚀模数的确定方法如下：①用下游水文站输沙资料，下游水文站测定的淤积量和输沙量之和，计算上游小流域面积的侵蚀量；②根据水土保持试验站实测坡蚀、沟蚀泥沙资料进行分析、计算。以沟蚀为主、侵蚀量较大的山地和黄土丘陵区，一定要参考区域水文观测资料推算土壤侵蚀模数。

10.3.3 水土流失强度调查

1. 水力侵蚀强度分级指标

水力侵蚀分为面蚀和沟蚀两类。

（1）面蚀。地表径流沿坡面均匀下泄使表土呈层状流失，但流失表面的分布与流失量不一定均匀。①天然草地表土侵蚀根据植被覆盖度划分。无侵蚀：覆盖度＞90%；轻度：覆盖度＞70%；中度：覆盖度30%～70%；强度：覆盖度＜30%。②人工草地和人工饲草料地土壤，按侵蚀后土壤存留程度划分。轻度：表土小部分被蚀；中度：表土50%被蚀；强度：表土全部被蚀；剧烈：心土部分被蚀。

（2）沟蚀。地表径流沿坡面下泄过程中，蚀破坡面，将坡面沿流径下切蚀出“V”形沟，并逐渐加深的一种侵蚀现象。沟蚀划分为细沟、浅沟与切沟三种类型，其侵蚀程度分级指标[31]见表10.3.1。

表10.3.1 草地不同侵沟类型侵蚀程度分级指标

侵蚀类型	表现形态			沟道面积占调查面积/%			
	深度/m	宽度/m	形态特征	轻度侵蚀	中度侵蚀	强度侵蚀	极强度侵蚀
细沟侵蚀	0.1	0.1～0.2	在坡面上呈纹状分布，凹形，面蚀与沟独的过渡形式	＜10	10～20	20～50	＞50
浅沟侵蚀	0.5～1.0	1.0左右	纵断面与斜坡平行，横断面呈“V形”	＜10	10～20	20～50	＞50
切沟侵蚀	1.0～10	沟宽＜沟深	沟底下切强烈，露母质或基岩，纵断面与斜坡面不一致	＜10	10～20	20～50	＞50

注：本表根据1992年农业出版社出版、全国土壤普查办公室编《中国土壤普查技术》188页表12.2和189页表12.3改写。

2. 风蚀强度

轻度：表示受到侵蚀，并有轻微的风积现象。种植的饲草料和人工草地牧草正常生长，仅苗期牧草叶尖偶遭轻微危害。

中度：地表有明显的风蚀和风积现象。春季或常年对人工饲草料作物危害较大。

强度：因侵蚀表土A层失去50%以上，地表出现明显的风蚀槽或沙丘，一般饲料作物生长困难。

剧烈：因侵蚀表土A层全部损失，地面多为砾石。

3. 重力侵蚀强度

滑坡侵蚀和崩塌侵蚀，按崩塌面积与滑坡面积占沟坡面积的比例(%)划分。轻度：<10%；中度：10%～25%；强度：25%～50%；极强度：>50%。

10.3.4 草地侵蚀图的编制

著者1987—1988年参与黄土高原长城线以北风沙区《1∶50万草地风蚀图》编制方案的制订。现将该草地风蚀图编制方案简述如下。

10.3.4.1 准备工作

(1) 确定草地侵蚀图调查比例尺。以成图比例尺为依据，选择适用的主遥感信息源和检验编图精度用的较主遥感信息源分辨率高的遥感信息源。

(2) 收集地形图、气候图、草地植被图、土壤图、土壤侵蚀图、坡度图、土地利用现状图等图件资料。

(3) 收集起沙风日数、风力、降雨量、暴雨等气象资料；收集调查区内水文站有关地表径流等水文资料；收集调查区内水土保持试验站有关土壤侵蚀的资料；收集土壤类型与侵蚀、坡度、坡长等地学资料。

10.3.4.2 制定草地风蚀图编制技术规程

1. 制定草地风蚀图分类系统

遵照《1∶500 000黄土高原地区侵蚀强度与侵蚀类型图》的编制规定[32]，黄土高原风沙区草地风蚀图分类系统按四级分类。

第一级：按营力划分侵蚀成因类型。风沙区草地主要是风力作用侵蚀型。

第二级：按侵蚀方式划分。将风蚀草地划分为风蚀和风积两类。

第三级：按侵蚀形态划分。以1∶50万比例尺中尺度范围划分为沙丘、风蚀洼地、风蚀缓丘等7种风成地貌类型。

第四级：按侵蚀下垫面条件划分。植被覆盖度划分为<10%、10%～30%、30%～50%等5个等级；土壤含水量划分为半湿润、稍干燥、干燥三个等级；地表物质划分为沙、沙壤、沙砾、黄土、易侵蚀岩、难侵蚀岩6个等级(见表10.3.3)。

2. 制定图例系统及表现方法

采用多层面表示黄土高原地区侵蚀成因类型、侵蚀方式、侵蚀形态、侵蚀下垫面与侵蚀强度。用普染色和结构代码构成基本图例，力求层次分明，醒目易读。

第一层面：表示侵蚀强度等级。用不同色系表示侵蚀成因类型，用同一色系的色阶或亮度表示同一侵蚀类型中的不同侵蚀强度等级。

第二层面：用代码形式表示地貌组合类型和地表组成物质。

第三层面：用面状符号表示侵蚀方式。如流动沙丘，陕北沙页岩等。

第四层面：用个体符号和数字表示地貌个体形态、降雨特征、输沙摸数等特征。

10.3.4.3 风沙地貌类型及其TM卫片目视解译

黄土高原风沙区草地，划分为如下7种风沙地貌类型。

(1) 风蚀洼地。由松散物质组成的地面，经风力长期吹蚀作用，形成长轴方向与侵蚀风向平行、呈椭圆状的宽浅洼地。风蚀洼地大小范围不一，数量众多的小型洼地，在TM卫片上容易被漏划。往往要借助航片和大比例尺地形图,确定洼地的大致方位,然后在TM卫片上依据其灰白色调予以勾绘。

(2) 风蚀高平原。指原始地面经风力的侵蚀改造,成为具有平坦的或缓起伏的地表形态。风蚀高平原在TM卫片上比较容易解译,影像表现为地表平展,沟谷纹理稀疏,或无明显沟谷纹理,呈棕灰色调。

(3) 风蚀残丘。指原始地面经风力吹扬和磨蚀改造,成为具有一定高度的土墩与凹地相间的地形,地面破碎,墩状残丘一般高2~5 m,主要见于长城沿线。在TM卫星影像上,呈群体分布的颗粒状,长轴方向WSW－ENE,与侵蚀风向一致,色调为灰色。

(4) 风蚀台地。原始夷平面地形,受流水的轻微切割和近期被风力改造,而形成的顶部比较平坦,四周为缓坡围绕的台状地形。TM卫星影像特征为,台顶色调不匀,灰棕色间杂红色点,边坡为浅灰色调,少量深灰色纹理。

(5) 风蚀缓丘。是一种相对高度100~200 m,坡度较缓的低矮山丘。其成因类似于风蚀台地,位起伏度比风蚀台地大。沟谷TM卫星影像纹理较风蚀台地密,因而影像特征较为破碎。

(6) 平沙地。指地面比较平坦,起伏和缓的沙质地面。TM卫星影像特征呈现为块状灰白色,有时间杂粒状灰点,地形平坦,无沟谷纹理发育。TM影像上的平沙地与沙丘很难区别,因而一般用航片辅助解译。

(7) 沙丘。指由于风沙堆积而成,具有丘状、链状或垅状起伏形状的沙质地貌类型。沙丘高数米至几十米,少数可达100多m。有沙堆、新月形沙丘、沙丘链和沙垅,以及复合形的沙丘、沙垅等形态类型。在TM卫星影像上,沙丘较容易解译,浅灰色或灰棕色为主,无沟谷纹理发育。其中裸露沙丘,色调较浅;有植被覆盖的沙丘,色调较暗,呈块状、片状或粒状,少数夹有红色斑点(乔、灌木)。

以上风沙地貌类型的划分,还可参考10.2.2.3之中3. 沙化草地地形特征调查部分。现阶段,可利用已有的计算机专用软件,生成坡度图;生成纬度、经度、海拔高程三维空间图;生成NDVI植被覆盖度图。用坡度图、三维空间图、NDVI植被覆盖度图与主遥感影像图叠加解译调查。

10.3.4.4 风蚀强度等级评定方法

1. 野外实际调查评定风蚀强度等级

(1) 弱度风蚀,代表性侵蚀类型为湖积平原和风蚀缓丘。宁夏盐池县城东南湖积平原上的电线杆,30年来,其根部被风蚀而露出地面15 cm,年风蚀深度小于1 cm。

(2) 轻度风蚀,代表性侵蚀类型为洪冲积平原、风蚀台地和固定沙丘。陕西省定边县城东南农田和邻近草地,30年风蚀约45 cm,年均风蚀深度为1.5 cm。

(3) 中度风蚀,代表性侵蚀类型为风积风蚀半固定沙丘和风蚀平原。陕西省靖边县城东南古长城南侧沙地,11年间,半固定沙丘上的树根被风蚀露出地面40~50 cm,年均风蚀深度为3~5 cm。

(4) 强度风蚀,代表性侵蚀类型为半流动沙丘和风蚀台地。内蒙古伊金霍洛旗半流动沙丘地,1988年调查时,5年前安装的电线杆,根部已露出30~40 cm,年均风蚀深度大致是6~8 cm。

(5) 极强度风蚀,代表性侵蚀类型为流动沙丘和流动平沙地等。内蒙古乌审旗那仁乡西南部,10年前长在沙地上的杨树根系露出地面达150~200 cm,年均风蚀深度为15~20 cm。

通过对黄土高原长城以北风沙区的上述访问调查,确定代表性侵蚀类型及风蚀强度的分级指标,如表10.3.2所示。依据TM卫片风蚀草地地貌类型的目视解译结果,判断风蚀图斑的风蚀强度。

该方法受野外访问调查的准确性和访问调查点设计密度的制约，风蚀强度的划分精度不高，只适合于≤1∶100万小比例尺草地风蚀图的编制。

表 10.3.2 草地风蚀强度等级

风蚀强度等级	风蚀深度/cm	风蚀面积占图斑面积比例/%
微度	<1.0	<5
轻度	1～2	5～10
中度	2～5	10～20
强度	5～15	20～40
极强度	>15	>40

2. 模糊数学方法评定风蚀强度等级

草地风蚀发生的强度，受风速、地面物质组成等多种因素影响。为减少主观判断的随意性，增强科学性，当年试用多因子模糊数学方法，综合判断风蚀强度等级，步骤如下。

第一步，确定风蚀强度因子评分表。依据影响草地风蚀的起沙风日数、草地植被覆盖度、地表组成物质、土壤干湿状况4项指标，赋予评定风蚀强度的评分。起沙风日数越多，风蚀强度评分越高；草地植被覆盖度越低，风蚀强度评分越高；地表组成物质含沙量越高，风蚀强度评分越高；草地土壤含水量越低、越干燥，风蚀强度评分越高。

半湿润土壤：含水量为10%～20%，土粒具有粘结力，不容易被风吹走，风蚀轻微。

稍干燥土壤：含水量为5%～10%，土粒粘结力稍差，较易被风吹蚀。

干燥土壤：含水量为5%以下，土粒粘结力很差，很容易被风吹蚀。

上述4项风蚀因子，影响草地风蚀作用的强弱不一样。其中，起沙风日数因子最重要，若大风沙日数很少甚至没有，即使其他3项因子有利于风蚀发生，草地风蚀也不会发生。因此，需要按照风蚀因子引发风蚀的重要性大小，分别赋予不同权重的评分指标，形成草地不同风蚀强度因子评分赋值表[32]，如表10.3.3所示。

表 10.3.3 草地不同风蚀强度因子评分赋值表

<table>
<tr><th colspan="2">W 年均起沙风(≥6 m/s)日数</th><th colspan="2">V 植被覆盖度/%</th><th colspan="2">T 地表组成物质</th><th colspan="2">M 土壤干湿状况</th></tr>
<tr><th>起沙风日数等级</th><th>评分</th><th>覆盖度等级</th><th>评分</th><th>组成物质</th><th>评分</th><th>干湿状况</th><th>评分</th></tr>
<tr><td>≥10</td><td>0.6</td><td>1:>70%</td><td>0.1</td><td>难侵蚀岩</td><td>0.1</td><td>半湿润</td><td>0.1</td></tr>
<tr><td>≥20</td><td>0.7</td><td>2:50%～70%</td><td>0.2</td><td>易侵蚀岩</td><td>0.15</td><td rowspan="2">稍干燥</td><td rowspan="2">0.3</td></tr>
<tr><td rowspan="2">≥30</td><td rowspan="2">0.8</td><td rowspan="2">3:30%～50%</td><td rowspan="2">0.4</td><td>黄土</td><td>0.25</td></tr>
<tr><td>沙砾</td><td>0.5</td><td rowspan="3">干燥</td><td rowspan="3">0.8</td></tr>
<tr><td>≥40</td><td>0.9</td><td>4:10%～30%</td><td>0.7</td><td>沙壤</td><td>0.6</td></tr>
<tr><td>≥50</td><td>1.0</td><td>5:<10%</td><td>1.0</td><td>沙</td><td>1.0</td></tr>
</table>

第二步，依照气象资料和外业调查结果，按表 10.3.3 规定标准，对风蚀强度因子逐项进行赋值，确定各因子赋值评分结果表。

第三步，进行风蚀强度等级多因子模糊数学计算，计算公式如下：

$$P=W\times(T\times V)\times M$$

式中：

P——风蚀强度等级；

W——年均起沙风日数；

T——地表物质组成；

V——植被覆盖度；

M——土壤干湿状况；

$\times$——模糊数学计算符号。

取表 10.3.3 规定的各因子的最小赋值进行计算，计算结果需进行验证。若计算结果与实际风蚀强度差距较大，需要调整赋值权重，重新计算，直至符合实际。

最后，按计算获得的风蚀强度总评分，按表 10.3.4 的规定，划分草地风蚀强度等级，用以编制草地风蚀图。

表 10.3.4　草地风蚀强度等级及其总评分表

风蚀强度等级(P)	1	2	3	4	5
总评分	<0.15	0.15～0.30	0.31～0.50	0.51～0.7	>0.7

水利部已经颁布了新的土壤侵蚀分类分级标准[38]。今后，属于水土流失方面有关政府项目的调查，如小流域治理、三北防护林规划、京津风沙源治理等项目，均需要按新的土壤侵蚀分类分级标准，评定、划分土壤侵蚀强度。

10.4　草地有毒有害植物调查*

草地上生长有一些对牲畜及其产品构成一定毒害作用的植物。凡植物体各种营养器官或籽实内含有生物碱、配糖体、挥发油、有机酸等类化学物质，家畜误食后，会引起生理异常，损害其健康，直接或间接地致使家畜生病，甚至死亡，这类植物称为有毒植物。有些草地植物的茎、叶、种子具芒、钩、刺等外部形态，能致使采食的牲畜产生物理损伤；还有些草地植物含有特殊的化学物质，如香豆素，牲畜采食后，在体内形成积累，致使肉、奶产生异味或非正常颜色，影响人们食用或观感。凡是能致使家畜物理性损伤或导致畜产品品质下降的植物称为有害植物。

* 10.4.1 和 10.4.2 两部分内容，依据赵怀德、史志诚、苏大学撰写的“草地有毒有害植物防治”（苏大学执行主编《中国草地资源》第十九章第一节）改写。

10.4.1 草地有毒有害植物的种类

10.4.1.1 有毒植物的毒物成分

植物的大部分科、属都含有一些对动物有毒的成分。许多国家在植物调查研究的基础上，列出常见的引起动物中毒的有毒植物名录。例如，前苏联的121种有毒植物中，常见的22种；日本的200种有毒植物中，16种常见；北美常见有毒植物中，春季11种，春夏季4种，夏秋季7种，冬季7种，四季均可引起中毒的28种；尼日利亚60种；波兰的常见有毒植物28种。据中国医学科学院劳动卫生及职业病研究所、药物研究所编的《野生植物的营养及毒性》(1961年)记载，能引起人畜中毒的植物约121种，华中农学院主编的《饲料生产学》(1962年)将我国草原上的重要有毒植物确定为15科33属。

根据20世纪80年代全国统一草地资源调查所采集的植物标本和整理的植物名录，初步统计，大陆草地有毒植物约有49科152属731种。其中种类较多的有毛茛科13属186种，豆科22属153种，大戟科11属59种，瑞香科7属14种，龙胆科7属100种，菊科11属40种，茄科7属22种，罂粟科3属45种，杜鹃花科4属12种。

有毒植物按所含毒性物质的成分，可划分为含生物碱、含配糖体、含挥发油、含有机酸4类[39]。

(1) 含生物碱的有毒植物有小花棘豆(*Oxytropis glabra*)、变异黄芪(*Astragalus uabilis*)、小黄花菜(*Hemerocallis minor*)、曼陀罗(*Datura stramanium*)、洋金花(*Daturametel*)、甘青山莨菪(*Anisodus tangutica*)、毒芹(*Cicuta uirosa*)、野罂粟(*Papauer nudicaule*)、乌头(*Aconitum carmichaeli*)、白喉乌头(*A. leucostomum*)、准噶尔乌头(*A. soongaricum*)、铁棒槌(*Aconitum pendulum*)、露蕊乌头(*Aconitum gymnandrum*)、白屈菜(*Chelidomium majus*)、秦艽(*Gentiana macrophylla*)、龙胆(*Gentiana scabra*)、钩吻(*Gelsemium elegans*)等。其中，造成重大危害的为小花棘豆和变异黄芪。前者危害马、牛、羊，后者主要危害骆驼和羊。主要分布于内蒙古、甘肃、新疆、青海的草原化荒漠或荒漠类草地[40~43]，特别是退化草地。

(2) 含配糖体类的有毒植物并易引起中毒的有泽漆(*Euphorbia helioscopia*)、猫儿眼(*Euphorbia lunulata*)、飞杨草(*Euphorbia hirta*)、龙葵(*Salanum nigrum*)、野茄子(*Solanum septemlobum*)。洋地黄、闹羊花、大戟(*Eupborbia* spp.)、麦仙翁、桔梗、侧金盏花、马醉木、杜鹃、草马兜铃等。

(3) 含有机酸类的有毒植物主要是醉马草(*Achnatherum inebrians*)、狼毒(*Stellera chamaejasme*)、马桑(*Coriaria sinica*)等。其中醉马草和狼毒是我国北方传统草原区最为常见的毒草[44]，狼毒还在青藏高原的高寒草地中常见[45]。醉马草主要危害马、驴。在北方草原和青藏高原低海拔沟谷草地，发生过几十匹(头)甚至上百匹(头)家畜同时中毒。

(4)含挥发油类的有毒植物分布最广，最常见的有毛茛(*Ranunculus japonicus*)、回回蒜(*Ranunculus chinensis*)，主要分布于较湿润的草甸或沼泽草地。

10.4.1.2 有害植物的种类

据全国统一草地资源调查所获资料，初步统计，对家畜和畜产品明显有害的植物，我国草地上约有64种。

有害植物按其生活型，可以分为以下3类：

（1）具刺灌木类。这类植物体，生长有较长的刺，放牧时一方面影响牲畜的行走，其刺能挂掉绵羊毛和山羊绒，有时还能刺伤采食的牲畜；草地有刺灌木主要有：胡颓子科的沙棘、小檗科的豪猪刺、秦岭小檗、甘肃小檗等，豆科的鬼箭锦鸡儿、小叶锦鸡儿、柠条锦鸡儿、甘青锦鸡儿等，蒺藜科的蒺藜、白刺、唐古特白刺等，鼠李科的酸枣，茄科的枸杞、中宁枸杞、北方枸杞、黑果枸杞等，还有兔儿条等灌木。

（2）具芒刺禾草类。籽实具有螺旋状芒，如针茅属禾草、扭黄茅。当籽粒成熟后，其芒不但能粘连在羊毛上，影响羊毛的品质。芒还能依顺其螺旋结构，刺伤羊皮，甚至穿透羊皮，刺入体内、刺伤内脏，严重时，可以致死。芒还可在采食时刺伤家畜的口腔。还有的禾草如黄背草、菅草、苞子草等，成熟种子的颖和稃具有芒，颖稃外缘有刺，家畜采食时，刺能刺进口腔两腮、上唇内牙龈，致使家畜口腔发炎，妨碍进食，严重时引起化脓。

（3）具刺杂类草类。这类植物的果实有钩状刺、棘刺或钩毛，果实成熟后，能附着或粘连在羊毛上，或刺入羊毛内，致使羊毛内夹杂有植物，降低羊毛品质和草地利用的经济效益。常见的有蒺藜、宽叶假鹤虱、琉璃草、倒钩琉璃草、翅鹤虱、苍耳、鬼针草、猪殃殃、北方拉拉藤等。这类杂类草，多见于次生的草地植被，特别是农田附近的次生草地。

还有一些杂类草含有一些不良或有害的化学物质，如大戟属、葱属、香豌豆属、沙打旺等植物，含有能使乳变成粉红色或黄色的物质；有些蒿属、遏蓝菜属植物被采食后能使乳产生异味；变异黄芪、沙冬青等植物能使牲畜的肉具有不悦或不良的气味。但一般情况下，这类植物在天然草地上含量不高，不太容易因采食它们而降低肉、奶的品质。

10.4.2 中国草地的主要毒草及危害程度

受全球气候变暖的影响，在草地持续超载过牧、过度利用的情况下，数十年来，我国草地沙化、盐渍化、植被退化面积日趋扩大，草地生态平衡受到不同程度的破坏。草地优良牧草减少，有毒植物不断生长蔓延，在草群中的组成比例上升，引起家畜中毒病也日趋严重。其中最为严重的是砾树叶中毒、疯草中毒、萱草根中毒、醉马草中毒、杜鹃花中毒、紫茎泽兰中毒、腊梅中毒、狼毒中毒、白苏中毒、无刺含羞草中毒、蕨中毒等，造成了严重的经济损失，影响着畜牧业和国民经济的发展。

疯草（locoweed），主要指我国西北、华北和西南广大牧区草地上的黄芪属（*Astragalus* spp.）和棘豆属（*Oxytropis* spp.）的多种有毒植物。疯草含有毒物质——苦马豆素、黄华碱、臭豆碱等，是耐旱、耐寒、生命力很强的植物，常常引起家畜疯草中毒病（locoism）或称疯草中毒综合征[46]。内蒙古境内的小花棘豆已成为当地草原三害（风沙、盐碱和毒草）之一。据内蒙古阿拉善盟草原站调查[43]，在该盟的小花棘豆、变异黄芪分布区，小花棘豆和变异黄芪的生长量，可分别达到可食牧草生长量的 20%～40%。在干旱年份，能在大面积草地范围内，致使大量牲畜中毒，甚至死亡。阿拉善盟的草场中小花棘豆，变异黄芪和醉马草等有毒植物的分布面积达 266 多万 hm^2，占可利用草场面积的 25%，每年因牲畜采食疯草中毒者达 30 万头（只），因中毒瘫痪和死亡的患畜 3 万余头，近十年来，造成直接经济损失 3 000 多万元。1975 年以来，青海省有 5 个州 26 个县先后发生羊、马甘肃棘豆中毒，共死亡草地家畜 44 451 只（匹）。宁夏草场黄花棘豆的分布最广，仅海原县境内的 25.5 万 hm^2 草场上，黄花棘豆的覆盖面积达 15 万多 hm^2，每年引起放牧马、羊中毒死亡。海原县红羊公社的 231 匹马，因黄花棘豆中毒而死亡145匹。1977—1979年,拉萨市有9个县的973个生产队发生毛瓣棘豆中毒,死亡的牲畜达11 455头(只)。全西藏自治区仅1979年内,因劲直黄芪中毒死亡的家畜达39 029头(只)[46、47]。

醉马草(*Achnatherum inebrians*),广泛分布于我国新疆、甘肃、宁夏、青海、内蒙古、四川、西藏、陕西等地,具有顽强的生命力和耐干旱、抗寒持性。在其他牧草被过度啃食或草场严重破坏时,醉马草仍能茁壮生长。据调查,甘肃省永登县醉马草覆盖了草地总面积的15%~20%,新疆乌鲁木齐县阿什里乡草场上生长的醉马草占总草地面积的40%以上。甘肃、宁夏每年都有醉马草中毒病发生,因此,醉马草已被列为常年烈性有毒植物。

白喉乌头、准噶尔乌头是新疆伊犁草原的主要毒草。伊犁河谷草原面积为340万hm^2,毒害草的侵害面积达73万hm^2,占草地面积的21.5%,严重危害面积约40万hm^2。其中白喉乌头和准噶尔乌头危害面积达39万hm^2[41]。

我国约有栎属植物(*Querus* spp.)140种,其中已经证明8个种和2个变种的栎树叶及果实有毒,家畜采食后常常引起中毒,严重时甚至引起死亡。栎树在山地草甸、亚高山草甸、山地森林草原、温带和亚热带疏林灌草丛草地均有分布。发生中毒事件之栎树叶及果实,大多采自村庄周边有栎树分布的草地,而非远离村庄的森林。自1985年贵州省首次报道牛吃槲树叶中毒以来,又有13个省、市、自治区相继报道,栎树中毒事件,受害的有黄牛、水牛和奶牛。据不完全统计,四川省1972年18个县中因耕牛采食栎树叶中毒达6 138头,死亡1 902头;1968年湖北省随县耕牛中毒702头,死亡116头;1978年吉林省延边朝鲜族自治州,耕牛栎树叶中毒139头,死亡97头;陕西省汉中地区1977—1982年牛栎树叶中毒1.5万头,死亡4 400头,造成巨大经济损失。

10.4.3 有毒有害植物调查内容

10.4.3.1 科学认识、评价草地有毒、有害植物

有毒有害植物是对牛、羊、马、骆驼、鹿等草地食草动物而言,不同家畜对毒害草的毒害作用反映的强弱不尽相同。一些对牛羊构成毒害作用的阔叶草,如引起牛臌胀病的一些豆科牧草,不会形成对马的毒害。

有些植物的毒害作用有季节性,如荨麻、莨菪等,青绿时有毒害作用,枯黄后毒害作用消失或大大减弱。

常见的草地毒害植物能否形成毒害作用还与家畜采食毒害草的数量有关。很多豆科黄芪属牧草如沙打旺、小冠花等,多少都含有一些有毒化学成分,但少量采食不构成对家畜健康的危害。

可见,草地有毒有害植物是否对家畜构成危害,不是绝对的。只有当草地上有毒有害植物达到一定多度,在一定的季节,或在植物的某些发育阶段对某些家畜产生毒害作用。因此要用种间差异、季节差异观念去认识草地毒害植物。

具有芒、刺的草地禾草,很多是我国草地上的主要牧草,特别是针茅属禾草,是北方草原的主要优势种。在种子成熟期,它们具有有害作用,避开成熟期,在果前和果后期利用,则不具有害作用,仍然是优良牧草。可以通过调整对具芒、刺的草地禾草的利用季节,或对其进行粉碎加工,避免其危害。因此,不能将具芒、刺的针茅属、黄背草属等禾草归属为有毒有害草。

不宜用人工草地、牧草生态学与繁殖特性用作毒害草评价标准，将亚热带以南分布面积最大的白茅草地的建群种“白茅(尖刀草)”评定为害草[48]。

10.4.3.2 **草地毒害植物常规调查**

(1) 调查毒害草种类，确定调查区域。调查确定毒害植物的种类是防止草地家畜中毒病发生，防除有毒植物的重要依据和先决条件。家畜毒草中毒发病频繁、经济损失严重、有明显地区性及季节性的区域，应作为调查重点。采用样方实地调查法，在毒害植物分布区随机布设5个调查样方(或3～7个调查样方)，每个调查样方面积20 m×5 m，调查、记录样方内的毒害草种类及其它们的株丛数。

(2) 中毒家畜流行病学调查，确定要深入调查的中毒家畜种类。不同畜种、不同品种的家畜，对有毒有害植物的敏感程度、耐受力及中毒季节不同。通过对中毒流行病学的调查与研究，逐步缩小中毒事件调查范围和可疑对象。

(3) 测定构成毒害作用的时期，在构成毒害作用时期内，测定毒害植物在草群中的多度、覆盖度、频度及重量比重。调查不同家畜种类、不同品种对有毒有害植物的敏感程度、耐受力及中毒时间先后的差异。

(4) 调查毒害草繁殖与传播方式。大多数毒害草通过种子繁殖，但乌头类毒草，除种子繁殖外，还可以用块根繁殖。需要依据毒害草的繁殖与传播方式，制定科学防治措施。

(5) 收集可疑有毒植物并制作成标本，以便进行植物学鉴定或命名。除要采集花、果、根、茎、叶齐全的常规标本外，还要采集引起家畜中毒时毒草所处生长期的标本，以利科普教育。

(6) 毒草给饲试验。常用的方法是采集足够的草地毒害植物样品，给实验动物，或用自然中毒的同种动物，饲喂引起家畜中毒的可疑植物，以证实该种植物的毒性作用。

(7) 进行必要的毒物学试验。对给饲试验确定的毒草，深入进行专业毒物分析。通过植物化学试验进行有毒成分的提取、分离和纯化，测定植物毒素纯品的理化性质、结构、毒性作用和临床病理变化等；测定毒素在植物体内的季节变化、与生长期的关系，测定在施肥、收割、运输、贮藏、加工等过程中，毒素的变化规律。这样做，可以更好地认识植物毒素，从而采取有效措施，开展对草地毒害植物的防治和综合利用，避害为利。一般毒害草调查，可视经济和技术条件，决定是否进行毒物学分析试验。

(8) 毒害草清除防治措施实施后，要调查毒害植物在草群中的覆盖度、多度、重量比重及频度等，用以检验毒害草清除防治效果，评估毒害草防治后的草地饲用安全性。

10.4.3.3 **退化草地有毒有害植物调查**

过度放牧引起的退化草地，适口性好的优良牧草遭过度啃食，生物量降低，甚至在草群结构中的组成比例下降；适口性差的牧草、不可食草、毒害草比例上升，草地质量降低，草地牧草可食营养成分下降，甚至导致草地植物群落结构和优势种发生变化。退化草地毒害草调查的目的，在于查清已定性为退化草地的毒害草种类成分，调查毒害草对草地牲畜的危害，为草地毒害草防治与避害提供科学依据。而草地退化调查中涉及的毒害草项目，是为退化草地定性、分级而设置的调查。所以，二者的调查内容不尽相同。退化草地毒害草调查的内容如下：

(1) 调查草地有毒有害植物种类，与原来未退化同类型草地比较，新增加了哪些毒害草种类；主要受毒害的家畜对象；形成中毒的季节。

(2) 用综合算术优势度法(即“四度一量”法)计算毒害草优势度值，衡量退化草地毒害草成分和生物量的增加，是否已改变原来未退化同类型草地群落的组成结构，毒害草是否已由伴生种上升为优势种或建群种；毒害草是否达到致家畜中毒的多度。需要指出的是，与草地常规植被调查使用“四度一量”法时，所关注的重点略有不同，衡量退化草地毒害草使用“四度一量”法时，其多度值、频度值和重量值三项内容的权重(重要程度)要高于高度值和覆盖度值。

(3) 调查草地牧草可食营养成分下降量和下降比例、毒害草的化学营养成分占草地地上部化学营养成分总量的比例。

10.4.3.4 顺向演替草地的有毒有害植物调查

水、热条件较好的林缘和林间山地草甸、亚高山草甸、低地草甸和森林草原中，或围栏封育多年、或处于顺向演替中的草地，由于其生态环境改善，草地发生乔木定居、灌木侵入、滋生，草地植物群落趋于复杂，乔、灌成分比例上升，不可食草比例成分上升，阔叶有毒杂类草成分上升。退耕还牧草地，处于草地植被恢复阶段，有较多原来农田杂草被保留下来，其中有些对家畜有毒害作用，属于有毒有害植物，如苍耳、蒺藜等。对上述两类处于恢复、顺向演替草地的畜牧业利用评价，需要做有毒有害植物调查。调查内容与退化草地有毒有害植物调查内容相同。

10.4.4 有毒有害植物的避害调查

(1) 调查有毒植物的生长特点、生长周期、分布区域、生物避害途径。通过调查探索有效减少或灭除有毒植物的方法。如我国新疆阿合奇县，1962 年曾被划为毒麦毒草疫区。1982 年对毒麦的全面调查结果表明，毒麦多分布于海拔较低、播种春麦的农田及周边的草地中。而在海拔较高、播种冬麦的农田及周边草地上，毒麦却极少生长。说明冬麦的生长节律压抑了毒麦的生长。后来，在毒麦发生区通过扩大冬麦播种面积、进行轮歇、倒茬种植，有效地抑制了毒麦的繁殖和生存。

(2) 调查动物对有毒植物的毒性反应。家畜对有毒植物的反应存在着种间和品种间差异，各种有毒植物有各自的易感动物。对易感畜种进行饲养限制，可大大减少甚至杜绝有毒植物中毒的发生。翠雀属植物能引起牛的急性中毒，但对绵羊无害。因此，在翠雀属植物分布区内发展养羊而限制牛的饲养数量，即可减少甚至避免家畜中毒病的发生。小冠花对单胃动物有毒，在小冠花分布区内，不宜饲喂马、驴、骡等单胃动物。但小冠花对多胃反刍动物无害，可成为反刍动物的一种优良牧草。

(3) 调查致使家畜中毒的毒物量，进而调查确定有毒植物在日粮中的比例，从而使家畜既能有条件地利用天然含毒牧草，又不致使动物机体受到损伤。史志诚等根据丹宁的毒性特点和丹宁在瘤胃中的临界含量(山羊 8%～10%，牛 3%～5%)，研究出预防耕牛栎树叶中毒的日粮控制法。即半日舍饲(上午)，半日放牧(下午在栎林放牧)的方法，连续 3 年没有发生中毒病例。李祚煌等根据家畜需连续采食一定量的小花棘豆才能中毒的特点，研究出“间歇饲喂”法[49]。即将收获的小花棘豆晒干后，不需任何处理而直接饲喂山羊、绵羊，其饲喂量占日采食量的 40%，饲喂 15 d 后，间歇 15 d，间歇期以青草为主混入少量其他牧草。采用此种饲喂方法，在 4 个月饲喂试验期中，无中毒发生，对家畜的生长、发育、繁殖、产绒量均无影响。

10.5 草地自然保护区调查

草地自然保护区是对有代表性的自然生态系统、珍稀濒危野生动植物的天然集中分布区，有重要科研、生产、旅游等特殊保护价值所在的草地，依照规定划出一定面积予以特殊保护和管理的区域[50]。2003 年 1 月实施的《中华人民共和国草原法》第四十三条规定，国务院草原行政主管部门或者省、自治区、直辖市人民政府可以按照自然保护区管理的有关规定在下列地区建立草原自然保护区：①具有代表性的草原类型；②珍稀濒危野生动植物分布区；③具有重要生态功能和经济科研价值的草原。

自然保护区分为国家级自然保护区和地方级自然保护区。在国内外有典型意义、在科学上有重大国际影响或者有特殊科学研究价值的自然保护区，列为国家级自然保护区。除列为国家级自然保护区以外，其他具有典型意义或者重要科学研究价值的自然保护区列为地方自然保护区。

10.5.1 设置草地自然保护区的必要性

自然保护区是一个地区的物种和自然资源的精华所在。兴建保护区是保护环境、遏止全球环境恶化的一项重要对策，20 世纪 80 年代以来，世界各国纷纷规划和建设自然保护区。如今，对自然保护区的重视程度与管理水平，在一定程度上标志着一个国家经济建设与科学文化发展的水平，成为一个国家文明程度的象征。

天然草地是草原牧民赖以生存的生产资料，是我国面积最大的绿色屏障。目前大面积的草地发生退化、沙化、水土流失，威胁国家生态安全。兴建草地自然保护区是国内外公认的保护天然草地动植物与牧草生物多样性、保护珍贵稀有牧草种质资源，保护天然草地特有的自然景观、人文景观及放牧生态系统的重要有效手段。

建立草地自然保护区的目的是保护珍贵、稀有的物种资源，维持遗传多样性；保护原始的自然景观和各种生境类型，为科研提供“天然本底”；维护草地生态系统及其生态过程的正常进行，防治草地退化，保证草地资源的永续利用；为科学研究、生产试验、教学和旅游提供基地，将利用、改造和保护结合起来，探索提高草地生产力的途径；为建设草地生态监测站，进行草地生态与环境变化长期监测提供基地。

兴建自然保护区可以用作退化草地治理的一种手段和途径，通过建立保护区可以促进退化生态系统的恢复。将尚可恢复的受损草地生态系统，设置为自然保护区予以保护，使被动治理转为主动保护和治理，以点带面，逐步扩大，即可促进整个区域的生态恢复。美国西部大草原 20 世纪 30 年代以前，经历过大规模草原开垦和过度放牧，引起草地退化和严重沙尘暴灾难。为恢复草原退化生态系统，美国国会于 1936 年颁布了泰勒放牧法（The Taylor Grazing Act），1985 年通过了“农场法案”，限制草原的过度利用，予以封闭、禁牧，建立保护区，利用草原生态系统自我修复功能[6]。同时实行政府补贴鼓励农民弃耕，将被垦的农田恢复为草原。截止到 1996 年，美国在北美大草原上已建立 400 多个保护区，对草原生态系统恢复起了重要作用。

10.5.2 草地自然保护区的种类

10.5.2.1 草地类景观与生态系统保护区

草地类是指一定的空间范围内具有相同自然和经济特征的草地单元，是相同生境条件下草地饲用植物群体及其组合的聚类概括。草地类具有特定的物种组成，拥有大致相同的牧草和其他植物、动物、微生物物种，草地类是草地生物种的贮存库、基因库；草地类具有独特的自然景观，相同的植被特征、群落结构、草层高度、覆盖度；草地类发生于一定的气候和土壤环境条件，具有相同的气候与土壤特征，反映相同的地理景观和草地垂直带构成，为人类提供草地生态系统的天然本底。

草地类是草地经营单位，草地类具有基本相同的草地生产力，客观地反映了草地生产力、利用性能和经济价值，隐含涉及有关草地利用的草原家畜品种资源、人文景观和草原民族风情。

典型的原生态草地类是人类监测草地自然环境变化、物种变化、自然景观变化、群落演替的单位；是草地人文背景、旅游观光的基本单位；是进行科学实验的基本实验地；是科普活动、宣传教育、青少年教育的天然课堂。因此，草地类保护是最重要的草地保护。

我国地域辽阔，气候类型多样，孕育了世界最丰富的天然草地类型。20 世纪 80 年代全国首次草地调查，认定我国有 18 种草地类，800 余个草地型，其中温带羊草草甸草原和大针茅典型草原、紫花针茅高寒草原等为世界著名草地，必须加以保护。

10.5.2.2 草地生物多样性保护区

草地生物多样性保护是我国生物多样性保护的重要组成部分。我国天然草地生长有 7 000 余种高等植物，其中包括牧草、药用植物、我国特有和珍稀濒危植物。近年来，人们对草地灌木、经济植物与牧草资源的过度樵采、滥割、乱挖，已使草地植物资源遭受严重破坏，生物多样性受到威胁。如草原甘草迅速减少。山西省过去是著名的甘草产区，现已无甘草出售，内蒙古鄂尔多斯草原 20 世纪 50 年代初有甘草分布面积 120 万 hm^2，目前仅余 33 万 hm^2。黄芪曾在内蒙古草原上广泛分布，现已经很少见到。自 20 世纪 50～90 年代，新疆 330 多万 hm^2 的柽柳(*Tamarix chinensis*)灌丛已消失大半，北疆广泛分布的梭梭荒漠草地减少了 8 万 hm^2；自 20 世纪 50 年代至 1984 年，内蒙古鄂尔多斯毛乌素沙地的沙棘(*Hippophae rhamnoides*)与沙柳(*Salix cheilophila*)疏林草地由 66 万多 hm^2 减少至 5.2 万 hm^2。柴达木盆地从诺木洪到塔尔丁一带原有大面积柽柳灌丛，被称之为“红柳带”，现在已荡然无存。过去对草原野生动物乱捕滥杀更为严重，野生动物的栖息地日益缩小，许多种类濒于灭绝。如一级国家保护动物藏羚羊遭大量猎杀，国家一级动物地鸨现已濒临绝迹。急需加以保护的草地牧草与动植物种类如下。

1. 急需保护的草地珍稀、濒危植物

(1) 国务院环境保护局公布的第一批《中国珍稀濒危保护植物名录》389 种植物中，草地饲用植物有 29 科、51 种及 3 个变种，占全部珍稀濒危植物种数的 13.88%。其中，列入一级重点保护的植物有 1 种、二级重点保护的植物有 17 种、列入三级重点保护的植物有 36 种；濒危植物有 4 种、稀有植物有 19 种、渐危植物有 31 种。其中具有重要饲用意义的有白梭梭(*Haloxylon persicum*)、半日花(*Helianthemum soongoricum*)、革苞菊(*Tugarinouia mongolica*)、沙冬青

(*Ammopiptanthus mongolicus*)、矮沙冬青(新疆沙冬青)(*Ammopiptanthus nanus*)、黄芪(*Astragalus strctus*)、蒙古黄芪(*Astragalus membranaceus* var. *mongolicus*)、野大豆(*Glycine soja*)、绵刺(*Potaninia mongolica*)、蒙古扁桃(*Prunus mongolica*)、胡杨(*Populus diuersifolia*)(濒危植物)、旱生泌盐植物灰杨(*Populus pruinosa*)、新疆阿魏(*Ferula sinkiangensis*)、油柴(四合木)(*Tetraena mongolica*)等。

(2) 除上述已被列为珍稀濒危植物名录的饲用植物之外,我国草地中已处于珍稀濒危之列的饲用植物还有斑子麻黄(*Ephedra rhytidosperma*)、圆叶木蓼(*Atraphaxis tortusa*)、阿拉善沙拐枣(*Calligonum alaschanicum*)、阿拉善单刺蓬(*Cornulaca alaschanica*)、阿拉善苜蓿(*Medicago alashanica*)、贺兰山南芥(*Arabis alaschanica*)、巨翅沙芥(*Pugionium calcaratum*)、锥茅(*Thyrsia thyrosoidea*)等。

2. 急需保护的草地重要种质资源植物

由国家林业局和农业部制定、国务院1999年批准、发布的《国家重点保护野生植物名录(第一批)》中,属于草地野生重要种质资源植物如下。①一级保护牧草:华山新麦草(*Psathyrostachys huashanica*)、革苞菊;②二级保护牧草:中华结缕草(*Zoysia sinica*)、野大豆、短绒野大豆(*Glycine tomentella*)、拟高粱(*Sorghum propinquum*)、三蕊草(*Sinochasea trigyna*)、无芒披碱草(*Elymus submuticus*)、短芒披碱草(*Elymus breuiaristatus*)、毛披碱草(*Elymus uillifer*)、箭叶大油芒(*Spodiopogon sagittifolius*)、沙芦草(蒙古冰草)(*Agropyron mongolicum*)、异颖草(*Anisachne gracilis*);③二级保护经济植物:红花绿绒蒿(*Meconopsis punicea*)、羽叶点地梅(*Pomatosace filicula*)、胡黄连(*Neopicrorhiza scrophulariiflora*)、山莨菪(*Anisodus tanguticus*)、北方黑三棱(*Sparganium hyperboreum*);④蓝藻:发菜;⑤真菌:冬虫夏草、口蘑科(白蘑科)(*Tricholomataceae*)等。

3. 需要保护的其他草地重要牧草及经济植物

①很有价值的豆科牧草有藏豆(*Stracheya tibetica*)、异叶链荚豆(*Alysicarpus uaginalis* var. *diuersifolius*)、阴山扁蓿豆(*Melilotoides ruthenica* var. *inschanica*)、西藏扁蓿豆(*Melilotoides tibetica*)、峨嵋葛藤(*Pueraria omeinsis*)、滇绿豆(*Phaseolus yunnanensis*)、云南米口袋(*Gueldenstaedtia yunnanensis*)、亚东米口袋(*Gueldenstaedtia yadongensis*)、阿拉善苜蓿(*Medicago alashanica*)、横断山胡枝子(*Lespedeza hengduanshanensis*)、三河野豌豆(*Vicia amurensis* f. *sanheensis*)、西藏野豌豆(*Vicia tibetica*)、甘青锦鸡儿(*Caragana tangutica*)、西藏岩黄芪(*Hedysarum xizangensis*)、沙打旺(*Astragalus adsurgens* cv. *shadawang*)、包头黄芪(*Astragalus baotouensis*)等;②禾本科牧草有阿拉善鹅观草(*Roegneria alashanica*)、内蒙古鹅观草(*Roegneria intramogolica*)、糙毛鹅观草(*Roegneria hirsuta*)、青海鹅观草(*Roegneria kokonorica*)、西藏鹅观草(*Roegneria tibetica*)、密花早熟禾(*Poa pachyantha*)、蒙古早熟禾(*Poa mongolica*)、山西早熟禾(*Poa shansiensis*)、山地早熟禾(*Poa orinosa*)、中华羊茅(*Festuca sinensis*)、高羊茅(*Festuca elata*)、昌都羊茅(*Festuca changduensis*)、异针茅(*Stipa aliena*)、昆仑针茅(*Stipa roborowskyi*)、青海野青茅(*Deyeuxia kokonorica*)、房县野青茅(*Deyeuxia henryi*)、湖北野青茅(*Deyeuxia hupehensis*)、喜玛拉雅野青茅(*Deyeuxia himalaica*)、华马唐(*Digitaria chinensis*)、多花碱茅(*Puccinellia multiflora*)、海南画眉草(*Eragrostis hainanensis*)、华雀麦(*Bromus sinensis*)、大雀麦(*Bromus magnus*)、短芒剪股颖(*Agrostis breuiaristata*)、玉山剪股颖(*Agrostis morrisonensis*)、东北拂子茅(*Calamagrostis kengii*)、云南野古草(*Arundinella yunnanensis*)、小菅草(*Themeda hookeri*)、青海固沙草(*Orinus kokonorica*)、吉隆须芒草(*Andropogon girongensis*)、扁穗茅(*Littledalea racemosus*)、分枝大油芒(*Spodiopogon ramosus*)、沼原草(*Moliniopsis hui*)等;③莎草科有木里苔草(*Carex muliensis*)、云南苔草(*Carex yunnanensis*)等;④菊科有油蒿(*Artemisia ordosica*)、光沙蒿(*Artemisia oxycephala*)、日喀则蒿(*Artemisia xigazeensis*)、茭蒿(*Artemisia giraldii*)等。

4. 急需保护的草地珍稀、濒危野生动物

1973年我国国务院颁布了《野生动物资源保护条例(草案)》,根据野生动物的现存数量和珍贵价值,将国家级保护动物划分为三级。急需保护的草地一级、二级珍稀、濒危野生动物如下:①完全生活在天然草地,属国家第一类保护动物有西藏野驴、蒙古野驴、野马、野骆驼、野牛、野牦牛、白唇鹿、羚牛、梅花鹿、海南坡鹿、麋鹿、普氏原羚、赤斑羚、高鼻羚羊、扭角羚、北山羊、塔尔羊、大鸨、小鸨、绿尾虹雉(贝母鸡)、雪豹21种。②温暖季节生活、繁殖于草地、灌丛草地,寒冷季节进入森林、灌木丛或农区或南方沼泽草地越冬的国家第一类保护动物有丹顶鹤、黑颈鹤、白枕鹤、黑头角雉、灰腹角雉、白尾梢红雉、棕尾虹雉、藏马鸡、褐马鸡、白肩雕等10种。③生活于各类草地,包括典型草原、荒漠草原、高寒草原、沼泽草地上的国家第二类保护野生动物有30余种,其中食草动物最多,有马鹿、驯鹿、白臀鹿、毛冠鹿、盘羊、岩羊、藏原羚、鹅喉羚、斑羚、鬣羚、麝(香獐)、雪兔等,它们以草地牧草和饲用灌木为食;属第二类保护的草地食肉动物有兔狲、猞猁、荒漠猫、草原斑猫4种;杂食动物只有马熊一种;属第二类保护的草地留鸟有高山雪鸡、藏雪鸡、蓝马鸡、血雉、红腹角雉、红胸角雉以及草地猛禽如草原雕、猎隼等;第二类保护的草地候鸟有天鹅、白额雁、灰鹤、蓑衣鹤4种。

10.5.2.3 湿草地保护区

湿草地指湿地(wetland)中的积水草地。湿地指常年或季节性积水(水深2 m以内积水期达4个月以上)和过湿的土地[24]。其中自然湿地主要指各种类型的沼泽、草甸、河漫滩、湖泊和海岸滩涂地带。湿地是1971年世界几十个国家在伊朗拉姆萨尔签署的《关于特别是作为水禽栖息地的国际重要湿地公约》提出的名词概念。我国是拉姆萨尔湿地公约签约国,并且已将黑龙江扎龙沼泽草地区、青海湖鸟岛沼泽和湿地草甸区等草地区域列入国际重要湿地名录[51]。保护好跨越国界的候鸟与跨境国际河流的水环境,是签约国共同的责任和义务。因此要按照国际湿地公约的规定,管理、保护好我国的湿地,包括湿地中的积水草地。湿草地包括沼泽和低地草甸2类草地,其中低地草甸中的沼泽化草甸和季节性积水的低湿地草甸属于湿地,系天然草地的重要组成部分。我国有沼泽草地287万 hm^2,低地草甸草地2 532万 hm^2,分别占全国草地面积的0.7%和6.4%,具有十分重要的经济与生态功能,急需保护的类型如下。

1. 水源涵养草地保护

水是湿地最直接的产出物,依靠湿地储存与涵养,湿草地是水源的重要涵养地。位于青海省黄河、金沙江和澜沧江源头的“三江源”湿地,位于西藏和青海的怒江源头湿地、西藏的雅鲁藏布江源头湿地及云贵高原的珠江源头湿地均系天然草地,它们涵养着我国主要的大江大河源头的水源。黄河水量的60%来自于草地区,其中黄河上游水量的70%来自甘南州草地,甘南州号称“中华水塔”。

2. 珍稀湿地野生动植物保护

湿草地生物多样性丰富,分布有珍稀的湿生、沼生植物。其中水韭属(*Isoete* spp.)已列入国家一级保护野生植物，普通野生稻(*Oryza rufipogon*)、药用野生稻(*Oryza officinalis*)、北方黑三棱(*Sparganium stoloniferum*)已列入国家二级保护野生植物。我国湿草地中分布有珍稀的国家一级保护鸟类 18 种，国家二级保护水禽、涉禽和其他鸟类 40 余种，还有上百种属于中日、中澳(澳大利亚)候鸟保护协定规定保护的鸟类[52]。目前黑龙江扎龙丹顶鹤自然保护区、吉林向海水禽自然保护区、新疆巴音布鲁克天鹅自然保护区、青海玉树隆宝滩黑颈鹤自然保护区等，都位居天然湿草地区域内。黑颈鹤在西藏宽阔河滩湿草地上栖息越冬，著者实地调查了雅鲁藏布江上中游宽阔河滩上的黑颈鹤越冬栖息地，规划出 4 处河滩湿草地为越冬保护地。

3. 重要的湿草地生态系统保护

(1) 湿草地禁垦保护。湿草地是水分条件最好的草地，系历来遭受开垦的首选对象。凡是湿地开垦，开垦的是有植被的湿草地，一般不会开垦湿地中的水域。黑龙江三江平原即北大荒，是我国面积最大的淡水沼泽和低地沼泽化草甸，植被生长高大、茂密，景观独特秀美，自 20 世纪 50 年代末以来已被垦殖数十年；鄱阳湖、洞庭湖等湖泊的围湖造田，围垦的是湖边有植被的湿草地；内蒙古锡林郭勒盟乌拉盖垦区，开垦的全部是草地，主要开垦低地草甸。

(2) 湿草地脆弱生态系统保护。青藏高原大嵩草沼泽化草甸草地，草层高，产草量高，可供割草，是青藏高原高寒牧区草地中生产力最高、最重要的草地类型。四川省若尔盖高寒湿草地，是世界上面积最大的高寒湿地。但它们又是非常脆弱的生态系统，几乎所有经营性高寒低地湿草地，均遭受重牧利用或干旱威胁而退化，急需保护。

(3) 独具特色的湿草地景观。有些湿草地是重要的湿地风景区，如青海省青海湖乌岛湿草地、云南香格里拉县纳帕海沼泽草甸、新疆和静县巴音布鲁克低湿沼泽化草甸自然保护区，均风景秀美，已成为全国著名的旅游风景区，必须保护，以防破坏。

10.5.3 现有中国草地自然保护区概况

我国草地自然保护区的设置始于 20 世纪 80 年代中期。1984 年 9 月原城乡建设环境保护部环境保护局和原农牧渔业部畜牧局联合在呼和浩特市召开了开创性的“全国草地类自然保护区调查规划会议”，会后农牧渔业部制定了《草原、荒漠和南方草地的自然保护区规划大纲》，开启了我国草地自然保护区工作。经过 20 余年的建设，中国草地自然保护区已初具规模。根据国家环境保护部统计，截至 2008 年底，全国草地自然保护区共有 45 处，面积 305.03 万 hm^2，占全国自然保护区总数的 1.77% 和总面积的 2.05%。45 个草原保护区的面积占全国草原总面积的 0.76%，包括有 5 个国家级、16 个省级、4 个市级和 20 个县级自然保护区，分别归于农业、环保和林业等部门管理[53]。

10.5.3.1 农业部门建立的草地保护区

我国天然草地划归农业部门管理，天然草地自然保护区亦由农业部门设立和管理。我国农业部门设立的草地自然保护区，按主管部门的级别可以划分为国家级、省级和县级三级。至 2010 年底，全国农业部门已建立涉及草地生态系统、珍稀动植物及生物多样性、荒漠化防治等各方面的草地自然保护区 32 个[53]。其中，国家级草地自然保护区 2 个，省级草地自然保护区 11 个(表 10.5.1)，国家级和省级保护区覆盖草地面积 101.6 万 hm^2，占全国草地面积的 0.25%。国家级草地自然保护区：一是河北省围场县红松洼草甸草原生态系统自然保护区，保护无芒雀麦(*Bromus inermis*)、贝加尔针茅草甸草原生态系统;二是甘肃省安西县荒漠草地自然保护区,保护荒漠草地生态系统及野生动植物。这2个保护区由农业部和国家环保局共管。11个省级草地保护区中,有10个分布于北方干旱草原区,只有1个分布于较湿润的四川凉山州山地。此外,还有当地县政府设立的县级草地自然保护区,如黑龙江省杜尔伯特自治县,以保护羊草草甸草原生态系统的大黑山羊草草原保护区,黑龙江省安达市以保护星星草(*Puccinellia tenuiflora*)低湿地草甸与草甸草原的老虎岗草地自然保护区等。还有一些其他特殊类型的草地保护区,如已在内蒙古鄂尔多斯市抗锦旗设置的柠条锦鸡儿(*Caragana korshinskii*)采种基地保护区,山东省中华结缕草采种基地保护区。以上可见,天然草地主管部门设立的草地自然保护区数量少,面积小,分布地区不均衡,亟待加强草地类自然保护区的规划、建设。

表10.5.1 农业部设置的中国草地类自然保护区简况

序号	名称	所在地	级别	面积/hm^2	主要保护对象
1	河北省围场县红松洼草原自然保护区	围场县	国家	7 300	无芒雀麦、贝加尔针茅草甸草原生态系统
2	甘肃安西荒漠戈壁草地自然保护区	安西县	国家	800 000	温性荒漠草地生态系统及野生动植物
3	黑龙江月牙湖草地类自然保护区	虎林县	省级	5 133	小叶章(*Deyeuxia angustifolia*)为主的低地草甸生态系统、湿生动植物
4	宁夏云雾山草原保护区	固原县	省级	4 000	黄土高原暖温性长芒草典型草原生态系统
5	吉林腰井子草原自然保护区	长岭县	省级	23 800	羊草及羊草草甸草原生态系统
6	山西五台山草地自然保护区	台怀镇	省级	3 333	亚高山草甸草地生态系统及景观
7	辽宁那木斯莱草原自然保护区	彰武县	省级	7 103	低地草甸和沙质草原生态系统及景观
8	新疆天山中部巩乃斯山地草甸类草地自然保护区	新源县	省级	66 667	中山山地草甸生态系统及景观
9	新疆奇台荒漠半荒漠草地自然保护区	奇台县	省级	12 600	平原荒漠生态系统及牧草资源
10	新疆福海金塔斯山地草原类草地自然保护区	福海县	省级	9 733	干旱区山地典型草原生态系统及景观
11	河北省御道口自然保护区	宽城县	省级	32 620	纬度最低的山地草甸草原生态系统
12	四川省螺髻山亚高山草地保护区	凉山州	省级	20 920	南方亚高山山地草甸生态系统及景观
13	辽宁省康平草原生态系统自然保护区	康平县	省级	23 260	低湿地草甸和温带草甸草原生态系统

10.5.3.2 林业部门建立的涉及草地的自然保护区

我国将沙地和湿地划归林业部门管理，有一些分布于沙质土壤或固定沙丘的重要天然草地类型、分布于河流、湖泊边缘和海岸滩涂的重要湿生草地，由国家林业局系统列为沙地植被生态系统或湿地生态系统保护区。

(1) 国家级自然保护区。四川省若尔盖湿地保护区、山东省垦利县黄河三角洲野大豆和湿草地保护区、内蒙古西乌珠穆沁旗古日格斯台沙地草原生态系统保护区等。有些天然草地是我国乃至世界珍稀野生动物的栖息繁殖地，由于野生动物归林业系统管理，而将有珍稀野生动物分布的大片天然草地列为林业系统的野生动物保护区。如藏北羌塘高寒草原野生动物保护区，青海可可西里三江源高寒草地自然保护区，松嫩草原低湿地与沼泽草甸区中的扎龙丹顶鹤自然保护区，青海玉树隆宝滩高寒草甸黑颈鹤自然保护区，内蒙古锡林浩特市白音库伦遗鸥及草原湿地生态系统保护区，甘肃省玛曲县黄河首曲湿地候鸟和湿草地生态系统自然保护区等。

(2) 林业系统设立的省级和县级草地保护区比较多，且多以保护草地野生动物、生物多样性为主。如新疆奇台县准噶尔盆地古尔班通古特沙漠边缘的荒漠与荒漠草原区内，以保护蒙古野驴、普氏野马为主的卡拉麦里自然保护区；新疆和静县天鹅湖及其周围巴音布鲁克低湿地草地区内，以保护天鹅等珍稀水禽和草地景观环境为主的巴音布鲁克自然保护区[54]。

10.5.3.3 环保部门建立的涉及草地的自然保护区

国家环保部是我国自然保护区的管理部门，各级环保局系统设立了一些以保护草地综合生态系统、草地综合生物多样性为主的各类草地自然保护区。

(1) 国家级的自然保护区。内蒙古自治区锡林郭勒草原自然保护区，1987 年被联合国列为国际生物圈网络成员；新疆阿尔金山荒漠生态系统自然保护区，主要保护山地荒漠与山地荒漠草原生态系统景观，保护野骆驼等荒漠珍稀野生动植物；宁夏中卫县沙坡头荒漠草原生态系统保护区，主要保护沙质荒漠草原和沙生植物；内蒙古西鄂尔多斯自然保护区，主要保护四合木等珍稀植物为主；内蒙古扎赉特旗图牧吉草原生态系统自然保护区，主要保护草原生态系统和大鸨等珍禽。

(2) 属于省级的自然保护区。内蒙古阿鲁科尔沁旗科尔沁自然保护区，保护疏林灌丛草原、低湿地、珍禽；内蒙古克什克腾旗乌兰布统草原保护区；河北省丰宁县滦河源草原生态系统自然保护区；内蒙古多伦县蔡木山草甸草原和疏林草原自然保护区等。

10.5.4 中国草地自然保护区的设置布局

10.5.4.1 保护区的设置原则

(1) 遵照《中华人民共和国草原法》、《中华人民共和国自然保护区条例》规定，依法设置草地自然保护区。

(2) 保护区设置坚持保护优先，生态优先，突出重点，选择有代表性的草地区域。保护对象具有典型性、稀有性和自然性。

(3) 严格科学设置，合理布局。要保护的对象、类型，尽量全面，重点保护对象不遗漏，同一区域内，同质同源保护类型不重叠设置保护区。

(4) 维护草地生态系统结构与功能的完整性，维护草地生物多样性的全面完整，保护区的面积以满足保护对象的整体性保护需要为准,面积大小适当,不过多占用生产用草地。

(5) 生态效益为主导,适度兼顾经济利用效益和社会效益。保护对象已遭受轻度破坏、经保护能够恢复的典型草地生态系统,可以设置为保护区。

10.5.4.2 **保护区的保护对象**

草地自然保护区要依据不同区域和不同保护对象进行规划与设置,对具代表性的天然草地类型、植被带、珍稀濒危野生动植物资源分布区、具有重要生态功能、经济功能与科研价值的草地设立保护区,进行重点保护。

(1) 在我国和世界草地中具有重要地位的草地类型的代表区域,包括重要草地陆地生态系统、具有重要资源意义、重要利用价值的草地自然地带。

(2) 草地珍稀、濒危野生动植物分布区,包括我国特有的珍稀野生牧草种集中分布区,国家一级、二级保护植物分布区,国家一类、二类珍稀野生动物的重要栖息繁殖地。

(3) 我国主要优良牧草种质资源的原产地,包括特别重要的草地家畜品种的原产地。

(4) 具有重要生态功能的草地区域,重要的江河源头水源涵养草地区,潜在沙尘输出的沙尘源、沙化草原区。

(5) 有重要科研、文化价值的草地区域,包括含有特殊保护意义的草地地貌类型、地质剖面、冰川遗迹、温泉分布区,有重要历史文化、遗迹与遗址的草地分布区域。

(6) 国内外著名的草地景观、旅游观光草地风景名胜区,虽受人为不合理利用影响,生态环境已遭受轻微破坏,加以保护尚能恢复的典型草地区域。

10.5.4.3 **中国草地类自然保护区的设置分区**

草地类自然保护区的设置,要充分反映草地自然条件、气候类型、草地自然经济特征、地理分布的地域差异,力求做到保护区的地域布局合理。将我国的草地自然保护区划分为以下 4 个区进行布局。

(1) 北方干旱、半干旱草原区。包含 3 个小区:①内蒙古高原草原小区。这里草原辽阔坦荡,是我国温带草原的主体,草原类型丰富,草质优良,草原原始面貌保存较好,是蒙古系古老草原家畜、三河牛、三河马等家畜的原产地。可建草甸草原、典型草原、荒漠草原的优良草地类和优良牧草保护区,优良草原家畜种源保护区,珍稀植物保护区,有重要意义的迁徙候鸟保护区。②黄土高原草原小区。属温带南部暖温性草原类型,开发历史悠久,人为因素影响大,是我国草原区水土流失和沙化最严重的地区之一,亟待保护、治理。著名的滩羊产于本小区。可考虑在已有的长芒草草原保护区以外兴建暖温性草原保护区、经营性草地水土流失保护区。③西北荒漠小区。包括新疆及甘肃、内蒙古的西部。本小区极干旱,地带性草地为荒漠类型,主要草地位居天山、阿尔泰山、祁连山等一系列山地,动植物区系及植被类型丰富多彩,拥有很多荒漠区特有的动植物,哈萨克系古老家畜品种的原产地。可以考虑建立各种平原荒漠、山地草原和珍稀野生动植物自然保护区,特殊的自然景观自然保护区。

(2) 东北、华北湿润半湿润草原区。这里的气候条件较好,土壤肥沃,平原周围多山地,草群茂密,牧草种类丰富。目前大部分草原已开垦为农田,是我国重要的商品粮基地之一。可考虑建温带草甸草原、低地草甸、山地草甸、湿地珍禽等自然保护区。

(3) 青藏高原高寒草原区。一般海拔高度 3 500～5 000 m,是世界上分布海拔高度最高的草地区域。草地主体为高寒草甸、亚高山草甸、高寒草原与高寒荒漠草原,草层低矮,但营养价值高,养育了牦牛、藏羊等高原家畜,拥有一组世界上特有的动植物区系。可考虑建立高寒草甸、亚高山草甸、高寒草原、高寒荒漠草原等草地类保护区，藏野驴、野牦牛、冬虫夏草等各种高原特有的珍稀动植物保护区。

(4) 南方湿润草地区。位居热带、亚热带山地、丘陵地带，雨量充沛，冬季温暖，以森林破坏后的次生草地为主，其中山地暖温带草地稳定性好，牧草种类十分丰富，可考虑建立经营性草地保护区，热带、亚热带牧草资源保护区、干热稀树灌草丛(savanna)景观保护区。

10.5.4.4 中国草地自然保护区布局调查

我国草地面积大、类型多，现有的草地保护区数量少，保护面积小，不能满足保护区建设的需求。应在巩固已有草地自然保护区的同时，进一步稳步发展我国的草地自然保护区事业。

(1) 布局依据。依据 1979 年农业部等 8 个部委《关于加强自然保护区管理、区划和科学考察工作的通知》精神和 1998 年农业部制订的《全国生态环境建设规划(农业专题)》，设置、布局中国草地类自然保护区。

(2) 按保护对象选择最适保护区域。首先，分析保护对象的重要程度与需要保护的紧迫性，确立对保护对象实施保护区保护的先后顺序。开展自然保护区类型空缺的评估研究，在保护对象分布的典型区域内，选择最适保护地段设置保护区。我国特有的草地类型、特有的牧草种、国家一级保护野生动植物、独具特色的天然草地自然景观，应该优先设置保护区。

(3) 全国统一规划、布局中国草原自然保护区。目前，我国自然保护区体系尚不够完善，环保、林业、农业、水利各部门，各自布局设置本部门的自然保护区。需要加强草地自然保护区设置的规划，对农业、林业、环保、水利等多个部门拟在天然草原区域内建立的草原自然保护区，进行统一规划、合理布局。

10.5.5 草地自然保护区调查与规划的编制

著者曾参与河北省红松洼草原保护区、黑龙江月牙湖草地保护区、中国草原学会与美国鹤类基金会联合的西藏黑颈鹤越冬保护区、农业部和国家林业局国家湿地保护行动计划的调查与规划的编制，据此工作体会，简述草地自然保护区的调查与规划编制要点。

10.5.5.1 草地自然保护区规划编制要点

1. 确定草地自然保护区性质

(1) 明确保护对象。调查、阐明保护对象的种类、数量、分布范围与面积，保护对象在国家或省级层面的稀缺性、重要程度与地位，保护的必需性与紧迫性，如生物多样性的保护级别与珍稀濒危程度。

(2) 阐述与保护对象相关的自然条件，包括气候、地貌、水文、土壤、植被、野生动植物等。

(3) 确定保护区的级别，面积范围。

(4) 科学划分保护区的核心区、缓冲区和生产试验区。核心区为禁止人畜进入的绝对保护区域，生产试验区为允许进行科学研究、监测、教学活动的区域，核心区和生产试验区之间为缓冲区。

2. 规划保护区管理与科研工作

(1) 开展保护区内自然环境和生物资源的本底调查。根据拟建保护区的性质和主要保护对象，组织草原、植物、环保、土壤等方面的专家，对保护区进行自然环境和生物资源综合考察，摸清本底，建立档案。并据此制订草原自然保护区总体规划和具体建设方案，提出有关保护生态系统、建设保护区的建议。

(2) 规范草原自然保护区管理工作，工作人员业务培训制度。规定保护区的巡视、监测、防盗猎的日常工作。

(3) 规划拟开展的科学试验研究项目。制定保护区拟开展的科学试验研究项目，如草地改良、种群生态研究、草地优良牧草引种试验、草畜平衡研究等。规划接待国内外学术组织和教学单位的科技人员，来保护区进行科学考察、学术交流，科研、教学和生产实习，维护保护区科普、教育、宣传功能。

3. 规划保护区建设项目

(1) 保护区草地的购置，区内牧民与牲畜的搬迁。

(2) 管护设施，包括界桩、标牌、围栏、观察站点、防火道、管理站的设立。

(3) 科研与宣传教育设施，包括标本馆、资料室、实验室建设、科研及监测仪器设备的购置等。

(4) 交通与通信设施，包括对外联系道路、区内道路的建设，车、船、交通设施、通信设备的购置等。

(5) 规定保护区管理机构、应建设的基本设施。包括办公用房、生活用房、供电供水设备建设，办公、科研、标本、资料室等基础设施和生活设施建设等。

4. 经费预算

计算自然保护区建设经费。包括：①草地购置、人畜搬迁费、安置费；②管护设施建设费；③科研与宣传教育设施建设费；④交通与通信设施建设费；⑤办公和生活设施建设费；⑥保护区工作人员工资。

10.5.5.2 2011—2020年农业系统草地自然保护区设置建议

前已述及，我国现有的草地自然保护区很少。按1997年农业部制定的全国农业生态环境建设规划规定，急需扩大草地保护区的数量和面积。依据上述保护区设置原则与保护对象，建议2011—2020年期间，将表10.5.2中所列的草地自然保护区，选作国家级或省级保护区予以兴建。

表10.5.2 2011—2020年中国草地自然保护区设置方案建议

分区	保护区名称	设置地点	主要保护对象及意义
北方干旱半干旱草原区11处	1. 内蒙古巴音哈达羊草原自然保护区	内蒙古陈巴尔虎旗	羊草草甸草原及其生态系统
	2. 内蒙古浑善达克沙地疏林草原自然保护区	内蒙古正蓝旗	榆树、沙蒿沙地疏林草原及其生态系统
	3. 青海固沙草温性草原保护区	青海海东地区	中国特有的青海固沙草，沙质温带草原景观
	4. 新疆尉犁县罗布麻（*Apocynum uenetum*）低地草甸自然保护区	新疆尉犁县	荒漠区低地草甸草地生态系统及景观、罗布麻等植物
	5. 内蒙古戈壁针茅（*stipa gobica*）草原化荒漠保护区	内蒙古阿拉善左旗	中国特有的半日花、四合木及戈壁针茅草原化荒漠景观

续表 10.5.2

分区	保护区名称	设置地点	主要保护对象及意义
北方干旱半干旱草原区11处	6. 新疆白梭梭温性荒漠保护区	新疆昌吉回族自治州	濒危荒漠小乔木白梭梭、准噶尔盆地荒漠景观
	7. 新疆鸭茅山地草甸保护区	新疆伊犁新源县	伊犁鸭茅山地草甸系中国产草量最高、草地载畜能力最高的草地之一
	8. 宁夏短花针茅荒漠草原保护区	宁夏同心县	我国温性荒漠草原的典型代表短花针茅草原、甘草、白刺等植物
	9. 甘肃驴驴蒿（*Artemisia dalailamae*）草原化荒漠保护区	甘肃山丹县	驴驴蒿、小针茅为我国典型的蒿类草原化荒漠
	10. 内蒙古克什克腾黄花苜蓿草甸草原自然保护区	内蒙古克什克腾旗	以黄花苜蓿为主的草甸草原生态系统和自然景观
	11. 新疆沙生针茅荒漠草原保护区	新疆阿勒泰地区	新疆和西藏盆地与低山区的沙生针茅荒漠草原
东北华北湿润半湿润草原6处	1. 黑龙江野古草山地草甸保护区	黑龙江尚志市	我国东北湿润半湿润地区分布面积最大、最重要的山地草甸类型
	2. 吉林大安贝加尔针茅草甸草原保护区	吉林大安市姜家店	我国最重要的温带草甸草原类型景观
	3. 辽宁阜新草甸草原自然保护区	辽宁阜新县	羊草草甸草原分布的东北南界，优良牧草种质资源
	4. 陕西黄土高原草原自然保护区	陕西榆林市	黄土高原梁塬典型草原生态系统，麻黄、甘草等植物
	5. 山西白羊草暖性草丛保护区	山西沁水县	我国华北地区最重要、面积最大的暖性草丛
	6. 河北太行山暖性灌草丛保护区	河北涞源县、蔚县	华北地区暖性灌草丛生态系统，白羊草、黄背草及灌丛
青藏高原高寒草原区10处	1. 紫花针茅高寒草原保护区	西藏班戈县	我国分布面积最广、最典型的高寒草原类型景观，藏野驴、藏羚羊
	2. 西藏嵩草、甘肃嵩草沼泽化高寒草甸保护区	西藏江达县	青藏高原生产力最高最重要的冷季草场和割草场
	3. 藏布三芒草温性草原保护区	西藏墨竹工卡县	我国特有的藏布三芒草温性草原类型
	4. 青海矮生嵩草高寒草甸保护区	青海称多县	我国产草量较高、面积宽、放牧利用价值高的高寒草甸、冬虫夏草产区

续表 10.5.2

分区	保护区名称	设置地点	主要保护对象及意义
青藏高原高寒草原区 10 处	5. 青海圆穗蓼、珠芽蓼高寒草甸保护区	青海果洛州	最重要的杂类草高寒草甸类型
	6. 西藏青藏苔草(*Carex moorcroftii*)高寒草原保护区	西藏萨嘎县	由青藏苔草为优势种的特殊高寒草原
	7. 四川垂穗披碱草亚高山草甸保护区	四川甘孜县	我国青藏高原东部最重要的亚高山草甸
	8. 云南白马雪山高寒草甸自然保护区	云南迪庆州香格里拉县	高寒草甸生态系统及景观,冬虫夏草、贝母、菌类等
	9. 四川紫羊茅亚高山草甸保护区	四川理塘县	我国青藏高原东部生产力最高、最好的草地类型
	10. 四川箭竹(*Sinarundinaria nitida*)羊茅亚高山草甸保护区	四川茂汶县	我国特有的箭竹亚高山草甸,熊猫分布区
南方湿润草地区 5 处	1. 穗序野古草(*Arundinella chenii*)暖性草丛保护区	云南昭通市	我国云贵高原特有的草地类型
	2. 白茅热性草丛保护区	贵州册享县	南方亚热带分布最广、最具代表性草地类型
	3. 广西纤毛鸭嘴草热性草丛保护区	广西百色地区	南亚热带草地中较稳定、面积宽广的纤毛鸭嘴草次生草地
	4. 云南干热稀树灌草丛自然保护区	云南元谋县	我国唯一似热带稀树草原的草地类及景观、耐干旱、耐火烧的草地植物
	5. 海南蜈蚣草(*Eremochloa ciliaris*)热性草丛自然保护区	海南澄迈县	我国热带地区比较稳定的矮禾草类型,蜈蚣草、地毯草(*Axonopus compressus*)等热带草地牧草种质资源

参考文献

[1] 苏大学,张自和,陈佐忠,胡兴宗起草,中华人民共和国农业部提出.GB 19377—2003 中国天然草地退化、沙化、盐渍化分级指标国家标准.北京:中国标准出版社,2004:1.

[2] 章祖同."三化"草地的治理对策//章祖同.草地资源(章祖同文集).呼和浩特:内蒙古大学出版社,2004:229.

[3] 杜青林.中国草业可持续发展战略.北京:中国农业出版社,2006:117.

[4] 苏大学.我国草地资源快速消失与保护对策//中国草学会六届二次会议暨国际学术研讨会论文集.草业科学增刊,2004:29.

[5] 范江文,钟华平．50 年来我国草地开垦状况及其生态影响．中国草地,2002(5).
[6] 苏大学．保护草原减轻沙尘暴危害//洪绂曾．草业与西部大开发．北京:中国农业出版社,2001:41,42.
[7] 吴俏燕,何应学,等．乱采滥挖野生药用植物对甘南草原生态环境的破坏．草业科学,2011,28(12):2225-2226.
[8] Su Daxue. The varieties,distribution and utilization of Chinas shrub grassland. Proceedings of the Fourth International Rangeland Congress Volume 1. Montpellier,France,1991:528-529.
[9] 石玉林,王浩,王立新,苏大学,等．中国区域农业资源合理配置、环境综合治理和农业区域协调发展战略研究—农业资源合理配置与提高农业综合生产力研究．北京:中国农业出版社,2008:172,115-116.
[10] 陈梦熊．西北干旱区荒漠化成因与防治对策．科技日报,1999 年 4 月 27 日第 7 版.
[11] 刘钟龄,朱宗元,郝敦元．额济绿洲生态系统受损与生态保育对策的思考//郝益东．内蒙古实施西部大开发战略评说．呼和浩特:内蒙古人民出版社,2002:56-57.
[12] 李旭．额济纳绿洲生态抢救和保护刻不容缓．中国水利,2001,(9):14-15.
[13] 李宗礼,民勤绿洲水资源承载能力初步研究//王继和．中国西北荒漠区持续农业与沙漠综合治理国际学术交流会论文集．兰州:兰州大学出版社,1998:189.
[14] 陈建华,魏百刚,苏大学．农牧交错带可持续发展战略与对策．北京:化学工业出版社,2004:18.
[15] 温庆可,张增祥,刘斌,乔竹萍．草地覆盖度测算方法研究进展．草业科学,2009,26(12),30-36.
[16] 赵英时,等．遥感应用分析原理与方法．北京:科学出版社,2003:391.
[17] 徐瑶,何政伟,陈涛．西藏班戈县草地退化动态变化及其驱动力分析．草业科学,2011,19(3):378-379.
[18] 苏大学,薛世明．西藏自治区草地资源．北京:科学出版社,1994:189.
[19] 农业部畜牧业司．NY/T 1905—2010 草原鼠害安全防治技术规程．北京:中国标准出版社,2010.
[20] 邵景安,芦清水,张小咏．近 30 年青海三江源西部干旱区草地退化特征的遥感分析．自然资源学报,2008,23(4):645.
[21] 胡自治,Pipeper R D,Beck R P. 生态学观点的草原基况．国外畜牧学—草原与牧草,1991(2):38-40.
[22] 许鹏．草地资源调查规划学．北京:中国农业出版社,2000:92.
[23] 苏大学,张自和,陈佐忠,胡兴宗．中国天然草地退化、沙化、盐渍化分级指标的商榷//中国治沙暨沙业学会．中国治沙暨沙产业研究．北京:石油工业出版社,2003:93.
[24] 孙鸿烈．中国资源科学百科全书．北京:中国大百科全书出版社,石油大学出版社,1999:112-113,350-351,284.
[25] 中国荒漠化(土地退化)防治研究课题组．中国荒漠化(土地退化)防治研究．北京:中国环境科学出版社,1998:3-10.
[26] 石玉林,等．西北地区水资源配置生态环境建设和可持续发展战略研究—土地荒漠化卷.北京:科学出版社,2004:74.

[27] 朱震达．中国沙漠化研究的进展．中国沙漠，1989，9(1)：3-5.
[28] 苏大学．天然草原在防治黄河上中游流域水土流失与土地荒漠化中的作用与地位．草地学报，1995，3(2)：144-151.
[29] 青海省人民政府．青海省生态环境建设规划//刘江．全国生态环境建设规划．北京：中华工商联合出版社，1999：585.
[30] 朱震达，陈广庭，等．中国土地沙质荒漠化．北京：科学出版社，1994：24.
[31] 全国土壤普查办公室．中国土壤普查技术．北京：农业出版社，1992：132，134，188-189.
[32] 1：500 000 黄土高原地区资源与环境遥感系列图编委会．黄土高原地区资源与环境遥感系列图说明书. 北京：地震出版社，1992：100，72-73，95.
[33] 苏大学．草地生态建设—防止水土流失及洪水灾害的重要举措．中国科学院院刊，1999，14(2)：124-125.
[34] 苏大学．中国草资源与可持续发展//成升魁．中国土地资源与可持续发展．北京：科学出版社，2007：128.
[35] 苏大学．西藏草地资源的结构与质量评价．草地学报，1995，3(2)：144-151.
[36] 苏大学．贵州草地．贵阳：贵州人民出版社，1987：3.
[37] 许志信，白飞，曲永全．草原植被利用强度对水土流失影响的研究．内蒙古草业，2000，2(61)：1-7.
[38] 水利部水土保持司．SL 190—2007 土壤侵蚀分类分级标准．北京：中国水利水电出版社，2008.
[39] 史志诚，等．植物毒素学．陕西杨陵：天则出版社，1990.
[40] 李建科，等．家畜黄花棘豆取、甘肃棘豆中毒的调查．中国兽医科技，1987，3：44-49.
[41] 李宏，陈卫民，陈翔，王华，李秀琴．新疆伊犁草原毒害草种类及其发生与危害．草业科学，2010，27(11)：171-173.
[42] 李建科，等．棘豆化学防除试验研究．中国草地，1991，6：80.
[43] 陈善科，等．阿拉善盟荒漠草场毒草分布及其危害现状的调查．中国草地，1992，3：60-62.
[44] 富象乾，等．中国北部天然草场有毒植物综述．中国草原与牧草，1985，3：40-49.
[45] 刘宏先，等．四川西北天然草场有毒植物的分布及防除方法．四川草原，1985，3：23-44.
[46] 鲁西科．西藏家畜的棘豆、劲直黄芪中毒．动物毒物学，1986，1：32-33.
[47] 武宝成．西藏的黄芪属有毒植物及其防除．中国草地，1988，5：22-23.
[48] 云南省畜牧局．云南草地资源．贵阳：贵州人民出版社，1989：57.
[49] 李祚煌．醉马草(小花棘豆)中毒的调查和有毒成分的研究．内蒙古畜牧兽医，1987，1：1-13.
[50] 中华人民共和国农业部畜牧兽医司，全国畜牧兽医总站．中国草地资源．北京：中国科技出版社，1996：541-542.
[51] 林业部野生动物和森林植物保护司．湿地保护与合理利用指南．北京：中国林业出版社，1994：1-2，173，179.
[52] 苏大学．中国湿草地中水禽栖息地及其水禽资源．自然资源，1996：55-62.
[53] 艾琳，卢欣石．草原类型自然保护区现状及其生态旅游发展．草业科学，2010，4：15-19.
[54] 国家林业局．中国湿地保护行动计划．北京：中国林业出版社，2000：30-32，58-73.

第 11 章

草地资源监测

摘要：依据草原法和国务院规定，需要对全国草地资源进行适时监测。本章阐述了草地资源与生态监测的层次、范围、内容与周期；采用遥感监测、地面实地调查、社会经济调查与统计分析相结合的监测技术路线；需要按照统一的精度、技术规程、手段、在规定的时间进行调查与采样分析的监测方法。简述了世界先进国家草地资源成功监测实例，详述了自 20 世纪 60 年代以来，对中国草地资源进行小尺度、中尺度和大尺度全国范围监测的经历与成果，农业部设置的县级草原监测网站、全国科研单位、大学设置的监测试验站的监测。重点阐述了 20 世纪 80 年代中期与 2000 年全国二次草地资源监测调查，以及中国天然草地资源面积快速消失、草地生产力大幅下降的监测结果。阐述了国家级草地资源监测点的选择与布局原则，中国草地资源类型监测点的布局依据。依据中国草地资源类型的区域分布和全国各省（市、自治区）草地资源的区域分布特点，在全国布设了 115 个监测点，供用做国家级草地资源类型与生态功能的监测。最后，建议定期开展全国草地资源统一详细调查，包括草地资源调查、草地生态基本状况调查和草地权属调查。

11.1 草地资源监测概述

适时对一定区域范围之草地资源的分布面积、产草量、植被结构、载畜量、自然环境、自然灾害、生态建设工程展开现状调查，并与以往某个时间段相同区域、相同草地资源调查项目的数据进行比较，获得不同时期草地资源变化的科学依据，据此提出调整与改进草地资源管理对策的整个工作过程，称为草地资源监测。

11.1.1 目的意义

对草地资源实施适时监测，是草地管理不可缺少的重要环节，其必要性如下：

1. 草地监测是依法管理草地的手段

《中华人民共和国草原法》第二十五条规定，国家建立草原生产、生态监测预警系统。县级以上人民政府草原行政主管部门对草原的面积、等级、植被构成、生产能力、自然灾害、生物灾害等草原基本状况实行动态监测。《国务院关于加强草原保护与建设的若干意见》(国发[2002]19号)指出，草原生态监测是草原保护的基础，要认真做好草原生态监测预警工作，对草原资源与生态监测预警工作提出了下述明确要求："地方各级农牧业行政主管部门要抓紧建立和完善草原生态监测预警体系，重点做好草原面积、生产能力、生态环境状况、草原生物灾害，以及草原保护与建设效益等方面的监测工作"。可见，建立草原资源与生态监测预警体系，是全面贯彻《草原法》、落实国务院关于草原保护与草原建设精神的重要举措。

2. 草地资源可持续利用之需

(1) 天然草地是我国面积最大的国土资源，重要的畜牧业生产基地。草地资源是可更新资源，草地的分布面积、生产力、结构、功能及其动态变化，制约区域农牧业生产和生态平衡。适时监测、掌握草地资源的消长和生态系统的变化，据此合理安排农牧业生产布局、进行产业结构调整，对发展草原区经济、提高牧民收入、维持草地可持续利用、实现草原生态与经济双重利益、实现草地畜牧业全面可持续发展具有重要意义。

(2) 面对目前日益下降的草地生产力，国家迫切需要建立具有资源评估、产草量及载畜量预测预报、自然灾害监测功能的草地生态监测信息系统。草原资源与生态监测预警工作，是全面获取草地生产力、了解草地生产力下降驱动因素、帮助提出草地有效改良、复壮措施的基础性工作。通过调查获取草原实际承载状况，监测轮牧、休牧、禁牧制度实施情况与效果，为核定草原合理载畜量、开展草畜平衡工作提供科学依据，也为开展轮牧、休牧、禁牧工作提供决策依据。

3. 国家生态安全决策之需

(1) 天然草地是我国陆地自然生态屏障的主体之一。随着草地区域的人口增长和人类对草地资源不合理的开发利用，在人为因素和自然因素的影响下，我国草地生态状况不断发生变化，草地环境日趋退化。草地面积减少、草地覆盖度降低、退化、沙化、盐渍化严重，已是不争的事实。通过实施适时、适地的草地生态健康监测，掌握草地生态功能动态变化，进而提出改善草地生态屏障、维护国家生态安全对策。

(2) 近年来，国家对草原保护与建设的投入大幅度增加，先后启动了天然草原植被恢复与建设、草原围栏、退牧还草、草地生态补偿、游牧民定居工程、京津风沙源治理等重大草原保护建设工程项目。需要对草原生态保护与建设工程项目实施适时监测与效益评估，为政府部门及时了解、监控草地生态建设现状及需求，为制定相应的生态建设规划，提供科学依据。

4. 草地科研与国际共享监测网之需

有些草地资源与草地生态科学理论的创立，需要长期观察、监测实践。著者访问过澳大利亚一个草地试验站，该站研究可以阻止乔灌木对草地的侵入而不致引起草地退化的"适当放牧压"项目，已持续监测了26年，从未间断。

单个动态监测站点各自发挥作用还不够，将动态监测站点联合起来组成监测网，可以共享各监测站点的成果，充分发挥各个监测站点的功能。目前国内外已建立起来很多生态环境监测网，如国际长期生态研究网络(ILTER)、全现环境监测系统(GEMS)、全球变化研究亚太地区网络(APN) 和中国生态系统研究网络(CERN)等[1]。将覆盖全国不同草地类型区、不同部门、不同层次的监测站点联合起来，实现全国草地监测站点的联网，已是大势所趋。需要建立中国草地动态监测网，并与国际相关监测网接轨，为共享国际和相关行业监测网成果创造条件。

11.1.2 国外草地资源成功监测实例

对草原植被状况与草地放牧利用关系进行大范围监测研究，是联合国粮农组织援助受干旱威胁地区卫星遥感监测计划之一。按照美国华盛顿大学 N. Mc. 克劳德博士提出的“非洲马里干旱研究课题”，在非洲萨赫勒干旱草原区，圈围了 11 万 hm^2 草原，对相同类型、相同生产力、负载相同数量牛群的草原，划分为围栏间隔轮牧和自由散牧两种利用方式，采用 MSS 卫片、航片遥感调查与地面调查相结合的办法，连续监察 6 年。结果清楚地表明，无计划散牧的草原区成为黄沙滚滚的严重沙化区，而围栏内的轮牧草地，草原植被不仅未破坏，反而得到显著改善[2]。

前苏联草原学家巴巴耶娃，1975 年利用当时苏联“礼炮 4 号”卫星轨道站拍摄的宇航像片(分辨率 50～80 m)发现，当时土库曼共和国一些无水草场上水井周围出现沙漠化斑点，以水井为中心形成同心圆式带状草地荒漠化圈，又称脓肿圈(pyospheres)。中亚草地以水井为圆心沙漠化圈的直径达到 7～10 km，平均直径 2 km。20 世纪 60－80 年代，一些发达国筹措 6.25 亿美元，帮助非洲萨赫勒地区打井、抽取地下水改善草地人畜供水，在水井周围建牧民居住区，昔日的无水草原出现了大批由外国专家设计的现代机井。巴巴耶娃用 1975 年 6 月“礼炮 4 号”宇航像片监测这一以打井为核心的整套援助建设工程。发现水井周围草地被过度放牧、灌木被樵采，已形成很多草地荒漠化圈。荒漠化圈的半径大到数千米，中心位置变成光裸、寸草不生的荒漠化裸地，成为萨赫勒地区退化最严重、植被最差的草地[3]。这一监测结果，导致国际组织于 1987 年被迫终止了萨赫勒地区干旱草地耗资巨大的打井援助项目。

1986 年著者实地考察了澳大利亚的草地监测工作。当时，澳大利亚的基层农业技术推广站、实验站，已普遍应用卫星遥感技术与地面调查相结合的办法，监测草地植被生长情况、草地干旱情况、草地放牧负载、新人工草地垦殖和草地火烧管理工作。依据监测结果，向牧场主提出草地施肥、灌水建议，决定干旱季节草地牲畜的淘汰比例，对惜售、不执行淘汰比例的牧场进行处罚[4]，直至收回草地经营权。1998 年，澳大利亚提出了全国草原监测工作计划和一系列草原监测项目，使监测能反映草原生产力、生物多样性、水资源条件、气候和社会经济等因素的多项指标。2000 年，建立全国性的跨地区、跨部门的综合草原监测系统，建立了澳大利亚合作牧地信息系统(ACRIS)，实现了对全国草原监测数据和相关牧业信息的整合[5]。目前，草原监测已成为澳大利亚全国陆地生态系统监测的最重要的组成部分，监测结果成为《政府环境报告》的重要内容之一，定期发布。可见，对草原资源与生态环境的监测工作，在澳大利亚已超越草原管理部门，成为国家环境保护和国家法制建设的组成部分。

美国亚里桑那州是个草原大州，政府所有的天然草原，分别由联邦政府和州政府大部分出租给牧场主放牧、经营。20 世纪 70 年代初期，该州开始实施全州草原监测推广计划(The Cooperative Extension Rangeland Monitoring Program)。监测内容主要包括草地植被和初级生产力状态，放牧状况，水资源数量与质量，野生动植状况，土壤状况，草地基本设施状况。监测分为年度常规监测、季度常规监测、植物生长季节监测和放牧季节重点监测 4 种形式。充分利用相关草地经济统计资料、利用现有草地遥感和 GIS 信息系统等先进技术手段，配合野外实地考察进行监测。分为4个层次实施监测：一为当地牧场主与牧民，参与草地实地调查与评价，提出地面监测报告；二为地方草地推广站，开展定期调查、监测活动；三为亚里桑那大学推广中心，负责遥感监测、编制GIS、建立监测网站；四为州政府，资料汇总，发布监测结果报告。这种由下而上、上下结合的草地监测模式，为制定草地科学管理政策法规，实现草地可持续利用，提供了科学依据，效果显著。

11.1.3 监测范围、内容与周期

11.1.3.1 范围层次

全国草地资源与生态监测工作，分为国家级、省（市、自治区）级和县（旗）级三种范围层次进行监测。

(1) 国家级草地生态监测，反映全国草地资源和生态的地域差异，服务于国家层面的草地宏观战略部署和管理。监测数据、资源图件来自全国各地监测结果的组装、汇总，为制定全国草地资源与生态保护规划提供科学依据。

(2) 省（市、自治区）草地生态监测是全国草地生态监测的组成部分，汇总省内各县和基层监测站点的监测结果，用于指导、部署省（市、自治区）草地畜牧业生产、草地生态保护与建设。

(3) 县（旗）级草地生态监测为基层草地生产实体和生态监测站点的监测，监测数据、资源图件来自县级调查和监测站点的实地第一手调查资料，基础好、可信度高、生产实践性强。县（旗）级监测服务于县以下基层草地畜牧业生产、草地生态保护与建设工作的部署。

11.1.3.2 监测周期

(1) 国际上草地畜牧业发达国家，一般10年进行一次全面的自然资源和生态环境调查，西方主要国家如美国、澳大利亚、欧盟、日本等国一般10年进行一次土地圈与生物圈详细调查，5年进行一次植被遥感调查，草地一般3～5年调查一次，主要森林类型和草地类型一年调查一次。人工饲草料作物长势、生物量估测及牧草产量航空遥感测定，现已基本实现半月一次，用地面光电微波传感器半月观测一次。国家和地方相关机构，天天向重点草地生态实验站和牧场发送航天卫星遥感资料，主要牧场已具有草地资源与生态方面智能化资料的收集、处理、加工及网络更新能力。草地主管部门依据监测结果，适时调整草原管理办法、调整利用强度与草地牲畜出栏淘汰率，提出草地改良措施建议。

(2) 我国国务院决定，自2007年7月1日起开展第二次全国土地调查，全面查清全国土地资源和监测土地利用状况，为土地的科学管理和宏观调控管理提供可靠依据。规定，2010年以后，全国每年进行一次土地变更调查，以保持调查成果的现势性[6]。我国的耕地面积每年监测一次，森林资源每5年调查一次。草地作为我国面积最大的土地类型，按上述国家土地资源监测规定，草地资源监测周期如下：①全国性草地面积应每5年监测一次；②全国性草地生产力应每年监测一次。

11.1.3.3 监测内容与成果

草地资源与生态监测是国家资源与环境总体动态监测的重要组成部分之一，其监测内容随监测目的不同而异。重点监测内容如下：

(1) 监测草原面积的消长变化，包括天然草地、人工草地和饲草料播种面积的变化，定期公布各类草地的面积与分布现状，公布草地面积动态变化数据。获取监测点草地遥感影像判

读特征，为定期草地遥感调查积累资料。

(2) 调查草地优势种、主要牧草组成及毒害草，定期监测草地植被特征与群落结构，获取草地群落结构、分布特征及变化资料。

(3) 测定草地地上部可食产草量，计算合理载畜量，了解不同季节、不同年份各类草地生产力与承载力的动态变化；获取草地第一性生产力有关的绿度值、产草量模型参数等，预测、预报天然草地产草量及合理载畜量；定期发布草畜平衡状况报告。

(4) 监测、评估草地退化、沙化、盐渍化、水土流失状况，监测草地非牧利用——开垦、樵采、采挖药用植物、草地旅游状况，发布草地生态状况动态变化报告。

(5) 定期调查草地鼠害、虫害；及时监测草地旱灾、火灾、雪灾、突发鼠、虫害等自然灾害，发布草地自然灾害报告。

(6) 适时监测草地生态保护与建设工程项目的进展，综合评价建设工程效益，提交草地建设工程项目进展与效益评价报告。

(7) 监测草地气象、草地土壤因素。以水、热条件为中心的草地气象因素与土壤因素，如气温、降水、湿度、日照、风雪灾害天气、土壤水分等，既是制约草地资源形成的必要条件，又是草地生态环境的重要组成内容，必须予以观测。

(8) 依据《全国草原生态保护建设规划》对草原资源与生态监测的要求[7]，建立技术先进、配置合理、运转高效、全国不同级别的草地资源与生态监测预警体系。

11.1.4 监测技术方法

全国草地资源与生态监测，采用遥感监测、地面实地调查与社会经济调查相结合的技术路线，由地面监测、遥感监测和社会经济调查、统计分析三个模块，组成草地资源与生态监测体系。

11.1.4.1 地面监测

按草地资源与生态系统被监测对象的典型性、代表性和特定代表区域，选择有代表性的草地类型和草地生态区域，设立地面定位观测、调查样地。用地学、生物学、草地生态学方法和观测仪器，开展资源调查，监测各种草地生态因子的现状，对比分析、评估变化程度。为确保各地地面监测结果的科学性、可比性，必须遵循下述三项规定进行监测。

(1) 沿用以往采用的调查方法、类型分类与评价体系。如：①中国草地类型分类标准；②中国草地等级评价规定等。

(2) 制定统一监测技术规程，各地按统一规程进行监测调查。如：①草地资源调查与生态监测技术规程；②草原雪灾、旱灾监测技术规程；③草原火灾监测技术规程；④草原保护和建设项目工程效益监测技术规程等。

(3) 必须按当时相关的国家标准、行业标准的规定执行监测调查。如：①GB 19377—2003 中国天然草地退化、沙化、盐渍化分级指标国家标准；②NY/T 635—2002 天然草地合理载畜量的计算农业行业标准；③NY/T 1905—2010 草原鼠害安全防治技术规程农业行业标准；④SL 190—2007 土壤侵蚀分类分级水利行业标准等。

11.1.4.2 遥感监测

应用遥感(RS)、全球定位系统(GPS)、地理信息系统(GIS)，即 3S 技术，构成的技术平台，以遥感技术、地理信息系统和空间定位技术作支撑，从区域和站点尺度监测草地资源与环境的变化，结合地面调查对草地状况进行时空动态诊断与评估。建立草原资源与环境信息采集、定位、传输、存贮、管理、分析和应用构成一体化的监测网络，以保证监测信息传输的准确、快速和畅通，并实现信息共享。

(1) 基层监测站点高分辨率遥感监测。目前，美国和欧盟的基层站点高分辨率遥感监测，主要应用 ETM(分辨率 15 m，时间分辨率为 15 d)、IKONOS(分辨率 0.82～3.20 m，时间分辨率为 5～10 d)、SPOT(分辨率 10～15 m，时间分辨率为 26 d)和高光谱遥感(分辨率 1～2.5 m，时间分辨率半天)信息源。美国在草地资源和生态环境监测中主要用的遥感信息源为 ETM 和 IKONOS，主要牧场利用高光谱遥感、航拍飞机进行地面监测，资源调查全部采用航空集成遥感技术进行，资料实现全国共享，生产力实现智能化评定。

大多数国家基层站点级草地资源监测，多应用 RS、GPS 工具，采用常规草地资源与生态调查手段，收集、处理草原生态系统相关的数据信息。以 GPS 为集成平台，对比历史的统计数据，采用专家知识数据库的评估经验，对草原资源面积、生产力、植被退化、沙化、盐渍化、自然灾害等进行动态监测、评估。站点级遥感监测调查多与 DPS(摄影测量数据处理系统)、ES(专家系统)相结合，向集成化、智能化方向发展。

(2) 省(市、自治区)级或受关注的跨省局部地区的草地监测。应用中分辨率遥感信息源(TM、CBERS 等)，图像处理增强技术和大面积地理实体调查监测有效手段，采用 1∶25 万比例尺调查精度，快速获取草地资源与生态现状数据及相关图件。汇总省内县级和监测站点的监测结果，完成省级或受关注的跨省局部地区草原资源与生态监测地理信息系统，并上报国家相关监测主管部门。

(3) 国家级全国范围的监测。包括如下两项监测内容：

①使用低分辨率 MODIS(分辨率 250～1 000 m，时间分辨率半天) 遥感信息源，由单一遥感资料向多时相、多数据源的融合与分析，采用≤1∶100 万比例尺调查监测精度，从静态分析向动态监测过渡，从对资源与环境的定性调查向计算机辅助定性、自动制图过渡，完成国家级、小比例尺精度草地资源与草地生态变化格局的监测。

②汇总省级地方监测成果，完成全国草地资源与生态监测地理信息系统。以 GIS 为平台，将传统的草地资源与生态监测手段与 RS、GPS 结合在一起，形成覆盖全国的草地资源与生态监测网络体系，服务于草地资源管理、生态保护与草地建设工作。

GIS(geographical information system) 地理信息系统，是从研制计算机地理制图发展起来的一项技术。从测绘角度看，GIS 是一个功能极强的数字测图系统，它能提供全要素的数字化地图和目视地图；它能分层提供各种专题地图，如行政区划图、土地利用图、水系图、等高线图(地势图)、地貌图等；通过操作和分析，可以得到坡度图、剖面图等，还可以及时更新地图内容。后来逐渐增加了资源、环境、生态方面的信息内容，形成资源与环境信息系统(resource and environment information system)。地理信息系统是在计算机硬、软设备支持下，实现地理空间数据输入、存储、管理、检查、处理和综合分析的技术系统。

GPS(globe position system) 全球定位系统，由美国军方于 1993 年建成，可为各类用户连续地提供动态目标的三维位置、三维速度和时间信息。由于定位精度高、GPS 信号无偿供全球使用，被迅速应用于交通、资源调查、环境监测等应用领域，为其快速获取草原系统中自然及人文实体位置提供了可能性。

凡涉及空间位置(地点、距离、方位、分布、相互关系等)的监测项目,如草地资源、土地资源、环境质量评价、土地管理、各种自然灾害的预测与防治等,都可以应用 GPS、GIS 技术进行调查。

11.1.4.3 社会经济调查与统计分析

收集与草地资源和草地生态有关的社会经济统计数字,分析草地退化人为驱动因素。

(1) 收集草地人口与草地实际承载牲畜数据,收集、调查各种人工草地与人工饲草料种植面积与产量、投词的外购饲草料数量,畜群周转与肥羔、肥犊生产统计资料等。

(2) 按草地合理载畜量计算标准,计算单位面积草地的牲畜承载量,按草畜平衡管理条例,核查草畜平衡与草地超载过牧状况。引用草地牲畜出栏淘汰率,分析引起草地超载过牧的原因。著者曾用西藏当雄县草地牧民人口与草地畜群周转统计数据分析草地超载,结果显示,该县牧民 1952—1984 年连续 32 年间基本维持人均占有 20 个羊单位牲畜不变。说明该县草地超载过牧不是牧民惜售、惜杀所致,而是牧民人口增加为维持生存所致[8]。

(3) 收集、调查草地开垦、草地转化为林地和建设用地等土地利用类型变化数据,草地药材收购数字、牧民樵采、乱挖草地植物的统计数,用于分析人为经济活动对草地植被的破坏力。

(4) 收集各种草地自然灾害年报,了解草地旱灾、雪灾、鼠害、虫害的发生与治理面积、损失程度。为制定不同程度灾害年份草地合理资源载畜容量与生态容量,提供科学依据。

(5) 收集在草地上修路、挖渠、埋地下管线、修建民用建筑、建旅游设施等各种经济建设项目的报告,调查各种经济建设项目对草地的占用、破坏与生态补偿修复情况。

各种监测项目的具体技术方法,参见本书其他相关章节的调查技术。

11.1.5 草地资源与生态监测方法的特殊性

11.1.5.1 草地资源与生态监测精度

草地资源区域调查,依据调查目的、遥感信息源、经费、人力、物力允许的条件,选择调查比例尺精度和技术方法。而草地资源与生态监测的精度和技术方法,各监测单位不能自由选择,需要按照统一规定的监测比例尺精度、规定的技术规程、手段和方法、在规定的时间内进行监测、采样分析,以期获得同一时期、精度一致、具有高度可比性的监测数据。草地资源与生态监测精度,视监测区域范围的大小和确定的监测手段而异,适于我国目前现行监测手段的监测精度,可参考表 11.1.1 之规定。

表 11.1.1 草地资源不同尺度监测区域的监测手段和精度

监测区域	国家级	省级	地区级	县级	草地保护区、牧场
监测比例尺	<1/100 万	1/50 万	1/25 万	1/10 万～1/5 万	>1/10 000
遥感调查监测手段	MODIS TM	TM ETM 中巴卫星	TM ETM 中巴卫星	ETM SPOT 地面样条重复调查、测定	彩红外和黑白航片 IKONOS 地面样条重复调查、测定

11.1.5.2 地面监测样条、样地、样方的设置

草地资源与生态环境监测的地面样地设置方法，与草地资源区域调查的地面样地设置方法有两处不同。其一，草地资源区域调查采用均匀布点、一次性调查测产法。草地资源与生态环境监测采用固定样条布点、不同时间多次调查测产法。其二，为提高监测数据的科学性与代表性，弥补固定监测样地数量少的不足，需要加大监测样地的面积，采用大面积样条布点法。样地草地资源与生态环境地面监测的样条、样地、样方的设置规定如下。

(1) 样条。样条分主样条和副样条。典型温性草原主样条 250 m×40 m，面积为 10 000 m^2，副样条 2 000 m^2。草地植被生长茂密的草甸草原和低地草甸类型的样条面积可适当缩小。内蒙古呼伦贝尔盟草原研究所、哲里木盟畜牧兽医科学研究所设立的样条为 125 m×10 m，面积为 1 250 m^2，其中沙地草原样条为 250 m×20 m，面积为 5 000 m^2。哲里木盟畜牧兽医科学研究所设立的温性典型草原样条为 250 m×20 m，面积为 5 000 m^2，低地草甸类型为 125 m×20 m。样条必须围栏保护，以防家畜和野生动物采食、破坏。

(2) 样地。样地在样条中设置。样条内设测产样地小区，测产样地小区号，用随机排列法确定。样地分植被描述测定样地和产草量测定样地。按调查测产时间的不同，用随机抽签法在同一样条中，确定更换描述测定样地和产草量测定样地的小区号。

(3) 样方。样方在样地中设置。样方面积为：温性典型草原与温性草甸草原草地的植被描述测定样方和测产样方均为 1 m×1 m；温性荒漠草原，植被描述测定样方和测产样方均为 1 m×2 m；河泛地、湖盆低地草甸草地，植被描述测定样方 1 m×0.5 m，测产样方 1 m×1 m；植被群落结构一致性好的高寒草甸草地，植被描述测定样方和测产样方均为 1 m×0.5 m；温性荒漠草地植被描述测定样方 2.5 m×2 m，测产样方 5 m×2 m。

测产样方的位置，用测产样地小区号抽签决定。

11.1.5.3 地面监测的时间与次数

草地资源区域地面调查，只做一次植被群落结构与生态环境描述与测定，只做一次草地产草量测定，不进行重复调查、重复测产。草地资源与生态环境地面固定监测，则需要进行多次重复调查与测产。原因如下：其一，需要了解草地植被群落各个生长发育阶段的生境条件、群落植物组成、结构，草层的高度、覆盖度，为制定草地的适宜利用时期、利用方式、利用强度提供科学依据；其二，需要了解牧草发育节律，牧草生长期草地产草量月动态变化，为草地遥感估产提供科学依据；其三，需要了解牧草冬季保存率、草地营养季节变化规律，为估算不同时期、不同草地类型草地载畜能力与草畜平衡提供科学依据。

(1) 植被观测与测产次数。①主样条：每年牧草生长期测 7～8 次，于 4 月草地返青后至 10 月(或 11 月)草地枯黄前进行观测，每月 10～15 日测定一次；②副样条于每年 4 月返青期、8 月产草量高峰期、10 月(或 11 月)草地牧草进入枯黄期前，进行测产，全年测定 3～4 次。

(2) 重复测产次数。①测产样方重复测产 2～3 次，同时在样条外的同类型草地上作对照测产；②植被描述观测样方，重复观测 1～2 次。

(3) 测产牧草剪割高度。草本、小半灌木草地测产样方齐地面剪割，割草地样方剪割高度：草层高 30～80 cm，5 cm；草层高 80～120 cm，10 cm；草层高＞120 cm，20 cm。

(4) 灌木、半灌木产量的测定。各样地内灌木、半灌木的产量，每 3 年测一次，测定年分别于 4 月、8 月、10 月(或 11 月)各测定一次。首先将样地内各种灌木分类，将每种灌木按株丛径划分为大、中、小三类株丛。选取各种灌木的大、中、小标准株丛各 3 株进行描述、测产。剪取

枝径 3～5 mm 以上的当年生及同等标准的上年生枝条(4 月份测产则剪上年生枝条)称重。测定样地内各种灌木中的大、中、小三类株丛径灌木的数量,再乘以该类灌木单株的测定产量,算出该类灌木的产量,最后汇总所有各类灌木的产量。

有学者对比研究了 4 种温性羊草草原的监测方法,认为,宜将草地植被的物种丰富度与草地生产力分开监测。其中草地植被物种丰富度监测,采用样线法为宜,最小样线长度为 400 m;羊草草原群落地上生物量的监测,以 1 m×1 m 样方法为宜,最少测产样方数量为 10 个[9]。这样可以缩小固定监测样地的面积,节省监测的人力与财力。

11.1.5.4 监测规程和方法需加强部门间协调

目前农业、林业、国土资源、水利、环保各部门,都建立了各自独立的土地退化监测与评价系统,其中都含有涉及草地生态基况、草地退化、沙化、盐渍化等内容。但农业、林业、国土资源、水利、环保各部门涉及草地生态的监测与评价系统,缺乏部门间协调,各部门规定的采集监测数据的方法、手段、数据精度要求,互有差异。如果各土地退化监测部门涉及的草地生态监测规程与技术方法,在国家级层面上协调一致,制定与国际接轨的统一规程进行监测,采集的数据可以提供国际共享,无疑是一项非常有意义的举措。

11.1.5.5 需要牧民参与监测

目前我国草地资源与生态环境的地面监测,主要由科研、教学和各级技术推广单位承担,广大的农牧民尚未成为参与此项工作的主体。牧民关心自己承包的草地生产,关心由政府投资、牧民以"以工代赈"形式参与、从中能够获得个人经济利益的植树种草、沙尘源治理、小流域治理等工程项目,基本上未参与草地资源与生态监测。

草地资源系草原牧民的生存基础,草地资源及生态状况与草原牧民息息相关。需要培训一批有一定文化基础的年轻牧民,掌握草地资源与生态监测技术,参与草地监测工作,特别是地面调查和退化草地监测工作。让草原农牧民能够从国家、地方政府的草地资源监测项目中获得经济利益,逐步成为草地资源监测与保护的主体。

11.2 中国草地资源的监测

11.2.1 小尺度区域草地监测调查

11.2.1.1 20 世纪 60 年代基层早期监测工作

我国农业部系统草地资源定位监测研究始于 1959 年。内蒙古自治区畜牧厅 1959 年接收前苏联草地学家 A. Φ. 伊万诺夫的建议,分别在当时的呼伦贝尔盟、锡林郭勒盟、乌兰察布盟和伊克昭盟的不同草地类型上,建立 4 个草原改良实验站,每个站设天然草地生产力定位观测样带或观测点。在草地试验站、观测点小尺度范围内,对草地资源生产力与生态环境开展精细的定位观测,获取科学观测资料,监测草地植被和草地生产力的变化。但至 1966 年"文化大革命"期间,大部分监测机构撤销,观测终止,资料散失。

(1) 1959 年 5 月,内蒙古自治区畜牧厅草原管理局,在锡林郭勒盟苏尼特右旗建立了草原改良试验站,在锡林浩特市毛登牧场设立了草原试验观测点,对当地主要草地类型的生产力动态、草群再生性、主要饲用植物的可食性、利用率等方面进行了系统的定位观测[10]。积累了十分宝贵的定位监测资料，为草地定位监测和实验研究培养了人才。

(2) 1959—1966 年，内蒙古呼伦贝尔盟草原改良试验站，分别在陈巴尔虎旗的山地丘陵草甸草原、新巴尔虎左旗的典型草原、沙地草原和沼泽化草甸草地上，设立了 4 个草地资源观测样条[11]。样条面积为 5 m×125 m，即 625 m^2。观测不同草地类型样条中的植物与牧草种类、物候期、采食率、再生性，测定草地植被的高度、覆盖度、产草量等。观测工作持续 5 年，积累了丰富的草地资源与植被生态方面的科学资料。20 世纪 90 年代后期的 10 多年间，这些样条为国家重大草原生态项目、中国科学院草原生态观测项目与重大科学基金国际合作项目陆续启用，成为草地退化研究和草地生态监测的重要基地。

(3) 20 世纪 50 年代末设置宁夏盐池草原试验站，60 年代开展了荒漠草原植被的观测调查和草原生产力测定，设有多年的定位观测样地，积累了多年草原生态系统的观测资料。

(4) 1959 年新疆八一农学院和紫泥泉种羊厂合作，进行了冬草场、春秋草场主要草地类型产草量和营养物质含量的动态测定，草地产草量预报回归方程的研究与制定。其中冬牧场牧草产量的动态监测工作长期坚进行，即使在“文化大革命”期间，也没有间断。

(5) 1961—1967 年，新疆畜牧厅草原勘察设计大队完成了 12 个县 10 多个国营牧场的草地资源调查，调查了草地植被，测定了草地生产力，绘制了大比例尺草地图，为今后的草地资源监测，积累了大量本底科学资料。

11.2.1.2 **农业部设置的县级草原监测站的监测**

(1) 甘肃安西站。位居甘肃省河西走廊西端荒漠草地区。1981 年进行草原资源详查工作，1992 年建立草原方面的国家级极旱荒漠草地自然保护区，对保护荒漠生态系统进行了大量的工作，针对土壤、植物等进行了多年的定位观测，获得连续多年的基础资料。2001 年，列入全国草原资源动态监测网一期项目监测点。

(2) 内蒙古镶黄站。位居内蒙古自治区镶黄旗浑善达克沙地西南缘，温带典型草原区。1979 年完成首次草原资源详查工作，此后，对草地资源连续多年开展了多个固定样地和路线的详细调查，1983 年进行了首次草原退化调查。2001 年列入全国草原资源动态监测网一期项目监测点，配备了较为完善的设备，拥有多年、多期次的遥感影像、DEM 等数据，每年开展全国草原资源与生态系统的“3S”监测示范工作，2002 年完成该旗最新的草原资源图、沙漠化等级图等成果。境内的浑善达克沙地区域，实施围封、飞播、休牧、禁牧等措施多年，在草地沙化监测方面有丰富的经验和资料积累。

(3) 内蒙古鄂尔多斯市鄂托克旗站。位居内蒙古鄂托克站毛乌素沙地南端，温带沙地典型草原分布区。20 世纪 50 年代末，内蒙古自治区畜牧厅和前苏联草原专家曾在此开展草原资源及生产力研究。自 20 世纪 80 年代内蒙古自治区第三次草原普查以来，在全旗主要草地类型上建立了草地资源初级生产力定位监测点，持续开展草原定位监测工作，一直到 90 年代初期。2001 年列入国家级草原监测网，监测工作全面开展，技术力量强，基础性资料全面，具备开展草地资源与草地生态研究的条件。

(4) 内蒙古阿拉善盟额济纳旗站。内蒙古额济纳旗站地处内蒙古自治区最西端，气候极端干旱，为荒漠区地带性草地的典型代表，生态环境脆弱。境内额济纳河和居延海属于内陆河、湖湿地，沿河岸和湖周分布的低地草甸和沼泽草地，水草丰美，曾是荒漠区的主要经营性草地。1985 年后河湖干涸，草地荒漠化扩展迅速。后来逐步恢复输水，草地开始恢复。自 20 世纪 80 年代以来开展过多次草原资源调查，进行了多年的草原资源定位监测研究，积累了多年的监测资料，资料连续性强、数据齐全。2002 年列入国家级草原资源与生态监测网，草原监测机构健全，技术力量雄厚，适于各项监测工作的开展。

(5) 宁夏盐池县站。位居毛乌素沙地西南部宁夏回族自治区盐池县，我国典型地带性温性荒漠草原分布区。1981 年完成草地资源详查，20 世纪 80 年代以来对药用沙生植物的定位观察工作开展较多，对了解、监测荒漠草原中甘草、麻黄等药用植物的分布、消长，对监测、控制由于超载过牧、滥挖、滥垦造成草地沙化，有重要意义。已列入全国草原资源动态监测网。

(6) 宁夏区固原县云雾山站。位于黄土高原宁夏回族自治区固原县云雾山草原自然保护区内。长芒草草原是我国黄土高原保留面积最大、原生性最强的暖温性草原区域，面积达 1 000 hm^2。长芒草草原为黄土高原特有的草原自然生态系统，具有独特的典型草原自然景观，生物生产量较高，鲜草产量可达 5 400 kg/hm^2。该保护区对这一具有代表性的草原生态系统已进行近 20 年的监测研究，基础资料数据比较齐全，积累了一定的监测研究工作经验，2001 年被纳入全国草地资源与动态监测网。

(7) 青海省海南州兴海县站。青海省兴海县位居青藏高原南部向青海湖环湖地区的过渡带，监测范围覆盖青海省兴海县全境，主要监测青海固沙草、杂类草山地草原类型。监测点位置：北纬 35°45′，东经 100°05′。该县 20 世纪 80—90 年代进行了二次区域性草地资源、社会经济状况详细调查，从 20 世纪 80 年代起每年对区域内的草地资源和植被进行监测，草地生态环境本底资料比较系统、完整。2001 年该监测站被纳入全国草地资源与动态监测网，配备有必要的专业人员，配备有微机、笔记本电脑、GPS 定位仪、数码照相机、土壤和植物样品测定仪器等，可以承担草地资源与生态环境监测研究工作。

(8) 青海省果洛州玛沁县站。玛沁县位于青藏高原东部的青海省果洛州，海拔高度 3 800 m 以上，气候较湿润，地带性草地为高寒草甸类型。监测范围覆盖玛沁县全境。监测点位置：北纬 34°28′，东经 100°21′。监测的主要草地类型：高寒草甸类、沼泽化高寒草甸亚类，西藏嵩草型。20 世纪 80 年代进行了一次区域性草地资源、社会经济状况调查；2001 年被纳入全国草地资源与动态监测范围。该监测点从 20 世纪 90 年代起每年对区域内的草地资源和植被组成进行观测。配有必要的技术人才，配备的设备有：微机、笔记本电脑、GPS 定位仪、数码照相机、土壤和植物样品测定仪器。

(9) 陕西省榆林市靖边县站。靖边县位于陕北毛乌素沙地与黄土高原丘陵沟壑区之间，为我国典型温性草原分布区。天然草地属于长城沿线风沙侵蚀草原，生态环境脆弱。该县 1981 年完成草地资源详查，绘制有 1∶10 万草地类型图，有详细的草地生产力测定资料。20 世纪 90 年代末被列为陕西重点草原植被动态监测站，2002 年纳入全国草原资源生态监测网，成为国家重点草原监测站，已具有一定的技术力量和必要的仪器设备。

(10) 新疆伊犁州巩留县站。巩留县位于天山北坡伊犁河谷地。该县为新疆重点草原牧区县，该县的鸭茅山地草甸在全国具有代表性。监测范围覆盖巩留县全境，监测点位置：东径 82°37′，北纬 43°09′。20 世纪 80 年代初期已经做过详细草地资源调查，绘制过 1∶(10 万～20 万)比例尺草地资源图及退化草地图，测定了草地第一性生产力。近几年又做过草地开垦、草地退化遥感调查，具有较好的生态监测基础。目前已配备专业技术人员，配有一定的仪器设备，已纳入全国草原生态监测网络，成为国家重点草原监测站。

(11) 新疆塔城地区裕民县站。裕民县位居新疆塔城地区准噶西部山地和塔额盆地，为新疆重点草原牧区县。该县的针茅温性山地草原及羊茅山地草甸草原在北疆具有广泛代表性。监测覆盖裕民县全境，监测点位置：东经 82°48′，北纬 46°03′。20 世纪 80 年代做过详细草地调查，有 1∶20 万比例尺精度草地资源图、退化草地图，有第一性草地生物产量测定资料。20 世纪 90 年代做过草地开垦及草地退化调查，有可供草地监测的可靠本底资料数据。该站已纳入国家草原重点监测网络，配备有必要的专业人员和必备的仪器设备。

(12) 新疆阿尔泰地区富蕴县站。富蕴县位于阿尔泰山南坡东段及准噶尔盆地北缘，属于新疆重点草原牧区县。监测范围覆盖富蕴县全境，监测点位置：东经 89°32′，北纬 46°10′。监测内容：沟叶羊茅山地草原和沙生针茅荒漠草原的结构、生物产量，退化、沙化状况。20 世纪 80 年代初期已做过草地资源详细调查和草地生物产量测定，绘制有 1∶20 万草地资源图。20 世纪 90 年代末做过草地遥感调查，获得草地面积及生态环境变化情况。该站有必要的专业技术人员，已配备 GPS、计算机等监测设备。已纳入全国草原生态监测网，成为国家级重点草原监测站。

县级基层草地监测为草地承包、草地评价、核准草地载畜量、开展草畜平衡与草原改良，提供科学依据。

11.2.1.3 全国科研单位、大学的试验站与草地自然保护区的监测

(1) 1982 年内蒙古自治区草原勘测设计院主持，在完成草地资源调查的地区，恢复草地生产力定位观测工作。至 1986 年在全内蒙古自治区 10 个盟(市)、45 个旗(县)陆续设立了 86 个草场生产力定位监测样条。样条涵盖了草甸草原、典型草原、荒漠草原、低地草甸、山地草甸和荒漠。测定各类型草地不同年份、不同季节、不同月份的产草量和牧草常规营养物质，重点监测暖季草场和冷季草场可食牧草产量，计算载畜量。监测点每年秋季向当地政府和畜牧业主管部门，提供当年冷季草地可食牧草的贮藏量和冷季草场的理论载畜量，为当地安排越冬、渡春牲畜的存栏量，提供参考依据。

(2) 新疆博尔塔拉蒙古自治州草原工作站，1998—2003 年调查了 20 世纪 80 年代初期该州草地祥查的样地。从当年的调查工作底图(1∶10 万地形图)上，找到当年调查样地的地理坐标、样地编号，在 20 世纪 80 年代初期草地祥查样地的同一点位、大体相同的调查时间，进行一次对比调查。连续 5 年共定位对比调查 12 个草地类 190 个调查样地。调查结果与 20 世纪 80 年代初期当年的样地调查记录进行比较。结果显示：①草地产草量、第一建群种地上部产量和草地优良牧草成分 3 项指标，在春秋放牧场、夏季放牧场和割草地中均为减少，在冬季放牧场略有增加；②平原荒漠区，旱灾对草地植被的负面影响远大于放牧的影响；③中山带以上的山地草甸类和山地草甸草原类，草地植被的退化主要原是超载过牧所致；④山区草地，特别是中山带以上的草地，对于旱灾的影响，草地生态系统有极强的自我修复能力[12]。在大面积范围内，对不同时期相同点位草地的上述重复对比监测调查，澄清了过去某些模糊不清的下述问题：超载过牧对于不同自然条件草地的退化驱动作用差异显著；草地生态系统的自我修复能力因草地自然条件不同而异。此种监测结论，对改善草地管理、实现草地可持续利用，具有非常重要的指导意义。

(3) 科研单位和大学设置的草原试验站，其中已经开展各种草原生态与草地资源监测工作的试验站、试验场有：中国科学院植物所内蒙古锡郭勒盟中国科学院草原生态系统定位研究站、中国科学院西北高原生物所青海省海北州高寒草地生态试验站、中国科学院地理科学与资源所西藏拉萨农业生态试验站、中国科学院新疆生态地理所巴音布鲁克草原生态试验站、四川

省草原研究院红原草地生态试验站、中国农业大学河北坝上草地生态试验站、甘肃农业大学天祝草原试验站、内蒙古农业大学达茂联合旗荒漠草原生态试验站、中国农业科学院农业资源与区划所呼伦贝尔试验站、中国热带农业科学院品种资源所儋州热带草地试验站等。

(4) 林业部门设置的各种防沙、治沙站，水利部门设置的各种涉及草地水土保持与小流域治理方面的试验站，环保部门设置的涉及草地生物多样性保护监测站，国土资源部门设置的对盐碱地、暂未利用土地的监测站，或多或少都开展与草地生态环境变化有关的监测工作。

(5) 农业部、国家环保部、国家林业局所属全国几十个草地自然保护区，承担草地生态系统、草地生产力与环境保护的监测，提供同类型未退化草地的各种监测项目的本底数据。

11.2.2 中尺度区域草地监测

11.2.2.1 省(自治区、直辖市)级草地调查监测

(1) 1955—1959 年，内蒙古自治区畜牧厅草原局对内蒙古重点草原植被与土壤进行概查，其中，利用航空像片绘制了 1∶20 万锡林郭勒盟草地植被图，估算了草地资源发展潜力。

(2) 1956—1958 年，新疆畜牧厅草原调查队调查了阿尔泰山、天山、帕米尔高原及昆仑山地区的天然草地，划分季节牧场，测定了产草量，计算了载畜量，绘制了各地区草地类型图。

(3) 1956—1967 年青海省畜牧厅，以县为单位调查了全省草场，绘制了青海省 1∶150 万天然草场类型图。

(4) 1958—1959 年甘肃省畜牧厅调查了甘南州和祁连山地区的草地，完成《1∶100 万甘肃省草原分布图》及相关的各州、县草地生产力估算表[13]。

(5) 1956—1960 年中国科学院的综合考察委员会和新疆生物土壤沙漠研究所、新疆八一农学院等单位对新疆全境草地做了 5 年调查，编制了 1∶150 万新疆草场类型图。测定了草地生产力，计算了草地承载量，划分了季节利用草地[14]。

(6) 1961—1965 年，由中国科学院综合考察委员会、内蒙古自治区畜牧厅、北京农业大学、内蒙古农牧学院等单位完成内蒙古自治区及毗邻地区的草地资源调查，1973 年又作了补充调查，绘制了内蒙古自治区及毗邻地区 1∶150 万草地类型图、评价图，测定了草地生产力，计算了草地承载量。调查数据为内蒙古自治区草地畜牧业生产与规划应用多年。

(7) 1974—1978 年，中国科学院青藏高原综合科学考察队对西藏草地资源进行了常规路线考察，编制了 1∶250 万西藏自治区草原类型图，匡算了草地面积，测定了 450 个不同草地类型样方的产草量、分析牧草营养成分样品 120 个，计算了草地载畜量。为弥补路线考察的局限性，提高调查成果的适用性，还在当雄县进行了草地资源生产力与载畜量测定的半定位研究[15]。

(8) 1999—2001 年新疆畜牧厅与新疆气象局等单位合作，利用 NOAA 卫片及 TM 卫片对北疆的草地进行了中、小比例尺调查。主要调查草地面积的变化和退化草地状况。

(9) 2000—2002 年内蒙古自治区对全区草地进行了第 4 次普查。以旗县为单位，用 TM 卫片为信息源，配合地面调查、测产、绘制县级 1∶10 万(自治区级 1∶50 万)草地类型图、退化草地图，计算草地承载力，为草地监测增加了背景数据。

11.2.2.2 跨省(自治区)地域的草地资源监测

(1) 1987—1991 年中国科学院自然资源综合考察委员会主持，组织了黄土高原地区草地遥感调查与制图研究，利用当年 TM 卫片为信息源，结合地面实地调查、测定产草量，完成跨

越陕西、山西、宁夏等省区黄土高原 62.37 万 km^2 地区的草地资源调查，编制了 1∶50 万黄土高原地区草地资源图与等级评价图，量算了不同类型草地的面积，计算了草地载畜能力，进行了草地自然区划。为黄土黄原天然草地资源的分布、生产力、水蚀和风蚀生态基况，提供了跨行政区域自然地理单元的科学本底数据。

(2) 2000—2002 年中科院地理资源所与内蒙古师范大学、新疆、甘肃、宁夏、青海 4 省区草原站，中国林科院等单位合作，用 1999—2000 年 TM 卫片为信息源调查了内蒙古、宁夏、甘肃、新疆、青海 5 省区草原开垦状况，与 1985 年前后的草地资源图叠合对照，查清自 1985 年以来上述 5 省区草原开垦的面积、地区及草地类型，调查结果上报国家和有关单位，促成有关“加强草原保护、禁止草原开垦”文件的制定。

11.2.3 大尺度全国草地统一调查与监测

11.2.3.1 全国首次统一草地资源调查

1979—1990 年在农业部畜牧兽医司的领导下，由各省(自治区、直辖市)畜牧(农牧)厅(局)组织技术力量完成各自的草地资源调查任务，然后，再行全国汇总。

(1) 调查覆盖全国 2 000 多个县(旗)和 95%的国土面积，台湾省、上海市和江苏、河北等省东部的少数农业县未做调查。

(2) 调查属于详查性质，以县(旗)为单位、采用常规调查和遥感调查相结合技术路线进行调查，各省(市、自治区)调查成果存在一定差异。①西藏、内蒙古、新疆等主要草地畜牧业省区，编绘了县(旗)级 1∶10 万(其中农业县 1∶5 万，一般纯牧业县 1∶20 万)、地区(盟)级 1∶20 万、省(自治区)级 1∶50 万比例尺的草地类型图、等级图和草地利用现状图；县、地区(盟)和省(自治区)三级草地资源数据统计册，统计册含有草地类型面积、生产力、载畜量等内容；省、地、县三级草地资源文字报告。②大部分省、自治区编制了省、地区二级草地资源图、资源统计册和文字报告。③少数南方和东部省、市，只完成省级草地类型图、等级图、利用现状图，省级草地资源数据统计册和省级草地资源文字报告。

(3) 全国草地资源调查内业总结按专业分工进行，汇总各省、市、自治区草地资源调查成果，分别完成《1∶100 万中国草地资源图集》、《中国草地资源》、《中国草地资源数据》、《1∶400 万中国草地资源图》、《中国草地植物资源》等中国第一批完整的草地资源成果。上述成果及草地生产量测定资料、土壤与牧草营养成分分析资料等，成为全国草地动态监测最重要、唯一具有一致性与可比性的国家级草地资源本底资料。

11.2.3.2 中国 1∶100 万草地资源图数字化及 GIS 的研制

1998—2001 年著者主持，与中国科学院地理科学与资源所全球变化信息研究中心合作，将 20 世纪 80 年代末完成的《1∶100 万中国草地资源图集》数字化，将该图的地貌版、河流水系版、18 个草地类 813 个草地型的专题版、文字注记版、草地等级评价版，全部数字化，按 GIS 要求制作具有自由查询、检索、修改等功能的全国草地资源第一个 GIS 信息系统，用做全国草地资源监测的本底数据信息[16]。

11.2.3.3 全国草地资源遥感快查

2001—2003 年，中国科学院地理资源所与内蒙古自治区草原勘测设计院，完成全国草地资源遥感快查。以覆盖全国的 1999—2000 年的 TM 卫片和中巴资源卫星卫片数据为信息源，在MGE和ARC/INFO软件支持下,以室内判读为主,辅以吉林西部、内蒙古、北疆、宁夏、甘肃甘南州、四川甘孜州6条路线调查测产,编绘完成全国1∶50万草地资源图。其判读工作遥感影像底图为1∶(10万～20万)比例尺,最终成果确保1∶100万比例尺精度。然后,与20世纪80年代全国首次统一草地调查的1∶100万草地资源图进行比较,制作中国草地资源GIS。获得自20世纪80年代中期全国首次统一调查以来,全国成片草地面积消长数据。

11.2.3.4 全国草原监理中心对全国草原的监测

自20世纪60年代以来草地超载过牧严重,草地退化、沙化、盐渍化、风蚀、水土流失、开垦与撂荒,成为目前西部地区草地面临的最大生态危机。为此,中国政府对草地资源与生态系统的监测越来越重视,已将草地资源与草地生态系统退化的监测,列入国家生态保护的重点实施项目。国家级草地统一监测技术工作,由农业部全国草原监理中心组织有关科研单位和大学、草原站承担。

(1) 全国草原监理中心,自2004年起,组织北方和青藏高原的省、自治区,开展草地资源与生态监测点进行监测。2005年组织全国17个主要草地省、区,开展全国草地资源与生态基况监测,调查样地2 700多个、样方8 000多个,涉及全国91%的草地面积,完成全国草地监测报告[17]。为国家和省、自治区制订草地畜牧业发展规划、生态建设规划、治虫灭鼠、补播牧草、抗灾基地建设、保护区建设、牧民搬迁安置等项工作,提供了科学依据。主要监测内容如下:①草地面积的消长;②草地第一性生产力;③草地鼠害、虫害;④草地承载力与草畜平衡;⑤草地退化、沙化、盐渍化及水土流失;⑥草地雪灾、火灾、旱灾等灾害。

(2) 全国草原监理中心组织全国畜牧总站、各省草原监理站、联合有关科研单位和大学,研制完成全国草原监测预警体系。

①省级草原监理站或草原站承担各省的草原生态监测的技术工作,组织县草原站或县草原监理站承担省、县二级草原遥感监测调查。按照全国草原监测预警体系的技术规程和统一部署,对草地的面积、等级评定、植被组成、产草量、载畜量、自然灾害等草地基本状况进行监测调查与数据统计。监测数据传送给全国草原监理中心草原监测预警体系,同时为下一步实施动态监测提供预警服务。

②有些草地科研院、所和大学,接受农业部草原监理中心部署与委托,按农业部全国草原监测预警体系技术规程统一要求,开展了各种草地监测研究工作,其所获监测数据,可以接受为国家草地监测的法定数据。

③全国草原资源监测预警体系的本底数据,主要由20世纪80—90年代二次全国草地资源调查数据和中国草地资源GIS地理信息系统提供[16]。该草地资源GIS地理信息系统由中国科学院地理科学与资源所承担完成。

县级监测站、各有关草地科研院、所和大学试验站监测的数据,传输至省级草原监测网,各省的数据传输上报农业部全国草原监理中心网。全国草原监理中心网整理、汇总全国各地草原监测数据,完成当年全国草原监测报告,并上报农业部、国家统计局、国家环保部、全国人大环资委等有关部门及国家领导。

11.2.4 中国天然草地资源面积消长监测结果

11.2.4.1 20世纪80年代中期与2000年全国草地面积的调查结果

著者主持了全国草地遥感快速调查,利用1999—2000年TM卫星影像为主要信息源,结合少量地面调查，完成全国草地面积调查结果。本项调查研究以 1∶25 万比例尺为工作底图，最小图斑面积为 4 mm^2，≥25 hm^2 的草地要求上图，面积量算在 1∶25 万比例尺草地图上由计算机自动量算、平差。因此，能够确保≥100 hm^2 的草地已全部上图，能够确保 1∶100 万比例尺调查成果精度。此次调查获得全国各省(市、自治区)成片草地面积(表 11.2.1)。成片草地面积，指大于最小上图图斑面积规定、见著于草地图上草地图斑的量算面积。

根据 2000 年 TM 卫片遥感快查，全国≥25 hm^2 以上的成片草地为 33 108 万 hm^2，比 20 世纪 80 年代中期全国首次草地统一调查时，成片草地减少 2 516 万 hm^2，减少 7.06%，详见表 11.2.1 所示。尽管首次调查对成片草地评定标准的掌控力度，各地不够一致，零星草地的调查精度不够高，但全国草地面积快速减少是不争的事实。

表 11.2.1 2000 年与 20 世纪 80 年代中期全国草地面积的比较 hm^2

地区	2000 年草地遥感调查成片面积	20 世纪 80 年代全国首次统一草地调查			2000 年遥感调查比 1980 年代调查的成片草地面积变化	
		成片草地面积	零星草地面积	总面积	增减	增减比例/%
全国	331 083 656	356 244 913	36 587 722	392 832 633	−25 161 257	−7.06
北京	326 530	356 249	38 567	394 816	−29 719	−8.34
天津	97 110	44 828	101 776	146 604	52 282	116.63
河北	4 658 263	4 372 733	339 407	4 712 140	285 530	6.53
山西	3 453 951	3 710 533	841 467	4 552 000	−256 582	−6.91
内蒙古	74 440 887	78 603 124	201 359	78 804 483	−4 162 237	−5.30
辽宁	2 449 475	2 685 243	703 605	3 388 848	−235 768	−8.78
吉林	2 660 187	2 958 314	2 883 868	5 842 182	−298 127	−10.08
黑龙江	6 984 820	7 531 767	0	7 531 767	−546 947	−7.26
上海	12 542	38 133	35 200	73 333	−25 591	−67.11
江苏	103 973	146 585	266 124	412 709	−42 612	−29.07
浙江	879 747	722 817	2 447 036	3 169 853	156 930	21.71
安徽	707 192	637 605	1 025 574	1 663 179	69 587	10.91
福建	1 372 901	524 188	1 523 769	2 047 957	848 713	161.91
江西	2 038 130	3 892 320	550 014	4 442 334	−1 854 190	−47.64
山东	1 470 042	1 509 726	128 248	1 637 974	−39 684	−2.63
河南	1 680 881	2 208 513	2 225 275	4 433 788	−527 632	−23.89
湖北	1 969 499	2 778 017	3 574 198	6 352 215	−808 518	−29.10
湖南	2 852 215	2 516 832	3 855 836	6 372 668	335 383	13.33
广东	542 267	567 541	2 698 700	3 266 241	−25 274	−4.45
广西	3 010 029	6 685 221	2 013 121	8 698 342	−3 675 192	−54.97
海南	223 382	492 322	457 451	949 773	−268 940	−54.63
重庆	1 032 592	1 567 073	591 371	2 158 444	−534 481	−34.11

续表 11.2.1

地区	2000 年草地遥感调查成片面积	20 世纪 80 年代全国首次统一草地调查			2000 年遥感调查比 1980 年代调查的成片草地面积变化	
		成片草地面积	零星草地面积	总面积	增减	增减比例/%
四川	17 336 789	18 803 392	1 576 990	20 380 382	−1 466 603	−7.80
贵州	2 233 130	2 038 631	2 248 628	4 287 257	194 499	9.54
云南	8 354 941	12 736 406	2 572 027	15 308 433	−4 381 465	−34.40
西藏	79 474 954	82 051 942	0	82 051 942	−2 576 988	−3.14
陕西	3 141 000	1 804 329	3 401 854	5 206 183	1 336 671	74.08
甘肃	17 060 718	17 904 206	0	17 904 206	−843 488	−4.71
青海	36 830 203	36 083 489	286 257	36 369 746	746 714	2.07
宁夏	2 590 771	3 014 067	0	3 014 067	−423 296	−14.04
新疆	5 109 4535	57 258 767	0	57 258 767	−6 164 232	−10.77

注:①20 世纪 80 年代中期调查规定,南方农区的面积≥20 hm^2 之连片草地,其他地区的面积≥40 hm^2 之连片草地称为成片草地。小于上述面积规定的草地称为零星草地,有 5 个省区未划零星草地。四川省与重庆市的零星草地面积,按扣除甘孜州和阿坝州草地面积后的原四川省草地面积中,零星草地占草地总面积的平均比例进行分割。

②20 世纪 80 年代中期全国草地调查,有些省的调查面未覆盖全省,如河北省东部农区县未调查(见本书 1.2.4 存在的问题和不足)。2000 年遥感调查覆盖全国,故而有些省 2000 年的草地面积比 20 世纪 80 年代有增加现象。

11.2.4.2 中国天然草地资源面积消长监测

1. 中国天然草地资源面积消失过快

长期以来,草地公有,监管失严,众多行业、部门、人群不断向天然草地索取、蚕食,草地快速消失,平均每年减少约 150 万 hm^2,大致相当于每年占全国草地面积 0.5%的草地成为裸地、沙地、盐碱地,或转化为耕地、林地、城市工矿交通用地[18]。牧民生存空间逐年减小,草地消失速度之快,令人堪忧。

(1) 开垦草原转化为耕地。自明朝和清朝康熙、咸丰年间分别开放“边禁”及“关禁”以来,我国草原被不断开垦[19]。著者组织相关省区草原站,用 2000 年 TM 卫片编制 1∶50 万遥感草地图,与 20 世纪 1985 年前后各省、区调查编绘的 1∶50 万草地图对比,对重点草地垦区进行草地开垦调查表明,北方主要草原分布省区草原被垦现象严重。自 1985 年至 2000 年,被垦草原面积如下:内蒙古东部 5 个盟和新疆、甘肃、宁夏、青海 4 省区便开垦了 227.17 万 hm^2 优质草原。其中,内蒙古东部五盟 97.08 万 hm^2,新疆 95.89 万 hm^2,甘肃 24.98 万 hm^2,宁夏 57.1 万 hm^2,青海 2.14 万 hm^2。据粗略统计,此间其他主要草地开垦省份开垦天然草地的面积如下:黑龙江 50 万 hm^2,吉林和辽宁均为 25 万 hm^2,四川 30 万 hm^2,河北 10 万 hm^2。为维护国家粮食安全,维持耕地资源的最低保有量,对天然草地的开垦还将少量进行,草地转化为耕地的态势还将继续。只不过开垦的面积将减少,开垦速度放慢而已。

(2) 草地转化为林地。新修订的《中华人民共和国森林法实施细则》调整了林地的划分标准,将疏林的郁闭度从 0.3 降为 0.2。这一规定导致大约 1 000 万 hm^2 郁闭度 0.2~0.3 的森林草原和疏林草地划归林地。生态建设的荒山造林项目,扩大到像内蒙古鄂托克旗、四子王旗等一批传统纯牧区的年降水量小于 300 mm 的典型草原和荒漠草原上，违反自然规律，通过植树或播种灌木，将草原改变为林地。

北方干旱区的旱作耕地，特别是半农半牧区近期垦殖的耕地，绝大多数源自草地开垦。在实施退耕还林还草工程中、还林项目可获 8 年的粮食和生活补贴，还草（地）项目只能获 2 年的粮食和生活补贴。因此，几乎所有的退耕地都采取还林模式，不还草（地）。其结果导致了草地—耕地—林地的转化，最终使原来的天然草地转化为林地。在实施的生态建设工程中，全国的疏林草地特别是南方的疏林草地，普遍采用植树造林或种果树，其结果导致草地直接向林地的转化。

南方草地种果树、油茶、油桐、用于生产纸浆的速生桉树等，变成林地或园地。

(3) 拦截草地水资源，草地干旱缺水，植被枯萎，沦为裸地或沙地。超强度开发干旱草原区内陆河水资源，在塔里木河、黑河、石羊河等河流上游拦截水资源、修水库蓄水，用于农业灌溉。导致中、下游断流，盆地草地失去原来内陆河水或洪水的漫灌机会，河流两侧草地全年得不到河水滋润，而失去生机、枯死、消亡。对比 1995 年和 2000 年的 TM 卫片，可以清楚地发现，南疆昆仑山北侧内陆河下游山前平原，1995 年存在的大批小块的荒漠草地和低地盐化草甸，2000 年草地植被已消失，变成白色的盐碱地或裸地。过量抽取地下水，使干旱草原区地下水位低于草地植物赖以生存的临界水位，造成绿洲边缘草地植被大面积枯死，盆地中的荒漠草地植被消失[20]。

(4) 草地持续超载过牧、退化严重，失去利用价值。据统计，自 20 世纪 80 年代以来至 2002 年，草原牧区人口、草地承载的牲畜头数大幅增加，草地持续严重超过牧，得不到休养生息，产草量逐年下降，草地植被覆盖度日渐降低，最终植被消失，成为裸地。在青藏高原东部，如青海省的果洛州、玉树州，四川省甘孜州，草地超载过牧，导致大面积高原草甸植被死亡，成为黑土滩。

草地持续超载引起可食牧草逐渐减少，最终消失，不可食草和毒草逐渐取代牧草成为优势种和主要成分，草地失去利用价值。云南、四川一些草地近年来受恶性不可食草紫茎泽兰(*Eupatorium adenophorum*)侵入，迅速扩展，逐步取代了原来的草地牧草，草地失去利用价值。

(5) 滥挖、滥割、鼠虫害等破坏草原。20 世纪 80～90 年代每年有上百万各类流动人员进入草地，滥挖、滥割草地药用植物和经济植物，破坏草地植被。目前滥搂发菜的行为虽被禁止，但滥挖甘草、贝母、冬虫夏草、滥割麻黄草等破坏草原植被的行为还在继续[21]。牧民砍挖草地灌木为薪柴，邻近草原区的农民、其他进入草原从事经济活动的民工，大量樵采草原灌木、半灌木，破坏草原植被。

我国草地鼠虫害每年发生面积约 2 000 万 hm^2，能坚持进行草地灭鼠治虫的面积每年约为 350 万 hm^2，只相当于草地鼠虫害发生面积的 10%～20%。严重的鼠害草地，鼠洞密布，失去利用价值。严重的虫害草地，如北方草原蝗虫，青藏高原东部的草原毛虫，能将草地牧草啃食殆尽，使草地失去利用价值。

(6) 在草地上开矿、淘金、挖泥炭，开挖草原植被不回填。青海西部草原被数万淘金者挖得千疮百孔。非规划内的道路建设侵占草原不断发生，有些城市和部门，直接从草地上挖草皮移铺到城市或工矿区，做园林绿化。

(7) 经济开发、工矿建设、牧民定居点扩展、道路与生态建设工程等占用草地，机关、厂矿、企业、旅游部门，采用各种形式侵占属于牧民的草原，兴建副食品生产基地、旅游度假村、跑马场等草原娱乐设施，改变草地利用性质。

(8) 黄土高原草地因严重水土流失而成为不能利用的沟壑，草地被风沙淹埋，成浮沙地。

以上各种原因造成的草地面积减少每年约为 150 万 hm^2。

2. 畜牧业经营性草地面积减小

(1)随着经济发展，生态环境保护力度加大，按《全国生态建设规划》要求，到 2050 年我国草地自然保护区的面积将由目前的 207.7 万 hm^2 增加到可利用草地面积的 8%，即 2 647.9 万 hm^2。保护区内近 1 300 万 hm^2 的草地，将成为非经营性草地。

(2) 至 2030 年，青藏高原东部海拔 4 500 m 以上、西部海拔 4 800 m 以上生存条件极其严酷的 2 000 万 hm^2 草地，将逐步放弃畜牧业经营，转变为生态环保型草地。目前，全国植被覆盖度<10%的 1 333.33 万 hm^2(2 亿亩)荒漠草地和沙地草地也将不再利用。全国合计大约有 3 333.33 万 hm^2(5 亿亩)草地将不再为畜牧业经营利用。

3. 草地面积增加预测

(1) 按全国草地生态建设规划要求，北方和西部草原区开垦的耕地将有约 666.7 万 hm^2，要退耕还草。其中长江、黄河上中游的青海、四川、云南、贵州、重庆、湖北、甘肃、宁夏、内蒙古、陕西、山西、河南 12 省区以及河北省坝上张家口、承德地区以粮代赈，中央财政补贴款支持的退耕还草，恢复草地植被 333.33 万 hm^2。内蒙古自治区到 2010 年退耕还草 133.33 万 hm^2，其中仅乌兰察布盟为 26.67 万 hm^2。黑龙江、吉林、新疆等其他省区为 200 万 hm^2。2010—2020 年被垦草地余下的 50%将退耕，恢复草地植被，其中内蒙古自治区，黑龙江、吉林、甘肃、青海、四川各 66.7 万 hm^2，计 333.33 万 hm^2，新疆 100 万 hm^2，其余省区合计 100 万 hm^2。

(2) 利用撂荒地、轮闲地、其他旱作耕地、沙地、失去植被的其他土地，发展人工草地。至 2010 年规划发展 1 333.33 万 hm^2，至 2030 年达到 3 333.33 万 hm^2，占当时草地面积的 12%。

(3) 缺水草地，原始森林线以上因缺乏牧道的人、畜难以进入的高寒草地，人、畜难以进入的沼泽草地等难利用草地全国为 1 956.78 万 hm^2，占全国草地的 5.57%。至 2015 年开发其中的 10%，则可增加可利用草地面积 200 万 hm^2。

(4) 我国海岸带新增滩涂盐生草甸，黄河出海口滩涂每年向外扩张约 1 000 m，江苏省海岸带每年要向外扩张、增加 667 hm^2 海滩盐生草地。内陆湖泊干涸、地下水位下降，致使原来的盐碱地转化为草地[22]。

(5) 南方及东部山区仍有零星的森林、次生林、灌木林被砍伐而次生为草地，其面积每年大致为 20 万～40 万 hm^2。

(6) 公路、铁路两旁的护坡草地，大江大河、大干渠两侧的护岸、护堤草地，每年要增加数万 hm^2。

以上各种因素引起草地面积的增加每年为 130 万～135 万 hm^2。

4. 草地面积变化的总趋势

以上预测的草地面积增加与草地面积减少，相互抵消，我国每年将净减少 65 万～70 万 hm^2 草地。到 2015 年中国生产经营性草地面积将大约减少到 30 000 万 hm^2，至 2030 年中国的生产经营性草地面积维持在 27 000 万 hm^2 左右。

11.2.5 中国天然草地产草量的变化

1982—1987 年全国草地野外实地调查，获得的中国各类天然草地平均产草量如表 11.2.2 所示。由于持续超载过牧，过度利用，致使草地退化、生产力下降，至 2000 年，北方和西部草地产草量已下降 30%～40%。其中下降最明显的是温性荒漠类与温性草原类；高寒草地产草量下降 20%～30%；北方暖温带次生灌草丛和沼泽草地，产草量略有下降；南方次生草地产草量变化不大。2003 年以后，由于采取禁放、休牧、轮牧措施、进行草地水利建设、补播牧草、加大治虫灭鼠力度、加大牲畜出栏、实施适度减牧措施，草地退化逐步得到一定程度遏制，草地产草量开始回升。综合 2010 年前两年农业部草原监理中心和各地草原站的产草量监测结果，至 2010 年，暖性灌草丛、热性灌草丛、温性荒漠和沼泽草地的产草量，基本恢复到 20 世纪 80 年代中期水平，但重点利用的其他类型草地，仍未恢复到 20 世纪 80 年代中期的产草量水平。详见表 11.2.2。

表 11.2.2 中国草地产草量的变化趋势* kg/hm²

草地类型	20 世纪 80 年代中期	2000 年	2010 年
温性荒漠	262	183	240
温性草原	936	562	800
低地及山地草甸	1 689	1 182	1 300
高寒荒漠	117	117	120
高寒草原	262	210	230
高寒草甸	882	617	820
暖性灌草丛	1 706	1 689	1 700
热性灌草丛	2 313	2 313	2 300
沼泽	2 183	2 074	2 100
全国草地平均	911	683	850

* 本表的产草量重指含水量 15%～17%的自然烘干干草重。

11.3 国家级草地资源监测类型布局

国家级草地监测，包括草地资源监测和草地生态环境监测，其监测对象在草地类型特征、草地利用与保护、草地生态环境变化方面应具有典型性和代表性，选择具有代表性的草地区域及典型的草地类型，开展草地资源面积、生产力、载畜能力、生态功能、自然灾害的系统监测，进行草畜平衡评估及草原保护建设工程效益分析，可以提高监测数据的科学性和准确性。需要依据全国草地资源与生态监测工作的要求和《全国草原资源与生态监测技术规程(试行)》，选择国家级草地资源监测类型、部署监测点。

11.3.1 国家级草地资源监测点的选择与布局原则

按下述要求原则，选择监测区域和拟监测的草地类型。

11.3.1.1 资源优势原则

(1) 对发展国家草地畜牧业有重要价值的草地类型，或具有其他重要经济利用价值的草地类型，如生产甘草、麻黄等药用植物的草地，生产纸浆的芦苇、五节芒等高禾草草地。优先选择资源意义举足轻重的草地进行监测。

(2) 我国特有的草地类型，或在世界草地中具有特殊地位的草地类型，如羊草草地、穗序野古草草地等。

(3) 具有典型的草地资源类型特征，地带性明显或隐域性特征明显的草地类型。同等条件的水平地带性草地和山地垂直带草地，优先选择水平地带性草地，如相同类型的平原荒漠草原与山地荒漠草原，优先选择平原荒漠草原进行监测。同等条件的隐域性草地，优先选择隐域性特征(如积水、土壤质地、土壤盐分、河漫滩等因素)代表性最典型的草地。

(4) 就全国草地而言，分布面积大且集中分布区域宽、在 1∶100 万比例尺草地资源图上能准确定位的草地类型。

11.3.1.2 生态环境敏感性原则

(1) 选择生态系统比较脆弱、对生态环境变化反应敏感、易受破坏的草地。

(2) 选择对周围生态环境影响较大的草原类型区布设监测点，如江河源头区低湿地草地、干旱区草地、风沙源区的沙化或潜在沙化草地、水土流失区草地、盐渍化危害区域以及生物多样性受到威胁区域的草地。

(3) 在同类草地中，选择利用耐受力、生态耐受力相对较差，在退化系列中排序靠前的草地类型，如在温性草原类中宜选择对放牧利用反应敏感的禾草草原，避免选择处在禾草草原退化演替之后的蒿类草原或杂类草草原。

11.3.1.3 草地经济利用原则

(1) 选择人们经常利用的草地进行监测，优先监测利用频繁、耐牧性差、容易退化的草地，如永久性割草地、高质量的永久放牧草地、适口性好的优良草地。

(2) 重点监测具有多宜性、易改变利用方向的草地。分布于农区、半农半牧区和林牧交错区的草地，水热条件较好，宜草、宜林、宜农，易被开垦为农田，或易被种植果树、经济林而改变其牧草地利用性质的草地，需要进行重点监测。

(3) 纯自然因素引起草地资源与生态环境变化的草地不予监测。目前尚未利用、缺乏交通条件或远离交通线、交通不便或仅偶尔作为临时放牧场的草地不设监测点；无人区草地不设监测点；靠近国境线的草地不设监测点；小的海岛、湖心岛、江心洲草地不设监测点。

11.3.1.4 监测点均匀布局原则

(1) 全国各省、市、自治区均应设监测点；

(2) 全国 11 片重点牧区草地，每片至少设 1～2 个监测点；

(3) 各种主要地貌类型草地，如平原、丘陵、山地(含低山、中山、亚高山、高山)、高原、沿海滩地、湖滨等地形的草地，均应有代表性监测点。监测点尽可能均匀布局。

11.3.1.5 **监测基础优先原则**

(1) 具有草地资源与生态环境监测基础、有草地监测历史资料的区域,优先布设监测点。

(2) 在各级草地自然保护区,以草地为依托建立的国家级湿地保护区,草食野生动物保护区优先布设监测点,以便共享各种自然保护区的相关监测资料。

(3) 监测点尽量靠近水文站、气象站、治沙站、草原生态实验站布设,以利获取各种水文站、气象站、治沙站、草原生态实验站相关观测资料,用做草地资源和草地生态监测参考。

11.3.1.6 **交通与地理位置优越原则**

监测点应布置于未受人们严重经济活动干扰的区域。在此前提条件下,尽量选择近居民点、交通便利的区域设点。相同条件下,选择人们科学意识较强、人力资源丰富、文化素质较高的地域设点。

11.3.2 中国草地资源类型监测点布局依据

11.3.2.1 **需要监测的中国草地资源类型的区域分布**

20世纪80年代全国首次统一草地资源调查,采用发生学分类,无论是地带性草地类型还是隐域性草地类型,都有比较严格的分布地域,其调查结果,是全国各地唯一具有可比性的草地资源与生态环境本底数据。下述中国草地类型的分布格局,包括分布面积、分布区域和具代表性的优势种[23],可供用做选择草地资源与生态环境监测点时参考。

(1) 温性草甸草原类分布于森林向草原过渡的过渡地区,即大兴安岭东麓的低山丘陵,岭西的高平原,向南延伸到冀北山地、黄土高原东南部;此外,干旱区山地草原带的上侧亦有草甸草原的分布。其中分布于平原丘陵的草甸草原,占该类草地总面积的41.91%,以羊草、贝加尔针茅、线叶菊等为优势种;分布于山地的草甸草原,占该类草地总面积的56.75%,以羊茅、早熟禾、披针叶苔草(*Carex lanceolata*)等为优势种;分布于沙地草甸草原,仅占该类地总面积的1.35%。

(2) 温性草原类分布于呼伦贝尔高平原西部至锡林郭勒高平原的大部分地区,向南至西辽河平原,冀北丘陵与晋陕黄土丘陵一带;在干旱区海拔较高的山地,如贺兰山、龙首山、祁连山、天山、阿尔泰、昆仑山等山地,温性草原呈现垂直带分布;西藏雅鲁藏布江中游河谷两侧山地和藏南盆地也有分布。分布于平原丘陵的温性草原,以大针茅、长芒草等为优势种,草地地带性特征明显,面积最大,占55.56%;分布于山地的温性草原,以克氏针茅、糙隐子草等为优势种,占总面积的25.0%;沙地温性草原以冰草、沙蒿等为优势种,面积占19.7%,其中科尔沁沙地草原面积最大。

(3) 温性荒漠草原类分布于温带典型草原的西侧,从内蒙古高平原苏尼特右旗东经108°向西南,呈东北—西南走向,至宁夏北部、甘肃黄土高原石质低山丘陵,往西进入新疆全境,构成荒漠区各山地的山地垂直带谱的主要类型之一。

分布于平原、丘陵的温性荒漠草原亚类,占该类草地总面积的51.06%,系温性荒漠草原类的主体,以克列门茨针茅、短花针茅、无芒隐子草(*Cleistogenes songarica*)为优势种;分布于山地的温性荒漠草原,占该类草地总面积的37.28%,以沙生针茅、戈壁针茅、镰芒针茅(*Stipa caucasica*)、绢蒿为优势种;分布于沙地的温性荒漠草原,占该类草地总面积的11.66%,以甘草、沙鞭、油蒿为优势种。

(4) 高寒草甸草原类是高山(高原)亚寒带、寒带、半湿润、半干旱地区的地带性草地,主要分布于西藏自治区、甘肃省和青海省,在西藏境内青藏公路线东侧、冈底斯山与念青唐古拉山的南坡和甘肃省祁连山呈带状分布。西藏的高寒草甸草原类面积占全国该类草地面积的81.36%,其次是甘肃省,占18.06%。常占据海拔4 000～4 500 m的高原面、宽谷、河流高阶地、冰渍台地、湖盆外缘及山体中上部等地形部位。以丝颖针茅、穗状寒生羊茅(*Festuca ouina* subsp. *sphagnicola*)、寡穗茅(*Littledalea prezeuaskyi*)等为优势种。

(5) 高寒(典型)草原类是高山(高原)亚寒带、寒带干旱地区的地带性草地,分布于青藏高原的中西部,即羌塘高原、青南高原西部、藏南高原。此外,在新疆干旱荒漠区各大山地的垂直带上也有少量分布,分布海拔3 000～4 500 m。主要类型分别以紫花针茅、青藏苔草、固沙草、藏白蒿(*Artemisia younghusbandii*)等为优势种,其中藏沙蒿(*Artemisia wellbyi*)高寒草原为青藏高原特有类型。西藏的高寒草原类面积占全国该类草地面积的71.74%,其次是青海省和新疆自治区,分别占13.98%和9.28%。

(6) 高寒荒漠草原类分布于我国西藏自治区阿里地区东南部、日喀则地区和那曲地区西部,在海拔4 400～5 000 m的高原面、湖盆外缘、洪积扇、宽谷、古冰渍台地呈水平地带性分布,在阿里温性荒漠区山地呈垂直带分布。以沙生针茅、紫花针茅、青藏苔草、垫状驼绒藜为优势种。

(7) 温性草原化荒漠类处于温带草原向西至温带荒漠的过渡地带,分布于内蒙古乌兰察布高平原西部至阿拉善高平原东部、鄂尔多斯高平原西北部、贺兰山以西至祁连山以北的河西走廊一带,再向西至新疆的准噶尔盆地北部、天山南坡、昆仑山北坡,此外,西藏阿里地区狮泉河河谷有小面积分布。内蒙古自治区境内分布面积最大,占全国该类草地总面积的50.16%,新疆维吾尔自治区占38.84%,其余分布在宁夏、甘肃和西藏。红砂、禾草型是温性草原化荒漠类草地的典型代表,分布范围较广,占温性草原化荒漠类可利用面积的17.7%;珍珠猪毛菜、禾草型是草原化荒漠类又一基本类型,占温性草原化荒漠类可利用面积的13.98%;驼绒藜、沙生针茅型为面积第三大的典型类型,占该类可利用面积的10.92%;此外,还有以新疆绢蒿(*Seriphidium kaschgaricum*)、合头藜(*Cympegma regelii*)等为优势种的类型。

(8) 温性荒漠类草地分布在我国西北部强干旱区。从内蒙古自治区的乌兰察布高原西部向西,经宁夏、甘肃、青海的柴达木盆地至新疆维吾尔自治区全境,呈地带性分布。主要分布于新疆准噶尔盆地和塔里木盆地,天山南北坡的部分山前低山区和昆仑山北坡的低山带;其次为内蒙古阿拉善高原、青海柴达木盆地、甘肃河西走廊西端;西藏阿里地区的狮泉河与象泉河流域、班公湖一带,也有小面积分布。新疆和内蒙古分布面积最大,分别占有温性荒漠类草地面积的47%和37.6%。按土壤基质的不同,分为土质荒漠、沙质荒漠和盐土荒漠3个亚类。以土质荒漠为主,占温性荒漠类草地面积的82.2%,沙质荒漠和盐土荒漠分别占14.5%和3.3%。土质荒漠的优质种为红砂、驼绒藜、珍珠猪毛菜、绵刺、合头藜等,沙质荒漠的优质种以梭梭、白梭梭、沙拐枣(*Calligonum mongolicum*)、白沙蒿(*Artemisia sphaerocephala*)为主,它们的分布面积分别占沙质荒漠面积的10%、26%、8.9%和3.6%,盐土荒漠的优质种以多枝柽柳(*Tamarix ramosissima*)、盐穗木(*Halostachys caspica*)、盐节木(*Halocnemum strobilaceum*)、盐爪爪等为主。

(9) 高寒荒漠类草地发育于寒冷和极端干旱的高原或高山亚寒带区域,是世界上分布海拔最高、最干旱、草群极为稀疏、低矮的草地类型。分布于我国西部西藏自治区海拔4 600～

5 400 m的羌塘高原和可可西里高原湖盆区，新疆维吾尔自治区昆仑山、帕米尔高原、喀喇昆仑山海拔4 500 m以上的宽谷和缓坡。

高寒荒漠类草地地处高海拔偏远地区，交通不便，绝大部分位居无人区，缺乏人畜饮水，使用价值低。因此，目前大部分不能利用或暂未利用，不宜设监测点。

(10) 暖性草丛类草地广泛生长发育于我国暖温带东部湿润、半湿润地区和南方亚热带山地的山地暖温带，从南到北大约跨越10个纬度带。包括辽宁省南部、河北省坝下以南地区、北京市、天津带、山西省恒山至兴县一线以南、山东省全部、河南省大部、陕西省黄土高原南部及秦岭北坡、甘肃省东南部、江苏省苏北平原、安徽省的淮北平原和亚热带山地的山地暖温带，如云贵高原、四川盆周山地、湘西与鄂西山地的中山带。山西省的暖性草丛类草地面积最大，占本类草地可利用面积的27.16%，其次是河北省，再次是河南、云南和辽宁三省，分别占该类草地面积的11.21%、11.12%和10.78%。

白羊草暖性草丛、黄背草暖性草丛和白健杆草丛草地最具代表性，分布面积最宽，主要优势牧草有白羊草、黄背草、野古草、穗序野古草、白健秆、结缕草、铁杆蒿(*Artemisia gmelinii*)、中亚白草(*Pennisetum centrasiaticum*)等。

(11) 暖性灌草丛类草地的地理分布与暖性草丛类草地大致相同，分布地区主要有两大片，一为暖温带东部地区，从南到北横跨10个纬度带，即北纬31°～42°，二是亚热带山地的山地暖温带中山带，包括云贵高原和西藏东南部。主要灌木有荆条(*Vitex negundo* var. *heterophlla*)、酸枣(*Zizyphus jujuba*)、黄刺玫(*Rosa xanthina*)、沙棘、虎榛子、胡枝子(*Lespedeza bicolor*)、栎等，华北湿润区多为荆条；西部黄土高原半湿润区多为酸枣；晋中、冀北山地和太行山多为沙棘、虎榛子。草本植物优势种与暖性草丛类基本相同。河北省的暖性灌草丛类草地面积占本类草地面积的17.62%，其次是四川省、云南省和山西省，分别拥有本类草地面积的13.83%、13.0%和12.85%。

(12) 热性草丛类草地地处热带和亚热带，分布于秦巴山地—淮河一线以南，青藏高原以东的低山丘陵区，分布上限可达中山带，分布海拔高度自东向西逐步抬高，至最西端可达2 000～2 800 m。多分布于人类活动比较频繁的居民点附近，或连续砍伐、烧荒的山地。不同气候带热性草丛草地的主要代表性优势种：北亚热带为白茅，中亚热带为金茅、刺芒野古草，南亚热带为青香茅、纤毛鸭嘴草、蜈蚣草，热带为五节芒。热带草地含有地毯草(*Axonopus compressus*)等特有牧草种质资源。以云南省拥有该类草地的面积最大，占该类草地面积的36.69%，其次是广西壮族自治区、江西省和四川省，分别占有该类草地面积的20.11%、11.16%和7.97%。

(13) 热性灌草丛类草地是在热带和亚热带地区湿热气候条件下，形成的次生草地类型。分布地理区域与热性草丛类草地大致相同，但分布的地段位置，一般远离居民点，多位居交通不便的山地丘陵地区。热性灌草丛类草地的种类组成较热性草丛类草地复杂，种类成分较多。常见的灌木种类有桃金娘(*Rhodomyrtus tomentosa*)、杜鹃、算盘子(*Glochidion puberum*)、火棘、金缨子(*Rosa laeuigata*)、金丝桃(*Hypeticum chinense*)等。草本层牧草比热性草丛类高大，但种类成分差别不大。此外，有些草地还有一定数量的马尾松、青冈栎等乔木。以四川省(含重庆市)热性灌草丛类草地面积最大，占全国该类草地面积的25.01%，其次是广西壮族自治区、云南省和江西省，分别拥有该类草地面积的17.49%、15.01%和12.32%。

(14) 干热稀树灌草丛类草地大部分分布在我国西南低纬度地区的干热河谷底部，金沙江中游河谷、元江中下游河谷受焚风强烈影响的地段,海南岛西北部海滨地带有小面积分布。常见的乔木有木棉(*Gossampinus malabarica*)、厚皮树(*Lannea coromandelica*)、云南松(*Pinus yunnanensis*)等,常见的常绿灌木有虾子花(*Woodfordia fruticosa*)、余甘子(*Phyllanthus emblica*)、坡柳(*Dodoneae uiscosa*)等。常见的优势草种有扭黄茅(*Heteropogon contortus*)、华三芒(*Aristida chinensis*)、双花草(*Dichanthium annulatum*)等。干热稀树灌草丛类草地面积很小,仅占全国草地面积的0.22%。其中以云南省面积最大,占该类草地面积的91.5%,其次是四川省和海南省,分别占7.6%和0.9%。

(15) 低地草甸类草地是在土壤湿润或地下水丰富的生境条件下,形成的一种隐域性草地类型,分为如下4种亚类。

①低湿地草甸分布于地表径流汇集的低洼地、水泛地、河漫滩、湖泊周围,全国各省市区都有分布,其中内蒙古的分布面积占该亚类总面积的60%,其次为新疆和辽宁。草地群落组成比较丰富,全国各种类型低湿地草甸的优势植物多达几十种,如拂子茅(*Calamagrostis epigejos*)、芦苇、野古草、狗牙根、结缕草等。

②低地盐化草甸分布于干旱、半干旱草原区与荒漠区,地形低洼平缓,地下水位高,土壤为含有可溶性盐分的盐化草甸土或草甸盐土。新疆和内蒙古分布面积占全国该亚类草地总面积的51.43%和30.76%。主要优势种有芦苇、芨芨草、赖草(*Leymus secalinus*)、獐茅(*Aeluropus littoralis* var. *sinensis*)、小獐茅(*Aeluropus pungens*)、碱茅、星星草(*Puccinellia tenuiflora*)等。

③滩涂盐生草甸分布于东部沿海岸线的滨海滩涂,土壤含盐量0.5%~1%的地段,主要优势种有獐茅属、结缕草属、大米草等,土壤含盐量高于1%的地段,生长碱蓬属等嗜盐一年生草本植物。山东、江苏、上海、河北的滩涂盐生草甸的面积分别占该亚类草地面积的38.37%、22.11%、10.11%和9.83%。

④低地沼泽化草甸在地势低洼、排水不畅、地下水位较高,有临时或季节性积水的地段。土壤为沼泽化草甸土、潜育化草甸土或泥炭草甸土,草地以喜湿的苔草属,如灰脉苔草(*Carex appendiculata*)、灰化苔草(*Carex cinerascens*)、瘤囊苔草(*Carex schmidtii*)、乌拉苔草(*Carex meyeriana*)和芦苇、小叶章、大叶章等高大禾草为优势种。黑龙江和内蒙古的分布面积占该亚类草地面积的64.51%和21.63%,集中分布于黑龙江三江源地区,应设监测点。

(16) 温性山地草甸类发育于降水充沛的温带山地,分布于东北、华北的中低山,西北各大型山地和青藏高原东部的中山及亚高山带,亚热带的高中山山地亦有分布。组成山地草甸草地的牧草种类极为丰富,全国山地草甸优势种多达数十种,每平方米植物种类多在20~30种左右。

①中、低山山地草甸分布于中山和低山带,分布面积占温性山地草甸类草地面积的42%。分布范围宽,除海南、广东、福建、江西、广西、上海、浙江外,全国其余省市区均有分布,以新疆、内蒙古、吉林3省区面积最大,分别占该亚类总面积的31.5%、20.2%和11.4%。主要植物有野古草、穗序野古草、无芒雀麦(*Bromus inermis*)、鸭茅(*Dactylis glomerata*)等。

②亚高山草甸是山地草甸类的主要组成部分,占温性山地草甸类草地总面积的58%。分布在我国各大山地的亚高山带,森林线附近,如甘肃祁连山和甘南州山地、新疆天山和阿尔泰山、青海东南部山地、云南迪庆州山地和西藏东部昌都、林芝地区的山地。以甘肃、四川、西藏3省区分布面积最大,分别占该亚类总面积的39.8%、29.2%和12.6%。优势种不明显,主要

优势种植物有：垂穗披碱草(*Elymus nutans*)、羊茅、紫羊茅、野青茅、四川嵩草(*Kobresia setchwanensis*)、草地早熟禾(*Poa pratensis*)、天山羽衣草(*Alchemilla tiaschanica*)等。

(17) 高寒草甸类草地发育于高原(或高山)亚寒带和寒带的寒冷、湿润区域，集中分布在我国青藏高原的东部、帕米尔高原以及天山、阿尔泰山、祁连山等高大山地的高山带。分布面积以西藏自治区最大，其次是青海省，分别占高寒草甸类面积的39.77%和36.42%。

分为典型高寒草甸、沼泽化高寒草甸和盐化高寒草甸3种亚类，分别占高寒草甸类草地面积的85.8%、13%和1.2%。主要优势植物如下：①典型高寒草甸有高山嵩草、矮生嵩草、线叶嵩草、黑褐苔草、紫羊茅、高山早熟禾(*Poa alpina*)、圆穗蓼、珠芽蓼等；②盐化高寒草甸主要有裸花碱茅(*Puccinellia nudiflora*)、三角草(*Trikeraia hookeri*)等；③沼泽化高寒草甸主要有藏北嵩草、西藏嵩草、甘肃嵩草(*Kobresia kansuensis*)、华扁穗草(*Blysmus sinocompressus*)等。

(18) 沼泽类草地是在地表终年积水或季节性积水的条件下形成的一种隐域性的草地类型。沼泽类草地的形成和发育，不受地带性气候限制，主要受地表积水和地下水的影响。土壤为泥炭沼泽土、盐化沼泽土和沼泽土，土壤上层积水，土壤剖面大多有泥炭、草根层积累，土壤下层潜育化现象较为明显。沼泽类草地的饲用植物组成比较简单，种类较贫乏，多由大型禾草、莎草类及高大杂类草组成，主要优势种为芦苇、苔草属(*Carex*)、藨草属、灯心草(*Juncus effusus*)、水麦冬、蓼属等。沼泽类草地分布面积较大的为黑龙江省、内蒙古自治区和四川省三省区，其面积分别占全国沼泽类草地面积的39.83%、28.57%和15.01%。

11.3.2.2 **需要监测的各省(市、自治区)草地资源的区域**

(1) 黑龙江省。黑龙江省主要有四个草地区域需要监测：①东部是我国沼泽草地和低地沼泽化草地、低湿地草甸的主要分布区，三江平原区草地是主要开垦对象；②大兴安岭完达山，小兴安岭以野古草为代表的山地草甸在全国有代表性，也是主要开垦对象；③西部松嫩草原的羊草草甸草原；④松嫩沼泽化草甸，在全国有代表性。

(2) 吉林省。①西部松嫩草原是我国羊草草甸草原的核心分布区，是主要开垦对象；②西部低湿地草甸和低地盐化草甸在我国东部有代表性；③东部小兴安岭山地草甸、山地疏林草甸有重要意义。

(3) 辽宁省。①中西部温性草甸草原；②东部为山地草甸和林缘的森林草原；③辽东半岛和锦州以南的暖温带次生草地，是我国暖性草丛和暖性灌草丛分布的北界；④沿辽东湾、辽河口海岸带滩涂盐化草地需布设监测点。

(4) 内蒙古自治区。①内蒙古自治区自东至西分布有我国完整的水平地带性温带草原类型，呼伦贝尔盟分布有我国最典型的温性草甸草原，锡林郭勒盟有我国最典型的大针茅温性草原，乌兰察布盟、鄂尔多斯高原是最典型的温性荒漠草原，巴盟是典型的温性草原化荒漠，阿拉善盟有典型的温性荒漠，均可设监测点。②锡盟乌拉盖地区的低地草甸，呼盟东部的草甸草原为主要开垦区，应设点监测；③赤峰市的沙地温性草原，乌盟、阿盟的沙化草地以及环京津地区的浑善达克沙地、毛乌素沙地、库布齐沙地、科尔沁沙地等沙化草地及沙质草地，需要布设监测点。

(5) 宁夏回族自治区。①宁夏草地主要有两种类型在全国有代表意义，一为温性短花针茅平原荒漠草原；二为暖温性长芒草草原，二者也是主要开垦对象。②宁夏盛产甘草和发菜的荒漠草原破坏严重，需要设点监测。

(6) 甘肃省。甘肃省位于内蒙古高原、黄土高原、青藏高原的交汇处，东南部为北亚热带，最西部为极干旱荒漠，气候类型、草地类型复杂多样。甘肃的草地由5部分组成：①东部为黄土丘陵克氏针茅温性草原；②东南部甘南州为以亚高山草甸为主的青藏高原湿润草地；③河西走廊是温性草原化荒漠的主要分布区，最西部为温性荒漠；④河西走廊南面是祁连山山地草地；⑤陇南地区属北亚热带次生草地，上述 5 种草地类型均应分别设点监测。

(7) 新疆维吾尔自治区。①新疆位于干旱荒漠区，地带性草地为温带荒漠。其中，北疆为温性荒漠，南疆为暖温性荒漠，荒漠向山地延伸，出现草原化荒漠。②新疆的山地草地比地带性荒漠草地更重要，山地草地从山麓带向上依次为温性荒漠草原—温性草原—温性草甸草原（或山地草甸）—高寒草原（或高寒草甸）。③以山地草甸为主形成伊犁草原和阿尔泰草原两个重点牧区草原片，且是新疆主要的草原开垦区。因此，新疆的草原监测点，除平原荒漠外，主要应设在天山、阿尔泰山、准噶尔界山、昆仑山等山地。主要选择以温性草地为监测重点，高寒草地是新疆重要的夏季放牧场，也应该设点监测。

(8) 青海省。青海省草地可区分为 3 部分，主体分布于青藏高原。①环青海湖草地、祁连山南坡、玉树州，果洛州草地属于青藏高原草地，是青海省草地的主体分布区，主要草地为高寒草甸和亚高山草甸。玉树州西部是长江、黄河、澜沧江的源头，属于高寒草原。②青海省东部是黄土丘陵，为温性草原和荒漠草原分布区。③格尔木盆地属于中亚荒漠，是温带荒漠，应从上述草地中选择代表性强的地区设监测点。

(9) 陕西省。陕西省的草地由 3 部分组成。北部，长城以北为暖温性草原；中部为黄土丘陵沟壑区，属于暖温带次生草地；陕南属于北亚热带热性次生草地。以陕北草原为主，并在暖性灌草丛和次生热性灌草丛类型的草地上分别设点监测。

(10) 山西省。山西省北部为长芒草暖温性草原，中南部为华北暖温带次生草地，其中白羊草暖性草丛是全国分布面积最大、最典型的暖温带次生草地。此外，在五台山、吕梁山北段有大面积的山地草甸分布，按照上述草地区域差异设置监测点。

(11) 河北省。河北省草地由 3 部分组成：①北部承德、张家口坝上地区属于蒙古高原地带性暖温性草原，是河北省草地的主体；②西部太行山区和华北平原区，为华北暖温带次生草地，其中以荆条为主的白羊草和黄背草灌草丛，在全国有代表性；③东部沿海地区海岸带有滩涂盐化草甸。应按上述 3 种区域草地，布设监测点。

(12) 天津市、北京市。以暖温带次生草地为主选择监测点。

(13) 河南省。河南省中北部主要是暖温带次生草地；伏牛山—淮河一线以南的信阳地区和南阳地区，为北亚热带次生草地；黄河故道是沙地草地。按上述 3 种草地区设置监测点。

(14) 山东省。山东的草地以暖性次生草地为主，其中结缕草草地是我国重要的草坪草采种草地。山东半岛沿海还有大面积的海涂盐化草甸，黄河入海口三角洲滩涂草甸每年向外扩展，目前虽利用轻微，但生态监测意义大。

(15) 四川省。四川省草地由青藏高原的甘孜、阿坝两个重点牧区片草地和盆周山地草地组成。①阿坝州、甘孜州草地位于青藏高原东部，在青藏高原中海拔高度相对较低，其亚高山草甸和高寒草甸是我国同类草地中产草量最高的草地；②若尔盖草地是世界上面积最大的高寒沼泽；③凉山州的山地草甸和暖性次生草地，其分布面积、产草量、利用程度在南方草地中占有重要地位；④四川盆周山地为中亚热带和北亚热带次生草地，分布面积在 260 万 hm^2 以上。上述 4 种草地区域均应布点监测。

(16) 重庆市。草地面积不小，但类型较简单，主要属于热性次生草地，需要设点监测。局部地段的高海拔山地有小面暖温性次生草地。

(17) 西藏。西藏草地可分为3种类型分布区：①西藏高原分布高寒草地系列，从东至西为高寒草甸—高寒草甸草原—高寒草原—高寒荒漠草原—高寒荒漠替代分布，丝颖针茅高寒草甸草原、紫花针茅高寒草原、沙生针茅高寒荒漠草原分布面积广，在全国有代表性，应设点监测；沼泽化高寒草甸是西藏最重要的冬春放牧草场或可培育为割草场，对沼泽化草甸的监测可以反映青藏高原气候干旱的变化，应设点监测。②沿雅鲁藏布江分布温带草地系列，从东往西为温性山地草甸—温性山地草原—温性山地荒漠草原—高寒荒漠草原替代分布。其中藏布三芒草温性草原为西藏特有。③藏北无人区、藏西北高寒荒漠区和交通极不方便的喜马拉雅山南坡草地，暂不宜设地面监测点。

(18) 云南省。云南省草地的组成比较复杂：①西北部是横断山区，属青藏高原草地，主要是高寒草甸；②金沙江、元江河谷分布有热带稀树灌草丛，是我国南亚热带、干热河谷、燥红土上的特殊草地类型；③云南是云贵高原的主体，分布有白健杆、旱茅等为优势种的我国特有的次生草地和穗序野古草山地草甸；④西双版纳为热带次生草地；⑤紫茎泽兰害草对云南草地侵害严重，扩展迅速。以上5种草地区域类型，需要分别设点监测。

(19) 贵州省。贵州省草地由两种类型组成，一为云贵高原和中山带以上的山地暖温带次生草地，其中白健杆和穗序野古草草地为云贵高原特有，需要监测。其次为南亚热带和中亚热带热性次生草地，有监测意义。

(20) 安徽省。境内之淮河为地带性暖性次生草地和热性次生草地的分界线，淮北为暖性次生草地，皖南为热性次生草地，有监测意义。长江沿岸的低地草甸和黄山的山地草甸也有监测意义，但草地面积较小，可暂不设监测点。

(21) 湖北省。①湖北省草地的主体为鄂西热性次生草地，面积最大，应有监测点；②神农架等鄂西山地有面积较大的山地草甸需要监测，其中房县野青茅为我国特有种；③湖北境内河流两侧、湖盆边缘的低地草甸，能反映湖北省河湖的变迁，需要监测。

(22) 湖南省。湖南省的主体草地为热性次生草地，分布面积最大，开发利用潜力大，应设热性草丛与热性灌草丛的监测点；洞庭湖湖滨低地草甸反映围湖造田和淤积状况，应予监测。

(23) 江西省。热性次生草地为江西省的主体草地，分布面积大，易变化，有监测意义。此外，鄱阳湖周边低湿地草甸是国家重要湿地保护区，又能反映围湖造田和河流泥沙淤积状况，近两年由于长江水位低，鄱阳湖湖水大量流入长江，鄱阳湖周边形成了大片“草原”，需要监测。

(24) 福建省。热性次生草地分布面积最大，武夷山海拔1 200 m以上的沼原草是南方草地的特殊类型，有监测意义。沿海和海岛的滩涂盐生草甸，有监测意义。

(25) 浙江省。热性次生草地是浙江省草地的主体，需要监测。此外，沿海及海岛沿岸有盐生滩涂草甸，湖滨有低湿地草地，但面积较小可暂不设监测点。

(26) 江苏省。江苏的草地由3部分组成：①苏北为纬度地带性暖性次生草地分布南界；②苏南为热性次生草地，北亚热带草地分布北界；③第三部分是沿东海海岸带分布的我国面积最大的泥滩滩涂草地，每年不断向外扩展，需要监测。

(27) 上海市。崇明岛周围大面积的芦苇沼泽草甸有监测意义。

(28) 广西壮族自治区。我国南亚热带次生草地的主要分布区，其中反映南亚热带特点的青香茅，纤毛鸭嘴草热性次生草地，需要监测。北部湾海岸带草地和区内低湿地草甸，面积小，可暂不设点监测。

(29) 广东省。广东省以南亚热带热性次生草地为主，反映南亚热带特点的蜈蚣草草地，有监测意义。沿海滩涂和沿雷州半岛的沿海沼泽，有监测意义，但面积小，暂不设点监测。

（30）海南省。海南省以热带次生草地为主，含地毯草等热带特有牧草的草地需要监测。此外，西北海岸带旱季较干燥，分布有我国第二片热带稀树灌草丛草地，在文昌县有我国面积最大的热带沼泽草地，有监测意义。

11.3.3 国家级监测的重点草地类型及其地理位置

依据中国草地资源类型的区域分布和全国各省（自治区、直辖市）草地资源的区域分布，在全国布局了115个监测点，供用做国家级草地资源类型的监测，详见表11.3.1。

表11.3.1 国家应重点监测的草地类型及地理位置

序号	在1∶100万中国草地资源图中所属的草地类型名称及编号			所属省（自治区、直辖市）	所属县、市	监测点参考地理坐标	
	类	亚类	型			纬度	经度
1	温性草甸草原类	Ⅰ平原丘陵亚类	3羊草、杂类草	黑龙江	杜尔伯特	N46°55′	E124°50′
2	低地草甸类	Ⅳ低地沼泽化亚类	620小叶章、苔草	黑龙江	依兰	N46°22′	E130°0′
3	低地草甸类	Ⅳ低地沼泽化亚类	618小叶章	黑龙江	同江	N47°52′	E133°55′
4	山地草甸类	Ⅰ山地草甸亚类	649野古草	黑龙江	宁安	N44°10′	E129°28′
5	沼泽类		803芦苇	黑龙江	富锦	N46°50′	E132°15′
6	低地草甸类	Ⅰ低湿地草甸亚类	564拂子茅	吉林	榆树市	N44°50′	E126°55′
7	温性草甸草原类	Ⅰ平原丘陵亚类	3羊草、杂类草	吉林	洮南市	N45°13′	E123°56′
8	低地草甸类	Ⅱ低地盐化草甸亚类	590羊草、碱茅	吉林	乾安	N45°13′	E123°56′
9	山地草甸类	Ⅰ山地草甸亚类	675胡枝子、杂类草	吉林	汪清	N43°30′	E129°45′
10	低地草甸类	Ⅲ滩涂盐生草甸亚类	615獐茅、杂类草	辽宁	锦县	N40°58′	E121°28′
11	山地草甸类	Ⅰ山地草甸亚类	639荻	辽宁	新宾	N41°45′	E124°58′

续表 11.3.1

序号	在 1：100 万中国草地资源图中所属的草地类型名称及编号			所属省（自治区、直辖市）	所属县、市	监测点参考地理坐标	
	类	亚类	型			纬度	经度
12	温性草甸草原类	Ⅰ平原丘陵亚类	3 羊草、杂类草	辽宁	康平	N42°46′	E123°17′
13	暖性草丛类		352 黄背草、白羊草	辽宁	阜新	N41°57′	E121°15′
14	温性草甸草原类	Ⅰ平原丘陵亚类	2 羊草、贝加尔针茅	内蒙古	陈巴尔虎旗	N49°28′	E119°49′
15	低地草甸类	Ⅱ低地盐化草甸亚类	586 芨芨草	内蒙古	东乌珠穆沁旗	N45°36′	E117°48′
16	温性草原类	Ⅲ沙地亚类	136 具灌木的差巴嘎蒿	内蒙古	奈曼旗	N42°58′	E120°32′
17	温性荒漠草原类	Ⅰ平原丘陵亚类	146 克列门茨针茅、冷蒿	内蒙古	四子王旗	N42°30′	E110°45′
18	温性草原化荒漠类		255 红砂、小禾草	内蒙古	乌拉特后旗	N41°32′	E107°02′
19	温性荒漠类	Ⅰ荒漠亚类	329 梭梭、白刺	内蒙古	阿拉善左旗	N41°03′	E104°48′
20	温性荒漠草原类	Ⅲ沙地亚类	193 油蒿	内蒙古	鄂托克前旗	N38°35′	E107°30′
21	温性草原类	Ⅰ平原丘陵亚类	45 大针茅	内蒙古	锡林浩特市	N43°55′	E115°30′
22	温性草原类	Ⅰ平原丘陵亚类	54 长芒草	宁夏	固原	N36°30′	E106°21′
23	荒漠草原类	Ⅰ平原丘陵亚类	150 短花针茅	宁夏	同心	N37°20′	E105°40′
24	荒漠草原类	Ⅲ沙地亚类	191 甘草、小禾草	宁夏	盐池	N37°52′	E106°58′
25	温性草原类	Ⅱ山地草原亚类	80 克氏针茅	甘肃	通渭	N35°13′	E105°20′
26	山地草甸类	Ⅱ亚高山草甸亚类	682 垂穗披碱草	甘肃	夏河	N35°12′	E102°52′
27	高寒草甸类	Ⅲ沼泽化亚类	789 西藏嵩草、甘肃嵩草	甘肃	玛曲	N33°59′	E102°21′

续表 11.3.1

序号	在 1∶100 万中国草地资源图中所属的草地类型名称及编号			所属省(自治区、直辖市)	所属县、市	监测点参考地理坐标	
	类	亚类	型			纬度	经度
28	山地草甸类	Ⅱ 亚高山亚类	697 具杜鹃的羊茅	甘肃	肃南	N38°50′	E99°16′
29	温性荒漠类	Ⅰ荒漠亚类	287 合头藜	甘肃	安西	N41°05′	E95°56′
30	温性荒漠草原类	Ⅱ 山地亚类	171 沙生针茅、半灌木	新疆	巴里坤	N43°51′	E92°30′
31	温性草原类	Ⅱ 山地亚类	106 沟叶羊茅	新疆	阿勒泰市	N47°53′	E88°00′
32	山地草甸类	Ⅰ 山地草甸亚类	650 鸭茅、杂类草	新疆	新源	N43°11′	E82°55′
33	高寒草甸类	Ⅰ 高寒草甸亚类	745 线叶嵩草、珠芽蓼	新疆	和静	N42°31′	E84°33′
34	低地草甸类	Ⅱ 低地盐化草甸亚类	583 芦苇	新疆	民丰	N37°08′	E82°43′
35	高寒草原类		209 紫花针茅	新疆	叶城	N37°00′	E77°07′
36	温性荒漠类	Ⅰ 荒漠亚类	278 博洛塔绢蒿	新疆	乌鲁木齐市	N43°48′	E89°10′
37	温性草原化荒漠类		251 白茎绢蒿、沙生针茅	新疆	布尔津	N47°39′	E86°51′
38	温性草原类	Ⅱ 山地亚类	93 青海固沙草、杂类草	青海	贵南	N35°45′	E100°33′
39	高寒草甸类	Ⅰ 高寒草甸亚类	738 矮生嵩草	青海	玉树	N33°00′	E96°43′
40	温性草原类	Ⅱ 山地亚类	77 芨芨草	青海	刚察	N37°18′	E100°13′
41	温性荒漠类	Ⅲ 沙漠亚类	330 梭梭	青海	德令哈市	N37°08′	E96°31′
42	高寒草甸类	Ⅰ 高寒草甸亚类	732 高山嵩草、异针茅	青海	曲麻莱	N34°02′	E95°46′
43	高寒草甸类	Ⅲ 沼泽化亚类	788 西藏嵩草	青海	玛多	N34°34′	E97°31′
44	温性草原类	Ⅰ 平原丘陵亚类	54 长芒草、杂类草	陕西	定边	N37°27′	E107°38′
45	温性草原类	Ⅲ 沙地亚类	138 油蒿	陕西	榆林	N38°24′	E109°37′
46	暖性灌草丛类		381 具灌木的白羊草	陕西	宜君	N35°25′	E109°23′

续表 11.3.1

序号	在1：100万中国草地资源图中所属的草地类型名称及编号			所属省（自治区、直辖市）	所属县、市	监测点参考地理坐标	
	类	亚类	型			纬度	经度
47	热性草丛类		440 白茅	陕西	山阳	N33°17′	E110°03′
48	暖性灌草丛类		379 具沙棘的白羊草	山西	五寨	N38°53′	E111°54′
49	暖性草丛类		347 白羊草	山西	沁源	N36°30′	E112°22′
50	暖性灌草丛类		381 具灌木的白羊草	山西	榆次市	N37°28′	E113°03′
51	温性草原类	Ⅱ山地亚类	86 具灌木的长芒草	山西	大同市	N40°09′	E113°12′
52	温性草甸草原类	Ⅱ山地亚类	29 线叶菊、贝加尔针茅	河北	围场	N42°16′	E117°54′
53	温性草原类	Ⅱ山地亚类	116 铁杆蒿、长芒草	河北	万全	N40°52′	E114°35′
54	低地草甸类	Ⅲ 滩涂盐生草甸亚类	611 芦苇	河北	黄骅市	N38°37′	E117°32′
55	暖性草丛类		347 白羊草	河北	涞源	N39°19′	E114°36′
56	暖性灌草丛类		384 具荆条的黄背草	河北	平山	N38°37′	E113°35′
57	暖性灌草丛类		381 具灌木的白羊草	北京	昌平	N40°22′	E116°15′
58	暖性草丛类		347 白羊草	天津	蓟县	N40°07′	E117°21′
59	暖性灌草丛类		387 具乔木的黄背草	河南	信阳	N32°04′	E114°16′
60	暖性草丛类		347 白羊草	河南	宜阳	N34°31′	E112°16′
61	低地草甸类	Ⅰ低湿地草甸亚类	572 白茅、狗牙根	河南	兰考	N34°46′	E114°53′
62	暖性草丛类		364 结缕草	山东	蒙阴	N35°36′	E117°49′
63	暖性灌草丛类		387 具乔木的黄背草	山东	泰安市	N36°19′	E117°0′
64	低地草甸类	Ⅲ 滩涂盐生草甸亚类	616 翅碱蓬	山东	昌邑	N37°05′	E119°16′

续表 11.3.1

序号	在 1∶100 万中国草地资源图中所属的草地类型名称及编号			所属省(自治区、直辖市)	所属县、市	监测点参考地理坐标	
	类	亚类	型			纬度	经度
65	暖性灌草丛类		390 具乔木的野古草	山东	文登市	N37°16′	E121°47′
66	山地草甸类	Ⅱ 亚高山草甸亚类	693 羊茅	四川	道孚	N31°02′	E101°08′
67	沼泽类		805 木里苔草	四川	若尔盖	N33°28′	E102°51′
68	高寒草甸类	Ⅰ 高寒草甸亚类	736 高山嵩草、杂类草	四川	色达	N32°34′	E100°10′
69	热性草丛类		441 白茅、芒	四川	旺苍	N32°05′	E106°29′
70	暖性灌草丛类		396 具灌木的须芒草	四川	越西	N28°35′	E102°41′
71	热性灌草丛类		512 具灌木白茅	四川	通江	N31°50′	E107°11′
72	山地草甸类	Ⅱ 亚高山草甸亚类	697 具灌木羊茅	四川	九龙	N28°56′	E101°29′
73	热性草丛类		443 白茅、细柄草	重庆市	万县	N30°48′	E108°13′
74	山地草甸类	Ⅱ 亚高山草甸亚类	712 具乔灌的矮生嵩草	西藏	江达	N31°27′	E98°12′
75	温性草原类	Ⅱ 山地草原亚类	111 藏布三芒草	西藏	桑日	N29°13′	E91°59′
76	高寒草原类		210 紫花针茅	西藏	班戈	N31°25′	E90°25′
77	高寒草甸草原类		197 丝颖针茅	西藏	昂仁	N30°13′	E86°40′
78	高寒荒漠草原类		239 沙生针茅、固沙草	西藏	日土	N33°26′	E80°02′
79	高寒草甸类	Ⅲ 沼泽化亚类	792 藏北嵩草	西藏	安多	N32°35′	E92°53′
80	山地草甸类	Ⅰ 山地草甸亚类	648 具乔木的穗序野古草	云南	彝良	N27°38′	E104°20′
81	高寒草甸类	Ⅰ 高寒草甸亚类	753 玉龙嵩草	云南	宁蒗	N27°20′	E100°41′

续表 11.3.1

序号	在1：100万中国草地资源图中所属的草地类型名称及编号			所属省（自治区、直辖市）	所属县、市	监测点参考地理坐标	
	类	亚类	型			纬度	经度
82	干热稀树灌草丛类		559 具余干子、坡柳扭黄茅	云南	元谋	N25°56′	E101°50′
83	热性灌草丛类		549 具松的棕茅	云南	禄丰	N25°15′	E102°15′
84	热性草丛类		473 红裂稃草	云南	大理	N25°49′	E100°21′
85	热性草丛类		466 纤毛鸭嘴草、画眉草	广东	廉江	N21°36′	E110°06′
86	热性灌草丛类		524 具乔木的纤毛鸭嘴草	广东	博罗	N23°11′	E114°11′
87	干热稀树灌草丛类		558 具厚皮树的扫黄茅	海南	昌江	N19°25′	E108°51′
88	沼泽类		813 具岗松的薄果草	海南	文昌	N19°54′	E110°53′
89	热性灌草丛类		552 具乔木的蜈蚣草	海南	澄迈	N19°51′	E110°11′
90	暖性草丛类		355 白健杆	贵州	六枝特区	N26°23′	E105°13′
91	山地草甸类	Ⅰ山地草甸亚类	646 穗序野古草	贵州	赫章	N27°00′	E104°52′
92	热性草丛类		444 白茅、野古草	贵州	册亨	N24°43′	E105°50′
93	热性草丛类		454 青香茅	广西	平果	N23°19′	E107°37′
94	热性草丛类		465 纤毛鸭嘴草、野古草	广西	来宾	N23°30′	E109°07′
95	热性灌草丛类		500 具马尾松的芒	广西	南丹	N25°00′	E107°26′
96	热性草丛类		430 五节芒、白茅	湖北	大冶	N30°09′	E114°47′
97	山地草甸类	Ⅰ山地草甸亚类	653 中华羊茅	湖北	房县	N31°56′	E110°22′
98	低地草甸类	Ⅰ低湿地草甸亚类	577 狗牙根	湖北	洪湖市	N29°57′	E113°33′
99	热性草丛类		434 芒、白茅	湖南	兹利	N29°26′	E111°06′

续表 11.3.1

序号	在 1∶100 万中国草地资源图中所属的草地类型名称及编号			所属省(自治区、直辖市)	所属县、市	监测点参考地理坐标	
	类	亚类	型			纬度	经度
100	热性灌草丛类		496 具胡枝子的芒	湖南	城步	N26°27′	E110°22′
101	低地草甸类	Ⅳ 低地沼泽化草甸亚类	625 灰化苔草、芦苇	湖南	岳阳市	N29°11′	E112°43′
102	低地草甸类	Ⅳ 低地沼泽化草甸亚类	629 苔草	江西	余干	N28°46′	E116°23′
103	低地草甸类	Ⅰ 低湿地草甸亚类	577 狗牙根	江西	景德镇市	N29°27′	E117°29′
104	热性草丛类		459 刺芒野古草	江西	万安	N26°36′	E114°38′
105	热性草丛类		523 纤毛鸭嘴草	福建	福清	N25°50′	E119°25′
106	暖性草丛类		359 沼原草	福建	福鼎	N27°26′	E120°02′
107	低地草甸类	Ⅲ 滩涂盐生草甸亚类	616 翅碱蓬	福建	泉州市	N24°53′	E118°47′
108	热性灌草丛类		500 具马尾松的芒	安徽	岳西	N30°45′	E116°15′
109	暖性草丛类		347 白羊草	安徽	濉溪	N33°56′	E116°53′
110	低地草甸类	Ⅲ 滩涂盐生草甸亚类	611 芦苇	上海	崇明	N31°37′	E121°42′
111	热性草丛类		451 金茅、白茅	浙江	建德	N29°26′	E119°19′
112	热性灌草丛类		492 具灌木的五节芒	浙江	淳安	N29°38′	E118°46′
113	热性草丛类		431 五节芒、野古草	浙江	新昌	N29°33′	E121°04′
114	暖性草丛类		348 白羊草、黄背草	江苏	盱眙	N32°53′	E118°26′
115	低地草甸类	Ⅲ 滩涂盐生草甸亚类	614 大穗结缕草、白茅	江苏	射阳	N33°56′	E120°25′

注:本表的监测点参考地理坐标,由江西农业大学动物科技学院欧阳克蕙副教授在《1∶100 万中国草地资源图集》上查找完成。

11.3.4 中国天然草地资源监测与保护战略

突破传统的服务于草地畜牧业的草地利用分类，划分草地功能区，将中国草地划分为生产经营型、生态环保型和自然保护区型三种利用类型。对生态环保型草地和草地自然保护区，进行科学规划与布局，实施严格保护措施。对经营性草地严格以草定畜、草畜平衡监管，实施草地改良、复壮工程，扭转目前片面追求草地畜牧业与畜产品所造成的草原生态环境被破坏的局面，走草地资源可持续发展之路。其相关的决策有：

11.3.4.1 遵照《中华人民共和国草原法》，依法对天然草地实施监测、监管、严格保护基本草原

(1) 要像保护耕地和保护天然林那样，对中国特有的草地，有重要价值的草地，施以禁牧、休牧和天然草地保护工程，实施强制性保护。严禁将水、热条件好的天然草地，归属宜农荒地或荒山造林地，改变草地的利用性质。对水、热条件好的基本草原，设置禁垦区和禁林区，采用监测技术和法规手段，阻止改变基本草原地类性质的行为。

(2) 年降水量<400 mm 无灌溉水源的干旱草原区、荒漠区、森林线以上的高寒地区，其地带性植被为天然草地。“三北”防护林中段，特别是西段，森林线以上的高寒区，为无林区。上述干旱区、荒漠区和高寒区的生态环境建设，宜采用保护、封育、复壮措施，恢复原来天然草地植被。防止强行在草原上植树，将草原改变为有林地的做法，或通过在草原上播种灌木的做法，将多年生草本草地变成利用率很低的灌木林地。

(3) 监测绿洲草地的消长、实现绿洲农业的有序发展。绿洲农业的发展规模以水为度。需要权衡绿洲农业、绿洲生态和草地畜牧业的用水量，合理分配水资源，维持绿洲农业适度规模，限制绿洲农业的无序发展。若无可靠新水源保障，扩张、发展新的绿洲农业区，必定引发部分旧的绿洲萎缩甚至消亡；过度发展内陆河上游绿洲农业，必然要以牺牲中下游天然植被和农田为代价，上中游绿洲农业的无序扩张，终将导致下游的天然草地和农田成为新的荒漠或沙漠。

11.3.4.2 监测草地畜牧业经营状况[24]

(1) 监测草地承载利用、草畜平衡状况，逐步消除草地超载过牧。

(2) 监测草地征用、草地建设与旅游活动、改变草地经营性质的事件及对草地的危害。

11.3.4.3 监测草地生态状况

(1) 对涵养水源、防止水土流失、防止荒漠化起重要生态屏障作用的草地的利用，应坚持“生态优先、保护优先”原则，严禁过度利用，每年实时监测。草地有价，对侵占草地、破坏草地植被的任何单位和个人追究经济赔偿。

(2) 对草地珍稀野生动植物、草地生物多样性实行监测；对草地鼠虫害、外来有害植物的侵入实施监测[24]。

(3) 尽快建立草地生态补偿机制。对因恢复草地生态功能，牧民承包经营的草地遭受禁牧、休牧、减畜损失，牧民搬迁、撤离原承包经营草地的损失，由国家实施生态补偿。

11.3.4.4 恢复草地生态功能

(1) 年降水量<100 mm 无灌溉水源的干旱荒漠草地和海拔高度>4 700 m 的高寒草地，如西藏羌塘高原无人区边缘的双湖办事、部分阿里和那曲地区西部的草地和青海可可西里保

护区草地，不适宜人们居住。有计划地将不适合人们居住区的牧民和牲畜，外迁至低海拔区或水热条件较好的地区，逐步将上述自然条件严酷、生态环境脆弱的草地留给野生动物栖息、繁衍。减少上述区域的经济活动，对全国而言，其经济损失微不足道，换来的却是无价的生态效益。

（2）调整长城一线以北雨养农业区的产业结构，逐步压缩目前半农半牧区中的雨养农业的规模，恢复以草地畜牧业为主的经营模式。将半农半牧区的分布北界向南移，逐步封闭缺乏灌溉能力、产量低下的耕地、轮闲地，同时施以补播、种草，恢复多年生地带性草地植被，恢复草地生态系统功能。

11.3.4.5 尽快开展全国草地资源第二次调查，包括草地生态基况调查和草地权属调查

（1）目前，我国草地资源的面积、分布、生产力与承载状况，还是20多年前调查的结果，数据已经很陈旧。继续采用20多年前的草原资源数据，必然影响草原管理、建设决策的科学性。国家森林资源每5年调查一次，国家耕地资源每年监测一次，并发表公布。而我国草地已近30年未做调查。

（2）我国土地荒漠化、诱发沙尘暴的沙尘源面积的扩大、大江大河源头区水源涵养能力减弱等生态环境变化，主要发生于天然草原，我国草原半壁江山的生态屏障作用正在逐步减弱。我国草原的生态基况从未做过专项调查。这种状况必将影响草原生态保护与生态建设决策的科学性。

（3）开展草原权属调查，清理各种部门包括政府部门、企业、非农牧民的个体者，采用各种形式占用的公有草原。还草原于牧民，扩大草原牧民的生存空间。

参考文献

[1] 陈佐忠．略论草地长期动态监测与我国草地动态监网的建立．中国草地，1999，5：68-71.

[2] 中国科学院遥感应用研究所．空间遥感图像的分析应用．北京：国防工业出版社，1985：154-155.

[3] 陈建华，魏百刚，苏大学．农牧交错带可持续发展战略与对策．北京：化学工业出版社环境科学与工程出版中心，2004：68-70.

[4] 苏大学．澳大利亚新南威尔士州的草地及管理．国外畜牧学—草原与牧草．1987(5)：51-56.

[5] 杨智，杨季，刘帅，陶伟国．澳大利亚草原监测工作概述．草业科学，2010，27(11)：166.

[6] 国务院关于开展第二次全国土地调查的通知．光明日报，2007-6-22.

[7] 中华人民共和国农业部．全国生态环境建设规划(农业专题)//刘江．全国生态环境建设规划．北京：中华工商联合出版社，1999：154-177.

[8] Su Daxue . Methods of raising the production level of grasslands in the High-frigid pastoral areas International Center for Integrated Mountain Development (ICIMOD), Kathmandu . Nepol Sep, 1990 : 7.

[9] 王国杰，汪诗平．羊草草原植被监测方法的比较研究. 草地学报，2003，11(4)：283-288.

[10] 内蒙古锡林郭勒盟草原工作站．锡林郭勒盟草地资源．内蒙古自治区内新图准字(88)

第 6 号,1988:332.
[11] 中国呼伦贝尔草地编委会．中国呼伦贝尔草地．长春:吉林科学技术出版社,1992:345-346.
[12] 李晓敏,冬花．天然草地定点对比调查报告．草业科学,2004,21(7):6-10.
[13] 韩天虎,孙斌,张贞明,冯今．甘肃草原资源与生态监测预警体系建设思考．草原与草坪,2009 2:73-76.
[14] 新疆维吾尔自治区畜牧厅．新疆草地资源及其利用．乌鲁木齐:新疆科技卫生出版社,1993:4.
[15] 中科学院青藏高原综合科学考察队．西藏草原．北京:科学出版社,1992.
[16] Su Daxue . The Use of Remote Sensing for the Study of Monitoring Rangeland and Its Environment in China//Proceedings of the 1999 International on Environmental Monitoring in East Asia. Kanazawa,Japan:60-66.
[17] 白锋哲．我国草原监理体系取得进展．草业科学,2006,23(8),49.
[18] 苏大学．我国草地资源快速消失与保护对策．中国草学会六届二次会议暨国际学术研讨会论文集,2004,草业科学增刊:29.
[19] 赵松乔．察北、察盟及锡盟一个农牧过渡地区经济地理调查．地理学报,1953,19(1),43-60.
[20] 王根绪,程国栋．中国西北干旱区水资源利用及其生态环境问题．自然资源学报,1999,14(2),109-116.
[21] 苏大学．天然草原在防治黄河上中游流域水土流失与土地荒漠化中的作用与地位．草地学报,2000,8(2),77-81.
[22] 米雪晶,贡璐,韩春鲜．新疆奇台县草地资源 30 年变化研究．草原与草坪,2008,6:19-22.
[23] 中华人民共和国农业部畜牧兽医司等．中国草地资源．北京:中国科学技术出版社,1996:175-32.
[24] 杜青林．中国草业可持续发展战略．北京:中国农业出版社,2006:378.

第 12 章

草地资源学科技名词*

12.1 草地资源学概论

1. 草地 rangeland

是一种土地类型，是草本和木本饲用植物与其着生的土地构成的具有多种功能的自然综合体。

2. 草原 steppe

草原是温带和热带干旱区中的一种特定的自然地理景观，是以多年生旱生草本植物为主组成的一种植被类型。

3. 草场 grassland

生长草本和木本饲用植物，主要用作畜牧业生产资料的土地。草场与为畜牧业利用的草地为同义词。

4. 原生草地 primary rangeland

在一定的空间、固有的无机和生物环境因素下生成的草地。

5. 次生草地 secondary rangeland

原有的自然或人工植被包括草地植被遭受破坏消失后或人为清除后，经自然恢复演替重新生成的以草本植物为主的草地。

6. 永久性草地 permanent grassland

牧草连续维持 5 年以上的多年生人工草地或天然草地。

7. 短期草地 temporary grassland

牧草连续维持不足 5 年的一年生或多年生人工草地，或短期用作临时放牧的天然草地。

---

* 中国农业大学草业科学系胡兴宗教授审查了草地资源学科技名词，并修改了少量条目的英文名称。

8. 宜牧土地资源 land resource for livestock use

适宜经营畜牧业的土地资源，包括天然草地、改良草地、人工草地和不宜种植农作物但适宜种植人工饲草料的饲料地。

9. 天然牧草地 natural grassland

按《土地利用现状分类》国家标准划分的天然牧草地，指以天然草本植物为主，用于放牧或割草的草地。

10. 改良草地 improved grassland

在不完全破坏原有天然草地植被的前提下，对草地施以划破草皮、施肥、灌水、补播牧草、除莠等一种或多种提高草地生产力的农业技术措施进行改良的天然草地。

11. 人工草地 artificial grassland

通过耕翻、完全破坏、清除原有天然植被后，人为播种、栽培建植的以草本植物为主体的人工植被及其生长的土地，包含人工栽植主要供饲用的郁闭度<0.4 的人工疏灌丛群落或郁闭度<0.2 的疏林群落及其生长的土地。

12. 基本草原 basic rangeland

中华人民共和国草原法第四十二条规定，下述草原划定为基本草原进行保护：①重要放牧场；②割草地；③用于畜牧业生产的人工草地、退耕还草地以及改良草地、草种基地；④对调节气候、涵养水源、保持水土、防风固沙具有特殊作用的草原；⑤作为国家重点保护野生动植物生存环境的草原；⑥草原科研、教学试验基地；⑦国务院规定应当划为基本草原的其他草原。

13. 其他草地 rangeland except natural and artificial grassland

按《土地利用现状分类》国家标准划分的其他草地，指树木郁闭度<0.1，表层为土质，生长草本植物为主，不用于畜牧业的草地。

14. 草地资源 rangeland resources

具有数量、质量、空间结构特征，有一定分布面积，有生产能力和多种功能的草地，主要用作畜牧业生产资料。它的土地、生物、水、光、热、景观等可以为人类福利提供物质、能量和环境。

15. 草地资源学 rangeland resource science

研究草地资源的形成、演变与数量、质量特征、空间结构、开发利用、保护与管理及其与人类社会、自然环境和经济发展关系的科学。

16. 草地野生动物 wildlife in rangeland

生长于天然草地的野生兽类、鸟类、爬行类、两栖类、昆虫等动物的总称。

17. 草地资源生物多样性 biodiversity of rangeland resources

草地上所有生物种类、种内遗传变异和它们生存环境的总称，包括所有不同种类的植物、动物、微生物以及它们拥有的基因，它们与生存环境组成的生态系统。

18. 草地景观资源 landscape resources of rangeland

草地的自然环境、地理要素与草地自然地带性、动植物群体等构成的自然景观，以及草地畜牧民族的民俗、风情、历史遗迹等构成的人文景观的总称。

19. 草地资源生态系统 ecosystem of rangeland resources

以草地饲用植物为主的生物群落，通过能量流动和物质循环而形成的具有一定结构和功能的自然动态体系。

20. 草地资源生态学 ecology of rangeland resources

研究草地资源发生、发展规律及其各个生态因子之间相互关系，以及草地开发利用、保护与人类经济文化活动之间相互联系的科学。

21. 草地资源功能 rangeland resource function

草地资源可供发展草地养畜、草产品生产和狩猎业，其自然和人文景观可供游憩和科学考察，以及涵养水源、保持水土、防沙、固沙、绿化美化环境等生态功能。

22. 草地资源承载力 supporting capacity of rangeland

一个国家或地区的草地资源，在维持其可持续发展的前提下，所能承养的最多牲畜数量。

23. 草地人口承载力 population carrying capacity of grassland

在一定时期内和一定投入条件下，草地资源生产能力所能承载某种生活水准的限量人口数。

24. 草地碳循环 carbon cycle on rangeland

草地植物通过光合作用固定空气中的碳，草地土壤呼吸作用消耗碳，二者构成天然草地生态系统的碳循环。

25. 草地生态系统服务功能 ecosystem services of rangeland

草地生态系统不仅为人类提供食物、药物及工农业生产原料，还是支撑与维持地球生命的支持系统，维持生命的物质循环与水循环，维持生物物种与遗传多样性、净化环境、维持大气化学平衡与稳定。

26. 草地水源涵养 conserve water in rangeland

草地土壤及草根层对降水的渗透和贮蓄作用；草层或草根层对地表蒸发的分散、阻滞、过滤作用；保护积雪、延缓积雪消融、调节雪水地表径流的作用。

27. 草地游憩 rangeland recreation

在草地上进行的观光浏览、科学考察、探险、度假休闲、旅游，包括野营、野餐、骑乘、狩猎、爬山、漂流、探险、滑雪等休闲旅游活动。

28. 附属草地 supplementary grassland

又称“补充草地”。按照《土地利用现状分类》国家标准划分的土地利用类型中，划归草地范畴以外的其他可供放牧或割草用以饲养牲畜的土地。如南方耕地中＞1.0 m 的田坎草地、北方耕地中＞2.0 m 的地坎草地、归属水域的芦苇沼泽草地。

29. 临时放牧地 temporary grassland for grazing

按照《土地利用现状分类》国家标准划分的其他土地中，生长稀疏植被或垫状植被的沙地、盐碱地、荒漠和高山冻土带，只能在某些时期用做临时补充放牧的土地。

30. 地带性草地 zonal rangeland

主要受地带性气候和植被影响而形成的具有显著自然气候地带性特征的天然草地。又称水平地带性草地或显域性草地。

31. 非地带性草地 azonal rangeland

受地表水与潜水、地形、土壤、土壤盐分、地表组成物质等生态环境因素制约而形成的不具备显著气候地带性特征的天然草地。又称隐域性草地。

32. 山地垂直带草地 vertical-belt distribution of rangeland

随着山地海拔高度的升高，在不同的海拔高度地段，更替着与山地海拔高度水、热条件、坡向、坡度相适应的各种类型的草地。

12.2 草地牧草资源

1. 草地植物资源 rangeland plant resources

草地中蕴藏有生产价值、可以为人类经营利用、具有多种功能的植物群体。草地资源植物的属性、数量、质量、分布与利用特征决定了草地的性质、用途和经济价值。

2. 草地饲用植物资源 forage plant resources of rangeland

草地中可供家畜放牧采食或人工收割后用于饲喂家畜的各种植物组成的群体。

3. 草地野生经济植物资源 economic plant resources of natural rangeland

天然草地中可用作工业原料或可直接利用产生经济价值的各种经济用途的植物群体。

4. 草地植物种质资源 germplasm resources of rangeland plant

天然草地中具有传递给后代的遗传物质与遗传功能，通过驯化、培育，可将其有用的经济形状导入人工栽培种的植物个体或群体。

5. 草地药用植物资源 medicinal plant resources of grassland

生长于天然草地，可以用于治疗、预防人、畜疾病的植物群体总称。

6. 草坪植物 turf plant

指天然草地中生长低矮、匍匐于地面、再生力强、耐践踏、适于建植草坪的多年生草本植物，多为密丛性禾草。

7. 栽培牧草资源 tame forage resources for cultivation

人工栽培的可供饲喂家畜的各种草类和饲用灌木群体。

8. 草地植物经济类群 economic groups of rangeland plants

从经济利用角度特别是从饲用价值出发划分的具有大致相似利用价值的草地植物类群，通常亦反映这些类群具有相似的经济特性及其内在的生态学与生物学特性。

9. 优质牧草 excellent forages

各种家畜首先从草群中择食；营养价值高，于物质中粗蛋白质含量＞10％，粗纤维含量＜30％；草质柔软，耐牧性好，冷季保存率高的牧草。

10. 良质牧草 good forages

各种家畜喜食，但不挑食；干物质中粗蛋白质含量大于8％，粗纤维含量小于35％；耐牧性好，冷季保存率高的牧草。

11. 中质牧草 fair forages

各种家畜均采食，但喜食程度不及优质和良质牧草，枯黄后草质迅速变粗硬或青绿期有异味；干物质中粗蛋白质含量＜10％，粗纤维含量＞30％；耐牧性良好的牧草。

12. 低质牧草 inferior forages

大多数家畜不愿采食，仅耐粗饲的骆驼或山羊喜食，或草群中优良牧草已被采食完后才采食；干物质中粗蛋白质含量＜8％，粗纤维含量＞35％；耐牧性较差，冷季保存率低的牧草。

13. 劣质牧草 poor forages

家畜不愿采食或很少采食，或只在饥饿程度很重的情况下采食，或某些季节有轻微毒害作用，仅在一定季节少量采食；耐牧性较差，营养物质含量与中、低质牧草无明显差异的牧草。

14. 一年生牧草 annual forage

在一年内完成整个生活史的牧草。

15. 两年生牧草 biennial forage

生命周期为两年的牧草。通常第一年为营养生长，第二年开花结实。

16. 多年生牧草 perennial forage

生命周期在3年以上的牧草。

17. 草地有毒植物 poisonous plant

草地中含有生物碱、配糖体、挥发油、有机酸等有损家畜健康的有害化学物质的植物，家畜误食后能引起生理异常、直接或间接致使家畜生病、甚至死亡。

18. 草地有害植物 harmful plant

草地中能致使放牧牲畜产生物理性损伤，或采食后会导致畜产品品质下降的植物。

19. C_3 植物 C_3 plant

光合作用时利用磷酸戊糖途径固定二氧化碳的植物。

20. C_4 植物 C_4 plant

光合作用时利用二羟酸途径固定二氧化碳的植物。

21. 干草 hay

含水量在17%以下的牧草通称。中华人民共和国农业部颁布的农业行业干草标准规定，干草的含水量为14%。

22. 天然草地标准干草 standard hay of grassland

盛草期收割、含水量14%、以禾本科牧草为主的温性草原草地或山地草甸草地类型的草地干草。

23. 人工草地标准干草 standard hay of artificial grassland

在孕穗期至抽穗期收割的人工草地禾本科牧草和初花期收割的豆科牧草，经风干（或烘干）至含水量14%，叶子保持完好、没有霉斑、没有病害、不含杂物的干草。

24. 牧草适口性 forage palatability

家畜对所采食的牧草或牧草某一部分表现的喜食程度。

25. 牧草营养价值 nutritive value of forage

牧草为动物提供营养物质的能力。

12.3 草地资源类型

1. 草地类型 rangeland type

在一定的时间、空间范围内，具有相同自然和经济特征的草地单元。它是对草地中不同生境的饲用植物群体，以及这些群体的不同组合的高度抽象和概括。

2. 中国草地分类系统 rangeland classification system of china

20世纪80年代全国首次统一草地资源调查，采用发生学—植被分类法，按类、亚类、组、型4个分类级，将覆盖全中国的天然草地划分为18个类21个亚类128个组813个型的中国第一个完整的草地分类系统。

3. 温性草甸草原草地 temperate meadow-steppe type rangeland

发育于温带，湿润度(伊万诺夫湿润度，下同)0.6～1.0，年降水量400～500 mm的半湿润地区，由多年生中旱生草本植物为主，并有较多旱中生植物参与组成的草地类型。

4. 温性草原草地 temperate steppe type rangeland

发育于温带，湿润度0.3～0.6，年降水量250～400 mm的半干旱地区，由多年生旱生草本植物为主组成的草地类型。

5. 温性荒漠草原草地 temperate desert-steppe type rangeland

发育于温带，湿润度0.13～0.3，年降水量150～250 mm的干旱地区，由多年生旱生丛生小禾草草原成分为主，并有一定数量旱生和强旱生小半灌木、半灌木荒漠成分参与组成的草地类型。

6. 高寒草甸草原草地 alpine meadow-steppe type rangeland

发育于高山(或高原)亚寒带、寒带，湿润度0.6～1.0，年降水量300～400 mm的寒冷半湿润地区，由耐寒的多年生旱中生或中旱生草本植物为主组成的草地类型。

7. 高寒(典型)草原草地 alpine typical steppe type rangeland

发育于高山(或高原)亚寒带、寒带，湿润度0.3～0.6，年降水量200～350 mm的寒冷半干旱地区，由耐寒的多年生、旱生丛生禾草或旱生半灌木为优势种组成的草地类型。

8. 高寒荒漠草原草地 alpine desert-steppe type rangeland

发育于高山(或高原)亚寒带和寒带，湿润度0.13～0.3，年降水量100～200 mm的寒冷干旱地区，由强旱生、丛生小禾草为主，并有强旱生小半灌木参与组成的草地类型。

9. 高寒荒漠草地 alpine desert type rangeland

发育于高山(或高原)亚寒带、寒带，湿润度<0.13，年降水量<100 mm的寒冷极干旱地区，由极稀疏低矮的超旱生垫状半灌木、垫状或莲座状草本植物组成的草地类型。

10. 温性草原化荒漠草地 temperate steppe-desert type rangeland

发育于温带，湿润度0.10～0.13，年降水量100～150 mm的强干旱地区，由强旱生半灌木和灌木荒漠成分为主，又有一定旱生草本或半灌木草原成分参与组成的草地类型。

11. 温性荒漠草地 temperate desert type rangeland

发育于温带，湿润度<0.1，年降水量<100 mm的极干旱地区，由超旱生灌木和半灌木为优势种，一年生植物较发育的草地类型。

12. 暖性草丛草地 warm-temperate tussock type rangeland

发育于暖温带(或山地暖温带)，湿润度>1.0，年降水量>550 mm的森林区，森林破坏后，由次生喜暖的多年生中生或旱中生草本植物为优势种，其间散生有少量阳性乔、灌木，植被基本稳定的草地类型，其乔、灌木郁闭度之和<0.1。

13. 暖性灌草丛草地 warm-temperate shrub tussock type rangeland

发育于暖温带(或山地暖温带)，湿润度>1.0，年降水量>550 mm的森林区，森林破坏后以次生喜暖的多年生中生或旱中生草本为主，和一定数量灌木组成的草地类型，植被相对稳定，其间可散生个别乔木，树木郁闭度<0.1，且乔木、灌木郁闭度之和<0.4。

14. 暖性稀树灌草丛草地 warm-temperate open woodland type

发育于暖温带或山地暖温带，湿润度>1.0，年降水量>550 mm的森林区，森林破坏后，由次生喜暖多年生中生或旱中生草本植物为主，和一定数量的乔木成分组成的草地类型，植被不够稳定，树木郁闭度 0.1～0.2，乔、灌木郁闭度之和<0.4。

15. 热性草丛草地 tropical tussock type rangeland

发育于亚热带，热带，湿润度>1.0，年降水量大于 700 mm 的森林区，森林破坏后由次生热性多年生中生或旱中生草本植物为优势种，其间散生少量阳性乔、灌木，植被基本稳定的草地类型，其乔、灌木郁闭度之和小于 0.1。

16. 热性灌草丛草地 tropical shrub tussock type rangeland

发育于亚热带和热带，湿润度>1.0，年降水量>700 mm 的森林区，森林破坏后由次生热性多年生中生或旱中生草本为主，和一定数量灌木组成的草地类型，植被相对稳定，其间可散生个别乔木，树木郁闭度<0.1，且乔、灌木郁闭度之和<0.4。

17. 热性稀树灌草丛 tropical open woodland type

发育于亚热带、热带，湿润度>1.0，年降水量>700 mm 的森林区，森林破坏后，由次生热性多年生中生或旱中生草本植物为主，和一定数量乔木成分组成的草地类型，植被不够稳定，树木郁闭度 0.1～0.2，且乔、灌木郁闭度之和<0.4。

18. 干热稀树灌草丛草地 arid-tropical shrub tussock scattered with trees type rangeland

发育于干燥的热带和极端干热的亚热带河谷底部，年降水量>700 mm，雨季湿润度>1.0，旱季少雨、干燥，森林破坏后次生为旱中生、多年生草本植物为优势种，其间散生少量阳性乔木和灌木，其乔、灌木郁闭度之和<0.4，植被很稳定的草地类型。

19. 低地草甸草地 lowland meadow type rangeland

发育于温带、亚热带、热带的河漫滩、海岸滩涂、湖盆边缘、丘间低地、谷地、冲积扇扇缘等地形部位，地下水位<0.5 m，排水不良或有短期积水，主要受地表径流或地下水影响而形成的隐域性草地，以多年生湿中生或中生草本为优势种组成的草地类型。

20. 温性森林草原草地 temperate forest-steppe type rangeland

发育于温带或山地温带，湿润度>0.6～1.0，年降水量>400～500 mm 的半湿润区、湿润区，处于温性草原或山地草甸向森林过渡的过渡带，有树木景观，树木郁闭度<0.2，由多年生中旱生、中生草本植物为主组成的草地类型。

21. 温性山地草甸草地 temperate meadow type of mountain rangeland

发育于山地温带，湿润度>1.0，年降水量>500 mm 之森林区域的林间、林缘或山地草原垂直带之上，或森林植被破坏后次生的以多年生中生草本植物为优势种组成的草地类型。

22. 高寒草甸草地 alpine meadow type rangeland

发育于高山（或高原）亚寒带、寒带，湿润度>1.0，年降水量>400 mm 的寒冷湿润地区，由耐寒、多年生中生草本植物为优势种，或有中生高寒灌丛参与组成的草地类型。

23. 沼泽草地 marsh type rangeland

发育于排水不良的平原洼地、山间谷地、河流源头、湖泊边缘等地形部位，在季节性积水或常年积水的条件下，形成以多年生湿生或沼生植物为优势种的隐域性草地类型。

24. 高禾草草地 tall grass rangeland

以茎秆高大粗硬的禾草为优势种组成的草层高>80 cm 的草地，多利用牧草的叶片。

25. 中禾草草地 medium grass rangeland

以禾本科牧草为优势种组成的草层高为 30～80 cm 的草地，可供割晒干草。

26. 矮禾草草地 short grass rangeland

以禾本科牧草为优势种组成的草层高<30 cm 的草地，属放牧型草地。

27. 豆科草草地 legume rangeland

以豆科草本植物为优势种组成的草地。豆科牧草粗蛋白质含量一般高于其他科牧草，对家畜生长发育具有重要意义。

28. 大莎草草地 big sedge rangeland

以高大的莎草科牧草为优势种组成的草层高度>25 cm 的草地。牧草冷季保存率高，植株较高大，可供割草，是高寒地区最重要的冷季放牧草地。

29. 小莎草草地 small sedge rangeland

以矮小的莎草科牧草，主要是嵩草属或苔草属牧草为优势种组成的草层高度<25 cm 的草地。草质柔软，叶量大，营养价值高，利用率高，是高寒地区最重要的暖季放牧草地。

30. 杂类草草地 forage rangeland

除禾本科、豆科、莎草科以外的以双子叶阔叶牧草为优势种组成的草地。大多数杂类草适口性较差，枯黄后叶片易失落，冷季保存率低，畜牧业利用经济价值较低。

31. 蒿类半灌木草地 sage semi-brush rangeland

以蒿属和绢蒿属半灌木为优势种组成的草地。蒿类半灌木春夏多有异味，牲畜很少采食，秋后异味消失，籽实富含蛋白质，是绵羊、山羊秋季抓膘的重要草地。

32. 半灌木草地 semi-brush rangeland

除蒿类半灌木以外的其他半灌木为优势种组成的草地。大多出现在温性草原化荒漠类、温性荒漠类和高寒荒漠类草地中，畜牧业利用经济价值不高。

33. 灌木草地 shrub rangeland

以灌木为优势种组成的荒漠草地。只能利用灌木的叶片和嫩枝条。

34. 小乔木草地 small tree rangeland

以梭梭等小乔木为优势种组成的荒漠草地。只能利用其叶片和嫩枝条。

35. 低质草草地 low-grade rangeland

组成建群层的优势种或共优种为不可食多年生植物，其间还生长一些处于次要地位的可食牧草，畜牧业利用价值较低的草地。

36. 含毒草草地 rangeland with poisonous plants

组成建群层的优势种或共优种为毒草，毒草在草群中占主导地位，可食牧草处于从属地位，畜牧业利用价值较低的草地。

37. 草地演替类型 succession type of rangeland

受自然因素改变或人为干扰作用，原有的草地类型不适应新的环境，暂时或永久地逐步消失，代之而形成的适应新自然环境条件的新草地类型。

38. 多年生草地 perennial plant rangeland

以生长寿命 3 年以上的多年生牧草为主组成的草地。

39. 一年生草地 annual rangeland

在一年内能够完成自我繁殖过程的一年生牧草为主组成的草地。

12.4 草地资源调查、规划与评价

1. 草地资源调查 survey of rangeland resources

对草地资源的数量、质量、空间分布、环境条件和利用现状进行调查，并依据调查结论提出开发利用、保护对策的一项科学考察研究工作。

2. 大比例尺精度草地资源调查 large-scale survey of rangeland resources

对县以下行政区域和基层草地生产单位范围内的草地，进行的成图比例尺大于1∶100 000精度，调查成果服务于县以下行政和生产单位的草地生产、建设、利用、保护与规划目的的调查。

3. 中比例尺精度草地资源调查 medium-scale survey of rangeland resources

对省、市、自治区一级和地区级行政范围内的草地，进行的成图比例尺1∶100 000至1∶500 000精度，调查成果服务于省、市、自治区一级和地区级草地资源利用、保护、管理与规划目的的调查。

4. 小比例尺精度草地资源调查 small-scale survey of rangeland resources

对跨越省际的流域、行政区和全国范围的草地进行的成图比例尺小于1∶500 000比例尺精度，调查成果服务于跨省际的流域和行政区或全国草地资源利用、保护、管理与规划目的的调查。

5. 草地资源遥感调查 remote sensing for rangeland resource survey

应用航空和航天遥感信息源，结合植被、土壤、自然条件等地面资料，完成草地类型的划分、生产力测定与资源地图编制的草地资源调查。

6. 草地航空遥感调查 grassland survey by airborne remote sensing technology

应用以固定翼飞机和直升飞机等航空飞行器为平台摄制获取的地面黑白航片或彩红外航片为信息源，进行草地资源调查、制图、测定草地产草量的调查技术。

7. 草地卫星遥感调查 grassland survey by spaceborne remote sensing technology

应用以地球卫星、航天飞机等运载工具为航天遥感平台摄制获取的卫星照片、磁带、数字光盘等地面图像和数据，进行草地资源调查、制图、测定草地产草量的调查技术。

8. 草地资源常规调查 routine survey for rangeland resources

以地形图为工作底图，结合植被、土壤、自然条件等地面资料，完成草地类型的划分、生产力测定与资源地图编制的草地资源调查。

9. 草地资源详查 detailed survey of rangeland resources

对调查区域草地资源进行的全面、系统、详细的调查。

10. 草地资源概查 general survey of rangeland resources

在草地资源详查开始前，为制定详查工作计划与方案为目的而进行的对调查区域的自然条件、草地资源、社会经济概貌所做的简要调查。

11. 样条 transect guadrat

用于草地调查与监测设定的面积较大的条形样地，一般250 m×50 m或500 m×40 m，在条形样地内再布设若干群落描述、测定样方和测产样方。

12. 描述样方 descriptive quadrat

用于描述、记载草地自然条件、测定草地植被覆盖度、牧草高度等调查项目的植被群落调查样方。

13. 测产样方 yield-test quadrat

用于测定草地牧草生物学产量的调查样方。

14. 频度样方 frequency quadrat

用于测定样地范围内各种牧草和植物种出现频率的调查样方。

15. 优势种 dominant species

草地群落中作用最大的植物种，即群落中其个体数量、覆盖度、生物量等均占优势，对其他种的生存有很大影响与控制作用的植物种。其群落中有两种以上植物在群落中的优势地位不相上下时，则该两种植物为共同优势种，简称共优种。

16. 标志种 indicator species

能够反映气候或土壤生境特征，而在群落中不一定占优势的植物种称标志种或指示种。

17. 郁闭度 crown density

指树木或灌木的枝叶自然伸展的外周对地面垂直投影面积占地表面积的百分比。

18. 植物种盖度 plants cover，C

单位面积内一种植物自然伸展的外周对地面垂直投影面积占地表面积的百分比。

19. 草地高度 height of grassland，H

草地植物自然生长状况下，草群营养枝或生殖枝集中分布处，从枝条顶部至地面的自然垂直高度。

20. 密度 density，D

单位面积草地上的植物个体数，以地上茎、可以数出来的独立植株或枝条数为记量单位。

21. 频度 frequency，F

某种植物出现在调查样方中的样方数占总调查样方数的百分比。

22. 重量 weight，W

按被测草地植物剪割高度之规定剪割的样方中某种植物的现势重量。

23. 综合算术优势度 summed dominance ratio ，SDR

综合算术优势度(SDR)为判定草地植物优势地位的指标，其计算公式如下：

$$SDR_5 = \frac{C' + D' + F' + H' + W'}{5}$$

式中：

C'——某种植物的相对覆盖度值。用该种植物的投影盖度(C)绝对值(%)除以群落各种植物中最高的投影盖度绝对值的比值。

W'——某种植物的相对重量值。用该种植物齐地面剪割的地上部重量(W)绝对值(g)除以群落中各种植物地上部最重的重量绝对值的比值(本书前面的章节中，重量值用“P”和“P′”表示)。

F'——某种植物的相对频度值。用该种植物的频度(F)绝对值(%)除以群落各种植物中最高的频度绝对值的比值。

H'——某种植物的相对高度值。用该种植物的高度(H)绝对值(cm)除以群落各种植物中最高的高度绝对值的比值。

D'——某种植物的相对密度值。用该种植物的密度(D)绝对值(枝条数)除以群落各种植物中最高的密度绝对值的比值。

本“四度一量”综合算术优势度(SDR)方法,经20世纪80年代全国首次草地资源调查使用,有如下局限性:对于低矮的高寒草地,不宜用相对高度值(H');对于植被稀疏、植物分布不很均匀的荒漠和荒漠草原,不宜用相对频度(F')和相对密度值(D')。所以,可将SDR_5法(四度一量法),修改为SDR_4法、或SDR_3法、或SDR_2法。

24. 基盖度 basal cover

单位面积内,所有植物茎基部的横切面积的总和占地表面积的百分比。

25. 冠盖度 canopy cover

植物枝叶自然扩展的最外周对地面的垂直投影面积占地表面积的百分比。

26. 总覆盖度 cover

单位面积草地内所有植物自然伸展的外周对地面垂直投影面积占地表面积的百分比。

27. 草层高度 height of grassland layer

草地植物自然生长状况下,草群叶片集中分布处至地面的自然垂直高度。

28. 多度 abundance

记载面积内某种植物个体数量占总个体数比例的多少。通常用德氏多度制记载:Soc 极多,形成背景景观;cop^3很多;cop^2多;cop^1较多;sp 稀少;sol 个别;un 单株。

29. 指示植物 indicator plant

标志某类草地植被类型出现的特征种植物或标志草地出现退化、沙化、盐渍化具有指示意义的植物。

30. 叶面积指数 leaf area index

植物叶片总面积与地表面积之比。

31. 枯枝落叶层 litter

由覆盖于草地地表面的死亡植物及其不同分解程度有机物质构成的有机质层。

32. 草地地上部生物量 over-ground biomass of rangeland

从生物学角度测定的草地植物地上部光合物质的积累量。

33. 草地地下部生物量 underground biomass of rangeland

草地植物地下部根、茎的物质积累量。

34. 草地年产草量 grassland plant yield for year

单位面积草地齐地面剪割的植物(包括可食的与不可食的)地上部一年中累计生长的总重量。

35. 草地年可食草产量 grassland forage yield for year

单位面积草地齐地面剪割的可食牧草地上部一年中累计生长的重量和可饲用灌、乔木当年嫩枝叶重量的总和。

36. 草地年产草量动态 dynamic of forage yield

在一年周期内的不同时期,对设计的草地测产样地进行产草量测定获得的一组草地植物产量变化状况。

37. 草地牧草现存量 present forage yield of grassland

在一定时间内，单位面积草地上，草地植物群落存在的有饲用价值的有机物质重量。

38. 牧草再生率 re-growth rate of forage

牧草地上部生物产量达到最高时齐地面剪割后，牧草继续生长的地上部可食草产量占草地牧草最高月可食草产量的百分比。

39. 产草量年变率 annual variation rate of forage yield

多于或少于多年平均降水量年份的草地产草量与多年平均年降水量年份的草地产草量的百分比。

40. 草地牧草经济产量 utilizable yield of grassland

单位面积的草地在单位时间内生产的可供动物放牧采食或刈割的牧草重量，可用鲜草、风干干草、干物质等形式表示。

41. 草地地上部产草量 plant mass above ground

齐地面剪割的草本植物产量及木本植物当年嫩枝叶的产量，包括可食牧草(含饲用灌木及乔木嫩枝叶)产量，牲畜不食草及对牲畜有毒有害草的产量。

42. 草地立枯产草量 standing dead yield

草地地上部直立死亡的牧草和枯黄后枯萎部分尚未从活体上脱落的牧草的重量。

43. 草地凋落物量 litter

草地植物死亡或枯黄后脱落到地表面的凋落物的重量。

44. 牧草风干重 air-Dry weight

牧草自然风干，干燥程度与大气湿度相平衡的牧草重量。

45. 牧草烘干重 oven-dry weight

在烤箱中以设定的温度烘至恒温后的牧草重量。

46. 枯草保存率 remaining rate of withered herbage

秋冬季节，草地牧草枯黄后枯黄牧草重量占当年最高月产草量重的百分比。

47. 标准干草折算系数 conversion coefficient for calculation of standard grassland hay

不同地区、不同品质的草地牧草，折算成含等量营养物质的天然草地标准干草的折算比例。

48. 草地资源调查3S技术 3S technology for rangeland resource survey

应用遥感技术(RS)、地理信息系统(GIS)和全球定位系统(GPS)结合进行草地资源调查，形成多维信息获取与实时处理的技术系统。

49. 草地资源图 map of grassland resources

表现某一地域范围内草地资源数量、质量、分布、利用、保护等内容的专题地图。

50. 草地资源系列地图 serial maps of rangeland resources

根据成图目的，利用统一的信息源，按照统一的设计原则，编制的表现不同草地资源专题内容或不同时序的一组草地资源专题地图。

51. 草地资源遥感系列制图 serial mapping by remote sensing of rangeland resources

采用统一的遥感信息源和地理底图，以不同的草地资源专题内容为制图对象，编制在内容上互相协调、补充的一组草地资源地图的方法与技术。

52. 草地遥感估产 grassland yield estimation by remote sensing technology

应用多时相各种遥感信息源，组成对草地长势与产草量有一定指示意义的指数，如归一化植被指数，结合地面产草量同步调查测定，计算草地生物产量的技术方法。

53. 草地资源地理信息系统 geographical information system of rangeland resources

在计算机硬件、软件设备支持下，实现草地资源地理空间数据输入、存储、管理、检查、处理和综合分析的技术系统。

54. 草地资源数据库 rangeland resource database

按照一定的数据模式在计算机系统中组织存储和使用的互相联系的草地资源数据集合。

55. 草地等 grassland class

评定草地质量的指标。依据草地饲用植物的营养物质含量和适口性、草地的地形条件与水源条件等进行评定。

56. 草地级 grassland grade

评定草地牧草地上部生物产量的指标。用单位面积草地的年干草产量进行级别评定。

57. 草地可利用面积 available area of rangeland

扣除草地范围内的居民点、道路、水域、小块的农田、林地、裸地等非草地及不可利用草地的草地面积。

58. 草地资源营养评价 nutritive evaluation of grassland resources

对草地牧草化学营养成分含量与草地植物饲用价值进行测定、评估。

59. 草地营养物质总量 nutritional gross of rangeland

$$\text{草地营养物质总量}=\text{草地牧草含有的粗蛋白质}+\text{粗脂肪}\times 2.4+\text{粗纤维}+\text{无氮浸出物}$$

60. 草地营养比 nutritional ratio of rangeland

草地牧草含氮物质与含碳物质重量之比。

$$\text{草地营养比}=\frac{\text{无氮浸出物}+\text{粗纤维}+\text{粗脂肪}\times 2.4}{\text{粗蛋白质}}$$

61. 草地微量元素营养 nutritive of trace element in forage

指相对于常量元素而言，草地牧草中含量极少，而对草地植物、家畜生长发育又不可缺少的一些化学元素，通常指铁、铜、锌、硼、钼、碘、硫等元素。

62. 草地资源区划 grassland resource divisions

研究草地生产的地域类型及其分布规律，阐明草地生产特点在空间上的共性和差异，并根据各个地理区域的共同性和差异性制定合理开发草地资源方案的工作。

63. 草地资源调查规划学 science of surveying and planning rangeland resource

阐述认识草地资源调查、监测、评价和制定开发利用总体方案的原理与方法的科学。

12.5 草地资源的利用与经营

1. 割草地 grassland for cutting

天然草地或人工草地中，以割草利用方式，刈割牧草用于调制干草、青贮或青饲为目的的地段。

2. 割草放牧兼用草地 grassland for cutting and grazing

既用于割草又用于放牧的草地：草层高＞30 cm，总覆盖度＞50%，地表较平缓，坡度＜25°，牧草品质中等以上可供刈割作业的草地。

3. 放牧草地 grassland for grazing

用于放牧利用的草地：草层高＜30 cm 的草地；或草层高＞30 cm，但总覆盖度＜50%的草地；或草层高＞30 cm，覆盖度＞50%，但地表很不平坦，坡度＞25°，不宜刈割作业的草地；以及利用价值低不值得刈割的低质草地。

4. 临时草地 temporary grassland

通常不能利用，仅在某个时期内，阻碍草地利用的障碍因素消失后，可用于放牧或割草的草地称为临时草地。如缺水草地，雪后和雨后可利用；位居水域中的滩地、小岛、河洲草地，冬季枯水位时可以利用。

5. 缺水草地 water deficit of rangeland

在允许的最大放牧半径内，缺乏牲畜饮水水源的草地。

6. 冷季放牧草地 grazing rangeland for cold season

可在冬春冷季放牧的温性、热性草地和森林(包括高度＞60 cm 的灌木林)线以下、背风向阳、冬春积雪深度＜10～20 cm 的山地温带和寒温带草地。

7. 四季放牧草地 all-year grazing rangeland

放牧利用季节不受限制的草地，不仅在冷季可放牧利用，在其他季节也可以放牧利用，或距固定居民点半径 10 km 以内的宜于冷季放牧的草地。

8. 暖季放牧草地 grazing rangeland for warm season

夏季气候温凉，有人畜饮水水源，森林线以上可用于放牧利用的高寒草地，以及除可用做冷季放牧和四季放牧以外的其他放牧草地。

9. 育肥草地 rangeland for fattening animal

用于出售牲畜进行育肥的放牧草地。

10. 封闭草地 closed rangeland

禁止放牧和其他任何形式利用的草地。

11. 难利用草地 rangeland for difficult use

因缺水、交通不便或缺乏牧道，限于当前科技水平和资金投入水平而暂时难以利用的草地。包括：①缺乏人畜饮水的无人区草地；②分布于茂密原始森林以上，缺乏牧道，目前难以开发利用的草地；③人畜难以进入的沼泽、海涂草地和沙漠中的绿洲草地；④缺乏交通条件的湖心岛、江心岛草地及无人居住的小海岛草地；⑤交通极为不便，坡度＞35°的山地草地。

12. 禁用草地 forbidden rangeland

因各种原因被短期或长期禁止使用的草地。

13. 草地生产力 grassland productivity

单位面积的草地在生长季累计生长的牧草总收获量。

14. 草地资源开发 exploitation of grassland resources

在保持草地再生资源的可持续利用性和草地生态环境相对稳定性的前提下，利用各种技术手段，从草地资源获取经济利益的过程。

15. 草地资源合理利用 rational utilization of grassland resources

科学地利用草地的各种资源，使之能永续地、不间断地利用，提高草地资源的生产潜力。

16. 草地放牧利用 grazing use of grassland

以放牧的方式利用草地。

17. 草地合理利用率 rational use rate of rangeland

维护草地良性生态循环，在既充分合理利用又不发生草地退化的放牧(或割草)强度下，可供利用的草地牧草产量占草地牧草年产量的百分比。

18. 草地资源的动物生产 wildlife production of rangeland resources

家畜、野生动物利用草地植物生产出的肉、奶、皮张、绒毛等动物有机物以及畜力能源，是草地资源的次级生产或称第二性生产。

19. 草地资源的植物生产 plant production of rangeland resources

草地植物通过光合作用，将水和二氧化碳合成碳水化合物，生产出植物有机物质和能源，是草地资源的初级生产或称第一性生产。

20. 植被净第一性生产力 net primary productivity, NPP

指组成植被的植物每年通过光合作用所合成的有机物总量。

21. 草地初级生产 primary production of rangeland

草地生态系统中，绿色植物将太阳能转化为生物能，把无机物转化为有机物的生产。又称草地第一性生产。

22. 草地初级生产力 primary productivity of rangeland

单位面积草地在一定时期内，所生产的可食牧草的数量和营养物质总量。又称草地第一性生产力。

23. 草地次级生产 secondary production of rangeland

以植物为食料的动物所产生的可用畜产品。又称草地第二性生产。

24. 草地次级生产力 secondary productivity of rangeland

单位面积草地在一定时期内，可合理承载家畜的头数、畜产品产出的数量。又称草地第二性生产力。

25. 划区轮牧 rotational grazing

根据草地牧草的生长和家畜对饲草的需求，将草地划分为若干个小区，在一定时间内逐小区循序轮回放牧的放牧制度。

26. 草地围栏 fencing of grassland

以不同的材料和方式将草地围圈起来的用于草地保护和合理利用的技术设施。

27. 草原产权 property right of grassland

草原的所有权、使用权或派生的生产承包经营权。

28. 草地有偿家庭承包制 family contract system of public grassland

拥有草地所有权和使用权的单位，将全民所有、集体所有或集体长期固定使用的全民所有的草地，通过签订合同，规定期限和有偿费用，承包给家庭农牧户经营使用。在承包期间，承包者拥有草地管理、利用和建设的权利与义务，对外具有法人地位。

29. 放牧率 stocking rate

特定时间内，单位草地面积上实际放牧的家畜数量。

30. 放牧制度 grazing system

放牧家畜对放牧草地的利用方式、利用时间和空间的基本利用体系，可以归纳为自由放牧和划区轮牧二种放牧制度。

31. 割草地轮割制 rotational cutting system

对割草地按一定顺序逐年变换刈割时期与次数，采用刈割与休闲、轮刈，以利于牧草营养更新和种子繁殖的割草地利用方式。

32. 过度放牧 overgrazing

超出草地植物群落恢复能力导致草地退化的重度放牧。

33. 开放日期 opening date

允许放牧的开始日期。

34. 牧道 driveway

为控制牲畜行走而设定的特定通道。

35. 载畜量 carrying capacity

在一定的草地面积和一定的利用季节内，草地所承载家畜的头数和时间。

36. 合理载畜量 proper carrying capacity

在一定的草地面积和一定的时间内，以适度放牧(或割草)利用并维持草地可持续生产的原则下，满足承养家畜正常生长、繁殖、生产畜产品的需要，所能承养的最多家畜头数。又称"理论载畜量"。

37. 合理载畜量的家畜单位 animal unit of proper carrying capacity

在单位利用时间内，单位面积草地最多能承载的标准家畜头数。

38. 合理载畜量的时间单位 carrying capacity unit of grazing time

单位面积的草地可供单位标准家畜利用的时间。

39. 合理载畜量的草地面积单位 carrying capacity unit of rangeland area

在单位时间内，可供 1 头标准家畜利用的草地面积。

40. 实际载畜量 stocking carrying capacity

一定面积的草地，在一定的利用时间段内，实际承养的标准家畜头数。

41. 家畜日食量 daily intake for livestock

维持家畜的正常生长、发育、繁殖及正常地生产畜产品，每头家畜每天所需摄取的饲草量。

42. 草地家畜品种 breed of grassland

在天然草地上长期培育形成的具有相同的体形、体重、生产性能、适应性和遗传性能的某种草地家畜群体。品种的标准体重是计算草地合理载畜量的重要指标。

43. 羊单位 sheep unit

《天然草地合理载畜量的计算》标准(中华人民共和国农业行业标准)规定，1 只体重 45 kg、日消耗 1.8 kg 天然草地标准干草的成年绵羊，或与此相当的其他家畜为一个羊单位。

44. 家畜单位日 animal unit-day

1 个家畜单位 1 d 所需的干草重量。

45. 家畜单位月 animal unit-month

1 个家畜单位 1 个月(30 d)所需的干草重量。

46. 羊单位日食量 daily intake of one sheep unit

1个羊单位家畜每天需从草地摄取含水量14%的天然草地标准干草1.8 kg。

12.6 草地资源保护与管理

1. 草地退化 rangeland degradation

天然草地在干旱、风沙、水蚀、盐碱、内涝、地下水位变化等不利自然因素的影响下，或过度放牧与割草等不合理利用，或滥挖、滥割、樵采等人为活动破坏草地植被，而引起草地生态环境恶化，草地牧草生物产量降低，品质下降，草地利用性能降低，甚至失去利用价值的过程。

2. 草地沙化 rangeland sandification

指不同气候带具有沙质地表环境的草地受风蚀、水蚀、干旱、鼠虫害和人为不当经济活动等因素影响，使天然草地遭受不同程度破坏，土壤受侵蚀，土质沙化，土壤有机质含量下降，营养物质流失，草地生产力减退，致使原非沙漠地区的草地，出现以风沙活动为主要特征的类似沙漠景观的草地退化过程。

3. 草地盐渍化 rangeland salification

指干旱、亚干旱和亚湿润干旱区的河湖平原草地、内陆高原低湿地草地及沿海泥沙质海岸带草地，在受含盐(碱)地下水或海水浸渍，或受内涝，或受人为不合理的利用与灌溉影响，而致其土壤产生积盐，草地土壤的盐(碱)含量增加到足以阻碍牧草正常生长，致耐盐(碱)力弱的优良牧草减少，盐生植物比例增加，牧草生物产量降低，草地利用性能降低，盐(碱)斑面积扩大的草地土壤次生盐渍化的过程。

4. 草地荒漠化 desertification of grassland

在气候变异等自然因素和人类活动因素影响下，致使干旱、亚干旱和亚湿润干旱地区的草地退化。

5. 草地水土流失 rangeland soil erosion

草地土壤在水的浸润和冲击下，结构发生破碎和松散，随着水流而散失的现象。

6. 草地外来种植物侵入 invasion of exotic plant species

由于人类干预，引起植物种有意、无意地扩散进入其历来已知自然分布范围以外的地区和国家的草地。

7. 草地资源监测 grassland resource monitoring

及时对草地牧草以及草地上生长的动植物及其环境条件进行连续的现状调查和评估，并与以往某时间段的草地资源进行对比分析，发现其中的变化，据此制定出相应的草地资源管理对策的工作。

8. 草地自然保护区 natural rangeland-conservation area

对有代表性的自然生态系统、珍稀濒危的野生动植物的天然集中分布区，有重要科研、生产、旅游等特殊保护价值所在的草地，依法划出一定面积予以特殊保护和管理的区域。

9. 草原防火 fire control of grassland

对草原火灾的预防和扑救工作。

10. 草地牧草病害防治 disease control of rangeland plant

保护草地牧草不受病害或减轻病害危害的措施。

11. 草地自然灾害防治 prevention and control of grassland natural disaster

对草地自然灾害的预防和治理工作。

12. 草地有毒植物防治 prevention and control of poisonous plant in grassland

识别和消除含有某些有害化学成分、能引起家畜生理上异常反应或发病的草地植物的措施。

13. 草地化学除莠 chemical control of rangeland weed

用可防除杂草的化学药剂(除草剂),除去草地杂草而不伤害牧草的措施。

14. 草地鼠害防治 rodent control of rangeland

为减少或控制啃食草地牧草啮齿动物数量,而采取的草地保护措施。

15. 草地虫害防治 insect pest control of grassland

对啃食草地牧草的各种草地害虫,进行捕杀、控制、减少种群数量的草地保护措施。

16. 休牧 grazing rest

为了保护牧草繁殖、生长、恢复现存牧草的活力,在一年周期内对草地施行一至数次短时间的停止放牧利用的措施。

17. 禁牧 prohibition of grazing and cutting

对草地施行持续时间一年以上的禁止放牧和割草利用的措施。

18. 草地封育 close cultivation of rangeland

将退化、荒漠化、盐渍化、水土流失、植被遭受破坏、生产力下降的草地封闭起来,从利用状态改变为休闲、不利用状态,或加以培育,以恢复植被、保护草地环境的措施。

19. 草地资源经济 economy of grassland resources

草地资源开发、利用和保护过程中所发生的经济关系,包括草地资源的占有、使用和分配关系,充分合理、有效利用草地资源的经济政策等。

20. 草业 pratacultural industry

经营草地畜牧业、饲草业、草坪业、草种业,从事牧草与非牧草经济植物产品的生产、加工、储运、营销的产业。

21. 草地资源可持续利用 sustainable use of rangeland resources

可维持草地长期、持续利用,维持草地环境良性循环,不损害人类后代对草地资源需求的经营方式。

附录

植物中文名-拉丁名对照表

三画

大叶章(*Calamagrostis purpurea*)
大黄(*Rheum officinale*)
大针茅(*Stipa grandis*)
大雀麦(*Bromus magnus*)
大果圆柏(*Sabina tibetica*)
大叶橐吾(*Ligularia macrophylla*)
大叶囊吾(*Ligularia macrophylla*)
大果虫实(*Corispermum macrocar pum*)
大戟属(*Eupborbia*)
大米草(*Spartina anglica*)
川贝母(*Fritillaria cirrhosa*)
川西云杉(*Picea likiangensis* var. *balfouriana*)
马尾松(*Pinus massoniana*)
马桑(*Coriaria sinica*)
马先蒿(*Pedicularis resupinata*)、
马蔺(*Iris lactea* var. *chinensis*)
叉毛蓬(*Petrosimonia sibirica*)
小叶碱蓬(*Suaeda microphylla*)
小蓬(*Nanophyton erinaceum*)
小菅草(*Themeda hookeri*)
小叶三点金草(*Desmodium microphyllum*)
小叶章(*Deyeuxia angutifolia*)
小花棘豆(*Oxytropis glabra*)
小黄花菜(*Hemerocallis minor*)
小獐茅(*Aeluropus pungens*)
飞扬草(*Euphorbia hirta*)
飞机草(*Eupatorium odoratum*)
三芒草(*Aristida heymannii*)
三角草(*Trikeraia hookeri*)
三蕊草(*Sinochasea trigyna*)
三河野豌豆(*Vicia amurensis* f. *sanheensis*)
山西早熟禾(*Poa shansiensis*)
山地早熟禾(*Poa orinosa*)
山莨菪(*Anisodus tanguticus*)
口蘑科(白蘑科)(*Tricholomataceae*)

四画

五节芒(*Miscanthus floridulus*)
贝加尔针茅(*Stipa baicalensis*)
贝母(*Fritillaria cirrhosa*)
木棉(*Gossampinus malabarica*)
火棘(*Pyracantna fortaneana*)
天兰苜蓿(*Medicago lupulina*)
无叶假木贼(*Anabasis aphylla*)
无芒披碱草(*Elymus submuticus*)
无芒雀麦(*Bromus inermis*)

无芒隐子草(*Cleistogenes songarica*)
戈壁针茅(*Stipa gobica*)
戈壁猪毛菜(*Salsola gobica*)
乌头(*Aconitum carmichaeli*)
乌拉苔草(*Carex meyeriana*)
水麦冬(*Triglochin palustre*)
水韭属(*Isoete*)
巨翅沙芥(*Pugionium calcaratum*)
云南松(*Pinus yunnanensis*)
云南苔草(*Carex yunnanensis*)
云南野古草(*Arundinella yunnanensis*)
云南米口袋(*Gueldenstaedtia yunnanensis*)
内蒙古鹅观草(*Roegneria intramogolica*)
中华羊茅(Festuca sinensis)
中华结缕草(Zoysia sinica)
中亚白草(*Pennisetum centrasiaticum*)
分枝大油芒(*Spodiopogon ramosus*)
木里苔草(*Carex muliensis*)
日喀则蒿(*Artemisia xigazeensis*)
毛披碱草(*Elymus uillifer*)
毛茛(*Ranunculus japonicus*)
长芒草(*Stipa bungeana*)
双花草(*Dichanthium annulatum*)
天山羽衣草(*Alchemilla tiaschanica*)

五画

发菜(*Nostoc commune*)
发菜(*Nostoc commune* var. *flagelliforme*)
发草(*Deschampsia caespitosa*)
甘青锦鸡儿(*Caragana tangutica*)
甘草(*Glycyrrhiza uralensis*)
甘青山莨菪(*Anisodus tangutica*)
甘肃嵩草(*Kobresia kansuensis*)
龙胆(*Gentiana scabra*)
龙葵(*Salanum nigrum*)
冬虫夏草(*Cordyceps sinensis*)
北美蒿(*Artemisia* spp.)
北方黑三棱(*Sparganium hyperboreum*)
丝颖针茅(*Stipa capillacea*)
四川嵩草(*Kobresia setchwanensis*)
矛叶荩草(*Arthraxon prionodes*)
白茎盐生草(*Halogeton arachnoideus*)
白滨藜(*Atriplex cana*)
白屈菜(*Chelidomium majus*)
白草(*Pennisetum flaccidum*)
白茅(*Imperata cylindrica* var. *major*)
白羊草(*Bothriochloa ischaemum*)
白梭梭(*Haloxylon persicum*)
白喉乌头(*Aconitum leucostomum*)
白沙蒿(*Artemisia sphaerocephala*)
白健秆(*Eulalia pallens*)
半日花(*Helianthemum soongoricum*)
包头黄芪(*Astragalus baotouensis*)
玉山剪股颖(*Agrostis morrisonensis*)
东北拂子茅(*Calamagrostis kengii*)

六画

羊草(*Leymus chinensis*)
羊茅(*Festuca ouina*)
芒(*Miscanthus sinensis*)
芒属(*Miscanthus*)
芒萁(*Dicranopteris dichotoma*)
早熟禾(*Poa annua*)
早熟禾属(*Poa*)
冰草(*Agropyron cristatum*)
多种芒箕(*Dicranopteris dichotoma*)
红景天(*Rhodiola rosea*)
红砂(*Reaumuria soongorica*)
红花绿绒蒿(*Meconopsis punicea*)
芨芨草(*Achnatherum splendens*)
灰杨(*Populus pruinosa*)
灰脉苔草(*Carex appendiculata*)
灰化苔草(*Carex cinerascens*)
异针茅(*Stipa aliena*)
异颖草(*Anisachne gracilis*)
异叶链荚豆(*Alysicarpus uaginalis* var. *diuersifolius*)

阴山扁蓿豆(*Melilotoides ruthenica* var. *inschanica*)
西藏扁蓿豆(*Melilotoides tibetica*)
西藏嵩草(*Kobresia tibetica*)
西藏野豌豆(*Vicia tibetica*)
西藏岩黄芪(*Hedysarum xizangensis*)
西藏鹅观草(*Roegneria tibetica*)
西藏盐生草(*H. glomeratus* var. *tibeticus*)
华三芒(*Aristida chinensis*)
华马唐(*Digitaria chinensis*)
华雀麦(*Bromus sinensis*)
华山新麦草(*Psathyrostachys huashanica*)
华扁穗草(*Blysmus sinocompressus*)
光沙蒿(*Artemisia oxycephala*)
亚东米口袋(*Gueldenstaedtia yadongensis*)
多花碱茅(*Puccinellia multiflora*)
多枝柽柳(*Tamarix ramosissima*)
吉隆须芒草(*Andropogon girongensis*)
羽叶点地梅(*Pomatosace filicula*)
羽茅(*Achnatherum sibiricum*)
地毯草(*Axonopus compressus*)
回回蒜(*Ranunculus chinensis*)
合头藜(*Cympegma regelii*)
纤毛鸭嘴草(*Ischaemum indicum*)
灯心草(*Juncus effusus*)

七画

芦苇(*Phragmites australis*)
杜鹃(*Rhododendron simsii*)
拟高粱(*Sorghum propinquum*)
灰脉苔草(*Carex appendiculata*)
余甘子(*Phyllanthus emblica*)
沙芦草(*Agropyron mongolicum*)
沙生针茅(*Stipa glareosa*)
沙生冰草(*Agropyron desertorum*)
沙鞭(*Psammochloa uillosa*)
沙蓬(*Agriophyllum squarrosum*)
沙米(*Agriophyllum squarrosum*)
沙柳(*Salix cheilophila*)
沙拐枣(*Calligonum mongolicum*)
沙棘(*Hippophae rhamnoides*)
沙蒿(*Artemisia soongorica*)
沙冬青(*Ammopiptanthus mongolicus*)
沙漠绢蒿(*Seriphidium santolinum*)
沙生冰草(*Agropyron desertorum*)
沙参(*Adenophora elata*)
沙葱(*Allium semenouii*)
沙打旺(*Astragalus adsurgens* cv. *shadawang*)
冷蒿(*Artemisia frigida*)
冷杉(*Abies fabri*)
角果碱蓬(*Suaeda corniculata*)
扭黄茅(*Heteropogon contortus*)
克氏针茅(*Stipa krylouii*)
克列门茨针茅(*Stipa klemenzii*)
阿拉善苜蓿(*Medicago alashanica*)
阿拉善鹅观草(*Roegneria alashanica*)
阿拉善单刺蓬(*Cornulaca alaschanica*)
阿拉善沙拐枣(*Calligonum alaschanicum*)

八画

线叶嵩草(*Kobresia capillifolia*)
线叶菊(*Filifolium sibiricum*)
金露梅(*Potentilla fruticosa*)
金茅(*Eulalia speeiosa*)
金缨子(*Rosa laeuigata*)
金丝桃(*Hypeticum chinense*)
油松(*Pinus tabulaeformis*)
油柴(四合木)(*Tetraena mongolica*)
油蒿(*Artemisia ordosica*)
青海鹅观草(*Roegneria kokonorica*)
青海野青茅(*Deyeuxia kokonorica*)
青海固沙草(*Orinus kokonorica*)
青冈栎(*Cyclobalanopsis glauca*)
青藏苔草(*Carex moorcroftii*)
罗布麻(*Apocynum uenetum*)
狗尾草(*Setaria uiridis*)
狗牙根(*Cynodon dactylon*)

虎尾草(*Chloris uirgata*)
虎榛子(*Ostryopsis davidiana*)
画眉草(*Eragrostis pilosa*)
固沙草(*Orinus thoroldii*)
苦豆子(*Sophora alopecuroides*)
驼绒藜(*Ceratoides latens*)
知风草(*Eragrostis ferruginea*)
垂穗披碱草(*Elymus nutans*)
苔草属(*Carex*)
披碱草(*Elymus dahuricus*)
披针叶苔草(*Carex lanceolata*)
刺芒野古草(*Arundinella setosa*)
刺沙蓬(*Salsola ruthenica*)
细枝盐爪爪(*Kalidium gracile*)
昌都羊茅(*Festuca changduensis*)
昆仑针茅(*Stipa roborowskyi*)
房县野青茅(*Deyeuxia henryi*)
沼原草(*Moliniopsis hui*)
变异黄芪(*Astragalus uabilis*)
泽漆(*Euphorbia hel ioscopia*)
坡柳(*Dodoneae uiscosa*)
拂子茅(*Calamagrostis epigejos*)

九画

草麻黄(*Ephedra sinica*)
草地早熟禾(*Poa pratensis*)
结缕草(*Zoysia japonica*)
枸杞(*Lycinm chinense*)
须芒草(*Andropogon tristis*)
栎属(*Quercus*)
柠条锦鸡儿(*Caragana korshinskii*)
差巴嘎蒿(*Artemisia holoderon*)
砂生槐(*Sophora moorcroftiana*)
点地梅(*Androsace aizcon* var. *coccinea*)
蚤缀(*Arenaria serpyllifolia*)
香青(*Anaphalis sinica*)
香附子(*Cyperus rotundus*)
香蒲属(*Typha*)
革苞菊(*Tugarinouia mongolica*)
胡枝子(*Lespedeza bicolor*)
胡杨(*Populus diuersifolia*)
胡黄连(*Neopicrorhiza scrophulariiflora*)
贺兰山南芥(*Arabis alaschanica*)
扁穗茅(*Littledalea racemosus*)
茭蒿(*Artemisia giraldii*)
药用野生稻(*Oryza officinalis*)
星星草(*Puccinellia tenuiflora*)
珍珠猪毛菜(*Salsola passerina*)
柽柳(*Tamarix chinensis*)
洋金花(*Daturametel*)
毒芹(*Cicuta uirosa*)
钩吻(*Gelsemium elegans*)
独一味(*Lamiophlomis rotata*)
垫状驼绒藜(*Ceratoides compacta*)
荆条(*Vitex negundo* var. *heterophlla*)
厚皮树(*Lannea coromandelica*)
虾子花(*Woodfordia fruticosa*)

十画

圆叶木蓼(*Atraphaxis tortusa*)
圆穗蓼(*Polygonum macrophyllum*)
圆叶盐爪爪(*K. schrenkianum*)
高山早熟禾(*Poa alpina*)
高山嵩草(*Kobresia pygmaea*)
高羊茅(*Festuca elata*)
高山柳(*Salix cupularis*)
鸭茅(*Dactylis glomerata*)
柴胡(*Bupleurum chinense*)
翅碱蓬(*Suaeda heteroptera*)
狼毒(*Stellera chamaejasme*)
铁棒槌(*Aconitum pendulum*)
铁杆蒿(*Artemisia gmelinii*)
秦艽(*Gentiana macrophylla*)
倒披针叶虫实(*Corispermum lehmannianum*)
盐地碱蓬(*Suaeda salsa*)
盐爪爪(*Kalidium foliatum*)
盐穗木(*Halostachys caspica*)
盐节木(*Halocnemum strobilaceum*)

盐生假木贼(*Anabasis salsa*)
盐地鼠尾粟(*Sporobolus uirginicus*)
峨嵋葛藤(*Pueraria omeinsis*)
海南画眉草(*Eragrostis hainanensis*)
珠芽蓼(*Polygonum uiuiparum*)
准噶尔乌头(*Aconitum soongaricum*)
唐古特红景天(*Rhodiola algida* var. *tangutica*)
绢蒿(*Seriphidium*)
桃金娘(*Rhodomyrtus tomentosa*)

十一画
野韭(*Allium ramosum*)
野青茅(*Deyeuxia arundinacea*)
野古草(*Arundinella hirta*)
野大豆(*Glycine soja*)
野生稻(*Oryza rufipogon*)
野罂粟(*Papauer nudicaule*)
野茄子(*Solanum septemlobum*)
猫儿眼(*Euphorbia lunulata*)
曼陀罗(*Datura stramanium*)
麻黄(*Ephedra sinica*)
绿绒蒿属(*Meconopsis*)
梭梭(*Haloxylon ammodendron*)
密枝圆柏(*Sabina convallium*)
密花早熟禾(*Poa pachyantha*)
雪层杜鹃(*Rhododendron nivale*)
黄刺玫(*Rosa xanthina*)
黄花菜(*Hemerocallis citrina*)
黄芪属(*Astragalus*)
黄背草(*Themeda japonica*)
黄芪(*Astragalus strctus*)
黄花棘豆(*Oxytropis ochrocephala*)
黄总花(*Spenceria ramalana*)
黄背草(*Themeda triandra* var. *japonica*)
绵刺(*Potaninia mongolica*)
猪毛菜(*Salsola collina*)
粗糙叉毛蓬(*Petrosimonia squarrosa*)

十二画
紫花针茅(*Stipa purpurea*)
紫茎泽兰(*Eupatorium adenophorum*)
紫羊茅(*Festuca rubra*)
斑子麻黄(*Ephedra rhytidosperma*)
湖北野青茅(*Deyeuxia hupehensis*)
喜玛拉雅野青茅(*Deyeuxia himalaica*)
短芒剪股颖(*Agrostis breuiaristata*)
短芒披碱草(*Elymus breuiaristatus*)
短绒野大豆(*Glycine tomentella*)
短粗猪毛菜(*Salsola brachiata*)
短花针茅(*Stipa breuiflora*)
硬质早熟禾(*Poa sphondylodes*)
鹅观草(*Roegneria komoji*)
黑褐苔草(*Carex atrofusca subsp minor*)
黑三棱(*Sparganium stoloniferum*)
黑沙蒿(*Artemisia ordosica*)
普通野生稻(*Oryza rufipogon*)
棘豆属(*Oxytropis*)

十三画
嵩草属(*Kobresia*)
榆树(*Ulmus pumila*)
矮生嵩草(*Kobresia humilis*)
矮沙冬青(新疆沙冬青)(*Ammopiptanthus nanus*)
蒙古黄芪(*Astragalus membranaceus* var. *mongolicus*)
蒙古扁桃(*Prunus mongolica*)
蒙古早熟禾(*Poa mongolica*)
蒙古口蘑(*Tricholoma mongolicum*)
新疆阿魏(*Ferula sinkiangensis*)
新疆绢蒿(*Seriphidium kaschgaricum*)
锥茅(*Thyrsia thyrosoidea*)
滇绿豆(*Phaseolus yunnanensis*)
蜈蚣草(*Eremochloa ciliaris*)
锦鸡儿(*Caragana sinica*)
雾冰藜(*Bassia dasyphylla*)
赖草(*Leymus secalinus*)

蒿叶猪毛菜(*Salsola abrotanoides*)
裸花碱茅(*Puccinellia nudiflora*)

十四画
碱茅(*Puccinellia distans*)
碱蓬(*Suaeda glauca*)
碱蓬(*Suaeda salsa*)
碱蒿(*Artemisia anethifolia*)
褐沙蒿(*Artemisia intramongolica*)
寡穗茅(*Littledalea prezeuaskyi*)
酸枣(*Zizyphus jujuba*)
算盘子(*Glochidion puberum*)
獐茅(*Aeluropus littoralis* var. *sinensis*)

十五画
樟子松(*Pinus sylvestris* var. *mongolica*)
横断山胡枝子(*Lespedeza hengduanshanensis*)
箭叶大油芒(*Spodiopogon sagittifolius*)
箭竹(*Sinarundinaria nitida*)
醉马草(*Achnatherum inebrians*)
蝶果虫实(绵蓬)(*Corispermum patelliforme*)
瘤囊苔草(*Carex schmidtii*)

十六画
糙隐子草(*Cleistogenes squarrosa*)
糙毛鹅观草(*Roegneria hirsuta*)

十七画
藏锦鸡儿(*Caragana tibetica*)
藏豆(*Stracheya tibetica*)
藏白蒿(*Artemisia younghusbandii*)
藏沙蒿(*Artemisia wellbyi*)
藏北嵩草(*Kobresia littledalei*)
穗序野古草(*Arundinella chenii*)
穗状寒生羊茅(*Festuca ouina* subsp. *sphagnicola*)
藏青锦鸡儿(*Caragana tibetca*)

十八画
镰芒针茅(*Stipa caucasica*)
藨草(*Scirpus triqueter*)

二十一画
露蕊乌头(*Aconitum gymnandrum*)

后　记

《中国草地资源调查与地图编制》的出版，首先要感谢中国农业大学出版社和丛晓红编辑，他们的推荐、信任和给予的宽松写作空间，成就了本书的出版。其次，要感谢我妻子甘发英，她编制了本书的全部表格，录入并校核了全书的文字和植物拉丁文学名，还曾承担全国草地资源遥感调查与动态监测课题的部分工作，可谓本书隐含的第二作者。

我来自江西鱼米之乡，却自小向往到广袤的草原上去驰骋。怀着这一浪漫情结，1959 年 17 岁考入北京农业大学，贾慎修和王培教授将我引进草原门槛。此后，贾先生 20 余年的教诲，使我受益终生。1964 年大学毕业后分配到中国科学院综合考察委员会，开始从事天然草地资源调查研究，在廖国藩先生指导下，学习了常规草地资源调查技术。石玉林院士在土地资源与制图、许鹏教授在草地群落学、雍世鹏教授在植被制图方面有着精湛的学术造诣，借共事之机遇，我向他们学到了有关的真知，受益匪浅。他们虽不曾在学校课堂给我授课，却是我的恩师。在本书出版之际，我向诸位师长鞠躬致谢。

草地资源涉及的科学面宽，40 多年前没有人讲授草地资源学，需要草地资源调查人员拓宽视野，不断积累，丰富自已的知识库。我 5 岁进私塾时，启蒙先生便教导我“做到老，学到老”，“三人行必有我师”。我从事草地资源调查研究，也是不断向身边同事请教、学习的过程，下述同事在不同的学科领域给了我深刻的教益。

谷锦柱、王锦基：在黄土高原草地资源调查与资源地图编制技术方面；

刘纪远、庄大方：在西藏土地资源卫星遥感调查和遥感监测领域；

王长耀、杨存健：在天津和西乌珠穆沁旗彩红外航片调查与遥感估产方面；

刘兴文：在新疆草地资源航空遥感调查培训班授课；

姚祖芳、王浩清、陈佐忠：在西藏土壤调查方法与草地土壤评价技术方面；

刘燕华、张天曾：在西藏土地资源评价领域；

王乃斌、沈洪泉：在土地资源地图编制与黄土高原系列制图领域；

卢金发：在黄土高原水土流失地图编制技术领域方面；

马德平、申利刚：对西藏昌都八宿县邦达草原建设的水资源容量分析方法；

赵怀德、吴启进：对西藏草地与南方草地牧草的识别、分类，毒害草调查。

上述同事与我共同完成了多项草地资源调查与资源地图编制课题任务，他们不仅给我诸多教益,也共同成就、提供了撰写本书的素材,他们同样应该是本书隐含的作者。我向上述同事致以衷心的感谢。

我曾在清华大学业余大学自动化系上了一年学,在上海长江无线电厂学习计算机技术半年,在中国科学院沈阳计算所软件室进修半年,在电子工业部华北计算所进修数据库技术一年,为赶上资源研究领域快速发展的计算机数据库与 GIS 监测技术,积淀了基础知识。我向进修期间给予我指教的所有老师表示感谢。

本人水平有限,本书内容涉及范围较宽,撰写时间较仓促,书中肯定有不妥、甚至错误之处,恳请学界同仁不吝赐教,欢迎读者批评、指正。

苏大学

2012 年 4 月于北京